Carsten Wippermann
Gewalt und Milieus

Carsten Wippermann

Gewalt und Milieus

Untersuchungen zur Reflexion einer
menschenfreundlichen Gewaltprävention

Der Autor

Prof. Dr. Carsten Wippermann (geb. 1966) ist Soziologe mit Schwerpunkt der empirischen Forschung zu Alltagskulturen, Gleichstellung von Frauen und Männern, Wertewandel und soziale Milieus; Professor für Soziologie und Methoden der Sozialforschung an der Kath. Stiftungshochschule München, Gründer und Leiter eines eigenen sozialwissenschaftlichen Instituts (DELTA-Institut für Sozial- und Ökologieforschung GmbH).

Das Werk einschließlich aller seiner Teile ist urheberrechtlich geschützt. Jede Verwertung ist ohne Zustimmung des Verlags unzulässig. Das gilt insbesondere für Vervielfältigungen, Übersetzungen, Mikroverfilmungen und die Einspeicherung und Verarbeitung in elektronische Systeme.

Dieses Buch ist erhältlich als:
ISBN 978-3-7799-6788-0 Print
ISBN 978-3-7799-6789-7 E-Book (PDF)

1. Auflage 2022

© 2022 Beltz Juventa
in der Verlagsgruppe Beltz · Weinheim Basel
Werderstraße 10, 69469 Weinheim
Alle Rechte vorbehalten

Herstellung: Ulrike Poppel
Satz: Datagrafix, Berlin
Druck und Bindung: Beltz Grafische Betriebe, Bad Langensalza
Beltz Grafische Betriebe ist ein klimaneutrales Unternehmen (ID 15985-2104-100)
Printed in Germany

Weitere Informationen zu unseren Autor_innen und Titeln finden Sie unter: www.beltz.de

Inhalt

1. Einleitung ... 7
2. Erfahrungen und Einstellungen in den sozialen Milieus zu Gewalt ... 13
   - 2.1. „Etablierte" ... 48
     - 2.1.1. Lebenswelt ... 49
     - 2.1.2. Wahrnehmung von Gewalt und Vorschläge zur Prävention ... 52
   - 2.2. „Postmaterielle" ... 75
     - 2.2.1. Lebenswelt ... 75
     - 2.2.2. Wahrnehmung von Gewalt (Hauptdimensionen) ... 79
     - 2.2.3. Modernisierungskritische Perspektive ... 89
     - 2.2.4. Wertorientiert-pädagogische Perspektive ... 101
     - 2.2.5. Prävention ... 118
   - 2.3. „Performer" ... 126
     - 2.3.1. Lebenswelt ... 127
     - 2.3.2. Wahrnehmung von Gewalt und Vorschläge zur Prävention ... 130
   - 2.4. „Konservative" ... 151
     - 2.4.1. Lebenswelt ... 152
     - 2.4.2. Wahrnehmung von Gewalt und Vorschläge zur Prävention ... 155
   - 2.5. „Traditionelle" ... 183
     - 2.5.1. Lebenswelt ... 184
     - 2.5.2. Wahrnehmung von Gewalt und Vorschläge zur Prävention ... 187
   - 2.6. „Bürgerliche Mitte" ... 210
     - 2.6.1. Lebenswelt ... 211
     - 2.6.2. Wahrnehmung von Gewalt und Vorschläge zur Prävention ... 213
   - 2.7. „Benachteiligte" ... 234
     - 2.7.1. Lebenswelt ... 234
     - 2.7.2. Wahrnehmung von Gewalt und Vorschläge zur Prävention ... 239
     - 2.7.3. Männer: Omnipräsenz von Gewalt und Problem, sich als Opfer zu sehen ... 240
     - 2.7.4. Frauen: zunehmende Angst vor Gewalt ... 252

2.8.	„Hedonisten"	276
	2.8.1. Lebenswelt	277
	2.8.2. Wahrnehmung von Gewalt und Vorschläge zur Prävention	281
2.9.	„Expeditive"	308
	2.9.1. Lebenswelt	308
	2.9.2. Wahrnehmung von Gewalt und Vorschläge zur Prävention	313

3. Ergänzende Befunde der Repräsentativbefragung zu Gewalt   337

4. Gruppenbezogene Menschenfeindlichkeit in Milieus   367
- 4.1. Ausprägungen und Zusammenhänge   367
- 4.2. Die Gesamtdisposition: Soziale Lage und Milieu   399
- 4.3. Sensiblere Gewaltwahrnehmung bei fremdenfeindlichen Dispositionen   403
- 4.4. Affinität zu sozialen Bewegungen   406

5. Die autoritäre Persönlichkeit   409
- 5.1. Die F-Skala von Adorno/Berkeley-Gruppe   409
- 5.2. Methode und Subskalen   414
- 5.3. Empirische Ausprägungen der Subskalen heute   417
- 5.4. F-Skala heute: Milieuschwerpunkte der autoritären Persönlichkeit   422
- 5.5. Zusammenhang mit gruppenbezogener Menschenfeindlichkeit   435
- 5.6. Zusammenhang mit Sympathien für soziale Bewegungen und Parteien   438
- 5.7. Sehnsucht nach Autorität und Alternativlosigkeit   445

6. Resümee   449

Literatur   512

Anhang   518

1. Einleitung

Gewalt von Menschen gegen Menschen ist alltäglich und vielfältig, zugleich ein moralisch negativ bewerteter und stilistisch nicht akzeptierter Teil der sozialen Wirklichkeit. Phänomene von Gewalt gab und gibt es in allen Gesellschaften; sie scheinen eine *conditio humana* zu sein, andererseits abhängig von der Zivilisation, Kultur und Rechtslage einer Gesellschaft. Gewalt ist Normalität in der Gesellschaft und trotzdem ist ihr Gegenteil, die Gewaltfreiheit, die soziale Norm des Miteinanders. Die sozialen und moralischen Stigmatisierungen von Gewalt sowie politische und rechtliche Maßnahmen gegen Gewalt können nicht als Sisyphusarbeit gelten, weil es keine ertraglosen und sinnlosen Anstrengungen sind, wenngleich ein Ende nicht absehbar und nicht vollständig erreichbar scheint. Aber es rückt die Frage ins Zentrum, gegen welche Gewalt sich unsere Bevölkerung wendet und stemmt, welche Gewalt sie überhaupt sieht – und ob dieses Bild von Gewalt überhaupt einheitlich in der Bevölkerung ist. Davon ist nicht auszugehen in einer zunehmend individualisierten Gesellschaft, in der soziale Vielheit und Ungleichheiten zunehmen.

Die Untersuchung gibt keine Definition von Gewalt vor, sondern ist definitorisch offen. Denn das Ziel der Studie ist zu *verstehen*, was die Menschen im Land unter Gewalt verstehen. Es geht nicht um eine wissenschaftliche oder philosophische Analyse von Gewalt, sondern um das empirische Alltagsverständnis von Gewalt. Es werden allerdings bestimmte Formen von Gewalt ausgegrenzt: Es geht hier *nicht* um vom Staat verfassungsrechtlich ausgeübte Gewalt im Rahmen der Gewaltenteilung, *nicht* um rechtlich legitimierte Gewalt, *nicht* um individuelle Notwehr und Nothilfe. Diese Untersuchung befasst sich mit den Erfahrungen und Einstellungen der Bevölkerung zu Gewalt von Menschen gegen Menschen im Alltag. Das umfasst sowohl persönliche als auch strukturelle Gewalt sowie institutionelle und korporative Gewalt durch Organisationen.

Ziel der Untersuchung ist es also herauszuarbeiten, was die Menschen unter „Gewalt" verstehen, wie und welche Gewalt in ihren unterschiedlichen Formen, Ausdrucksarten, Adressaten, Situationen sowie hinsichtlich der Folgen für Betroffene und Täter die Menschen wahrnehmen, deuten, sortieren, gewichten und bewerten. Das soll eine empirische Grundlage sein zur Entwicklung von Präventionsmaßnahmen gegen Gewalt. Dazu scheint ein milieudifferenzierter Ansatz hilfreich, weil dieser unmittelbar an den Lebensauffassungen und Lebensweisen der Menschen orientiert ist. Das ist elementar, damit Präventionsmaßnahmen die Menschen medial und mental erreichen und bewegen. Dazu wurden mit qualitativen narrativen Interviews und anschließender Repräsentativbefragung die Erfahrungen und Einstellungen der Bevölkerung zu Gewalt untersucht. Grundgesamtheit ist die deutschsprachige Wohnbevölkerung in Bayern im Alter ab 18 Jahren. Die Befunde der Bevölkerungsuntersuchung liefern fundierte qualitative Tiefeneinsichten sowie quantitative Größenordnungen, die sich auf die definierte Grundgesamtheit beziehen.[1]

Das Besondere dieser Studie ist, dass sie erstmalig das Thema der Gewalterfahrungen, Gewaltbewertungen und Vorstellungen zur Gewaltprävention spezifisch mit dem Lebensweltenansatz untersucht. Darin bestehen die Innovationskraft und das Alleinstellungsmerkmal dieser Untersuchung. Das von Alfred Schütz (1932, 1957) und Thomas Luckmann (1975) entwickelte Konzept der *Lebenswelten* sowie die von Pierre Bourdieu (1979) vorgenommene Erweiterung des Begriffs *Kapital* (materielles, kulturelles, soziales, symbolisches) sowie seine Dialektik von *Habitus* und *Feld* führten in der empirischen Sozialstrukturforschung dazu, die Alltagswelten der Menschen und damit die Gesellschaft in ihrer Komplexität, adäquater als herkömmliche Schichtungsmodelle, in den Blick zu nehmen und neben der objektiven äußeren Lage auch die subjektiven Dimensionen der Alltagswelt zu erfassen.[2] Das Milieumodell ist keine Alternative zum vormaligen, rein soziodemografischen Schichtungsmodell (mit den Merkmalen Einkommen, Bildung, Berufsposition etc., aus denen die soziale Lagerung nach Oberschicht, Mittelschicht, Unterschicht bestimmt wird), sondern eine Erweiterung: Denn mit zunehmender Individualisierung und Pluralisierung der Gesellschaft ist die Schichtzugehörigkeit nicht mehr suffizient, um Einstellungen und Verhalten der Menschen zu verstehen und zu erklären. Damit wird das Handeln der Menschen nicht mehr nur über die äußerliche soziale Lage erklärbar, sondern auch über kognitive, semantische, sozialpragmatische und ästhetische Dispositionen. Insofern fassen Milieus Menschen zusammen, die sich in ihrer Lebensauffassung und Lebensweise ähneln; Menschen mit ähnlichen mentalen Orientierungen (Werten, Einstellungen, Präferenzen,

---

1 Grund für diese Definition der Grundgesamtheit ist, dass diese Untersuchung angeregt und finanziert wurde vom Bayerischen Staatsministerium für Familie, Arbeit und Soziales. Die Befunde dieser Untersuchung können aufgrund der eingesetzten qualitativen und quantitativen Methoden Repräsentativität beanspruchen (das Untersuchungsdesigns ist im Anhang beschrieben). Gleichwohl lassen sich die Ergebnisse wohl auf andere Bundesländer oder ganz Deutschland übertragen. Es man in anderen Bundesländern etwas andere Prozentwerte geben, aber das Niveau und die Richtung der Aussagen werden mit hoher Wahrscheinlichkeit sehr ähnlich sein.
2 Vgl. Bourdieu, Pierre (1982): Die feinen Unterschiede. Kritik der gesellschaftlichen Urteilskraft; Hradil, Stefan (1987): Sozialstrukturanalyse in einer fortgeschrittenen Gesellschaft; Ueltzhöffer, Jörg/Flaig, Berthold B./Meyer, Thomas (1993): Alltagsästhetik und politische Kultur; Bremer, Helmut/Lange-Vester, Andrea (Hrsg.) (2006): Soziale Milieus und Wandel der Sozialstruktur; Wippermann, Carsten (2011): Milieus in Bewegung. Werte, Sinn, Religion und Ästhetik in Deutschland; Wippermann, Carsten/Wippermann, Katja (2013): Eltern – Lehrer – Schulerfolg: Wahrnehmung und Erfahrungen im Schulalltag von Eltern und Lehrern; Wippermann, Carsten (2018): Kitas im Aufbruch – Männer in Kitas. Die Rolle von Kitas aus Sicht von Eltern und pädagogischen Fachkräften.

Abbildung 1

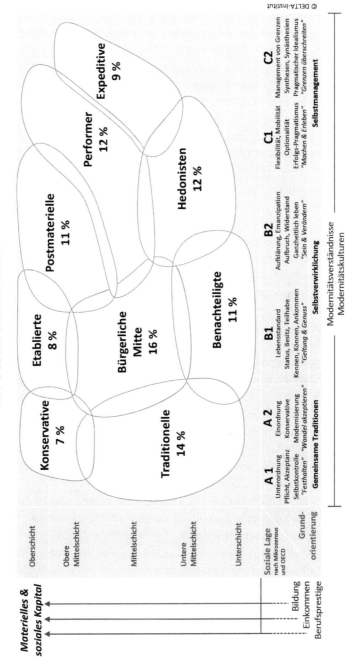

Weltanschauungen), ähnlichem Lebensstil (Routinen, Gewohnheiten, Verhaltensmuster) und ähnlicher sozialer Lage. Das dieser Untersuchung zugrundeliegende, empirisch repräsentative Gesellschaftsmodell der Delta-Milieus® ist hier abgebildet.

Milieus sind somit elementar (aber nicht nur) über *Werte* konstituiert. Es wäre zu einfach (holzschnittartig) und sachlich falsch, Milieus dadurch zu charakterisieren und voneinander zu unterscheiden, dass man ihnen unterschiedliche Werte zuschreibt. Die empirische Milieuforschung zeigt, dass alle Werte unserer Gesellschaft (Gerechtigkeit, Freiheit, Sicherheit, Solidarität, Fleiß, Selbstverwirklichung, Ordnung, Fairness usw.) in jedem Milieu „da", bedeutsam und konstitutiv sind. Aber die verschiedenen Werte – sowie (Sekundär-)Tugenden und Prinzipien – haben in den Milieus eine je andere semantische Bedeutung, einen je eigenen Verweisungshorizont und eine milieuspezifische Funktion. Darin unterscheiden sich Milieus voneinander: sie haben eine je eigene lebensweltliche Bedeutung und Konfiguration der Werte (vgl. Wippermann 2011). Insofern hat jedes Milieu eine eigene Wertearchitektur und Soziologik, die maßgeblich bestimmend dafür sind, wie Gesellschaft gesehen und bewertet wird, wie sich die Menschen in ihren Lebenswelten privat und beruflich orientieren, wie sie Frauen und Männer und andere Geschlechter sehen (Geschlechterrollenbilder), wie ihre Vorstellungen von einem guten und gerechten Leben sind, welche Anforderungen an Politik sie haben, wie sie Gewalt wahrnehmen, welche Vorstellungen von privat-persönlicher sowie öffentlicher, durch politische Maßnahmen unterstützter Gewaltprävention sie haben, auch wie die Soziale Arbeit hier unterstützend sein kann.[3]

Die Untersuchung gliedert sich in fünf Teile. Der erste Teil der Untersuchung (Kapitel 2 und 3) liegt in der Identifikation und Analyse milieuspezifischer Deutungen von Gewalt und Vorstellungen einer Prävention, denen milieuspezifische Vorstellungen, Ideen, Utopien von einer richtigen Gesellschaft bzw. vom guten eigenen Leben in dieser Gesellschaft zugrunde liegen. Danach folgen zwei darüber hinausgehende Kapitel, die ebenfalls auf repräsentativen Daten basieren: *Gruppenbezogene Menschenfeindlichkeit* und *Autoritäre Charakterstrukturen*. Das abschließend Kapitel *Resümee* führt diese Befunde zusammen mit Blick auf das, was zu tun wäre im Horizont einer emanzipierten offenen Gesellschaft.

Was unter den Sammelbegriff *gruppenbezogene Menschenfeindlichkeit* gefasst wird, sind Haltungen der Nicht-Anerkennung von Personengruppen jenseits der eigenen Lebenswelt, die projektiv und karikierend dadurch gekennzeichnet werden, dass sie *anders* sind als die Eigengruppe, sodass ihnen von manchen

---

3 In der Sozialen Arbeit hat das lebensweltorientierte Paradigma, beginnend bereits vor fünf Jahrzehnten, zur vertieften alltagsnahen Theoriebildung sowie zur handlungsorientierten Fundierung für verschiedene Praxisfelder geführt (vgl. Thiersch 1978, 1986, 1992, 2019; Grunwald/Thiersch 2002, 2004; Krafeld 1998; Rauschenbach et al. 1993; Thiersch/Böhnisch 2014).

Würde, Daseins-, Hierseins-, gar Existenzberechtigung und schon gar gleiche Rechte und Chancen abgesprochen werden. Exemplarisch untersucht wurden Fremdenfeindlichkeit, Antisemitismus, Antiislamismus, Rassismus, Homophobie und Sexismus sowie die Grundhaltung einer Anti-Diversität. Die Befunde beschreiben, wie stark diese Haltungen sind und in welchen Milieus Keimzellen und Verbreitung sind.

Die Analysen zur *autoritären Persönlichkeit* gehen eine Ebene tiefer und identifizieren eine auch der gruppenbezogenen Menschenfeindlichkeit zugrundeliegende spezifische Charakterstruktur. Sie knüpfen in Theorie und Methode an die berühmte (und im Nachgang kritisch diskutierte) Untersuchung von Adorno und der Berkeley-Gruppe mit der Entwicklung der F-Skala (Faschismus-Skala) an. In der hier vorgestellten Untersuchung wurde repräsentativ erhoben, wie stark die Teildimensionen autoritärer Charakterstrukturen sowie die Gesamtdisposition heute verbreitet sind, in welchen Milieus diese Charakterstrukturen am stärksten verbreitet sind und reproduziert werden – und in welchen Milieus das Widerstandspotenzial am stärksten ist und kultiviert wird. Dabei wird auch ein Blick geworfen auf die in der Corona-Pandemie aufgekommene Sehnsucht nach Autoritäten zur Erklärung und Lösung des Infektionsgeschehens, bei der Mehrheit im Vertrauen auf den politisch-wissenschaftlich-administrativen Apparat, bei einer Minderheit in der vorbehaltlosen Anerkennung einer empirisch haltlosen Erzählung, die als „Verschwörungstheorie" bezeichnet wird, deren Protagonisten und Anhänger sich als freiheitswähnende „Querdenker" bezeichnen und primär zu früheren Mobilitäts- und Konsumgewohnheiten zurück wollen. Beide speisen sich aus derselben Wurzel der psychischen Entlastung durch vorbehaltlose Anerkennung einer externen Autorität und streben nach Reinstallation der früheren Normalität. Die vormalige Vergangenheit wird zur Utopie erklärt und stilisiert. Eine alternative Vorstellung zum Früheren konnte sich selbst in einer Zeit, als die fest eingestellten Mechanismus ausgehebelt waren, nicht entfalten.

Das abschließende Resümee spiegelt die in den Milieus wahrgenommenen Gewaltformen mit den Erfahrungen von Expertinnen und Experten, die beruflich mit Gewalt zu tun haben.[4] Dabei zeigt sich eine Kluft zwischen den milieuspezifischen Gewaltnarrativen und der von professionellen Hilfeeinrichtungen gesehenen Gewalt. Auch im Ensemble aller Milieus wird ein erheblicher Teil der von professionellen Fachstellen gesehenen und behandelten tatsächlichen Gewalt in den sozialen Lebenswelten nicht gesehen oder tabuisiert, oder ist

---

4 Die befragten Expertinnen und Experten sind tätig in Einrichtungen der Kinder- und Jugendhilfe, der offenen Jugendarbeit (Streetworker), kommunalen Sozialdiensten und Fachdiensten gegen häusliche und sexualisierte Gewalt, Frauenhäusern, Organisationen der Jungen- und Männerarbeit, Beratungsstellen für Männer als Opfer von Gewalt, Jugendämtern, Asylsozialberatungen, Ankerzentren und Flüchtlingsunterkünften etc. Es wurden 30 Experteninterviews durchgeführt zwischen Juni und Dezember 2021. Alle Interviews wurden nach Verfahren der rekonstruktiven hermeneutischen Analyse ausgewertet.

weitgehend ein abstraktes Label (bspw. „häusliche Gewalt", „Gewalt in Flüchtlingsunterkünften", „Stalking"). Das verweist darauf, dass Präventionsarbeit auch Aufklärung der Gesellschaft und in die einzelnen Milieus hinein sein kann bzgl. der Vielfalt und Brutalität der Alltagsgewalt. Weiter werden die Befunde reflektiert vor dem Hintergrund der ambivalenten Moderne bzw. Postmoderne (Zygmunt Bauman), der Theorie der Anerkennung (Axel Honneth), an Tätern und Täterinnen orientierten Präventionsmaßnahmen und Erziehungsmaximen (Theodor W. Adorno: Erziehung nach Auschwitz), der antipodischen Narrative des binär-asymmetrischen Feminismus und des Maskulismus, der Geschlechtergerechtigkeit und des intersektionalen Feminismus sowie der soziokulturellen und sozialräumlichen Ghettoisierung.

2. Erfahrungen und Einstellungen in den sozialen Milieus zu Gewalt

Gewalt ist ein schillerndes Wort, mit dem – das zeigen die empirischen Befunde – jede Frau und jeder Mann reale oder fiktionale Bilder verbindet, basierend auf medialen Berichten, Spielfilmen, Beobachtungen und eigenen Erfahrungen, verbunden mit Gefühlen der Macht, Ohnmacht, Stärke, Überlegenheit, Angst oder Wut, aus denen Einstellungen gegenüber Gewalt erwachsen. Alle haben einen differenzierten Bewusstseinskosmos über die vielfältigen Formen von Gewalt, über Werkzeuge der Gewaltanwendung, Schweregrade der Verletzungen, strategische Ziele oder impulsive Anlässe seitens der Täter sowie Vorstellungen darüber, wer eher zu Gewalttaten neigt und was typische Opfer oder Opfergruppen sind. Würde man in einer Repräsentativbefragung eine umfangreiche Liste erstellen mit der Frage, ob man von den verschiedenen Formen der Gewalt von mindestens einer (oder zwei oder drei) schon gehört habe, ob man einmal persönlich Gewalt beobachtet oder selbst erfahren habe, lägen die Werte bei 100 %. Diese Untersuchung will *nicht* dieses Oberflächenwissen der Bekanntheit, Beobachtung und Betroffenheit erfassen. Ziel ist nicht eine Statistik der Prävalenz von Gewalt.

Vielmehr geht es darum, das Alltagsbewusstsein der Menschen zu Gewalt zu verstehen. Es geht um die soziokulturelle Rekonstruktion, mit der die Menschen in den verschiedenen Milieus Gewalt wahrnehmen und deuten. Gegenstand der Untersuchung sind die subjektive und lebensweltliche Logik sowie der Horizont, in dem Gewalt verstanden, gewertet, erklärt wird. Zudem werden von den Befragten Möglichkeiten zur Gewaltprävention vorgeschlagen, die natürlich keine professionelle Expertise sind, aber auf die Räume präferierter Ansätze hinweisen – und im Milieuvergleich auch darauf, welche Tabuzonen es in einem Milieu gibt, wie unterschiedlich Richtung und Tiefe der Präventionsideen zwischen den Milieus sind. Die Zugänge zu Gewalt sind zwischen den Milieus zum Teil sehr verschieden: Formen, Werkzeuge, Schweregrade, Anlässe und Ziele, vorgestellte oder erlebte Täter und Opfer, ursächliche Erklärungen und sozialmoralische Beurteilungen haben in jedem Milieu ein anderes Gewicht, eine andere semantische Bedeutung. Und auch Überlegungen zur Prävention sind in hohem Maße abhängig von der Lebensauffassung und Lebensweise der Menschen. Doch bevor diese Logik milieudifferenziert in diesem Kapitel skizziert und in den hinteren Kapiteln ausführlich beschrieben wird, zunächst einige elementare Grundzüge, die sich durch die Bevölkerung ziehen.

Die Menschen gehen nicht davon aus, dass sie in einer gewaltfreien Gesellschaft leben. Gewalt ist eine Realität nicht nur im Rest der Welt, sondern auch in Deutschland, wenngleich Deutschland aufgrund der Rechtsstaatlichkeit und Gewaltenteilung im Vergleich zu anderen Ländern ein geringeres Maß an krimineller und terroristischer Gewalt haben mag, wie man sie etwa über Kolumbien, Mexiko, Brasilien, Südafrika, Nigeria, Indien, oder über die Mafia hört. Und in Deutschland haben paramilitärische rechts- oder linksextreme Organisationen keinen dominanten oder öffentlich akzeptierten Platz bzw. ein Nischendasein, wenngleich sie – so die Auffassung – stabile subkulturelle Netzwerke pflegen. Auch wenn extremistische Organisationen und Netzwerke mit ausgeprägter gruppenbezogener Menschenfeindlichkeit von Verfassungsschutz, Militärischem Abschirmdienst, Polizeidienststellen, Kriminalpolizei und anderen staatlichen Institutionen beobachtet werden, betonen nahezu alle in dieser Untersuchung, dass dies wichtige Sicherheitsvorkehrungen für eine offene freiheitliche demokratische Gesellschaft, aber kein Grund zur Beruhigung seien und permanente Wachsamkeit erforderten. Vor allem erfassen diese Sicherheitsinstitutionen nicht die weniger extremistisch und weniger organisierten Formen von Gewalt, die sich täglich ereignen und von denen die Menschen unmittelbar betroffen sind als Opfer oder Beobachtende. Diese Gewalt zeigt sich in unzählbar vielen Formen der Verletzung anderer, ist nicht sozial und geografisch einkreisbar und isolierbar, damit nicht einfach zu bekämpfen. Sie ist ubiquitär.

Dabei zeigt sich ein Paradoxon: Gewalt ist – so die Wahrnehmung – alltäglich und fast überall. Und doch beschreibt fast jede Frau und jeder Mann sich selbst und die eigene engere Nahwelt als gewaltfrei. Alle haben und hatten bereits Gewalterfahrungen. Diese werden aus früheren biografischen Phasen als Episoden berichtet (Elternhaus, frühere Partnerschaft) und aktuell in der Öffentlichkeit auf Straßen, in Parks, im Verkehr, in Kneipen und Clubs, auf Volksfesten und Privatfeiern sowie am Arbeitsplatz wahrgenommen. Die Diagnose der überwiegenden Mehrheit der Bevölkerung ist, dass Aggression und Alltagsgewalt in den letzten Jahren zugenommen haben; eine Minderheit sieht ein unverändertes Level an Gewalt, nur Ausnahmen sehen einen Rückgang der Alltagsgewalt. Aber die eigene private Lebenswelt beschreiben fast alle als aktuell gewaltfrei (in manchen Milieus mit Verweis darauf, dass es „früher" in ihrer Kindheit und Jugend mehr Gewalt innerhalb der Familie, in der Schule und im Ort gegeben habe, aber diese Zeiten seien glücklicherweise vorbei). Diese Schmeichelei der eigenen Lebenswelt im Kontrast zur sich ausbreitenden Gewalt im Alltag jenseits der eigenen Lebenswelt zeigt sich in allen Milieus. Gewalt kommt somit – in der Alltagsdeutung der Menschen – meistens nicht aus dem eigenen Umfeld (es sei denn, Alkohol ist im Spiel), sondern von außen: von *Fremden* und *anderen Milieus*.

Mehr noch als Kriminalität (Raub, Erpressung etc.) beunruhigt die Menschen die alltägliche Gewalt, die Menschen als Angehörige eines Kollektivs erfahren oder als Individuum, weil sie dem Täter bzw. der Täterin gerade im Weg sind, behindern oder stören, oder weil sie zufälliges Objekt für das Abreagieren von Frust, einen Erlebniskick aus Spaß oder zur Machtdemonstration zur Steigerung des Selbstwertgefühls und Ansehens in der Gruppe sind. Wenn ein Jugendlicher in der Bahn der Fahrkartenkontrolleurin in den Bauch tritt, wenn Sanitäter und Rettungskräfte im Einsatz von Schaulustigen attackiert werden, wenn eine Frau durch verbale oder körperliche Übergriffe zum Sexualobjekt gemacht wird, wenn im Straßenverkehr Autofahrer, Fußgänger und Radfahrer einander beschimpfen und sogar handgreiflich attackieren, sind das symptomatische Beispiele einer wachsenden Normalität alltäglicher Gewalt, die verstört, bedrohlich ist und mit der sich niemand abfinden will.

Wäre die Selbstdiagnose der Gewaltfreiheit im eigenen Umfeld in einzelnen Milieus tatsächlich der Fall, könnte sich Präventionsarbeit auf die anderen Milieus konzentrieren. Doch wenn in allen Milieus die Selbstdiagnose gestellt wird, dass Gewalt überall in der Gesellschaft ist, aber nicht hier, sondern woanders, wirft das Fragen auf nach der selektiven Wahrnehmung: nach außen ein geschärfter, sensibler, voreingestellter Blick; nach innen partielle Blindheit und mangelnde Selbstreflexion sowie Techniken von Tabuisierung, Bagatellisierung, Covering.

Umgekehrt gibt es die Wahrnehmung gestiegener Aggressivität und Gewalt im Äußeren: in der Öffentlichkeit (Straßenverkehr, Parks, Kneipen, Clubs), mediale und digitale Gewalt (Normalität von Gewalt in Spielfilmen einerseits; soziale Netzwerke, Blogs, Foren, Mails andererseits)[5], in den Großstädten (aus Sicht der ländlichen Bevölkerung), in bestimmten *anderen* Stadtteilen, in *anderen* sozialen Klassen, in *anderen* Partnerschaften, in *anderen* Familien. Dies kann man interpretieren als eine Gesellschaft, die eine gestiegene Sensibilität für Alltagsgewalt hat, kulturell differenziertere Sensoren und Begrifflichkeiten sowie moralisch feinere und kritischere Urteile. Das führt zur Frage, in welchem Verhältnis die hohe Sensibilität für Alltagsgewalt im Äußeren steht zur Bagatellisierung der von der eigenen Nahwelt ausgehenden Gewalt sowie zur oft dramaturgischen Schilderung der Bedrohung der eigenen Person und Nahwelt durch Gewalt von außen bzw. von Fremden. Es gibt Grund zu der Annahme, dass die Betonung äußerer Gewalt die Funktion hat, die Gewalt im Inneren zu kaschieren (nicht bei jedem Einzelnen, aber tendenziell), sich selbst bzw. die eigene Lebenswelt nur in dem Lichte zu sehen, potenzielles Opfer zu sein, aber nie Täter. Das bewahrt psychisch und in der lebensweltlichen Binnenkommunikation davor, sich selbstkritisch hinsichtlich eigener Gewalttätigkeit zu scannen oder institutionelle Gewalt wahrzunehmen, die vom eigenen Kollektiv ausgeht. Das muss nicht notwendig so sein. So könnte die hohe Wahrnehmung äußerer Gewalt auch das Gespür für Gewalt in der eigenen Lebenswelt und durch sie befördern.

---

5 Digitale Gewalt umfasst eine Vielzahl von Angriffsformen, die auf Herabsetzung, Rufschädigung, soziale Isolation, Nötigung oder Erpressung bestimmter Personen oder Personengruppen abzielen. Die durch digitale Medien mögliche anonyme Vorgehensweise und die Bandbreite digitaler Kommunikation erleichtern die Angriffe.

Ein Ansatzpunkt wäre die Sprache, in der fremde Gruppen und Personen beschrieben werden: ein Ansatz zur Reziprozität der Perspektive hinsichtlich der eigenen Gewalttätigkeit gegenüber anderen. Möglicherweise liegt darin einer der Hebel eines Präventionskonzepts.

Ein zentraler Befund der Untersuchung ist, dass Gewalt in allen Milieus nicht auf politisch-extremistisch oder religiös-ideologisch motivierte Gewalt reduziert wird. So werden zwar ein wieder wachsender Antisemitismus, eine zunehmende Islamfeindlichkeit, grundsätzliche Ausländerfeindlichkeit, Flüchtlingsressentiments sowie ein individueller sowie organisationsgetragener Rassismus in Form verbaler und auch terroristischer Gewalt diagnostiziert; ebenso Gewalt in Flüchtlingsunterkünften durch Flüchtlinge, aber auch gegen Flüchtlinge seitens des Wachpersonals sowie durch die Formen der Unterbringung und administrativer Behandlung; sowie seit Beginn der Corona-Pandemie steigende Ressentiments gegen Ausländerinnen und Ausländer (insbesondere gegen Personen aus dem asiatischen, südosteuropäischen, afrikanischen und arabischen Raum). Aber das sind in der Wahrnehmung der Bevölkerung lediglich Spitzen verschiedener Eisberge einer grundlegenden Alltagsgewalt. Hier zeigt sich eine große Sensibilität für Gewalttaten im Alltag, die nur selten und selektiv in den Medien diskutiert werden, nicht dramaturgisch aufladbar und nahezu banal erscheinen, die aber deshalb so verstörend sind, weil sich in ihnen eine normal gewordene Aggression Bahn bricht, die kaum medial oder politisch skandalisierbar ist. Die am häufigsten genannten Beispiele dazu beziehen sich auf Aggression im Straßenverkehr (bspw. zwischen Autofahrern, Autofahrer versus Radfahrer, Radfahrer versus Fußgänger/Wanderer), verbales Anpöbeln im Supermarkt oder in Fußgängerzonen, insgesamt eine zunehmende Rücksichtslosigkeit (oder schwindende Rücksicht) für Belange und Befindlichkeiten anderer. Und es gibt in allen Milieus den Verdacht, dass es – lange vor der Corona-Pandemie – eine erhebliche häusliche Gewalt gegen Frauen und Kinder gibt. Hingegen wird häusliche Gewalt gegen Männer selten thematisiert, und wenn dann nur, dass man davon mal gehört hat, was aber den meisten schwer vorstellbar und eine seltene Ausnahme zu sein scheint, wenngleich man auf eine wohl bestehende Dunkelziffer hinweist. Eine noch deutlich höhere Dunkelziffer als häusliche Gewalt gegen Männer vermuten die meisten in Bezug auf häusliche Gewalt gegen Frauen und Kinder und noch stärker die Gewalt von Müttern an ihren Kindern, mit dem Hinweis, dass diese Gewalttaten noch immer weitgehend unerkannt sind und tabuisiert werden, sich erstreckten von scheinbar banaler verbaler, körperlicher und sexueller Gewalt bis hin zu regelmäßiger und auch institutionalisierter Gewalt, und dass es diese wohl in allen Schichten und Klassen gebe.

In den gehobenen Milieus wird diese Liste der Gewaltwahrnehmung ergänzt um Gewalt gegenüber Menschen, die intersexuell sind oder transident (transgender), die fettleibig sind oder magersüchtig, oder gegenüber Frauen nach einer (sichtbaren, vermuteten) dekorativen Schönheitsoperation. Dies beschreiben jene mit mittlerer oder hoher Formalbildung abstrakt als *Gewalt gegenüber Menschen, die anders sind und der persönlichen, eigenen normativen Vorstellung von Normalität, Körperlichkeit, Sexualität, Lebensstil nicht entsprechen.* Allein dieser Befund der recht hohen Sensibilität von Alltagsgewalt, die nicht auf extremistische oder kriminelle Gewalt reduziert werden dürfe, kann als Beleg für einen Reifezuwachs an Zivilisation herangezogen werden. Die Sensoren für Gewalt sind mehrdimensional und feinsinnig. Doch paradoxerweise wird gerade in den differenzierten und feinsinnigen Diagnosen einer omnipräsenten, zunehmenden Gewalt die Realität einer neuen Härte und Aggressivität in der Gewaltkultur offenbart.

Die spontane erste Assoziation zum Wort „Gewalt" ist bei nahezu allen die *massive physische Körperverletzung.* Körperliche Gewalt steht im Zentrum erster Assoziationen. Doch es dauert meist nur wenige Sekunden, dann wird diese Form ergänzt durch *psychische (seelische) Gewalt,* meistens mit der Anmerkung: „Das ist auch Gewalt!" Auch wenn psychische Gewalt während der Ausübung weniger sichtbar sei seien psychische Verletzungen oft schlimmer und dauerhafter als körperliche Gewalt in den Tiefenwirkungen und Spätfolgen. Diese beiden Kernbegriffe von Gewalt werden meistens ergänzt durch drei weitere Formen: *verbale Gewalt* (auch als ein Mittel psychischer Gewalt) und *sexuelle Gewalt* (als Mittel physischer *und* psychischer Gewalt; von *Voyeurismus, verbalen Angriffen der Geschlechtszugehörigkeit oder sexuellen Orientierung, habituell-körperlicher* Aufdringlichkeit bis hin zu *Vergewaltigung).* Nur bei wenigen, meistens in den Milieus der Konservativen, Etablierten, Postmateriellen, Expeditiven, gehören auch strukturelle und institutionelle Gewalt durch Organisationen zur Gewaltassoziation. Dabei wird differenziert zwischen Gewalt der demokratisch-verfassungsrechtlichen Gewaltenteilung (Legislative, Judikative, Exekutive) sowie der informellen „vierten Gewalt der freien Presse" mit voreingestellt positiver oder neutraler Bewertung einerseits; Gewalt durch Organisationen der Privatwirtschaft (Machtmissbrauch der Marktmacht) und im Non-Profit-Sektor (Verbände, Träger, Kirchen) andererseits, die ambivalent und derzeit tendenziell kritisch bewertet wird. Weniger in den Milieus der Konservativen und Etablierten, vorwiegend in den Milieus der Postmateriellen und Expeditiven wird diese klare Dichotomie von legitimierter versus inakzeptabler Gewalt infrage gestellt. Sie verweisen darauf, dass auch Organisationen der staatlichen Gewaltenteilung mitunter nicht neutral sind, sondern ihre legalen Machtbefugnisse überschreiten würden, zum Beispiel unverhältnismäßige Gewalt einzelner Polizisten gegen Menschen bestimmter Gruppierung; Staatsanwälte, die gegen rechte Gewalt nicht ermitteln; Richter mit politischer Tendenz in ihren Urteilen; bestehende Gesetze (oder unterlassene Gesetze), die direkt oder indirekt strukturelle Gewalt befördern oder aufrechterhalten (Ehegattensplitting, Frauen in Führungspositionen, Klimawandel, Artenschutz etc.).

Brennpunkte von Gewalt sind für die meisten *Gewalt gegen Kinder, Gewalt von Rechtsextremen* gegen Juden, Muslime und gegen Menschen anderer

Herkunft (häufig Afrika, Nahost) und Religionen mit den Eskalationen der Morde und Mordversuche in Kassel (Lübcke), Halle und Hanau. Zu alltäglichen, nahezu gewohnten Kriegsplätzen von Gewalt zählen vor allem Personen aus gehobenen Milieus eine wachsende *Rücksichtslosigkeit im Straßenverkehr* sowie eine *Verrohung der Sprache*, insbesondere in den aus ihrer Sicht noch immer weitgehend rechtsfreien Räumen des Internets, wo die Möglichkeit zur Anonymität davor schütze, Verantwortung für die eigenen Äußerungen zu übernehmen und ein Experimentier- und Steigerungsfeld für Grenzübertritte existiere. All dies wird von den meisten auf einen Kern zurückgeführt und ist für sie deshalb nicht akzeptierbar: *Mangel an Respekt vor der Würde des Anderen*. Der nach Einschätzung der Mehrheit besonders unterschätzte Brennpunkt von Gewalt sei *häusliche Gewalt* (auch wenn durch die mediale Berichterstattung über den Anstieg häuslicher Gewalt im Zuge des Corona-Lockdowns häusliche Gewalt stärker in den Blick gerückt ist). In den Interviews wird gleichzeitig deutlich, dass die Rede über *Brennpunkte von Gewalt* der Alltagswahrnehmung nicht gerecht wird – auch wenn Rassismus, Rechtsradikalismus, Antisemitismus, Antiislamismus und daraus entstehende Aggression und Gewalttätigkeit zugenommen haben. Allein der Ausdruck oder die Metapher „Brennpunkte" erscheint den meisten unzutreffend und irreführend. Denn alltägliche Aggression und Gewalt verdichten sich in der Wahrnehmung der meisten nicht auf wenige Hotspots oder Lokalitäten, sondern sind breit gestreut. Die Rede von Brennpunkten birgt die Gefahr, sich mit Maßnahmen auf diese zu fokussieren und die verstörende und verletzende Alltagsgewalt darüber aus dem Blick zu verlieren, zu relativieren oder zu bagatellisieren.

Es zeigt sich eine Asymmetrie in der subjektiven Gewaltwahrnehmung: Auf der einen Seite sind Aufmerksamkeit und Sensibilität für Gewalt gestiegen, die man bei anderen beobachtet oder die einem selbst widerfährt: Hier beobachtet man in vielen Bereichen eine gestiegene Aggression und Gewaltbereitschaft. Zwar wären frühere Gewaltformen „Gott sei Dank" nicht mehr möglich (Ohrfeigen in der Schule; Züchtigung zu Hause), aber das Spektrum der Gewaltformen habe sich erweitert, sei differenziert und subtiler geworden, zugleich sei die Hemmschwelle der Menschen zu spontan-explosiver Gewalt gesunken. Gleichzeitig bekunden auffallend wenige, dass von ihnen selbst Gewalt ausgeht, dass sie selbst gelegentlich gewalttätig werden. Die Selbstwahrnehmung steht im voreingestellten Modus der Gewaltfreiheit.

Über diesen beschriebenen *common sense* von „Gewalt" hinaus gibt es in den sozialen Milieus je eigene Wahrnehmungsfilter und Bewertungsschablonen. Gewalt ist je nach sozialhierarchischer Klassenlage und Grundorientierung anders konnotiert und gedeutet. Was in einem Milieu institutionalisiertes Alltagsritual ist (z. B. verbale Neckereien, körperliche oder verbale Begrüßungsrituale, freundschaftliche Kampfrituale z. B. im Milieu „Hedonisten", „Benachteiligte", auch Arbeitende im Milieu „Traditionelle"), wird in einem anderen Milieu als gewaltsame Verletzung des eigenen Territoriums (des organischen Körpers, bestimmter Körperregionen, der seelischen Versehrtheit etc.) aufgefasst. Vor allem in gehobenen Milieus („Etablierte", „Konservative", „Postmaterielle", „Performer") geht es weit über physische Gewaltlosigkeit hinaus. Es geht um sprachliche, verbale, mentale und seelische Unversehrtheit des und der Einzelnen, auch um die guten Sitten und den Habitus des bzw. der Einzelnen, die seine bzw. ihre zweite Haut sind, Kern seiner bzw. ihrer Identität und Würde. Während „Postmaterielle" immer wieder darauf hinweisen, die *strukturelle und institutionelle Gewalt* verstärkt in den Blick zu nehmen als Ursprung und Katalysator von individueller alltäglicher Gewalt, ist diese Kategorie für „Performer" nahezu bedeutungslos und ihre Vorstellung von Gewalt radikal individualisiert. Während „Postmaterielle" eine Lösung darin sehen, die „sozialen Blasen" (geschlossene soziale Kreise, Wohnghettos) zu durchbrechen und die entstandenen (Feind-) Bilder vom fremden Anderen zu überwinden, plädieren „Performer" im Gegensatz dazu für die Strategie, klassen- und milieuhomogene soziale Kreise und Quartiere zu pflegen, innerhalb der Quartiere Zonen des Rückzugs, der Distanz und Ruhe einzuziehen, weil dann erst gar keine Aggressionen wachsen könnten, die aus ihrer Sicht entstehen, weil die Menschen täglich durch zu viele Reize und die Dauerpräsenz von sozialem Gefälle gestresst seien und aufgrund großer Dichte keine Rückzugsmöglichkeiten hätten.

Von spezifischen Erfahrungen mit sexueller Gewalt berichten Frauen aus allen Milieus. Das Thema „sexuelle Gewalt" ist bei Männern aber nur in wenigen Milieus präsent: nahezu bei allen Männern im Milieu der Postmateriellen, bei einem Teil der Etablierten, Performer und Expeditiven, gar nicht im Milieu der Traditionellen, Benachteiligten und Hedonisten. Hingegen erzählen Frauen aus allen Milieus von selbst erlebter oder beobachteter sexueller Gewalt. Das verweist auf eine andere Untersuchung, die zeigt, dass es verschiedene Formen und Situationen sexueller Gewalt an Frauen (durch Männer) in allen Schichten und Altersgruppen gibt, aber die Deutung mitunter völlig unterschiedlich ist, abhängig von der Milieuzugehörigkeit (vgl. Wippermann 2019). Zur Illustration einige Aussagen aus den Interviews:

„Was ich ganz furchtbar fand und wirklich Gewalt war, als wir während des Studiums eine Clique von Mädels in Spanien waren. Da war der Strand recht leer. Wir haben uns trotzdem mit Bikini da aufgehalten. Und vielleicht zehn Meter weiter an einem wirklich leeren Strand lag ein Mann auf der Seite uns anschauend und hat vor uns onaniert. Das habe ich als wirkliche sexuelle Gewalt empfunden. Und so was in der Form ist mir als junges Mädchen oder junge Frau öfters widerfahren. Da gab es Beispiele während einer Reise in einem überfüllten Bus, wo die Menschen so aneinandergedrängt sind. Und da war ein Mann besonders nah an mir gedrängt und der hatte sein Geschlechtsteil rausgezogen aus der Hose und hat sich an mich gepresst." [Frau, 51 Jahre, HR-Leiterin im internationalen IT-Unternehmen, Milieu „Etablierte"]

„Ich hatte vor zehn Tagen ein Erlebnis in der U-Bahn, da hat sich ein Mann neben mich gesetzt, ganz nah neben mich. Das war mir so unangenehm, dass ich weggerutscht bin; habe noch gedacht, ja, kann ja mal passieren. Mit der Zeit ist er wieder immer näher zu mir gerutscht und hat angefangen, mich mit seinem kleinen Finger am Bein zu berühren, was mir furchtbar unangenehm war. Ich hatte eine kurze Hose an, aber sonst keinen großen Ausschnitt oder so. Ich habe mich dann woanders hingesetzt, habe mich nicht getraut, zu ihm was zu sagen oder zu andern was zu sagen. Und ich habe mich lange danach nicht getraut, es irgendjemanden zu erzählen, weil ich gedacht habe, dass die alle denken: ‚Ja die, so schlimm wird es schon nicht gewesen sein.' Für mich war es schon schlimm. Seitdem setzte ich mich in der Bahn oder im Bus nie mehr an die Fensterseite, ich sitze immer am Gang, damit ich aufstehen kann, wenn was ist." [Frau, 23 Jahre, Studentin, Milieu „Postmaterielle"]

„Mir ist es mehrmals passiert, im Kino oder in der U-Bahn betatscht zu werden. Und einmal am Badesee – da hat ein Typ zu mir rüber gestarrt und sich selbst befriedigt. Ich finde, das ist schlimmer, als wenn er dich nur antatscht." [Frau, 29 Jahre, PR-Agentur, Milieu „Performer"]

„Ich habe eine Freundin, die in einer Bar arbeitet und die hat von ihrem Chef gesagt bekommen, dass sie sich weiblicher anziehen soll. Die läuft eher in weiten Pullis und Hosen rum. Er meint, kurze Röcke, enge Lederhose und figurbetonte Kleidung kommt besser bei den Gästen an." [Frau, 26 Jahre, Milieu „Hedonisten"]

„Als Sexismus empfinde ich die Werbungen, denn meistens werden da nur die ganz dünnen Frauen genommen, die wirklich die Kurven haben, also nicht dick sind." [Frau, 34 Jahre, Kassiererin im Discounter, Milieu „Benachteiligte"]

Gewalt gegen Männer wurde in nur wenigen Interviews von Befragten selbst thematisiert; das gilt noch mehr für häusliche Gewalt gegen Männer, die nur von Frauen aus den Milieus der Hedonisten sowie einzelnen Frauen und Männern aus den Milieus der Postmateriellen und Expeditiven thematisiert wurde. Gewalt gegen Männer ist nicht nur emotional und abwertend besetzt, sondern für Betroffene in hohem Maße schambesetzt. Wenn Frauen Opfer von Gewalt (durch Männer) werden, ist dies ein Ereignis, für das sie sich schämen aufgrund der erlittenen Verletzung und Erniedrigung, der Demonstration ihrer Ohnmacht, des Verlusts ihrer Würde sowie ihrer körperlichen und seelischen Unversehrtheit, darüber hinaus ein biografisches Stigma, zugleich ein Skandal und Verbrechen, das sie anklagen – manche auch öffentlich und strafrechtlich. Wird hingegen ein Mann Opfer von Gewalt durch andere Männer, gilt dies als Ausdruck körperlicher oder mentaler Schwäche und als Makel an seiner Männlichkeit (ein schwacher Mann). Wird ein Mann Opfer häuslicher Gewalt durch seine Ehefrau oder Lebenspartnerin, kommt dies in seiner Wahrnehmung durch die Gesellschaft einem totalen Gesichtsverlust als Mann gleich (eine Memme, kein richtiger Mann). Die geschlechterspezifischen Rollenbilder von Männern versperren selbst heute in der fortgeschrittenen Moderne[6] ein genaues Hinsehen und Identifizieren, wenn ein Mann Opfer von körperlicher, psychischer oder sexueller Gewalt durch eine Frau (oder gar seine Frau) wird.[7]

In den narrativen Interviews thematisierten weder Männer noch Frauen, dass sie Männer kennen, die Opfer von häuslicher (psychischer, körperlicher, sexueller) Gewalt wurden, oder dass sie davon schon über Erzählungen oder Medien gehört haben.[8] Das Thema häusliche Gewalt gegen Männer ist noch immer weitgehend tabu; ebenso die Thematisierung von Frauen als Täterinnen. Dies hat keinen Platz im persönlichen Gewalt-Narrativ, schon gar keinen prominenten, der Gewalt gegen Männer als spezifisches Problem benennen würde. Oft erst auf gezieltes Nachfragen bestätigten einige (wenige) Befragte, dass Männer wohl, was man gelegentlich höre, auch Opfer von häuslicher Gewalt würden, was man sich aber gar nicht wirklich vorstellen könne. Wie Mehltau liegt die überkommene stereotype, dichotome und pauschalisierende Zuschreibung, die in den 1960er bis 1980er Jahren von radikalfeministischen Gruppen zum Zwecke der Aufklärung und Benennung realer Gewalt vorangetrieben wurde, dass Männer Täter und Frauen Opfer seien, auf den gesellschaftlichen und individuellen Wahrnehmungsfiltern und erschwert eine differenzierte Sicht auf Alltagsrealitäten.[9] Die Realität, dass auch Männer Opfer der Gewalt von Frauen werden, ist bisher kaum in die öffentliche Wahrnehmung eingedrungen bzw. noch kein akzeptiertes oder sich selbst fortschreibendes Narrativ. Zu groß sind dazu die Abwehrreflexe, als würde der Skandal der Gewalt von Männern an Frauen etwas verlieren (an Aufmerksamkeit, Kraft), wenn auch die Gewalt von Frauen an Männern (oder anderen Frauen) thematisiert und genauso ernst als Skandal betrachtet würde.

In der Repräsentativbefragung (via Fragebogen mit gestützten Fragen und gestuften Antwortkategorien) sagen 11 % der Männer, dass sie von ihrer aktuellen oder früheren Lebenspartnerin *körperliche (nicht-sexuelle)* Gewalt erlebt hätten,

---

6   Dabei soll hier nicht diskutiert werden, ob die gegenwärtige Gesellschaft als Postmoderne, Spätmoderne, Zweite Moderne etc. beschrieben werden soll. Diese begrifflichen Etikettierungen basieren auf spezifischen theoretischen Gegenwartsdiagnosen.
7   Es sei denn, Männer *als Kollektiv* sind von struktureller oder institutioneller Gewalt betroffen.
8   In den über 200 narrativen Interviews sprachen nur sieben Befragte das Thema an.
9   Selbst in der Phase verordneter häuslicher Quarantäne und Homeoffice aufgrund der Corona-Pandemie berichteten Medien, warnten politische Akteurinnen und Akteure sowie Interessenverbände – meistens empirisch ungestützt oder aufgrund singulärer Fälle – pauschal von einer flächendeckenden Retraditionalisierung der Rollenteilung und zunehmender Gewalt gegen Frauen. Von mehr (gleichberechtigter Teilhabe) von Männern an Haushaltsaufgaben oder von dem höheren Risiko der häuslichen Gewalt gegen Männer war hier fast nie die Rede. Das zeigt, wie sehr in Krisenzeiten alte Deutungs- und Erklärungsmuster revitalisiert werden und Konjunktur bekommen, während ergänzende differenziertere Betrachtungen zurückgeworfen werden.

14% *massive verbale, psychische* Gewalt und 8% *sexuelle* Gewalt.[10] Insgesamt (in der Nettosumme) waren 18% der Männer mindestens einer dieser Formen häuslicher Gewalt ausgesetzt. In der Öffentlichkeit waren nach Selbstauskunft 26% der Männer schon betroffen von körperlichen Übergriffen und Angriffen. Die empirischen Tatsachen, dass auch Männer Opfer häuslicher Gewalt werden und mehr Männer als Frauen in der Öffentlichkeit Gewalt erfahren, spiegelt sich nicht in den Wahrnehmungen und Narrativen der Bevölkerung. Dort ist weiterhin die binäre monolineare Zuschreibung Männer = Täter und Frauen = Opfer dominant. Das Thema „Gewalt gegen Männer" nimmt milieuübergreifend hinsichtlich der Bedeutsamkeit eine randständige bzw. marginalisierende Rolle ein.

Es gibt Ausnahmen: zum einen körperliche und psychische Gewalt, die (wenige) Männer durch Gewalt krimineller Clans im Dunstkreis von Drogen, Prostitution, Erpressung erleiden mit der Anmerkung, dass diese Männer sich durch Kontakte in diese Unterwelt selbst in diese Gewaltsphäre begeben haben (bei diesen Erzählungen liegt der Verdacht nahe, dass die Bilder sehr stark durch Spielfilme und Klischees sowie Berichte der Boulevardpresse mitgeprägt sind und bei den meisten nicht auf eigenen Beobachtungen beruhen); zum anderen strukturelle Gewalt gegen Männer, die von Personen mit antifeministischer, androzentrischer und maskulinistischer Einstellung geäußert werden, die mit Blick auf gleichstellungspolitische Forderungen und Maßnahmen für Entgeltgleichheit oder Frauen in Führungspositionen eine strukturelle Benachteiligung und damit institutionelle Gewalt gegen Männer sehen (etwa wenn Männer nicht befördert werden, weil eine Frau in Führungsposition soll). Im Hauptstrom der Bevölkerung scheint das Thema *Gewalt gegen Männer* bzw. *Männer als Opfer von Gewalt* erst aufzublitzen, wenn man (Mann) selbst Opfer von Gewalt ist, oder wenn man im eigenen Umfeld einen konkreten Mann kennt, dem dies widerfährt.

Aggressivität und Gewalt gegenüber Homosexuelle und Transidente[11] ist für die Mehrheit der Bevölkerung kein dominantes Thema, sondern allenfalls

---

10 Unter den Frauen haben nach Selbstauskunft 21% körperliche Gewalt, 27% massive verbale, psychische Gewalt und 14% sexuelle Gewalt durch ihren aktuellen oder früheren Lebenspartner erlebt. Insgesamt haben 33% der Frauen mindestens eine dieser Formen häuslicher Gewalt erfahren. Von körperlichen Angriffen in der Öffentlichkeit berichten 22% der Frauen.

11 Oft als Sammelkategorie beschrieben als LBGT, als eine aus dem englischen Sprachraum übernommene Abkürzung für **L**esbian, **G**ay, **B**isexual and **T**ransident/Transgender/Transsexual. Mit dem Aufkommen der Queer-Theorie in den 1980er/1990er Jahren wurde dieses Kürzel angehängt (LGBT**Q**), mit der notwendig erscheinenden Differenzierung zwischen Inter- und Transsexualität/Transidentität wurde das **I** ergänzt. Inzwischen gibt es in der politischen und subkulturellen Kommunikation eine Vielzahl von Kombinationskürzeln wie etwa LSBT, LSBTI, LSBTIQ, LSBTI, LGBTQ non-binary. Einige Sammelkürzel tragen den Buchstaben **A** für Asexualität für Personen, die keine oder wenig-sexuelle Anziehung zu anderen Menschen empfinden. Diese jedoch wurden als Betroffene von Gewalt in den

ein Randphänomen. Nur wenige Befragte[12] erwähnten solche Gewalt überhaupt – und die meisten von ihnen deshalb, weil sie selbst von solcher Gewalt betroffen sind oder jemand aus ihrem Freundeskreis solche Gewalt erlebt hat. Dieser Befund bedeutet nicht, dass es solche Gewalt nicht oder kaum gibt, sondern dass diese von vielen gar nicht wahrgenommen wird und ihr eine geringe *gesellschaftliche* Problemhaftigkeit zugeschrieben wird. Wenn einerseits in Blogs und Foren zahlreiche Betroffene solche Erfahrungen beklagen, Orts- und Landesverbände einen Anstieg von Beleidigungen und Angriffen gegen Lesben, Schwule und Transgender-Menschen berichten, es Strafanzeigen bei der Polizei gibt und empirische Untersuchungen Täter in allen Schichten, Klassen und Milieus ausmachen, die Dunkelziffer weitaus höher vermutet wird als die Anzahl der Anzeigen; wenn andererseits es eine milieuübergreifend kollektive Nicht-Thematisierung dieses Phänomens gibt, dann ist es seitens der Gesellschaft weitgehend individualisiert und privatisiert – und hat *keine gesellschaftliche Existenz bzw. nur eine subkulturelle Existenz*. Insofern bestünde eine Teilaufgabe politischer, medialer und sozialarbeiterischer Präventionsarbeit, die Aufmerksamkeit auf das zu lenken, was von der Mehrheit der Bevölkerung nicht gesehen wird (wenn es denn so existiert, wie Betroffene sowie ihre Vertreterinnen und Vertreter dieses kommunizieren).

2019 gab es nach Auskunft der Bayerische Polizei landesweit 17 Straftaten, die sich gegen die sexuelle Orientierung der Opfer richtete (2018 waren es 6; Polizeipräsidium München 2020: 82). Wenn es eine Kluft zwischen den Wahrnehmungen der Interessenverbände und der Polizei gibt, stellen sich Fragen nach der Hyper- oder Hypo-Sensibilität für solche Gewalt und ihren Klassifikationskriterien. Angesichts der im Jahresverlauf – im Vergleich zu anderen Straftaten – wenigen Strafanzeigen zu Gewalt gegen die sexuelle Orientierung ist zu fragen, ob diese Gewaltereignisse tatsächlich sehr selten sind; oder wenn es deutlich mehr Fälle als Anzeigen gibt, warum es Betroffenen schwerfällt, sich der Polizei anzuvertrauen; ob und ggf. warum dieses für Frauen mit höheren Hürden verbunden ist als für Männer.

Nach Auffassung der Bevölkerung dringt Gewalt nicht nur von außen, von extremistischen Rändern in die Gesellschaft ein (vor der man sich in der Mitte schützen muss), sondern entsteht auch aus der Mitte selbst heraus. Diese Alltagsgewalt abzuwehren ist weitaus schwieriger. Das Problem besteht schon darin, dass die Herkunft dieser Gewalt nicht im extremen Außen der Gesellschaft lokalisiert, damit externalisiert und mit demokratischen Instrumenten entsorgt werden kann, dass die (Mitte der) Gesellschaft sich vor der Gewalt schützen und dieser

---

narrativen Interviews gar nicht erwähnt, womöglich, weil ihre nicht-sexuelle Orientierung weitgehend unsichtbar ist.

12 In den 218 qualitativen narrativen Interviews wurde das Thema Trans- und homophobe Aggression von nur zwei Befragten thematisiert.

vorbeugen will, die sie selbst produziert. Dieses ist kein echtes Paradoxon, denn eine homogene Mitte der Gesellschaft gibt es längst nicht mehr. Vielmehr gliedert sich die Gesellschaft in verschiedene soziale Milieus, die sich zunehmend auseinanderentwickeln, einander fremd werden und die Gewalt aus anderen Milieus kommend identifizieren – und je eigene (andere) Lösungen des Gewaltproblems fordern. Die Vorstellungen in den einzelnen Milieus zur Gewaltprävention folgen kaum noch einem gesamtgesellschaftlichen Konzept, sondern ihrer spezifischen Lebenslogik. Das ist keineswegs irrational, sondern höchst rational, denn sie sind orientiert an eigenen Erfahrungen von Gewalt sowie ihrer Vorstellung von einem gerechten und guten Leben. Damit haben wir das Problem des blinden Flecks und der Externalisierung des Gewaltproblems innerhalb der Bevölkerung.

Was bedeutet das vor dem Hintergrund, wenn der Verfassungsschutz qua Aufgabendefinition auf links- und rechtsextremistische Gewalt schaut, aber nicht auf nicht-extremistische Gewalt, obwohl solche Gewalt Grundpfeiler der Verfassung schleift? Es werden faktisch – vorbewusst und performativ – Gewichtungen vorgenommen, wenn in der Öffentlichkeit extremistische Gewalttaten häufiger und dramatischer kommuniziert wird als die Gefahr der Entfremdung zwischen den Lebenswelten, und alltägliche Gewalt nur als *moralische* Entgleisung von einzelnen begriffen und damit individualisiert wird. Denn diese Fremdheit bietet Projektionsflächen zur zunehmend haltlosen Stigmatisierung der Anderen (Fremden) und ist eine (wenngleich nicht die einzige) Voraussetzung zur subjektiven Rechtfertigung sowohl von Gewalt als auch von Abschottung. Fremdwerden und Abschottung erzeugen einen Zirkel soziokultureller Ghettoisierung, ein sich selbst erhaltendes und reproduzierendes System, das den Zusammenhalt in der Gesellschaft und den Werte der Solidarität unterspült.

Der Verdacht in fast allen Milieus aufgrund von medialen Berichten ist: Es gibt faschistische, rassistische, autoritäre Tendenzen bei einigen Polizistinnen und Polizisten bzw. in verborgenen, geschlossenen Netzwerken innerhalb der Polizei. Das ist nach Auffassung vieler (v. a. von Postmateriellen, Expeditiven) nicht überraschend, weil Aufgabe der Polizei die innere Sicherheit und Ordnung ist und nicht die Förderung individueller Freiheit und Kreativität (auch wenn Sicherheit die Bedingung der Möglichkeit dieser Freiheit ist). Aber trotz dieser jüngst in Berlin, Hessen, NRW und auch Bayern aufgedeckten Fälle von rechtsextrem orientierten Chatgroups und Amtsmissbrauch durch Polizisten und Polizistinnen gibt es in der Bevölkerung ein sehr großes Grundvertrauen in die Polizei. Auf die Frage nach Ideen zur Gewaltprävention sind mehr Polizeipräsenz und eine mit mehr Befugnissen ausgestattete Polizei eine häufige Antwort. Dieses Vertrauen in die Polizei ist nicht vorbehaltlos und durchaus kritisch, beschreibt nicht einfach einen Ist-Zustand, sondern formuliert eine normative Erwartung an die Polizei. *Mehr Polizei:* diese Forderung wird geknüpft an eine aktuell notwendige Reinigung dieser staatlichen Gewalt von rassistischen, faschistischen, autoritären, ihre Macht missbrauchenden Neigungen einzelner Polizistinnen und Polizisten, aber auch von Kollektiven und Netzwerken innerhalb der Organisation. Diese Arbeit nach innen sei schwierig, weil sie die Haltung des Selbstverdachts erfordert, nämlich die Arbeitshypothese, dass solche Neigungen und Strukturen tatsächlich bestehen, um solche überhaupt identifizieren zu können. Solcher Selbstverdacht sei psychisch und in der Binnenkommunikation herausfordernd – denn es sei (politisch und medial) eine Selbstbeschädigung. Dieser Selbstverdacht aber sei erforderlich, um das Grundvertrauen in die Polizei auf Dauer zu stellen.

Anders als noch zu Beginn des Jahrhunderts zeigen auch Milieus, die ihre Identität und ihren Lebensstil als Gegenmodell zum bürgerlichen Mainstream entwerfen (Expeditive, Hedonisten), heute eine immer noch ambivalente, aber dennoch grundlegend positive Einstellung gegenüber staatlichen Sicherheitskräften, vornehmlich der Polizei. Deren Funktion für die Sicherheit der Freiheit und Schadlosigkeit jeder und jedes Einzelnen wird von ihnen gesehen und wertgeschätzt (mehrheitlich – es gibt Ausnahmen). Gleichwohl verweisen sie umso stärker angesichts der Debatte 2020/2021 zu unverhältnismäßiger Polizeigewalt, Racial Profiling sowie von geschlossenen rechtsradikalen Netzwerken innerhalb der Polizei darauf, dass diese exzentrischen Minderheiten in der Polizei genau untersucht und ausgemerzt gehören. In diesem Befund zeigt sich – auch durch Verweise auf die Situation in anderen Ländern wie den USA, Russland, Belarus, Türkei, Polen, Ungarn ein geschärftes Bewusstsein für die Polizei und die Gewaltenteilung zur Sicherstellung einer demokratischen, freiheitlichen und offenen Gesellschaft.

Die Untersuchung zeigt, dass „Gewalt" ein emotional stark, überwiegend (aber nicht nur) negativ besetzter und allen vertrauter Begriff ist, der zur Sortierung persönlicher Erfahrungen und medialer Berichterstattung über das dient, was sozial und moralisch unerwünscht, unerlaubt und von niederen Beweggründen ist. Es gibt einige Maßnahmen, die aus Sicht vor allem von gehobenen Milieus unbedingt notwendig sind, auch wenn sie erst mittel- und langfristig Wirkung zeitigen. Danach müsse Gewaltprävention

- in der (frühen) Kindheit anfangen in den Familien, weiter in Kitas und Schulen („Das Hauptaugenmerk auf die frühkindliche Erziehung legen; Erziehung ist alles!");
- zum Ziel haben, Fähigkeit und Motivation auszubilden, sich in die Lage und Perspektive der (konkreten und kollektiven) Anderen hineinzuversetzen sowie die Anerkennung der anderen in ihrer Würde und Andersheit: *Empathie und Toleranz*;
- an der Frustrationstoleranz und Triebsublimierung arbeiten: Respekt vor den anderen – vor der Person unabhängig von ihren Fähigkeiten und Präferenzen (Respekt gerade nicht aufgrund der Überlegenheit des anderen oder aus Angst, beim Angriff selbst verletzt werden zu können). Allein Appelle zur Gewaltfreiheit würden nicht weit führen, weil sie als moralisierende Reize nicht verfingen

(ein Beispiel für die Wirkungslosigkeit ist etwa die 2010 eröffnete FIFA-Kampagne „Fairness und Respekt", die reine Imagemaßnahme ist).

Man könnte aus sozialwissenschaftlicher Sicht einwenden, dass plastische Darstellungen realer Opfer von Gewalt kein sicher wirksames Mittel zur Gewaltprävention sind, sogar dysfunktional wirken können, weil sie in Konkurrenz stehen zur medialen Bilderwelt von Filmen, in denen Gewalt realistisch, intensiv und ausdauernd inszeniert, darüber hinaus stilisiert und normalisiert wird, sogar zentrales Element der Unterhaltung ist. Man könnte ergänzend einwenden, dass die Darstellung typischer Situationen und Opfer von Alltagsgewalt sogar dazu beitragen, die mentale Ausgrenzung anderer zu verstärken, weil sie bestimmte Opfer inszeniert und damit diese Personen (sowie ihre Gruppen, für die sie stehen bzw. denen sie zugeordnet werden) erneut zum Opfer macht, damit die Stigmatisierung fortsetzt und bei potenziellen Tätern Anreize setzt zur weiteren Übergriffigkeit auf Fremde. Solche Überlegungen sind nicht abwegig. Aber sie verleiten dazu, nicht mehr hinzusehen, nicht auf Gewalt in ihren Folgen hinzuweisen und nicht zu skandalisieren, dass eine Person verletzt wurde (auch wenn Dauerskandalisierung zu Abnutzungseffekten führt). Die Verletzungen von Alltagsgewalt nicht zu zeigen und nicht in der Tiefe zu beschreiben, liefe auf eine stillschweigende Akzeptanz dieser Gewalt hinaus.

Übungen dazu – etwa in Lehrmaterialien der Schulen (bspw. wie in den 1970er/1980er Jahren zu „Gastarbeitern") – wären daraufhin zu kontrollieren, keine stereotypen Bilder vom Anderen zu erzeugen („die Flüchtlinge", „die Mercedes-Fahrer", „die Obdachlosen", „diese Radfahrer" etc.). Solche Kategorisierungen tragen zur mentalen Ghettoisierung bei. Mit Blick auf Präventionskonzepte treten mehrere, gegensätzliche primäre Perspektiven (oder Prioritäten) miteinander in Konkurrenz:

- Soll eine Prävention bei den Tätern und Täterinnen ansetzen oder bei den Opfern? Ist eine Prävention, die an Tätern ansetzt, nicht effektiver als eine Stärkung potenzieller Opfer? Oder produziert eine ausgeprägte Täterfokussierung einen lediglich sekundären Blick auf Opfer und macht diese damit erneut zu Opfern? Vor allem Betroffene von Gewalt berichten, dass zwar anfangs über das Leid des Opfers geschrieben und geredet werde, aber das werde schnell langweilig. Spannender für die mediale und politische Aufmerksamkeit seien Täter. Die Unerhörtheit und Brutalität einer Tat, die Abgründe der Motive, die Wurzeln psychischer Disposition in Kindheit und Lebensverlauf lieferten sehr viel mehr Anknüpfungspunkte für spannende Geschichten als das Opfer, das von ihm (meist) zufällig ausgewählt wurde. Über Täter zu sprechen sei spannender, weil diese den aktiven Part hätten, mit merkwürdiger Attraktivität: Die Anziehungskraft des Monsters, Psychopathen, Terroristen. Opfer hingegen erscheinen passiv, alltäglich, normal, unspannend – und beschädigt. Daher die Forderung von Betroffenen für mehr Opferfokussierung: (1) Potenzielle Opfer stärken, damit sich Täter gar nicht erst trauen oder sie als Opfer nicht mehr infrage kommen; (2) nach einer Gewalttat mehr Aufmerksamkeit und Unterstützung für das Opfer. Die zentralen Fragen nach einer Gewalttat sollten sich hauptsächlich auf das Opfer (und nicht auf den oder die Täter) beziehen. Das fordere die Politik darüber nachzudenken, ob die bestehenden Institutionen hinreichend ausgewogen sind in Anzahl, Angebotspalette und Differenziertheit der Strukturen mit Blick auf Täter einerseits, Bedarfe und Bedürfnisse von Opfern andererseits.

- Ein Teil der Bevölkerung hat jenseits der strafrechtlich relevanten Gewalt einen individuellen Gewaltbegriff, der Gewalt allein als *subjektives Erleben* bestimmt: Wenn eine Person einer anderen Person etwas zufügt, physische oder psychische Schmerzen hinterlässt, liege es allein im Ermessen des bzw. der Betroffenen, ob das Gewalt sei. Allein das Opfer könne dies erkennen und definitiv bestimmen. Das umfasse nicht nur körperliches, sondern auch emotionales und atmosphärisches Spüren, ob das Verhalten eines Gegenüber auf sie als Gewalt einwirke. Hier seien die Menschen unterschiedlich robust. Dem setzen andere entgegen, dass bei einem subjektiven Gewaltbegriff manchen gar nicht klar werde, dass ihnen Gewalt angetan werde. Insofern sei es Aufgabe der Präventionsarbeit, die Menschen zu *sensibilisieren* für objektive Verhaltensweisen und Routinen, die nur noch nicht als Gewalttaten gesehen und auf diesen Begriff gebracht werden, die bisher ausgehalten und permanent normalisiert werden. Manche seien durch die Dauerhaftigkeit taub und unempfindlich geworden gegenüber solcher Gewalt, hätten sich auch selbst innerlich hart gemacht, um die Situation überhaupt auszuhalten. Das gelte nicht nur für Kinder, sondern auch für Erwachsene, für eine Reihe von Formen struktureller Gewalt, häuslicher Gewalt, sexueller Gewalt, psychischer Gewalt, verbaler Gewalt, Stigmatisierung, Mobbing, autoritäre Fremdbestimmung etc., über die als *objektive Gewalt aufzuklären* wäre.

Milieuspezifische Perspektiven auf Gewalt

Entscheidend für eine zielorientierte, effektive und nachhaltige Gewaltprävention ist es, die verschiedenen Gewalterfahrungen und Gewalteinstellungen der Menschen zu verstehen, auch ihre subjektiven Vorstellungen zur Gewaltprävention bei der Entwicklung von Konzepten und Durchführung von Maßnahmen zu berücksichtigen, so spontan und monokausal solche Vorschläge auch sind. Das meint nicht, die Vorstellungen der Bevölkerung eins zu eins zu bedienen, sondern sich auf das Spielfeld der jeweiligen Zielgruppe zu bewegen. Die Untersuchung belegt, dass Wahrnehmungen, Erfahrungen, Deutungen und Einstellungen zu Gewalt zwischen den sozialen Milieus nicht totalitär andere sind, aber doch so verschieden hinsichtlich Selektivität, Logik, Sensibilität und Lösungsperspektiven, dass ein genaues Hinsehen und politisch-praktisches Beachten lohnen. Im Folgenden werden diese milieuspezifischen Logiken kurz vorgestellt, zunächst in textlicher Beschreibung der zentralen Aspekte sowie anschließend in grafischer Übersicht. Das entbindet nicht davon, sich die ausführlichen dichten Beschreibungen für jedes einzelne Milieu anzueignen. Es ist für die Leserin und den Leser bei jedem Milieu ein Eintauchen in eine andere (Lebens-)Welt mit je eigener Biosphäre.

> *Vorbemerkung*: Im Folgenden werden Wahrnehmungen von Gewalt aus der jeweiligen Binnenperspektive jedes einzelnen Milieus beschrieben. Die Darstellungen sind mehr als bloße Wiedergabe dessen, was in den Interviews gesagt wurde, sondern Ergebnis der hermeneutischen Rekonstruktion der Interviews und ihrer sozialwissenschaftlichen Analyse. Dazu gehört auch die methodologische Annahme, dass die Angehörigen eines Milieus Expertinnen und Experten ihrer Lebenswelt sind. Damit sind deren Perspektiven noch längst nicht „wahr", vollständig und umfassend. Die milieusubjektive Sicht ist eine Konstruktion, der Befund somit eine Rekonstruktion der Wirklichkeitskonstruktionen der Angehörigen eines Milieus.
>
> Die Milieubefunde sind Fenster in die soziale Wirklichkeit von Gewalt. Wenn es um Alltag und Alltagsgewalt geht, gibt es für eine *empirische* Untersuchung[13] keinen (milieu-)neutralen Zugang, sondern nur den Zugang über Menschen mit ihren Wahrnehmungen, Deutungen, Einstellungen. Multiperspektivität unterschiedlicher Blickweisen auf dasselbe wäre ein Instrument, um sich einen objektiveren Informationsstand über Gewalt im Alltag zu verschaffen. Doch die Multiperspektivität blickt nicht auf dasselbe, sondern ist abhängig von ihrer Alltagswirklichkeit, und diese ist für jedes Milieu (und Geschlecht) eine immer auch etwas andere: Es gibt Erfahrungen von Gewalt in einem Milieu, die es in einem oder mehreren anderen Milieu gar nicht gibt, oder in geringerem Maße, in anderen Zusammenhängen und Formen, wenngleich es Überschneidungen und Ähnlichkeiten gibt. Was die Deutung ebenso schwierig wie spannend macht, ist, dass es zwei Variablenbündel gibt, die beim Verstehen in den Blick zu nehmen sind: (1) die soziale Lagerung eines Milieus in ihrem gesellschaftlichen Zusammenhang und (2) die innere Konstitution eines Milieus (Wahrnehmung, Deutung und Praxis). So werden in den Gewaltbeschreibungen der Frauen und Männer verschiedener Milieus typologische Einstellungen und Erfahrungen kristallin und drücken sich in Narrativen aus. Diese sind selbst ein Datum und eine objektive Tatsache.
>
> Das ist der Grund, warum die folgenden Beschreibungen zu den Erfahrungen und Einstellungen eines jeden Milieus zu Gewalt nicht in indirekter Rede formuliert sind, die eine Wiedergabe der subjektiven Milieuperspektive signalisieren würde, sondern formuliert sind im Indikativ, der suggeriert, dass diese Beschreibung objektiv die Wirklichkeit abbildet. Das genau tut sie: Die Beschreibungen geben wieder, wie die Realität in einem

---

13 Man kann auch nicht-empirisch über Gewalt nachdenken, etwa philosophisch, theologisch, sozialtheoretisch.

> Milieu typischerweise wahrgenommen und gedeutet wird, was in einem Milieu als evident, offensichtlich, „wahr" gilt. Diese – je nach Milieu andere – Wirklichkeitsdeutung und das milieuspezifische Narrativ sind die soziale Realität, um die es im Folgenden geht.

Im Milieu **Etablierte** dominiert die Wahrnehmung, dass alltägliche Aggressivität und Gewaltbereitschaft gewachsen sind, dass die Gewaltformen nicht mehr so krude wie in früheren Zeiten sind, dafür aber in den Mitteln differenzierter und subtiler. Sie verletzen damit nicht weniger die Selbstbestimmung des Einzelnen. Viele der vor einigen Jahren gültigen körperlichen, verbalen und sozialen Tabuzonen werden immer häufiger durchbrochen, meistens aus egoistischen Motiven. Während sie in ihrer Lebenswelt unmittelbare brutale Gewalt nicht erleben, beobachten Etablierte und sind selbst betroffen von Aggressivität in öffentlichen Räumen, deren Gewalt sie als Verstoß gegen die guten Sitten und die persönliche Würde begreifen.

Es sind fast nur Frauen, die über Formen häuslicher Gewalt in ihrem Bekannten- und Nachbarschaftskreis berichten, also in Haushalten der Oberschicht. Diese häusliche Gewalt an Frauen und an Kindern ist nach ihrer Beobachtung durch verschiedene Verschleierungsmittel der Upperclass meistens unsichtbar und ungehört (Villa mit großem Grundstück) und sie wird – im Gegensatz zur häuslichen Gewalt in der Mittel- und Unterschicht – hier nicht vermutet, wird durch exklusiven Lebensstil, elaborierte Kommunikation, Connoisseurship und Distinktion (Sinn für die feinen Unterschiede) nach außen auch verdeckt. Und gerade deshalb wird diese Gewalt in ihrer Dramatik vom sozialen Umfeld (Nachbarn, Freunde) nicht anerkannt oder ernst genommen; auch seitens mancher Mitarbeiterinnen von Hilfsorganisationen, bei denen die Klage seitens der betroffenen Frau (oder ihrer Vertrauten) als Luxusproblem abgetan wird, als unglaubwürdig gilt, auch Häme über Upperclass-Frauen spürbar ist, oder Angst und Unsicherheit bestehen, wie man gegenüber einem beruflich erfolgreichen Mann mit hohem sozialem Prestige und bestem Netzwerk vorgehen sollte, ohne sich selbst in Schwierigkeiten zu bringen. Groß sind die Kommunikationshürden, sich einer Frau (oder einem Mann) in einer Hilfsorganisation anzuvertrauen. Es ist nicht zu vernachlässigen, dass das sozial-hierarchische Gefälle dabei ein wesentlicher Faktor ist, der Hemmungen erzeugt. Das wohlhabend-exklusiv erscheinende Outfit der Frauen verdeckt ihre Armut an Handlungsalternativen. Diesen Frauen fehlen oft finanzielle Ressourcen und soziale Netzwerke, um weggehen zu können, zumal sie dann ihre Kinder verlieren würden (so die Befürchtung); und das Jugendamt ist oft ohnmächtig oder devot bei Fällen von Wohlstandsverwahrlosung.

Dieses Thema kommt seitens der Männer im Milieu selbst nicht zur Sprache: Stattdessen diagnostizieren sie – was auch Frauen aus dem Milieu tun – mit Entsetzen die zunehmende Gewalt seitens der politischen Rechten (Pegida-Demos, Mord an Lübcke, Combat 18); Gewalt aus der bürgerlichen Zivilbevölkerung gegenüber Hilfskräften zur Durchsetzung des eigenen Voyeurismus (bspw.

gegen Sanitäter, Polizisten, Feuerwehrleute); Gewalt im Straßenverkehr durch Gesten, Worte und aggressives Fahrverhalten; herabwürdigende Bezeichnungen politischer Gegnerinnen und Gegner mit Beschimpfungen und falschen Unterstellungen. Hier sehen sie vor allem die gesellschaftlichen Eliten und Führungskräfte in der Verantwortung, diese Gewalt zur Sprache zu bringen – doch gleichzeitig klagen viele Etablierte an, dass die meisten Repräsentanten in hohen Positionen dieser Verantwortung und Vorbildfunktion nicht gerecht werden, sondern durch ihre Sprache und Eigeninteressen unbewusst oder gezielt Wut und Aggression in der Bevölkerung steigern.

Ausgeprägt ist ebenso die Wahrnehmung von kruder körperlicher und psychischer Gewalt in den unteren sozialen Klassen, in Milieus am Rande der Gesellschaft sowie in Teilen der jungen Generation, eine von allen diesen Gruppen ausgehende und zunehmende Aggression in der Öffentlichkeit, insbesondere im Straßenverkehr und auf Demonstrationen: Gewalthandlungen jenseits ihrer Milieugrenzen. Innerhalb ihrer Milieugrenzen wird die eigene Sensibilität für subtile und subkutane Gewaltformen betont (ihre Sensibilität für feine Unterschiede und Stilempfinden wird in den Interviews inszeniert) – eine hohe differenzierte, mehrdimensionale Empfindsamkeit für die guten gewaltfreien Umgangsformen. Rohe (körperliche, verbale, sexuelle, psychische) Gewalt ist innerhalb des Milieus ein Sakrileg, gilt als barbarisch, innerhalb des Milieus als absolute Ausnahme, und wird in exzentrischen Subkulturen am unteren Rand der Gesellschaft oder in extrem traditionell-konservativen Kreisen sowie in extrem autonom-anarchistischen Kreisen lokalisiert.

Insgesamt sehen Etablierte eine Lösung zur Eindämmung von Aggression und Gewaltpotenzial darin, dem Neid in der Gesellschaft vorzubeugen: Das muss einerseits dadurch geschehen, dass jeder Mensch eine existenzielle ökonomische Sicherung braucht und somit Möglichkeitsräume offengehalten werden, sodass jeder und jede die Chance hat, durch eigene Leistung und Power vorwärtszukommen und aufzusteigen. Dazu bedarf es der Akzeptanz von sozialer Ungleichheit sowie der Anerkennung von Leistungsgerechtigkeit (explizit keine Bedürfnisgerechtigkeit, keine Verteilungsgerechtigkeit). Insofern sehen Etablierte eine Prävention darin, über den Mechanismus einer marktwirtschaftlichen demokratischen Gesellschaft aufzuklären (Bildung) und für die Akzeptanz sozialer Ungleichheit zu werben.

Für **Postmaterielle** braucht es weder Flyer noch TV-Spots oder Mediaanzeigen zur Gewaltprävention, sondern Arbeiten an den strukturellen Rahmenbedingungen, die Gewalt befördern. Das sind vor allem die wachsende soziale Ungleichheit und ungerechte Verteilung von Ressourcen; der machtvolle Einfluss von großen Organisationen (Konzerne, Verbände) auf die gestaltende Politik durch Lobbyarbeit; die noch immer vormodernen Geschlechterrollenbilder in der Wirtschaft (Branchen, Karrierewege, Entgeltungleichheit), in den Familien

(Aufgabenteilung im Haushalt, Verteilung der Erwerbseinkommen, ungleiche, asymmetrische ökonomische Abhängigkeiten zwischen Eheleuten) und in vielen Non-Profit-Organisationen wie etwa den Kirchen und politischen Parteien (v. a. auf den Ebenen von Städten und Kommunen).

Vor allem fordern Postmaterielle eine Gegenbewegung zur bestehenden, sich beschleunigenden Ghettoisierung von Klassen, Milieus und Ethnien, bei der sich Gruppen Gleichgesinnter voneinander abkapseln, abschotten, ignorieren oder aufgrund der sozialräumlichen Distanz und Fremdheit Feindbilder erzeugen: Gewaltprävention müsste als Ziel haben, diese (unsichtbaren) Grenzen zwischen den sozialräumlichen und soziokulturellen Ghettos zu überwinden und Brücken zu bauen: Dabei geht es um das Verstehen und Anerkennen des Anderen: Toleranz der Fremdheit! Hier sind Stadtplanung und Sozialarbeit gefordert.

Insofern lehnen Postmaterielle Ad-hoc-Maßnahmen zur Gewaltprävention ab, weil sie ihnen als öffentlichkeitswirksame Luftblase erscheinen und nicht an den Ursachen ansetzen. Eine wirksame und dauerhaft Gewaltprävention erfordert – so mittelbar auch der Bezug zur konkreten Gewalttat ist, so kompliziert das Einbinden der vielen (politischen) Ressorts auch ist, so wenig die avisierten Nachhaltigkeitseffekte nicht dem kurzfristigen politischen Betrieb entsprechen – gesellschaftspolitische und kulturpolitische Arbeit in und an unserer Gesellschaft.

Postmaterielle betonen, dass man Gewalt ganzheitlich fassen muss als Gewalt gegen Lebewesen, insbesondere *gegen Tiere*. Hier geht es nicht nur um die perverse private Misshandlung einzelner Tiere (individuelles Quälen und Töten von Katzen, Hunden, Kühen, Schafen, Vögeln, Fröschen etc.), sondern um Massentierhaltung, Käfighaltung in Haushalten, Tierhaltung auf Bauernhöfen (z. B. Trennung der Kälber von Mutterkühen), Tiertransporte, Vergasen oder Schreddern männlicher Küken etc.: Tiere als verfügbare „Dinge" zu betrachten, überhaupt Tiere zu sortieren in für Menschen „niedliche" Haustiere mit persönlichem Beziehungswert und unpersönliche Nutztiere bis hin zu völlig „nutzlosen" Tieren, ist Verdinglichung von Lebewesen und Ausdruck einer nicht zu rechtfertigen Gewaltherrschaft von Menschen über die Natur. Gewalt gegen Tiere ist für Postmaterielle nicht kategorisch zu trennen von Gewalt gegen Menschen, ist keine nachgeordnete oder weniger dramatische Kategorie. Mit der utopischen Vorstellung einer gewaltfreien Gesellschaft ist Gewalt an Tieren (und der Natur) unvereinbar. Daher kann nach Auffassung von Postmateriellen eine nicht nur an Oberflächen kratzende Gewaltprävention einen anderen Umgang mit Tieren nicht ausklammern, wozu auch eine strukturelle Änderung der Ernährungswirtschaft gehört. Am Umgang mit Tieren wird die grundlegende Haltung zu Gewalt bzw. der Anerkennung anderer Lebewesen sichtbar (gleichsam der Lackmustest).

Mit Blick auf Maßnahmen äußert kein anderes Milieu so sehr wie Postmaterielle die *Ambivalenzen*, die ihnen nicht auflösbar erscheinen, sondern einen offenen und dauerhaften (nicht abschließbaren) gesellschaftlichen Diskurs verlangen: Einer der wichtigsten Aufhänger ist medial vermittelte Gewalt, etwa Cybermobbing

(Cyberbullying, Online Harassment, Cyberstalking etc.). Man hat, so die Einstellung, erst vor kurzem politisch damit begonnen, das Internet als bisher rechtsfreien Raum wahrzunehmen und hier gesetzliche Maßnahmen zu ergreifen, um im Internet Rechtsrahmen zu setzen, die jenen der analogen Welt entsprechen. Ein zentraler Punkt für Postmaterielle ist die Möglichkeit zur Anonymität im Internet, die auch Schutzräume schafft für digital vermittelte Gewalt. Insofern wäre die Abschaffung der Internet-Anonymität eine wichtige Maßnahme – doch als Kehrseite wird betont, dass gerade in repressiven Staaten und Diktaturen die Anonymität vor Verfolgung schützt (so wäre etwa der „Arabische Frühling"[14] ohne das Internet und die Anonymität der Aktivistinnen und Aktivisten nicht möglich gewesen); Internetbeschränkung und -kontrolle wie in China oder der Türkei sind andere Formen der Diktatur. Wieder andererseits haben wir in Deutschland eine demokratisch verfasste Gesellschaft mit dem Grundrecht der Meinungsfreiheit – insofern hat niemand bei einer fairen Meinungsäußerung im Rahmen der Verfassung etwas zu befürchten. Daher sollten bei freier Meinungsäußerung auch jene geschützt werden, auf die solche Äußerungen zielen. Wer frei die eigene Meinung äußert, muss als Autor bzw. Autorin dieser Äußerung adressierbar sein, damit eine Meinung nicht von der Person trennbar ist – und eine Person für ihre Meinungsäußerung zur Rechenschaft gezogen werden muss, wenn diese gegen die Verfassung verstößt oder die Würde anderer Personen verletzt. Auch wenn das Internet global ist, auch wenn User mehrere Benutzernamen haben und so im Netz ihre rechtliche Identität verbergen können – so ist das aus Sicht von Postmateriellen in Deutschland nicht sinnvoll, da hier – weitgehend – Meinungsfreiheit und Rechtsstaatlichkeit besteht. Diffamierung, Hetze, ehrabschneidende Beleidigungen, Morddrohungen oder Aufruf zum Mord gegenüber konkreten Personen in der Anonymität des Internets müssen in Deutschland untersagt werden. Wer seine Meinung sagt, soll auch als Absender der Meinung erkennbar sein und muss für zur Verantwortung gezogen werden können. Insofern sollte die Anonymität des Internets in Deutschland (oder auch in der EU) abgeschafft werden. Auch wenn mit der Transnationalität des Internets jemand technische Wege finden würde, diese Regel zu umgehen, sollten doch zumindest Barrikaden errichtet werden. Risiken und (lebensgefährdender) Missbrauch der bestehenden Anonymität im Internet sind aus Sicht von Postmateriellen mit Blick auf digitale Gewalt, Sexismus und rechte Terrornetzwerke derzeit erheblich – und schwerwiegender als die Vorteile der Anonymität im Internet. Insofern plädieren Postmaterielle energisch dafür, die Anonymität im Internet – zumindest in Blogs und Foren – abzuschaffen, bei gleichzeitiger Sicherstellung, Nutzerverhalten nicht kommerziell oder politisch zu registrieren und zu speichern (Datenschutz!). Auch da zeigt sich die typische „Alltagsdialektik" im Denken und

---

14 Dieser begann im Dezember 2010 in Tunesien, breitete sich bald über viele Länder Nordafrikas und des Nahen Ostens aus. Proteste, Aufstände und Rebellionen erschütterten die autokratischen Systeme der Region.

Abwägen vieler Postmaterieller: Sie befürworten die Abschaffung der Anonymität im Internet, gleichzeitig die Negation durch Forderung unbedingter Abwehr von staatlicher Internetüberwachung sowie Big-Data-Sammelbestrebungen von Unternehmen: kein Überwachungsstaat und Datenschutz gegenüber Unternehmen. Hier gilt es, das Individuum in der Anonymität seiner Tätigkeiten im Internet zu schützen. Aber diese Anonymität erfährt selbst wieder eine Negation (Negation der Negation), weil das Individuum grundsätzlich zur Rechenschaft gezogen werden muss, wenn es Rechte der Meinungsfreiheit in Anspruch nimmt bzw. das Internet nutzt, um Lebenschancen anderer Menschen oder Menschengruppen zu reduzieren (bzw. das Internet genutzt wird zur Organisation von rechtem Terror, von Menschenhandel, von Pornografie etc.).

Ähnliche Ambivalenz äußern Postmaterielle mit Blick auf den (Jugend-) Medienschutz: Zensur versus Gewaltschutz. Das thematisieren Postmaterielle auch mit Blick auf die Freiheit der Kunst, die für sie ein äußerst hohes Gut ist, weil in der Kunst auch das für Emanzipation notwendige kreative Protestpotenzial gegenüber der Gesellschaft liegt; andererseits darf diese Freiheit nicht absolut gesetzt werden und die Kunstfreiheit nicht jenseits der Verfassung über der Würde des Menschen stehen. Einerseits sind Tabuverletzungen eine Form von Gewalt, andererseits kann durch Tabuverletzungen auf ungute, ungerechte Realitäten hingewiesen werden bzw. durch Karikatur, Kabarett, Satire auf die Normalität von Alltagsgewalt – zumal es Formen „fairer Gewalt" erfordert, um beharrliche, traditionell oder legal institutionalisierte Ungerechtigkeit aufzubrechen. Hier stellt sich die Frage nach der Fairness wem gegenüber! Diese Ambivalenzen stellen ein Dilemma dar, erfordern eine Reflexion und Abwägung von Präventionsmaßnahmen, auch die Reflexion über die Spät- und Nebenfolgen dieser Maßnahmen.

Performer haben einen starken Fokus auf konkrete Personen gerichtete physische, psychische und sexuelle Gewalt; hingegen steht strukturelle Gewalt bei ihnen am Rand oder ist ausgeblendet. Nicht zu rechtfertigende physische, psychische oder sexuelle Gewalt findet nach ihrer Auskunft (im dominanten Narrativ) nicht in ihrer eigenen Lebenswelt statt, denn in ihren sozialen Kreisen und Quartieren von *High Potentials* herrscht bis auf höchst seltene Ausnahmen Gewaltfreiheit – aus einem zweckrationalen Kalkül: Gewalt ist kein erfolgreiches Mittel zur Erreichung anspruchsvoller Ziele, sondern schadet im Effekt den Tätern selbst. Physische und psychische Gewalt ist für Performer Symptom einer Krankheit und umfasst kriminelle Gewalttaten (Diebstahl, Erpressung, schwere Körperverletzung, Nötigung, Totschlag, Mord) sowie wahllose Verletzungen anderer aufgrund von Frust, Überforderung, Alkohol- und Drogenkonsum oder die gewaltsame Beschaffung dieser Mittel. So verschieden die Interessen und Anlässe auch sind, letztlich sind all diese Menschen mental gestört.

Für Performer ist „Gewalt" im für sie eigentlichen Sinn aber umfassender, grundlegender und zunächst moralisch neutral ein *Wettbewerb*. Dieser kann fair oder unfair sein – und das macht die moralische Bewertung aus: Gewalt ist ein graduelles Phänomen, das von der Robustheit und Belastbarkeit der Betroffenen abhängt. Nicht jeder Druckimpuls (Zielvorgaben von oben, Leistungsbeurteilungen, Zeitdruck, Erfolgsdruck) ist Gewalt, auch wenn das von Einzelnen so empfunden wird: Das aber ist dann eine Frage der Überforderung. Gewalt ist unfair, wenn die *Grenzen der Fairness* überschritten werden und der Druckimpuls eine Person unbedacht, gezielt oder sogar systematisch überfordert und damit beschädigt. Solche Gewalt kennen sie auch aus ihrem beruflichen Umfeld.

Eine Lösung bei persönlicher Gewalt und unfairem Wettbewerb sehen Performer in einer noch *schärferen Strafgesetzgebung und Strafverfolgung*. Eine praktizierte strategische Schutzmaßnahme für sie selbst ist der Rückzug in das gewaltfreie Quartier von Gleichgesinnten. Darin sehen Performer auch eine gesamtgesellschaftliche Präventionsstrategie. Für sie selbst gilt: Man will unter sich bleiben im multikulturellen Ensemble Hochgebildeter und Hochkompetenter, die es aufgrund ihrer Skills nicht nötig haben, ihre Ziele durch unfairen Gewalteinsatz zu erreichen und bei denen Frust sich nicht derart anstaut, dass sie „ausrasten". Es ist die Präventionsperspektive einer relativ hohen Geschlossenheit bei gleichzeitigem Primat der Individualität, Unabhängigkeit und Freiheit (*Ghetto von Kompetenten auf gleicher Augenhöhe*). Solche sozialstrukturell homogenen Quartiere, die kulturell durchaus heterogen sein können als Pool für Anregung und Weiterentwicklung, schützen den Einzelnen oder die Einzelne zugleich vor Überforderung und Neid: Es ist die Vision einer gewaltfreien Gesellschaft durch wohlseparierte, statusdifferenzierte Klassen bei gleichzeitig kultureller Vielfalt innerhalb einer Klasse. Damit entwerfen Performer eine Präventionsvorstellung der sozialen Separation und Schließung, die im Gegensatz steht zur Präventionsvorstellung von Postmateriellen, die im Durchbrechen von soziokulturellen und sozialräumlichen Ghettos eine Lösung sehen.

Neben der schärferen Strafgesetzgebung und der sozialraumbezogenen Strategie sehen Performer eine weitere, die auf individuelle Persönlichkeitsformung setzt: Aus ihrer Sicht ist der erste und beste Ansatz, nicht zum Gewalttäter zu werden, eine stabile innere Struktur. Diese Vorstellung der Gewaltprävention ist radikal individualisiert. Der Einzelne bzw. die Einzelne muss sich selbst eine Struktur geben, eigene anspruchsvolle Ziele setzen, sich für diese engagieren, dafür die notwendigen Kompetenzen sich aneignen oder beschaffen – und wird damit immun gegenüber den bei der Zielerreichung erwartbaren Schmerzen. Gewaltprävention besteht in der „Selbstausrüstung" jeder einzelnen Person, die faire Forderungen dann nicht mehr als Gewalt erlebt, sich gegen unfaire gewaltsame Übergriffe zur Wehr setzen kann bzw. an diesen nicht zerbricht (bei illegaler Gewalt müssen natürlich harte strafrechtliche Sanktionen folgen). Wer für diese Selbstausrüstung unsicher oder nicht kompetent ist, für den sollte es fachliche Beratung und Unterstützung geben (z. B. ist das ein wichtiges Feld der Sozialarbeit); darüber hinaus gibt es hier schon einen Markt an professionellen Beratern, Coaches und Trainern (und einen Berufsverband). Wenn man sich selbst eine Struktur und Ziele gibt, ist allerdings darauf zu achten, sich nicht zu überfordern. Das gilt auch für Führungskräfte mit Blick auf Untergebene: Die Ziele sollten anspruchsvoll *und* erreichbar sein! Wenn sie das nicht sind, ist dieses unfaire Gewalt. Flankierend ist notwendig, eine positive Einstellung zu den selbst gesetzten Zielen, zum eigenen Leben und zu den Herausforderungen der Welt zu bekommen und sich diese zu bewahren: Das ist mentale Arbeit und erzeugt einen Schutzschild.

Konservative haben im Kern ihrer Identität als *Zoon Politikon* eine Passion für eine funktionierende, organisch „gesunde" Gesellschaft. So beobachten Konservative aufmerksam gesellschaftliche Entwicklungen hinsichtlich ihrer funktionalen *und* moralischen Zukunftsfähigkeit. Mit Blick auf die Fürsorge und Sicherheit des Gemeinwesens wie jedes Individuums diagnostizieren sie einen in den letzten Jahren gewachsenen Egoismus und eine zunehmend unverhohlene Aggressivität ohne Scham und Anstand, ohne Rücksicht und Reflexion auf moralische Prinzipien. Groß ist das Unbehagen, sich in Deutschland nicht mehr in alle Viertel und Parks einer Stadt zu jeder Zeit risikolos wagen zu können, dass man auch an öffentlichen Plätzen (Treppen, Bahnhof) jederzeit verletzt werden kann durch eine Gewalt, die unvorhersehbar ist, ziellos jeden treffen kann (auch das Lebensalter schützt nicht!), immer hemmungsloser und brutaler wird. Solche Gewalt kommt aus Sicht von Konservativen nicht nur, aber überwiegend von jungen männlichen Ausländern, die in einer anderen Kultur aufgewachsen sind und wenig Bereitschaft oder Anker haben, sich der deutschen Gesellschaft anzupassen und einzufügen. Beklagt wird neben Respekt- und Rücksichtslosigkeit gegenüber Anderen (v. a. Älteren) auch ein häufig machohaftes Verhalten (selbst bei jungen Jugendlichen, v. a. bei jungen Erwachsenen): Es fehlt immer mehr an dem, was Konservative selbst als zwar altmodische, aber immer noch treffende Bezeichnung anführen: Anstand.

Während sie vor einigen Jahren auf solche Regelverletzungen stets unmittelbar reagierten, die Agitatoren direkt ansprachen und couragiert anmahnten, dass solches Verhalten nicht gehe (Zigarettenkippen wegwerfen, auf der Straße miteinander raufen, andere provozieren, in Bussen und Bahnen die Schuhe auf Sitze stellen), ziehen sie sich nun zunehmend zurück, denn die Reaktionen der Angesprochen sind von solch verbaler Aggressivität und körperlicher Drohung, dass sie sich dem nicht aussetzen und keine körperlichen Übergriffe riskieren wollen.

Ansätze zur Prävention von Gewalt sehen Konservative primär in vier Bereichen: (1) Mehr Präsenz der Polizei vor Ort, wobei die eingesetzten Polizisten und Polizistinnen unbedingt wieder mehr Nähe, Vertrautheit und Informiertheit mit den lokalen Gegebenheiten haben sollten. Das verlangt ein verändertes Berufs- und Rollenverständnis der Polizei: nicht nur (schweigend) Streife gehen oder bei Notrufen kommen, sondern Sicherheits- und Sozialpartner der Bevölkerung vor Ort sein. Es geht darum, nicht noch mehr öffentliches Terrain zu verlieren, sondern im Gegenteil, bereits verlorenes Terrain wieder zu jeder Zeit zugänglich und sicher zu machen. (2) Die Erziehung in Kitas und Schulen sollte neben der (wichtigen) Wertschätzung individueller Bedürfnisse künftig verstärkt die Wertschätzung von Respekt gegenüber dem Anderen und Fremden vermitteln sowie die Verpflichtung jedes und jeder Einzelnen gegenüber der sozialen Gemeinschaft jenseits der eigenen Peergroup sowie gegenüber dem Gemeinwesen. Hier gilt es das Bildungsziel zu vermitteln, dass eine funktionierende Gesellschaft von jedem und jeder Einzelnen eine Balance von Ansprüchen individueller Bedürfnisse und sozialem Engagement erfordert, was von jeder und jedem Einzelnen unbedingt eine Domestizierung eigener Gefühle, Begehrlichkeiten und Triebe erfordert. Die Gesellschaft darf von den einzelnen Mitgliedern nicht als frei verfügbarer und ausbeutbarer Pool zur Erreichung individueller Ziele und Bedürfnisse begriffen werden – das ist nicht nachhaltig, wird dem Menschen als soziales und politisches Wesen nicht gerecht und ist Raubbau am Fundament jeder Gesellschaft. (3) *Frauen stärken*: Da Frauen deutlich häufiger von Gewalt betroffen sind und sich Täter – mangels Selbstbewusstsein – meistens schwach wirkende Personen als Opfer suchen, ist aus Sicht von Konservativen eine wirksame Präventionsstrategie, Frauen zu stärken zu souveräner Widerständigkeit in ihrer inneren Haltung, im äußeren Auftreten und in ihrem konkreten Verhalten in bedrohlichen Situationen. Das gilt für Begegnungen im öffentlichen Raum, in beruflichen Kontexten sowie in der Familie. Dabei sind die Situationen und Formen ausgeübter Gewalt qualitativ und graduell so unterschiedlich, dass man als potenzielles Opfer über ein breites Repertoire an Reaktionsmuster verfügen muss, um angemessen und bestimmt reagieren zu können. Das benötigt Übung und Routine. Dies ist aus Sicht von insbesondere Frauen aus dem Milieu eine wichtige Bildungsaufgabe, für die kommunale und lokale Bildungsträger (z. B. VHS) Sorge tragen könnten und sollten. (4) Sozialarbeit vor Ort mit der Aufgabe, unzufriedene, orientierungslose oder haltlose Menschen zu unterstützen: ihnen eine Struktur zu(rück) gewinnen helfen, mit ihnen eine Lebensperspektive entwickeln, Chancen und neue Wege aufzeigen, einen sinnvollen Platz im Gemeinwesen finden und ihre Energie in konstruktive Richtungen lenken.

Traditionelle verbinden mit dem Wort „Gewalt" hauptsächlich *körperliche* durch Raufereien, Schläge, Fußtritte, auch den Einsatz von Waffen; im engeren Sinn kriminelle Gewalt durch Gewohnheitsverbrecher, organisiertes Verbrechen (Raub, Erpressung, Menschenhandel, Mord) sowie Gewalt durch (Links-) Terroristen. Alle anderen Formen von Gewalt stehen dahinter zurück. Psychische Gewalt, verbale Gewalt, Mobbing etc. sind zwar dem Namen nach bekannt, werden aber kommentiert als „das gibt es natürlich auch noch, und das ist ganz schlimm, oft sogar schlimmer als körperliche Gewalt". Doch solche Äußerungen sind nur Signale der Bekanntheit und spielen in der eigentlichen Perspektive zu Gewalt keine Rolle. Auch physische Gewalt rückt in diesem Milieu nur in Ausschnitten in den Bereich der Wahrnehmung und des Sagbaren: Vor allem häusliche Gewalt und sexuelle Gewalt sind weitgehend tabuisiert. Ein genaues Hinsehen und Erklären solcher Gewalt im näheren Umfeld verbietet sich, weil dies nicht nur die Beteiligten, sondern auch die Beobachtenden sozialmoralisch stigmatisiert. Strukturelle abstrakte Gewalt spielt keine Rolle, weil hier kaum Begrifflichkeit, Sensorik und paradigmatische Beispiele ausgeprägt sind bzw. es kaum einen Resonanzboden in der lebensweltlichen Binnenkommunikation gibt. Die Wahrnehmungsfilter für Gewalt sind in diesem Milieu *konkret* (statt abstrakt), *situativ* (statt strukturell), *personenbezogen* (statt organisationsbezogen). Täter werden identifiziert als typisch für ein (nationales, ethnisches, religiöses, unmoralisches) *Kollektiv* – nicht als davon abweichendes Individuum (es sei denn, der Täter kommt aus der eigenen Nahwelt).

Zugleich wird betont, dass man im eigenen Umfeld heute „eigentlich gar keine Gewalt mehr wahrnimmt": Früher hat es viel mehr (körperliche) Gewalt gegeben, aber die Erziehungsmethoden in Familien und Schulen haben sich zum Glück verändert, sodass Schläge und Ohrfeigen nicht mehr erlaubt sind, ebenso der Umgang mit Mitarbeitenden im Betrieb. Gleichwohl ist die Zeitdiagnose, dass es heute viel mehr Gewalt als früher gibt, aber diese Gewalt findet nicht in ihrem eigenen Umfeld statt, sondern in den großen Städten: Dort sind Brennpunkte von Gewalt durch *Durchmischung* von Menschen unterschiedlicher, ethnischer und nationaler Herkünfte sowie durch *Unübersichtlichkeit* und *Anonymität*, sodass es keine soziale Bindung und Kontrolle mehr von Einzelnen und Gruppen gibt. Dieser weitgehend schon aufgelöste soziale Zusammenhang, die Entbindung und Entsolidarisierung der Einzelnen vom Gemeinwesen führen dazu, dass sich exzentrische Ansichten entwickeln, dass Einzelne und Gruppen einen Tunnelblick entwickeln, die Orientierung verlieren und aus Verzweiflung gewalttätig werden, oder ihre weltanschaulich-ideologischen Ziele mit allen Mittel erreichen wollen.

Das zentrale Kriterium der Weltwahrnehmung ist die Unterscheidung zwischen *Eingebunden-Normalen* versus *Aus-der-Ordnung-Gefallenen*. Gegenüber dem anderen gewalttätig zu werden ist ein Sakrileg; insofern ist die Einbindung in die Ortsgemeinschaft ein Schutz vor Gewalt: Der oder die Einzelne ist geschützt vor Übergriffen; man wird aber auch davor bewahrt, selbst gewalttätig zu werden. Vor allem Traditionelle in ländlichen Regionen beschreiben ihre eigene Lebenswelt als „Käseglocke" und kontrastieren sie mit der anonymen (Groß-)Stadt. Damit einher geht eine Bagatellisierung von Gewalttaten innerhalb der eigenen Nahwelt bei gleichzeitiger Dramatisierung und Dämonisierung von Gewalt in den Städten, über die man in der lokalen Tageszeitung und in Zeitschriften (Yellow Press) liest sowie in den Nachrichten durch Wörter und Bilder erfährt.

Das voreingestellte Erklärungsmuster für Gewalt (in der Regel von Männern – weil Frauen qua Geschlechterrollenbild in der Regel nicht gewalttätig werden) sieht ursächlich moralische und tugendhafte Defizite, eine mangelnde Trieb- und Affektkontrolle, einen Mangel an Selbstdisziplin. Wer durch übermäßigen Alkoholkonsum (oder gar Drogen) gewalttätig wird, aus Habgier oder Zorn andere angreift, hat einen moralischen Defekt und ist aus der Ordnung gefallen. Hier ist man mit Blick außerhalb der Ortsgemeinschaft pessimistisch und hofft auf einen starken Staat, der Gewalt durch hohe Strafen sanktioniert und auch präventiv Straftäter in Sicherheit bringt. Mit Blick auf die Gewalt innerhalb der Ortsgemeinschaft sieht man sich selbst in der Verantwortung, sich um einzelne gewalttätig gewordene Gemeindemitglieder zu kümmern, sie „zurückzuholen" und einzubinden. Hier haben die zahlreichen Vereine eine wichtige Funktion und sind ein effektives Mittel zur Gewaltprävention.

In der **Bürgerlichen Mitte** wird Gewalt spontan assoziiert mit körperlicher Gewalt, doch reflexhaft wird auf psychische Gewalt hingewiesen mit dem Kommentar, dass psychische Gewalt oft weniger offensichtlich, schwieriger zu identifizieren und einem Täter/einer Täterin nachzuweisen ist. Auch sind die Empfindlichkeiten und Verletzbarkeit der Menschen bei psychischer Gewalt weitaus unterschiedlicher und diffuser als bei körperlicher Gewalt ohnehin schon. Das prominenteste Thema bei Gewalt – noch vor medialen Berichten über terroristische rechtsradikale Anschläge – ist derzeit Mobbing, ein etabliertes, sorgen- und angstbesetztes Ankerwort in der Bürgerlichen Mitte. Mobbing gilt als moderne und zutiefst perfide Form von Gewalt, wird kategorisiert als psychische Gewalt und verortet an Schulen (hier gilt die Sorge ihren eigenen Kindern) und am Arbeitsplatz (hier gilt die Sorge dem eigenen Arbeitsplatz und Existenzeinkommen). Hingegen wird strukturelle Gewalt gar nicht oder äußerst randständig thematisiert. Gleichzeitig ist signifikant, dass die aufgezählten Beispiele wahrgenommener Gewalt ein Spiegel der aktuellen lokalen oder überregionalen Berichterstattung in den Medien sind: im Zeitraum dieser Untersuchung etwa Kindesmissbrauch-Ermittlungen in Bergisch-Gladbach und Münster, der Mord am Kasseler Regierungspräsidenten Walter Lübcke (Prozessauftakt im Juni 2020), rechtsextremistische Anschläge in Halle und Hanau etc.

Auffallend ist die Demonstration des eigenen aktuellen Wissensstands über die vielfältigen Mittel, Schweregrade und Folgen körperlicher und psychischer Gewalt. In der Bürgerlichen Mitte gibt es eine ausgeprägte Überzeugung der Omnipräsenz von Gewalt, von der jede und jeder – unverschuldet und unvorbereitet – getroffen werden kann, wenn man sich nicht schützt durch Vermeidungs- oder Selbstverteidigungsstrategien. Berichte von Freundinnen, Freunden und Bekannten sowie Berichte in den Medien über eine Gewalttat werden konfirmatorisch als Bestätigung gelesen, dass die Gesellschaft zunehmend unsicher ist und Gewalt überall droht. Die Gefahr kann aus allen Richtungen kommen – allein im Kreis der Familie und im Freundeskreis kann man sich noch wirklich sicher fühlen; „draußen" kann Gewalt aus allen möglichen Richtungen kommen, von Angehörigen der Unter- und Oberschicht, von links- und rechtsextremen Subkulturen. „Draußen" – das sind Sphären außerhalb der eigenen privaten und beruflichen Lebenswelt und Areale. Männer (und Frauen), die gewalttätig werden können, sind nicht mehr leicht äußerlich zu erkennen; es gibt keine sicheren Erkennungssignale mehr. Die früher gültigen Indikatoren sind nicht mehr verlässlich und ausreichend.

Diese diagnostizierte Unübersichtlichkeit führt zur Maxime der Abschottung. Nirgends ist man mehr vor Gewalttätern sicher, die bisher („Gott sei Dank") nur vereinzelt in ihre eigene Lebenswelt eindringen, die aber permanent gefährdet ist – darin liegt die Bedrohlichkeit und das verlangt Abwehrmechanismen zum Selbstschutz. Die vielfachen Beschreibungen von Gewalt außerhalb ihres eigenen Umfelds dienen ebenso der Statusvergewisserung wie der Legitimation ihrer sozialen Schließung. Es gilt, die eigene Lebenswelt vor den Gewaltsphären der Gesellschaft abzuschotten. Dazu gehört auch, „gewalt-infektiöse Elemente" im weiteren und näheren Umkreis zu isolieren, zu stigmatisieren und loszuwerden.

In der Vorstellung dieses Milieus kommt Gewalt nicht aus der Mitte der Gesellschaft, sondern zum einen von den extremen Rändern (exzentrische Personen hinsichtlich ihrer sozialen Lage, ihres Lebensstils, ihrer religiösen oder politischen Weltanschauung = Ideologie), zum anderen durch neue Technologien (Handy, Internet), die anonyme geschlossene Subkulturen und Splittergruppen befördern. Diese Strömungen dringen mit wachsender Aggressivität zunehmend in die Mitte vor bzw. man begegnet ihnen, wenn man beruflich oder privat jenseits der lebensweltlichen Areale unterwegs ist – und vor digitaler Gewalt kann man sich mit bewährten Mechanismen des Rückzugs nicht schützen. So ist man vielen Risiken ausgeliefert, wenn man sich jenseits der vertrauten Orte und Websites bewegt. Daher gilt der Fokus diesem Grenzschutz, und groß ist die Sensibilität gegenüber fremden Personen, Äußerungsformen und Strömungen. Die Neigung zu Schließung ist derzeit stärker als die Neigung zu Öffnung.

Während im Milieu der Traditionellen das Muster der Verniedlichung und Bagatellisierung lokaler Gewalt im eigenen Umfeld bei gleichzeitiger Dramatisierung der Gewalt „anderswo, draußen", vor allem „in den Großstädten" dominiert, besteht in der Bürgerlichen Mitte im Gegenteil eine hohe Sensibilität für *weak signals* von Gewalt im weiteren lokalen Umfeld. So zieht man bereits vor oder bald nach der Familiengründung weg aus einem sozialstrukturell und ethnisch durchmischten Stadtteil in einen homogenen Stadtteil des moderaten Wohlstands oder von der Stadt in das ländliche Umfeld, damit die Familie sicher ist. Im Wohnumfeld Gleichgesinnter kann man leichter Freundschaften schließen, hat Kontakt und Überblick. Gleichwohl schätzen viele das Leben in Städten und urbanen Zentren aufgrund der Infrastruktur und des Angebots (es gibt also nicht die bei Traditionellen häufige Dämonisierung und Stigmatisierung von Städten); aber der Blick der Bürgerlichen Mitte ist stark geprägt von der Kategorisierung von sicheren Orten und Pfaden (die man nutzt) versus unsicheren Orten und Pfaden (die man möglichst meidet).

Zugleich dominiert die Lebensregel, dass man nicht in Defensive und Larmoyanz versinken darf. Die Mitte hat ein ausgeprägtes Gespür für den Zusammenhang von innerer Haltung und Ausstrahlung. Sie hat sich selbst verordnet, gegen die gelegentlich stark empfundene und latent stets präsente Alltagsbedrohung anzukämpfen, keine Schwächen zu zeigen (nur unter engen Vertrauten – dort aber ist das ein wichtiges Ventil), sondern nach außen Toughness (Zähigkeit, Robustheit) und selbstbewusste Stärke zu demonstrieren. Man hat gelernt, dass ein dauerhaftes An-sich-Zweifeln und Angst-haben bereits psychologische Nachteile sind.

Die Maxime der Schließung erzeugt in der Bürgerlichen Mitte eine tiefe Ambivalenz: Denn es ist Kern der Milieuidentität, modern zu sein. Das verlangt, sich zu verändern und zu bewegen (mental, sozialräumlich, kulturell). Dies sind einerseits berufliche Erfordernisse, andererseits persönliche Bedürfnisse nach Teilhabe an neuen Entwicklungen und Angeboten. Insofern zeigt sich hier ein prekärer Balanceakt, den es auszuhalten gilt: Risiken vermeiden und sich diesen nicht aussetzen; gleichzeitig offen sein für Neues, Fremde(s), Wagnisse eingehen, neugierig bleiben. So befürwortet die Mehrheit der Bürgerlichen Mitte eine Doppelstrategie zur Gewaltprävention: einerseits seitens des Staates eine schnellere Strafverfolgung mit härterer Bestrafung von Gewalttätern; andererseits die private Abschottung und Aufrüstung. Da man Täter nicht präventiv in Haft nehmen kann, sind Maßnahmen zur Gewaltprävention auf das Opfer zu fokussieren: Es gilt, potenzielle Opfer zu stärken, sodass man gar nicht erst zum Opfer wird. Insofern dient Prävention dazu, *am äußeren Erscheinungsbild und am Selbstbewusstsein des Einzelnen zu arbeiten*, sodass man für potenzielle Täter als Opfer nicht infrage kommt (nicht „attraktiv" ist), sondern ein Täter es als zu riskant erachtet, gegenüber dieser Person übergriffig und gewalttätig zu werden. Gewaltprävention ist insofern *Covering*: Kaschieren eigener Schwächen, Oberflächenarbeit, individuelles Marketing mit dem Ziel der Übergriffvermeidung.

Im Milieu **Benachteiligte** ist die Einstellung zu Gewalt sehr stark durch eigene Gewalterlebnisse in Kindheit und Jugend geprägt (Gewalt zwischen und von Eltern). Die aktuelle private Lebenssituation wird als weitgehend gewaltfrei beschrieben und in den Erzählungen kontrastiert mit früheren Lebensgefährten und -gefährtinnen, von denen sie immer wieder verbale, psychische und auch physische Gewalt erlitten haben (Frauen-Perspektive), oder mit denen es immer wieder auch zu körperlichen Auseinandersetzungen gekommen ist (Männer-Perspektive). Es scheint eine Norm zu sein, sich zum Gewinn sozialer Anerkennung als jemand darzustellen, der diese früheren Phasen aktiver Täterschaft (Männer) oder duldsames Opfersein (Frauen) überwunden hat, nun frei ist und durch diesen Übergang Stärke bewiesen hat.

Männer beschreiben häufig die Geburt ihres Kindes als einen solchen Moment der Zäsur, denn das Kind soll durch Streit in der Partnerschaft keinen psychischen Schaden nehmen. Daher die errungene Maxime, sich nicht mehr (vor dem Kind) zu streiten (anzuschreien, einander körperlich anzugehen), sondern bei angestauter Wut und Aggression gegen die Partnerin aus der Situation zu fliehen, um anderswo (Sport, Spazierengehen) runterzukommen. Groß ist der Wunsch nach einer Notfall-/Hotline-Gesprächsperson in Situation eskalierender Gewalt. Auch in einer Vaterschaft ringen viele Männer mit ihren immer wieder negativen und sich aufschaukelnden

Emotionen, ihren Aggressionen gegen andere und ihrer Tendenz zu zornigen körperlichen Reflexen, die eine Eigendynamik entwickeln können.

Frauen beschreiben, häufig in einer dramaturgischen Erzählart, dass ihre persönliche Unsicherheit vor Gewalt im öffentlichen Raum in den letzten Jahren erheblich gestiegen ist. Brennpunkte ihrer Unsicherheit sind Busstationen und Bahnhöfe, ebenso Parks und bestimmte Straßenzüge in bekannten (ausländerreichen) Quartieren ihrer Groß- oder Kleinstadt. Vor allem spätabends oder nachts trauen sie sich nicht, gestalten ihren Heimweg von der (Schicht-)Arbeit, von Freizeitveranstaltungen oder Freundestreffs als Spießroutenlauf durch diese Zonen. In diesem Milieu dominiert die Vorstellung von Menschen, die immer unberechenbarer in ihrem Verhalten sind, viele unkalkulierbar gewalttätig sind, bei Gewalt keine Grenzen mehr kennen und hemmungslos auf ihr Opfer einschlagen oder -treten. Unter Betonung, dass sie selbst nicht rassistisch oder ausländerfeindlich seien, weisen sie darauf hin, dass sie diese Beobachtung vor allem seit den Flüchtlingswellen ab 2015 machen, durch islamistische Terroranschläge und Medienberichte über Vergewaltigungen durch junge Flüchtlinge aus Nordafrika oder Syrien.

Als dringliche Maßnahme zur Prävention fordern sie mehr Polizeipräsenz in der Öffentlichkeit, mehr Eingriffskompetenzen der Polizei auch schon zur Verhinderung von Gewalt sowie eine schnellere sowie deutlich strengere (abschreckende) Rechtsprechung (Verurteilung): Sie wollen diese Maßnahmen zu ihrem eigenen Schutz. Mit Blick auf Jugendliche empfehlen sie mehr Angebote von Jugendtreffs: einen festen Ort als ein zweites, alternatives Zuhause von Jugendlichen, damit diese nicht mehr ziellos durch die Stadt vagabundieren; ein Zentrum, das nahezu durchgehend offen ist für junge Leute, ihnen Beschäftigungsmöglichkeiten bietet sowie Ansprechpersonen aus der Sozialarbeit.

Im Milieu **Hedonisten** wird Gewalt wahrgenommen in zwei Hinsichten: als *Einschränkung individueller Freiheit* (zur Selbstverwirklichung) und als *Demütigung von Menschen*. Von ihnen häufig genannte Sphären der Gewalt sind die Schließung der deutschen Grenzen und EU-Außengrenzen gegenüber Flüchtlingen während der Flüchtlingswelle aus Syrien und Afrika, wodurch Tausende im Mittelmeer ertranken; Flüchtlingslager in Italien (z. B. Lampedusa) und Griechenland (Lesbos/Moria, Samos etc.), in denen Menschen wie in Konzentrationslagern eingepfercht und entrechtet werden; auch Aufnahmezentren, in denen kaum getrennt nach Geschlecht, Nationalität etc. und ohne Arbeitserlaubnis und ohne echte Beschäftigungsmöglichkeiten, „Menschen wie Vieh gehalten werden"; dazu der wachsende Rassismus innerhalb der deutschen Bevölkerung (Pegida, AfD), häusliche Gewalt, Aggression im Straßenverkehr, Gewalt in Clubs und auf Volksfesten, sexuelle Belästigung sowie Cybermobbing.

Groß ist die Sensibilität gegenüber *häuslicher Gewalt an Frauen und Kindern*. Bei häuslicher *Gewalt* vermuten Hedonisten eine große Dunkelziffer. Gewalt in Familien geht aus ihrer Sicht keineswegs nur von Vätern aus, sondern auch von

Müttern. Frauen aus diesem Milieu thematisieren auch häusliche Gewalt an Männern durch die Lebenspartnerin, mit dem Hinweis, dass häusliche Gewalt an Männern am stärksten tabuisiert wird. Das liegt nach ihrer Auffassung daran, dass solche Gewalt gesellschaftlich nicht anerkannt und erst genommen wird. Als Mann von einer Frau (gar der Ehefrau) geschlagen oder sexuell misshandelt zu werden, kann man sich aufgrund der körperlichen Kräfteverhältnisse und auch bildlich gar nicht vorstellen, läuft jeder gängigen Vorstellung zuwider: Das traditionell-konventionelle Geschlechterbild verursacht und verstetigt die Tabuisierung solcher Gewalt an Männern. Wenn ein Mann von einer Frau körperliche Gewalt erleidet, gilt das als tiefste Verletzung der Würde *als Mann*. Männlichkeit ist nicht nur verletzt, nicht nur infrage gestellt, sondern der Lächerlichkeit preisgegeben.

Dass bestimmte – und immer mehr – Menschen gewalttätig werden, erklären sich Hedonisten mit aufgestautem Frust in dieser auf Leistung getrimmten Gesellschaft, sodass Gewalt einfach ein spontaner, irrationaler Frust- und Stressabbau ist. Die Vorstellung ist, dass aufgrund äußerer Umstände sich in einer Person Stress ansammelt und aufstaut, bis der Druck so groß wird, dass dieser nicht mehr aus- und aufzuhalten ist. In dieser Vorstellung gibt es zwei Varianten: (1) Bei einigen entlädt sich der innere Druck plötzlich aufgrund nichtiger Ereignisse, die mit der Stressursache oder dortigen Personen gar nichts zu tun haben – sie verlieren in diesem Ausbruch ihre Selbstkontrolle. (2) Andere suchen sich gezielt Orte und Personen, an denen sie ihre inneren Aggressionen abbauen können, oder auch Lust, Macht und Überlegenheit fühlen können. Dazu provozieren sie andere oder deuten eine Äußerung anderer willkürlich als Provokation, um einen Anlass zur Gewaltausübung zu haben.

Zutiefst ambivalent ist das Bild von der Polizei: Sie ist einerseits ihr Sicherheitsgarant für ihre Selbstverwirklichungsbedürfnisse, andererseits Spaßverderber, wenn die Polizei sie kontrolliert, Feiern der Lautstärke wegen unterbricht, Personen nach Rauschmitteln durchsucht und diese konfisziert. Gleichwohl haben Hedonisten ein fundamentales Vertrauen in die Polizei als Sicherheitsgarant und verlässliche Hilfe in Notsituationen; hegen aber zunehmend den Verdacht (aufgrund eigener Erfahrungen sowie der Ereignisse um das neue Polizeiaufgabengesetz) eines allmählich wachsenden Polizeistaates.

In keinem anderen Milieu sind die inneren Bilder zu Gewalt so sehr von Spielfilmen geprägt. Natürlich sei ihnen bewusst, dass Spielfilme Fiktionen sind und (längere) Gewaltszenen äußerst überzeichnet. Spielfilme und Serien aus meist amerikanischen oder asiatischen Produktionen sind eine Leidenschaft von vielen in diesem Milieu. Auffällig ist die Gleichzeitigkeit der Faszination nach Actionfilmen mit ausführlichen Gewaltszenen (1); von sporadischem Nachsinnen, dass solche Gewaltbilder unrealistisch und eigentlich furchtbar sind (2); dass man auf solche Unterhaltung aber nicht verzichten will und keine Zensur solcher Bilder will (3).

Zu Prävention fällt Hedonisten zuvorderst Bildung und Aufklärung ein – diese sollten in der frühen Kindheit und in der Jugend ansetzen. Dazu kommt sozialarbeiterische Anleitung zur Reflexion bei aktuellen und potenziellen Tätern und Täterinnen: dem Angreifer bzw. der Angreiferin einen Spiegel vorhalten; die Umkehrung der Perspektive. Der Täter bzw. die Täterin sollte die eigene Tat von außen mit den Augen der anderen betrachten: der Opfer, des Umfelds. Doch wohl erst, wenn von Freundinnen, Freunden und geschätzten Bekannten des Täters bzw. der Täterin die Botschaft der Missachtung seiner bzw. ihrer Gewalttat käme (und gerade nicht deren Anerkennung und Befeuerung), wenn eine Gewalttat im eigenen Kreis zum Stigma würde und soziale Ächtung droht, würden sich aggressive Personen deutlich mehr zähmen.

Expeditive nehmen eine in den letzten Jahren gewachsene Alltagsaggressivität und -gewalt wahr. Die für Angehörige dieses Milieus äußerst wichtige Freiheit des Individuums ist nach ihrer Erfahrung im bürgerlichen Mainstreams umgeschlagen in eine extrem egoistische Liberalität: Immer mehr machen ihre eigenen aktuellen Befindlichkeiten, Ziele und Weltanschauungen zum alleinigen Maßstab – ohne Respekt für Ansichten und Verletzbarkeiten anderer. Die nicht mehr auf bestimmte Personenkreise, Orte und Situationen eingrenzbare Wut und Gewalt können jede und jeden unvorbereitet treffen, haben einen lähmenden Effekt, behindern Kreativität und Entwicklung. Das Schlimme an Gewalt ist, dass sie in den Lauf eines Individuums einbricht, eine Person körperlich, mental und emotional aus der Bahn wirft. Daher pochen Expeditive für eine striktere Einhaltung von sozialen Regeln des wechselseitigen Respekts, Unversehrtheit und Autonomie. Nur wenn *Rules for Autonomy* gelten, sind Freiheit und individuelle Entfaltung der Einzelnen möglich.

Alltagsgewalt kommt *nicht* – wie die mediale Berichterstattung suggeriert – hauptsächlich von Rechts- und Linksextremisten, subkulturellen Szenen, Kriminellen, sozial Benachteiligten, Drogenabhängigen oder Geisteskranken, sondern aus allen sozialen Segmenten. Expeditive thematisieren ein vielfältiges Spektrum an Gewalt: unbeabsichtigte körperliche Verletzungen im Alltag, die mit einem „Tschuldigung" abgetan werden; häusliche Gewalt an Kindern und Frauen (und Männern – wie Frauen dieses Milieus thematisieren), organisierter sexueller Missbrauch von Kindern und Frauen, rassistische Gewalt, mental-mediale Normalisierung von Gewalt durch die Dominanz von Krimis und Actionfilmen (Blockbuster) mit der Darstellung brutaler Schurken und mutiger Helden mit technischem Geschick und körperlicher Gewalt im Dienst der „guten Sache". Expeditive betonen ebenso medial-strukturelle Gewalt, weil gewaltfreie oder nicht dem bürgerlichen Mainstream folgende kreativ-innovative Filmgenres kaum Raum finden. Öffentlich-rechtliche wie private Fernsehsender bedienen nur scheinbar ein vorhandenes Zuschauerbedürfnis nach Gewalt – tatsächlich erzeugen sie diese Bedürfnisse und Nachfrage durch die allzu häufige Darstellung und Promotion dieser Genres: Gewalt als Mainstream-Story wird so normalisiert und Maßstab bürgerlicher Unterhaltungsreize.

Die wachsende Alltagsgewalt erklären sich Expeditive häufig mit zu hohem Leistungsdruck, falschen Anreizen und mangelnder Eigenliebe: (1) Ein Frust,

Aggressivität und Gewaltimpulse befördernder Faktor ist der gesteigerte Leistungs- und Zeitdruck in der Wirtschaft. Hier befinden sich die Menschen im modernen kapitalistischen Wirtschaftssystem in einem Hamsterrad, aus dem es keine ökonomisch rationale Ausstiegsoption gibt und auch Widerstand gegen die Eskalationsdynamik nicht möglich ist, es sei denn um den Preis der Gefährdung der eigenen Existenz. (2) Hingegen werden medial (v. a. durch Kino und Musik) Anreize und Leitfiguren vermittelt, in denen Gewaltfähigkeit demonstriert und ein martialisches Auftreten verklärt werden, wie etwa im Gangsterrap. (3) Wer gegenüber anderen gewalttätig wird, hat – so die privatpsychologische Deutung von Expeditiven – keine Eigenliebe.

Lösungen sehen Expeditive in einem Ensemble verschiedener, aus ihrer Sicht dringend notwendiger Maßnahmen: Dazu gehört in den Städten eine stärkere Präsenz von Polizei und eine schärfere sowie schnellere Verurteilung von Gewalttätern, die Abschaffung der Anonymität im Internet (auch wenn sie hier eigene, wichtige Freiheitsrechte bedroht sehen – das ist eine Güterabwägung aufgrund des zunehmenden Cyber Harassments), mehr Kontrolle (z. B. Limitierung) der Gewalt im Fernsehen mit mehr Raum und Vielfalt von gewaltfreien Produktionen (mit Blick auf die Sozialisation von Kindern und Jugendlichen) sowie eine Sozialarbeit, die neben der notwendigen Empathie für Gewaltaffine diesen auch mit Nachdruck klare Regeln und Grenzen vermittelt.

Insgesamt zeigt sich bei Expeditiven eine reflexive Freiheitsvision: Die ihnen sehr wichtige Freiheit sehen sie ebenso durch den Mechanismus der fortgeschrittenen kapitalistischen Marktwirtschaft bedroht, wie durch eine Alltagsphilosophie völliger Indifferenz und einen intoleranten Individualismus, wie er sich nicht nur in Subkulturen zeigt, sondern zunehmend (und gerade) im bürgerlichen Mainstream, wo ein Platzhirschgebaren gewachsen ist mit der Haltung, sich alles gegenüber anderen erlauben zu können. Mit Sorge beobachten Expeditive, dass die aus Mikrokollektiven gewachsenen Aggressivität gegenüber Andersdenkenden und Fremden die Vielfalt und Toleranz einer offenen Gesellschaft zerstören. Daher ihre – zunächst überraschende – Forderung nach mehr polizeilicher Präsenz, einem staatlich härteren Vorgehen gegen Gewalttäter und sogar einem Herabsetzen des Strafmündigkeitsalters. Ihr Votum geht dahin, gerade nicht reflexhaft auf die Ränder der Gesellschaft und Subkulturen zu schauen, sondern auf den Mainstream, aus dem zunehmend Aggressivität und Intoleranz gegenüber Andersdenkenden und Anderslebenden kommt.

Im Folgenden drei Übersichten zu milieuspezifischen Einstellungen zur Gewalt, konkret zur:

- Wahrnehmung von Gewalt
- Ursächliche Erklärungen von Gewalt
- Vorstellungen und Vorschläge zur Gewaltprävention

Abbildung 2

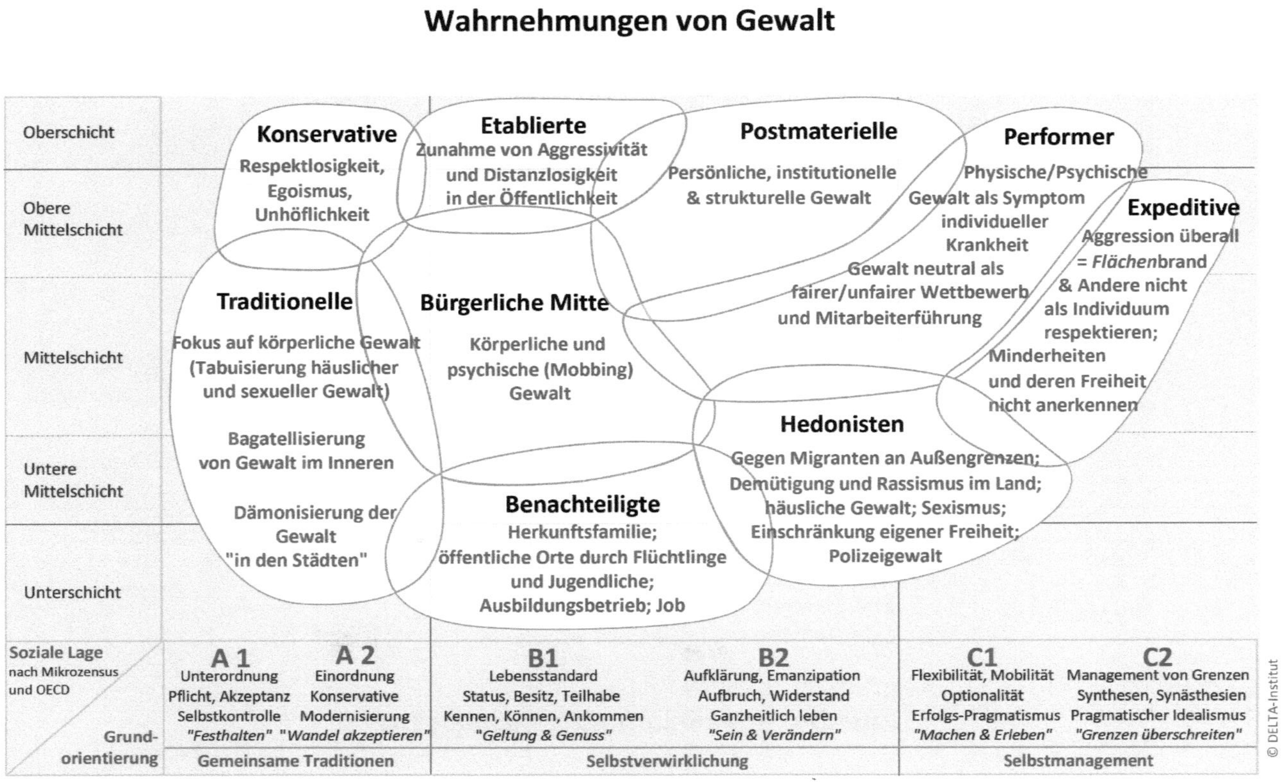

Wahrnehmungen von Gewalt

© DELTA-Institut

Soziale Lage				
Oberschicht		**Etablierte** Zunahme von Aggressivität und Distanzlosigkeit in der Öffentlichkeit	**Postmaterielle** Persönliche, institutionelle & strukturelle Gewalt	**Performer** Physische/Psychische Gewalt als Symptom individueller Krankheit
Obere Mittelschicht	**Konservative** Respektlosigkeit, Egoismus, Unhöflichkeit			**Expeditive** Aggression überall = *Flächenbrand* & Andere nicht als Individuum respektieren;
Mittelschicht		**Bürgerliche Mitte** Körperliche und psychische (Mobbing) Gewalt	Gewalt neutral als fairer/unfairer Wettbewerb und Mitarbeiterführung	Minderheiten und deren Freiheit nicht anerkennen
Untere Mittelschicht	**Traditionelle** Fokus auf körperliche Gewalt (Tabuisierung häuslicher und sexueller Gewalt) Bagatellisierung von Gewalt im Inneren Dämonisierung der Gewalt "in den Städten"	**Benachteiligte** Herkunftsfamilie; öffentliche Orte durch Flüchtlinge und Jugendliche; Ausbildungsbetrieb; Job	**Hedonisten** Gegen Migranten an Außengrenzen; Demütigung und Rassismus im Land; häusliche Gewalt; Sexismus; Einschränkung eigener Freiheit; Polizeigewalt	
Unterschicht				

A1 Unterordnung Pflicht, Akzeptanz Selbstkontrolle *"Festhalten"*	**A2** Einordnung Konservative Modernisierung *"Wandel akzeptieren"*	**B1** Lebensstandard Status, Besitz, Teilhabe Kennen, Können, Ankommen *"Geltung & Genuss"*	**B2** Aufklärung, Emanzipation Aufbruch, Widerstand Ganzheitlich leben *"Sein & Verändern"*	**C1** Flexibilität, Mobilität Optionalität Erfolgs-Pragmatismus *"Machen & Erleben"*	**C2** Management von Grenzen Synthesen, Synästhesien Pragmatischer Idealismus *"Grenzen überschreiten"*
Gemeinsame Traditionen		Selbstverwirklichung		Selbstmanagement	

Soziale Lage nach Mikrozensus und OECD

Grundorientierung

Abbildung 3

Ursächliche Erklärungen von Gewalt

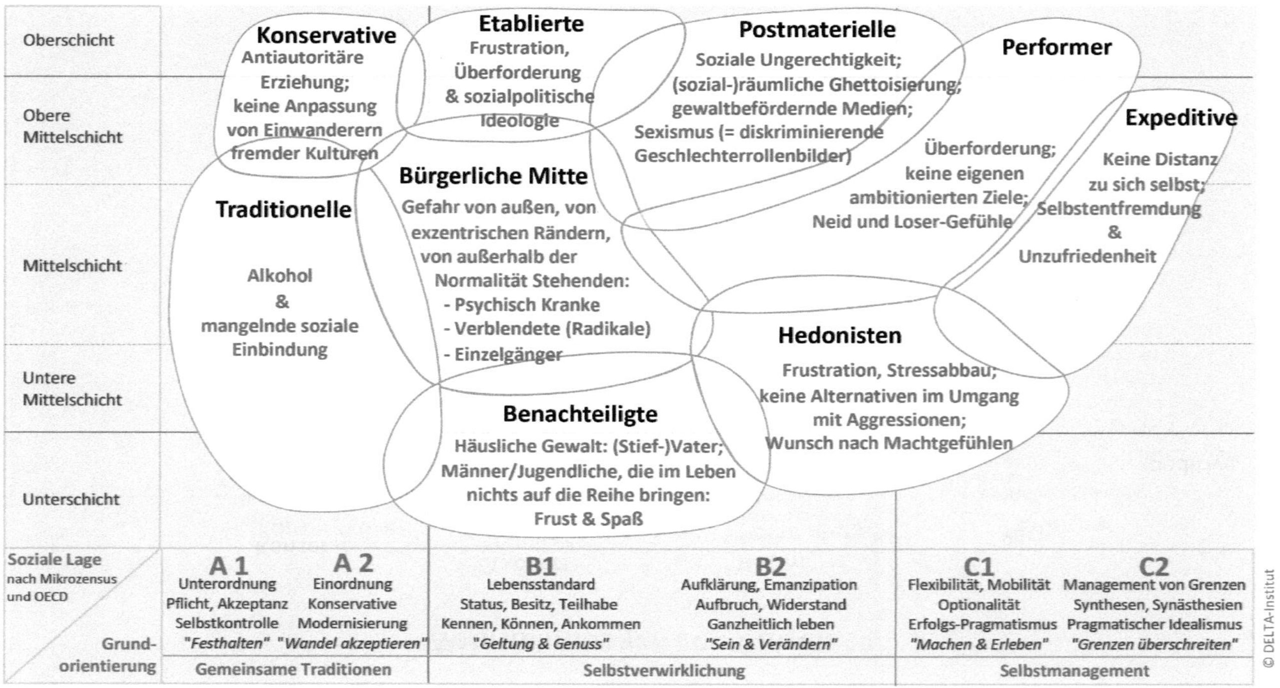

© DELTA-Institut

Oberschicht

Konservative
Antiautoritäre Erziehung; keine Anpassung von Einwanderern fremder Kulturen

Etablierte
Frustration, Überforderung & sozialpolitische Ideologie

Performer

Expeditive
Keine Distanz zu sich selbst; Selbstentfremdung & Unzufriedenheit

Obere Mittelschicht

Postmaterielle
Soziale Ungerechtigkeit; (sozial-)räumliche Ghettoisierung; gewaltbefördernde Medien; Sexismus (= diskriminierende Geschlechterrollenbilder)

Überforderung; keine eigenen ambitionierten Ziele; Neid und Loser-Gefühle

Mittelschicht

Traditionelle
Alkohol & mangelnde soziale Einbindung

Bürgerliche Mitte
Gefahr von außen, von exzentrischen Rändern, von außerhalb der Normalität Stehenden:
- Psychisch Kranke
- Verblendete (Radikale)
- Einzelgänger

Hedonisten
Frustration, Stressabbau, keine Alternativen im Umgang mit Aggressionen; Wunsch nach Machtgefühlen

Untere Mittelschicht

Unterschicht

Benachteiligte
Häusliche Gewalt: (Stief-)Väter; Männer/Jugendliche, die im Leben nichts auf die Reihe bringen: Frust & Spaß

Soziale Lage nach Mikrozensus und OECD	A 1	A 2	B1	B2	C1	C2
	Unterordnung Pflicht, Akzeptanz Selbstkontrolle *"Festhalten"*	Einordnung Konservative Modernisierung *"Wandel akzeptieren"*	Lebensstandard Status, Besitz, Teilhabe Kennen, Können, Ankommen *"Geltung & Genuss"*	Aufklärung, Emanzipation Aufbruch, Widerstand Ganzheitlich leben *"Sein & Verändern"*	Flexibilität, Mobilität Optionalität Erfolgs-Pragmatismus *"Machen & Erleben"*	Management von Grenzen Synthesen, Synästhesien Pragmatischer Idealismus *"Grenzen überschreiten"*
Grundorientierung	Gemeinsame Traditionen		Selbstverwirklichung		Selbstmanagement	

46

Abbildung 4

Vorschläge zur Prävention von Gewalt

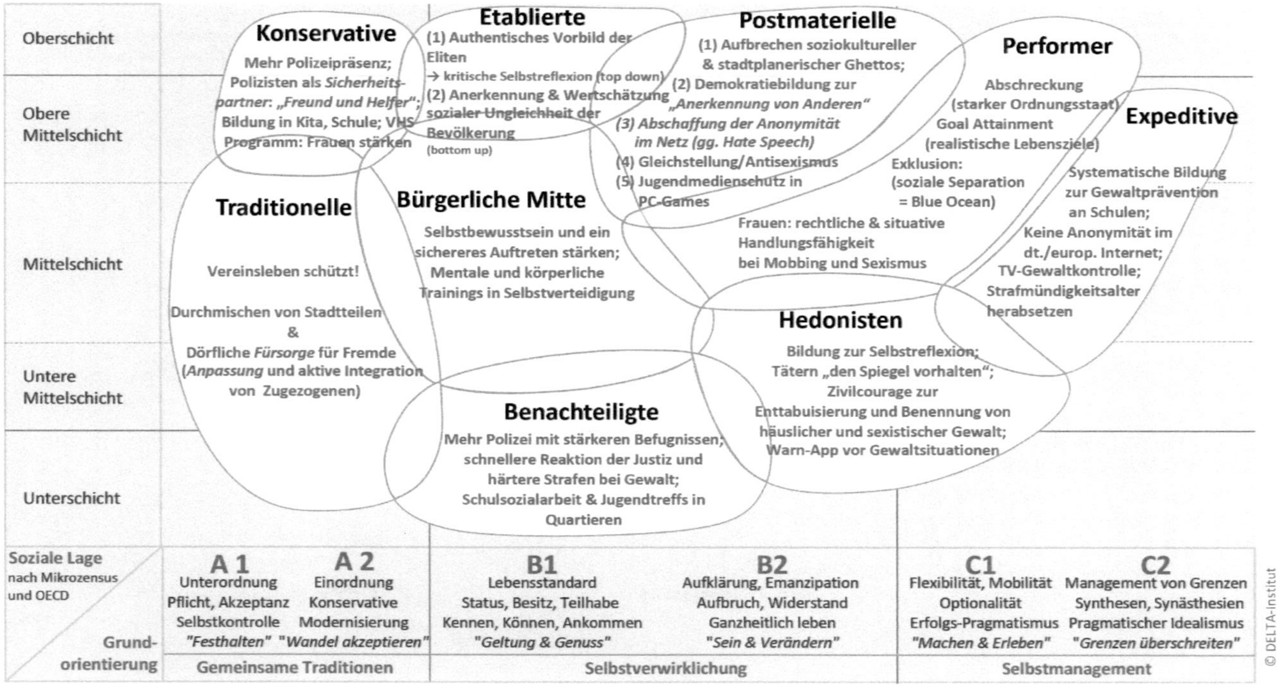

Soziale Lage nach Mikrozensus und OECD						
Oberschicht				**Performer**	**Expeditive**	
Obere Mittelschicht	**Konservative**	**Etablierte**	**Postmaterielle**	Abschreckung (starker Ordnungsstaat) Goal Attainment (realistische Lebensziele) Exklusion: (soziale Separation = Blue Ocean)	Systematische Bildung zur Gewaltprävention an Schulen; Keine Anonymität im dt./europ. Internet; TV-Gewaltkontrolle; Strafmündigkeitsalter herabsetzen	
	Mehr Polizeipräsenz; Polizisten als *Sicherheitspartner*, "Freund und Helfer"; Bildung in Kita, Schule; VHS-Programm: Frauen stärken	(1) Authentisches Vorbild der Eliten → kritische Selbstreflexion (top down) (2) Anerkennung & Wertschätzung sozialer Ungleichheit der Bevölkerung (bottom up)	(1) Aufbrechen soziokultureller & stadtplanerischer Ghettos; (2) Demokratiebildung zur "Anerkennung von Anderen" (3) Abschaffung der Anonymität im Netz (gg. Hate Speech) (4) Gleichstellung/Antisexismus (5) Jugendmedienschutz in PC-Games			
Mittelschicht	**Traditionelle**	**Bürgerliche Mitte**		**Hedonisten**		
	Vereinsleben schützt! Durchmischen von Stadtteilen & Dörfliche Fürsorge für Fremde (*Anpassung* und aktive Integration von Zugezogenen)	Selbstbewusstsein und ein sichereres Auftreten stärken; Mentale und körperliche Trainings in Selbstverteidigung	Frauen: rechtliche & situative Handlungsfähigkeit bei Mobbing und Sexismus	Bildung zur Selbstreflexion; Tätern "den Spiegel vorhalten"; Zivilcourage zur Enttabuisierung und Benennung von häuslicher und sexistischer Gewalt; Warn-App vor Gewaltsituationen		
Untere Mittelschicht		**Benachteiligte**				
Unterschicht		Mehr Polizei mit stärkeren Befugnissen; schnellere Reaktion der Justiz und härtere Strafen bei Gewalt; Schulsozialarbeit & Jugendtreffs in Quartieren				

	A1	A2	B1	B2	C1	C2
	Unterordnung Pflicht, Akzeptanz Selbstkontrolle *"Festhalten"*	Einordnung Konservative Modernisierung *"Wandel akzeptieren"*	Lebensstandard Status, Besitz, Teilhabe Kennen, Können, Ankommen *"Geltung & Genuss"*	Aufklärung, Emanzipation Aufbruch, Widerstand Ganzheitlich leben *"Sein & Verändern"*	Flexibilität, Mobilität Optionalität Erfolgs-Pragmatismus *"Machen & Erleben"*	Management von Grenzen Synthesen, Synästhesien Pragmatischer Idealismus *"Grenzen überschreiten"*
Grundorientierung	Gemeinsame Traditionen		Selbstverwirklichung		Selbstmanagement	

© DELTA-Institut

2.1. „Etablierte"

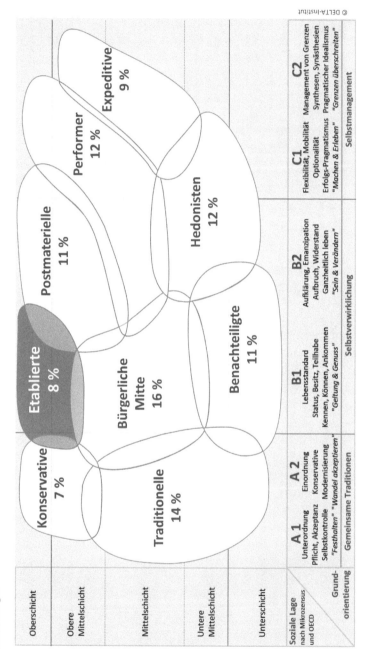

Abbildung 5

2.1.1. Lebenswelt

Grundorientierung

Das selbstbewusste Establishment: Erfolgsethik, Machbarkeitsdenken, Distinktionskultur und Exklusivitätsansprüche; ein hochkultureller Habitus von Bildung, Stilsicherheit, Distanzwahrung, Feinsinnigkeit, Wertschätzung der feinen Unterschiede; stolz, dank eigener Leistung an der Spitze zu stehen und zur Führungselite des Landes zu gehören. Etablierte sehen sich aufgrund ihrer Kompetenz und Leistung in großer Verantwortung für andere: das Unternehmen, für das sie sich engagieren; darüber hinaus für die Gesellschaft und Zukunft Deutschlands.

- Selbstbild als professionelle und kreative Vordenker mit transnationalem Horizont und aktuellem, branchenspezifischem Know-how; höchste Expertise für pragmatisch-hochkompetente Lösungen
- Habitus des anspruchsvollen und erfolgsorientierten Kosmopoliten, sensibel für Zeitgeist und die Notwendigkeit umzudenken: Lösungen vor allem durch technologische Innovationen, transnationale Vernetzung (Internationalisierung), kulturelle Flexibilität und organisatorische Umstrukturierungen. Mantra: nicht stehenbleiben, nicht verharren im Status Quo. Seit einigen Jahren gestiegene Aufmerksamkeit für Nachhaltigkeit
- Ein hohes Maß an Individuation und Distinktion. Es geht darum *zu bestimmen*: die Richtung, Entwicklungen, Menschen: Dominanz und Führung. Man bestimmt selbst, wovon und von wem man sich „berühren" lässt. Mantra: In öffentlichen Räumen niemals verloren oder orientierungslos wirken (sondern beschäftigt, konzentriert, gesammelt); niemals Teil eines Pulks sein, sondern Kopf oder substanzieller Bestandteil einer Führungsgruppe
- Bei einem wachsenden Teil des Milieus ist das Bewusstsein ausgeprägt, dass Umwelt- und Klimaschutz heute nicht mehr als Anliegen „linker Spinner" abgetan werden dürfen, sondern Kernaufgaben der herrschenden Eliten sind, für die (ökonomische) Zukunftsfähigkeit und um das gesellschaftliche Gefüge stabil zu halten. Das muss mit Weitblick geschehen ohne ideologische Radikalität
- Dem entgegen steht innerhalb des Milieus eine Gegenströmung, die warnt, sich von der populären Beschwörung einer Klimakrise oder wachsender Ungleichheit nicht verunsichern zu lassen und die ökonomischen Grundlagen von Wohlstand und Wachstum nicht zu gefährden
- Grundsätzlicher Fortschrittsoptimismus: Fortschritt als unaufhaltsames und für die Zukunftsfähigkeit einer Gesellschaft notwendiges Räderwerk; Vertrauen in den Nutzen technologischer Innovationen für die Menschheit; bei negativen Folgen und Missbrauch müssen entsprechende technisch-wissenschaftliche Vorkehrungen getroffen werden

- In der von Krisen immer wieder bedrohten Gesellschaft sieht sich dieses Milieu in der Pflicht und Kompetenz, die Probleme zu identifizieren und Lösungen aufzuzeigen: Zugleich rüstet sich das Milieu mental auf, um in den Krisen (1) global induzierter ökonomischer Risiken, (2) wieder erstarkendem Nationalismus und (3) wachsender Unsicherheit und Frustration der Bevölkerung ihre Vorrangstellung zu behaupten und privilegierte Lebenslage zu verteidigen (auch gegenüber Neidern aus der Mitte)
- Um die eigenen Kräften sinnvoll und effektiv einzusetzen, konzentriert man sich auf die „wirklich wichtigen Dinge": im Beruf eine stärkere Priorisierung der sachlich vordringlichen Herausforderungen für die Zukunft; im Privatleben die Familie sowie persönliche Interessen: sich Zeiten und Oasen zur Regeneration einrichten, für Partnerschaft, Familie und Freundschaften. Der Upperclass-Lebensstil (Networking, Kultur, Kennerschaft) wird bewusster gepflegt: distinguiertes modernes Eliten-Bürgertum

Tabelle 1

Alter	
18–29 Jahre	12%
30–39 Jahre	22%
40–49 Jahre	20%
50–59 Jahre	18%
60–69 Jahre	14%
70+	14%
	100%

Geschlecht	
Männer	64%
Frauen	36%
	100%

Soziale Lage

- *Bildung*: Überdurchschnittlich hohes Bildungsniveau
- *Beruf*: Höchster Anteil Voll-Berufstätiger im Milieuvergleich; höchster Anteil von Führungspositionen: Viele leitende Angestellte (Vorstand, Bereichsleitung, Geschäftsführung), höhere Beamte sowie Selbstständige, Unternehmer und Freiberufler
- *Einkommen*: Hohe und höchste Einkommensklassen und Vermögen

Identität

- *Weltbild*: Hierarchie und Rang als primäre Perspektive: Es gibt in unserer Gesellschaft ein funktionierendes und weitgehend gerechtes Rangsystem, in dem Bildung, Leistung, Kompetenz und Professionalität belohnt werden. Durch ihre Herkunft (kulturelles Kapital; materielle Ressourcen) haben manche

bessere, andere schlechtere Startvoraussetzungen; dennoch bietet unsere Gesellschaft Jedem und Jeder Aufstiegschancen
- *Selbstbild (Ich-Ideal)*: Ökonomische, politische und kulturelle Elite, die mit fachlicher und sozialer Kompetenz, Weitblick und Entschlossenheit Verantwortung übernimmt; hohe Ansprüche an sich und andere
- *Abgrenzung*: Kulturelle Distanz zum Barbarischen, Trivialen, Plumpen, Mittelmäßigen, aber auch zum Lustlosen, Extremen, Lauten und Maßlosen
- *Leitmotiv*: Distinktion, Leistung und Perfektion, Anti-Trash
- *Ausstrahlung*: Aura der Selbstsicherheit und Überlegenheit, des Urteilens und des Taxierens; Menschen aus anderen Milieus fühlen sich oft bewertet, gefordert und verunsichert

Lebensstil

- Statusdenken und Exklusivitätsansprüche: Repräsentativer und sehr selektiver Konsum, hohes Qualitäts- und Markenbewusstsein: Luxus- und Edelkonsum
- Lebensstil der Arrivierten: Kennerschaft und Stilgefühl, gekonnte Verbindung von Tradition und Moderne; Distinktion, Abgrenzung nach unten
- Intensive Teilnahme am gesellschaftlichen und kulturellen Leben, politisches Denken, aktives Engagement in Vereinigungen, Verbänden, Clubs
- Einerseits modernes Effizienz- und Leistungsdenken, andererseits Festhalten an seinen Wurzeln (Pflege von persönlichen Traditionen, Marken-Nostalgie) und Sehnsucht nach Einfachheit, Ruhe und Well-Being
- Interesse an Kunst und Kultur: Theater, Oper, Klassische Konzerte, Museen, Vernissagen, Galerien besuchen; Städtereisen mit exklusivem Kulturprogramm („Jedermann" in Salzburg, „Phantom der Oper" in London, Semper-Oper in Dresden). Selbst musizieren: Klassik und Jazz; private Literaturkreise; auch private Kammermusik-Konzerte mit Nachwuchsmusikern; Wellness-Ausflüge, Reisen abseits vom Massentourismus, exklusive Orte und ferne Ziele; aber auch Beschäftigung mit dem Garten als Ausgleich zum beruflichen Stress
- Sport: Golf, Tennis, Joggen, Schwimmen, Squash, Skilaufen, Segeln, Fliegen (Pilotenschein); Fitnesstraining zu Hause, Ausflüge mit dem Auto (Cabrio, Oldtimer) oder Motorrad; Sport auch an exklusiven Orten: Surfen in Südfrankreich, Tauchen im Mittelmeer, Hochseefischen, Golfen auf Mallorca; Sport dient der mentalen Entspannung (Kompensation zum Berufsalltag ständiger Erreichbarkeit und Verfügbarkeit), vor allem bei Männern aber auch leistungsorientiert: „sich beweisen"; Sport, zum Beispiel Golf, auch als „Kontaktbörse"
- Das Wochenende gehört der Familie und guten Freunden: mit der Partnerin/ dem Partner einkaufen; auf den Markt gehen (frisch, hochwertig, gesund)

und gemeinsame Spaziergänge/Wanderungen; Freundschaften und das Gehobene pflegen; Gehobene Kommunikation in exklusiven Clubs und Verbänden (Lions-, Rotarier-, Golf-, Segelclub)

> Anteil der Menschen mit Migrationshintergrund im Milieu (deutschsprachig): 11,5 %

2.1.2. Wahrnehmung von Gewalt und Vorschläge zur Prävention

Zu Gewalt sind im Milieu von Etablierten zwei Perspektiven bestimmend. Diese schließen sich nicht aus, ergänzen einander, stehen aber zugleich in Konkurrenz zueinander – je nachdem, wie dominant eine Perspektive betont wird:

1. Gewalt ist ein Verstoß gegen Anstand und Etikette, eine Missachtung der guten Sitten und des Respekts vor der Würde und Selbstbestimmung anderer. Hier haben aus Sicht von Etablierten die gesellschaftlichen Eliten aus Wirtschaft und Politik eine Verantwortung in ihrer Vorbildfunktion, der einige aber oft nicht gerecht werden, weil sie ihnen vorteilhaft erscheinende Ziele egoistisch verfolgen und weitgehend abgekapselt vom Rest der Gesellschaft leben (wollen). Damit erzeugen und bestätigen jene Eliten – so die kritische Diagnose von Etablierten – in Teilen der Bevölkerung den Eindruck der Unehrlichkeit, des Snobismus und des Machtmissbrauchs, was Wut und Frust provoziert, die Motive zur Gewalt begründen (deren Ursprünge den Gewalttätigen meist gar nicht bewusst sind) und sich in vielfältigen Formen, Adressaten und Situationen von Gewalt entladen. Massive rohe physische Gewalt hat nicht nur eine individualbiografische Vorgeschichte, sondern ist meist eine Reaktion auf gesellschaftliche Bedingungen: das Resultat von Frustration und die Erfahrung, die eigenen Ziele nicht mit legalen und fairen Mitteln zu erreichen, während die Reichen und Mächtigen sich um die Regeln des fairen Miteinanders nicht scheren.
2. Gewalt ist eine mittelbare Folge einer kulturell tief verankerten sozialpolitischen Ideologie, die gesellschaftliche Ungleichheit verteufelt und eine pauschale Grundstimmung ungerechter Benachteiligung befördert, die Frustration erzeugt und auf Dauer stellt. Gewaltprävention müsste auf die Vermittlung der Botschaft zielen, dass Vielfalt, konkret: dass horizontale Unterschiedlichkeit *und* vertikale Ungleichheit gut sind für die Demokratie und die Chancen jedes und jeder Einzelnen – damit gerecht und bereichernd.

Hauptstrom: Beobachtungen zunehmender Aggressivität und subtiler Gewalt

In diesem Milieu, das die eigene hohe Bildung und Feinsinnigkeit (sensibel, präzise, umsichtig) betont, das sich der eigenen Privilegien (Wohlstand, exklusives Wohnen und Arbeiten) und gesellschaftlichen Verantwortung bewusst ist, ist Gewalt zwar kein Alltagsthema, aber eines, von dem die Milieuangehörigen nach kurzem Nachsinnen einiges berichten können. Im eigenen Familien- und Freundeskreis gibt es keine Gewalt: Gewalt hat hier keinen Platz, findet nicht statt, ist tabu. Hingegen nehmen sie außerhalb ihrer Lebenswelt, als Beobachtende der Öffentlichkeit sowie als medial sehr gut und stets aktuell Informierte ein hohes Maß von Gewalt in der Gesellschaft wahr, die aus ihrer Sicht in den letzten Jahren zugenommen hat, in ihren Formen differenzierter und subtiler geworden ist, doch neben der auch weiterhin Rohheit und Brutalität körperlicher Gewalt bestehen.

„Ich finde, dass die Gewalt in unserem Alltag zunimmt."

„Gewalt nehme ich natürlich ganz viel wahr, die vielfältigen Formen von Gewalt im Alltag."

„Ich empfinde Gewalt als etwas Alltägliches in ganz subtiler Form."

„Das Ganze hat meines Erachtens bedenkliche Ausmaße angenommen. Es ist in der Regel latente Aggression. Also keine direkte Gewalt, das ist eher selten. Man hat aber das Gefühl, als ob das ein Dampfkochtopf ist, bei dem der Deckel locker sitzt."

Besonders betonen Etablierte folgende Formen und Situationen von Gewalt: Sexualisierte Gewalt gegen Frauen; Gewalt seitens der politischen Rechten (Pegida-Demos, Lübcke, Combat 18, Anti-Corona-Demos); Gewalt von Personen auch aus der bürgerlichen Mitte gegenüber Hilfskräften zur Durchsetzung des eigenen Voyeurismus (z.B. gegen Sanitäter, Polizisten, Feuerwehrleute); Gewalt im Straßenverkehr durch Gesten, Worte und Verhaltensweisen; herabwürdigende Beschimpfungen politischer Gegnerinnen und Gegner; Gewalt vor und nach Fußballspielen zwischen Fans gegnerischer Mannschaften; rohe physische Gewalt gegenüber Schwächeren und Minderheiten (gerade aus einer Gruppe heraus). Viele Etablierte sind misstrauisch gegenüber dem Begriff „Brennpunkte von Gewalt" und lehnen diesen ab, weil er zur Engführung auf Randgruppen, Angehörige der Unterschicht, Rechts- und Linksextremisten sowie auf physische Gewalt führen kann. Im Begriff ist angelegt, dass Gewalt außerhalb des Brandherdes nivelliert wird mit der Folge, dass das tatsächlich vielfältige Spektrum alltäglicher Gewalt innerhalb der bürgerlichen Gesellschaft aus dem Blick gerät und im gleichen Zuge eine reduktionistische Überzeichnung extremistischer Gewalt erfolgt.

Die *Rohheit* der Gewalt gegenüber Schwächeren und Minderheiten sowie gegenüber Hilfspersonal und Rettungskräften ist für Etablierte besonders abstoßend und inakzeptabel. Gewalt ist blindwütiges Ignorieren oder bewusstes Brechen aller Etiketten des zivilisierten Umgangs. Das ist das eigentliche Phänomen der Gewalt.

Massive körperliche oder verbale Gewaltakte erzeugen nicht nur ein *situatives Gefühl* der Hilflosigkeit und Ohnmacht, sondern darüber hinaus ein *Lebensgefühl*, solchen Situationen nicht gewachsen zu sein: als direktes Opfer, als indirekt Betroffene und Wissende (über Gewalt an Freunden, Angehörigen, Nachbarn), als Beobachtende der Gewalt gegenüber anderen Fremden sowie als künftig potenzielles Opfer. Man kann vor Gewalttaten nie sicher sein, es sei denn in exklusiven Zirkeln und Räumen. Dieses situationsübergreifende Gefühl der Ohnmacht, das bei unmittelbarer, gewusster oder beobachteter Gewalt mitlaufend entsteht, wird als Gewaltakt zweiten Grades empfunden. Sowohl der primäre Gewaltakt (Stoßen/Zuschlagen/Treten, Anbrüllen/Drohen/Einschüchtern etc.) als auch jene Begleiteffekte stehen diametral entgegen der im Milieu der Etablierten identitätsstiftenden Souveränität und rational-dialogischen Herangehensweise zur Problemlösung. Insofern ist für sie Gewalt ein Akt gegen den Kern von Zivilisation.

Nach Auffassung von Etablierten haben Erfahrungen der Hilflosigkeit bei Gewalt kumulative und vielfältige Folgeerscheinungen: Sie erhöhen die Neigung zu Gleichgültigkeit, befördern Lethargie und Empathielosigkeit sowie – perfide – bei manchen sogar Voyeurismus gegenüber gewaltausgesetzten Anderen. Die Erfahrungen und Rituale teilnahmslosen Zusehens einer Gewalttat, um sich nicht selbst in Gefahr zu bringen, und gar der erlebnisorientierte Voyeurismus sind nicht nur Dokumente eines gesellschaftlichen Mangels an Zivilcourage, sondern befördern bei einem Teil der Bevölkerung Passivität und Handlungshemmung statt Eingreifen oder Hilfeholen.

Mit Blick auf Täter ist eine Erklärung von Etablierten, dass Menschen vor allem gewalttätig werden, wenn sie an ihre eigenen Grenzen kommen oder geführt werden, wenn sie unfähig sind oder machtlos gemacht werden, ihre Interessen mit legalen und fairen Mitteln durchzusetzen; wenn sie das Gefühl haben, minderwertig behandelt und nicht anerkannt zu werden. *Gewaltbereitschaft* ist aus Sicht von Etablierten zutiefst menschlich, eine bei jedem angelegte Disposition. Diese ist meistens latent und bricht sich in angespannten Situationen Bahn. Es ist die Verantwortung jedes Einzelnen, mit dieser angelegten Neigung umzugehen, sie zu kontrollieren, zu unterdrücken, zu kanalisieren. Dabei zeigt sich, dass Etablierte mit Gewalt spontan männliche Täter assoziieren, und dass sie ihre Einstellungen und Erklärungen vor diesem inneren Bild zeichnen. Frauen als Täterinnen kommen erst nach längerer Zeit des Nachdenkens oder bei gezielter Nachfrage „selbstverständlich" und als „Täterinnen-Minderheit" vor. In noch stärkerem Maße als für Männer ist für Frauen Gewalt unschicklich.

Im ersten Zugang ist die *Bewertung von Gewalt* bei Etablierten eindeutig negativ, wenn sie mit dem Einsatz von Macht gegenüber Schwächeren zu tun hat, wenn gegen deren Willen und Widerstand körperlich oder verbal Gewalt ausgeübt wird. Solche Gewalt ist nicht zu rechtfertigen. Es gibt allerdings Situationen, in denen Gewalt nicht nur akzeptabel, sondern gerechtfertigt und sogar gefordert ist, vor allem bei Notwehr und Nothilfe, zum Beispiel zur Unterbindung weiterer Gewalteinwirkung; bei Vergewaltigung oder Missbrauch.

„Es fällt mir auf, dass die normalen Leute die Politiker, aber auch die Politiker sich gegenseitig entmenschlichen und schlimmste Sachen an den Kopf schmeißen. Das geht so weit, dass kaum noch einer Kommunalpolitiker sein will wegen der Shitstorms in den sozialen Medien."

„Das ist der Weinstein-Prozess, also sexualisierte Gewalt gegen Frauen. Das ist die #MeToo-Debatte, was mich als Mann mit einer Tochter, die jetzt 23 ist, schon auch befangen macht, was Frauen angeht. Da bin ich irgendwie sehr sensibel."

„Dann nehme ich natürlich Gewalt wahr in den Medien, ob das die Gaffer bei Unfällen sind, die Gewalt ausüben gegen Sanitäter, gegen Polizisten, Feuerwehr, Notärzte. Das ist etwas sehr Alltägliches, was uns, ich würde sagen, alle zwei Tage in den Nachrichten begegnet."

„Für mich ganz besonders explizit, da bin ich sehr politisch, ist die Gewalt von rechts. Das ist Herr Lübcke, das sind all die Dinge, die AfD insgesamt. Ich war Anfang Januar auf einem sehr großen Fest eingeladen mit einem der bekanntesten, reichsten Männern hier, der mich dann abends schon leicht angeheitert in den Arm nahm und sagt, dass er und alle seine Kumpels nicht mehr investieren in Deutschland, AfD wählen, und ob ich etwas anderes denken würde. Wo ich Gewalt wahrnehme als etwas ganz Subtiles, was unterschwellig ist. Da wird nicht mit Argumenten überzeugt, sondern in den Arm genommen und ausgedrückt: ‚Du musst doch auch – oder du bist nicht gescheit?'"

„Gewalt in vielfältiger Form aus Gruppen heraus, natürlich Fußball, Hooligans. Gewalt, die der Einzelne so nicht ausüben würde, wenn er nicht in Gruppen wäre; also diese Gewalt, die sich aus Gruppen heraus potenziert. Das ist Gewalt."

„Im Wahlkampf, da werden Plakate abgerissen, beschädigt. Wir haben jetzt Wahlen in München, da ist ein CSU-Plakat, die Bürgermeisterkandidatin, und da war unter dem Schriftzug CSU ein Aufkleber, wohl vorgefertigt, da stand Saubande oder Schweinebande oder irgendetwas Diffamierendes. Das ist Gewalt, die mir im Grunde täglich zwanzigmal begegnet."

„Gestern eine Rollstuhlfahrerin in der Tram: Ich habe erst nicht gewusst, wer da so ganz laut ‚Scheiße' geschrien hat. Das war der Trambahnfahrer, weil er aufstehen musste, um die Rampe für den Rollstuhl rauszufahren. Das war der Trambahnfahrer, der einfach Gewalt gegen Behinderte oder auch Minderheiten zeigt, nur weil das, was sein Job war, für ihn wohl lästig war."

„Fahre ich Rad, nehme ich wahr, wie mich die Autofahrer bedrängen. Sie fahren dicht ran, hupen und gestikulieren. Also ganz persönlich habe ich den Eindruck, das ist aggressiver geworden. Ich fühle mich bedrängt als Radfahrer. Fahre ich Auto in der Stadt, erlebe ich es gerade umgekehrt: die Radler nehmen mir die Vorfahrt, die Radler zeigen mir den Stinkefinger, obwohl sie bei Rot drüberfahren, wenn ich rechts abbiege. Also das ist alltägliche Gewalt, die ich wahrnehme."

„Neulich fuhr ich auf der Landshuter Allee zum Flughaben, hatte es eilig, und dann hat einer so richtig mit fünfzig stur auf der linken Seite gestanden. Ich habe das eine Weile mitgemacht und irgendwann bin ich dann rechts ausgeschert an ihm vorbei und wieder rein. Da ist der fuchsteufelswild geworden und hat versucht, mich gegen die Leitplanke zu drücken, also richtig in voller Absicht. Dem hätte es auch nichts ausgemacht in dem Moment, wenn wir gestorben wären. Und das sind Reaktionen, die machen in dem Moment keinen Sinn, weil ich dem Mann ja nichts getan habe, also der muss irgendetwas aufgestaut haben, Stress, Frust, was auch immer, und hat das dann bei mir entladen. Und das erlebt man sehr, sehr häufig im Straßenverkehr, das ist Krieg!"

„Ich habe einen Vortrag vom Altbürgermeister hier vor wenigen Wochen gehört, in einem kleineren Kreis, dass ich fast geplatzt bin. Der hat übelste Worte verwendet, was ‚grüne Fantasten und Spinner' angeht. Der hat im Grunde verbale Gewalt ausübt. Also dem ist die Sprache entgleist."

„Die Enkelin meiner Lebensgefährtin geht in den jüdischen Kindergarten hier in München am Jakobsplatz. Jeden Morgen ist eine Visitation der Kleinen wie der Großen, bis die dort in den Kindergarten kommen. Das ist natürlich richtig nach den Anschlägen in Halle. Frau Knobloch hat ein Interview gegeben, dass sie sich vor dieser Gewalt zunehmend gegen Juden so fürchtet."

„Ich habe vor einigen Jahren auf der Wiesn eine riesige Prügelei gesehen, fünf gegen einen, der lag am Boden und wurde immer noch getreten und alle schauten zu, manche gingen vorbei. Die schauten einfach nur. Und da war ich dann plötzlich super sauer. Ich habe mich aggressiv gefühlt und habe die angeschrien, ob sie vielleicht mal die Polizei holen können. Weil es waren fünf oder sechs betrunkene Jugendliche, mit denen lege ich mich alleine auch nicht an. Aber diese absolute Gleichgültigkeit, diese fehlende Courage, wenigstens mal zum Hörer zu greifen, das macht mich wütend. Das ist ein ganz archaisches Gefühl. Und diese Wut kommt natürlich auch daher, dass ich nun auch kein gelernter Schläger oder Hooligan bin und mich selber hilflos fühle. Ja, was mache ich denn selber? Ich erlebe Gewalt direkt neben mir und fühle mich absolut hilflos, dort selber zu helfen oder einzuschreiten."

„Ist Gewalt gesellschaftsfähiger geworden? Ich bejahe das! Es wird ja gar nicht mehr reagiert, wenn in Gesprächen am Stammtisch über Juden hergezogen wird. Das wird ja fast gesellschaftsfähig."

Neben- und Gegenstrom: Ein sehr niedriges Level von Gewalt

Beschrieben wurde zuvor der Hauptstrom von Etablierten, die eine wachsende Aggressivität und Gewaltaffinität in verschiedenen Formen und Situationen wahrnehmen. Daneben gibt es in diesem Milieu einige, die sich beim Thema Gewalt an der Kriminalstatistik orientieren. In ihrem Alltag haben sie „keine

Berührungspunkte mit Gewalt", nehmen sie „eigentlich ausschließlich über die Medien wahr": Mit ihrem begrifflichen und medialen Filter assoziieren sie mit Gewalt Anschläge wie jene im Oktober 2019 auf die Synagoge in Halle, Hetzjagden auf Migrantinnen und Migranten in Chemnitz im August 2018, davor die NSU-Terroranschläge sowie auch physische und sexuelle Gewalt gegen Kinder, Vergewaltigung und häusliche Gewalt.

Nach ihren Informationen zur Kriminalstatistik ist die Anzahl schwerer Gewaltdelikte in den letzten Jahren rückläufig. Da für sie die Kriminalstatistik die Währung für eine objektive Beurteilung der Entwicklung von Gewalt ist, kommen sie zu der Diagnose: Es gibt keine zunehmende Gewalt in der Gesellschaft, aber die mediale Berichterstattung über Gewalt hat zugenommen, damit die Präsenz des Themas in der Bevölkerung, der politischen Öffentlichkeit und bei politischen Entscheidungsträgern. Durch die Berichterstattung werden die Bedrohlichkeit und Dringlichkeit des Themas überschätzt. Etablierte kritisieren keineswegs, dass es zu Gewalt eine (umfangreiche) mediale Berichterstattung gibt, zumal dadurch die Sensibilität für verschiedene und auch neue Gewaltformen gesteigert wird. Woran es aus ihrer Sicht mangelt, ist eine sozialhistorische und nüchterndifferenzierte Einordnung und Reflexion heutiger Formen von Gewalt. Das ist der Grund, warum sie kaum „Brennpunkte von Gewalt" nennen wollen (Ausnahmen sind Schulen und Flüchtlingslager), weil diese Bezeichnung der Logik medialer Dramaturgie folgt. Stattdessen halten sie es für rationaler und dringlicher, faktenbasiert mit den Verfahren der amtlichen Kriminalstatistik Personenkreise, Regionen, Orte und Situationen häufiger Gewalt statistisch zu identifizieren. Dies würde einer emotionalen oder politisch motivierten Verzerrung objektiver Gewaltvorkommen vorbeugen. Diese Etablierten zeigen äußerstes Vertrauen in die Objektivität und Präzison der amtlichen Statistik. Was die amtliche Kriminalstatistik als Gewalt misst, *ist* Gewalt; was sie nicht erfasst, fällt nicht unter den Begriff. Damit wird die amtliche Statistik zur höchsten Instanz der Definition von Gewalt. Kritisch merken sie an, dass eine übersensible, grenzenlose Gewaltwahrnehmung – ganz gegen die Intention – zur Desensibilisierung von Gewalt führt. Wenn alles als gewalttätig begriffen wird, ist nichts mehr gewalttätig, weil es keine Abgrenzung mehr gibt. Nicht ein engeres Gewaltverständnis ist problematisch, sondern ein allzu offenes (undifferenziertes), weil es zu Pauschalisierung und Stereotypie verleitet.

„Was ich mit Sorge verfolge, ist, dass durch die omnipräsente Berichterstattung über Gewalt eine gewisse Desensibilisierung stattfindet. Also wenn es in Deutschland kein systemisches Gewaltproblem gibt, sollte eben gerade DESWEGEN etwas sachlicher über Gewalt, die tatsächlich stattfindet, berichtet werden. Weil es dann der Öffentlichkeit leichter fällt, zwischen tatsächlich relevanten Gewaltproblemen zu unterscheiden und denen, die halt unvermeidbar sind."

„Brennpunkte? Also wenn man jetzt so die Nachrichten verfolgt, dann hört man oft von Gewalt in Flüchtlingsheimen. Andererseits weiß man ja, dass die Kriminalstatistiken belegen, dass Flüchtlinge untereinander eher weniger gewaltbereit sind; zumindest, dass weniger Gewalttätige [lachend] überführt werden als Bundesdeutsche."

„Wenn man Zeitungsüberschriften liest, dann oft so wie zum Beispiel ‚Zwei Afghanen schlagen sich am Hauptbahnhof.' Das ist ja der Verweis auf diese Ethnie. Wohingegen ich noch nie gelesen habe: ‚Ein Belgier und ein Tscheche haben sich am Stachus geprügelt.' Bei Gewalt von Männern aus bestimmten Kulturkreisen wird stärker kenntlich gemacht, dass sie aus diesem Kulturkreis hervorgehen. Also wenn sich zwei Leute am Hauptbahnhof prügeln, kann man darüber streiten, ob das überhaupt berichtenswert ist oder nicht. Aber es hat jetzt a priori mal nichts damit zu tun, ob die Leute jetzt Flüchtlinge oder Münchner oder amerikanische Touristen sind. Insofern die Aufforderung, dass wenn die Nationalität oder Zugehörigkeit zu einer Gruppe nicht im Zusammenhang mit der Tat steht, dass sie dann nicht erwähnt werden soll."

Weil Gewalt fokussiert ist auf jene mit *strafrechtlicher* Relevanz bzw. auf Gewalttaten, die *administrativ* erfasst und bearbeitet wurden, geraten subtile Formen verbaler, sexistischer, medialer, habitueller Gewalt kaum in den Blick oder werden definitorisch ausgegrenzt. Ebenso werden *strukturelle* Gewalt sowie *institutionelle* Gewalt „von oben" überhaupt nicht thematisiert und geraten nicht in das Blickfeld.

Nicht jeder Übergriff sollte mit dem Label „Gewalt" belegt werden. Denn dadurch würde der Begriff entgrenzt und verlöre seine Trennschärfe. Wenn alles Miteinander und jede Auseinandersetzung irgendwie Gewalt ist, hat der Begriff keinen Sinn mehr. Dem setzen sie eine engere Begriffsfassung entgegen: Gewalt ist dadurch gekennzeichnet, dass *die Schädigung einen gewissen Schweregrad hat*. Beispielsweise erzeugt eine Beleidigung beim anderen durchaus eine Form von Schaden, aber das ist noch keine Gewalt im eigentlichen Sinne, weil eine gewisse Schwere der Verletzung nicht vorliegt. Eine Schwere der Verletzung bemisst sich an der Tiefe und Dauerhaftigkeit der Schädigung. Über die Schwere der Verletzung kann nicht allein eine betroffene Person nur auf Grundlage ihres subjektiven Empfindens urteilen. Denn zum einen würde das Mimosen, Dramaturgen und Schadensersatzabzockern freies Spiel bieten, zum anderen gäbe es dann keinen gemeinsamen Maßstab mehr („Es gibt ja äußerst sensible Menschen, Opfer mit pathologischer Einstellung und auch Mimosen"). Vielmehr bemisst sich die Schwere der Gewalt an dem, was eine Gesellschaft als normal einstuft.

Das von diesen Etablierten als sinnvoll erachtete Präventionskonzept zeigt einen zweckrationalen, verwaltungsbasierten Zugang: Zunächst sollten anhand der Statistiken die objektiven Gewaltdelikte qua Rechtslage eruiert werden und Verantwortliche sich bei der weiteren Behandlung wenig von der öffentlichen Meinung und gar nicht von der medialen Sensations- und Skandalpresse leiten lassen. Hier zeigt sich ein unbedingtes Vertrauen in die Sachlichkeit und

Wertfreiheit staatlicher Organe. Dabei wird „den Medien" eine nur geringe Rolle zugeschrieben. Leider, so Etablierte, gibt es in der Medienlandschaft – und mancher Interessensverbände – neben seriöser und kritisch reflektierter Berichterstattung mehrheitlich die Tendenz zur Ventilierung von Aufmerksamkeit durch Videos und Texte über Skandale, extreme Gewaltausbrüche oder moralische Tabubrüche. Die Ansatzpunkte für Präventionsmaßnahmen hingegen sollte sachlich auf Basis amtlicher Zahlen nach Prioritäten sortiert werden mit folgenden Kriterien: Schwere der Gefährdung, Häufigkeit der Gewaltdelikte, Wirksamkeit der Maßnahme – kurzum nach Rechtslage, Dringlichkeit und Effizienz. Was also eine Gesellschaft als normal einstuft und was als Gewalt, fällt in die Beurteilungskompetenz staatlicher Apparate. Diese stehen, anders als das heterogene und weltanschaulich tendenziöse Spektrum der Medienlandschaft oder Interessensverbände, für Stabilität, Nüchternheit und Konsistenz.

Bilder von Gewalttätern

Die Einstellung von Etablierten ist: Gewalt lässt sich nie ganz ausschalten, eine basale Gewaltbereitschaft ist normal in jeder Bevölkerung („Die wird man nie los"). Gewalt ist eine anthropologische Disposition und daher nicht eliminierbar. Deutschland befindet sich – so die Überzeugung – relativ nahe an einem Punkt, an dem diese basale Gewaltbereitschaft und Gewalttätigkeit kaum noch oder allenfalls geringfügig gesenkt werden könnte. Gewalt ist derzeit in Deutschland auf einem sehr niedrigen Level – abgesehen von singulären Ereignissen wie Pegida-Demos, Anti-Corona-Demos, Terroranschläge oder Vandalismus wie am Rande des G20-Gipfels 2017 in Hamburg.

Die inneren Bilder von Gewalttätern zeigen ein klares Profil, wobei betont wird, dass dieses nicht pauschal gilt, sondern Schwerpunkte beschreibt: Gewalttäter sind vornehmlich Männer, haben eine geringe Affektkontrolle und Frustrationstoleranz, sind eher hitzköpfig, oft schlecht erzogen und kommen häufig aus einfachen Verhältnissen, aus zerrütteten oder zerbrochenen Familien. Daneben stellen Etablierte ein zweites, weniger häufiges Täterbild, das sich an der Figur des Terroristen orientiert: Diese Täter leben hauptsächlich allein oder in der Clique isoliert, in einer kleinen Subkultur, sitzen am Computer, agieren gezielt und (subjektiv) rational; radikalisieren sich mit einer exzentrischen Weltanschauung, einige sind Einzelgänger, andere finden Halt und Zuspruch in einer Gruppe.

Dabei lokalisieren Etablierte die Täter von Gewalt weit außerhalb ihrer eigenen Lebenswelt: Gewalttäter leben anderswo und sind andersartig – haben andere Werte und Lebensbedingungen, andere Ziele und Mittel. Vor allem verfügen Täter nicht über zwei elementare gewalthemmende Kompetenzen: *Affektkontrolle* und *moralische Festigung*. Das kann man gut in Schulen bei manchen Kindern und Jugendlichen beobachten, die „in ihrer Entwicklung und Erziehung noch nicht so weit vorangeschrittenen" sind und niederschwellige Gewaltausbrüche zeigen. In dieser Verortung von Gewalt vom unteren Rand bis hin zur Mitte der Gesellschaft gilt die eigene Lebenswelt von Etablierten als weitgehend gewaltfrei, weil man (1) über mehr alternative Mittel zur Problemlösung verfügt, (2) Gewalt in zweckrationaler Abwägung ein suboptimales Mittel ist, und (3) die Nebenfolgen erheblich sein können und das eigene Ansehen (im Milieu: dem beruflichen und privaten Netzwerk) zerstört wäre. Nicht *Brennpunkte von* Gewalt zu identifizieren, ist Etablierten wichtig, sondern *Motive für* Gewalt:

- Vorsätzliche, geplante Gewalt zur Erreichung politisch-ideologischer Ziele (= Terrorismus)
- Kriminelle Gewalt aus (nicht politischen) persönlichen Gründen wie Raub, Rache, Eifersucht
- Sexuelle Gewalt (meistens gegen Frauen und Kinder)
- Häusliche Gewalt
- Psychische Gewalt
- Staatliche Gewalt als einzig akzeptable und notwendige

Täter von unmittelbarer negativer Gewalt sind zumeist frustrierte Menschen, die sich von der Familie oder Gesellschaft ungerecht behandelt fühlen, die ihre innere Frustration umwenden in nach außen gerichtete Aggression gegenüber Unschuldigen und Schwächeren. Insofern ist Gewalt eine unkontrollierte Ventilhandlung und Kompensation zur Erreichung eines momenthaften Gefühls der Abwesenheit von Ohnmacht sowie der Schimäre von Macht und Dominanz. Personenbezogene Gewalttaten aber können den ersehnten Zustand der Gerechtigkeit nicht herstellen. Vielmehr zeigt sich bei Tätern ein *vicious circle*, sich mit immer neuen situativen Gewalttaten gegenüber Personen oder Gegenständen kurzzeitig Entspannung und Frustabbau zu holen, was nach der Entladung durch die Rückkehr in die Normalsituation das Leiden darunter umso manifester macht, zur erneuten Entladung führt und – wenn alternative Lösungen nicht gesehen werden – sich zu einem ritualisierten Habitus formen kann. Dabei werden zwei gegensätzliche Basismotive von Gewalt unterschieden:

1. Gewalt zur Verteidigung im Fall einer Bedrohung, wenn kein anderer Ausweg gesehen wird: „Wenn man in die Enge gedrängt wird und sich nicht irgendwie zurückziehen oder der Situation entkommen kann. Wenn man selbst nur unverletzt bleiben kann oder das Gesicht wahren kann, wenn man gewalttätig wird, entweder physisch oder psychisch". Dabei wird Gewalt eingesetzt als defensive Reaktion aus einer Situation der Ohnmacht heraus oder um eine völlige Ohnmacht zu verhindern: Es werden die letzten Möglichkeiten

(Handlungsmittel) eingesetzt zur Abwendung von Übel. Das Interesse ist der Selbsterhalt.
2. Gewalt als Mittel der Machtdemonstration und Zielerreichung: Hier ist der Gewalteinsatz keine Reaktion, sondern eine offensive Aktion zur Durchsetzung eigener, meist egoistischer Interessen. Das kann die Behauptung einer sozialen Machtstellung sein, Gier oder Lust. Hier wird der enge wechselseitige, sich verstärkende Zusammenhang von Macht und Gewalt deutlich („Es gibt ein schönes Zitat: Macht ist die glaubhafte Androhung von Gewalt").

Alltagstheorien zur kruden Gewalt: Überforderung oder Ideologie

Um sich klarzumachen, wie es zu massiver kruder Gewalt gegen andere Menschen kommt, gibt es im etablierten Milieu eine Reihe von Alltagstheorien.[15] Eine der wichtigsten ursächlichen Erklärungen für spontane Gewaltausbrüche und dauerhafte Gewaltbereitschaft ist, dass die wachsende Unübersichtlichkeit, Komplexität und widersprüchliche Informationsflut die Frustration bei den Individuen erhöht, die sich bei einigen aufgrund der Überforderung in Gewalt entlädt: Im Alltag geschieht das bei den Tätern meist spontan, situativ, nicht zielgerichtet; aber bei Identifikation einer Feindgruppe auch zielgerichtet. Die Frustration gründet in einem Gefühl der Hilflosigkeit und Orientierungslosigkeit, weil diese Menschen mit Vielfalt nicht umgehen können und sich ihre heimelige Welt zurückerobern wollen. Dieses Gefühl von Verlusten des Eigenen, das ihnen aus ihrer Perspektive genommen wurde, führt zu einem „inneren Zorn", der bei einigen – vor allem Rechtskonservativen und Rechtsradikalen – den „Wunsch weckt, dass da jemand kommen möge, der sagt, wo es langgeht, der einen an die Hand nimmt und auch das Recht zubilligt, seiner Wut Ausdruck zu geben".

Eine zweite Alltagstheorie zielt auf Gewalt durch radikale Linksextreme und die autonome Szene, die keineswegs orientierungslos sind, sondern mit der Gewissheit einer weltanschaulichen Wahrheit die bestehende, aus ihrer Sicht ungerechte Ordnung stören und zerstören wollen mit der Vision einer dann aus ihrer Sicht gerechteren Welt. Von Seiten der Linken werde häufig argumentiert, dass der Staat zwar das demokratisch-rechtsstaatliche Gewaltmonopol habe, aber selbst autonom definiere, was als Gewalt bezeichnet wird und was nicht – mit

---

15 Alltagstheorien sind Stützen zur Orientierung in der Welt. Sie unterscheiden sich von wissenschaftlichen Theorien dadurch, dass ihr verallgemeinertes Wissen nicht methodisch kontrolliert zustande kommt und überprüft wird, dass sie nicht Kriterien genügen müssen wie logische Widerspruchsfreiheit, empirische Evidenz oder Nicht-Zirkularität, sodass Alltagstheorien sogar häufig durchwoben sind von Tautologien, Paradoxien, zirkulären Argumenten, inkonsistenten oder nicht reliablen oder invaliden Belegen. Gleichwohl haben sie eine wichtige Funktion für die Wahrnehmungs-, Deutungs- und Verhaltenssicherheit im Alltag der eigenen Lebenswelt (Binnenperspektive) sowie im Kontakt zu anderen Lebenswelten (Fremdperspektive).

blindem Fleck auf die eigene Gewalttätigkeit. Ebenso werde in der linksradikalen (wie auch in der rechtsradikalen) Szene behauptet, dass man selbst zwar grundsätzlich für Gewaltlosigkeit stehe, es aber in der Gesellschaft ungerechte Gewaltstrukturen und staatliche Gewaltakte gebe, gegen die man sich verteidigen müsse und dass dazu nur noch Gewalt ein wirksames und legitimes Mittel (angesichts eines höheren Guts) sei. Beispiele für solches Denken sind für Etablierte die Ausschreitungen und Eskalation vor dem Berliner Reichstagsgebäude beim Protest gegen die Corona-Auflagen im August 2020, die Krawalle am Rande des G20-Gipfels im Hamburger Schanzenviertel im Juli 2017 oder zur Eröffnung des Neubaus der Europäischen Zentralbank im März 2015 in Frankfurt am Main.

Insofern ist Gewalt für Etablierte entweder eine Reaktion der Ohnmacht auf eine gesellschaftliche Überforderung, oder sie ist Ermächtigung in Form von offensivem Widerstand vor dem Hintergrund einer Ideologie. Dies zeigt sich in Rabiatheit und diffuser (verbaler, physischer) Gewalt gegenüber schwächeren Individuen und Personengruppen sowie in Diffamierung und massiv-körperlichen Attacken des mächtigeren Establishments und ihrer legalen Ordnung („das System"), wobei deren Repräsentanten als Objekte und Ziele entmenschlicht werden. Für einen Teil der Gewalttätigen ist das aber nur ein erster Sockel, von dem aus sie der Gefahr der Verführung ausgesetzt sind, offen sind für eingängig-einfache Erklärungen über die Ursachen ihrer Misere, zu denen Fremd- und Feindbildern eine Projektionsfläche für kanalisierte Gewalt bieten: zum Beispiel Politiker, Flüchtlinge, Juden, Moslems, politische Aktivisten, Journalisten. Hier hat Gewalt die Funktion als Vorkehrung, Warnung, symbolisches Zeichen, Vergeltung oder Rache. So unterschiedlich die Motive und Ziele der beiden Alltagstheorien sind, zeigt sich darin eine Konvergenz.

„Gewalt und Gewaltbereitschaft nehmen zu aufgrund der Komplexität und der gefühlten Hilflosigkeit im eigenen Urteil. Auch die Politik und Parteien haben hier ihren Anteil: Ob das links oder rechts ist – rechts ist gerade wieder mehr en vogue – diese Hilflosigkeit weckt eine Art inneren Zorn und einen Wunsch, dass jemand kommen möge, der sagt, wo es langgeht, der einen an die Hand nimmt aus dieser inneren Frustration heraus: Man ist überflutet von Informationen, die sich auch noch widersprechen. Diese Frustration führt auch in eine Gewaltbereitschaft. Das ist etwas, was ich glaube. Glauben soll man ja an sich nur in der Kirche, die Juristen sollen ja wissen. Aber es ist mein Eindruck, dass wir in einer Zeit leben, in der Gewalt zunimmt."

Scham der Opfer – Voyeurismus und Passivität der Umstehenden

Überwiegend Frauen aus diesem Milieu erzählten im geschützten anonymen Raum des sozialwissenschaftlichen Interviews, dass sie schon selbst Opfer von Gewalt waren. Meistens habe diese in Kindheit und Jugend stattgefunden, doch einige berichteten auch von kürzlich erlebter Gewalt durch Unbekannte oder flüchtige Bekanntschaften, von denen sie bedrängt, belästigt oder öffentlich diffamiert worden sind. Sie fühlten Scham in dieser Situation, weil jemand in ihren Schutzraum eingedrungen war und sie bloßstellte; weil ihre sonst wirkungsvollen Stilmittel der Distanzierung und Selbstbestimmung nicht griffen. Sie fühlten sich im öffentlichen Raum an den Pranger gestellt. Jemand war in ihre „Territorien des Selbst" eingedrungen, hatte die für ihre Würde elementare körperliche, sprachliche, habituelle Grenze missachtet – und sie konnten sich nicht wehren.

Verstörend war im Erleben dieser Frauen, dass sie bei solchen Attacken in der Öffentlichkeit von Passantinnen und Passanten keine Hilfe bekommen hatten, selbst als sie einige Personen konkret angesprochen und gebeten hatten, Hilfe zu holen (die Polizei). Sie vermissen Zivilcourage und Hilfe in einer Situation sozialer Bedrängnis. Hier hatten sie das Gefühl, in doppelter Weise Opfer zu sein: nicht nur ausgesetzt den Attacken des Angreifers oder der Angreiferin, sondern auch durch Teilnahmslosigkeit und arrogante Passivität von Zuschauenden, die unbeteiligt haben bleiben wollen.

Zu dieser Scham kommt ein weiteres Moment: Die Unsicherheit, den Angreifer oder die Angreiferin irgendwie ungewollt und unbewusst provoziert, ungerecht behandelt, verletzt oder durch das eigene Outfit zu sexuellem Übergriff animiert zu haben. Diese Scham beschreibt den Selbstverdacht, sich nicht hinreichend umsichtig, reflektiert und adäquat verhalten zu haben – *privat* gegenüber Bekannten, *beruflich* gegenüber Kolleginnen und Kollegen sowie in der *Öffentlichkeit*.

„Da waren viele Angestellte, auch höhere Angestellte der Umgebung, tranken da einfach einen Kaffee auf dem Platz. Und ich habe die dann auch konkret angesprochen, bitte helfen Sie mir, rufen Sie die Polizei. Und dann hat keiner reagiert, gar niemand hat reagiert. Ich habe bestimmt fünf oder sechs Leute direkt angesprochen, direkten Kontakt und die [flüchtige Bekannte], die mich bedrängt hat, ist da rumgehopst und hat geschrien: ‚Diese Lügnerin, die Verbrecherin, sie bezahlt mich nicht.' Ich weiß nicht, was sie alles geschrien hat. Hat mich dauernd versucht zu attackieren. Und das war wirklich schrecklich. Und sie immer um mich rumhopsend und ich wusste mir nicht mehr zu helfen. Und irgendwann bin ich dann Gott sei Dank in ein Geschäft rein, in eine Boutique und die Dame hat gut reagiert. Die hat dann die Polizei gerufen. Das war bestimmt eine halbe Stunde. Aber geholfen haben nicht die Personen, wo ich es mir eigentlich erhofft hätte, dass sie eingreifen. Also da dachte ich mir auch, das ist traurig. Wahrscheinlich haben sich die anderen gedacht, das ist nur nervig, verliere ich bloß Zeit. Wie ging es mir in der Situation? Ich habe einfach nur versucht, irgendwie eine Lösung zu finden, ohne selber handgreiflich zu werden. Und natürlich war es auch sehr, sehr unangenehm und peinlich."

„Es war bei ihr ein Akt von Macht, Genugtuung vielleicht auch Machtübernahme, in dem Fall auch Bloßstellung. Sie hatte bestimmt Gefallen gefunden, mich in der Öffentlichkeit bloßzustellen. Weil natürlich jeder denkt, wenn da jemand so schreit und sagt, dass ich ein Verbrecher bin und ich ihr was getan habe, dann hat sie ja die Genugtuung, dass sie die Gute ist. Weil das nimmt der Außenstehende war. Das hat sie sichtlich genossen, ihre Macht über mich, so mich bloßstellen zu können."

„Ich bin als Kind viel geritten und da weiß ich noch, da gab es mal einen Stallverwalter. Und der hat uns Kinder oder auch speziell mich hat er wirklich mal eine feste richtige Ohrfeige gegeben und hat einen dann mit der Mistgabel aus dem Stall gejagt, weil wir zu relativ später Zeit noch bei seinem Pferd waren. Danach habe ich mich nicht getraut als Kind, das meinen Eltern zu sagen. Das hat auch nicht mehr stattgefunden. Aber der hat uns, das hatte ich damals als Kind schon gespürt, verachtet. Verachtet, weil wir vielleicht irgendwie verwöhnte Gören waren für den, und auch vielleicht das war einfach sein Feierabend, er wollte Schluss haben und dann hingen noch bei den Pferden rum und dann hat er sich halt jemanden rausgegriffen, wo er seine Wut rausgelassen hat. Und für mich im Nachhinein ist es spannend, dass ich das niemanden bis dato erzählt hatte, weil ich wollte da jetzt kein großes Aufhebens machen und habe mich auch geschämt. Also die Scham als Opfer, dass man sagt, vielleicht habe ich doch irgendwas falsch gemacht, oder vielleicht war das schon zu extrem, oder vielleicht hat er auch Recht gehabt, das war jetzt im Nachhinein interessant, dass man das als Kind empfindet."

Häusliche Gewalt in der Oberklasse: Isolation und Stigmatisierung von Frauen

Frauen dieses Milieus kennen meistens in ihrem internationalen Bekannten- und Nachbarschaftskreis eine Reihe von Fällen häuslicher Gewalt, die von Männern gegenüber ihren Kindern und vor allem ihrer (Ehe-)Frau ausgeübt wird. Das kommt auffallend vor bei binationalen Paaren oder ausländischen, wenn die Frau existenziell vom Einkommen und Vermögen ihres Partners abhängig ist, kein eigenes Einkommen hat (ihren Job aufgegeben hat und ihm den Rücken freihält), als Zugezogene aus dem Ausland hier keine eigenen Netzwerke und Vertraute hat und nicht gut deutsch spricht: Diese Frauen sind isoliert in reichen Verhältnissen und ohnmächtiges Opfer der Gewalt ihres Mannes (goldener Käfig). In der Regel leben diese Frauen nicht im Mehrfamilienhaus mit täglichen Begegnungen mit Nachbarinnen und Nachbarn, sondern in großen Einzelhäusern (Villen) mit großem Garten – sozial und räumlich isoliert. Frauen aus dem Milieu „Etablierte" berichten, dass einige ihnen bekannte Frauen der Oberklasse Zuflucht im Frauenhaus gesucht oder sich an den Weißen Ring gewandt haben. Im Unterschied zur häuslichen Gewalt gegen Frauen der Mittel- und Unterschicht gibt es für Frauen der Oberklasse spezifische Problemlagen:

- Sie sind weitgehend handlungsunfähig, sehen sich in einer Situation der Alternativlosigkeit, denn sie würden ihre Kinder verlieren, wenn sie ihren Mann verließen und weggingen. Das ist vor allem für jene Frauen problematisch, die keine deutsche Staatsangehörigkeit haben und sich damit rechtlich in einer nachteiligen Situation für das Sorgerecht befinden.

- Exklusives Wohnen und elegantes Outfit (Kleidung, Schmuck, Frisur) verdecken die in einzelnen dieser Haushalte praktizierten physischen, psychischen und sexuellen Gewalttaten, haben nach außen gegenüber der Öffentlichkeit sowie in hochkulturellen, exklusiven Lokalitäten die Funktion des *Coverings*, sind auch Instrumente zum Management ihres Stigmas, Opfer ihres Mannes zu sein.
- Sich an Nachbarn zu wenden, bietet diesen Frauen nicht immer Hilfe, sondern erzeugt Distinktion: „Mit solchen Problemen wollen diese Frauen nichts zu tun haben, das würde sie selbst beflecken und einen Makel erzeugen". So ist es die exklusive statusbewusste Lebenswelt, die für von Gewalt betroffene Frauen eine besondere Ausweglosigkeit erzeugt. Sich an die mediale Öffentlichkeit zu wenden, würde sie selbst nur stigmatisieren und mit der Frage der Glaubwürdigkeit konfrontieren (im Vergleich zum beruflich erfolgreichen Mann, der zudem über ein viel breiteres Netzwerk an Ressourcen verfügt). Zudem ist es die Erfahrung – und dann dauerhafte Angst – dieser Frauen, dass sie von Menschen aus der bürgerlichen Mittelklasse[16] latenten hämischen Neid erfahren über „die Bessergestellte da oben", und dass man sie in ihrer Not nicht ernst nimmt. Das gilt auch für einzelne Frauenhäuser, bei denen einige der Frauen Hilfe suchten: Sie haben dort zwar vom Fachpersonal Hilfe erfahren, waren aber innerhalb des Hauses durch andere Frauen der Stigmatisierung, Häme, Verachtung und auch psychischverbaler Gewalt ausgesetzt.
- Darüber hinaus sind viele dieser Frauen finanziell vollkommen abhängig von ihrem Partner. Ihnen fehlen die finanziellen Ressourcen und sozialen Netzwerke, um woanders hinzugehen und existieren zu können. Das wohlhabendexklusiv erscheinende Outfit verdeckt ihre Armut an Handlungsalternativen.

„Häusliche Gewalt habe ich nicht selbst erlebt, Gott sei Dank, aber von anderen erfahren. Also dass Frauen aus guten Verhältnissen plötzlich im Frauenhaus landen, oder dass sie geschlagen werden zu Hause, oder auch dass ihre Kinder missbraucht werden; auch psychische Verletzungen massiver Art von wohlhabenden Ehemännern. Also da wird schon viel geweint hinter den Mauern von Grünwald."

„Man lebt natürlich nicht in einem Mietshaus, man lebt natürlich mit einem größeren Grundstück, in einem schönen Haus. Da würde jetzt auch keiner der Nachbarn Schreie hören."

„Häusliche Gewalt in meinem weiteren Nachbarschaftskreis – da höre ich von Körperverletzung, auch aufgrund von Alkoholismus oder aufgrund von Schikanen, Machtstreitigkeiten, Geldstreitigkeiten, unterschiedliche Lebenskonzepte plötzlich, dass der eine Partner sagt, ich

---

16 Mit Frauen und Männern aus der Unterschicht haben sie in der Regel gar keinen Kontakt.

habe ein anderes Konzept und da geht es doch manchmal nicht nur verbal aggressiv zu, was ja auch eine Form von Gewalt ist, sondern eben auch körperlich."

„Die Frauen, die ich dazu kenne, sind internationale Beziehungen, die halt wie Arbeitsnomaden, alle zwei, drei Jahre in verschiedenen Ländern sind. Es ist sehr schwer, weil die oft die Sprache nicht sprechen, die deutsche Sprache nicht sprechen. Ich denke mir, es ist wirklich wichtig für sie, ein Netzwerk zu haben und deshalb habe ich ein bisschen nach ihnen gesehen. Deswegen hatte ich vielleicht auch mehr Informationen bekommen als andere. Die Kinder sind meist an der internationalen Schule, da kriegt man auch Kontakt im persönlichen Gespräch, dass jemand Vertrauen zu einem hat. Die Frauen sind ansonsten komplett isoliert und würden sich auch nicht trauen, ihren Ehemann bloßzustellen."

„Es wurde auch Gewalt angewendet, durch Geldentzug. Die Frauen waren halt abhängig von ihren Ehemännern, weil sie meistens keinen Beruf ausgeübt haben. Ja, das ging dann so weit, dass die einfach absolut kein Geld mehr zur Verfügung gestellt bekommen haben. Dass sie dann natürlich versucht haben, was zu verkaufen. Es ging so weit, dass sie kein Benzingeld mehr bekommen haben für ihr Auto. Die wurden so letztlich komplett isoliert. Es ist schrecklich, wirklich."

„Und wenn die Frauen sich finanzielle Hilfe suchten, etwa bei Verwandten im Ausland, hilft das nicht. Da sind Mütter, die ihre Kinder nicht mehr sehen konnten, weil einfach die Männer reich und wohlhabend waren und gute Kontakte hatten zu guten Anwälten. Und die Frauen mittellos waren."

„Sie haben ja gar kein Kommunikationsforum. Frauen aus der Mittel- oder Unterschicht haben es da vielleicht sogar leichter. Aber für diese Frauen wäre es sozial überhaupt nicht angebracht, bei Treffen sich zu äußern dahingehend. Es würde wahrscheinlich auch nicht aufgenommen werden wollen von anderen. Man hat ja einen gewissen sozialen Status und das hält einen natürlich auch weg. Man hat diesen erfolgreichen Mann. Sie sind halt in die Abhängigkeit von dem Mann geraten durch das viele Reisen, durch diese Positionsveränderung. Und es wäre einfach nicht angebracht, über diese Themen zu sprechen. Da denke ich, in der mittleren Schicht oder in der unteren Schicht ist es dann weniger tabu. Für Frauen der Oberschicht ist es ein Tabu."

„Also es war ein heftiger Fall, das kann ich jetzt noch kurz erwähnen. Da hat der Vater die Kinder aus einem Hundenapf essen lassen, die Kinder waren nackt am Boden. Das ist ein reicher Unternehmer. Und diese Bilder gab es und ich konnte es fast nicht glauben und es soll auch sexueller Missbrauch stattgefunden haben dabei. Die Kinder waren vier und sechs Jahre alt. Die Mutter konnte kein Deutsch und die war auch komplett isoliert vom Ehemann, der hat aber unglaubliche Kontakte auf höheren Ebenen. Und dann bin ich zum Jugendamt und habe gesagt: ‚Sie müssen da was tun, schauen Sie sich das an, das kann doch nicht wahr sein.' Und ich hatte dann auch Kontakt mit dem Weißen Ring und die haben gesagt, das war irgendein Kriminalkommissar, wir können nichts machen, weil es gibt keine Bilder mit Genitalien. Und das Jugendamt hat zu mir gesagt: ‚Mischen Sie sich nicht ein, wir wissen was wir tun.' Aber im Endeffekt war, dass die Mutter seitdem ihre Kinder nicht mehr gesehen hat."

„Gewalt" (im weiteren Sinn) ist Motor für Wettbewerb und Fortschritt

So sehr die verschiedenen Formen von unmittelbarer physischer, psychischer, sexueller und verbaler Gewalt gegen die Unversehrtheit des Einzelnen und der guten Sitten abgelehnt werden und nur bei Notwehr und Nothilfe gerechtfertigt sind, stellen Etablierte dem einen weiter reichenden Begriff von Gewalt gegenüber, der Gewalt überwiegend positiv oder zumindest neutral bewertet: Es gibt Gewalt, die moralisch gerechtfertigt ist, wenn es darum geht, im Wettbewerb Ziele zu erreichen, eigene Interessen auch gegen Widerstand durchzusetzen – sofern man sich an die in diesem Spiel demokratisch oder unternehmerisch gesetzten und anerkannten Regeln hält. Dahinter steht eine libertäre utilitaristische Anthropologie, dass Gewalt eine Grunddisposition des Menschen ist: Gewaltbereitschaft ist menschlich. Es kommt aber darauf an, diese Disposition zu managen und gezielt einzusetzen – unter Wahrung der demokratisch-marktwirtschaftlichen Regeln sowie der Würde der Konkurrenz. In diesem Wettbewerb ist es erlaubt, bis an den Rand der akzeptablen Grenzen zu gehen – nur gelten diese akzeptablen Grenzen nicht universell, sondern werden von den Spielleitern (die Gesellschaft, Regierung, Gesetzgeber, Satzungen von Organisationen, Vorstände, Geschäftsführer, Abteilungsleiter etc.) gesetzt. Um in diesem Wettbewerb nicht nur nicht unterzugehen, sondern erfolgreich zu sein und möglichst erfolgreicher als andere, verlangt diese Marktwirtschaft eine spezifische Form von Gewalt: den unbedingten Willen nach Führung, Herrschaft, Dominanz. Diese Gewalt ist keineswegs schlecht, sondern verlangt Fähigkeiten, die es sich anzueignen und auszubauen gilt. Dazu ist vor allem eine Kompetenz (*Skill*) unbedingt notwendig: *Härte* – gegen sich selbst und gegen andere. Wenn man führt und die Richtung vorgibt, im Wettbewerb die Marktkonkurrenz hinter sich lässt, ist das eine Form legitimer Gewalt. Davor aber steht vor allem die Gewalt gegen sich selbst im Sinne der Selbstdisziplinierung: Skills zunächst gegen eigene innere Widerstände aufbauen und einsetzen, um äußere Widrigkeiten, Hürden, Widerstände zu durchbrechen und erfolgreich zu sein. Das wird positiv mit *Tugenden* beschrieben wie Disziplin, Durchsetzungsfähigkeit, Leistungsorientierung oder Dominanzstreben. Für Etablierte ist diese Gewalt der Motor (ein anderes Bild war „Brennstoff") für Innovation und Fortschritt, die *das* Movens moderner Gesellschaften sind.

„Jeder Mensch trägt eine gewisse Gewaltbereitschaft naturgemäß in sich, was bei uns Männern auch ausgeprägter ist als bei Frauen. Wir haben halt Säbelzahntiger verjagt und die Mammuts gejagt und Frau und Feuer und Nachwuchs beschützt. Ich glaube, dass Gewalt nicht nur schlecht ist. Ja, Gewalt kann auch Gutes bewirken."

„Ist es Gewalt, wenn ich in meinem Berufsleben nach oben strebe? Wenn ich Konkurrenten wegdränge, wenn ich ein Unternehmen aufbaue, und von einem theoretisch begrenzten Marktsegment ausgehe? Möchte ich mein Unternehmen erfolgreich machen, wird es immer wieder zu Konkurrenzsituationen kommen. Bei einem begrenzten Markt behaupte ich mich dauerhaft nur, wenn ich ein sehr starkes Konkurrenzempfinden habe und auch bereit bin, in eine Konkurrenz zu treten. Ist das dann auch Gewalt, die ich ausübe, wenn ich mit lauteren Mitteln in einen Pitch trete? Was ist es, wenn ich verdränge? Was ist es, wenn ich auf Kosten eines anderen mir eine Position nehme? Ich nehme sie mir einfach. Ohne dieses Konkurrenzstreben würden wir vielleicht immer noch auf den Bäumen sitzen, ginge gar nichts mehr voran, also ohne Ehrgeiz, ohne auch eine gewisse Bereitschaft, Gewalt in einem gerade noch akzeptablen Rahmen auszuüben."

Erziehung ist Gewalt aus Fürsorge und Schutz

Neben Wirtschaft gibt es einen zweiten Bereich positiver Gewaltausübung: elterliche Versorgung und Erziehung ihrer Kinder. Es ist signifikant, dass diese Form der Bevormundung und des Zwanges von eigenen bzw. schutzbefohlenen Kindern als „Gewalt" beschrieben wird. Das Argument ist: Hier wird der Wille des anderen ignoriert und gegen diesen bei Bedarf körperliche Gewalt ausgeübt – mit dem Motiv, das Kind zu schützen. Jede andere Form von Gewalt, etwa als Erziehungsmittel in Form von Ohrfeigen oder Prügeln, wird kategorisch und vehement abgelehnt. Einzig aus Fürsorge ist Gewaltausübung gegenüber einem Kind legitim – alles andere wäre eine unentschuldbare Entgleisung. Aber selbst in legitimen Situationen der Gewaltanwendung haben sie selbst als Eltern auch *Scham* empfunden, das Ziel nicht anders erreicht zu haben als mit Einsatz von Gewalt, weil Zureden nicht ausreichte. Sie empfinden es bis heute als beschämende Schwäche, von ihrem Kind so an die Grenze gebracht worden zu sein (oder aktuell zu werden), sodass sie sich nicht mehr anders zu helfen wussten. Zur Scham kommt die *Wut* über die eigene Ohnmacht in solchen Situationen. Diese Wut richtete sich in der Situation nur vordergründig gegen das Kind. Was eine neutrale beobachtende Person nicht sehen kann, ist das Verzweifeln über die eigene Hilflosigkeit dem Kind gegenüber. Dazu kommen mitunter Gefühle der *Aggression*, wenn ihr jugendliches Kind in der Pubertät ein feines Gespür für die Triggerpunkte treffgenauer Provokation kennt – und weiß, dass der Vater oder die Mutter unter der Maxime steht, nicht aggressiv reagieren zu wollen. Dieses Gefühl, vom eigenen Kind an die emotionale und kognitive Grenze geführt worden zu sein und dabei über keine Mittel zur angemessenen Reaktion zu verfügen, als Eltern ohnmächtig und entblößt zu sein, verdoppelt Gefühle der Aggression und Scham.

„Ich habe Sohn und Tochter, habe beide Varianten kennengelernt, wo auch in mir Aggressivität entsteht, dass mich ein Kind so an die Grenze bringt, dass ich kurz davor bin, dem eine zu knallen. Also ich übertreibe jetzt. Habe ich Gott sei Dank nie gemacht. Ich bin schon an Grenzen geführt worden und ich wusste genau, die wollen es jetzt herausfinden, wo ist jetzt ihre Grenze. Die wissen genau den Knopf, wo sie mich unfassbar wütend machen können, und genau da wollen sie auch hin."

„Nehmen wir das Beispiel meiner Tochter. Vielleicht bringe ich mich während des Redens, wie Heinrich von Kleist in seinem schönen Aufsatz geschrieben hat, selber zu einer Lösung. Meine Tochter war ganz schwierig. Die ist ein hochbegabtes Kind, war auch in dieser Hochbegabtenförderung und ist bis heute ein sehr schwieriger Mensch. Das erste Wort, was meine Tochter gesprochen hat, war Nein! mit einem tiefen Abscheu. Und sie ließ sich nicht im Maxi-Cosi anschnallen. Ein Geschrei, dass die Leute zusammengelaufen sind: ‚Was tun die da mit diesem Mädchen, mit dieser Kleinen?' Die hat sich aufgebäumt, hat geschrien, als wenn man sie umbringt. Es geht nicht ohne Gewalt, um dieses Gurtschloss zu schließen. Und wir mussten das machen, wir können nicht im Auto fahren, ohne dass wir sie anschnallen. Und sie hat sich gewehrt, als ginge es um ihr Leben. Da haben wir Gewalt ausgeübt, richtig körperliche, originäre Gewalt. Wir haben uns natürlich innerlich ganz furchtbar gefühlt dabei, weil man will einem einjährigen Kind nicht so dominant gegenüber auftreten und Gewalt ausüben."

„Mein Vater hat Gewalt ausgeübt durch Entzug von bestimmten Privilegien, Taschengeld, Fernsehen, Hausarrest, was man da so halt erlebt hat. Ich habe nie körperliche Gewalt außer mal eine Ohrfeige erlebt."

Vor dieser Folie legitimer „positiver" Gewalt (Fürsorge, Schutz) skizzieren Etablierte ihre Fassungslosigkeit gegenüber sonstigen Gewaltformen: Prügeleien in Fußballstadien, Prügeleien gegenüber Sanitätern, Polizisten, Schiedsrichtern, Obdachlosen, Prostituieren, häusliche Gewalt gegenüber der Lebensgefährtin und Kindern. Dort zeigen sich weder Motive des fairen Wettbewerbs noch der Fürsorge von Schutzbefohlenen, sondern blanke, krude Aggression.

„Also es macht mich jetzt hilflos, es mir selber nicht erklären zu können, was da abgeht. Mir ist das so fremd. Also tut mir leid. Ich bin völlig fassungslos."

Gewaltprävention muss an den gesellschaftlichen Eliten ansetzen

Eine Perspektive von Etablierten zur Gewaltprävention ist, dass diese nicht nur bei bisherigen und potenziellen Tätern konkret-situativer Gewalt ansetzen darf, sondern auch bei jenen, die in der Öffentlichkeit stehen, die in Politik, Wirtschaft, Recht, Verwaltung in gehobenen Positionen sind und eine Leitbildfunktion haben. Die entscheidenden Fragen sind: Was strahlen diese Meinungen prägenden und maßgebliche Entscheidungen treffenden Frauen und Männer an Gewalt aus? Welche Einstellungen zeigen sie gegenüber den verschiedenen Gewaltformen in der Gesellschaft: Zu welcher Gewalt beziehen sie Stellung – zu welcher nicht?

Welche Gewaltformen sind in ihrem Horizont und werden von ihnen angeklagt? Welche ignorieren sie, welche bagatellisieren sie, welche rechtfertigen sie? Dabei sind Sprache und Stilistik von sensibler Bedeutung mit signifikanter Wirkung. Welche Aggressivität und subtilen (verbalen, habituellen) Formen von Gewalt setzen sie selbst zur Erreichung ihrer Ziele oder zur Behauptung ihrer Position ein? Aufgrund ihrer beruflichen und persönlichen Nähe zu diesen Personen betont ein Teil der Etablierten, dass jene, die im öffentlichen Licht stehen – insbesondere Politiker und Konzernleitende – nicht authentisch sind, Masken zeigen und Rollen spielen, die ihnen vorteilhaft erscheinen. Diese Unehrlichkeit macht die Menschen im Land wütend. Und wenn solche Repräsentanten aus dem gegnerischen politischen Lager kommen, fällt diese Wut umso stärker aus.

Hier identifizieren Etablierte einen Zusammenhang zwischen der *Doppelgesichtigkeit* und *Unwahrhaftigkeit* der herrschenden Eliten (die als fehlender Anstand interpretiert wird), der Wut sowie latenten und auch manifesten Gewaltbereitschaft von Normalbürgern. Dieser Zusammenhang besteht nicht direkt und unmittelbar, sondern indirekt in längeren Kausalketten. Doch wenn herrschende Eliten ihre Vorbildfunktion nicht wahrnehmen oder sich selbst freisprechen, ist das genau das Symptom, das Wut und Gewaltbereitschaft erzeugt. Gewaltprävention erfordert daher eine *Top-down*-Strategie, eine moralische selbstkritische Reflexion über die Verantwortung hinsichtlich der Nebenfolgen ihres Handelns und ihrer Vorbildfunktion, die man in bestimmten gesellschaftlichen Positionen nicht ablehnen kann, sondern die unabdingbar mit Führungsfunktionen verbunden sind.

- Gleichwohl sind Etablierte skeptisch, dass angesichts der systemischen Zwänge und Alltagskulturen in Führungsetagen bloße Appelle in die Einsicht helfen werden – zumal bestimmte deformierte Persönlichkeitsprofile (und -störungen) wohl prädestinieren und ein Wettbewerbsvorteil sind, um in jene Positionen zu kommen. Und wenn man in diesen Positionen ist, werden jene Verhaltensmuster gefordert, belohnt und gelten als geringstes Risiko für den Statuserhalt. Dabei findet eine Umwertung statt zu der beschriebenen „positiven" Gewalt, die jene Soft Skills erfordert für Wettbewerb und Innovation.
- Andererseits dürfen die gesellschaftlichen Eliten aus dieser Führungsverantwortung nicht entlassen werden mit den Argumenten der Systemrationalität und Systemzwänge. Gerade von Führungskräften ist diese Vorbildfunktion zu fordern. Dazu gehört der Mut, auch eigene Schwächen und Makel zu äußern, nicht alles wissen, auch von politischen Gegnern etwas lernen und Irrtümer zugeben zu können (nicht nur, wenn man in höchster Bedrängnis ist).

Doch bei diesen kritischen Überlegungen von Etablierten zeigt sich, dass sie selbst keinen praktischen und wirksamen Hebel sehen, wie die herrschenden Eliten zur Gewaltprävention beitragen können, *warum* (Motiv, Anreiz) und *wie* (effektive Mittel unter Berücksichtigung der Neben- und Spätfolgen) sie die etablierten Strukturzwänge und Verlockungen ihrer Institution und Profession, ihrer beruflichen Position und Karriere selbst aushebeln sollten und könnten. Es bleibt bei dem moralischen Appell an die Verantwortung.

„Ich habe einen sehr schönen Spruch irgendwann mal gelesen: ‚Leute, schont eure Masken, zeigt euer wahres Gesicht.'"

„Die in der politischen Verantwortung stehen für die Gesellschaft, werden ihrer Vorbildfunktion nicht gerecht. Gewalt in der Gesellschaft hängt unter anderem über viele Kausalketten genau damit zusammen, wie sie ihr öffentliches Leben, ihren Auftritt gestalten. Politiker und Konzernleiter werden das erst mal weit von sich weisen. Das gehört zu ihrem Gestus. Aber es ist diese Kaltschnäuzigkeit und der fehlende Anstand, diese Zusammenhänge nicht sehen zu wollen. Es ist genau diese Einstellung ‚Damit habe ich nichts zu tun', die zu der konkreten Gewaltbereitschaft bei oft ganz normalen Bürgern führt."

„Ich fühle mich verarscht. Ich fühle, es geht hier um Macht, um Machtausübung, diese subtile Form der Gewalt. Man will die Wahl gewinnen und zu diesem Zweck erzählt man eine ganze Menge und spielt etwas vor, was weder gewollt noch authentisch ist. Das ist das, was mich wütend macht, was ich auch als Gewalt, als Vergewaltigung empfinde."

„Ich glaube, der Fisch stinkt vom Kopf. Auch so ein blöder Spruch. Aber es ist häufig wahr. Wenn hier in der Kanzlei etwas schiefläuft, dann muss ich bei mir anfangen und sagen, wenn hier das Betriebsklima schlecht ist oder Mandanten sich nicht wohlfühlen, dann muss ich derjenige sein, der sich hinterfragt."

„Wenn Kamera und Licht angeht, sind die ein völlig anderer Mensch. Wenn ich weiß, dass der [Politiker A] mit der [Politikerin B – gegnerische Partei] eng befreundet ist persönlich – sobald aber ein Mikrofon in der Nähe ist oder ein Reporter, ziehen die sich eine Maske auf. Ich spüre es und ich glaube, dass es ganz viele spüren, dass das, was sie im Rampenlicht machen, etwas ganz anderes ist als das, was sie persönlich fühlen. Da ist bei mir der Eindruck, das ist nicht authentisch, das ist nicht ehrlich. Das Wort Maske fällt mir ein."

„Wenn ich diese Politiker und Konzernführer in Talkshows sehe, oder ich habe das Privileg, über den Herrenclub oder über den Rotary Club mit solchen Menschen in Berührung zu kommen. Die sind schizophren oder die tragen Masken. Die haben wie eine bipolare Persönlichkeit. Das spüren Menschen, selbst die, die denen nicht so nahekommen. Die spüren, das ist nicht der Mensch selber, das ist etwas, was mir vorgespielt wird, was nicht ehrlich ist. Diese Unehrlichkeit, glaube ich, macht die Menschen auch so wütend."

„Ich kenne durch Zugehörigkeit zu diesen Elitezirkeln so viele Vorstandsvorsitzende von DAX-Konzernen. Ich kenne alle Vorstandsvorsitzenden der Deutschen Bank, habe ich persönlich kennengelernt. Ich habe so viele Menschen kennengelernt, die Macht ausüben, Macht im Sinne auch von Gewalt, um etwas voranzubringen. Und alle leben in einer Welt, die völlig bipolar gestört ist, und zwar durchgehend. Und ich frage mich immer: Bedingt das diese exponierte Position, dass ich so werde, oder habe ich das schon in mir, damit ich überhaupt da hinkomme? Das macht mich wütend. Das macht mich wütend, zu spüren: Da ist ein Familienvater, kaum steht er auf und hat ein Mikrofon in der Hand, ist er ein komplett anderer Mensch. Und das ist auch Gewalt."

Gewaltfreiheit gibt es nur in einer wachsenden Wirtschaft

So sehr wirtschaftliche „positive" Gewalt die Voraussetzung für Fortschritt und Aufstieg ist, kann es eine weitgehend gewaltfreie Gesellschaft nur geben, wenn die Wirtschaft wächst. Dies ist aus Sicht von Etablierten nur scheinbar paradox, denn ökonomische Gewalt (im weitesten Sinne) nach fairen Regeln sorgt für Leistungsgerechtigkeit. Das minimiert das Gefühl ungerechter Behandlung und Benachteiligung, sodass es weniger Anlass und Motivation zu negativer physischer und psychischer Gewalt (im engeren Sinne) gibt. Dabei wird es immer Ausnahmen geben, etwa psychisch kranke Menschen, Kriminelle oder Soziopathen, die ihre Interessen rücksichtslos verfolgen. Zum einen gibt es für einige keine taugliche Prävention, zum anderen sorgen Gesetze und Sicherheitsvorkehrungen der Exekutive für eine Eindämmung solcher Gewalt.

Es sind ungerechte gesellschaftliche Verhältnisse, die immer wieder den Boden bereiten für Gewaltbereitschaft und Gewalttaten. Was *gerechte gesellschaftliche Verhältnisse* sind, unterliegt einer milieuspezifischen Weltanschauung und Maxime. Für Etablierte ist gesellschaftliche Gerechtigkeit definiert durch Leistungsgerechtigkeit. Der Staat muss die wirtschaftsliberalen Regeln des fairen Wettbewerbs schützen und bei Verstößen auch intervenieren, muss für ein allzu starkes Auseinanderdriften zwischen Arm und Reich sorgen, was zu Verelendung und Aufruhr führen könnte, aber der Staat darf kein normatives Lebensmodell und keine Gesellschaftsideologie entwickeln, sondern muss sich weitgehend neutral verhalten und heraushalten. Insofern wäre seitens des Staates die beste Gewaltprävention, wenn der Staat die Standortbedingungen für Wirtschaftsunternehmen und Startbedingungen für Entrepreneure verbessert, wenn der Staat Bildung und Wissenschaft fördert, Bürokratie abbaut und dem freien Spiel der Kräfte mehr Raum gibt.

Kultur der Wertschätzung sozialer Ungleichheit als Präventionsmittel

Effektive Prävention zielt aus Sicht von Etablierten darauf, der Bevölkerung das Gefühl von gerechten Rahmenbedingungen und Chancen zu geben. Dazu notwendig ist das Zusammenwirken von drei Hebeln: (1) ein *menschenwürdiges Leben für alle* durch Sicherung basaler Existenzbedingungen; (2) *Möglichkeitsräume* für jeden Einzelnen bzw. jede Einzelne, durch Leistung und Engagement aufzusteigen; (3) die Anerkennung und Wertschätzung sozialer Ungleichheit seitens der Bevölkerung, damit die Akzeptanz, dass andere *aufgrund ihrer Leistung Mehr* haben.[17] In einer Gesellschaft der Gleichheit besteht kein Anreiz für Fortschritt, Innovation, Aufstieg. Im Gegenteil bewirkt die Vision einer Gesellschaft der Gleichheit bzw. der sozialstaatlichen Nivellierung sozialer Ungleichheit, dass sich Leistung nicht mehr lohnt. Das ist der aktuelle Nährboden für Unzufriedenheit, diffuse oder gezielte Gewalt gegen Personen, Terroraktionen, Vandalismus und Krawalle. Es sind nach Auffassung von Etablierten (insbesondere des Nebenstroms) gerade Maßnahmen überbordender Transferleistungen an Menschen am unteren Rand der Gesellschaft sowie an Flüchtlingen, die in der Mitte der Gesellschaft Alltagsrassismus und das Gefühl ungerechter Benachteiligung bzw. Umverteilung fördern.

Ein im etablierten Milieu ebenso prominentes Narrativ folgt einer sozialpolitischen Erklärung: Ein Grund für die in der Bundesrepublik seit Jahrzehnten vorhandene und zunehmende Gewalt(-bereitschaft) liegt im Faktor Neid, der seitens der „linken" Parteien und Gewerkschaften geschürt wird: Die Utopie und Parole der „Linken" ist soziale Gerechtigkeit im Sinne der Abschaffung von sozialer Ungleichheit. Bestehende Ungleichheit wird angeprangert – das ist Mantra und Bürde der Bundesrepublik von Anfang an. Menschen in besseren Positionen und mit höherem Wohnstand werden vor jenem normativen Gleichheitsideal nicht nur beneidet, sondern moralisch diskreditiert und ihre Sozialverträglichkeit aberkannt, ohne zu bedenken, dass hinter ihrem Wohlstand Leistung steht (bspw. das Risiko des Unternehmers, Schaffung von Arbeitsplätzen etc.). Aus jenem Neid und der Stigmatisierung der Arbeitgebern erwachsen blinde Wut,

---

17 Hier besteht eine erhebliche Differenz zum Milieu der Postmateriellen, die betonen, dass die Kluft zwischen Arm und Reich zu groß und in den letzten Jahren gewachsen ist; dass die erheblichen Einkommens- und Vermögenszuwächse der Reichtumsklasse nicht durch ihre Leistung gerechtfertigt sind. Hier versagt der Markt aus Sicht von Postmateriellen, die z. B. auf das 2014 erschienene Buch von Thomas Piketty: „Das Kapital im 21. Jahrhundert" (franz. 2013: Le Capital au XXIe siècle) hinweisen. In den Interviews mit Postmateriellen verwiesen vor allem Männer auf Zahlen der Hans-Böckler-Stiftung (einer brachte zum Interview eine Kopie des Reports mit: Mitbestimmungs-Report 25/2016: Manager to Worker Pay Ratio), die besagten, dass in Deutschland 2014 ein Manager der Dax-30-Unternehmen zwischen dem 17-Fachen bis 141-Fachen eines durchschnittlich entlohnten Mitarbeitenden erhielt; drei der 30 Dax-Konzerne zahlten einem Vorstandsmitglied mehr als das 100-Fache einer durchschnittlichen Mitarbeitervergütung. Das ist nach Auffassung von Postmateriellen weit entfernt von leistungsgerechten Verhältnissen. Männer im Milieu Etablierte hingegen argumentieren, dass man zwar eine zu große Kluft zwischen Arm und Reich vermeiden sollte zur Sicherung des sozialen Friedens und Zusammenhalts, dass man aber zur Beurteilung der Unverhältnismäßigkeit einen Maßstab benötigt; hier ist der internationale Blick auf andere westliche Gesellschaften hilfreich – und da sehe es in Deutschland noch moderat aus. In den USA bspw. würden Vorstandsvorsitzende großer US-Konzerne im Schnitt mehr als das 330-Fache wie ihre eigenen Beschäftigten erhalten (Studie des amerikanischen Gewerkschaftsverbandes AFL-CIO).

die sich oft gegenüber Schwächeren entlädt oder gegen irgendjemand anderen; auch die Legitimation, dieser Wut gegenüber „jenen da oben" Ausdruck zu geben durch Sachbeschädigungen (ein häufig genanntes Beispiel sind brennende Autos in besseren Stadtteilen) oder auch gezielte Anschläge gegen Repräsentanten in Wirtschaft und Politik. Im Fundament der „linken Utopie der Gleichheit" und ihrem „Gutmenschentum" gibt es eine große Intoleranz gegenüber jenen, die ihre Utopie nicht teilen und stattdessen an der Leistungsgerechtigkeit festhalten. Dieser Ideologie der Gleichheit stellen Etablierte ihre Vision von Vielfalt entgegen. Insofern wäre die Anerkennung von Ungleichheit und die aus der Ungleichheit erwachsende konstruktive Dynamik (Leistung, Fleiß, Kompetenz, Unternehmergeist und -risiko) der Schlüssel zur Prävention von Gewalt, die in Frustration und Neid gründet.

Es gibt nicht nur seitens der unteren Schichten einen Mangel der Akzeptanz von sozialhierarchischer Vielfalt, sondern auch „von oben" einen frusterzeugenden und dadurch gewaltbefördernden Mechanismus: Diesen verorten Etablierte bei den wirtschaftlichen Eliten, insbesondere bei Führungskräften und Eigentümern sehr großer Unternehmen: Konzerne prägen die Tendenz aus, ihre Gewinne zu internalisieren und die Kosten zu externalisieren. Dieser durch Lobbyismus beförderte Mechanismus ist ein „eingebauter Fehler in unserer marktwirtschaftlichen Demokratie", der Korruption und Arroganz der Macht erzeugt. Insofern sind diese Organisationen und Führungskräfte indirekt über viele Kausalketten mitverantwortlich für die in diesem Land erzeugte Frustration und Gewalt, die sich meistens im Alltag fernab von der Lebenswelt der Führungskräfte zeigt.

„Es gibt diese Norm von Gleichheit, alle müssen gleich sein, niemand darf besser sein. Das erzeugt Neid und wenn der Neid dann nicht gestillt wird, ausgeglichen wird, dann kommt es zu Gewaltausbrüchen."

„[…] die Leute aufklären, warum Gleichheit in letzter Instanz zu Terrorismus führt und zur Tyrannei führt; und warum der klassische Liberalismus vom Vorteil für jede Gesellschaft ist, weil hier eben die einzige wirklich effiziente Möglichkeit ist, Reichtum für alle zu schaffen."

„Die wichtigste Präventionsmaßnahme ist Bildung, dass die Leute verstehen, wie unser Land funktioniert, warum es so funktioniert, und was dazu führen kann, dass es nicht mehr funktioniert. Zum Beispiel die Tatsache: Dass ein Unternehmer Geld verdient, heißt nicht, dass er dieses Geld geschenkt bekommen hat. Er musste ja ein Risiko eingehen, um Geld verdienen zu können. Und die Gesellschaft hat etwas davon, dass er Geld verdient, weil sein Geld ein Multiplikator ist und weil er Arbeitsplätze schafft. Das kommt zu wenig zur Geltung. Bildung in dieser Hinsicht würde Verständnis bewirken für die andere Seite. Nicht nur Verständnis von denen, die kein Geld haben, zu denen, die Geld haben, sondern umgekehrt auch. Es ist ja auch eine Entkopplung festzustellen in reichen Gruppen, dass die sich gar nicht mehr darum scheren, wie es dem Rest der Bevölkerung geht. Weil sie in Gated Communities leben."

2.2. „Postmaterielle"

2.2.1. Lebenswelt

Grundorientierung

Frauen und Männer in diesem Milieu haben die Vision von einer ökologisch nachhaltigen und für alle gerechten Gesellschaft: Selbstverständnis als kritische Begleitende des gesellschaftlichen Wandels, ein leidenschaftliches Streben nach individueller und gesellschaftlicher Aufklärung und Emanzipation, idealistische und postmaterielle Werte sowie der Anspruch (an sich und andere) an einen bewussten und nachhaltigen Lebensstil.

- Die Welt ist nicht in Ordnung, daher *Change the world!* Verhältnisse, wie sie derzeit sind, nicht akzeptieren (sich nicht an die normative Kraft des Faktischen gewöhnen), sondern ungute, Leben mindernde und zerstörende Strukturen und Beziehungen verändern: für mehr Toleranz, Individualität und Selbstverwirklichung, Subsidiarität und Solidarität über die Klassen- und Milieugrenzen hinaus
- Forderungen an Politik, Wirtschaft, Verwaltung, Recht und Zivilgesellschaft, Rahmenbedingungen und Anreize zu gestalten für eine ökologische und sozial gerechte Zukunft aller Bevölkerungsgruppen: die Freiheit und Verwirklichungschancen jeder und jedes Einzelnen sowie aller demokratischen Minderheiten respektieren und schützen; dabei Bewusstsein für die *Ambiguität* (Mehrdeutigkeit) und *Ambivalenz* (divergente Beurteilung) von Maßnahmen: Es gibt keine einfachen Lösungen
- Das alleinige Setzen auf technologische Innovationskraft der freien Marktwirtschaft zur Lösung von Gegenwarts- und Zukunftsproblemen greift zu kurz und ist struktur-konservativ. Um das Wertvolle zu bewahren, müssen vor dem Hintergrund einer Vision vom besseren und richtigen Leben die Verhältnisse an den Wurzeln ansetzend verändert werden
- Forderung, unbedingt in globalen Zusammenhängen zu denken und zu handeln; keine Globalisierungsgegnerinnen und -gegner, aber skeptisch gegenüber einer nur der ökonomischen Logik folgenden Globalisierung; hohe Sensibilität für Umweltereignisse und politische Agenden: Verdrängt der öffentliche Hype zum Klimawandel andere wichtige Umweltthemen (Tierschutz, Wasserschutz, Artenvielfalt, Ernährung etc.) – oder ist der Klimawandel der aktuelle Treiber für eine ganzheitliche ökologische Umgestaltung der Gesellschaft und Welt? Ausgeprägte Skepsis gegenüber transnationalen Konzernen
- Kritische Auseinandersetzung mit aktuellen Zeitgeistströmungen, vor allem mit neuen Medien, Konsum- und Erlebnisangeboten; „Entschleunigung" für

Abbildung 6

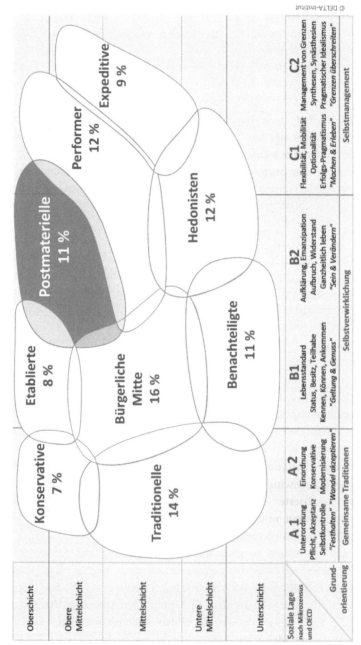

ein auf die menschliche Natur und persönlichen Bedürfnisse ausgerichtetes Leben; Streben, in der schnelllebigen Zeit den eigenen autonomen Rhythmus zu finden und zu halten
- Anspruch an sich selbst, bewusst und konsequent zu leben, permanent an sich zu arbeiten – dabei sein individuelles „tieferes" Glück zu finden; Anspruch auch, andere zu überzeugen, ihre Lebenseinstellung und ihren Lebensstil für eine bessere Welt zu überdenken, offen zu sein für Veränderungen der Gesellschaft und der eigenen Lebensführung, *Veränderungen* als Notwendigkeit und (letzte) Chance zu begreifen
- Präferenz für eine ganzheitliche positive Erziehung, Bildung und Pädagogik, die an persönlichen und kulturellen Ressourcen des Einzelnen orientiert ist

Tabelle 2

Alter	
18–29 Jahre	14 %
30–39 Jahre	21 %
40–49 Jahre	17 %
50–59 Jahre	21 %
60–69 Jahre	16 %
70+	11 %
	100 %

Geschlecht	
Männer	43 %
Frauen	57 %
	100 %

Soziale Lage

- *Bildung*: Hohe bis höchste Formalbildung; höchster Anteil von Personen mit Abitur und Hochschulabschluss (Promotion)
- *Beruf*: Qualifizierte und leitende Angestellte, Freiberufler/Selbstständige sowie Beamte mit mittleren und gehobenen Dienst. Sehr häufig soziale, pädagogische, wissenschaftliche und medizinische Berufe
- *Einkommen*: Mittleres und gehobenes Einkommensniveau

Identität

- *Weltbild*: Utopie des aufgeklärten Individuums mit ganzheitlichem Lebensentwurf in einer idealerweise von Ideologien, überkommenen Strukturen und Populismen emanzipierten Gesellschaft. Selbsterkenntnis und Persönlichkeitswachstum als kontinuierliche Herausforderung und stets unabgeschlossenes Projekt; Weltoffenheit und Bildung als humanistische Tugend; grundsätzliche (aber nicht bedingungslose) Toleranz anderer Lebensauffassungen und Lebensweisen

- *Selbstbild (Ich-Ideal)*: Intellektuelle, kulturelle und ökologische Avantgarde; kritische Begleiter des soziokulturellen Wandels
- *Abgrenzung*: Ablehnung von krudem Hedonismus und oberflächlichem Konsum-Materialismus; Distanz zu „eindimensionalen" Lebensweisen und Lebensentwürfen
- *Leitmotiv*: Aufklärung, Ganzheitlichkeit, Gerechtigkeit und Selbst-Entwicklung
- *Ausstrahlung*: Aura des Intellektuellen und Besorgten; kritische Haltung und differenzierte Problemsicht

Lebensstil

- Streben nach Gleichgewicht zwischen Körper, Geist und Seele als Primat der Lebensphilosophie (Fitness, Gesundheit); Ideal einer nachhaltigen, umwelt- und gesundheitsbewussten Lebensführung (z. B. Bioprodukte, Naturheilverfahren); Selbstdefinition eher über kreative, intellektuelle, sozialpolitische, ökologische und kulturelle Interessen und Engagements als über Status, Besitz, Konsum
- Anspruchsvolles und selektives Konsumverhalten („weniger ist mehr"); ständig auf der Suche nach neuen Produkten, die ökologisch und gesundheitlich verträglich sind. Ablehnung sinnentleerten Konsums; Aversion gegen die Konsum- und Mediengesellschaft, aber aktives Informationsverhalten, souverän-selektive Nutzung der neuen Medien und große Neugier nach neuen, qualitativ guten Angeboten (z. B. Podcasts, Dokus, Filme, Serien, Glossen, Kleinkunst)
- Zurückweisung von traditionellen Rollenvorgaben und -praxen; Vision von tatsächlicher Gleichstellung von Frauen und Männern (aller Geschlechter !) in Familie, Wirtschaft, Verbänden und Gesellschaft aus Gründen der Geschlechtergerechtigkeit
- Suche nach intensivem Erleben, nach Lebensfreude und Genuss (aktiv sein, Freude am Experimentieren, neue Erfahrungen machen); Suche nach individuellen Freiräumen und Muße, nach Stresslösung, Selbstbesinnung und Selbstfindung: Sich zurückziehen, mentales Training (Meditieren, Yoga, Tai-Chi, ein gutes Buch lesen, Bücher sind „Lebensmittel"), bewusst Musik hören, selbst musizieren, zeichnen, malen
- Berufliche und persönliche Weiterbildung: Umfangreiche und intensive Lektüre von Zeitungen, Büchern, Fachzeitschriften, Magazinen; Interesse für verschiedene Formen von Kunst und Kreativität: Museen, Galerien, Ausstellungen, Theater, Oper, Konzerte, Kleinkunst, Programmkino
- Körperlicher Ausgleich zum Beruf: zum Beispiel Radfahren, Schwimmen, Rudern, Kajak fahren, Flußwanderungen, Skifahren, Klettern, Bergwandern, Gleitschirmfliegen, Laufen, Triathlon, Nordic Walking

- Kommunikation: Anregende Gespräche führen, interessante Menschen kennenlernen, Pflege eines großen Bekannten- und Freundeskreises („ein offenes Haus sein"), Mitarbeit in Kultur- und Umweltinitiativen, Interessengruppen und auch Parteien
- Erholung im Garten, Gartengestaltung, Beschäftigung mit Pflanzen und der Tierwelt in Natur und Garten: beobachten wie etwas wächst

Anteil der Menschen mit Migrationshintergrund im Milieu (deutschsprachig): 11,8 %

2.2.2. Wahrnehmung von Gewalt (Hauptdimensionen)

In keinem Milieu wird die Fassungslosigkeit darüber, dass jemand ohne Not(-wehr) gewalttätig gegenüber anderen wird, so nachdrücklich ausgedrückt wie bei Postmateriellen und so eng mit einer gesellschafts- und modernisierungskritischen Diagnose verknüpft. Am stärksten von allen Gruppen drücken Frauen in diesem Milieu Befremden und absolute Inakzeptanz darüber aus, dass jemand andere aus religiösen, nationalistischen oder weltanschaulichen Gründen verletzt.

„Also Antisemitismus und rassistisch motivierte Gewalt finde ich erschreckend. Also das betrifft mich. Das tangiert mich emotional schon sehr."

„Mir ist das gänzlich fremd, wie man auf die Idee kommt, jemanden zu diskriminieren, zu verfolgen oder zu schlagen aufgrund einer Religion. Ja gerade auch gegen Muslime oder Katholiken, ist ja völlig egal in welche Richtung, ich finde das alles irgendwie kurios, ehrlich gesagt, und ist mir völlig fremd."

„Wenn man so eine Gewalt anwendet, muss für mich eine sehr große Hemmschwelle überschritten werden. Deswegen kann ich mir ehrlich gesagt [...] ich weiß es nicht, was jemandem passieren muss, damit er so was tut. Ob man da extrem verzweifelt sein muss [...] – aber selbst, wenn man extrem verzweifelt ist, es gibt auch Menschen, die dann nicht gewalttätig werden. Also ich weiß es nicht, auch wenn man unzufrieden ist, extrem unzufrieden mit sich selbst, mit allem Möglichen. Lieber sollte man den Boxsack malträtieren als Menschen. Ich kann mir nicht vorstellen, warum man das tut."

Zugleich sind die Ausführungen über Formen, Situationen, Motive, soziale Hintergründe, Erklärungen von Gewalt sowie potenzielle Lösungen und Präventionsansätze in keinem Milieu so ausführlich und mehrdimensional erzählt wie bei Postmateriellen. Ausgeprägt ist die Betonung von vier Aspekten: (1) Man kann physische, psychische und verbale Gewalt unterscheiden (die sich in öffentlicher, häuslicher oder sexueller Gewalt zeigt), aber dabei darf man strukturelle Gewalt gegen Menschen sowie Gewalt an Tieren nicht vernachlässigen. Diese drei Gewaltdimensionen hängen zusammen. (2) Es ist oftmals schwierig, klar zu bestimmen, wann eine Handlung oder Äußerung einen gewalttätigen Charakter hat. Abgesehen von offensichtlich kruder Gewalt gibt es eine große Vielfalt an Gewaltformen in graduellen Abstufungen, die zur Identifikation und Anerkennung abhängig sind von der jeweiligen Interpretation (des Opfers, des Täters, von Beobachtenden, von staatlichen Institutionen). Das birgt das Risiko, dass eine Vielzahl von subtilen und subversiven Gewaltformen nicht in den Blick gerät und normalisiert wird. (3) Durch Verwendung bestimmter Begriffe wird bereits in der Alltagskommunikation sowie in medialen Berichten präjudiziert, ob ein Ereignis eine Gewalttat ist oder nicht: Sprache erzeugt und sortiert die soziale Wirklichkeit. Das gilt insbesondere, wenn Wortsprache mit Bildsprache (Fotos, Videos) verknüpft wird. Die Klassifizierung oder Nicht-Klassifizierung als Gewalt muss nicht immer zutreffen (z. B. aus Sicht des Opfers). Insofern ist öffentliches Sprechen über Gewalt eine Form der *Gewaltpolitik*; privates Sprechen über Gewalt gestaltet die Alltagskultur und das gesellschaftliche Verständnis, was als Gewalt gilt und was als Übergriff legitim ist. (4) Durch die Informations- und Bilderflut in den täglichen Nachrichten sowie in Spielfilmen, Serien und Computerspielen wird eine Gewöhnung an Gewalt erzeugt, was ihr einen Teil der Skandalösität nimmt und sie normalisiert (veralltäglicht) – nicht nur in der Masse der Bevölkerung, sondern in einem selbst. Das ist ein Aspekt, den Postmaterielle bei sich selbst oft erschreckend finden.

Die ersten inneren Bilder, die Postmaterielle zu Brennpunkten von Gewalt und typischen Tätern haben, sind stereotyp, wie sie selbstkritisch anmerken: Rockerbanden mit Motorrädern (Hells Angels etc.), rechtsradikale Szenen, Menschenhandel und Zwangsprostitution (Sexsklaverei in Deutschland), Drogenszenen, organisierte Kriminalität mit Clanstrukturen, antisemitische Übergriffe und Terroranschläge, willkürliche Übergriffe einzelner Polizisten gegenüber stigmatisierten Personen(-gruppen) und vor allem gegenüber Menschen aus nichteuropäischen Ländern, gewalttätige Jugendgangs, digitales Mobbing und Erpressen unter Schülern.

Dass das Thema Gewalt medial, politisch und kulturkritisch aufgebauscht wird, viel zu häufig und dramatisierend diskutiert wird, als es der Realität angemessen sei, meinen Postmaterielle gerade nicht – im Gegenteil: Sie nehmen wahr, dass das Gewaltpotenzial in der Gesellschaft gestiegen ist, dass es gewaltbefördernde Stimmungen in einer zunehmenden Anzahl von zunächst radikalen Zellen gibt, die offensiver werden und bürgerliche Kreise erreichen. Ein signifikantes Beispiel sind etwa die Pegida-Demonstrationen, die Sprache der AfD oder die Radikalisierung der Querdenken-Bewegung. Jenseits der stereotypen Gewaltbrennpunkte und Tätergruppen muss man den Blick schärfen für die zahlreichen anderen Gewaltformen, Gewaltorte und Gewaltstrukturen, die keinesfalls marginale Randerscheinungen sind. Hier ringen Postmaterielle mit Grenzziehungen der ihnen selbst höchst wichtigen Meinungsfreiheit: Doch diese endet für die meisten von ihnen dort, wo Würde, Freiheit und Gesundheit anderer beeinträchtigt werden.

„Ich habe so ein bisschen das Gefühl im Moment, gerade was auch so politisch abgeht, was politisch am Rumoren ist, kann sich schon auch entladen gerade in solchen Taten. Ich glaube nicht, dass es aufgebauscht wird. Also ich habe nicht so das Gefühl. Wie gesagt, ich finde bestimmte Sachen und Tendenzen schon erschreckend, ja gerade auch, was politische Rechtsorientierungen angeht im Moment, die ja europaweit zu sehen sind. Ich kann mir da schon vorstellen, dass sich auch manch einer da bestätigter fühlt als vorher. Und dass es dann doch vielleicht nicht nur bei der Fantasie bleibt, sondern dann auch, sozusagen in Anführungsstrichen, politisch legitimiert wird für denjenigen. Ich glaube nicht, dass das ein Hype ist."

Manifeste und subtile Gewalt

Es ist typisch für die Erzählung von Postmateriellen (wie bei Etablierten, Performern, Konservativen), dass sie in ihrem eigenen privaten Umfeld keine oder nur in Ausnahmefällen Gewalt wahrnehmen und selbst äußerst selten Gewalt ausgesetzt sind. Gelegentlich begegnet ihnen im beruflichen Kontext Mobbing. Eltern hören über ihre Kinder von Gewalt in Schulen durch Prügeleien, Mobbing oder Harassment in sozialen Netzwerken. Und sie nehmen in der Öffentlichkeit (S-/U-Bahn, Straßenverkehr, Autofahrer-Radfahrer-Dispute) öfter rüpelhaftes, aggressiv-rücksichtsloses, übergriffiges, sexistisches Verhalten wahr und klassifizieren dies als gewaltartig oder gewaltähnlich.

Selbstkritisch erinnern sich einige, dass sie selbst in der Erziehung schon gewalttätig geworden sind, als ihnen „die Hand ausgerutscht" ist. Auch wenn dies selten geschehen ist oder gar nur einmalig, ist es für sie ein signifikantes Ereignis in lebendiger Erinnerung, das sie jahrelang und manche bis heute mit Scham erfüllt, weil sie sich dem Credo der Gewaltlosigkeit verpflichtet haben. Ältere Postmaterielle erinnern sich, dass sie in ihrer eigenen Kindheit (manche regelmäßig, andere gelegentlich) seitens ihrer Eltern oder Großeltern und auch Lehrer gezüchtigt wurden – was sie damals als normal erlebten, später aber als unerhört und demütigend reflektieren (sowohl für diese gewalttätige Person als auch für sie als Opfer): Darin sehen sie die Wurzeln ihrer Maxime der Gewaltfreiheit.

Gewalt begegnet Postmateriellen heute überwiegend medienvermittelt: in Flüchtlingsunterkünften unter Flüchtlingen und seitens privater Wachdienste; rechtsradikal motivierte Gewalt gegenüber Andersdenkenden, Andersreligiösen und „Fremden" (insbesondere Juden, Afrikanern, Flüchtlingen); illegitime Gewalt vonseiten sowie gegenüber der Polizei, Gewalt aus der Zivilbevölkerung gegenüber Sanitäterinnen und Sanitätern, Lehrerinnen und Lehrern etc.; sexueller Missbrauch und körperliche Züchtigung in der Kirche durch Priester und Ordensangehörige; Gewalt in Kinder- und Jugendheimen, Gewalt in Alten- und Pflegeheimen seitens des Pflegepersonals etc.

Postmaterielle betonen, dass es manifeste Gewalt gibt als massive körperliche, verbale, sexuelle Schädigung. Darüber hinaus gibt es aber im Alltag eine *subtile, unterschwellige Gewalt*: Sie nehmen ein hohes Maß an Rücksichtslosigkeit gegenüber anderen wahr von Menschen unter Zeitdruck (typischerweise Straßenverkehr, Supermarktkassen, Fußgängerzonen). Ob das als „Gewalt" zu bezeichnen ist, ist Definitionssache. Zwischen subtiler Aggression (Ruppigkeiten, unbedachte oder gezielte Rempeleien, gezieltes Verletzen) und offenkundiger Gewalt gibt es keine klare Grenzziehung, sondern einen breiten Bereich realer Unschärfe. Vieles lässt sich als Vorstufe von Gewalt begreifen, ist damit aber keineswegs legitim oder harmlos, denn dies ist ein Nährboden für stärker verletzende Übergriffigkeit. Prävention sollte nicht nur auf die manifesten Gewalttaten schauen und nicht nur Eskalationen verhindern, sondern auch jene Vorstufen von Gewalt in den Blick nehmen. Zu diesen Vorstufen von Gewalt gehören auch Vorurteile – insbesondere, wenn sie wiederholt und sozial verbreitet werden. Hier sehen Postmaterielle vor allem Politikerinnen und Politiker, Führungskräfte sowie Journalistinnen und Journalisten in der Verantwortung bei der Verwendung von Begriffen zur politischen, kulturellen und betrieblichen Propaganda.

„Ich bin in der Flüchtlingsbetreuung mit eingebunden und weiß, es gibt Formen von verbaler und auch nonverbaler Gewalt gegen Flüchtlinge. Das sind dann Animositäten, würde ich jetzt mal sagen, Vorurteile. Ich würde Vorurteile als Vorstufe von Gewalt sehen, aber noch nicht als Gewalt."

„Täter ist für mich ganz klar so was wie Trump. Es gibt auch Bolsonaro, den Höcke und viele andere. Auch das Wort vom ‚Flüchtlingstourismus', weiß nicht mehr, ob von Seehofer, Söder oder Dobrindt. Da können wir uns ja ganz viele Leute ausschneiden. Das sind Täter. Die rufen direkt oder indirekt zu Gewalt auf gegen Andersdenkende, gegen Frauen, gegen Minderheiten, gegen sonst was. Politiker sind für mich Träger von Gewalt, ganz klar. Und Medien, die das bringen, und wie sie darüber informieren, können da entgegenwirken oder aber in das gleiche Horn blasen."

„Flüchtlingstourismus war so ein gewaltvorbereitendes Wort – auch wenn der, der das gesagt hat, sicher keine Gewalt auslösen wollte. Bei dem Wort passiert ja Folgendes: Tourismus, da besuchen Leute irgendwelche anderen Länder, ohne dass sie die Intention haben, dort bleiben zu wollen. Die gucken mal kurz rein; gucken, was ist da toll und gehen wieder. So, und das kombiniert mit dem Thema Flüchtlinge assoziiert ja, dass Flüchtlinge einfach mal kommen, ohne einen Bedarf zu haben. Und diese Assoziation, wenn man sie oft genug benutzt, die setzt sich ja bei Leuten, die vielleicht nicht ganz kritisch und reflektiv denken, fest und manipuliert sie natürlich in irgendeiner Form. Es gibt einen schönen Spruch, der ist leider nicht von mir: ‚Achte auf deine Gedanken, sie werden zu Worten. Achte auf deine Worte, sie werden zu Taten.

Achte auf deine Taten, denn sie werden deine Zukunft. Und achte auf deine Zukunft, denn sie wird dein Schicksal.' Wenn man mit Worten erst mal unsauber agiert, kann das sehr schnell auch zu Taten führen. Deshalb ist das ein Nährboden für mich von Gewalt oder zukünftiger und vielleicht entstehender Gewalt."

Flankierend dazu sehen Postmaterielle mit Sorge eine institutionelle Akzeptanz verbaler Gewalt. Höchst besorgniserregend für Postmaterielle ist, dass Gerichte solche Übergriffe unter das Grundrecht der Meinungsfreiheit fassen und damit legitimieren. Symbolische Bedeutung hat beispielhaft die abgewiesene Klage der Bundestagsabgeordneten Renate Künast zu Hasspostings gegen sie auf Facebook vor dem Landgericht Berlin im Jahr 2019.[18]

„Ich finde es furchtbar, dass Frau Künast da so unflätigst benannt wurde. Ich habe gehört, dass jetzt neue Dezernate gegen Hatespeech im Netz gerade eröffnet wurden. Sagt ja schon einiges."

„Gerade, was man bei Frau Künast erlebt hat: Dass ein Gericht das als freie Meinungsäußerung abtut, finde ich unmöglich. Ich finde, dass im Fokus bleiben sollte, dass Gewalt auch verbal sein kann. Und solche Plattformen: Gerade in der Anonymität kann man da noch mal eins draufsetzen, weil man wird ja nicht belangt, wenn man klug genug ist. Das finde ich, ist was, was schon zunehmend ein Problem ist."

Was genau ist an Gewalt eigentlich negativ? Warum wird rechtlich nicht-legitimierte Gewalt gegen Menschen reflexhaft moralisch als ungut bewertet? Für Postmaterielle liegt die Antwort im Biophilie-Prinzip: Das Leben hat einen Selbstwert und niemand darf das Leben eines anderen gegen dessen Willen beeinträchtigen oder verletzen. Gewalt ist insofern „eine Tat, die jemand anderem wehtut". Bei einer Gewalttat – schon bei verbaler Gewalt – wird das Leben einer Person beeinträchtigt, wird ihr ein Stück Leben genommen.

---

18 Im September 2019 urteilten die Richter des Berliner Landgerichts, dass Beschimpfungen wie „Drecksfotze" oder „Stück Scheiße" in den sozialen Netzwerken hinzunehmen seien. Dies könne als Meinungsäußerung ausgelegt werden. Die Grünen-Politikerin Renate Künast hatte auf Zugänglichmachen der Klarnamen geklagt. Im Januar 2020 war Künasts Beschwerde gegen das soziale Netzwerk und ihren Antrag auf Herausgabe von Nutzerdaten vor dem Landgericht Berlin teilweise erfolgreich. Das betraf sechs von 22 geprüften Kommentaren, die „jeweils einen rechtswidrigen Inhalt im Sinne einer Beleidigung" enthielten, wie das Berliner Landgericht mitteilte. Im März 2020 revidierte die nächsthöhere Instanz, das Berliner Kammergericht, das Urteil des Landgerichts weiter. Die Richter am Kammergericht bestätigten diesen Beschluss und bewerteten noch sechs weitere Kommentare als strafbare Beleidigungen. Darunter waren sexistische Beschimpfungen wie ein Beitrag, in dem ein Facebook-Nutzer geschrieben hatte: „Knatter sie doch mal einer so richtig durch, bis sie wieder normal wird." Im ursprünglichen Urteil vom September 2019 hatte das Gericht bei keinem der Kommentare Rechtsverstöße erkannt.

„Weil es da immer einen gibt, der ein Opfer ist und leidet, und der entsprechend nicht gut, nicht unbeschadet aus der Situation rauskommt."

Gewalt von Bürgern gegenüber anderen Menschen ist niemals legitim, Widerstand und Selbstverteidigung aber sind legitim; ansonsten gilt das unbedingte Gebot der Gewaltfreiheit. Zur Begründung beziehen sich einige auf staatsphilosophische Argumente (z. B. Thomas Hobbes: Leviathan), aber mehrheitlich dominieren bei Postmateriellen verfassungsrechtliche Argumente wie die Unantastbarkeit und unveräußerliche Würde der und des Einzelnen. Dazu kommen bei einzelnen Postmateriellen weltanschaulich-spirituelle Argumente, etwa dass jedes Leben eine „Heiligkeit" habe, dass jeder Mensch das Universum sei und wer den einzelnen Menschen verletze, verletze *Alles*.

„Abgesehen von Notwehr und Widerstand – bei mir hat sich durch viele Erfahrungen und Nachdenken über verschiedene Positionen die Haltung entwickelt, dass man niemanden töten darf, dass alle körperliche Gewalt nicht zu rechtfertigen ist. Das gilt absolut. Spannend ist der Übergang von Notwehr und Widerstand einerseits zur Gewalt andererseits. Ich würde Gewalt gegen Dinge und Gebäude gelten lassen, aber niemals Gewalt gegen Menschen. Da, wo der Widerstand Menschenleben gefährdet, da ist es Gewalt in dem engeren und härteren Sinn. Dazu fällt mir das Buch ein von Amitai Etzioni: ‚Der harte Weg zum Frieden;' oder das 2019 erschienene Buch von Bastian Berbner: ‚Geschichten gegen den Hass.'"

„Jeder Mensch ist das Zentrum eines Universums. Und letztlich: Wenn ich jemanden verletze oder umbringe, dann bringe ich auch das Universum um oder durcheinander. Das betrifft eine Ordnung, wenn ich die zerstöre, zerstöre ich alles, dann lege ich die Axt an Alles."

Gewalt gegen Tiere

Auch wenn zu Beginn des Interviews besprochen war, dass es um Gewalt gegen Menschen geht, war Postmateriellen wichtig zu betonen, dass man Gewalt ganzheitlich fassen muss als Gewalt gegen *Lebewesen*, insbesondere *gegen Tiere*. Paradigmatisch nennen sie Massentierhaltung, Tiertransporte über weite Strecken, Tiermast, Käfighaltung in Haushalten, die arten-ungerechte und quälende Tierhaltung auf manchen Bauernhöfen; überhaupt eine Tierhaltung, die Tiere nur als „Dinge" sieht und behandelt. Einige konkrete Beispiele aus den Interviews: Kälber von den Muttertieren sofort nach der Geburt trennen; Haltung und Fütterung von „Mastkälbern"; Kälberiglus mit Einzelhaltung; bei Betrieben der Milchproduktion der frühe Verkauf der Bullenkälber, die als nutzlos gelten, an konventionelle Mäster in Deutschland, Süd- und Osteuropa oder Nordafrika mit Leiden der Tiere beim Transport und der nicht artgerechten Tierbehandlung im Mastbetrieb; die Haltung von Puten in Vermehrungs- und Mastbetrieben in größter Enge ohne Rückzugmöglichkeiten, Sitzstangen, Beschäftigungsmöglichkeit sowie das Kürzen der Schnäbel nur am Kopf hängend am Infrarotbrenner; Schreddern oder Vergasen männlicher Küken, die als „nutzlos" definiert werden. Und welche Kuh, welches Schwein, welche Pute (sogenannte „Nutztiere") lebt heute noch ein „ganzes Leben" und stirbt eines natürliches Todes? Ein Gewaltakt ist vorher schon die Kategorienbildung und Zuweisung ganzer Tierarten entweder als Kuschel- und Haustiere oder als Ernährungsmaterial und Dinge ohne Seele, Rechte und Individualität. Insbesondere (aber nicht nur) in der Massentierhaltung werden „Nutztiere" lediglich als Element ihrer Art und Rasse gesehen, aber das Individuelle am konkreten einzelnen Tier wird ignoriert, ausgeblendet, tabuisiert – um es mit Hegel zu sagen: von ihm wird *abstrahiert*.

Gewalt gegen Tiere findet nicht nur auf einzelnen Bauernhöfen und industriellen Mastbetrieben statt, sondern auch – indirekt – seitens der Konsumenten beim Einkauf. Wer beim Fleisch nur auf den niedrigsten Preis schaut, akzeptiert die beschriebene Gewalt an Tieren. Das *Es-nicht-genau-wissen-Wollen* ist nach Auffassung von Postmateriellen keine Entschuldigung, ist nicht nur Akzeptanz dieser Gewalt, sondern ein aktives Mittun.

„Fleisch kaufen viele möglichst billig beim Aldi, Lidl, Rewe oder Edeka – und legen es daheim auf den teuren Weber-Grill."

Ebenso ist der Verweis auf die eigene ethnische oder religiöse Kultur sowie die regionale Tradition im Umgang mit Tieren ein für Postmaterielle inakzeptables Argument. Religion und Tradition aber werden oft zur Rechtfertigung für Quälerei, Missbrauch, Verdinglichung von Tieren herangezogen (Beispiel Stierkämpfe in Spanien, Portugal, Mexiko etc.) – dagegen ist unbedingt anzugehen, solche Rituale und Traditionen sind auszumerzen. Insofern ist es für den Tierschutz gut, dass in Deutschland bspw. das Schächten, das betäubungslose Schlachten von warmblütigen Tieren, grundsätzlich verboten ist. Kritisiert aber wird, dass der Import von Fleisch geschächteter Tiere weiterhin erlaubt ist.

In den narrativen Interviews wurde gefragt, welche inneren Bilder beim Wort „Gewalt" kommen. Typisch ist die Antwort vor allem von postmateriellen Frauen:

„Gewalt gegen Kinder, Gewalt gegen Tiere, sexuelle Gewalt".

„Man darf die Gewalt gegen Tiere nicht trennen von der Alltagsgewalt gegen Menschen."

Gewalt gegen Tiere wird gleichgewichtig eingeordnet in das Spektrum unakzeptabler Verletzung von Menschen, ist keine nachgeordnete oder weniger dramatische Kategorie. Postmaterielle betonen, dass ihnen die im Zitat genannte Reihenfolge wichtig ist. Denn Kinder und Tiere hätten gemeinsam, dass sie sich nicht wehren können und Gewalt häufig von denen ausgeht, die für sie verantwortlich sind. Ein anderer, gewaltfreier Umgang mit anderen Lebewesen wäre aus Sicht von Postmateriellen ein Baustein zur Prävention auch von weniger Gewalt gegen Menschen.

„Für mich relevante Gewalt ist die Gewalt gegen Tiere. Tierzucht! Massentransporte über riesige Distanzen, quer durch Europa, auch auf andere Kontinente, Nordafrika oder noch weiter. Natürlich kommt die in den Medien auch vor, aber die spielt eine untergeordnete Rolle, gerade in der heutigen Zeit. Da geht es um die armen Bauern, die keine Existenz haben. Sicherlich auch richtig in vielen Fällen, denen die Existenz genommen wird durch die Preise. Keine Frage. Und die verstecken sich natürlich schon hinter dem Deckmantel: ‚Ich kann die Tiere gar nicht anders halten, weil ich sonst nicht überlebe.' – und: ‚Wir Landwirte sind Experten für Tierhaltung.' Dass ich nicht lache! Schauen Sie sich mal an, wie Kühe, Rinder und Schweine gehalten werden! Und wie man mit Tieren umgeht, wenn sie Nachwuchs bekommen – von Kastration ohne Betäubung, Trennen von den Müttern, enge Boxen bei Kälbern. Und wie Kühe, Schweine, Hühner dicht gedrängt tagelang in ihrem Kot stehen, oder Kühe auf Rosten oder Beton. Wie gehen wir mit anderen Lebewesen um? Das ist massive Gewalt gegen Leben; Tiere werden nur als Ware behandelt. Dann heißt es: ‚Die Politik oder der Markt zwingt mich, die so zu halten, weil ich nur so und so viel Cent für das kriege, und dann kann ich meine Tierhaltung nur so und so, also nicht artgerecht ausführen.' Also ich denke, das ist Gewalt unter einem legalen Deckmantel."

„Ich hatte jahrelang eine Reitbeteiligung und das Pferd gehörte einem Bauern. Und dieser Bauer ist mit den Pferden in die Berge gegangen, um Holz zu ziehen. Und wenn die nicht gemacht haben, was sie sollten, wurden sie regelmäßig verprügelt. Und schlecht gehalten tatsächlich auch. Und ja, da gibt es schon einiges, glaube ich, also gerade Massentierhaltung. Ich finde, wenn man Tiere so einsperrt und hält, dass sie sich gegenseitig picken und verletzen, dann ist das natürlich auch eine Form von Gewalt."

„Vielleicht ist Gewalt gegen Tiere nicht so präsent, weil die Tiere an sich keine Stimme haben, und es vom Menschen thematisiert werden muss."

„Ich finde Leute, die Tieren Gewalt antun, das ist sehr armselig. Ich finde, das muss man nicht tun, das darf man nicht tun."

Soziale Räume von Gewalt und strukturelle Gewalt

Sozialpolitisch interessiert lesen Postmaterielle regelmäßig lokale und überregionale Medien zu Ereignissen und Entwicklungen im Horizont ihrer Vision von einer gerechten und friedlichen Gesellschaft. Dabei sehen sie vielfältige Formen von Gewalt, die sich aus ihrer Sicht nicht auf einzelne Themen oder Hotspots reduzieren lassen. Die meisten wollen keine Brennpunkte von Gewalt benennen; groß ist ihr Vorbehalt gegenüber der Dramatik implizierenden Bezeichnung „Brennpunkt": Denn durch ein Herausheben bestimmter Orte und

Gruppen wird zum einen ein weites Spektrum der Alltagsgewalt ausgeblendet, relativiert oder kaschiert; zum anderen werden mediale Stereotype reproduziert wie beispielsweise Gewalt durch oder gegen Ausländer, Flüchtlinge, Islamisten, Neonazis. Vielmehr gilt ihr Blick den Ursachen von Gewalt, deren krude Ausbrüche nur selektive Phänomene einer gesellschaftsweit etablierten Gewalt sind.

Postmaterielle beschreiben statt der Brennpunkte eher *signifikante soziale Räume der Gewalt*. Diese sind nicht auf einen engen Personenkreis reduziert, was für die Effektivität von Präventionsmaßnahmen schwierig ist, Diversifizierung verlangt und mit hohen Streuverlusten verbunden ist. Zugleich stehen einige dieser Räume unter besonderem Schutz privater *Diskretion* (z. B. häusliche Gewalt, innerbetriebliche Gewalt) oder institutioneller sozialer Schließung wie Missbrauch innerhalb kirchlicher Organisationen, Gewalt in dörflichen Strukturen[19], Gewaltrituale und Gewaltkulturen in (Sport-)Vereinen sowie in staatlichen Organen wie Polizei und Bundeswehr. Hier gibt es Gewalt vor allem nach innen gegenüber „schwächeren" Kollegen, die nicht einem normativen Modell von Männlichkeit genügen, gegenüber Frauen und auch gegenüber dem kleinen Personenkreis, die unter LGBTIQ fallen. Dabei ist nicht nur *manifeste körperliche* Gewalt gemeint, sondern auch *habituelle* und *verbale*, oft *sexistisch* motivierte Gewalt, die nicht relativiert werden darf mit Verweis auf (scheinbar) unerhebliche Folgen. Solche Übergriffe dürfen nicht als harmlose Rituale und Teil des Teamspirits begriffen und damit normalisiert werden, dürfen nicht als Meinungsfreiheit legalisiert und damit gegen Kritik immunisiert werden. Denn Teamgeist und Meinungsfreiheit hören auf, wo die Würde des anderen angegriffen oder gar verletzt wird.

„Ich glaube, dass bei häuslicher Gewalt viel unter den Teppich gekehrt wird und nicht ans Licht, nicht zur Anzeige kommt und an die Öffentlichkeit kommt, weil die Scham, so was einzugestehen, wesentlicher höher ist als es tatsächlich anzuzeigen. Und ich glaube auch: Wenn so etwas präsenter wäre in den Medien, wäre auch die Scham nicht so groß, weil es in der Gesellschaft kein Tabuthema wäre und die Diskussion anders geführt werden würde."

Spontane Gewaltassoziationen sind für Postmaterielle *physische* und *psychische* Gewalt, handgreifliche, verbale und habituelle *sexuelle* Gewalt. Doch sie verweisen schnell auf *soziokulturelle* und *strukturelle* Gewalt. Diese beiden ermöglichen nicht nur situative Gewalt von Personen gegenüber anderen Personen, sondern sind eine Form von Gewalt eigener Art. Denn zum einen befördern bestimmte Strukturen ungerechte Chancen und Risiken, zum anderen erzeugen sie beim Einzelnen eine gewaltlegitimierende und -motivierende Disposition.[20] Als wichtigste *soziokulturelle* und *strukturelle* Gewalten identifizieren Postmaterielle

---

19 Siehe dazu die konträren Einstellungen im Milieu „Traditionelle".
20 Dispositionen sind situationsübergreifende Handlungstendenzen.

Gewalt in den (neuen) Medien, im Sexismus, in stereotypen (Geschlechter-) Rollenbildern; in der sozialen Segregation und Ghettoisierung sowie in der sozialen Schließung von Milieus („Blasen").

Ein Präventionskonzept muss nicht nur das Individuum vor situativer Gewalt durch andere Individuen schützen, sondern auch vor Gewalt aus Kontexten und im Rückenwind von Organisationen. Gewalt zweiten Grades ist, wenn Gewalt befördert durch Organisationen oder im Schutzraum von Organisationen nicht anerkannt und nicht adäquat entschädigt wird, wie beispielsweise im Januar 2020 die Uneinigkeit katholischer Bischöfe über die Höhe einer Entschädigung von Opfern sexueller Gewalt durch Priester und Ordensleute. Vor solcher Gewalt zweiten Grades präventiv zu schützen, ist ungleich schwerer, aber ebenso wichtig. Hier besteht die nicht nur akademische, sondern auch für die praktische Prävention wichtige Frage, ob eine Organisation selbst ein Subjekt (Akteur) ist, das Gewalt ausübt, oder ob eine Organisation nur die Hülle ist, innerhalb derer und aus der heraus Menschen gewalttätig werden. Eine weitsichtige Gewaltprävention muss an der *soziokulturellen Gewalt* ansetzen, an der Vermittlung und praktischen Reflexion elementarer demokratischer Werte. Und das ist zuvorderst die Anerkennung und Toleranz des Anderen. Und schließlich muss ein politisches Präventionskonzept die *soziale Ungleichheit* in den Blick nehmen. Hier gilt es zu unterscheiden zwischen (1) *sozial-vertikaler (hierarchischer) Ungleichheit*, die systematisch Benachteiligung und Frustration erzeugt und daher zu dämpfen ist,[21] und (2) *sozial-horizontaler Ungleichheit*, die im Rahmen der demokratischen Verfassung eine Bereicherung für die Gesellschaft ist, weil sie Vielfalt bedeutet und damit alternative Lebensentwürfe eröffnet. Dabei zeigen sich in der Gewaltwahrnehmung und -diagnose bei Postmateriellen zwei Hauptströmungen, die einander nicht widersprechen, sondern sich ergänzen: (1) eine modernisierungskritische Perspektive und (2) eine wertorientiert-pädagogische Perspektive.

---

21 Diese Haltung steht in Opposition zu jener im Milieu der Etablierten und Performer. Für diese sind sozialhierarchische Ungleichheit und Spreizung unbedingt notwendig für eine marktwirtschaftliche Erfolgsethik und Leistungsgerechtigkeit, als Anreiz und Innovationsmotor. Insofern fordern sie, dass individuelle Weiterentwicklung und sozialer Aufstieg elementare Triebkräfte bleiben müssen, die nicht durch Nivellierung sozialer Ungleichheiten unterspült werden dürfen. Umgekehrt distanzieren sich Postmaterielle erheblich vom Vorwurf, soziale Ungleichheit ausmerzen zu wollen und eine ökonomische Gleichheit aller nach staatssozialistischem Vorbild zu wollen. Nichts liegt ihnen ferner. Vielmehr haben sie menschenwürdige Lebensumstände im Blick, die leistungsunabhängig sein muss sowie den Zusammenhalt der Gesellschaft, der durch eine zu große Spreizung verloren geht (Negativbeispiel USA).

2.2.3. Modernisierungskritische Perspektive

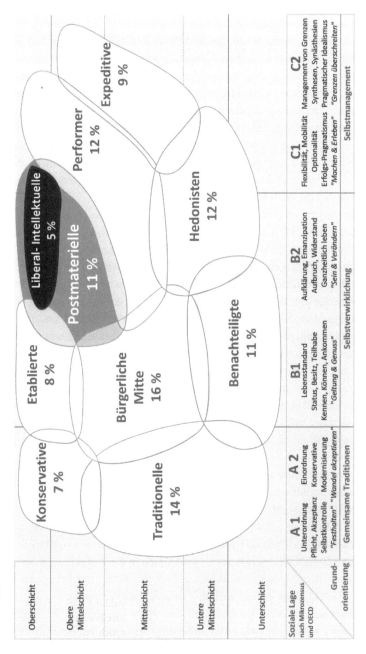

Abbildung 7

Postmaterielle, insbesondere im Submilieu „Liberal-Intellektuelle", haben eine kulturkritische und häufig modernisierungspessimistische Perspektive, die auf ihre Analyse von Gewalt einwirkt (bzw. darin kristallin wird und sich bildet). Sie erklären Gewalt nicht nur individualpsychologisch, sondern sehen sie im Kontext gesellschaftlicher Ursachen. Gewalt in sozialen Räumen und Situationen gründet ihrer Auffassung nach in sozialer Ungleichheit, die als unangemessen und ungerecht bewertet wird. Ein nachhaltiges Präventionskonzept muss hier ansetzen und darf falsche Strukturen nicht unberührt lassen, denn das wäre direktes oder indirektes Akzeptieren menschlichkeitsfeindlicher Verhältnisse. Allein bei einzelnen Tätern und Tätergruppen, Opfern und Opfergruppen anzusetzen, würde nur an Symptomen und Manifestationen arbeiten, nicht aber an den Ursachen und Auslösern. Insofern richten Postmaterielle den Blick auf die subtilen und strukturellen Faktoren, die Gewalt befördern.

Typisch sind bei Postmateriellen biografische Narrative über wertprägende Erfahrungen in ihrer eigenen Kindheit und Jugend: Menschen, die *Güte, Wärme, Toleranz, Großmut* zeigten versus jene, deren *Jähzorn, Engstirnigkeit, Rechthaberei, Härte* charakteristisch gewesen sei. Diese werden meist als bipolare Grunddispositionen dargestellt, zwischen denen man sich entscheiden kann und die für das weitere Leben den eigenen Charakter bilden. Von noch größerer Tragweite deuten sie den Übergang in das Erwachsensein (Auszug aus dem Elternhaus, Studium) durch die Begegnung mit neuen sozialen Kreisen, Menschen und Organisationen, die für eine weltanschauliche Überzeugung stehen, den eigenen Horizont erweiterten, zur kritischen Selbstreflexion über bisherige Haltungen und Handlungen anregten und die sich geistig und emotional für eine Sache begeisterten („mit Feuer und Flamme dabei"). Die meisten Postmateriellen beschreiben die in der Adoleszenz erfahrenen Werte als ihr elementares Fundament bis heute. Dazu gehören vor allem: Menschenfreundlichkeit, Solidarität, Verantwortung für andere Menschen und die Schöpfung (Natur). Eine wichtige Wurzel ihrer klaren Ablehnung von persönlicher Gewalt ist bei den meisten eine *individuelle* religiöse oder spirituelle Weltanschauung, an der sie stets arbeiten und sich entwickeln (z. B. christliches Menschenbild, Meditation, Zen).

Gewalt ist aus ihrer Sicht ein aktuelles und brennendes Thema, doch in ihrer eigenen Lebenswelt erleben sie kaum Gewalt. Ihre Vorstellungen von Formen der Gewalt, von Tätern und Tätergruppen speisen sich in der Regel (Ausnahme sind jene, die dem Thema Gewalt im Rahmen ihrer Berufstätigkeit begegnen sowie jene, die außerhalb ihrer Lebenswelt sich in Auseinandersetzung begeben, etwa auf Demonstrationen oder als ehrenamtliche Helfer in der Flüchtlingsarbeit) aus medialen Reportagen, wissenschaftlichen Fachbeiträgen, Spielfilmen und politischen Debatten. Diese Quellen erzeugen oft stereotype Assoziationen und Bilder, die sie kritisch als verkürzend und holzschnittartig reflektieren. Aber zu einer adäquaten Beurteilung und Justierung fehle ihnen die eigene Erfahrung von Gewalt.

Erinnerungen an die eigene Jugendzeit sind bei einigen älteren (der 1945er bis 1970er Geburtsjahre) allerdings geprägt von der Normalität von Gewalt im Elternhaus, in der Schule oder im Internat zur Aufrechterhaltung der Verhaltensordnung bzw. zur Sanktion bei abweichendem Verhalten. Dass man selbst einmal oder wiederholt gewalttätig gegenüber anderen wurde (Schwächeren: z. B. Geschwistern, Mitschülerinnen und Mitschülern, eigenen Kindern), dem Vorbild der normativen Kraft der geltenden Ordnung folgend, ist ihnen – so die biografische Erinnerung – erst später bewusst geworden und hat eine bis heute bestehende tiefe Scham ausgelöst, ein grundsätzliches Umdenken, insbesondere die Selbstaufmerksamkeit für eigenes Verhalten darauf, ob eigenes Verhalten durch Taten oder Worte andere verletzt.

„Ich selbst fühle mich wenig der Gewalt exponiert, schon seit langem nicht mehr. Für mich persönlich ist es kein Erfahrungsthema, sondern im allgemeinsten Sinne ein intellektuelles Thema."

„Mein Vater war schon ziemlich jähzornig, Choleriker, und hat wegen jedem Mist zu schreien angefangen. Ich kann mich nicht erinnern, von meinem Vater geschlagen worden zu sein, aber er war immer gewalttätig gegenüber meinen älteren Geschwistern. Da kann ich mich erinnern, dass er meinen älteren Bruder an die Wand gestellt hat mit dem Gesicht zur Wand, und hat mit dem Schuh auf ihn eingedroschen wegen irgendeiner Sache. Doch wenn ich mich erinnere: Watschen von meinem Vater habe ich schon bekommen, aber nichts Massives. Das war damals kein Thema, das hat einfach dazugehört; auch Ohrfeigen in der Schule und im Internat. Da gab es auch Sammelabfertigungen, das war ein Vorbeidefilieren, eine groteske Situation. Das war für uns damals nicht schlimm, weil normal, aber es war eben auch Gewalt."

„Da kann ich mich noch gut an meine Internatszeit und an die Studierzeiten dort erinnern, saßen wir im Klassenraum, die Älteren passten auf, damit Ruhe herrschte. Da war ein ziemlich Renitenter, ich war 16, der etwa fünf Jahre jünger, dem habe ich mehrmals eine Watschen gegeben. Das würde heute niemand mehr machen. Und später bei unserem eigenen Sohn, als der etwa zwölf oder 13 war, ist mir auch ab und zu die Hand rausgekommen. Als ich dann bei einem beruflichen Seminar war und wir in der Runde zufällig auf das Thema kamen, da ist mir das überhaupt erst bewusst geworden, was ich da mache. Und von dem Augenblick an habe ich auch nie mehr ihn körperlich gezüchtigt oder ihm eine runtergehauen."

Alltagsgewalt – strukturelle Gewalt – institutionelle Gewalt

Persönliche Alltagsgewalt wie Mobbing am Arbeitsplatz, häusliche physische und emotionale Gewalt gegenüber Lebenspartnern und Kindern, Vergewaltigung, verbale oder körperliche Angriffe gegenüber Migrantinnen oder Migranten ist aus Sicht von Postmateriellen furchtbar und durch nichts zu rechtfertigen. Ebenso kritisch und weit wirkmächtiger sehen sie *strukturelle Gewalt* (die sie definieren als asymmetrische Verteilung von Chancen, Ressourcen und Macht) sowie *institutionelle Gewalt* durch den Staat und von Organisationen, die bei einigen (wenigen) Betroffenen Widerstand gegen diese Gewalt auslösen bis zu Entladung auch in Form von ziviler Gewalt, die auch Katharsis ist für aufgestaute Frustration und Ohnmacht.

Nahezu nostalgisch erinnern sich einige an ihre Teilnahmen an Friedensdemonstrationen, Ostermärschen, auch ihren friedlichen Widerstand gegen den Staat zum Kernkraftwerk Brokdorf und die Wiederaufbereitungsanlage Wackersdorf in den 1970er/1980er Jahren. Hier berichten viele von Gewalt seitens des Staates gegen friedlichen Widerstand, etwa dass den Wasserwerfern Reizgas beigemischt wurde oder dass seitens des Staates ein Sonderkommando in Zivil eingeschleust wurde, um friedliche Demonstranten zu animieren, gewalttätig zu werden, um medienwirksam die Demonstration als gewalttätig zu kennzeichnen.

„Die haben sich reingemischt und haben die Leute provoziert, gewalttätig zu werden. So viel zum Thema Gewaltmonopol des Staates. Und heute die Leute, die im Hambacher Forst in den Bäumen sitzen oder jetzt Datteln 4 besetzen, die zweifeln das Gewaltmonopol des Staates an. Da schadet sich der Staat durch sein Eingreifen beim Schutz der Energiekonzerne langfristig. Demokratiefeinde gibt es sehr viele, und die werden täglich mehr. Da ist der Staat selber schuld, weil er demonstriert, dass das Gewaltmonopol für den Staat selber pervertiert wird."

„Diese strukturelle Gewalt, wenn man DIE etwas vermindern würde. Also, ganz gleich wird die Gesellschaft nie werden, das ist unmöglich, das geht nicht. Aber wenn man diese Formen der strukturellen Gewalt angehen würde, glaube ich, hätten wir in der Gesellschaft viel gewonnen. Also das ist so mein Hauptverständnis von Gewalt."

„Es gibt natürlich sehr viele Formen von Gewalt, wie die psychische, die physische, häusliche und sexuelle. Ich finde, dass die sogenannte strukturelle Gewalt sehr wichtig ist. Strukturelle Gewalt halte ich für noch wichtiger als alle anderen, weil die Umstände und Rahmenbedingungen, die durch Organisationen und Staat und damit verbundenen Institutionen ausgeübt werden, etwa Benachteiligung und Ausgrenzungen, die anderen Formen von Gewalt überhaupt erzeugen. Wenn man diese soziale Ungerechtigkeit oder die Ungleichheit verändern würde, würden viele Formen der Gewalt verschwinden."

In der alltäglichen Gewaltausübung durch einzelne Täter zeigt sich eine nur momenthafte Macht des Individuums, die meist, abgesehen von Clanstrukturen, flüchtig und prekär ist. Diese individuelle Gewalt ist im Kern die Bestätigung der Ohnmacht gegenüber der institutionellen Gewalt. Gewalt androhendes oder ausübendes Dominanzgebaren des oder der Einzelnen gegenüber anderen Menschen wird zum Symbol und Beleg für eigene Schwäche. Damit ist Alltagsgewalt von Menschen gegen Menschen in erster Linie eine Reaktion auf strukturelle Gewalt.

Gleichwohl ist oft nicht eindeutig zu erkennen, was Ursachen und was Auslöser von Gewalt sind. Meistens entladen sich Ohnmachtserfahrungen, Frustration und Aggressivität in ganz anderen Gebieten und völlig Unbeteiligten gegenüber. Komplex reflektieren Postmaterielle die Entstehungsgründe von Gewalt, wechselseitige Zusammenhänge von äußeren gesellschaftlichen Ursachen und psychosozialen Effekten. Die Erklärungen haben einen hochkulturellen Nähr- und Resonanzboden, etwa durch Zitation von wissenschaftlichen Studien, philosophischen und kultursoziologischen Autoren, Schriftstellern und Aktivisten (z. B. wurden in den Interviews genannt: Amitai Etzioni, Dave Eggers, Sigmund Freud, Mahatma Gandhi, Alexander Mitscherlich, Carl Friedrich von Weizsäcker etc.), meistens mit der Perspektive, dass individuelle Gewalt eine Folge ungerechter gesellschaftlicher Strukturen ist, die dem Individuum in der Moderne seine Souveränität, Selbstbestimmung und Würde nimmt. Alltagsgewalt ist damit eine Reaktion auf den tatsächlichen oder drohenden Verlust von Autonomie. Eine Fokussierung nur auf Brennpunkte von Gewalt, also auf Orte sowie die Täter, verdeckt die strukturellen Ursachen. Daraus folgt für Postmaterielle die Konsequenz, dass man Maßnahmen zur Gewaltprävention nicht auf Symptome reduzieren darf, sondern Ursachen in den Blick nehmen muss. Wer bei Prävention auf Alltagsgewalt durch Menschen oder Tätergruppen zielt, erhält und reproduziert den Entstehungsmechanismus von Alltagsgewalt, rückt strukturelle und institutionelle Gewalt aus dem Horizont und legitimiert performativ deren maßgeblichen Anteil von Alltagsgewalt. Gewalt von Menschen gegen Menschen darf nicht *a-sozial*, nicht unabhängig von gesellschaftlichen Rahmen- und Entstehungsbedingungen begriffen werden. Insofern gehört eine kritische, politikorientierte und kulturelle Auseinandersetzung mit der Moderne zum Rahmen oder (besser) am Anfang eines Gewaltpräventionskonzepts.

Wiederholung und Heftigkeit von Gewalt liegen nicht allein im individuellen Täter begründet. Katalysator von Gewalt sind soziale Kreise von Gleichgesinnten mit ähnlicher Ohnmachtserfahrung, sich wechselseitig bestärkende und steigernde Euphorie über die Sinnhaftigkeit und Rechtmäßigkeit von Gewalt für ein höheres Gut oder zur Selbstverteidigung gegenüber ungerechten bestehenden Ordnungen: etwa auf gewalttätigen Pegida-Demos, Angriffe auf Asylbewerberheime, die autonome Szene etwa beim G20-Gipfel in Hamburg 2017, die Gewaltexzesse auf den Straßen anlässlich der Eröffnung des EZB-Neubaus in Frankfurt am Main im März 2015, auch individuelle Gewalt gegen Repräsentanten des Staates oder Ordnungshüter. In relativ geschlossenen Gruppen Gleichgesinnter kann ein individueller Gewaltimpuls bestätigt und gesteigert werden bei gleichzeitiger Abschottung und Immunisierung gegenüber gegenteiligen Argumenten, sodass er zur situationsübergreifenden Disposition wird und durch Gruppenkonsens Legitimation erhält.

Die ambivalente Rolle des Staates

Aus Sicht von Postmateriellen gibt es zu Recht das nicht zur Disposition stehende Gewaltmonopol des Staates, um Ausreißer und Extremisten einzuhegen.[22] Doch auch der Staat ist in negativer Weise Gewalttäter durch Schaffung oder Nicht-Beseitigung ungerechter Strukturen. Auch die Opposition kann Gewalttreiber sein durch Verbreitung menschenverachtender Ideologien oder Beförderung gesellschaftlicher Spaltung, wie abscheulich durch Akteure der AfD, Pegida oder Corona-Querdenker[23]. Die politische Gewaltenteilung ist eine hohe Errungenschaft, die nicht aufgegeben werden darf. Postmaterielle verweisen warnend auf diktaturnahe Tendenzen in formalen Demokratien wie Polen, Ungarn, Türkei, Belarus; ebenso auf das Verhalten des ehemaligen Präsidenten der USA, Donald Trump, dessen Unterstützung der *white supremacist* oder *proud boys*. Wenn Gesetzgeber, Exekutive und Legislative ihre Schutzfunktion nicht ausreichend wahrnehmen, etwa durch unterlassene Sanktionen von rechter Gewalt,

---

22 In der Milieuhistorie gab und gibt es innerhalb dieses Milieus immer wieder kleine und marginale, aber laute staatskritische und anarchische Nebenströmungen, die sich nach einiger Zeit verflüchtigten und nicht milieutypisch sind. Gleichwohl waren und sind sie milieuprägend, weil sie das Bewusstsein herausforderten, das Gewaltmonopol des Staates in der Praxis kritisch mit der Utopie einer Gesellschaft freier, emanzipierter und selbstbestimmter Individuen zu beobachten und daran zu messen, das heißt der aktuellen Realität ihre Kontingenz bewusst zu sagen: Anderes Besseres ist möglich.

23 Ein Teil der Corona-Querdenker kommt allerdings aus dem Milieu der Postmateriellen. Das sind aus diesem Milieu primär Menschen mit einer anthroposophischen Weltanschauung, einer radikal-alternativen Präferenz für Naturheilkunde (in Frontstellung gegen die konventionelle Medizin) oder mit einer spezifisch politischen Auffassung von unbedingter Freiheit des Individuums jenseits staatlicher Autoritäten; auch explizit gegen den Staat, gegen dessen notorische Eingriffe in die private Lebensführung und Gesundheit man sich mit revolutionärem Selbstbewusstsein zur Wehr setzt, ungeachtet gesellschaftlicher Mehrheiten, weil es um die Souveränität des Individuums geht gegen über einem immer umfassenderen Zugriff des Staats. Im Zentrum ihrer Argumentation stehen die Freiheit des Einzelnen und die Diagnose, dass die *sozialen* Folgen der Corona-Beschränkungen die viralen Risiken bei weitem übersteigen, Gewalt am Individuum sind, damit verfassungswidrig und mit kulturell erheblichen Negativfolgen. Jedoch die deutliche Mehrheit im Milieu der Postmateriellen geht klar auf Distanz zur Querdenken-Bewegung (so sehr sie ansonsten ein rationales Querdenken unbedingt befürworten und dies Teil ihrer Identität ist) mit massiver Kritik an Verschwörungstheoretikern, denen sie eine narzisstische Individualitäts- und Freiheitsvorstellung vorwirft aufgrund ihrer skrupellosen Inkaufnahme gesundheitlicher Schädigung anderer, Tausenden von Toten, wirtschaftlichen Existenzgefährdungen, sowie ein mangelhaftes (asymmetrisches) Verständnis von Demokratie, sozialer Freiheit und fehlende Solidarität – und damit dem Vorwurf der Querdenker-Bewegung begegnet, die Gesellschaft würde Minderheiten nicht ernstnehmen, stigmatisieren und diskriminieren, was Postmaterielle als Gewalt der sogenannten Querdenker, Maßnahmenverweigerer und Impfgegner begreifen (ganz abgesehen von deren gewalttätigen Demonstrationen und verbalen Hetzen).

Antisemitismus, Antiislamismus, Antiziganismus oder Anti-LGBTIQ (auch aus der Mitte der Gesellschaft), werden sie zu Beförderern der Normalität dieser Gewalt. Das gilt auch für Alltagsgewalt: So hat es in Deutschland zu lange gedauert, bis Gewalt in Privathaushalten, Vergewaltigung in der Ehe und Züchtigung von Kindern strafrechtlich klassifiziert wurde. Gleichzeitig muss der Staat seine eigenen Organe selbstkritisch unter ständige Beobachtung stellen, denn Gewaltmonopol bedeutet keinen Freibrief. Das macht in der Praxis die Ambiguität des Gewaltmonopols aus, denn der Staat kann Rechtsvorgaben und Umsetzungspraxen in einigen Feldern verschärfen, in anderen ignorieren oder nur selektiv hinsehen.

Rechts- und moralphilosophisch wird von Postmateriellen abstrakt sinniert, ob Bürger gegenüber einem partiell illegitimen Gewaltstaat selbst gewalttätig sein dürfen, etwa gegenüber ausführenden Organen (bspw. Tyrannenmord). Für Deutschland ist das derzeit keine konkrete Frage, weil Deutschland von solchen Verhältnissen weit entfernt ist. Gleichwohl muss man einerseits wachsam sein gegenüber auch heute bestehender Gewalt durch Frauen und Männer in Staats- und Parteidiensten, wenn diese die mit ihrer beruflichen Position (etwa bei Polizei oder Wachdiensten) verbundenen Machtmittel nutzten zur Durchsetzung privater nationalistisch-fremdenfeindlicher Weltanschauungen (prominentes Beispiel ist der ehemalige Präsident des Bundesamtes für Verfassungsschutz Hans-Georg Maaßen). Andererseits sind Staat und Regierungen bzw. die in diesen Positionen handelnden Agenten des Systems aufgrund ihrer legalen Machtmittel stets in der gefährlichen Verlockung der Stabilisierung oder gar Erzeugung von gewalttätigen Strukturen gegenüber Minderheiten. Beispiele kennt die Geschichte europäischer Staaten und der Bundesrepublik Deutschland zu genüge, wie etwa die Kriminalisierung der Homosexualität bis 1969 oder der Nicht-Straftatbestand der Vergewaltigung in der Ehe bis 1997.

Wohnmilieus und Ghettoisierung

Bei der Entstehung von Gewalt spielen aus Sicht von Postmateriellen Architektur und Stadtplanung eine große Rolle, wenn durch Gentrifizierung[24] sich Wohnblöcke und Quartiere formieren mit hoher sozialer Homogenität und Abschottung. Vor allem in Stadtteilen mit vielen Haushalten in relativer Armut, mit Migrationshintergrund oder in Flüchtlingslagern bzw. Ankerzentren – somit Orten mit einer schlichten, rein funktionalen Architektur ohne Berücksichtigung der Sozialraumeffekte – entsteht sehr schnell eine soziale Schließung. Ähnliche

---

24 Aufwertung eines Stadtteils durch dessen Sanierung oder Umbau mit der Folge, dass die ansässige Bevölkerung durch wohlhabendere Bevölkerungsschichten verdrängt wird mit der Folge, dass Menschen mit geringen finanziellen Ressourcen sich auf bestimmte Straßenzüge und Quartiere konzentrieren.

Abschottungen gibt es nicht nur in Milieus der unteren Klassen, sondern auch in abgeschwächter Weise in der Mitte der Gesellschaft sowie wieder sehr viel stärker in Oberklassen-Quartieren.

Entscheidend ist nach Auffassung von Postmateriellen der Effekt der *aktiven* sozialen Schließung seitens der Oberschicht sowie in der Unterschicht die *passive* Schließung (die in eine aktive kippen kann), sodass es sukzessive eine Ghettobildung gibt mit intensiver Binnenkommunikation bei geringer Außenkommunikation. Man bleibt lieber in der eigenen Blase, in der Nähe von Gleichgesinnten und setzt sich nicht der Irritation durch Fremde aus anderen Lebenslagen und Klassen aus. Dadurch werden die eigenen Wahrnehmungen von „Anderen" nicht durch Kontakt und Kommunikation korrigiert, sondern weitgehend eindimensional und stereotyp fortgesetzt, in wirklichkeitsfernen Assoziationen fortgesponnen. Vielschichtigkeit und Ambiguität in der Wahrnehmung gehen unter oder verloren. Wenn kein Verstehen des Anderen aus dessen Perspektive möglich ist, nicht einmal gewollt ist, sinkt zunächst die Toleranz und in deren Folge die Solidarität. Damit werden die Anderen zu Fremden oder Gegnern, zu Figuren im anonymen gesellschaftlichen Feld, was Feindbilder produziert sowie Möglichkeits- und Legitimierungsräume zur Gewalt öffnet.

Innerhalb von milieuhomogenen Wohnsiedlungen haben Angehörige der Oberklasse aufgrund ihrer umfangreichen Ressourcen (Häuser mit großer Wohnfläche und Abstand zu Nachbarinnen und Nachbarn, Geld, Mobilität, soziale Netzwerke) vielfältige Möglichkeiten zum Rückzug des Einzelnen. Diese Möglichkeiten des zeitweiligen Rückzugs gibt es in homogenen Siedlungen der unteren Klassen gar nicht oder zeitlich und räumlich nur knapp. Hier besteht eine zu hohe soziale Dichte und Enge, eine materiell-finanzielle Unmöglichkeit und wenig ausgebildete Neigung, auf Distanz zu gehen und Distanzierungen anderer anzuerkennen. Es braucht nach Auffassung von Postmateriellen beides: einerseits Möglichkeiten, auf Distanz gehen zu können, andererseits Gelegenheiten und Attraktoren für Nähe und Kommunikation (z. B. Gemeindezentren). Zur Illustration des aus ihrer Sicht schon lange bekannten engen Zusammenhangs von *Architektur-Milieu-Gewalt* verwies ein Befragter exemplarisch auf das 1965 erschienene Buch von Alexander Mitscherlich (Gründungsdirektor des Sigmund-Freud-Instituts) „Die Unwirtlichkeit unserer Städte: Anstiftung zum Unfrieden".

Gewaltprävention: Durchbrechung der Ghettos

Da unsere Gesellschaft soziokulturell immer vielfältiger geworden ist und weiter wird, und zweitens das sozialhierarchische Gefälle (das Spektrum zwischen arm und reich) immer größer, driften die „Blasen" weiter auseinander – so die Analyse in diesem Segment von Postmateriellen. Daher wäre aus ihrer Sicht die Entwicklung von *verbindenden Themen* eine Maßnahme gegen die Effekte der Pluralisierung moderner Gesellschaft – und zugleich ein kaum zu gewinnender Kampf.

Für Postmaterielle muss ein Konzept zur Gewaltprävention darauf ausgerichtet sein, Ghettos von unterschiedlichen Lebensauffassungen und Lebensweisen zu durchbrechen. Insofern ist Gewaltprävention Ghettoarbeit, aber nicht im Sinne der Versorgung oder Aufklärung derer im jeweiligen Ghetto (etwa über Moral und Folgen von Gewalt), sondern das Durchbrechen der Ghettogrenzen („Blasen aufstechen"). Das meint, die soziokulturellen und mikrogeographischen Mauern übersteigen, Grenzgänge ermöglichen, Menschen zusammenbringen. Damit sind Adressaten der Gewalt nicht nur jene innerhalb der jeweiligen Ghettos (Armen-, Reichen-, Mittelschichtghettos), sondern auch jene, die außerhalb dieses Ghettos in anderen Ghettos wohnen und arbeiten.

- „Intakte" Wohnviertel, die eine gewaltpräventive Wirkung haben, bieten sowohl Möglichkeiten zum Rückzug (sind nicht allzu dicht bebaut) als auch Strukturen für Kontakte und Begegnungen. Eine Lösung zum Schutz vor eigener Gewalt(-tätigkeit) sehen Postmaterielle durch soziale Beziehungen mit anderen. Damit meinen sie Möglichkeiten zum Austausch mit Menschen aus anderen Milieus und Betroffenenlagen. Ein exklusiver Austausch nur mit Gleichgesinnten erhöht die Tendenz, dass sich Gewaltgedanken und -impulse in einem selbstreferenziellen Zirkel aufschaukeln.
- Es gibt einen starken kulturellen Drang zur Einnistung unter Gleichgesinnten (das warme Nest, in dem man automatisch verstanden wird und versteht), den Impuls, nicht hinauszugehen in das Weite und Fremde, um sich dem nicht auszusetzen. Darin aber besteht der Weg einer an den Ursachen ansetzenden Prävention. Die Schwierigkeit ist, dem Verharren in der Behaglichkeit des Eigenen ein regelmäßiges Überschreiten der Quartiers- und Sozialgrenzen entgegenzusetzen und dafür Anreize zu setzen. Es ist natürlich angenehmer, im Kreis von Gleichgesinnten zu sein. Solch innere Hürden und Verharrung identifizieren Postmaterielle bei sich selbst kritisch und bezeichnen solches Arbeiten an den eigenen inneren Barrieren als eine spezifische Form von notwendiger Sozialarbeit und Stadtteilarbeit. Aber dieses Arbeiten ist genuin jedem in der Gesellschaft aufgegeben als *zoon politikon*.
- Ein weiterer wichtiger Ansatz für Postmaterielle ist Jugendarbeit, denn junge Menschen sind mental und kulturell beweglicher als ältere. Bei Älteren würde es eher darum gehen, spontane Gewaltreaktionen einzudämmen; bei der Jugendarbeit hingegen ginge es darum, auf die Entwicklung von Haltungen einzuwirken und Begegnungen mit Anderen und Fremden zu institutionalisieren. Was es schon gibt durch internationale Jugendtreffs (was überwiegend Jugendliche in höherer Schullaufbahn praktizieren), sollte auf der lokalen Ebene zwischen Jugendlichen unterschiedlicher Herkunft und Klassenlage praktiziert werden.
- Ergänzende Maßnahmen könnten Themen aufgreifen, an denen Menschen milieu- und klassenübergreifend ein gemeinsames Interesse haben, aktuell

etwa die Klimakrise. Das zeigt sich beispielsweise in der Fridays for Future-Bewegung oder in der Corona-Krise, die eine lokale, nationale, europäische und globale Allbetroffenheit im Bewusstsein erzeugt. Wie die Corona-Krise könnte der Klimawandel ein externer Feind sein, der interne Blasen aufweichen könnte. Der „Feind" wäre dabei keine Bevölkerungsgruppe, sondern sind die Herausforderungen im Natur-/Gesundheits-/Wirtschaftszusammenhang, die alle angehen und wäre in den bestehenden (verharrenden) Strukturen und Praktiken zu identifizieren (Zweifel daran aber kommen einigen mit Blick auf die Allbetroffenheit der Corona-Pandemie, die in Deutschland und anderen (westlichen) Gesellschaften nicht Solidarität und Zusammenhalt befördert, sondern eine Spaltung der Gesellschaft offenlegt und vorantreibt).

Echte, tiefgreifende Gewaltprävention muss langfristig an den strukturellen und subtilen Ursachen von Gewalt ansetzen. Dazu braucht es eine Vision von einer guten und gerechten Gesellschaft, von einem solidarischen Miteinander. Sozialarbeit und Politik haben dabei eine wichtige Aufklärungsarbeit. Denn wenn Menschen sagen „Das geht mich nichts an!", drückten sie damit aus, dass sie im Ghetto sitzen, errichteten sich selbst ein Ghetto.

„Es gibt eine schöne Musik-CD der niederbayerischen Hip-Hop-Band ‚Dicht & Ergreifend' mit dem Titel „Ghetto mi nix o". Das finde ich fantastisch, das ist genial. Denn dieser Sprachwitz ist ernst. Du bist in einem Ghetto, wenn du sagst, es geht mich nichts an. Aber wie komm' ich da raus?"

„Eine Lösung gegenüber Gewalt besteht darin, dass man sich auch mit denen austauscht, die nicht in meiner eigenen Blase sind. Siehe RAF, aber ich beobachte das auch bei uns selbst immer wieder. Wir sind eine links-grün versiffte Gutmenschen-Blase. Wenn man dann irgendwo anders hingeht, trifft man Leute und merkt, die sind ja ganz anderer Meinung."

„Architektur kann Gewalt induzieren. Wenn ich irgendwo wohne, etwa München-Neuperlach oder Feldmoching-Hasenbergl – je nachdem, wie man wohnt, hat das einen Einfluss auf die Gewalttendenz. Obwohl die Leute kompakt wohnen in einem Wohnsilo, ist der Einzelne vereinzelt, und es gibt wenig Möglichkeiten zum Austausch, zur sozialen Begegnung. Und dadurch werden leicht Feindbilder generiert, weil ich mit dem anderen gar nicht in Kontakt komme. Kommunikation mit jenen außerhalb dieser Silos wäre etwas, was heilen könnte oder der Gewalt entgegenwirken könnte."

„Ich glaube nicht, dass jemand von sich aus physisch gewalttätig ist. Man wird dazu gemacht und gebracht. Es mag krankhafte Leute geben, die in den psychopathologischen Bereich gehören, aber bei einigermaßen normalen Leuten ist es eine Reaktion auf ausgegrenzt sein und Ohnmacht."

„Natürlich gibt es auch individuelle Gewalt, wo jemand mit jemand anderen eine Rechnung begleicht. Aber das sind für mich so Einzelfälle, die wenig politische oder gesellschaftliche Relevanz haben. Die gibt's wahrscheinlich immer. Aber auch das ist wohl ohnmachtsgetrieben, dass einer nicht weiß, wie er weiterkommt und in Panik so was macht."

„Aus der Ohnmacht resultiert leicht Gewalt. Ausschreitungen gegen Ausländer, das kommt aus einer Ohnmacht, dass man in einer fast panikartigen Situation ist, in der man nicht mehr anders zu können glaubt, als draufzuhauen oder Brandbomben zu werfen oder andere durch die Straßen zu jagen. Gewalt ist die Vertiefung der Unterprivilegierung und Fortsetzung dieses Negativtrends."

„Die Schere der strukturellen Ungleichheit geht immer weiter auseinander, etwa im Bildungsbereich, bei Einkommen und Vermögen, bei Mietpreisen. Es ist einfach frustrierend, wenn man keine Wohnung findet oder gar unter der Brücke schlafen muss. Das frühere Gesamtweltbild nach dem Motto Es-ist-Gottgegebenen gibt's jetzt kaum noch. Die Menschen begehren heute eher auf und lassen sich die Erfahrung von Benachteiligung nicht mehr einfach gefallen. Oder Informations- und Kommunikationstechnologien, bei WhatsApp, bei Onlinekäufen, Apps auf dem Smartphone, die regelmäßig ohne mein Wissen meine Daten sammeln und an andere Firmen verkaufen; oder die Nutzungsdaten, die Autohersteller permanent aus den Fahrzeugen abrufen – und die Besitzer haben keine Möglichkeit, das zu unterbinden, es sei denn, sie fahren kein Auto mehr. Es ist schon das Gefühl einer Überwachung. Je mehr man sich informiert und die Zeit fortschreitet, umso tiefer wird das. Das illustriert schriftstellerisch das Buch von Dave Eggers „The Circle". Und das ist in China mit dem Social-Score-System längst schon in den Schatten gestellt und um vieles übertroffen. Bei uns läufts subtiler. Da werden einem Angebote personalisierter Werbung gemacht; das ist schon eine Lenkung und die kann leicht in Repression münden. Das halte ich alles für ziemlich gefährlich, einfach weil ich da ein großes Maß an Souveränität weggebe; ich bin da nicht mehr Herr dessen, was ich mache, andere machen damit was. Das erzeugt Ohnmacht und kann leicht in Gewalt münden."

„Die Polarisierung der Gesellschaft schreitet unaufhaltsam voran, und wir stehen daneben: unsicher, verängstigt und vor allem ratlos. Populisten erhalten immer mehr Zuspruch, die Intoleranz nimmt zu. Es muss uns aber zur Prävention gegen Gewalt darum gehen, die Vorurteile zu überwinden, nicht nur die der anderen, auch unsere eigenen. Aber dabei dürfen wir gleichzeitig nicht alles tolerieren. Denn das führt zur Verunsicherung, Orientierungslosigkeit. Das hat der polnisch-britische Sozialphilosoph Zygmunt Bauman sehr treffend beschrieben. In seinem Buch ‚Moderne und Ambivalenz' hat er auf das Unbehagen nicht nur in der Moderne, sondern auch der Postmoderne hingewiesen."

„Das mit der Digitalisierung treibt mich dabei sehr um. Jeder Politiker schreit: ‚Digitalisierung! Da sind wir hintendran, das müssen wir pushen wie nichts.' Mir kommt immer wieder das Bild von Goebbels ‚Wollt Ihr den totalen Krieg?' – und jetzt heißt's: Wollt Ihr die totale Digitalisierung? Aber man wird ja gar nicht mehr gefragt, ob man will, daher heißt es doch heute: ‚Ihr

Abbildung 8

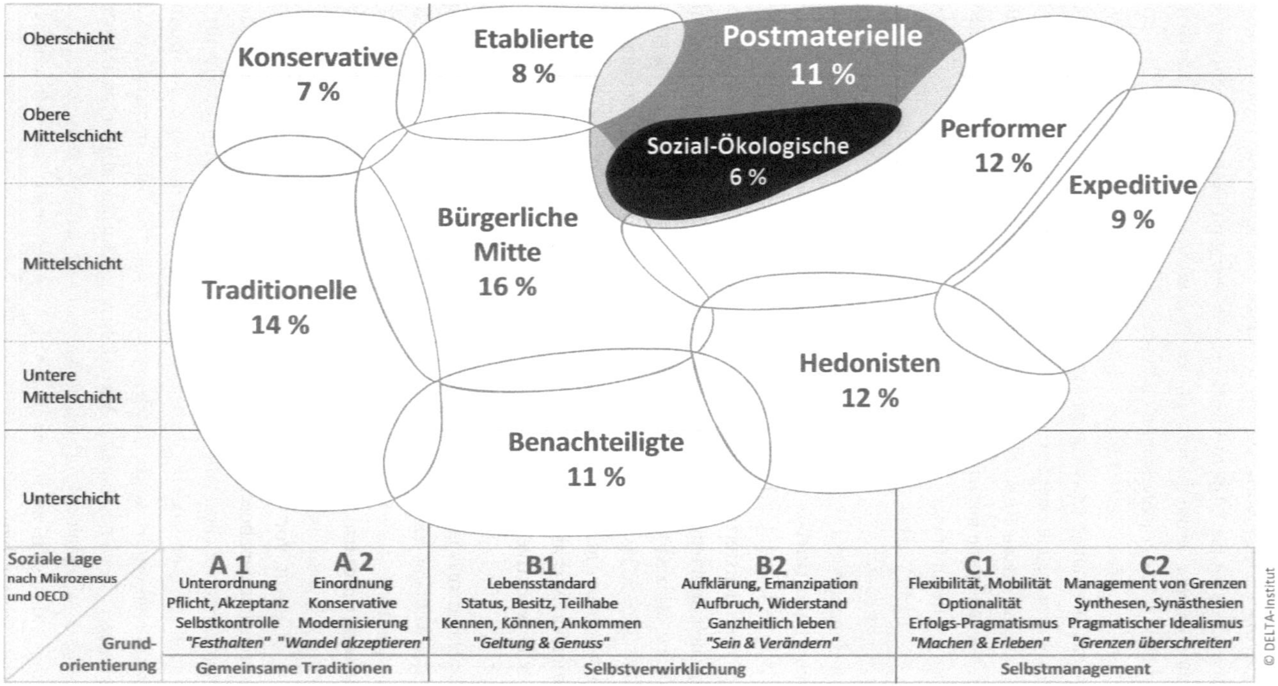

Soziale Lage nach Mikrozensus und OECD		
Oberschicht		
Obere Mittelschicht	Konservative 7 %	Etablierte 8 % — Postmaterielle 11 % — Performer 12 % — Expeditive 9 %
Mittelschicht	Traditionelle 14 %	Bürgerliche Mitte 16 % — Sozial-Ökologische 6 % — Hedonisten 12 %
Untere Mittelschicht		
Unterschicht		Benachteiligte 11 %

Grundorientierung	A1 Unterordnung Pflicht, Akzeptanz Selbstkontrolle "Festhalten"	A2 Einordnung Konservative Modernisierung "Wandel akzeptieren"	B1 Lebensstandard Status, Besitz, Teilhabe Kennen, Können, Ankommen "Geltung & Genuss"	B2 Aufklärung, Emanzipation Aufbruch, Widerstand Ganzheitlich leben "Sein & Verändern"	C1 Flexibilität, Mobilität Optionalität Erfolgs-Pragmatismus "Machen & Erleben"	C2 Management von Grenzen Synästhesien, Synästhesien Pragmatischer Idealismus "Grenzen überschreiten"
	Gemeinsame Traditionen		Selbstverwirklichung		Selbstmanagement	

© DELTA-Institut

wollt die totale Digitalisierung!' Das ist digitaler Totalitarismus oder Digitalismus. Das ist eine ungute Entwicklung, wo die Leute nur noch zappeln können. Das kann auf die Dauer nicht gutgehen. Die Menschen werden sich irgendwann befreien wollen. Es gibt keinen Minderheitenschutz etwa für Strahlungssensible. Und wenn man alle Orte bis hin zu den Berghütten mit Mobilfunk und dann auch Glasfaser ausrüstet, dann ist da überhaupt keine Chance mehr. Es gibt einerseits das Gesundheitsproblem, aber es ist auch eine Frage von Souveränitätsverlust: Man hat keine Chance, den Datenkraken zu entkommen. Wer gibt einem das Recht, wenn ich etwas kaufe, automatisch zu sagen, diese Datenübermittlung ist etwas, womit du leben musst. Das erzeugt Aggressivität in mir. Das ist die Ohnmacht, die in Gewalt umschlagen kann. Dass sie bei einigen in Gewalt umschlägt, bei anderen nicht, ist eine Frage der Bildung – auch eine Frage der persönlichen Veranlagung und der sozialen Kreise."

2.2.4. Wertorientiert-pädagogische Perspektive

Neben der modernisierungskritischen Haltung zu Gewalt gibt es eine zweite, primär wertorientiert-pädagogische Strömung. Sie argumentiert weniger in gesellschaftlicher Makroperspektive, sondern nimmt stärker den konkreten Erfahrungsraum in den Blick und beschreibt die alltagskulturellen Strukturen von Gewalt sowie Auswege aus dieser. Innerhalb des Milieus der Postmateriellen ist diese Perspektive vor allem im Submilieu „Sozial-Ökologische" ausgeprägt. Der Kern dieser Perspektive ist von fünf Elementen bestimmt:

- *Zentrale Lebenswerte* sind *Freiheit* des Einzelnen, *Wertschätzung* von anderen sowie *Respekt* und *Toleranz*. Gewalt steht dazu in diametralem Widerspruch. Gewalt ist nicht gut, weil sie – mit Ausnahme von Notwehr und Nothilfe – Lebenswerte angreift, individuelles und soziales Leben beeinträchtigt und zerstört.
- *Opfer von Gewalt*, vor allem jene, die immer wieder Gewalt erfahren, werden in ihrem Selbstwert beeinträchtigt, erleben Ängste, entwickeln das Selbstbild, nicht stark (genug) zu sein, zweifeln an sich und fragen sich, was an ihnen (negativ) anders ist, sodass sie sanktioniert, ausgestoßen werden. So wird ein Opfer entweder selbst zum Täter, weil es da heraus möchte und auch stark sein will; oder es vertraut sich jemandem an und sucht gezielt Hilfe; oder es findet sich fatalistisch mit seinem Schicksal ab.
- *Der Täter* fühlt sich während der Tat und durch die Nachwirkung der Tat stärker als vorher, bzw. er vergewissert sich durch die Tat seiner eigentlichen Stärke, hat eine große Machtposition und in der Gruppe Ansehen. Insofern gilt es, Gewalt gegen andere auch als perfide Form der Erlebnisorientierung zu begreifen: der Kick, das „schöne" Erlebnis für das Selbstwertgefühl und soziale Anerkennung im Kreise Gleichgesinnter.

„Viele suchen sich immer andere Opfer aus. Es gibt aber auch jene, die sich einen raussuchen und fertigmachen. Da geht es eher darum, wie weit kann ich noch gehen, bis er ganz am Boden ist. Da geht's schon darum: ‚Ich will die Person komplett leiden sehen.'"

Umgekehrt kann ein Täter auch zum Opfer werden. Nicht alle Täter sind nur selbstbewusst und haben so viel Stärke, wie man oft denkt, sondern bekommen durch andere das gleiche selbst zugefügt. Täter und Opfer sind oft situativ wechselnde Rollen einer Person.

- *Die Stärke des Opfers für den Täter:* Für den Zweck des Selbstwertgefühls und Beweis der eigenen Stärke demütigt ein schwaches Opfer den Täter. Von einem schwachen Opfer erhält man wenig Selbstwertgefühl, von einem starken, ebenbürtigen oder gar überlegenen Gegner hingegen mehr. Ein Täter an schwachen Gegnern muss sich immer neue Opfer suchen, sonst bekommt seine Machtausübung im Keis seiner Anhänger einen Makel. An Schwächeren vergeht sich nur der Schwache. Insofern bleiben zwei Strategien: (1) Sich leicht bezwingbare Opfer zu suchen; der Kick besteht in der Variation von Personen und Situationen; oder (2) sich herausfordernde Gegner suchen, deren Besiegung nicht sicher ist – allerdings droht hier die Niederlage und eine Vernichtung des eigenen Selbstwertgefühls. Daher, so vermuten Postmaterielle, suchen sich insbesondere gewalttätige Schüler meistens Opfer, die klar bezwingbar sind, die keinen festen Freundeskreis um sich haben, nicht stark, nicht gefestigt wirken.

„Wenn ich in einer Gruppe bin, wo das dazu gehört, Macht oder Gewalt auszuüben, dann muss ich das natürlich immer wieder machen, weil ich sonst irgendwann der Loser in der Gruppe bin. Da ist es oft so, dass es sich hochschaukelt: Wie kann ich es noch toppen? Wie kann ich es irgendwie beim nächsten Mal anders machen? Ich denke, dass es manchen, gerade Wiederholungstätern, den gewissen Kick gibt, den sie immer wieder brauchen, weil sie der Meinung sind, durch etwas anderes, durch eigentlich angemessene Sachen, kriegen sie keine Bestätigung."

- Es ist nach Auffassung dieser Postmateriellen die beste Gewaltprävention, *bei Kindern anzusetzen* und zu befördern, dass diese in einer Familie (oder einem Ersatzumfeld) aufwachsen, in denen *positive Wertschätzung* gelebt wird, in denen jede und jeder die stärkende Erfahrung der Selbstbestimmung und Selbstwirksamkeit machen kann, Anerkennung anderer erfährt und das Anerkennen anderer übt. Das bietet keine Garantie für Gewaltfreiheit aktuell und im weiteren Leben, denn man hat nicht alles in der Hand. Aber das Vorleben konstruktiver Werte und die Tugenden Solidarität und Empathie sind aus Sicht von Postmateriellen eine gute Prävention zur Prägung von Kindern und Jugendlichen in den verschiedenen Phasen ihrer Sozialisation. Präventionsziele sollten sein, einerseits eine *Sensibilität für Gewalt* im Alltag zu befördern, andererseits aus dem Kreislauf *von Opfer/Täter herauszukommen.*

Wahrnehmung von Gewalt

Ihre private Lebenswelt beschreiben Postmaterielle als völlig gewaltfrei, weil sie in ihrer Partnerschaft und Familie sowie im engen Freundeskreis solche Gewaltausübung nicht erleben und absolut nicht dulden („Wir leben zu Hause sehr gewaltfrei!"). Ansonsten würden sie sich vom Partner bzw. der Partnerin sofort und kompromisslos trennen bzw. Freundschaften beenden. Die Gewaltfreiheit in ihrem eigenen Umfeld kontrastieren sie mit der Normalität von Gewalt in der Gesellschaft. Von anderen Gewaltformen, etwa sexueller, häuslicher oder emotionaler Gewalt wissen sie hauptsächlich aus Nachrichten (TV, Internet), Tageszeitungen und (Fach-)Zeitschriften. Gewalt gerät konkret in ihr Blickfeld auf öffentlichen Plätzen (auf der Straße, in Bussen und U-/S-Bahnen) sowie bei der Arbeit durch Mobbing von Kolleginnen und Kollegen oder in Erziehungsberufen durch physische oder psychische Gewalt unter Kindern und Jugendlichen: Schlagen, Treten, Erpressung, Androhung körperlicher Gewalt. Grobe Gewalt hat, so ihre Einschätzung, in den letzten Jahren vielleicht nicht zugenommen. Es ist möglicherweise die dramaturgische Berichterstattung, die den Eindruck gestiegener Gewalt suggeriert. Gleichwohl ist – das bewerten sie als zivilisatorischen Fortschritt – die Sensibilität für Gewalt gewachsen: die Sensoren sind feiner geworden, die Kategoriensysteme über Formen und Orte von Gewalt differenzierter.

Zugleich diagnostizieren sie im öffentlichen Raum eine zunehmende Aggression und Ruppigkeit gegen zufällige Personen. Beispiele für diese manchmal subtilen, manchmal kruden Formen von Gewalt sind der *Einsatz des eigenen Körpers* (beim Gang durch die Fußgängerzone andere zum Ausweichen zwingen; Drängeln im Bus, in U- und S-Bahn), durch den Räume besetzt und beherrscht werden; *vokale* Gewalt (das laute, wüste Anschreien anderer); sowie *soziokulturelle* Gewalt durch den Einsatz überlegener Ressourcen, um den anderen zu demütigen. Solche Gewaltformen gelten als nicht so drastisch wie manifeste körperliche Gewaltanwendung, werden aber im Alltag häufiger. Möglicherweise, so reflektieren sie, ist die Abnahme von massiv körperverletzender Gewalt der Grund, warum diese Gewaltformen jetzt vermehrt wahrgenommen werden, die immer schon da gewesen sind und bis vor wenigen Jahren als normal galten und nicht skandalisiert wurden.

Diese Formen von Alltagsgewalt sind nicht binär kodiert wie physische Gewalt (zuschlagen, nicht zuschlagen), sondern gradueller Art. Es besteht eine gewisse Unschärfe darin, wann Unhöflichkeit in aggressive Ruppigkeit übergeht. Insofern stellen diese Ausdrucksformen von Gewalt eine stetige Skala dar. Ob eine Äußerung als *gar nicht* gewalttätig, als *etwas* gewalttätig oder als *stark* gewalttätig gesehen wird, unterliegt der subjektiven Einschätzung des Täters und Betroffenen. Dieselbe Situation kann je nach Sichtweise und Rolle sehr unterschiedlich beschrieben und bewertet werden. Als Beispiel nennen Postmaterielle Busfahrer, die ihre Fahrgäste anblaffen (etwa den Türbereich freizuhalten oder weiter nach hinten durchzugehen); S-Bahnfahrer, die Gegenstände von den Gleisen räumen müssen und dies sehr rabiat mit lauten wütenden Kommentaren tun (eine Episode beschreibt einen Fahrer, der seine S-Bahn stoppte, ausstieg, das Rad vom Gleis nahm und über eine Brüstung warf inmitten anderer dort stehender Räder); aggressive Autofahrer auf der Autobahn auf der Überholspur mit Lichthupe und Dauerblinker; Autofahrer und Fußgänger, die Radfahrer bedrängen oder anschreien, wenn dies ihre Wege kreuzen (rücksichtsloses Verhalten vice versa seitens einiger Radfahrer in Fußgängerzonen oder in der Natur gegenüber Wanderern; oder Wanderer, die Radfahrern keinen Platz machen): also Gewalt gegenüber Personen, die den eigenen Handlungslauf stören oder irritieren; einfach im Wege ist und der eigenen Vorstellung von Ordnung nicht entsprechen.

„Das ist, was einem die Eltern versuchen zu sagen, dass es alles schlimmer wird. Ich glaube, dass die Medien die Ursache sind, dass man sich einbildet, es wird schlimmer. In den Gesprächen mit meinen Eltern merke ich, dass sie der festen Überzeugung sind, dass die Gewalt immer extremer wird. Ich glaube, dass die Menschen früher noch schlimmer waren als heute. Ich bin mir sicher, es wurde ja auch früher geschlagen und mit Gewalteinsatz erzogen; in der Erziehung war Gewalt erlaubt früher, auch in den Schulen. Das ist heutzutage verboten und das ist auch gut so. Und die Medien und sozialen Netzwerke führen, glaube ich, schon dazu, dass man den Eindruck hat, es wird schlimmer, aber es ist einfach nur durchsichtiger." [Erzieherin, 52 Jahre]

Die Hemmschwelle zur Züchtigung in Privathaushalten und öffentlichen Einrichtungen ist heute deutlich höher als noch in den ersten Nachkriegsjahrzehnten – und das ist gut so. Die Neigung zur Gewalt ist aber weiterhin da, vielleicht sogar höher und kraftvoller durch den Druck der Moderne und Leistungsgesellschaft – aber zugleich raffinierter: Die Ausdrucksweisen und Mittel der Gewalt haben sich gewandelt, etwa in psychische Gewalt als Instrument der Beeinträchtigung und Demütigung des Anderen sowie als glaubhafte Androhung von körperlicher Gewalt. Offenbar verspüren manche Menschen in ihrem Alltag den *Drang oder Druck*, oder sie sehen sich in der *Freiheit und Macht* zur gewalthaften Entladung zur Durchsetzung eigener Interessen (praktisch-funktionale Legitimierung von Gewalt) oder zum Abbau von Stress, der sich an ganz anderen Orten und sozialen Situationen aufgebaut und gestaut hat. Neben der auf konkrete Personen oder signifikante Personengruppen zielenden Gewalt gibt es ziellose diffuse Gewalt, die vor allem in den digitalen Netzwerken durch die Möglichkeit der Anonymität Schutzräume für Täter bietet, die nicht leicht identifiziert werden können (verschärft noch im *Darknet*, das Postmaterielle nicht selbst kennen, sondern von dem sie nur gehört haben als Ort illegaler Transaktionen). Es gibt zahllose Beispiele für einen sogenannten *Shitstorm*, der sich über prominente Personen im Internet ergießt, mit sprachlichen Entgleisungen und Demütigungen früher ungeahnten Ausmaßes – ohne dass es eine selbstkritische Reflexion gibt, wie es den gemeinten Personen dieses Kommentars bzw. *Posts* damit geht und was er in ihr auslöst. Diese Schreibenden von Hasskommentaren treibt, so die Vermutung, die Lust an der richterhaften Verurteilung und Verbalschändung ihnen fremder Personen im Schaukasten des Internets. Ihre Zielpersonen werden dort gleichsam digitalen Wiedertäufer-Käfigen ausgestellt und gebrandmarkt. Das geschieht in der Gewissheit, dass sie persönlich nicht identifiziert und belangt werden; gleichwohl machen sie unter ihrem Pseudonym Karriere durch solche Kommentare und erlangen dabei sogar Berühmtheit unter Gleichgesinnten. Insofern, so der Verdacht von einigen, sind Prominente aus Politik, Wirtschaft, Sport, Medien etc. letztlich nicht selbst gemeint, sondern nur aktuell verfügbare Figuren zur Befriedigung narzisstisch-sadistischer Triebe.

Die normative Kraft der Gewalterfahrung in der Kindheit und Reiz zum Erlebnissadismus

Kinder und Jugendliche als Täter von Gewalt haben – so die Vermutung von Postmateriellen – meistens selbst zuvor einmal oder häufiger, zum Teil auch ritualisiert Gewalt erfahren: Sie sind zunächst Opfer gewesen und sind durch Erdulden oder Vorbild dieser Erfahrung zu Tätern geworden. Alltägliche, manifeste und subtile Gewalt ist in der Kindheit oft eine normative Kraft des Faktischen, sodass Gewaltausübung nicht als Skandal und Tabubruch begriffen wird, sondern als normaler Bestandteil der sozialen Welt. Vor allem Postmaterielle, die beruflich mit Kindern und Jugendlichen arbeiten, berichten, dass stark gewalttätige Kinder fast ausnahmelos im Familienumfeld Gewalt ausgesetzt sind oder waren, wenig Halt und Bindung, kaum positive Beziehungen erfahren haben. Damit wird, neben der Normalisierung von Gewalt, das Vertrauen entzogen und Entwicklung blockiert: Das Vertraute fehlt den Kindern und Jugendlichen, sie waren oder sind alleingelassen und haltlos, irren letztlich hilflos durch ihre Alltagswelt. Gewalt ist für extrem oder impulsiv Gewalttätige eine biografische Normalität: So wird der Horizont des Akzeptablen abgesteckt, werden innere und äußere Kompetenzen nicht ausgeprägt, trainiert, kultiviert. Das beobachtet man überdurchschnittlich häufig bei Kindern aus Milieus der Unterschicht oder in ärmeren Wohnvierteln, aber auch Kinder aus gehobenen Milieus, die Opfer waren von dem, was als „Wohlstandsvernachlässigung" bezeichnet werden kann. Kinder sind immer in einem Lernprozess, Auseinandersetzung gehört dazu, Übungsfelder sind wichtig, Streitigkeiten sind Stufen zur psychosozialen Reifung und nicht nur negativ. Es geht darum zu lernen: Wie gehe ich mit anderen beim Streit um? Kann ich es so lösen, dass es gewaltfrei ist?

„Da geht es um das Thema Sozialisation: Regeln, Werte, Normen. Wie wichtig ist es im Elternhaus, Bitte, Danke sagen; wir schlagen nicht zu, sondern man kann sich mit Worten äußern. Das fängt ganz klein an und es ist ganz klein bereits sehr prägend, wie mit mir umgegangen wird und was ich von zu Hause mitbekomme."

Unterschieden werden in grober Typisierung zwei Motive, die sich bei Kindern und Jugendlichen sehr plastisch zeigen, von Erwachsenen eher kaschiert werden, weil die Techniken subtiler sind:

1. Es gibt Menschen, denen es Spaß macht, bei anderen den empfindlichen Punkt zu identifizieren und dann gezielt darauf zu zielen, durch verbales Sticheln, körperliches Bedrängen oder massive Verletzung. Zweck ist, dass es den anderen trifft, Schmerzen zufügt, an die Grenze des Erträglichen führt – und man diesen Schmerz des anderen beobachtet. Der Voyeurismus, das Beobachten des Leidens des Opfers, ist ein unverzichtbares Element für den mobbenden Gewalttäter und bemisst den Erfolg der Gewalttat. An diesen Punkt zu kommen, hat für einen Teil alltäglicher Gewalttäter einen gewissen Reiz. Das ist Alltagssadismus. Dieser geschieht oft bewusst und gezielt, gehört zum Alltag, wird in manchen Orten, Peergroups und Clans zum Ritual (auch für interne Positionskämpfe) und ist Quelle zur Identitätsbestimmung.

„Es gibt Menschen, denen es Spaß macht, ganz gezielt zu verletzen. Wenn ich mein Gegenüber kenne, dann weiß ich manchmal ganz genau, wie ich sticheln muss, dass es denjenigen trifft. Das ist manchmal sehr unterschwellig und dann wird weitergebohrt und weitergebohrt. Und gerade bei Kindern und Jugendlichen ist es so, dass es manchen leider Gottes auch Spaß macht, wenn sie so lange reinstichen, bis der andere fast platzt."

2. Kinder und Jugendliche, die in ihrer Geschichte keine wertschätzenden und fürsorglichen Beziehungspersonen hatten oder haben, denen Urvertrauen fehlt und damit auch das Vertrauen zu sich selbst: Vielfach wird bei diesen die eigene Unsicherheit durch physische Gewalt überspielt – sie wissen sich nicht anders zu helfen: Gewalt aus Hilflosigkeit. Diese erfolgt nicht routiniert, sondern wenn sie an ihre Grenze geführt werden und ihre Konfliktfähigkeit noch nicht ausgereift ist. Gewalt ist für sie subjektiv die einzige Möglichkeit, die eigene Würde zu wahren.

„Das sind oft Kinder und Jugendliche, die aus ihrer Geschichte das Problem haben, dass sie von Geburt an keine tragfähigen und verlässlichen Beziehungspersonen hatten. Das Thema Urvertrauen fehlt völlig, und somit auch ein bisschen Vertrauen zu sich selbst, zu anderen Menschen. Viel wird durch körperliche Gewalt einfach die eigene Unsicherheit weggespielt. Sie wissen sich einfach nicht anders zu helfen."

„Da musste in einem Kinderheim ein Kind sein Taschengeld über Monate abgeben, einen Teil davon, also ich weiß nicht, wie viel es dann tatsächlich war, fünf Euro, dem anderen Jungen geben, weil der dieses Kind erpresst hat, sonst würde er es schlagen oder irgendwas antun, was Böses. Solche Dinge liefen da, und es lief halt einfach so versteckt und das andere Kind wurde immer ruhiger, stiller und trauriger. Da vergingen Monate, bis es sich getraut hat zu sagen, dass er erpresst wird. In dieser Art habe ich das schon öfters erlebt. Oder da wurde heimlich geraucht und dann wurde der andere eben erpresst, der darf nichts sagen, sonst wurde ihm körperliche Gewalt angedroht. Solche Dinge laufen öfters."

Die wichtigste Prävention gegen Gewalt ist zu lernen, die Grenzen anderer überhaupt wahrzunehmen und zu wahren: Wer ständig grenzüberschreitend ist, neigt charakterlich zum Sadismus mit unbändiger Freude am sichtbaren Leiden des anderen (und gegen Sadismus hat jede Erziehung kompromisslos anzugehen) oder hat nicht die Wahrnehmung, ob ein Reiz für eine andere Person zu viel ist, hat kein Gespür für die Wirkung eigener Handlungen auf die Grenzziehungen des anderen. Der Weg zur *Anerkennung des anderen* verlangt zu lernen, sich in die Perspektiven der anderen hineinzuversetzen und sich selbst mit den Augen der anderen zu sehen.

„Habe ich je gelernt, die Grenzen anderer wahrzunehmen und auch zu wahren? Gewalttätig ist jemand, der ständig grenzüberschreitend ist, hat die Wahrnehmung nicht, wann ist es für mein Gegenüber zu viel. Dann überschreitet man schnell Grenzen und hat keinen wertschätzenden Respekt vor dem anderen. Es geht mir bei Respekt nicht um Angst vor dem anderen, sondern um seine Wertschätzung als Person. Respekt entsteht, wenn ich von Anfang an klare Ansagen bekomme, auch schon von meinen Eltern, von allen Beteiligten, Kindergarten und so weiter, klare Regeln habe, eine klare Struktur habe, und vor allem eingebettet bin in ein soziales System, wo es mir selbst gutgeht. Dann erlebe ich Respekt durch andere, und dadurch kann ich auch respektvoll mit anderen umgehen. Es hat mit der Sozialisation zu tun, dieses soziale Umfeld, in dem ich aufwachse, ist für mich das A und O."

Menschen, die sich in ihrem Alltag wohlfühlen, die Ziele und Freunde haben, die eingebunden sind in ein soziales Umfeld, um ihre Anerkennung als Person nicht kämpfen müssen, neigen weniger zu Gewalt als jene, die immer darum kämpfen müssen, die in einer Randgruppe oder Randposition sind, isoliert und nicht integriert mit Zielen jenseits ihrer Reichweite und in geschlossenen sozialen Kreisen. Wenn man mit Kampf beschäftigt ist *und* zu einer Randgruppe gehört *und* das Gefühl von Benachteiligung oder Missachtung hat, ist die Bereitschaft zu Gewalt höher. Dann ist Gewalt *eine Reaktion* auf das eigene unzufriedene Leben. Täter von Gewalt sind meist Opfer ihrer Sozialisation und sozialen Situation, gleichwohl bleiben sie verantwortlich für ihre Gewalttaten. Ein Teil ist selbstverschuldet in eine missliche soziale Lage geraten, aber es gibt genug Menschen, die für ihre Situation nichts können, weil sie sich ihre Eltern nicht aussuchen konnten, weil sie krank geworden sind oder ihren Job verloren haben. Das zeigt sich drastisch und exemplarisch in der Alltagssituation von Flüchtlingen.

Häufig wird seit Jahren über Gewalt in Flüchtlingsunterkünften diskutiert, von männlichen bindungslosen Flüchtlingen gegenüber anderen Flüchtlingen und gegenüber der einheimischen Bevölkerung. Über Attentate und Vergewaltigungen einzelner Flüchtlinge und Asylbewerber wurden medial ausführlich berichtet. So wurden Ankerzentren und Flüchtlingsunterkünfte als Brennpunkt deklariert, deren Bedeutung aber überschätzt wird und ein verzerrtes Bild erzeugt. Es lenkt nicht nur von der alltäglichen Gewalt anderswo und durch andere ab und normalisiert diese, sondern führt auch in Teilen der Bevölkerung zu einer Pauschalverdächtigung und Stigmatisierung von Flüchtlingen, insbesondere von männlichen Flüchtlingen. Zugleich wird zu sehr auf Gewaltorte und Gewalttäter fokussiert (Flüchtlinge aus signifikanten Herkunftsländern und -regionen, z. B. Libanon, Syrien, Nordafrika) und erst sekundär auf die Gewalt befördernden Umstände: soziale Dichte, kaum Privatsphäre, keine Erwerbsarbeit, kaum Beschäftigungsmöglichkeiten sowie die Gewalt von rassistischen ausländerfeindlichen Gruppen und von Wachpersonal. Hier kann man aus Sicht von Postmateriellen lernen, dass administrative und medial-populistische Stigmatisierungen dieser Menschen, ihre pauschal-abstrakte (ansonsten nicht weiter gefüllte und damit inhaltsleere) Kategorisierung als „Flüchtlinge", dass die Verweigerung der Anerkennung dieser Personen in ihrer Individualität, hinsichtlich ihrer (beruflichen) Kompetenzen und individuellen Lebenssituation, sowie das Verwehren von normalen Lebensbedingungen in den Unterkünften zu Gewalt durch Hilflosigkeit, angestaute Frustration und Perspektivlosigkeit (seitens der Flüchtlinge) oder zu Spaß, Sadismus und fremdenfeindlicher Willkür (seitens des Wachpersonals oder der umliegenden Bevölkerung) führen.

„Die Konzentration oder Engführung der Gewaltdiskussion auf Flüchtlinge wird der Realität nicht gerecht. Es hat auch schon vor der Flüchtlingswelle Gewalt immer schon gegeben, unter Deutschen. Doch mit der Flüchtlingssituation gibt es eine neue Art. Das ist ein großes Thema und viele wollen sich nicht damit auseinandersetzen, wie es dieser Gruppe von Leuten geht, sich keine Gedanken machen, wie könnte man sie besser mit ins Boot holen, wie könnte denn eine Integration ausschauen. Bin ich bereit, auch selbst Hilfe anzubieten, in welcher Form auch immer?"

„Es muss da ein Umdenken stattfinden und mehr ein Miteinander werden, ganz viel Aufklärung stattfinden, auch Begegnung und Beziehung zu denen, die für die meisten im Moment bisher nur Fremde sind."

„Das Thema Unterkunft ist ganz schwierig: die ganzen Nationalitäten, die aufeinandertreffen. Da kommen so viele Sachen zusammen, dass es natürlich schwer ist, wenn sie über lange Zeit diesen ganzen Tag füllen müssen, ohne dass sie eine Aufgabe haben, ohne dass sie integriert sind, ohne dass sie wirklich ein soziales Umfeld haben. Man muss sich in die Situation dieser Menschen hineinversetzen, darf sie nicht nur als Flüchtlinge sehen und damit in eine Kategorie stecken, sondern als Menschen. Man kann sich auf Dauer in so einem Lager nicht wohlfühlen und muss irgendwo hin mit seiner Unzufriedenheit."

Gewaltbefördernde Medien

Medien haben einen großen Anteil als Stimulus für moralisch-stilistische Erlaubnis und Ermutigung zur Gewalt: Spielfilme, amerikanische TV-Serien, vor allem aber PC-Games (ein stark wachsender Markt) sind ein weites und wachsendes Feld mit performativ gewaltlegitimierenden und gewaltanregenden Unterhaltungsreizen. Hier ist auch die Verbindung zum Sexismus zu sehen, der sich in PC-Spielen harmlos zeigt und Frauen zu Objekten des Begehrens macht.

Gerade Erzieherinnen und Erzieher sowie Lehrerinnen und Lehrer sind nach Auffassung von Postmateriellen gefordert, sich entsprechende Medienkompetenzen anzueignen. Die jüngere Generation derer, die mit Kindern und Jugendlichen arbeiten, gehören der Internetgeneration an und sind mit diesen Technologien und Zugängen zur Wirklichkeit, die neue real-virtuelle Wirklichkeiten schaffen und eine Eigenlogik haben, groß geworden. Gewalt im Netz ist ein wichtiges Thema, wird von den meisten Pädagogen und Pädagoginnen zwar nicht unterschätzt, aber nicht überblickt und beherrscht. *Cyberbullying and Sexual Harassment* erfordern von jenen, die im Jugendschutz tätig sind, von Erziehenden und Lehrenden sowie mit Blick auf Erwachsene von den Personalverantwortlichen den Ausbau dieser Kompetenzen in Form von a) sachlichem Wissen, b) Wahrnehmungsfähigkeiten und Deutungsmustern sowie c) Handlungsstrategien. Hier bedarf es zur Prävention einer engen Zusammenarbeit von Pädagoginnen und Pädagogen, Medienexperten und -expertinnen sowie die weitere Professionalisierung von Medienpädagogik. Insofern sind ins Visier zu nehmende Zielgruppen für ein Präventionskonzept nicht nur bisherige Gewalttäter, aktuell Gewaltbereite oder Risikogruppen von Gewalt, sondern unbedingt auch Führungspersonen in Unternehmen und Organisationen, Erziehungsautoritäten, ebenso Medienschaffende und Programmierer (bzw. Konzeptentwickler) von PC-Spielen, Drehbuchautoren und Regisseure von Filmen.

„Ich würde solche Medien mit verherrlichenden Gewaltdarstellungen letztendlich verbieten. Ich finde es wahnsinnig schwierig zu sagen, wo fängt es an. Also es gibt sicherlich Spiele wie dieses ‚Call of Duty', die extrem gewaltverherrlichend sind, und wo Gewalt auch realistisch dargestellt wird. Ich würde das einfach verbieten, weil ich mir denke, das wird schaden. Letztendlich gibt es so viele Dinge, die mittlerweile im Netz sind, also da über YouTube oder über alle möglichen anderen Kanäle, wo ich auch als Pädagogin völlig überfordert bin, weil ich leider zu wenig Wissen habe darüber, was möglich ist im Netz; und wir auch diesbezüglich tatsächlich eine Fortbildung machen, eine medienpädagogische Fortbildung. Die ist in zwei Wochen über

Mobbing im Netz, auch über gewaltverherrlichende Videos, was man sich wo runterladen kann und wie auch immer. Da gebe ich auch zu, dass ich da in der Prävention überfordert bin, weil ich zu wenig Wissen darüber habe, weil es das in meiner Generation nicht gab, diese Medien. Man müsste sich tatsächlich viel mehr damit befassen, das merke ich jetzt auch aus Pädagogensicht. Also da bin ich auch selber am Anfang, diese Mediengeschichte wächst über mich hinaus. Ich bin auch überfordert über die Sachen, die die Kinder sich im Netz anschauen können. Also wir haben da auch unglaubliche Sachen schon erlebt über ganz extreme Pornografie, wo ich nicht richtig handeln kann, weil ich mich selber viel zu wenig auskenne. Man muss da einen Medienexperten zuziehen, man muss Schutzprogramme, man muss einfach die Seiten nicht zugänglich machen, man muss komplette Kontrolle letztendlich machen, auch bei den Kindern, auch wenn es vielleicht nicht im Sinne der Freiheit ist und der Privatsphäre. Aber ich habe festgestellt, dass es anders, was diese Medien betrifft, nicht möglich ist." [Pädagogin, 48 Jahre]

„Wahrscheinlich hat das jeder schon erlebt, dass man Filme schaut, die vielleicht nicht geeignet sind und man ja deswegen nicht gleich gewalttätig wird. Aber ich glaube, wenn man das über einen langen Zeitraum macht, dass es was mit einem macht und dass man einfach verroht und auch verhärtet."

Ein Teil der Postmateriellen fordert angesichts ihrer Vision einer gewaltfreien Gesellschaft, (1) Gewalt positiv darstellende Medien schlicht und strikt zu verbieten; (2) die Rechtsfreiheit im Internet (Blogs, Foren, Messanger, soziale Netzwerke etc.) abzuschaffen bzw. der Rechtslage in der analogen Welt anzupassen. Dazu muss die Anonymität im Netz aufgehoben werden, Beiträge (Kommentare in Blogs, Foren etc.) müssen mit namentlicher Autorenschaft versehen werden, sodass sie im Fall von gewalttätigen oder gewaltermutigende Beiträgen zur Verantwortung gezogen werden können, ähnlich den Printmedien bei journalistischen Beiträge und Leserbriefen; (3) Gewalt im Netz zum Straftatbestand machen. Das ist durch die Transnationalität des Internets sicher schwierig, aber machbar, wenn der rechtspolitische Wille da ist. Auch wenn Postmaterielle in der Regel in kritischer Distanz zu einem starken Staat stehen und sie keinen, in individuelle Bürgerrechte autoritär eingreifenden Staat wollen (bis auf Fälle, wenn es um Schutz und Würde geht – etwa Pädophilie, Missbrauch, Vergewaltigung, Raub, Mord etc.), äußern sie sich bei diesem Thema entschieden: Der Staat und die europäische Staatengemeinschaft sind gefordert, gewaltverherrlichende Computerspiele zu verbieten. Dabei bedarf es sicher einer permanenten fachlichen Diskussion, was „verherrlichend" *meint* und wie *genau* die Grenzen zu ziehen sind zwischen bildlicher Aufklärung über Gewalt und der Normalisierung von Gewalt.

Nach den Überlegungen von Postmateriellen gelten PC-Spiele als gewaltverherrlichend, wenn Menschen massiv verletzt, gefoltert und getötet würden, auch Vergewaltigungen in realistischer Darstellung. Diese Spiele sind häufig konzipiert mit mehreren Levels, die man mit Anstrengungen und Leistung erreichen kann: das definiert den Horizont von *Erfolg*, setzt performativ Zielmarken und erzeugt das Selbstbewusstsein, durch Erreichung dieser Ziele mit diesen Mitteln erfolgreich zu sein – und beinhalteten darüber hinaus ein Suchtpotenzial. All dies führt nicht unbedingt und direkt zu Gewaltbereitschaft im sozialen Umfeld, hat bei manchen sogar im Gegenteil eine reinigende Funktion der Katharsis zum Abbau von Stress. Aber das ist nur ein möglicher Effekt. Viel gravierender ist die durch PC-Spiele hergestellte Normalisierung von Gewalt als probates Mittel zur Zielerreichung, zur persönlichen Bewährung und für das Selbstwertgefühl, vor allem sozial als Heldentum, zur sozialen Anerkennung, als anerkannte Form von Geltung und Überlegenheit.

Das befördert mittelbar direkt bei Jugendlichen und Erwachsenen eine mentale und emotionale Verhärtung, eine Sicht auf Menschen als pure Objekte und anonyme Figuren. Nicht ein einzelnes PC-Spiel oder gelegentliches Spielen löst Gewaltnormalisierung aus, sondern mit solchen Bildern und Aktivitäten aufzuwachsen sowie das eigene Tun des Spielens als Schießen auf (virtuelle) Menschen. Solches Spielen erfordert und fördert Reaktionsgeschwindigkeit und Konzentration, was durchaus positive Kompetenzen sind. Aber in diesem Tun geht es um die Herstellung von Verletzungen und Zerstörungen – diese gelten als nicht fragwürdige oder hinterfragte Ziele, gelten im Spiel als alternativlos, werden trainiert als *Skills*. Beispiele solcher PC-Spiele (Ego-Shooter) sind etwa „Call of Duty", „Battlefield", „Monster Hunter", „Assassin's Creed Odyssey" oder „Red Dead Online". Dazu gibt es Jury-Wettbewerbe für solche Spiele und werden Auszeichnungen in diverse Kategorien verliehen, zum Beispiel „Bestes Militärspiel" oder „Bester Shooter". Beispiel für Auszeichnungen sind etwa die „BAFTA Games Awards" und den „Golden Joystick Award". Problematisch ist aus Sicht von Postmateriellen, dass es sich um einen gigantischen Markt handelt, eine international operierende Branche, die einzuhegen oder unter Auflagen zu stellen, erhebliche politische Durchsetzungskraft erfordert. Eine Überlegung geht dahin, einen rechtlichen Rahmen zu setzen, der gewaltverherrlichende Spiele kategorisch verbietet; eine andere Überlegung zielt darauf, gewalt*alternative* Skills in den Spielen auszuzeichnen.

„Ich würde die generell vom Markt nehmen, denn ich halte die einfach für gefährlich, also auch, wenn ein Erwachsener, der das vielleicht anders filtern kann, sich mit solchen Spielen beschäftigt. Ich glaube, das färbt ab und dringt tief ein und hinterlässt Spuren. Die führen nicht direkt zu Gewalttaten, aber sie senken die Hemmschwelle. Und wir haben die rechtlichen Möglichkeiten, das zu verhindern. Eltern setzen ihre eigenen Kinder ja auch nicht allen möglichen Reizen aus, sondern versuchen ihre Kinder vor schädigenden Erfahrungen zu schützen. Warum nicht auch auf der Ebene dieser Medien und warum nicht auch für Erwachsene? Auch hier hat der Staat eine Fürsorgepflicht. Wir dürfen nicht alles dem freien Spiel des Marktes überlassen. Denken wir nur daran, dass ja auch Nazi-Symbole und nationalsozialistische Texte verboten sind. Und beim Thema der verherrlichenden Gewalt wollen wir das anders werten, nur weil dahinter keine offensichtliche politische Ideologie steht? Nein! Letztlich sind auch Gewalt verherrlichende Filme, Serien und Spiele eine Weltanschauung und Ideologie."

Sexismus befördert und ist Gewalt

Postmaterielle differenzieren sexistische Gewalt häufig in vier Hauptkategorien: (1) Alltagssexistische Gewalt gegenüber konkreten Personen a) durch Unbekannte, b) durch Bekannte, Freundinnen und Freunde, c) durch Angehörige. (2) Struktureller Geschlechter-Sexismus durch gesellschaftliche, betriebliche und private Rollenzwänge mit der Folge der systematischen Benachteiligung aufgrund der Geschlechtszugehörigkeit oder sexueller Orientierung (Homo-, Bi- oder Asexualität). (3) Mediale sexistische Gewalt durch Produktion und Einsatz geschlechterstereotyper Bilder, Filme, Shows und Botschaften zum Zweck der Verkaufsförderung und dem Absatzmarketing von Produkten. Dies zeigt sich vor allem in der Wirtschaft sowie in der Unterhaltungsindustrie. (4) Anbietung und Nutzung professioneller Prostitution als systematische Verdinglichung von Menschen als Instrumente sexueller Bedürfnisse und Fantasien.

Prägnant sind Erzählungen vor allem von Frauen darüber, welchen Sexismus sie wo in ihrem Alltag selbst erfahren oder bei anderen beobachten. In keinem anderen Milieu wird der Link zwischen situativem Alltagssexismus und strukturellem Sexismus so verzahnt wahrgenommen und betont, dass situativer wie struktureller Sexismus Formen von Gewalt sind, dass Sexismus die Instrumentalisierung und Erniedrigung eines Geschlechts oder einer Geschlechtsorientierung ist, dass Sexismus ein Nährboden ist auch für nicht sexistische Gewalt. Präventionsmaßnahmen gegenüber sexistischer Gewalt müssen insofern sowohl am alltäglichen Sexismus als auch am strukturellen Sexismus ansetzen.

- Konkrete Beispiele dafür sind geschlechter-asymmetrische Strukturen im Arbeitsmarkt, staatliche Anreize für eine traditionelle Rollenteilung in Partnerschaft und Familie, in Erziehung und Berufsfeldern. Hier werden stereotype Geschlechterbilder reproduziert, die mittelbar Sexismus im Alltag und in Medien befördern.
- Häusliche Gewalt ist ein bisher noch immer unterschätzter Brennpunkt. Meistens sind Frauen die Opfer häuslicher Gewalt. Aber es gibt auch häusliche Gewalt gegen Männer, was oft übersehen oder bagatellisiert wird – und dieses Übersehen oder Bagatellisieren der häuslichen Gewalt gegen Männer ist selbst eine Gewalt zweiten Grades. Inzwischen gibt es, analog zu Frauenhäusern, auch Männerhäuser. Häusliche Gewalt gegen Kinder und gegen Männer sind die latentesten Formen („Wir bekommen nur die Spitze des Eisberges mit"), die selten infolge familiärer Tragödien bei Polizeieinsätzen oder Eingriffen von Jugendämtern bei Kindeswohlgefährdung entdeckt werden.

„Dieses Geschlechterrollenbild hat sich über die Jahrhunderte noch sehr gut gehalten. Das aufzulösen, wie SCHWIERIG es wirklich war, wenn man denkt, der Kampf der Frauen über Jahre: keine Arbeit annehmen zu können, kein Konto zu eröffnen, wir reden ja über die zweite Hälfte des 20. Jahrhunderts. Und da sind wir wirklich noch weit, weit davon entfernt. Die echte Gleichberechtigung zwischen Mann und Frau, da ist wirklich noch viel zu tun. Und DAS könnte so ein Punkt sein, an dem man wirklich arbeiten muss. Auch was die Arbeitsverhältnisse angeht, die Möglichkeiten des Arbeitens zwischen Mann und Frau im Haushalt und in den Unternehmen, da sind wir WEIT, weit hinter dem, was geht. Ich denke immer an Skandinavien, welche Möglichkeiten es dort für die Kinderbetreuung gibt. Möglichkeiten der Arbeitszeiten zwischen Mann und Frau, da sind wir JAHRZEHNTE hinterher. Also da anzusetzen, das wäre sicher ein Punkt. Es gibt, wenn ich den Untersuchungen glauben darf, in Skandinavien weitaus weniger häusliche Gewalt als zum Beispiel im Rest Europas. Auch die Möglichkeiten der Erwerbsunterbrechung für Männer bei Familiengründung, Teilzeitbeschäftigung und die Möglichkeiten der Männer für Kindererziehung. Ansätze sind da, aber da sind wir weit weg. Und DAS würde häusliche Gewalt sicher SEHR vermindern, wenn wir da weiter wären."

Mit großer Aufmerksamkeit und Sorge nehmen Postmaterielle wahr, dass ein erheblicher Teil der Bevölkerung – vor allem Männer, aber auch zunehmend Frauen – der Genderdebatte überdrüssig sind. Sexismus ist zwar nicht identisch mit sexistischer Gewalt, aber steht doch in einem ursächlichen Zusammenhang. Insofern halten sie Sexismus keineswegs für ein Luxusthema im postmodernen Zeitalter, sondern für ein in Alltagskultur und Institutionen tief verwurzeltes Grundübel. Denn Gewalt gegenüber Frauen durch Vergewaltigung, körperliche Misshandlung oder verbale Herabsetzung hat im Tiefsten einen ursächlichen Zusammenhang mit Geschlechterrollenbildern, die institutionell verankert sind. Dazu Beispiele aus vier Bereichen:

- Sexistische Gewalt struktureller Art und kulturelle „Demütigung" ist die Normalität und der Grund dafür, dass Frauen trotz gleicher Qualifikation wie Männer noch selten in Führungspositionen kommen, dass Frauen in fast allen Branchen und Hierarchiestufen schlechter bezahlt werden, dass ihnen bestimmte Berufe weitgehend versperrt werden – nicht aufgrund rechtlicher Hürden, sondern aufgrund kultureller Barrieren. So gibt es kaum Dirigentinnen, Regisseurinnen oder prominente „Star"-Köchinnen. An der Spitze von Verbänden stehen meistens Männer; Hauptrollen in Kinofilmen haben meistens Männer. Es gibt zwar reihenweise Filme mit Männern als heldenhafte Problemlöser, aber nur wenige Filme, in denen diese Rollen mit Frauen besetzt sind – und wenn, dann imitieren Frauen die Merkmale männlicher Helden. Auch sind in Filmen männliche Hauptdarsteller zeitlich länger im Bild und haben mehr Redeanteil als weibliche – eine performative Inszenierung und Reproduktion hegemonialer Männlichkeit. Von Gegnern der Emanzipation werden gern reflexhaft Beispiele für das Gegenteil angeführt,

aber das sind Ausnahmen und bestätigen als solche die strukturelle und organisationale Benachteiligung von Frauen.
- Ähnliche Erfahrungen machen Frauen in ihrem beruflichen Alltag oder beobachten dies bei Kolleginnen – gerade bei jenen mit hoher Qualifikation und höherer Position in der Unternehmenshierarchie: Mit Hosenanzug und „männlicher" Rhetorik sind Frauen schnell unbeliebt, gelten als hart, selbstsüchtig, dominant, karrieregeil, arrogant, unweiblich, gar unsexy. Feminines Auftreten hingegen wird von Männern und auch einigen Frauen als durchsetzungsarm bis inkompetent verstanden. Weil eine Frau in einer Führungsposition stets wahrgenommen wird im Horizont des vornormierten Geschlechterstereotyps „Frau", hat sie, egal was sie tut, immer ein Defizit: Tritt sie „wie eine Frau" auf, hat sie einen Makel aufgrund ihres geschlechterkonformen Verhaltens; tritt sie „wie ein Mann" auf, hat sie einen Makel aufgrund ihres geschlechterdevianten Verhaltens. Das ist Sexismus und eine subtile Form sexueller Gewalt, weil die mit normativen Rollenbildern massiv aufgeladene Fundamentalkategorie Geschlecht die individuelle Person und ihre Leistung wertend überdeckt und ein Urteil ihrer Kompetenz präjudiziert. Dazu werden Urteile über Frauen viel stärker als bei Männern durch äußerliche Merkmale wie Kleidung, Aussehen, Gestik, Mimik bestimmt: Frauen werden „als Frau" kritischer wahrgenommen – von Männern und von Frauen. Eine noch subtilere Form sexistischer Gewalt ist, wenn eine Frau sich dieser Perspektive ausliefert, sie adaptiert und ihr Handeln an ihr orientiert, um mögliche sexistische Reaktionen des Umfelds nicht zu provozieren, etwa bei der Kleiderwahl, im Auftreten, in der Kommunikation.
- Dazu zeigt sich Sexismus in medialen Kunstprodukten (Werbung, Filme, Shows), die mit dem Zweck ökonomischer Interessen in instrumentalisierenden Weisen männliche oder weibliche Personen als Figuren eines Geschlechts zeigen, diese dabei (positiv oder negativ) stilisieren und damit verkürzen. Dazu betonen Postmaterielle ihr Unbehagen und Missfallen über mediale Darstellungen (vor allem) von Frauen in zwei Richtungen: Diese sind zum einen erotische Objekte der Begierde zum Zwecke der Verkaufsförderung. Zum anderen werden Frauen in Filmen und in der Werbung in einer traditionellen Rolle dargestellt. In dieser brauchen sie für ihr Lebensglück einen Mann, ohne diesen wären sie unzufrieden und unvollständig. Dagegen werden Männer in medialen Darstellungen inszeniert als jene, die höhere Ziele anstreben, beruflich erfolgreich und dadurch attraktiv sind, eine große Leidenschaft für ein Lebensprojekt haben, mit Kreativität, Power und Know-how die Welt retten – immer mit den Signalen der Selbstbestimmung und Autonomie. Natürlich gibt es auch Filme mit weiblichen Helden (Lara Croft, Wonder Woman), aber diese würde man jeweils sehen als eine Frau, die selbstbewusst eine Männerrolle übernimmt – aber eben keine Frauenrolle. In den meisten Filmen ist die

Heldin eine unterstützende Partnerin des großen männlichen Helden (Total Recall, Mission Impossible etc.). Und wenn eine Frau beruflich an der Spitze dargestellt wird, dann werden stets ihre Mängel, Makel und bösen Abgründe gezeigt, die durch die Leitungsposition bzw. ihren Ehrgeiz erzeugt oder sichtbar werden (House of Cards).

- Als Alltagssexismus fassen Postmaterielle nicht nur die Tat des Täters bzw. der Täterin, sondern auch das duldende Schweigen all jener, die Sexismus beobachten und nicht intervenieren. Duldung von Sexismus ist eine sekundäre Form von sexistischer Gewalt. Wenn eine junge Frau in der U-Bahn von Fremden durch verbale Übergriffe oder körperliche Berührung belästigt wird, ist ein *Nicht-Eingreifen von Beobachtenden sexistische Duldung von Gewalt*.

Die Mehrheit der Bevölkerung definiert Sexismus – grob – als Herabwürdigung einer Person aufgrund der Geschlechtszugehörigkeit sowie der sexuellen Orientierung. Es gibt die Stigmatisierung eines *Geschlechts insgesamt* sowie die sexistische Stigmatisierung einer *Person*, weil diese dem normativen Geschlechterbild eines Täters/einer Täterin nicht entspricht (Mangel), oder aber in außerordentlich hohem Maße entspricht (Übererfüllung), sodass diese Person als Objekt der eigenen Bedürfnisse genutzt wird. Diese Instrumentalisierung bedeutet *Verdinglichung* und führt aus postmaterieller Sicht zur näheren Bestimmung von sexistischer Gewalt: eine Reduzierung einer Person auf ihre Geschlechtszugehörigkeit (Mann, Frau), ihre atypische Geschlechtlichkeit (intersexuell, transsexuell), oder auf ihre vom Mainstream abweichende Geschlechterorientierung (lesbisch, homosexuell, bisexuell, asexuell, queer), bei der Würde und Individualität genommen und daraus die moralische Legitimation abgeleitet wird, dies persönlich zu sanktionieren, wenn der Staat hier untätig ist. Oder man nimmt eine Person nur eindimensional wahr (in Bezug auf *sex* oder *gender*) und behandelt sie als austauschbares Objekt einer Geschlechterkategorie, als Instrument für persönlichen Gebrauch, kommerzielle Interessen, soziale oder körperliche Befriedigung.

Sexismus in Computerspielen: Eine Reihe von Postmateriellen weist auf Sexismus in Computerspielen hin bei der ästhetischen Avatar-Gestaltung und der sozialen Rolle der weiblichen Spielfiguren. Seit einigen Jahren weist zum Beispiel die kanadisch-amerikanische Medienkritikerin Anita Sarkeesian darauf hin. In ihrem Blog „feminist frequency" beleuchtet sie die Darstellung von Frauen in Videospielen und beschreibt die dort sehr häufig verwendeten *Tropes*, also klischeehafte Darstellungen. Der wohl am meisten benutzte Trope ist „damsel in distress" (*Jungfrau in Nöten*). Die auf Covern und im Spiel dargestellten Frauen werden körperlich, psychisch und sozial reduziert zum hilflosen Objekt und Ziel männlicher Aktivitäten: (1) Die demütigende Darstellung als *passive* Frau, die Beute böser Männer (selten: einer bösen Frau) wurde, die sich nicht selbst befreien kann und deshalb einen tapferen männlichen Retter benötigt, der sie nach der Befreiung nicht nur erlöst, sondern ihrem Leben eine Zukunft gibt; (2) die *sexy* Darstellung durch übertrieben großen Busen und Kleidung. Bei Männern hingegen ist festzustellen, dass diese nicht den Schönheitsidealen entsprechen müssen und es viele Varianten der Darstellung gibt; bei Frauen wird deutlich weniger variiert. Frauen werden modelliert im Rahmen eines eng gefassten Spektrums von stereotypen körperlichen Schönheitsidealen, Accessoires und Charaktertypen. Im gleichen Maße wie Gaming zum Massenhobby wird, treten nicht nur in diesen Spielen, sondern auch zwischen den interaktiv Spielenden Vorurteilsstrukturen in all ihren Facetten auf: Rassismus, Sexismus und *Hatespeech*.

Es gibt, darauf weisen einige Postmaterielle hin, zahlreiche kritische, aufdeckende Internetseiten zu Sexismus in Computerspielen. Ein Beispiel ist die Seite *www.fatuglyorslutty.com* („You play video games? So are you fat, ugly or slutty"), die dies dokumentiert und ein Forum eingerichtet hat, in dem Frauen über Sexismus berichten können. Diese Website basiert auf dem Grundprinzip „Slut-Shaming", nach dem Frauen stets in zwei Kategorien eingeteilt werden, entweder „fett und hässlich" oder „Schlampen". Daran zeigt diese Seite den Alltagssexismus aus der Frauenperspektive. Oftmals sind Frauen schon beim Eintreten in die Szene des Computerspiels von sexistischer Verbalgewalt betroffen: Zum einen müssen Frauen beim Spielen zunächst beweisen, dass sie es wirklich draufhaben, zum anderen gleichzeitig gegen die Vielzahl von Vorurteilen gegenüber Frauen in Computerspielen kämpfen. So zum Beispiel, dass sie als „attention whore" Computerspiele spielen, nur um die Aufmerksamkeit von Männern zu erhalten. Dies ist nur eine Begründung dafür, weshalb viele Frauen von (sexueller) Belästigung in Online-Multiplayer-Spielen berichten. Ein weiterer Beleg findet sich auf der Ebene des Programms: Nicht selten werden Frauen in den Geschichten der Spiele negiert, an den Rand gedrängt oder ausgebeutet. Gleichzeitig werden Frauen überaus sexistisch dargestellt durch knappe und enge Bekleidung und große Brüste. Frauen sind überwiegend Objekte für Männer, haben oft keine Hauptrolle, sondern spielen eine Nebenrolle im Dienst für Männer, bei denen diese sich erproben und heldenhaft zeigen: Sie haben eine Funktion für Männer, aber keinen Eigenwert. Dies reproduziert sexistische Annahmen, die auch außerhalb von Computerspielen, in der Gesellschaft, gegeben sind und auf diese verstärkend wirken. Daran zeigt sich, wie stark die Spielwelt auf Männer fokussiert ist, wie sehr die Frau als Heldin abgelehnt und gleichzeitig als instrumentelle Figur eingesetzt und abgewertet wird. In Spielen kommen Frauen häufig nur in passiven Rollen vor. Frauen können Opfer sein, Trophäen oder auch mögliche Romantikoptionen. Sie selbst handeln aber seltener als Männer.

Inbegriff der „sexy Kämpferin" ist Lara Croft aus Tomb Raider. Avatare dieser Stilfigur haben gemein, dass sie dem idealen Schönheitsbild entsprechen und sehr wenig Kleidung tragen, um eine starke Sexualisierung zu erzeugen. Die männlichen Helden kämpfen in voller Rüstung; die weiblichen Heldinnen ziehen leicht bekleidet ins Schlachtfeld. Durch die Fetischisierung der starken

Superheldin verliert diese ihren Schrecken und wird zum begehrten Objektstatus zurückgeführt. Ihre maskuline Tatkraft verliert die sexuell aggressive Komponente, denn sie soll keinen bedrohlichen Terror für Männer darstellen, sondern eine mutige, aber harmlose Traumfrau, deren Reize ungestraft betrachtet werden können. Nicht selten ist die Actionheldin in Computerspielen eine Einzelkämpferin, die ihre Probleme durch Gewalt löst. Lara Croft zieht in der Handlung des Computerspiels allein durch das Himalaya-Gebirge und hat auch sonst in den ersten Spielen keinerlei weitere soziale Kontakte, was normalerweise für die Darstellung von weiblichen Avataren untypisch ist. Dennoch wird die Figur dadurch charakterisiert, dass ein ausgeprägter Gerechtigkeitssinn vorhanden ist, was die Handlungsgrundlage ist. Weitere Eigenschaften der Actionfigur sind häufig jene, die Kern der klassisch-stereotypen Rollenzuschreibungen von Männern sind: Die Heldin soll mutig sein, Körperkraft besitzen, einen starken Willen aufweisen und intelligent sein. Lara Croft verkörpert genau dies

Abbildung 9

in Kombination mit der physikalischen Objektifizierung: Sie trägt enge Kleidung und wird mit übertrieben großen Busen dargestellt. Die Waffenhalterung erinnern an Strapse. Die Über-Sexualisierung bestimmter Körperteile Laras repräsentieren eine verheißungsvolle „Ultraweiblichkeit", die dem Fetischisten die Illusion der Kontrollierbarkeit der Begehrten verschaffen kann. Lara verliert ihre Bedrohlichkeit dadurch, dass sie bei vielen ihrer scheinbar aggressiven Handlungen laut und anmutig aufstöhnt, wenn sie bspw. schießt oder gegen eine Wand läuft. Im Verlauf der Spielentwicklung der Serie seit 1996 erfuhr die Figur Lara Croft mehrere Updates, weniger inhaltlich und charakterlich, aber vor allem ästhetisch in der Verkörperung der Actionheldin[25]: Sie trägt nun keine Waffenhalter mehr, die an Strapse erinnern können und auch ihre Kleidung ist nicht mehr so sexy wie zuvor (sie trägt nun weite Cordhosen), ihr Brustumfang wurde verkleinert. Ihr Sinn für Gerechtigkeit und Verletzlichkeit bleibt erhalten, aber auch stereotyp weibliche Attribute wie Ängstlichkeit und Emotionalität. Die Zielgruppe der Spielenden bekommt so das Gefühl, Lara Croft (die hilfsbedürftig zu sein scheint) helfen zu müssen. Auf diese Weise bekommen die Gamer das Gefühl, Held des Spiels zu sein.

2.2.5. Prävention

Kompetenz des Hinsehens und Eingreifens

Es wird nach Auffassung von Postmateriellen nicht genügen, für mehr Filme, Serien und PC-Spiele ein Mindestalter zu bestimmen oder bestehende weiter heraufzusetzen. Nicht nur der Jugendschutz ist in der Verantwortung und das Instrument, sondern es geht auch um die gewaltprägende Kraft dieser Reize für Erwachsene. Hier müssen Staat und Gesetzgeber ihre Verantwortung für den inneren Schutz (durchaus in direktem Bezug auf die Menschenwürde) reflektieren und dürfen sich nicht darauf zurückziehen, bloß kein verbietender Staat sein zu wollen. Auch der Vorwurf der Zensur würde zu kurz greifen, weil auch in einer offenen demokratischen Gesellschaft es Grenzen gibt und diese von der Gesellschaft immer neu überprüft und neu bestimmt werden müssen. Hier bedarf es aus Sicht von Postmateriellen einer Kontrolle. Aufgabe des Staates ist nicht die Abschottung der Privatsphäre oder ihre Unantastbarkeit radikal zu schützen vor jedwedem Eingriff – denn gerade in der Privatsphäre geschehen Unrecht, Sexismus und Gewalt. Es gilt daher, Freiheit nicht absolut zu verstehen, sondern Freiheit als *sozialen* Wert zu begreifen, um das Soziale *und* das Individuelle zu bewahren. Menschen dürfen nicht zum reinen Objekt der Verfügbarkeit und nicht

---

25 Die Abbildungen sind entnommen einem Memo-Tagebuch, das eine postmaterielle jüngere Frau zur Vorbereitung auf das Interview geführt und überlassen hat.

als Hindernis zur Erreichung eigener Ziele gewaltsam beiseitegeschoben oder als Objekte zum eigenen Stressabbau instrumentalisiert werden.

Medienkompetenz in der Kita und in der Schule als Unterrichtsfach

Medien gehören zum Alltag von Kindern. Im Moment wird seitens der Politik verstärkt gefordert, in Schulen die Digitalisierung voranzutreiben mit der Ausstattung von Tablets und digitalen Whiteboards sowie IT sowie Programmierung als Unterrichtsfach zu etablieren. Postmaterielle lehnen das nicht ab, fordern aber als zweite Säule, dass man sich neben den technischen Kompetenzen die kulturellen und sozialen Kompetenzen im Umgang mit neuen Medien aneignet. Damit gemeint sind *Fähigkeiten zu Distanz und Differenzierung*, zur Reflexion über Gefahren und Nebenfolgen. Das meint Medienkompetenz als *Reflexion zur Aufklärung*.

Gewalttätige Kinder und Jugendliche haben nach Auffassung von Postmateriellen nicht oder nur unzureichend gelernt und trainiert, mit sozialen Konfliktsituationen und eigenen Frustrationen umzugehen, haben dazu keine oder kaum konstruktive Lösungsmuster. Graduell oder völlig fehlen Fähigkeiten, dem anderen zuzuhören, eigene Ungeduld oder Missfallen zu kontrollieren und zu sublimieren. Insofern ist Frustrationstoleranz eine gewalthemmende Fähigkeit, die auszubilden ist. Das gilt nicht nur für Kinder und Jugendliche, nicht nur für Flüchtlinge in den Sammellagern, sondern für alle – auch für die gehobenen Schichten und Klassen. Denn deren Gewaltbereitschaft zeigt sich meistens nicht in kruder körperlicher Übergriffigkeit (allenfalls bei häuslicher Gewalt in abgeschotteten Räumen), sondern subtiler durch Mobbing oder psychische Gewalt, die weniger offensichtlich ist, aber keineswegs harmloser.

In der Wahrnehmung postmaterieller Eltern haben sich an Schulen die *Streitschlichter* bewährt. Dieser Ansatz wird nach Ihrer Wahrnehmung von den meisten Schülerinnen und Schülern akzeptiert, weil dabei Grenzen nicht nur von amtlichen Autoritäten gesetzt werden, sondern die Schüler und Schülerinnen selbst eingreifen. Der niedrigschwellige Dienst der Streitschlichter macht es möglich, mit Kindern und Jugendlichen über alternative Formen der Konfliktlösung zu diskutieren bzw. diese zum Nachdenken anzuregen. Auch eignen sich Antiaggressionstrainings, um aufzuzeigen, wie man mit Frustrations- und Wutgefühlen umgehen kann; dass es Räume gibt, bei denen man die Aggression rauslassen kann (z. B. Kampfsport), aber das erfolgt dort nach verbindlichen Regeln, zu denen gehört, den anderen nicht zu verletzen. Auch schätzt man, dass in einigen Kindergärten Selbstverteidigung von Mädchen (auch von Jungen) thematisiert und anfänglich trainiert wird: Es geht darum, sich selbst zu stärken.

Man kann die oft traumatischen Erfahrungen, die einige Kinder mit Gewalt machen, nicht tilgen oder wiedergutmachen. Bei Hilfen etwa in stationären Kinder- und Jugendheimen gibt es die Erfahrung, dass einige der Jugendlichen zu früh ihre Therapie bzw. das Leben dort abbrechen und in ihr früheres gewaltbereites Milieu zurückkehren. Hier bedarf es eines intensiveren und nachhaltigen Schutzes und des Empowerments zu *Soft Skills*, damit sie alternative Strategien lernen, mit Stress, Konflikten und Frust umzugehen. Dazu gehören Empathie, Bindungsfähigkeit, Beziehungsfähigkeit, Respekt vor dem anderen. Das ist aus Sicht dieses Milieus die wichtigste Präventionsmaßnahme, die nicht immer schnelle Wirkung zeigt, aber nachhaltig ist.

Prävention muss an Erziehung ansetzen. Postmaterielle haben die Vision einer Bildung, die nicht auf zertifizierte Abschlüsse reduziert ist, sondern Menschlichkeitsbildung und Zivilcourage meint. Dazu gehört die *Fähigkeit des Hinsehens und Eingreifens*: nicht wegschauen bei Gewalt, sondern Sensoren entwickeln für die verschiedenen kruden und subtilen Formen von Gewalt, sich auch als Beobachtende betroffen sehen und als Vertretende der Gesellschaft sich verantwortlich zeigen für das, was bei einer Gewalttat geschieht. Dazu gehört die Fähigkeit einzuschätzen, ob und wie man selbst eingreift oder Hilfe holt: Die soziale Norm „Ich bin zum Handeln verpflichtet!"

„Gewalt in der Gesellschaft vorbeugen kann man nur über Erziehung, über die Heranwachsenden, die wir erziehen mit diesen Werten, die wir ihnen vermitteln, die mir auch wichtig sind: Achtsamkeit, Toleranz, Empathie, Freiheit, Partizipation, also mit diesen Werten. Das ist natürlich alles ein bisschen Fantasie, aber sowohl die Erziehung in den Schulen als auch in der Familie, im Heim: Die Wertschätzung gegenüber dem anderen ist für mich die wichtigste Prävention. Tatsächlich dieses Hinschauen, also dass man sich füreinander verantwortlich fühlt. Hinschauen und Eingreifen! Das, was man so Verrohung der Gesellschaft nennt, heißt ja, jeder macht sein Ding und ist nur mit sich beschäftigt und man nimmt das Außenherum nicht mehr wirklich wahr."

Dominant ist die Auffassung, dass am Anfang von Präventionsarbeit Beziehungsarbeit steht. Wenn man keine (positive) Beziehung hat, kann man an einen Menschen nur schwer herankommen, erreicht ihn innerlich nicht. Es ist schwer, wenn von oben etwas aufgedrückt wird, ohne dass die gemeinte Person (oder Personengruppe) mit all ihren Bausteinen und Facetten einbezogen ist, sie mitentscheiden und -gestalten kann. Nicht alle sind gleich und bringen die gleiche Problematik mit. Daher kann es keine pauschalen, für alle gültigen Rezepte und Handlungsstrategien geben, um Gewalt vorzubeugen. Man muss sensibilisieren für das Thema Gewalt und alternative Möglichkeiten aufzeigen. Dabei ist die Beteiligung der Zielpersonen an Präventionsmaßnahmen elementar.

Ist jemand in einer gewaltbereiten Clique oder Gang, ist es schwer dieser Person aufzuzeigen, dass ein anderer Weg besser ist – es sei denn mit Verheißungen der Anerkennung anderer attraktiver sozialer Kreise. Insofern wäre eine Präventionsarbeit, nicht nur auf den Abbruch von Beziehungen zu Gewaltbereiten hinzuarbeiten, sondern Brücken zu bauen zu anderen gewaltfernen Beziehungen. Gleichzeitig ist wichtig sich klarzumachen, dass verschiedene soziale

Milieus und Szenen nicht den gleichen Begriff von Gewalt haben, dass in einigen Milieus, Szenen, Cliquen manches keineswegs als Gewalt konnotiert ist, sondern Alltagsritual ist. Problematisch ist, wenn innerhalb einer Gruppe einzelne Personen darunter leiden. Gewaltprävention würde damit bedeuten, Aufmerksamkeiten und Sensibilitäten für verschiedene Auffassungen von Gewalt zu erzeugen bzw. zu lernen, was für andere Gewalt ist, und dass bestimmte tätliche oder verbale Handlungen, die man bisher noch nie als „gewalttätig" bzw. „Gewalttat" belegt hatte, für den anderen genau dies bedeuten könnte. Insofern wäre eine wichtige Maßnahme zur Gewaltprävention der öffentliche Diskurs über Alltagsgewalt: interkulturell, das heißt zwischen Menschen aus verschiedenen Milieus und Szenen. Ziel wäre die wechselseitige Sensibilisierung des Verstehens, was Menschen aus anderen Milieus als Gewalt wahrnehmen und bewerten. Instrumente dazu könnten gemischte Gesprächsrunden und Rollenspiele sein, nicht nur um Befindlichkeiten und Gefühle anderer kennenzulernen, sondern um sich in die Perspektive der je anderen hineinzuversetzen – auch Unterschiede aufgezeigt bekommen, wie es anders gehen kann.

Die Kompetenz, scheitern zu können

Postmaterielle machen sich mit Blick auf Präventionsmaßnahmen Gedanken über die Kultur des Scheiterns. Menschen scheitern im Alltag immer wieder mal. Man scheitert an selbstgesetzten oder vorgegebenen Zielen, auch an Menschen, von denen man umgeben ist. Viele denken in erster Linie an *erfolgreiches Handeln* und blenden zumeist den Gegenpol aus. In einer Gesellschaft mit der unbedingten Norm zum Erfolg wird ein Scheitern an Zielen oft als persönliches Versagen interpretiert. Es gibt keinen Ausweg mehr, wenn man keinen Plan B hat.

An Zielen und Menschen zu scheitern, ist nach Auffassung von Postmateriellen ein Aufzeigen normaler menschlicher Grenzen und damit zutiefst menschlich. Indem Scheitern zur Negation von Erfolg wird (in einem binären Klassifikationsschema), wird Scheitern als persönliches Versagen oder individuelle Kompetenzlosigkeit begriffen. Dabei aber wird die Ambivalenz von Scheitern nicht gesehen, denn auch durch ein Nicht-Erreichen von Zielen oder durch Brüche von Beziehungen kann man für die Zukunft lernen, etwa dass man sich andere Ziele setzt, Ansprüche senkt oder verschiebt, realistisch bleibt. Insofern bedarf es einer pädagogischen Schulung in der *Kompetenz des Scheiterns*: Das verlangt die mentale Flexibilität, alternative Pläne zu haben, und ein Scheitern nicht als persönliche Vernichtung zu begreifen.

Keine (Marketing-)Kampagnen gegen Gewalt

Aus Sicht von Postmateriellen sollte ein wirksames Präventionskonzept nicht nur bei Individuen ansetzen, die zur Risikogruppe potenzieller Gewalt gehören (wie immer diese Risikogruppe bestimmt wird). Vielmehr müssen die Ursachen angegangen werden, die auch bei ansonsten zivilisierten Bürgerinnen und Bürgern spontane oder ritualisierte Gewalt befördern. Dabei betonen Postmaterielle, dass konventionelle oder kreative Marketingmaßnahmen (etwa: *Kampagnen gegen Gewalt*) aus ihrer Sicht sinnlos sind. Denn diese gehen an den Ursachen vorbei und unterstellen performativ, dass sich Gewalt durch bessere Einsicht des Einzelnen, vermittelt durch moralische Appelle oder kommunikative Verurteilung von Gewalttaten, verhindern oder eindämmen lässt. Gewalt aber – so Postmaterielle – gründet nicht einfach in zu korrigierenden Einstellungen, Motiven, Zielen des Einzelnen, sondern hat neben biografischen vor allem strukturelle Ursachen. Insofern ist individuelle Gewalt ein gesellschaftliches Problem. Das meint, dass die Gesellschaft nicht nur von Gewalttaten einzelner betroffen ist, sondern die Gewalt wurzelt in gesellschaftlichen Verhältnissen, die einzelne Personen krank machen in Form von Frust, Überforderung, Aggression, Ohnmacht. Medialwerbliche Appelle für weniger Gewalt sind nicht der zielführende Weg: Das zeigen in den letzten Jahren die Kampagnen der nationalen und internationalen Fußballverbände oder Olympischen Komitees gegen Rassismus, die keine Gewalt verhindert haben, sondern eher Imagekampagnen im eigenen Interesse gewesen sind. Vielmehr muss es (1) um eine Verbesserung objektiver Lebenschancen der Menschen und (2) um das Einüben von Empathie gehen: die Anerkennung des anderen als Person und Respekt seiner Grenzen. Beispielhaft illustriert dies der folgende Auszug aus einem Interview:

Interviewer: „Wenn es um ein Präventionskonzept geht und der Staat sagt, er möchte der Gewalt von Menschen gegen andere Menschen vorbeugen: Was würden Sie dem an die Hand geben?"
„Auf alle Fälle keine Flyer und keine Werbespots in den Medien: ‚Bitte seid nett zueinander, und tut euch nichts, und, und, und' – Das hat wenig Sinn. Sondern der Ansatz kann nur der sein, wenn man zunächst erkannt hat, was die Gründe für Gewalt sind und man sie hat auch wissenschaftlich belegen können, das wäre erst einmal wichtig. Die Gründe könnten der Ansatzpunkt für die Lösung sein. Und sehr oft sind die Gründe vermutlich auch der ständige Kampf um die soziale Sicherung des Lebens. Sehr viele Menschen haben zum Beispiel einen Dritt- oder Viert-Job und leben kaum davon. Oder das Problem der alleinerziehenden Mütter, die dann aber nicht gewalttätig werden, aber vielleicht zum Beispiel die Kinder nicht mit dem Maß an Liebe und Umsorgung ausstatten können, die nötig wären. Das heißt, wenn der Gesetzgeber wirklich langfristig was tun will, müsste er die <u>Lebenschancen der Menschen verbessern</u>. Er müsste dann wohl auch konsequenterweise in der Steuergesetzgebung was unternehmen. Ich bin kein Freund der Erhöhung der Einkommenssteuer, sondern unser Leben ist von der <u>Steuergesetzgebung</u> her sehr ungerecht. Er müsste diese <u>ungleiche Besteuerung von Unternehmen</u>, die anderswo ihren Firmensitz haben und keinen Euro Steuern zahlen, das macht die Menschen wütend, glaube ich. Wenn Google und Facebook irgendwo eine Briefkastenfirma in Irland oder sonst wo haben und Milliarden verdienen und nichts zum Gemeinwohl beitragen, das macht die Menschen wütend.

Das ist schwierig, weil ich glaube, in der BRD zumal, der Lobbyismus ist das ausgeprägteste Element des politischen Systems weltweit. Da gibt es viele Beispiele, der Pharma-Bereich, die Automobilhersteller oder auch die Bayerischen Brauereien und, und, und. Also wenn dem Staat wirklich daran liegt, dass er das essenziell verbessert, dann muss er die Lebensumstände der Menschen, ob sie jetzt Täter oder Opfer sind, ist völlig egal, die muss er verbessern. Der muss für mehr soziale Gerechtigkeit sorgen und für mehr Chancengleichheit. Die eigentlichen Opfer sind langfristig vermutlich auch die Kinder. Beispiel Kinderbetreuung: nicht um 13 Uhr Schluss, sondern wirklich GUTE Kinderbetreuung und nicht nur Bewahranstalt von 13 bis 16 Uhr, mit Hausaufgabenbetreuung, kompensatorische Erziehung, die Punkte finde ich sehr wichtig. Da entsteht bestimmt mehr Zufriedenheit und weniger Unruhe und Unzufriedenheit, und in der Konsequenz sicher auch weniger Gewalt."

Vor allem ältere Postmaterielle sind aufgrund ihrer biografischen Erfahrung zutiefst überzeugt, dass viel an Gewalt verhindert werden kann (in der Familie, der Partnerschaft, im öffentlichen Raum), wenn es „MEHR LIEBE" zwischen den Menschen gibt. Das oft inflationär gebrauchte Wort „Liebe" wollen Postmaterielle nicht in einem gefühlsduseligen sentimentalen Sinn verstanden wissen, sondern auf seinen eigentlichen Kern zurückführen: die anerkennende Zuwendung zum anderen als eine wertvolle Person.

Es ist natürlich eine Banalität, betonen Postmaterielle, dass die Erziehung in der Familie und weiteren Institutionen (Kita, Schule) wichtig für die Biografie eines Menschen ist. Umso mehr muss es in diesen Institutionen nicht nur darum gehen, dass Kinder fachliche Kompetenzen erwerben (von Fachwissen sowie Sprachen, Musik, Kunst etc.), sondern *Liebe erfahren*. Positive Signale der Wertschätzung geben, positive Resonanzen geben. Wie macht man heute erwachsene Menschen liebevoller, wenn sie das nicht können aufgrund ihrer Kindheitserfahrungen? Eine Maxime von Postmateriellen ist, dass dieses „Nicht-Können" nicht genetisch, sondern sozialisationsbedingt ist, damit kontingent und veränderbar. Insofern sind Adressaten die Familien, die Kindertagesstätten und Schulen, aber auch Bildungseinrichtungen und Vereine sowie in den Unternehmen Personalverantwortliche und Führungskräfte.

„Man müsste sich öfter vornehmen, andere Menschen zu loben. Wir loben sehr wenig. Das, was sozusagen menschlich ist, ein ganz kleines Lob, nicht übertrieben und nicht dauerhaft, denn das darf sich nicht verbrauchen oder abnutzen. Aber Menschen zu loben und sie wertzuschätzen, stärkt das Selbstwertgefühl vom Gegenüber."

Dialogforen – anonyme Sprechstunden – Hilfetelefone

Zur Vorbeugung von Gewalttendenzen und (körperlicher und verbaler) sexistischer Gewalt sehen vor allem postmaterielle Frauen Möglichkeiten für Unternehmen, Behörden und Politik:

- *Unternehmen* und *kommunale Einrichtungen* (z. B. lokale Bildungswerke, VHS etc.) sollten Weiterbildungsseminare anbieten, etwa zu den Themen „Gewalt im Alltag", „Sexismus im Alltag" oder „Umgang am Arbeitsplatz". Diese unternehmensinternen, verwaltungsinternen und öffentlichen Seminare sollten regelmäßig stattfinden. Diese könnten in geschlechterhomogenen Gruppen stattfinden, unbedingt aber auch geschlechtergemischt, damit alle die Erzählungen des anderen Geschlechts hören. Jede und jeder darf dort ihren und seinen Ballast loswerden. Zu klären wäre im Vorfeld, ob Bereichsleitungen an den Seminaren verpflichtend teilnehmen müssen, oder ob deren Teilnahme ein Hemmnis für den offenen Dialog ist, sodass sich einige nicht trauen, alles anzusprechen. Ergänzend könnte ein Beschwerdebriefkasten eingerichtet werden, in dem anonym oder offen gewaltbefördernde, gewalttätige und sexistische Vorkommnisse einer Vertrauensperson gemeldet werden. Auch dieser Briefkasten könnte unter einem anderen Label stehen, zum Beispiel „Zwischenmenschliches".
- An die *Politik* sind Hinweise adressiert, den Gang vor das Arbeitsgericht zu erleichtern. Viele sehen im Fall von betriebsinternem Sexismus nicht nur große soziale und kollegiale Hürden, sondern auch finanzielle, zeitliche und organisatorische: Sich im Fall von erlebtem Sexismus rechtlich zu beraten und ggf. zu wehren, ist mit großen Unsicherheiten behaftet, weil das Thema auch im Freundeskreis sowie unter Kolleginnen und Kollegen am Arbeitsplatz tabuisiert ist. Insofern besteht der Wunsch nach einem niedrigschwelligen Angebot zur Beratung und anwaltlichen Unterstützung.
- Außerhalb von Betrieben gelten Verbraucherzentralen als Vorbild für Beratungs- und Hilfestellen. Das Argument ist: Wenn es für Konsumgüter, Dienstleistungen und Sozialbeziehungen organisierte Beratungen gibt, sollte man eine kommunale oder städtische Anlaufstelle einrichten, die handfeste Tipps geben kann und unterstützt beim Vorgehen. Das kann verbunden werden mit einer telefonischen Beratungsnummer, einer Hotline oder einem Lotsenportal. Schilder in Bussen und Bahnen sowie an öffentlichen Plätzen, die auf diese Hotline hinweisen („Bei gewalttätigen oder sexistischen Übergriffen, wenden Sie sich an folgende Nummer"), würden Betroffenen das Gefühl geben, nicht allein zu sein und Hebel zur Abwehr zu haben – und würden womöglich Täter abschrecken.
- Weitere konkrete Maßnahmen sind aus Sicht von Postmateriellen anonyme Sprechstunden – etwa in Einrichtungen der Sozialen Arbeit, was allerdings erfordert, dass diese Mitarbeiterinnen und Mitarbeiter fachlich geschult werden hinsichtlich der verschiedenen Formen von Gewalt, des Coverings von Gewalt in Haushalten, in Organisationen sowie innerhalb von Schichten, Klassen, Milieus – und Kompetenzen haben hinsichtlich der rechtlichen und soziokulturellen Hilfsmöglichkeiten.

- Als einen nicht risikofreien und nicht garantierten, aber erfolgsverheißenden Versuch erachten es einige, Personen aus gewaltaffinen Gruppierungen zusammenzubringen in einen Dialog. Wie diese dazu bewegt werden können, wie dies organisiert werden kann, welche Rahmenbedingungen notwendig wären, ist nicht ihr Thema: Es geht um die Idee, Personen zusammenzubringen, die aufgrund der räumlichen, lebensweltlichen und weltanschaulichen Distanz voneinander hauptsächlich Feindbilder vom anderen haben. Das Ziel ist, Nähe herzustellen durch persönliche Kommunikation, damit schrittweise ein Lernprozess stattfindet, den anderen zu verstehen und als Person anzuerkennen.

„Es gibt hier in der Stadt eine Art Nachbarschaftshilfe. Da könnte man, wäre jetzt eine Idee, tatsächlich so anonyme Sprechstunden einführen für Leute, die von Gewalt betroffen sind."

„Also Sprechstunden einzurichten, fände ich gut. Es muss ja nicht nur für häusliche Gewalt sein, sondern überhaupt, wenn Personen Gewalt angetan wird, in welcher Form auch immer, um da erste Hilfe zu finden."

„Ich würde in Schulen gehen, um auch schon junge Leute zu sensibilisieren. Ich könnte mir vorstellen, dass es gut ist, gerade bei jungen Leuten anzusetzen und zu fragen, was sie als Gewalt verstehen. Jede Generation hat eine andere Gewaltdefinition, dass man da sensibilisiert. Es geht darum, die Sensibilität und das Einfühlungsvermögen zu schärfen, oder das Gespür bei jedem einzelnen ein bisschen anzuregen. Auch gerade, was die neuen Medien betrifft."

„So was wie einen Dialog zu suchen mit solchen Gruppierungen macht wirklich Sinn, ein Versuch wäre es wert. Die Frage ist, was solche Gruppen so beängstigt an Muslimen, religiös anders geprägten Ausländern. Ich frage mich, wo kommt die große Angst her, was ist da los? Ich weiß auch nicht, inwieweit solche Gruppierungen wirklich bereit sind zum Dialog, es müssen ja immer zwei Seiten bereit sein für einen Dialog, sonst bleibt es ein Monolog, hilft dann häufig nichts."

„Ich kann mir vorstellen solche Gesprächsrunden zwischen, ich sage jetzt mal, Nazis und orthodoxen Juden. Wenn die sich gegenübersitzen, dann kommen erst mal die Feindbilder hoch, klar. Aber nach einiger Zeit sieht man doch die Person, lernt sie verstehen und baut Aggressionen ab. Wäre zumindest meine Hoffnung."

„Wenn man es nicht versucht, weiß man nicht, ob es vielleicht nicht doch irgendwie funktioniert. Das wäre ein Lernprozess auch im Konzept. Und vielleicht kommt man auf Umwegen zum richtigen Weg. Also ich glaube, es ist schwierig, beide Seiten an einen Tisch zu kriegen, gerade wenn das so strikte oder von der anderen Seite sehr strikte Grenzen sind. Aber ein Versuch ist es bestimmt wert."

2.3. „Performer"

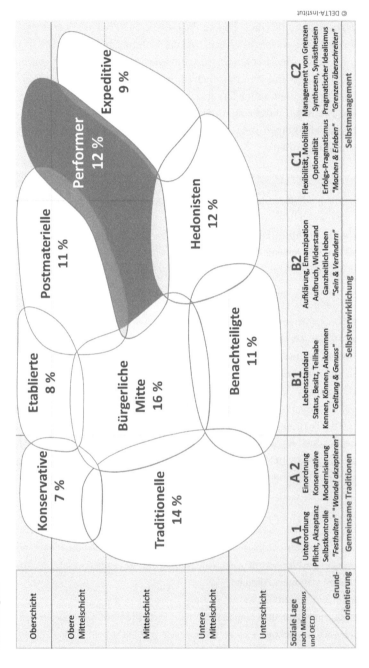

Abbildung 10

2.3.1. Lebenswelt

Grundorientierung

Die multioptionale, effizienzorientierte, optimistische und pragmatische Leistungselite mit global-ökonomischem Denken sowie dem Selbstbewusstsein, stilistische Trendsetter und professionelle IT-Avantgarde zu sein: mental und kulturell flexibel, geografisch äußerst mobil. Selbstoptimierung, hohe Geschwindigkeit, top-aktuelles Know-how und neueste Technologien beruflich und privat: all dies als individuelle Wettbewerbsvorteile. Freude am hohen Lebensstandard, mit Lust am Besonderen positiv auffallen. Klare Positionen beziehen, aber sich selbst nichts verbieten oder verbauen.

- Das Selbstwertgefühl speist sich aus Leistung und Potenzial: Was man schon geleistet hat, künftig leisten kann und will – aufgrund einzigartiger Zusammensetzung eigener Kompetenzen: Dynamik, Fachwissen, Engagement, Flexibilität, Pragmatismus, Erfolgshunger, Eloquenz, Risikobereitschaft, Spitzen-Know-how als *Soft Skills*
- Es geht nicht darum, im Leben einmal anzukommen und das erreichte Stadium zu halten (wie die Bürgerliche Mitte, Traditionelle), sondern selbst gesteckte Ziele zu *erreichen*: Sich ein sehr ambitioniertes, hohes Ziel setzen, die dafür notwendigen Kompetenzen ausbilden und Ressourcen sammeln (*mental and social tuning*), um strategisch und konzentriert mit aller Kraft das Ziel zu erreichen. Sich dort nicht ausruhen, sondern von jedem Podium aus sich neue höhere Ziele setzen: weiter gehen als andere, weiter gehen als bisher
- Über neue Technologien, Politik, Kultur, Ereignisse, Events jederzeit auf dem aktuellen Stand sein (kontinuierlich über Websites, Foren, Blogs, ebenso Fachzeitschriften), permanente Orientierung an Internationalität (Sprachen, Reisen). Sich stets in spannenden, herausfordernden, weiterbringenden Umfeldern aufhalten, um sich herauszufordern und weiterzukommen: sich mit dem Besten ausstatten und den Besten umgeben
- Abgrenzung von Steifheit und Statusdenken der Etablierten, vom Kritizismus und der Problemperspektive der Postmateriellen – stattdessen ausgeprägte *Lösungs*orientierung, man zählt sich selbst zur frischen Generation, die frei von inneren Barrieren ist
- Der primäre Blick gilt nicht der deutschen Gesellschaft in ihren geografischen nationalen Grenzen und sozialen Rändern. Vielmehr werden neue Grenzen des Relevanten gezogen nach Kriterien von Nützlichkeit, Attraktivität, Chancenpotenzial
- Beruflich auf dem Karriereweg oder schon in hohen Positionen mit Verantwortung sowie mit einem engen Termin- und Reisekalender; sehr hoch sind Commitment und Compliance – innerlich jedoch unabhängig und frei;

jederzeit umsteigen und sich woanders engagieren zu können; stets offene Sensoren für attraktive Angebote mit Perspektive: bereit für den Sprung
- In der Phase der Familiengründung stärkere Tendenzen zu Stabilität und Sicherheit – ohne die eigenen Kernkompetenzen der Flexibilität aufzugeben
- Early Adopter von Produkten des gehobenen Lifestyles (Technologie, Kleidung, Accessoires, Einrichtungsgegenstände und Deko-Elemente): ausgeprägte Orientierung an Marken und Design mit dem Prestige der neuen, unkonventionellen Upper-Entrepreneur-Avantgarde
- In der jüngeren Generation eine wachsende Strömung, insbesondere bei Frauen, die sich mit dem neuen Feminismus identifizieren mit klarer und selbstbewusster Frontstellung gegen Rassismus, Misogynie (Frauenverachtung/-feindlichkeit/-verdinglichung); auch Positionierung für mehr Ökologie, eine andere Ernährungswirtschaft, mehr Tierwohl – ihre eigene Ernährung vegetarisch/vegan gestalten (Selbstbeschreibungen sind oft: „Frutarier", „Pescetarier", „Teilzeit-Vegetarier", „Flexitarier") – im Sinn des Zeitgeistes; zunehmend wandeln sich solche Werte im Milieu von Lifestyleattributen zum Kern der eigenen Werte und Lebensführung: „Öko-Performer"

Tabelle 3

Alter	
18–29 Jahre	24%
30–39 Jahre	23%
40–49 Jahre	19%
50–59 Jahre	18%
60–69 Jahre	11%
70+	5%
	100%

Geschlecht	
Männer	49%
Frauen	51%
	100%

Soziale Lage

- *Bildung*: Hohes Bildungsniveau, zweithöchster Anteil an Akademikern
- *Beruf*: Überdurchschnittlicher Anteil Selbstständiger und Freiberufler (Start-Ups); vor allem qualifizierte und leitende Angestellte (Bereichsleiter) in Dienstleistungsbranchen; vor allem im Bereich Marketing, Einkauf, Vertrieb und Media; gern in international operierenden Unternehmen
- *Einkommen*: Gehobenes Einkommensniveau bis hin zu höchsten Einkommen

Identität

- *Weltbild*: Das Leben ist ein von jedem Einzelnen frei wählbarer und gestaltbarer Parcours. Modernisierung und technologischer Fortschritt sind unaufhaltsam,

in ihren Folgen – summa summarum – positiv und faszinierend. Erfolg hat nur, wer dies als Chance und Herausforderung begreift und die sich ständig neu bietenden Chancen nutzt
- *Selbstbild (Ich-Ideal)*: Die neue ökonomische, technologische und kulturelle Elite; Entrepreneur-Mentalität
- *Abgrenzung*: Ablehnung von („blockierender", „unproduktiver") Fundamentalkritik, von Innovations- und Technikfeindlichkeit, Kulturpessimismus, traditionalistischen Konventionen („Pfründen"), überkommenen Regeln („Sonntagsarbeit") und „Gewerkschaftsmentalität"
- *Leitmotiv*: Exploration und Innovation; Erfolg durch adaptive Navigation; eigene Talente und Passionen zum Beruf machen
- *Ausstrahlung*: Selbstbewusst, dynamisch, zielstrebig, konzentriert; Tendenz zum Narzissmus

Lebensstil

- Trendsetter-Bewusstsein, Zugehörigkeit zur jungen Elite; Offenheit gegenüber Globalisierung und Deregulierung, Selbstverständnis als Teil des *global village*
- Ich-Vertrauen, Leistungsoptimismus und Fähigkeit zur Krisenbewältigung; keine Festlegung auf konventionelle Lebensmuster (Patchworking), Multioptionalität („Mein Motto ist: Augen auf, wach gegenüber Neuerungen bleiben"). Widrigkeiten nur insofern in den Blick nehmen, wie *Lösungen* in Aussicht sind (sich nicht in aussichtslose Unterfangen stürzen). Niemals sagen „Weiß ich nicht", sondern um eine Lösung wissen oder zumindest den Weg zu einer Lösung
- In der dialogischen Kommunikation stets charmant, aufgeschlossen und mit attraktivem Design – nicht nur in räumlicher Einrichtung und Kleidung, sondern auch in Habitus, Sprache, Gestus. Kein Milieu hat so ausgeprägt ein kulturelles Gespür für die Bedeutung und funktionale Kraft von „Charme" (bezauberndes, gewinnendes Wesen) entwickelt, weil er Türen öffnet
- Ausgeprägtes Gespür für Hierarchien und Macht. Diese werden akzeptiert und adaptiert als Rahmen für die eigene Strategie, weiterzukommen und etwas zu bewegen
- Selbstverständliche Integration der neuen Medien in die Lebensführung (beruflich und privat); positive Einstellung zur modernen Technik (High-Tech-Faszination)
- Großes Interesse an sportlicher Betätigung (Trendsport, Extremsport, Fitness-Studio, Squash etc.); Outdoor-orientierte Freizeitgestaltung (Kino, Disco, Kneipe, Events, Kunst)
- Trend- und Extremsportarten, zum Beispiel sportlich Rennrad/Mountainbike fahren, Bergsteigen, Bergläufe, Freeclimbing, Paragliding, Drachenfliegen,

Fallschirmspringen, Inline-Skating, Snowboarding, Segeln, Surfen, Kitesurfen, Beachvolleyball, Squash, Fitness-/Aerobicstudio. Motive sind Entspannung und mentales Abschalten; man sucht nicht nur den emotionalen Kick, sondern Kompensation/Abstand/Besinnung/Cocooning; aber auch Wettkampf: sich messen mit anderen, die eigenen Leistungsgrenzen immer weiter hinausschieben
- Zeitung und Zeitschriften lesen, um auf der Höhe der Zeit zu sein, umfassend und vertieft informiert sein (smart education); dazu Fachzeitschriften, Fachbücher und Belletristik von Bestseller-Listen; Motive: Unterhaltung zum Abschalten, Eintauchen in andere spannende Welten; Orientierung an prominenten Buchempfehlungen: *ease it*. Im Alltag aber sind Tablet, Smartphone, Notebook die primären Medienzugänge: das Internet ist jederzeit zur Hand, täglich der erste Blick in aktuelles Geschehen. Hier ist man schneller und aktueller als jedes Printmedium. Viele beziehen Zeitungen und Zeitschriften nur noch digital
- Infotainment und (demonstratives) Interesse an Hochkultur: Aktuelle Ausstellungen besuchen, Theater, Konzerte und Kleinkunst
- Mentales Training, Yoga, Meditation, Pilates: zum „Runterkommen"
- Reisen ins Ausland – privat und beruflich; immer wieder neue Länder entdecken („Ich war schon fast überall")

Anteil der Menschen mit Migrationshintergrund im Milieu (deutschsprachig): 13,8 %

2.3.2. Wahrnehmung von Gewalt und Vorschläge zur Prävention

Fokus auf persönliche Gewalt

Im Gegensatz zu Postmateriellen sind bei Performern die Wahrnehmungen, Einstellungen und inneren Bilder von Gewalt auf persönliche Gewalt fokussiert. Strukturelle Gewalt spielt bei den meisten keine Rolle, bei einer Minderheit allenfalls am Rande. Die Narrative von Performern haben eine Kernerzählung: Einerseits erleben sie, dass die Gesellschaft von alltäglicher Gewalt durchdrungen ist; Gewalt ist omnipräsent und vielfältig; die Arten und graduellen Abstufungen von Gewalt nehmen sie regelmäßig in der Öffentlichkeit und gelegentlich im beruflichen Umfeld wahr sowie durch Berichte und Analysen in den Medien. Andererseits sind sie selbst nicht in Gewalt involviert, üben keine Gewalt aus, sind auch nicht Opfer von Gewalt: In ihrem privaten Leben herrscht weitgehende Gewaltfreiheit; Täter und Opfer von Gewalt sind andere anderswo. Es gibt Ausnahmen dieser normalen Selbstdiagnose des Milieus: So berichtet – beispielhaft für einige – eine Frau (28 Jahre, ledig, Studium International Business, aktuelle

Position: Consultant Public Sector) erst auf Nachfragen zu Gewalt im privaten Umfeld: „Manchmal hört man so von Handgreiflichkeiten, also so eifersüchtige Exfreunde oder so was, würd' ich sagen." Sie erzählt von *einer* Freundin, die Gewalt erfahren hat, formuliert in ihrer weiteren Erzählung aber im Plural, was darauf schließen lässt, dass sie nicht nur den einen Fall kennt:

„Es sind eher Auseinandersetzungen zwischen Ehepaaren oder Pärchen, wo es dann irgendwie handgreiflich wird, oder einfach die Leute persönlich eingeschränkt werden. Also, dass sie dann irgendwie eine Auseinandersetzung haben und dann irgendwie nicht raus dürfen oder so was. Ich habe eine Freundin, das ist jetzt auch schon vier Jahre her, die war eine Zeit lang mit einem Mann zusammen, und der war relativ besitzergreifend. Und da ist es ab und an mal dazu gekommen, dass er ihr verboten hat, irgendwie aus dem Haus zu gehen, und er ihr dann quasi irgendwie das Handy genommen hat und dann gesagt hat, ‚Nein, du kannst jetzt heute nicht mehr raus' oder die sich dann angegriffen haben. Also es ist nie zu etwas Schlimmerem gekommen, sage ich jetzt mal."

Performer gruppieren Gewalt vor allem nach vier Kategorien. Diese stecken den Horizont ab: (1) Gewalt in der Erziehung von Eltern gegenüber ihrem Kind durch Vernachlässigung, rüde Umgangsformen, körperliches oder emotionales Bestrafen als Erziehungsmittel: „Hier liegen die Wurzeln aller Gewalt"; (2) kriminelle, strafrechtlich relevante Gewalt durch Einzeltäter oder Organisationen; (3) geplante oder spontane Gewalt von „kranken Menschen", die aufgrund einer psychischen Erkrankung, Drogenabhängigkeit und Ähnliches aus der Normalität gefallen sind; (4) Gewalt in der Wirtschaft.

Gewalt ist in den Narrativen von Performern in erster Assoziation negativ konnotiert, bei näherer Betrachtung fallen Performern Aspekte und Situationen ein, in denen Gewalt gerechtfertigt, erlaubt und sogar geboten ist: persönliche Notwehr und Nothilfe, der Staat mit seinen Säulen der Gewaltenteilung, ökonomische Machtausübung (inner- und zwischenbetrieblich). So ist Gewalt zwar vordergründig negativ konnotiert, aber bei genauem Hinsehen gibt es Bereiche von Gewalt, die komplex und ambivalent sind, eine differenzierte Betrachtung erfordern. In den Interviews entfalteten die Befragten dieses Milieus zunächst die beschriebene Bandbreite von Gewalt, konzentrierten ihre Erzählung aber dann auf Hauptthemen: Die gewalttätige Erziehung durch unsensible, autoritäre Eltern ist für sie klar negativ und nicht weiter erklärungsbedürftig. Spannender sind aus ihrer Sicht zwei Sphären von Gewalt:

- Gewalt als fairer oder unfairer Wettbewerb im Job: Hier ist Gewalt für Performer ein graduelles Phänomen, das von der Robustheit und Belastbarkeit der Betroffenen abhängt. Nicht jeder Druckimpuls (Zielvorgaben von oben, Leistungsbeurteilungen, Zeitdruck, Erfolgsdruck) ist Gewalt, auch wenn das von einzelnen so empfunden wird – das aber ist dann eine Frage der

Überforderung. Die *Grenzen der Fairness* werden überschritten, wenn der Druckimpuls den anderen gezielt oder systematisch überfordert und damit beschädigt. Die Logik von Performern ist: In der Wirtschaft herrscht Wettbewerb, Ellenbogenmentalität ist der normale Weg zum Erfolg. Dazu gehört es, jeden Tag ein Stückchen besser zu werden, sich permanent weiterzuentwickeln – und die anderen Mitarbeitenden, für die man Führungsverantwortung hat, dahin zu drängen und nicht zur bequemen Ruhe kommen zu lassen. Immer neue Impulse zugeben mit steilen Herausforderungen, Druck auszuüben und aushalten zu können, ist der normale Mechanismus in einer dynamischen marktwirtschaftlichen Gesellschaft. Die Marschroute wird unternehmensintern von oben und vom Markt vorgegeben. Dem muss sich der und die Einzelne fügen oder aus dem Wettbewerb aussteigen. Die Kunst besteht für den Einzelnen darin, Robustheit zu entwickeln und eine Firewall zu errichten, um dem Druck standzuhalten und in positive Energie umzusetzen, sich gegenüber Negativ-Impulsen zu immunisieren und grundsätzlich Leistungs- und Druckimpulse in konstruktive Vorwärtsdynamik umzusetzen.

Um hier die eigenen Chancen zu wahren, braucht man Distanz zu und Freiheit von psychisch kranken Menschen, die im Alltag die eigene Unversehrtheit gefährden könnten. Hier verläuft für Performer die Grenze zwischen legitimer und nicht legitimer Gewalt: Fairness der Chancen. Daher definieren Performer Gewalt als das Rauben oder Vorenthalten von Chancen. Es bedarf klarer gesetzlicher Firewalls, damit die Grenze zwischen Fairness und Unfairness gezogen bleibt. Wer unfair anderen schadet (nachhaltig dessen Chancen reduziert oder blockiert durch physische, sexuelle oder psychische Gewalt im Privaten, im Betrieb oder in der Öffentlichkeit), gehört hart bestraft und aus dem Verkehr gezogen. Insofern zielt Gewaltprävention darauf, das Terrain für Fairness im Wettbewerb zu schützen. Das ist eine hoheitliche Aufgabe des Staates.

- Physische und psychische Gewalt als Symptom einer Krankheit umfasst kriminelle Gewalttaten (Diebstahl, Erpressung, schwere Körperverletzung, Nötigung, Totschlag, Mord) als auch Verletzungen anderer aufgrund von Frust, Überforderung, Alkohol- und Drogenkonsum (bis hin zur illegalen gewaltsamen Beschaffung von Ressourcen). So verschieden die Interessen und Anlässe auch sind, letztlich sind all diese Menschen krank und gestört. Denn Gewalt ist erstens kein rationales Vorgehen: die eigenen Ziele wird man durch Gewalt letztlich nicht erreichen. Zweitens gründen Motive zur Gewalt in Defiziten der Erziehung oder in einer aktuellen Notsituation, für die man keine rationale Lösung hat bzw. zu deren konstruktiver Bewältigung die erforderlichen *Skills* nicht entwickelt sind, sodass sich die innere Spannung entlädt in Entsublimierung von Triebimpulsen, Wutausbrüchen oder Sadismus.

In einigen Fällen gibt es eine Verbindung beider Gewaltformen: Wer dauerhaft überfordert wird, weil er oder sie im Wettbewerb nicht fair behandelt wird oder sich unfair behandelt fühlt, kann dadurch krank werden, sodass Gewaltwünsche entstehen und sich die inneren Sicherheitsmechanismus lösen. Umgekehrt sind Chefs, die unerreichbare Ziel fordern oder Mitarbeitende systematisch (gezielt) unfair behandeln, auch krank.

„Es gibt ja Leute, die einfach Freude empfinden, wenn sie einen anderen leiden sehen."

„Wenn ich frustriert bin, kann es ja durchaus sein, da gehe ich vielleicht durch ein frustriertes Verhalten ganz anders an die Sache ran."

Die unaufhebbare Disposition des Menschen zu Gewalt

Gewalt ist aus Sicht von Performern eine Grunddisposition des Menschen. Sie wird aktiviert und entfaltet sich, sobald Menschen aufeinandertreffen; sie wird weiter gesteigert durch Konflikte bei unterschiedlichen Zielen, Herkünften, Kulturen und Weltanschauungen. In der modernen Gesellschaft sind Individualität und Pluralität neue Katalysatoren für Gewalt zwischen Menschen. Es hat noch nie eine gewaltfreie Gesellschaft gegeben und diese kann es auch in einer fortlaufend modernisierten und individualisierten Gesellschaft nicht geben („ein schöner irrealer Traum"). Was in modernen Gesellschaften allein erreicht werden kann und sollte, ist die Unterdrückung zu Gewalt durch einen restriktiven Staat, der dadurch eine liberale Gesellschaft des Wettbewerbs und der Individualität ermöglicht und sichert.

Gewalt ist ein Kreislauf von Frust und Entladung. Insofern ist es nicht möglich, Täter und Opfer zu bestimmen und eindeutig zu klassifizieren. Denn alle Täter sind vorher immer Opfer von Gewalt gewesen – ein *perpetuum mobile* von Aktion und Reaktion, ein Teufelskreislauf, aus dem es keinen Ausweg gibt. Mit dieser engen Täter-Opfer-Spirale zusammen hängt das Narrativ von Performern, dass sie selbst in der Kindheit und Jugend durchaus Gewalt erfahren haben in Schule, Sportverein, Jugendgruppe, aber niemals von ihren Eltern (ausgenommen sind seltene Ohrfeigen, oft als singuläre Ereignisse, aber nicht als Erziehungsmethode). Ihre Erziehung war für die meisten gewaltfrei – und das ist ein zentraler Faktor, warum sie selbst in den fatalen Kreislauf nicht hineingeraten sind. Was hindert und was schützt vor der Steigerungsspirale von Gewalt? Welche Lösungen gibt es, wenn man in sie hineingeraten ist? Aus Sicht der Performer sind das Selbstkontrolle und Selbstmanagement des Einzelnen. Insofern ist der Kern ihres Narrativs eine Heldengeschichte ihres eigenen Managements.

Performer sehen niemals ihre Erziehung (seitens ihrer Eltern sowie die ihrer eigenen Kinder) als fehlgeleitet, gewalterzeugend, zerklüftet, verrohend. Sie beschreiben aber mit solchen Attribute die Erziehung in Familien am unteren Rand der Gesellschaft bis zur unteren Mittelschicht, und halten sie dort für ein häufiges oder sogar typisches Phänomen.

„Das hat natürlich mit der Erziehung im Kindesalter zu tun: Welche Werte bringen einem seine Eltern mit, wenn die schon eine komplett zerklüftete Kindheit erlebt haben oder mit sich nicht im Einklang sind, nicht im Reinen sind, keine Erziehung wirklich den Kindern vermittelt haben oder übermittelt haben. Wie will das Kind das denn dann auch lernen?"

„Ich denke, dass die Bereitschaft oder die Disposition, Gewalt auszuüben, in jedem vorhanden ist. Und das ist menschlich, leider."

„Das Gewaltlevel ist immer da. Da sind wir Menschen, wir können auch gar nicht anders; ich glaube, das ist immer vorhanden. Es ist immer nur die Frage, wie gehe ich damit um. Und ich glaube, die Lösung, um Gewalt irgendwie einzudämmen – ganz kriegen wir es nicht raus –, die Lösung steckt darin, wie gehe ich damit um, wie gehe ich souveräner damit um."

„Schlechte Laune kann der Anfang von Gewalt sein. Es ist ein Mosaiksteinchen von Gewalt, ja das kann zu Gewalt führen, weil irgendwann schaukelt sich das hoch. Wenn ich meine schlechte Laune an anderen auslasse, was sie verletzt, was sie vielleicht aggressiv macht, weil sie sagen, hey Moment, so nicht, nicht in diesem Ton. Dann reagieren sie darauf, vielleicht unterbewusst, vielleicht auch bewusst. Aktion, Reaktion, Aktion, Reaktion. Irgendwann schaukelt sich das hoch und es wird immer vehementer. Und irgendwann kracht es."

„Der eine bekommt eine Anweisung vom Chef und sagt: ‚Das ist easy peasy'; der andere sagt: ‚Das ist jetzt aber schon Druck' und noch ein anderer sagt: ‚Oh Gott, ich weiß gar nicht, ob ich das hinkriege.' Und alles hängt davon ab, wie der einzelne drauf ist, wie er damit umgeht. Gewalt ist etwas Relatives, was auch im Empfinden von Betroffenen ist."

„Opfer und Täter, das liegt ja eng beieinander, weil der Täter war vielleicht in seiner Kindheit selber das Opfer und daraus ist er Täter geworden. Man kann natürlich versuchen, die Ursache zu finden und an der Ursache arbeiten. Aber ich glaube, das ist zu kompliziert, zu facettenreich."

„Dann hat man die Ursache. Aber weil man die Ursache erkannt hat, heißt das ja noch lange nicht, dass man die Lösung gefunden hat. Sondern man muss selber erkennen für sich, wie man gut durchs Leben kommt und es besser machen, als man es gelernt bekommen hat."

„Wenn ich erkenne, was ich auslöse mit meinem Verhalten, wenn ich das erkannt habe, dann kann ich an mir arbeiten."

Gewalt ist etwas Relatives: Kern und Abstufungen

Im Begriffsverständnis von Performern ist Kern (negativer) Gewalt die unmittelbare körperliche Verletzung einer Person durch Schlagen, Würgen, Treten, auch mit Einsatz von Alltagsgegenständen oder Waffen. Neben diesen aus ihrer Sicht transnational eindeutigen und innerhalb westlicher Gesellschaften in allen

Schichten und Klassen unzweifelhaft als Gewalt identifizierten Übergriffen gibt es eine Reihe anderer Gewaltformen (verbal, emotional, psychisch etc.), die nicht so eindeutig sind, bei denen es eine Reihe von Abstufungen grober und feiner Ziselierung gibt und bei denen es sowohl von den Deutungen der Täter als auch von denen der Betroffenen abhängig ist, ob eine Tat überhaupt als Gewalt aufgefasst und klassifiziert werden kann, und wenn ja, in welchem Maße. Hängt dies allein oder zumindest graduell von den Motiven des Täters oder der Täterin ab? Inwieweit gehen in die Beurteilung die tatsächlichen Effekte (Haupt- und Nebenwirkungen) einer Tat ein, unabhängig davon, ob es gezielt um diese Effekte ging, ob sie in Kauf genommen wurden oder unbeabsichtigt waren? Inwieweit sind für die Gewalteinstufung die grundsätzliche Robustheit, die Befindlichkeit und aktuelle Gefühlslage der Betroffenen ein Kriterium? Aus diesen Fragen, die Performer aufwerfen, folgt für sie ein unlösbares Abgrenzungsproblem: Viele Formen der Gewalt sind interpretationsabhängig und damit relativ.

Frauen und Männer dieses Milieus antworteten auf die Frage, *wo* sie Gewalt erfahren hätten, reflexhaft: in der Kindheit und in der Schule. Es folgten episodische Erzählungen von Situationen, in denen sie Opfer physischer und verbaler Gewalt waren. Aber bei Männern (im Unterschied zu Frauen) folgt ein narrativer Appendix mit dem Charakter einer bedeutungsvollen Pointe, dass sie trotz der schmerzhaften Situation etwas daraus gewonnen hatten: Sie hatten sich gewehrt, auch wenn es hoffnungslos war und sie den Kürzeren zogen, hatten Courage bewiesen, waren nicht nur ohnmächtig und hilflos, sondern aktiv und haben sich mit dem Stärksten oder Anführer der gewalttätigen Clique angelegt. Dieses Heldenepos ihrer selbst findet sich bei Frauen kaum.

Ebenso beschreiben Männer – im Gegensatz zu Frauen – ihr aktuelles Leben als gewaltfrei. Ausnahme ist Mobbing am Arbeitsplatz, das sie beobachten, sie selbst aber nicht betrifft: In diesem Milieu sind *Männer keine Opfer!* – so ihre narrative Identität – und sie sind viel zu robust, als dass solche *assaults* bei ihnen Wirkung zeigen würden. Auch Frauen betonen in einer ersten Reaktion, dass sie „im Allgemeinen" keine Gewalt erfahren. Doch wenn sie dann über verschiedene Lebensbereiche, Formen und Abstufungen nachdenken, fallen ihnen eine Reihe von Situationen ein, in die sie als Kollegin oder Freundin involviert und auch selbst Opfer gewesen sind: etwa sexistische Bemerkungen in der Öffentlichkeit oder am Arbeitsplatz, auch dass sie selbst schon Opfer von Mobbing ihres Chefs oder Kollegen waren, auch Adressatin rassistischer Bemerkungen von Menschen, die bei ihnen einen Migrationshintergrund vermuten. Frauen in diesem Milieu beschreiben differenzierter als Männer verschiedene Mittel und Abstufungen verbaler und habitueller Gewalt. Sie zeigen sich auch stärker erschüttert über die bloße Tatsache sowie über das Ausmaß ungebremster Attacken, von denen sie meistens überrascht und überrumpelt werden, die in der Regel, aber nicht nur von Männern kommen. Frauen betonen ihre große Sensibilität für Gewalt, sodass sie auch Beleidigungen als eine Form von Gewalt begreifen, eine „Einstiegsstufe", die sich steigern kann, bis hin zum Bürgerkrieg oder Krieg zwischen Staaten.

„Wie habe ich mich in der Situation gefühlt? Ich war irgendwie beschämt, in die Ecke getrieben, perplex und nicht vorbereitet und einfach erschüttert und traurig, und wollte einfach nur noch unter meiner Kapuze mich verstecken."

„Zum Beispiel hat mich jemand mal rassistisch beleidigt, weil ich ja doch irgendwie einen ethnischen Hintergrund habe, und der hat mir in der Bank am Automaten gesagt: ‚Mach schneller du Ausländer!', obwohl ich ja kein Ausländer bin, ich bin ja hier in Deutschland geboren. Aber das war für mich ein seltsames Gefühl und es hat mich getroffen. Also das war nicht schön."

„Einmal war ich in Dresden, da ist mir das auch stark begegnet auf der Straße, also diese Hassreden, die durch die Straßen gehen, ganz ungeniert und, ja, beleidigen."

„Der Kern von Gewalt ist körperliche Gewalt. Aber dann gibt es so andere Abstufungen, Formen von Gewalt. Auch mit den Worten kann man sehr viel Gewalt bewirken oder ausüben. Das habe ich schon öfter in meinem direkten Umfeld miterlebt, eher durch Worte, durch Streit, durch Beleidigungen, durch Hasszurufe als durch wirklich körperliche Gewalt."

„Also die körperliche Gewalt ist natürlich die schlimmste. Obwohl eigentlich ist körperlich und seelische Gewalt eigentlich gleichwertig. Ich glaube, vielleicht ist sogar die seelische schlimmer. Was man mit Worten anrichten kann, das bleibt immer noch. Ja, Prellungen und Blutergüsse vergehen, aber seelische Narben, da hat man oft mehr zu kämpfen und länger dran zu knabbern als halt an einer Wunde."

Bilder vom „Täter"

Performer betonen, dass sie im Unterschied zu dem, was sonst wohl landläufig der Fall ist, mit Gewalttätern eben *nicht* stereotyp Ausländer oder Flüchtlinge verbinden. Auch wenn aus diesen Kreisen einige Täter und Täterinnen kommen, sind diese Gruppen eher Opfer von Gewalt. Einige mediale Berichterstattungen reagieren hochsensibel, wenn ein „Nicht-Deutscher" gewalttätig geworden ist – aber das ist unverhältnismäßig und bedient nur Erwartungen im Horizont der rechten Strömung. Vielmehr verbindet man mit Gewalttätern die Bereitschaft von vor allem *Männern mit deutscher Staatsangehörigkeit und geringer Bildung*, andere zu attackieren, einzuschüchtern, zu jagen, zu verletzen – all das mit dem Ziel, *Fremde* einzuschüchtern, ihnen ihren niedrigen Rang in der sozialen Hierarchie klarzumachen (bzw. zuzuweisen) – und sie letztlich zu vertreiben. Das ist vor allem verbale, gelegentlich körperliche Gewalt von Männern mit rechtsnationaler oder rechtsradikaler Gesinnung gegen Ausländer, Flüchtlinge,

Nicht-Weiße, Nicht-Deutsche (nach stereotyp überkommener, eindimensionaler und rassistischer Vorstellung) bzw. *Black and People of Color* (BPoC)[26]; ebenso Menschen anderer Religiosität wie Juden oder Muslime sowie gegen jene, die sich für diese Menschen einsetzen. Während Männer dieses Milieus solche Gewalttäter am häufigsten in der ungebildeten und unterprivilegierten Unterschicht sehen, sehen Frauen in einem weiteren Blickfeld auch Männer aus der Mittelschicht mittleren und höheren Alters, auch Akademiker, die durch Wortwahl und gezielte Agitation Täter sind.

„In der Mitte der Gesellschaft scheint ja so ein Pool oder ein Herd zu sein für Gewalt. Es bedarf ein gewisses Maß an Information, also die müssen sich irgendwie bilden über ihre Themen, die sie so im Kopf haben. Zum Beispiel denke ich jetzt an rassistische Themen. Da müssen sie sich ja irgendwo diese Nahrung herholen, YouTube oder irgendwie. Ich denke an die AfD zum Beispiel. Ich habe letztens ein Interview von dem Herrn Höcke gehört. Er ist ja auch Lehrer und das war sehr interessant, wie er redet. Er ist ja überhaupt kein dummer Mensch. Und wie er sich versucht, durch die Sprache rauszuwinden, einfache Weltanschauungen, Feindbilder, Argumente an die Hand zu geben. Also diese Leute sind nicht dumm, denke ich, die sind sehr gebildet und lesen viel. Er stachelt Leute dazu an, dass sie solche Handlungen mit diesem Hintergrund durchführen, dass sie seine Ziele ausführen, dass andere die Drecksarbeit machen."
[Frau, 35 Jahre, Event- und Marketing-Managerin eines internationalen Luxushotels]

Bei Frauen und Männern dieses Milieus ist das Bild von Gewalttätern *männlich* gezeichnet. Dabei wird im Interview selbstkritisch sinniert, warum die inneren Bilder von Gewalttätern reflexhaft und ausnahmslos Männer zeigen. Antwort finden einige darin, dass dies in einem traditionell verwurzelten Rollenklischee liegt, das auch bei ihnen irgendwie sozialisiert und wirksam ist, dass vor allem Actionfilme heute dazu betragen, diese Täterbilder zu reproduzieren.

„Also die meisten Actionfilme haben meistens auch männliche Hauptdarsteller. Klar, es gibt jetzt einige Frauen, klar, die sind heute dann da. Aber meistens als auch kampfkräftige Partnerin eines noch stärkeren Mannes. Aber es ist heute immer noch irgendwie unnatürlich für eine Frau, wenn die da irgendwie kämpft. Deshalb ist das ja so ein Highlight, dass mal ab und an eine Frau eine Hauptrolle hat in so einem Actionfilm. Weil Frau, die kann dann auch irgendwie kämpfen und nicht nur irgendwie in so einem Abendkleid rumstehen wie sonst in James Bond-Filmen, Mission Impossible oder so."

---

26 *Person of Color* bzw. im Plural *People of Color* (PoC) oder *Black and People of Color* (BPoC) oder *Black, Indigenous and People of Color* (BIPoC) sind Begriffe aus dem Angloamerikanischen und beschreiben jene Individuen und Gruppen, die vielfältigen Formen von Rassismus ausgesetzt sind, aufgrund körperlicher und kultureller Fremdzuschreibungen der weißen Dominanzgesellschaft als anders, nicht gleichberechtigt, nicht wirklich zugehörig und gefährlich definiert werden.

„Gewalt und Frau, das passt irgendwie nicht zusammen. Das wäre unnatürlich."

„Manche Mütter sind manchmal auch grob zu den Kindern oder können auch sicher gewalttätig sein. Aber sonst, wenn jetzt irgendwie ein Video auf YouTube oder so ist, wo sich irgendwelche Frauen oder Rapperinnen oder so schlagen, dann ist das ja immer so […] – Mein Gott, Wahnsinn, dass das passiert. Sonst wenn da irgendwie eine Schlägerei von Männern ist, dann ist das so! Ja gut! Ist jetzt nicht unbedingt was Neues. Bei Männern ist das normal und bei Frauen ist das noch so ein Aufreger und wirkt exotisch."

„Immer, wenn ich Flaschenscherben auf dem Boden sehe, denke ich mir immer, das muss ein Mann gewesen sein. Es ist ja auch komisch, dass man einfach so eine Flasche nimmt und die auf den Boden wirft. Und ich habe einen Hund und jedes Mal muss ich aufpassen, dass sie da nicht rein tritt. Ich habe immer das Gefühl, das sind Leute, denen ist das alles egal."

„Ich muss schon sagen, das ist schon sehr klischeehaft, aber das sind oft irgendwie Männer, wo man schon weiß, ja gut, die haben nicht so einen hohen Bildungsstand meistens. Und oft sind es Männer, die so ein bisschen breiter sind, die dann vielleicht auch zum Fitnessstudio gehen, um sich da ihre Muskeln anzutrainieren. Und das sind oft so hitzköpfige Männer, die dann so unbedacht handeln oder sich auch von dieser Aggression mitreißen lassen. Also so, als könnten sie das nicht kontrollieren, die Gefühle, die sie in dem Moment haben. So wirkt das dann immer. Also es sind schon so Männer, die auch bereit sind, diesen Schritt zu gehen, jemandem wehzutun. Und denen das dann auch so egal ist. Es ist ihnen egal, was es für Konsequenzen gibt."

Die beiden letzten Zitate zeigen beispielhaft die weiteren Attribute von Tätern: *Mangelnde mentale und emotionale Selbstkontrolle* sowie *Gleichgültigkeit*. Gleichgültigkeit („Es ist ihnen egal") bezieht sich sowohl auf die Schwere der Verletzung ihres Opfers als auch auf die sozialen und strafrechtlichen Konsequenzen ihrer Tat – insofern ist es die Diagnose einer umfassenden Unbedachtheit und Verantwortungslosigkeit. Die hauptsächlichen Motive sehen Performer im Bedürfnis nach Geltung und Dominanz: das Recht des Stärkeren beanspruchen, sich durchsetzen, überlegen sein und einem konkreten anderen die eigene überlegene Stärke zeigen („Der Antrieb, also es ist schon so etwas, dass man über dieser anderen Person stehen will am Ende, wenn man Gewalt angewendet hat."). Dabei ist zu betonen, dass diese Einstellungen der Täter keine objektiven Tatsachen sind, sondern subjektive Vermutungen und Unterstellungen im Milieu der Performer, die in aller Regel mit Tätern aus den verdächtigen Milieus nie Gespräche über deren Motivation geführt haben.

Im Milieu der Performer besteht die Grundauffassung: Bildung schützt vor Gewalt! Wie gesehen, neigen Männer dieses Milieus stärker zu einer pauschalen und auf wenige Gruppen fokussierten Deutung dieser Sicht, während Frauen eher einen soziodemographisch weiteren Täterkreis sehen sowie stärker relativieren und gesellschaftliche Vorurteile korrigieren. Sie ergänzen oder korrigieren das

Klischee und auch ihr eigenes Stereotyp Täter kämen überwiegend aus der Bildungsunterschicht mit den Hinweisen, (1) dass es gewalttägige Männer auch in erheblichem Umfang in der Mittel- und Oberschicht gibt, die nicht nur verbale Gewalt, sondern auch körperliche und vor allem sexuelle Gewalt ausüben; (2) dass auch Männer, die keine Akademiker sind und aus niedrigen Klassen kommen, in Gewalt keine Handlungsoption sehen. Insofern sehen diese Frauen zwar einen Zusammenhang von Gewalt und Bildung, aber keine enge Kausalität.

Psychologisch orientiert und selbstkritischer als Männer haben Frauen dieses Milieus eine bestimmte Auffassung zur Entstehung einer Gewaltneigung, vor der sie mit Blick auf sich selbst auch Angst haben. Typisch ist das von ihnen verwendete Bild von der „Tür zur Gewalt". Wer diese Tür auch nur einen Spalt für sich selbst aufmacht, indem er in einer konkreten Situation gewalttätig wird, bekommt diese Tür oft nicht mehr geschlossen. Gibt man dem spontanen Impuls zu einer Gewalttat einmal nach, entsteht ein Sog. Dieser erhöht die Wahrscheinlichkeit, in einer anderen Situation wieder Gewalt als Handlungsoption zu nutzen. Das geschieht anfangs wohl selektiv und selten, kann aber einen Wiederholungs- und Gewöhnungseffekt nach sich ziehen mit dem Risiko einer Steigungsdynamik. Darin zeigen Frauen (auch einige Männer) im Milieu ein großes Misstrauen in die Verführbarkeit des Menschen (und ihrer selbst) zu Gewalt, auch Angst vor dem Sog zu Gewalt sowie dem unmittelbaren Rausch während und nach der Gewaltanwendung. Insofern plädieren sie für die Maxime einer kategorischen Vermeidung jeglicher, auch dezenter und harmloser Gewalt.

Präventionsstrategie: Abschreckung, Goal Attainment und Exklusion (Blue Ocean)

(1) Täterschaft vorbeugen: Erziehung und Strafgesetzgebung

Da in jedem Menschen Gewaltbereitschaft angelegt ist und jede Gesellschaft diese fortlaufend produziert, können allenfalls Maßnahmen ergriffen werden, um extreme Ausbrüche von Gewalt zu dämpfen. Hier sehen Performer zwei Ansätze:

- *Maßnahmenfeld Erziehung*: Bei den Kindern anfangen in der Kita und Grundschule (1) sowie bei den Eltern (2) mit dem Ziel zu sensibilisieren, was sie bei gewalttätigen Übergriffen beim anderen anrichten. Dabei zeigt sich in den Interviews, wie gering die Wahrscheinlichkeit eingeschätzt wird, die relevanten Eltern zu erreichen oder für dieses Projekt der Bewusstmachung zu gewinnen. Ebenso zeigt sich, dass Performer selbstverständlich Eltern aus anderen Milieus (am unteren Rand der Gesellschaft) im Blick haben, Menschen nicht nur mit geringeren materiellen und kulturellen Ressourcen sowie beruflich einfachen Positionen, sondern auch mit geringer Fähigkeit und Bereitschaft zur kritischen Selbstreflexion und der Arbeit an sich selbst: kaum Wille und Beharrlichkeit, sich permanent zu verbessern.

„Ich würde es dort anpacken, wo man noch Hoffnung hat [lacht], was so die entstehende Pflanze ist, nämlich bei den Kindern und Jugendlichen. Auch wenn die Kinder das von den Eltern hier und da negativ erlebt haben, dass man ihnen in der Hinsicht eine Perspektive aufzeigt, spielerisch."

„So vom Grundsätzlichen würde ich sagen: um Gewalt oder die Gewaltbereitschaft einzudämmen, muss ich dort einwirken, wo die gewaltbereiten Menschen quasi entstehen, nämlich in der Kindheit. Dabei hilft es natürlich nicht, wenn man sich nur auf die Kinder allein fokussiert. Man müsste da eigentlich auch noch die Eltern irgendwo miteinbeziehen, um den Eltern auch diese Werte zu vermitteln, was vielleicht deren Eltern verpasst haben und die Eltern dadurch zu dem geworden sind, was sie letztendlich dann auch sind, und vielleicht dann auch die Gewaltbereitschaft an den eigenen Kindern ausüben, ohne dass sie es wissen."

„Man sollte möglichst bei den Kindern und Eltern schon einwirken, damit Gewalt erst gar nicht entsteht. Aber das ist, glaube ich, eine *never ending story* und eine *Mammutaufgabe*."

- Vielen Performern wurde während ihrer Erzählung klar, wie aufwendig Prävention über Kinder und Eltern ist und wie unwahrscheinlich ein effizienter Effekt (ganz abgesehen von der präzisen Messung der Wirksamkeit). Daher kommen nahezu alle in den Interviews zu dem Schluss, dass eine weitaus wirksamere Maßnahme zur Gewaltprävention die *Abschreckung* ist durch eine drastische Erhöhung des Strafmaßes für Gewalttaten. Performer verlangen eine deutlich schärfere Strafgesetzgebung sowie schnellere und konsequente Strafverfolgung zur Abschreckung nicht nur vor krimineller Gewalt, sondern auch vor Alltagsgewalt. Dabei müssen unbedingt die verschiedenen Gewalttaten zueinander in eine adäquate Relation gebracht werden. Beispielsweise werden derzeit Vergewaltigungen, Gewalt gegen Kinder sowie sexueller Missbrauch von Schutzbefohlenen angesichts der langfristigen Folgen für die Opfer viel zu weich bestraft.
  - Vorbild ist für einige Michael Bloomberg, der als New Yorker Bürgermeister (2001 bis 2013) die Methode *Stop-and-Frisk* („Anhalten und Filzen") einführte, bei der Bürgerinnen und Bürger von der Polizei routinemäßig angehalten und auf Waffen und illegale Substanzen durchsucht wurden. Durch diese Methode sank in New York die Kriminalitätsrate drastisch. Zwar sei Bloomberg – zu Recht – kritisiert worden, dass ein unverhältnismäßig großer Anteil der kontrollierten Personen Afroamerikaner und Latinos war, und man warf der New Yorker Polizei wohl zu Recht Rassismus vor. Doch hier müsse man für Deutschland in Bezug

auf Migranten aufgrund jener Erfahrungen gegensteuern. Die zweckrationale Effektivität spreche für solche Maßnahmen, wobei man für Deutschland von den Erfahrungen in New York lernen müsse und insbesondere bei der Exekutive (Polizei) Vorkehrungen gegenüber fremden- und ausländerfeindlichen Tendenzen ziehen müsse.

„Bevor man überhaupt irgendwelche Institutionen schafft für Präventivmaßnahmen und so weiter. Man sollte erst mal das bestehende System so anpassen, dass Gewalt auch entsprechend gesühnt wird und dadurch die Opfer besser geschützt werden."

„Diese Kinder als Opfer von sexueller Gewalt entwickeln danach irgendwo Aggressionen, und dafür brauchen sie irgendwann ein Ablassventil. Und dann entsteht wieder Gewalt, vielleicht nicht mit sexuellen Übergriffen, aber schon irgendwie Gewalt, Schlägerei, Körperverletzung oder vielleicht sogar Mord, weil man einen Hass auf irgendwelche Männer hat, oder man sieht denjenigen irgendwo mal und dann bringt man ihn um."

„Ich habe in meinem persönlichen Umfeld Kindesmissbrauchssituationen erleben müssen und ich weiß, was das für einen bleibenden Schaden bei den Kindern hinterlässt. Und teilweise sind die Täter so glimpflich davongekommen, weil den Kindern, die eh schon traumatisiert waren, tausendmal dieselbe Frage mit anderen Worten gestellt und solange gefragt wurde, bis das Kind irgendwo eine Unstimmigkeit hatte und dann wurde die ganze Situation als unglaubwürdig abgestempelt und das Kind hat nach dieser Tat psychischen Stress gehabt und die Unglaubwürdigkeit, die dann dem Kind widerfahren ist und auch das Einschüchtern. Klar will man natürlich wissen, sagt das Kind wirklich die Wahrheit oder nicht. Das ist ein ganz schmaler Grat. Aber das ist zusätzlicher psychischer Druck und Gewalt, die an dem Kind ausgeübt wird."

„Strafmaß für Sexualdelikte, körperliche Gewalt, ganz krass, weil es auch in die Psyche ganz reingeht, vor allem bei Kindern. Also das Strafmaß ist ein Witz. Da muss auf jeden Fall nachgebessert werden und es muss mehr abschreckend sein. Wenn so jemand das macht, und es werden genügend erwischt, wenn die dann, ich sage jetzt mal, drei Jahre ins Gefängnis kommen und dann wieder raus, ja super, toll. Dann mit Revision erreichen sie, dass sie auf Bewährung sind, ja wunderbar. Aber das Kind oder das Opfer hat sein Leben lang einen Schaden und wird eigentlich dafür bestraft, indirekt auch noch, weil der Täter ein total leichtes Strafmaß bekommen hat. Da hilft wirklich ein verschärftes Strafmaß, um eine Maßnahme zu haben gegen Gewalt, dass das dann zurückgeht. Was ist jetzt in Amerika, mit Todesstrafen zum Beispiel? Ist das eine Abschreckung? Deswegen passieren trotzdem dort Morde und teilweise sehr perfide und brutal. Das scheint den Leuten dann in gewissem Maße Wurst zu sein. Ich denke mir, mal abgesehen davon, dass ich nicht so gewaltbereites Denken irgendwo in mir trage, aber ich denke, in Amerika oder in Texas beispielsweise, wo die Todesstraße gang und gäbe ist, da werde ich doch erst recht nicht jemanden umbringen, sage ich jetzt einfach mal. Gut, das ist Affekt, das macht man ja nicht immer mit Kalkül, aber vielleicht auch mal aus Kalkül. Wenn ich weiß, danach werde ich gegrillt oder werde mit Giftspritze gekillt. Das wäre für mich eine Abschreckung."

Doch trotz dieser Präventionsperspektive geraten Täter von Gewalt für Performer nur am Rand in den Blick. Den klaren Schwerpunkt der Präventionsarbeit legen sie auf die Arbeit des Opfers bzw. in der Vorbeugung, gar nicht erst Opfer zu werden.

(2) Kein Opfer und kein Täter werden: sich Struktur geben – Ziele setzen – eine positive Haltung

Im Zentrum des Umgangs mit Gewalt stehen für Performer potenziell Betroffene. Es liegt in der Disposition jeder und jedes Einzelnen, ob ein Impuls als gewalttätig erlebt wird und in welchem Grade. Zur Erläuterung und Begründung nennen einige Performer Beispiele aus den Bereichen Sport und Business:

- Sport: Ein professioneller oder ambitionierter Sportler hat Ziele: den Aufstieg in eine höhere Liga, die eigene Bestleistung steigern, ein Sieg im Wettkampf. Hohe Ziele können nur mit intensivem und dauerhaftem Training erreicht werden. Je höher das Ziel, umso größer ist der dazu notwendige Aufwand. Dieses Training ist – von einer neutralen Warte aus – auch Gewalt: Aber sie erscheint dem Sportler nicht als solche bzw. nicht als ungerecht, weil er sich ein Ziel gesetzt hat und für dieses das mühsame, qualvolle Training (auch mit dem Trainer als „Schinder") das erforderliche und unumgängliche Mittel ist.
- Business: Ein Unternehmen bzw. eine Abteilung muss Umsatz generieren und Gewinne erwirtschaften. Im marktwirtschaftlichen Wettbewerb ist dazu das Setzen von Zielen notwendig: für jede und jeden Einzelnen, für das Team, für das Unternehmen. Eine Führungsaufgabe (*leadership*) ist Erzeugung dieses Drucks. Zielvorgaben und gelegentliche Impulse werden von manchen als normal und banal erlebt, lösen bei anderen Stress und Unbehagen aus, bei wieder anderen das Gefühl der Überforderung, werden von einigen als gewaltsame Verletzung empfunden, die ängstigt, lähmt, negative Spuren hinterlässt. Insofern liegt die Verantwortung primär nicht bei den Vorgesetzten, sondern beim Einzelnen, wie er oder sie mit diesen Impulsen umgeht.

Bei Performern zeigt sich: Gewaltprävention ist radikal individualisiert. Der Einzelne bzw. die Einzelne muss sich selbst eine Struktur geben und das heißt, sich anspruchsvolle Ziele setzen und dann immun, robust, taub (*numb*) sein gegenüber den für die Zielerreichung erwartbaren Schmerzen: die notwendigen Impulse, Maßnahmen und Druckpunkte akzeptieren und aushalten, wenn man die eigenen Grenzen überwinden will oder von anderen dazu getrieben wird. Gewaltprävention besteht in der *Selbstausrüstung* des potenziell Betroffenen, der solche Impulse dann nicht mehr als Gewalt erlebt. Wenn man sich selbst eine Struktur und Ziele gibt, ist allerdings darauf zu achten, sich nicht zu überfordern. Das gilt auch für Führungskräfte mit Blick auf Untergebene: Die Ziele sollten anspruchsvoll *und* erreichbar sein! Wenn sie das nicht sind, ist dieses unfaire Gewalt.

Flankierend ist wichtig, eine positive Einstellung zu den selbst gesetzten Zielen, zum eigenen Leben und zu den Herausforderungen der Welt zu bekommen und diese zu bewahren: Das ist mentale Arbeit und erzeugt einen Schutzschild. Wer keine positive Haltung hat, wird zwangsläufig frustriert, was zu Stress, Verlust von Selbstkontrolle oder Fehleinschätzung der Mittel zur Zielerreichung führt – logischerweise zu Gewaltbereitschaft in Form von zielloser gewaltsamer Aggressionsentladung oder gezielter Attacken, um eigene Interessen auf illegalem Wege zu erreichen. Insofern würden die drei Bausteine – eine *stabile Struktur, Ziele im Leben*, eine *positive Haltung* – nicht nur davor bewahren, Opfer von Gewalt zu werden (bzw. Druck als überfordernde Gewalt zu erleben), sondern auch Täter von Gewalt zu werden.

In diesem Zusammenhang betonen Performer die Funktion der Arbeit: Vor allem Erwerbsarbeit gibt Halt, Struktur und Sinn, sorgt für eine Fokussierung auf definierte Ziele und ist damit ein wichtiges latentes Instrument zur Gewaltprävention. Wer ambitionierte Ziele hat, Engagement und Ehrgeiz zeigt, an sich selbst und den eigenen Kompetenzen arbeitet, der bewahrt die eigene geistig-seelische Gesundheit und gerät nicht in einen Strudel mentaler Orientierungslosigkeit, Verlust der Selbstkontrolle und emotionaler Dysbalance, die Ausgang sind für Gewalt aufgrund von Frust, Neid, Verkennung adäquater Mittel oder fachliche Inkompetenz.

„Es ist die innere Einstellung, die entscheidet: Fühle ich mich unwohl? Dann geht es in Richtung Gewalt, oder ich empfinde etwas so: Ich fühle mich nicht ernst genommen, ich fühle mich unterbuttert, ich fühle mich unter Druck gesetzt."

„Ein guter Schutz, um sich davor zu schützen, ist tatsächlich, sich große Ziele zu setzen, sich generell Ziele setzen, auf die man dann hinarbeitet. Dann erlebt man auch den Druck von außen nicht so als negativ."

„Also Menschen, die sich keine Ziele setzen, da wird auch nichts draus. Ich muss ja irgendwo Wünsche, Ziele haben, die ich erreichen möchte."

„Aber viel wichtiger ist, dass man eine positive Einstellung hat. Wie bekomme ich eine positive Einstellung vom Leben, von meiner Arbeit, von meinem Privatleben, wie auch immer? Wie kriege ich eine positive Grundstimmung? Indem ich natürlich mein Leben entsprechend strukturiere und weiß, wohin ich will, wer ich bin, was ich noch alles erreichen möchte. Und wenn ich keine Perspektive aufgezeigt bekomme, perspektivlose Menschen eben, das *sieht* man sogar, wenn man irgendwo in der Fußgängerzone durchläuft und man beobachtet einfach mal die Leute. Man sieht schon an den Mundwinkeln, ob die frustriert sind, oder ob sie positiv dem Leben eingestellt sind. Dann kann sich dieser Frust aufstauen und sich irgendwo entladen."

„Jeder ist schon zum Täter geworden, weil er irgendwo ein Ablassventil hatte und dann einen Unschuldigen daran teilhaben hat lassen. Von dem her, was können Täter daraus lernen? Wir Menschen sollten generell unser Leben besser strukturieren, Ziele haben, Perspektiven haben, lebenswerte Ziele, eine positive Einstellung und wir sollten uns immer wieder ins Bewusstsein rufen und aufklären, dass es nicht darum geht, jemanden irgendwie unterzubuttern. Sondern wir sollten uns ins Bewusstsein rufen, dass wir mit Gewalt nur weitere Gewalt ausüben und dass man da sich sensibilisieren sollte. Und das ist, je mehr ich drüber nachdenke, eine *mission impossible*."

„Arbeit ist ein sehr großer Schutz. Ich denke, ein Problem ist Langeweile, Sinnlosigkeit im Leben. Arbeit gibt Sinn, gibt einen Rahmen, täglichen Rahmen, eine Aufgabe. Etwas, woran man sich messen kann, wo man Feedback bekommt, wo man Ergebnisse sieht. Das gibt einem Halt im Leben und lenkt ab von Dummheiten. Arbeit lenkt ja auch ab. Man kommt gar nicht, wenn man viel Arbeit hat, auf irgendwelche dummen Ideen. Also schützt Arbeit davor, gewalttätig zu werden."

(3) Exklusion: Rückzug in die „gewaltfreie Blase" (Blue Ocean)

An die Politik (Gesetzgeber und Exekutive) wird die *schärfere Strafgesetzgebung und Strafverfolgung* delegiert; an die Gesamtgesellschaft, insbesondere Kitas und Schulen, die *Aufklärung über die Folgen* von Gewalt. Für sich selbst haben Performer – neben dem beschriebenen Selbstmanagement – hingegen die Strategie des Rückzugs in das gewaltfreie Quartier von Gleichgesinnten. Man will unter sich bleiben im multikulturellen Ensemble Hochgebildeter und Hochkompetenter, die es aufgrund ihrer Skills nicht nötig haben, ihre Ziele durch unfairen Gewalteinsatz zu erreichen und bei denen sich Frust nicht derart anstaut, dass sie ausrasten. Es ist die Präventionsperspektive einer relativ hohen Geschlossenheit im *Ghetto der Kompetenten und Entrepreneure*: ein spannender und anregender Pool von talentierten, kreativen und ambitionierten Menschen. Die Prävention zielt in zwei Richtungen: *nach innen* durch positive anregende Energie und wechselseitige Kontrolle auf Einhaltung der sozialen Regeln und Fairness; *nach außen* durch Abschottung gegenüber dem höheren Gewaltpotenzial in der Restgesellschaft. Bei Performern dominant sind Vision *und* Konzept einer Gesellschaft wohlseparierter, statusdifferenzierter Klassen bei gleichzeitig kultureller Vielfalt innerhalb einer Klasse:

- In ihrem (optimalen) Quartier gibt es Sphären für Kontakte (Anregung) und Rückzug (Distanz). So entstehen Solidarität und Subsidiarität innerhalb des Quartiers.
- Performer haben kein Interesse an einer klassenübergreifenden Multikulturalität mit engen Kontakten zu Menschen aus unteren Milieus, Klassen, Schichten. Die Vielfalt innerhalb ihres Quartiers und ihrer Netzwerke ist völlig ausreichend und aufgrund der dort hohen Kompetenzen hochwertig, um weiterzukommen.
- Die bereits bestehenden, relativ geschlossenen sozialen Klassen und Quartiere (Stadtteile, Sozialräume) haben ihre gesellschaftliche Funktion oder sind das Ergebnis gesellschaftlicher Effekte. Sie künstlich aufzubrechen und (die Gesellschaft) zu durchmischen, praktische Solidarität mit Menschen am unteren Rand moralisch oder durch Struktursetzungen zu erzwingen, wäre realitätsferne (sozialistische) Sozialnostalgie. Im Gegenteil würde solches nur Stress erzeugen bei Mitgliedern aller Klassen und damit das Risiko wachsender Aggression und Gewaltbereitschaft erhöhen.
- Vor Gewalt selbst schützen sich Performer durch Pflege ihres Quartiers und Sicherung der Zugehörigkeit zur gehobenen Klasse: Diese Stabilisierung ihrer eigenen „Blasen" ist die individualisierte Gewaltprävention und sichert ihnen ihren „Blue Ocean".[27]

„Ich möchte nichts mit Gewalt zu tun haben. Also ich möchte nicht mich in Gefahren begeben, wo mir Gewalt begegnen könnte. Also nicht in größere Menschenmassen, nicht am Abend irgendwo, in den Park oder so was. Also ich möchte mich nicht der Gefahr ausliefern, dass mir Gewalt begegnen könnte. So gut es geht halt. Die Kontrolle nicht hergeben."

- Innerhalb ihres Quartiers und in ihren beruflichen Kreisen sehen sie sich relativ sicher vor gewalttätigen Übergriffen. Doch da sie beruflich und privat häufig außerhalb ihres Wohnquartiers unterwegs sind, ebenso ihr Lebenspartner

---

27 Der Begriff „Blue Ocean" kommt aus der Unternehmensstrategie, wird von Performern aber auf ihre private Lebenskonzeption übertragen. Die *Blue-Ocean-Strategie* wurde 2004 von W. Chan Kim and Renée Mauborgne entwickelt als Instrument im Business Development. Grundidee der Blue-Ocean-Strategie ist, dass Unternehmen keinen Konkurrenzkampf in stark umkämpften Märkten (*Red Oceans*) suchen, sondern neue Märkte (*Blue Oceans*) schaffen und den Kunden innovative Produkte anbieten. Blue-Ocean-Geschäftsmodelle weisen ein überdurchschnittliches Wachstum und einen überdurchschnittlichen ROI (Return on Investment) auf. *Red Oceans* bezeichnen gesättigte Märkte, charakterisiert durch harte Konkurrenz, überfüllt mit Mitbewerbern, welche alle den gleichen Service oder die gleichen Produkte anbieten. Der Begriff „Red Oceans" basiert auf dem Bild von blutigen Kämpfen von Raubfischen (Mitbewerber um die Beute), während der „Blaue Ozean" frei von blutigen Kämpfen ist.

bzw. ihre Lebenspartnerin sowie ihre Kinder (Kita, Schule, Freizeit), sehen sie grundsätzlich das Risiko der zufälligen Begegnung mit unberechenbaren, willkürlichen Gewalttätern. Das ist der zentrale Grund für den Wunsch nach strengerer Strafgesetzgebung und Strafverfolgung: Das Ziel ist Selbstschutz.
- Die schlechteren Lebensbedingungen von Menschen in unteren Klassen sind Performern nicht egal. Schlechte Lebensbedingungen sind ein Grund für höhere Gewaltbereitschaft und häufigere Gewalttätigkeit: Gewalt – so die Auffassung – entsteht überwiegend bei sozial Benachteiligten und Ausgeschlossenen. Hier sehen sie den Staat in der Verantwortung, ein zu starkes Auseinanderdriften zwischen Arm und Reich zu verhindern – wobei der Schwerpunkt liegen sollte (1) bei menschenwürdigen Lebensbedingungen und (2) der Sicherung der Chancen für jede und jeden, sich durch Talent, Bildungsinvestition, Engagement und Leistung selbst nach oben zu arbeiten. Hier finden sie die Idee einen bedingungslosen Grundeinkommens für erwägenswert, damit jede und jeder ein Mindestauskommen im Leben hat

Handlungsfähigkeit bei Sexismus und Mobbing

Einige Frauen aus diesem Milieu weisen – im Gegensatz zu Männern – darauf hin, dass sie schon Opfer von (verbalem, teils übergriffigem) Sexismus und von Mobbing im Unternehmen waren seitens ihres Chefs oder von Kollegen. In diesen Situationen hatten sie sich allein gefühlt und ratlos. Groß ist ihr Bedarf, ihre Handlungsfähigkeit zu bewahren: Wissen, wie sie agieren soll, was sie machen kann, welche rechtlichen Schritte sie einleiten kann. Neben den rechtlichen Aspekten kommen zwei dazu: (1) Unterstützung und Beratung, wie sie persönlich damit umgehen sollen, auch mit Blick auf ihre eigene Gesundheit (einige berichten von Magenschmerzen, Schlaflosigkeit, psychischer Dysbalance, depressiven Stimmungen) und berufliche Karriere, denn wenn diese beeinträchtigt würde oder verloren ginge, wäre das eine je weitere, dauerhafte Verletzung, eine Spätfolge der Gewalt und ein Triumph des Täters; (2) Info-Adressen (Telefone, Websites) im Betrieb und plakatiert auch in der Öffentlichkeit, damit diese eine abschreckende Wirkung auf potenzielle Täter entfalten. Ganz wichtig ist diesen Frauen, dass die externen Expertinnen und Experten für Rechtliches, Gesundheit und Handlungskompetenz selbst auf ihrer Augenhöhe sind. Das aktuelle Berufsbild von Sozialarbeiterinnen und Sozialarbeitern entspricht nicht ihren Erwartungen hinsichtlich Outfit, Sprache und Auftritt (wobei kaum jemand schon professionellen Kontakt hatte, aber das Fremdbild erzeugt Distanz).

Insbesondere jüngere Frauen betonen, dass ein wirksamer Schutz vor Gewalt ein selbstbewusstes und widerständiges Auftreten ist. Solches Auftreten kann trainiert werden, muss aber authentisch sein und von innen kommen. Ein Schutz von Frauen vor körperlicher oder verbaler Gewalt (durch Männer, aber auch durch andere Frauen) ist die innere Haltung der Stärke. Diese darf kein Artefakt sein, sondern benötigt ein Fundament, das real da sei. Erst mit diesem wird gelingen, was notwendig ist zum Schutz vor Gewalt: Einem aggressiven Gegenüber Grenzen aufzeigen mit der Botschaft von ernsthaften, unliebsamen Konsequenzen, wenn die Grenze überschritten wird.

„Ich glaube, wenn man sich als Opfer fühlt, dann wird man einfacher auch ein Opfer von Gewalt irgendwie."

„Ich glaube, dass Frauen theoretisch Männern gegenüber vielleicht nicht aggressiver oder grober sein müssten, aber denen auf so einem Level begegnen müssten, dass die wissen: Okay, ich kann die jetzt nicht schlagen oder sexuell angehen oder verbal niedermachen. Weil Männer schlagen ja deutlich seltener andere Männer; sie haben da eine höhere Hemmschwelle, wenn sie einen Mann angreifen. Eine Frau ist ja irgendwie ein einfacheres Opfer für Männer, glaube ich oft. Aber ich glaube, diese Signale zu senden, widerstrebt Frauen auch irgendwie."

Gefühlsarbeit in Bildungseinrichtungen

Jüngere Frauen mit akademischem Abschluss bekunden – im Gegensatz zu Männern im Milieu – auch ihre Zweifel an einer stärkeren strafrechtlichen Gesetzgebung zur Hemmung vor Gewalt. Nach ihrer Auffassung neigen Menschen zu Gewalt, die mit ihren Gefühlen nicht gut umgehen können, bei denen Enttäuschung, Demütigung, Neid, Benachteiligung zu aggressiven Gefühlen führen und ein rational kontrollierter Umgang mit negativen Erfahrungen nicht erfolgt. Diese Menschen, deren Frustration sich in Gewalt entlädt, haben nicht gelernt, ihre Gefühle zu kontrollieren oder anders auszudrücken. Diese Frauen diagnostizieren aus der Ferne (daher wohl genauer: vermuten) bei jenen Männern einen Mangel im subjektiven Gefühlsmanagement, der wohl vor allem das Ergebnis einer Erziehung ist, in der Gewalt als Lösungsmittel, auch als Ausdrucksmittel vorkam und seitens der Eltern zugelassen oder auch ritualisiert praktiziert wurde. Insofern sehen sie zur Prävention zum einen die Elternarbeit gefordert, zum anderen die sekundären Sozialisationseinrichtungen wie Kindertagesstätten und Schulen. In Schulen bekommen Kinder wohl rationales, kognitives Wissen vermittelt. Aber emotionales Wissen, insbesondere reflektierte Umgangsweisen mit dem eigenen Gefühlshaushalt in ambivalenten oder konflikthaften Situationen, wird in Schulen bisher überhaupt nicht oder nicht systematisch vermittelt (abgesehen von einigen dafür sensiblen Lehrerinnen und Lehrern, aber Gefühlsarbeit ist bisher kein Unterrichtsfach). Hier sehen Frauen dieses Milieus ein erhebliches Potenzial zur

Gewaltprävention, zumal man in Kitas und Schulen nahezu alle erwischt und dies eine Investition in zukünftige Generationen ist.

„Ich glaube nicht, dass die Polizei das richten könnte, indem man sagt, man macht härtere Strafen oder so. Ich glaube nicht, dass es die Leute davon abhält, weil es ist ja dieser Umgang mit Gefühlen, der dazu führt, dass es zu Gewalt kommt."

„Ich meine, jeder muss halt in die Schule und das ist halt irgendwie ein guter Weg, um die Leute möglichst breitflächig abzudecken."

„Das muss ja kein formales Unterrichtsfach sein, können ja regelmäßige, aber verpflichtende Einheiten sein. Im Zentrum geht es um die Antwort auf die Frage: Wie kann man die Menschen eher befähigen, mit ihren Gefühlen umzugehen? Dass man Leute, die gewalttätig werden und so, dass man die irgendwie an irgendeine neue Form von Selbstreflexion oder so was bringt. Dass man denen irgendwie zeigt: Man kann seine Gefühle auch anders ausdrücken."

Hier ziehen diese Frauen einen Bogen zu Geschlechterrollenbildern, insbesondere zum *harten, starken Mann*, der als Figur in Actionfilmen und PC-Games positiv dargestellt wird, dessen Stärke auch mit Gewalt gegenüber anderen als Befreier, Problemlöser, gerechter Rächer etc. moralisch legitimiert und bewundert wird. Zwar, betonen die jüngeren Frauen, werden gewalttätige Männer nicht durchweg verherrlicht und werden auch ihre persönlichen Makel und Schattenseiten gezeigt; auch nicht jede Gewalttat von Männern wird verherrlicht, aber für eine „gerechte Sache" (für die Nation, gegen Schurken), wie diese auch immer im Film inszeniert wird, sind Gewalt und Verletzung von anderen gerechtfertigt und werden von den Zuschauern sogar ersehnt, nicht nur als Ausnahme, sondern als Methode und Stilmittel: der durch gewaltige Stärke heldenhafte Mann als Vorbild. Dieses Bild von Männern wird ästhetisch brillant inszeniert durch attraktive und charmante Schauspieler. Es fasziniert und hat etwas Verlockendes, aber das Geschlechterbild ist im Kern altbacken; es wird aber durch Design und Charme sowie Identifikation mit dem Helden attraktiv gemacht. Und das verfängt, so die Vermutung dieser Frauen, vor allem bei Männern. Eine dem entgegenwirkende Präventionsarbeit adressieren Performerinnen nicht nur an den (Jugend-)Medienschutz, sondern vor allem an Bildungseinrichtungen sowie die Film- und Medienindustrie (ebenso Game-Industrie) mit besonderem Blick auf junge Männer aus niedrigen und mittleren Schichten: Diese haben, so ihre Auffassung, mehr als andere ein Problem damit, Gefühle der Empathie, Weichheit, Sensibilität auszudrücken, weil ihnen damit ein Verlust der Anerkennung ihrer Männlichkeit droht.

„Ich meine, vor allem Männer in niedrigeren Bildungsschichten haben ja oft irgendwie das Gefühl, wenn sie über ihre Gefühle reden, dann ist das irgendwie nicht männlich oder dann sind sie kein richtiger Mann mehr, und bla. Aber das ist ja dämlich, weil deshalb haben ja Männer auch oft Probleme, also nicht nur mit ihren Emotionen, sondern werden dann auch irgendwie Opfer von psychischen Krankheiten und so was. Ich glaube schon, dass das sehr wichtig ist."

Soziale Netzwerke: Algorithmus-Zensur gegen beleidigende Worte

Die vor allem von Traditionellen, Konservativen, Etablierten und Postmateriellen geforderte Aufhebung der Anonymität im Internet (wer etwas sagt oder schreibt oder postet, muss dafür auch verantwortlich gemacht werden können) wird von Performern geteilt. Performer – als *digital natives* – legen sehr großen Wert auf die Freiheit im Internet und den Wert der Anonymität im Netz. Insbesondere der sogenannte Arabische Frühling wäre ohne die Anonymität nicht möglich gewesen; ebenso nicht Berichte aus Ländern mit repressiven Regimen oder auch für Whistleblower nicht nur im Ausland, sondern auch in Deutschland. Gleichzeitig betonen Performer, dass Hatespeech im Netz, insbesondere in sozialen Netzwerken, einen nicht mehr akzeptablen Grad an persönlichen Verletzungen und Hetzen, Diffamierungen, Rassismus, Antisemitismus, Fremdenfeindlichkeit, Sexismus, Misogynie etc. erreicht hat. Verbale, getextete oder bildhafte Gewalt im Internet hat zwar nicht unmittelbar stets reale Gewalt durch Körperverletzung zur Folge, aber bereitet dem aggressiven Klima den Boden – und ist selbst erhebliche Gewalt gegen direkt Angesprochene als Individuen oder Gruppen, ist Aufruf oder Ermutigung zu weiteren Verletzungen und Übergriffen (im Netz oder im Alltag).

Besonders im Fokus sehen Performer schon vor der Corona-Pandemie, aber vor allem währenddessen, eine wachsende Aggressivität von Teilen der Zivilbevölkerung im Netz gegen Politiker und Politikerinnen oder Wissenschaftlerinnen und Wissenschaftler. Ein Beispiel ist der Virologe an der Berliner Charité, Prof. Dr. Christian Drosten. Dieser ist aufgrund seiner Informationen im Rahmen des NDR-Podcasts nicht nur diffamiert worden, sondern hat Morddrohungen erhalten. Solche Diffamierungen und Bedrohungen dürfen nicht durch die Anonymität im Internet und mit dem Verweis auf das Recht auf Meinungsfreiheit befördert werden. Hier betonen Performer, dass sich im Internet die Sprachkultur verändert hat; dass in manchen Chats und Foren seitens nicht zu quantifizierender Gruppen oder Einzelpersonen eine die Würde des anderen bewusst missachtende, verletzende, herabsetzende Sprache gewählt wird. Weil durch Sprache Menschen im Netz gezielt herabgewürdigt und bedroht werden, ist der zentrale Vorschlag von Performern: Eine Zensur beleidigender Worte im Netz durch einen Algorithmus. Wenn Performer über Zensur sprechen, dann in Begleitung von großem Unbehagen, denn Zensur schränkt die ihnen so wichtige Freiheit und individuelle Entfaltung durch strikte Verbote massiv ein. Das belegen sie etwa mit Verweis auf die Freiheit der Kunst. Allerdings befürwortet ein erheblicher Teil der Performer eine zensurähnliche

Regelung, um die Aggression im Netz einzudämmen, die die Freiheit der Individuen beschneidet und bedroht.

„Ich glaube, dass man so eine Sprache einfach verbieten muss, was natürlich auch schwierig ist, weil das vielleicht auch in irgendeiner Form von Kunst vorkommt, wie jetzt irgendwie im Rap."

„Das müsste das soziale Netzwerk selbst irgendwie regeln. Wenn man da jetzt Leute hinsetzt, die das kontrollieren, blickt man da nicht mehr durch. Ich glaube, das müsste so was wie ein Algorithmus sein, der quasi diese Worte sammelt, löscht und den Usern dann Punkte zuweist – und wenn jemand eine Punktzahl überschritten hat, wird der dauerhaft ausgeschlossen. Ich weiß auch nicht, warum das noch nicht passiert ist, warum solche Sachen nicht einfach direkt blockiert werden oder gelöscht werden. Ich meine, das Problem ist natürlich bei solchen Sachen, dass die Leute dann vielleicht irgendwie Codewörter oder so was benutzen. Dann statt Schlampe, Schokolade sagen oder so. Aber dann denke ich mir wiederum: Ja gut, aber dann sagen sie jetzt Schokolade. Das ist aber noch besser als Schlampe."

„Ich glaube, diese ganz brutale Art von Hassrede und so, wenn die wenigstens ein bisschen eingedämmt werden würde, wäre das schon besser, weil dann würden vielleicht Leute, die sich davor noch nicht gedacht haben, oh wie spaßig, sich mit anderen Leuten streiten. Die würden dann davon abrücken oder sich gar nicht erst darauf einlassen, selbst so was zu schreiben."

„Es wäre ja gar nicht so sehr eine Sprachpolizei, sondern man würde einfach nur es den Menschen erschweren, sich mit diesen Worten auszudrücken."

„Als ich in der Abteilung war, da haben mir die Leute am meisten leidgetan, die im Social Media-Team gearbeitet haben, weil die wirklich so Anfeindungen kriegen. Die müssen sich das alles durchlesen und darauf eingehen. Also ich weiß, dass die Leute davon betroffen sind, obwohl es ja nicht gegen die persönlich geht. Aber die fühlen sich persönlich angegriffen, weil sie ja dahinterstecken, hinter diesem Profil. Und deshalb würde ich nicht Menschen damit beauftragen. Ich glaube, es gab ja auch irgendwann eine Reportage zu den Menschen, die bei Facebook sich diese ganzen Sachen durchlesen müssen, die gemeldet werden und so. Es gibt ja auch teilweise Videos. Ich habe mal ehrenamtlich gearbeitet für die Stadtmission und da war das total verrückt. 14-jährige Mädels, die haben Videos auf dem Handy gesehen, wo irgendwelche Leute geschlagen werden, oder teilweise gab es dann auch so Exekutionen. Das war einfach ein Video, was auf WhatsApp geteilt wurde. Und das müssen sich dann auch diese Menschen in der Kontrollstelle angucken, und so was müssen sie sich ja den ganzen Tag ansehen, diese Sachen, die gemeldet werden. Also ich glaube, dass ein Algorithmus dafür geeigneter wäre."

2.4. „Konservative"

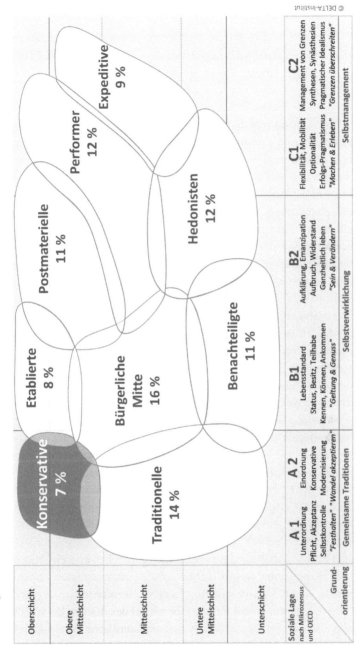

Abbildung 11

2.4.1. Lebenswelt

Grundorientierung

Das klassische deutsche Bildungsbürgertum: konservative Kulturkritik, humanistisch geprägte Pflichtauffassung und Verantwortungsethik, klare Vorstellung vom richtigen Leben sowie von einer guten und richtigen Gesellschaft.

- Sorgfalt und Achtsamkeit bei sich und anderen in Bezug auf Höflichkeit und Etikette. Pflicht, Ordnung, Aufrichtigkeit, Ehrlichkeit, Verantwortung, Disziplin, Anpassungsbereitschaft, Offenheit, Gerechtigkeit sind zentrale Werte. Im Privaten und in der Öffentlichkeit unbedingt die Form und Haltung bewahren – in jeder Situation!
- Hohe Wertschätzung von Kultur und Kunst; Pflege des familiären, kulturellen und nationalen Erbes; leidenschaftliche Verantwortung für den Zusammenhalt der Gesellschaft und das moralische Fundament der Gemeinschaft; Engagement für das Funktionieren und die Steuerung des Staats- und Gemeinwesens sowie maßgeblicher Institutionen und Organisationen. Viele sind regional, national und international hervorragend vernetzt mit Entscheidungsträgerinnen und -trägern in Politik, Wirtschaft, Kultur
- Engagement in Fördervereinen und Gremien: Impulse geben, die Richtung (mit-)bestimmen. Sich einsetzen den Erhalt einer guten Gesellschaft, der Hochkultur und einer moralisch-tugendhaften Lebensführung; dazu neue Entwicklungen fördern und klug mit der Tradition verbinden; häufig ehrenamtlich tätig und finanziell großzügig für caritative und kulturelle Organisationen mit sozial- und kommunalpolitischem Impetus (z. B. interreligiöser Dialog, Barrierefreiheit in öffentlichen Einrichtungen und Wegen, Kinder- und Jugendhilfe, Inklusion, Flüchtlingshilfe, Museumsarbeit)
- In ihrer beruflichen Position fordern und fördern sie mit Begeisterung und Nachdruck engagierte Nachwuchskräfte: Pflicht als Staatsbürger und qua Amt, Begabten und Ambitionierten Türen zu öffnen und sie auf die richtige Schiene zu setzen
- Stilistische und sozialethische Abwehrreflexe gegenüber krudem Materialismus und Hedonismus, gegen „grün-linke" Gruppierungen (Alternativ-Intellektuelle, neue Öko-Bewegung, radikale Feministinnen), gegen die antiautoritäre Erziehung (mit ihren Anfängen in den 1960er/1970er Jahren) sowie gegen Ideen und Protagonisten einer Postmoderne (Vorwurf der Unverbindlichkeit und Beliebigkeit)
- Groß ist die Wertschätzung von Stabilität, gerade in Zeiten von Krisen (Corona, EU-Krise, Flüchtlingskrise, Rassismus, Antisemitismus) und Vertrauensverlust

öffentlicher und staatliche Institutionen: Betonung des Widerstands gegen Populismus, auch wenn dieser verlockend ist und kurzfristig erfolgreich scheinen mag

Während die Mehrheit des Milieus entschieden und kategorisch auf Distanz geht gegenüber völkischem Gedankengut und ihren Bewegungen (Pegida/AfD), gibt es eine wachsende Minderheit im Milieu mit nationalkonservativer Vision von einem starken Deutschland (angesichts eines schwachen Europas). In diesem Segment gibt es eine Kernwählerschaft der AfD, die sich als intellektuell-politische Vordenker begreifen

Jenseits dessen gibt es im Milieu der „Konservativen" im Fundament zwei Strömungen:
- Im Hauptstrom des Milieus: Festhalten an der Vision einer ganzheitlichen, gerechten und integrierten Gesellschaft
- Im Nebenstrom Tendenzen des Abschieds von dieser Utopie, stattdessen Rückzug in die Enklave, weil sich die vom rechten und linken Rand her entfesselte Gesellschaft nicht mehr steuern lässt. Weil Sicherheit, Anstand und Respekt vor der Würde des anderen in Sprache und Verhalten erodieren, bleibt nurmehr der Rückzug in sichere Areale und Pflege des Wertvollen in der familiären, beruflichen und nachbarschaftlichen Nahwelt

Tabelle 4

Alter		Geschlecht	
18–29 Jahre	7 %	Männer	47 %
30–39 Jahre	10 %	Frauen	53 %
40–49 Jahre	19 %		100 %
50–59 Jahre	26 %		
60–69 Jahre	20 %		
70+	18 %		
	100 %		

Soziale Lage

- *Bildung*: Überwiegend Hochschulreife (mit oder ohne Studium)
- *Beruf*: Qualifizierte mittlere und leitende Angestellte (ein Teil der Frauen auch einfache Angestellte); sehr häufig Beamte, meist im gehobenen und höheren Dienst, Inhaber von familiengeführten Unternehmen; Repräsentanten/Vorstände von Verbänden der Wirtschaft und Zivilgesellschaft
- *Einkommen*: Mittleres bis sehr hohes Einkommensniveau

Identität

- *Weltbild*: Traditionelle Werte als Pfeiler einer „guten" und stabilen Gesellschaft. Anpassung des Einzelnen an bestehende Regeln und Konventionen ist notwendig für die soziale Ordnung und Ausweis der Gesellschaftsfähigkeit; Nicht-Anpassung gilt als soziale Gleichgültigkeit und Egomanie
- *Selbstbild (Ich-Ideal)*: Selbstwahrnehmung als Fundament der Gesellschaft; Orientierungs- und Urteilsinstanz sind die eigenen moralischen und sozialen Standards
- *Abgrenzung*: Distanz zu allen Formen der Devianz und Exzentrik, die als unfein, unkultiviert und unfair gelten. Ablehnung eines prinzipienlosen Opportunismus, zum Beispiel Heuchelei, es jedem recht machen wollen, sich unkritisch populären Trends anpassen
- *Leitmotiv*: Ordnung, Selbstdisziplin, Anpassung; und zugleich Authentizität im Sinne von „mehr sein als scheinen"
- *Ausstrahlung*: Aura des Vornehmen, Selbstsicheren und Gediegenen; Attitüde des Moralisierens. Verachtendes Desinteresse gegenüber kruden, ungepflegten, „stil- und haltungslosen" Nonkonformisten

Lebensstil

- Distanzierung vom Zeitgeist, von modisch-aktuellen Entwicklungen weltanschaulicher, technologischer oder ästhetischer Art (gegen die Konsum- und Spaßgesellschaft); keine Technikfeindlichkeit, aber häufig Unsicherheit im Umgang mit moderner Technik; daher eine bewusste und selektive Nutzung bestimmter Technologien. Diese müssen eine praktische Erleichterung der Alltagsorganisation sein; dürfen nicht dominieren, müssen sich einfügen in das stilvolle Ensemble und dürfen einen nicht zum „Sklaven" seiner Geräte machen (Dezenzgebot der Technik)
- Ablehnung einer Welt oberflächlichen Konsums, der schrillen Mode und schreienden, distanzlos appellierenden Werbung. Stattdessen ein distinguierter Lebensrahmen, gepflegte Umgangsformen; großbürgerlicher Lebensstil, Wertschätzung der edlen Dinge (z. B. wertvolles Porzellan, Echtschmuck, Kultur- und Studienreisen), Genießen immaterieller Werte, anregender Lektüre und Gespräche
- Streben nach Wohlbefinden, Erhalt geistiger und körperlicher Frische (gesunde Ernährung, Wellness-Urlaube); umweltbewusstes Verhalten als ethische Notwendigkeit
- Im Milieuvergleich ist der Anteil der Menschen mit Migrationshintergrund oder Fluchterfahrung am geringsten

Anteil der Menschen mit Migrationshintergrund im Milieu (deutschsprachig): 3,5 %

2.4.2. Wahrnehmung von Gewalt und Vorschläge zur Prävention

Erosion von Höflichkeit und Respekt, wachsende Aggressivität in der Öffentlichkeit

Die private Lebenswelt von Konservativen ist nach ihrer Selbstdarstellung vollständig frei von Gewalt. In ihrem Umfeld ist Gewalt ein Sakrileg. Einige berichten biografisch von Gewalterfahrungen in ihrer Kindheit und Jugend, von Gewalt in ihrer Familie, meist ihres autoritären Vaters, der auch brutal handgreiflich geworden sei gegenüber seiner Ehefrau und seinen Kindern. Von solch autoritär-gewalttätigem Umgang distanzieren sich heutige Konservative entschieden; das ist aus ihrer Sicht eine längst überwundene Familienkultur, die nicht mehr akzeptabel ist und in früheren Zeiten in manchen großbürgerlichen Haushalten üblich war – doch diese Zeiten sind glücklicherweise überwunden.

Gleichwohl stellen Konservative die Diagnose, dass Gewalt in den letzten Jahrzehnten gesellschaftlich zugenommen hat und omnipräsent in der Öffentlichkeit ist. Es gibt in ihrer Beobachtung einerseits körperliche Gewalt: Diese mag quantitativ rückläufig sein, aber wenn sie stattfindet, dann enthemmter mit größerer Brutalität als frühere Raufereien bei Sportveranstaltungen oder in Wirtshäusern. Aus ihrer Sicht deutlich zugenommen hat eine habituelle und sprachliche Gewalt in der Öffentlichkeit; der Verlust von Anstand und Respekt gegenüber unbekannten Personen. Das zeigt sich beim Einkaufen, beim Anstehen vor Veranstaltungen, in Fußgängerzonen und auf Spazierwegen, wenn man Entgegenkommenden keinen ausreichenden Platz macht; vor allem in öffentlichen Verkehrsmitteln, wenn in Bussen und Bahnen die Füße auf gegenüberliegende Sitze gestellt werden und bei einer Frage, ob der Sitzplatz noch frei sei oder man Platz machen könne, nur mit sichtbarem Unwillen und mit frechen Bemerkungen reagiert wird; auch das Wegwerfen von Zigarettenkippen wo man gerade steht und geht – diese müssen dann von anderen beseitigt werden. Auch das sind für Konservative Formen von Gewalt, die nicht direkt den Körper anderer Personen angreifen, aber es sind gewalttätige Verletzungen des Sozialen, der guten Sitten als Basis des Gemeinwesens und des gutes Lebens.

Als eine Ursache bestimmen sie die antiautoritäre Erziehung, die seit den 1970er Jahren Einzug gehalten hat in Familien mit einer Laissez-faire-Einstellung, sodass diese Kinder, die heute erwachsen sind und selbst Kinder haben, damals keine Richtschnur und Grenzen gesetzt bekamen, sodass die eigenen spontanen Stimmungen und Bedürfnisse absolut gesetzt wurden – und dieser Erziehungsstil hat sich seitdem in den jüngeren Generationen niedergeschlagen und fortgesetzt. Das rächt sich in der Erosion von Anstand, Höflichkeit und Respekt gegenüber Personen und Gegenständen des öffentlichen Lebens. Für Konservative sind die Themen *Gewalt* und *Anstand* eng verkoppelt. Körperliche, psychische, sexuelle oder verbale Gewalt gegen andere Menschen ist für sie eine zwar nicht notwendige Konsequenz, aber doch eine Folge von wachsendem Egoismus und zunehmender Respektlosigkeit vor der Würde des anderen. Umgekehrt ist dieser Egoismus im Privaten wie in öffentlichen Räumen selbst eine Form von Gewalt des Einzelnen an der Gesellschaft und dem Gemeinwesen.

Was sie schützt, selbst zu dieser Form von Gewalt zu greifen, sind die eigenen festen Werte und Prinzipien, eine sozialmoralische Haltung, an der jede und jeder an sich mit Selbstdisziplin arbeitet sowie ein daraus erwachsendes und trainiertes Auftreten in der Öffentlichkeit wie im Privaten. Dazu gehört auch, andere – Bekannte wie Fremde – in signifikanten Situationen auf ihr abweichendes und ungehöriges Verhalten hinzuweisen. Dazu braucht es Courage, doch diese ist fester Bestandteil der Haltung jener, die sich für das gesellschaftliche Funktionieren und Miteinander engagieren.

Es zeigen sich bei Konservativen aber auch Zeichen der Resignation und des verbalen Rückzugs, wenn die Reaktionen der Angesprochenen zu heftig, beleidigend, aggressiv sind. Vor allem Ältere (insbesondere Frauen) betonen, dass es ihnen dann um Selbstschutz geht: sich nicht dem Risiko einer ernsten Verletzung aussetzen, nicht Opfer von verbalen Attacken werden, nicht allein ungeschützt stehen im Umfeld von teilnahmslosen Beobachtenden solcher Szenen. Vor einigen Jahrzehnten war persönliche Kritik am Verhalten anderer noch normal und risikofrei – man wusste sich in der Phalanx der Mehrheitsgesellschaft. Heute aber gibt es ungehöriges Verhalten und aggressive Reaktionen von einer zuvor unvorstellbaren Menge und Massivität. Die Aggressoren müssen sich sehr sicher sein, dass ihr Verhalten nicht sanktioniert wird, weil es nicht mehr die Ausnahme ist.

„So diese Ich-Zentriertheit oder Rücksichtslosigkeit, das, denke ich, hat schon zugenommen. Ob das jetzt Gedankenlosigkeit ist, Rücksichtslosigkeit, das ist etwas, was mich stört."

„Was zugenommen hat, sind Pöbeleien. Der Respekt der Menschen zueinander, der hat abgenommen und auch die Hemmschwelle. Der Umgang miteinander ist ruppiger geworden. Also das geht los damit, dass ja, Höflichkeiten und Anstand abnehmen, dass ein fast schon aggressiver Umgangston häufiger wird bis hin zu meinem Lieblingsthema: Dass die Leute ihren Müll überall rumschmeißen und ihn liegen lassen und sich eigentlich überhaupt nicht mehr Gedanken machen, ob das jemand anderen vielleicht stören könnte. Die Leute sind aus meiner Sicht egoistischer geworden. Die gehen da zum Feiern, egal, ob an einen See oder sonst irgendwo. Hauptsache, es geht dem Menschen gut. Aber ob die Hinterlassenschaften dann jemand wegräumen muss oder ob sich jemand gestört fühlt durch den Lärm, das ist den Leuten heute mehr egal als früher."

„Wenn ich sehe, wie heutzutage Menschen gedankenlos verletzend sind in der Wortwahl oder auch in öffentlichen Auftritten. Aber das kann dir jederzeit auch von einer Sekunde auf die andere vorm Museum passieren. Schmeißt einer vor meinen Augen eine Kippe am Boden, obwohl der Aschenbecher daneben ist. Und dann sage ich zu ihm: ‚Ja, meinen Sie, wer das jetzt aufhebt, die Kippe? Das bin nämlich ich.' ‚Ach', und da geht es schon los. Da kannst du den Stinkefinger kriegen, da kannst du eine freche Antwort kriegen und das kann dir auch in der S-Bahn passieren. Da legt so ein Bursche, meistens sind es, muss man leider sagen, sind es so Araber-Gestalten, legen bewusst die Füße auf den gegenüberliegenden Sitz. Du kommst hin und willst dich dahinsetzen, sagst: ‚Könnten Sie bitte die Füße runternehmen?' Kriegst sofort was Freches als Antwort. Ich wundere mich nicht, wenn inzwischen immer mehr Leute Angst haben davor, Position zu beziehen, wenn jemand sich danebenbenimmt, weil man heute gewärtig sein muss, dass man von bestimmten Personenkreisen, die von Hause aus eben diese, ich sage jetzt mal, Türken sind und in einer Macho-Gesellschaft aufgewachsen sind. Die Mütter erziehen ihre Söhne als Machos und so benehmen sie sich auch, und das kannst du jederzeit gewärtig sein, dass du eine Watschen kriegst oder dann vielleicht in die Gleise fliegst oder sonst irgend so was. Das passiert hier jeden Tag. Und das finde ich schon sehr bedenklich, diese Entwicklung, die wir da sehen. Und das empfinde ich als Gewaltanwendung."

„Insgesamt in Deutschland ist leider die Tendenz, dass immer mehr Leute immer mehr egoistisch, rücksichtslos-egoistisch sich benehmen und jederzeit bereit sind, verbal Attacken zu fahren. So schnell kannst du gar nicht schauen, dass auf einmal jemand dir gegenüber sich aggressiv verhält."

Gewalt ist Vernachlässigung der Versorgung und Fürsorge der eigenen Familie

Die Familie ist die Keimzelle einer richtigen und guten Gesellschaft. Alle erwachsenen Familienmitglieder haben, je nach Geschlecht und Position, eine unbedingte Verpflichtungen der Fürsorge nach innen und außen: Familie als ein Organismus, in dem jedes Organ an seinem Platz bestimmte Funktionen übernehmen muss, damit das Ganze funktioniert. In der Gesellschaft hat jeder und jede Einzelne eine moralische Verpflichtung für Aufgaben in seiner bzw. ihrer Rolle. Das ist die Hintergrundfolie, vor der jede Form der Gewalt in der Familie für Konservative ein unerhörtes Sakrileg ist. Das ist zum einen die Verletzung konkreter Personen, zum anderen die Verletzung und Zerstörung der Keimzelle (Familie, Gemeinwesen) mit symbolischer Kraft. Allein zu wissen, dass es so etwas gibt, ist für Konservative (vor allem für Frauen) emotional und kognitiv kaum auszuhalten.

„Was ich höre, ist ganz viel Gewalt in Familien gegen Kinder und Frauen. Das ist etwas, was ich gar nicht tolerieren kann und was mich furchtbar belastet."

„Ich kann das immer gar nicht verstehen, wie Menschen so gewalttätig sein können Hilflosen gegenüber."

Neben roher körperliche Gewalt von Männern gegenüber ihrer Frau und ihren Kindern, was es auch „früher" gegeben habe, wohl auch psychische Gewalt und autoritäre persönliche und finanzielle Kontrolle der Ehefrau (das seien aber auch andere Zeiten gewesen), liest man immer häufiger von *sexuellem Missbrauch* in der Familie. Solches ist entsetzlich und zeigt nicht nur, welche Gewalt wehrlose, ausgelieferte Kinder und Frauen erfahren, sondern der auch die Fundamente unserer Gesellschaft ausgesetzt sind.

Ähnlich verwerflich ist, was sie in Kontexten ihrer Ehrenämter und Berufstätigkeit erfahren, wenn sie Kontakte zu Menschen aus anderen sozialen Schichten, Klassen und Milieus haben: Männer, die ihre Familie nicht ernähren – weil sie aus Bequemlichkeit nicht arbeiten oder ihre Erwerbsarbeit vernachlässigen; weil sie ihre Frau und Kinder verlassen und den Unterhalt nicht zahlen; weil sie das Geld ihrer Erwerbstätigkeit zu erheblichem Teil für ihre persönlichen Hobbys oder Laster ausgeben.

„Also das ist für mich totale Gewalt, wenn man Kinder nicht ernährt, obwohl man das Geld hat. Also wenn man sich selber vorzieht vor einer Frau oder einem Kind, und das Geld verplempern durch Kartenspielen, durch Trinken, durch wer weiß was, und sorgt nicht für seine Familie. Also für mich ist das körperliche Gewalt, sogar Vernachlässigung."

Ebenso gibt es heute wohl auch Mütter, die ihre Kinder vernachlässigen. Das ist für Konservative noch ungeheuerlicher, macht sie fassungslos, man blickt hier in einen Abgrund. Natürlich muss man dann zunächst schauen, betonen Konservative (v. a. Frauen), was Frauen denn dazu bewegt, ihre Kinder zu vernachlässigen oder gar zu missbrauchen. Das ist ein Werteverfall, aber da muss man auf die individuellen Umstände und sozialen Strukturen sehen (mit Blick auf Prävention und Hilfsmöglichkeiten), denn diese Frauen sind wohl einfach krank, hilflos, überfordert, alleingelassen, am Rand ihrer Kräfte oder selbst aktuell oder in ihrer Kindheit Opfer von Gewalt gewesen.

Dazu in stärkstem Kontrast beschreiben Konservative ihre eigene Familie sowie ihren bisherigen Lebensverlauf (nach der Jugendzeit) als absolut oder weitgehend gewaltfrei.

„Mir ist nie Gewalt begegnet persönlich. Ich gehöre zu diesen glücklichen Frauen, die aus einer total gewaltfreien Familie stammt, weder die Eltern noch die Großeltern noch sonst wer. Es gab keine Gewalt bei uns. Und mir ist auch nie was begegnet."

„Ich war ja als berufstätige Frau viel selbständig unterwegs, alleine. Ich musste ja in ganz Europa umeinander fliegen und war oft auf mich ganz allein gestellt. Aber mir ist nie persönlich irgendwas begegnet, was ich mit Gewalt in Verbindung bringen würde. Natürlich, wenn man alleine ist als Frau, wird man schon mal angemacht. Aber ich glaube, durch meine Persönlichkeit, durch mein Verhalten, durch meine Reaktion haben die meisten dann sofort einen Rückzieher gemacht."

Es gibt aber jene, die als Kind massive körperliche Gewalt in ihrer Herkunftsfamilie erlebten, in der Regel des Vaters gegenüber der Mutter oder Geschwistern, und persönlich erlitten:

„Mein Vater war ja 31 Jahre älter als meine Mutter, das war seine zweite Ehe. Leider wurde der sehr jähzornig und auch sehr aggressiv im Verhalten mir gegenüber, aber auch meiner Mutter gegenüber. Und sie hat oftmals was abgekriegt, und zwar ganz schlimm, wenn sie sich schützend vor mich gestellt hat. Und für ein Kleinkind ist das furchtbar, weil du dann das Gefühl hast, du bist schuld, ja, dass es jetzt wieder Ärger gegeben hat."

„Kinder streiten sich auch einmal und gehen aufeinander los. Aber mein Vater hat dann sofort auf mich eingeprügelt, ohne zu fragen war immer ich die Schuldige. Und daher kommt mein Gerechtigkeitsbewusstsein. Das ist bei mir stark ausgeprägt. Wenn ich ungerecht behandelt worden bin, das habe ich nicht ertragen können. Und das war halt schon schlimm, was da so an körperlicher Gewalt auf mich losgelassen worden ist: büschelweise Haare ausreißen bis zu Prügel und so weiter. Also das gipfelte eben dann auch darin, dass er meiner Mutter mit der Faust ins Gesicht geschlagen hat und ihr die Nase, das Nasenbein gebrochen hat. Also das sind schon Sachen, die sind traumatisch."

Respektlose Aggression gegenüber staatlichen Institutionen und ihren Repräsentanten

Gewalttaten registrieren Konservative auch zunehmend als enthemmte Diffamierungen gegenüber Politikern auf Bundes-, Landes- und kommunaler Ebene, vermeintlich mit dem Recht auf Meinungsfreiheit und der Kulisse der Demokratie. So werden auf lokaler und regionaler Ebene Bürgermeisterinnen und Bürgermeister, Ortsräte und Stadträte auf Demonstrationen und in Leserbriefen der lokalen Presse verunglimpft, werden ihnen böse Motive, Vetternwirtschaft oder Machtmissbrauch unterstellt. Traurige Höhepunkte dieser Respektlosigkeit gegenüber staatlichen Institutionen sind etwa Pegida- oder Legida-Demonstrationen, Anti-Corona-Demonstrationen sowie die Parolen und Symbole gegen die Bundeskanzlerin. Und es ärgert Konservative zutiefst, wenn solche Agitatoren in der Presse als „konservativ" bezeichnet werden. Denn Hetze und Diffamierung in populistischer Absicht – auch seitens mancher Politiker und Politikeinsteiger (Bsp. Maaßen) – haben nichts mit einer verantwortungsbewussten konservativen Haltung zu tun. Insofern sprechen sich Konservative für eine deutlich schärfere Strafgesetzgebung bei solchen Vergehen aus, auch bei verbalen, ehrverletzenden und hetzenden Angriffen für eine deutlich schnellere, auf Wirksamkeit zielende Bestrafung. Es gilt, solchen Angriffen von „Verrückten" (deren Wertemaßstab buchstäblich *ver-rückt* ist) Einhalt zu gebieten.

„Nehmen wir jetzt nur mal die Politiker, die verfolgt werden, egal, ob von rechts- oder linksradikal. Die werden ja von allen Seiten angegriffen. Diese, diese Bedrohungen. Die haben Angst, ihr Amt auszuüben. Wie kann denn so was passieren? Das kann ich nicht verstehen, dass da nicht mehr Achtung drauf gelegt wird oder dass das nicht besser beobachtet wird, wenn Leute wie der Lübcke[28], der letztes Jahr ermordet worden ist. Oder da ist letztes Jahr ein Bürgermeister in einem Lokal mit einem Messer angegriffen worden,[29] und der auf die Kölner Bürgermeisterin.[30]"

„Bei unserer demokratischen Lebensweise, die wir ja alle genießen, ist das natürlich schwer, jemandem Einhalt zu gebieten. Und vielleicht muss man das mehr mit konsequenter Verwarnung, konsequenter Bestrafung machen. Auch in den ersten Anfängen schon und nicht sagen, auf Bewährung darfst du jetzt drei Wochen oder drei Monate nichts machen. Das hilft überhaupt nicht bei solchen Leuten, weil da ist ja im Kopf was nicht ganz richtig."

Gewalt sehen Konservative auch in egoistischer Missachtung gesetzlicher Vorgaben zum Gesundheitsschutz. So zitieren sie beispielsweise ein Ereignis zu Beginn der Corona-Pandemie, als in Göttingen die Bewohner eines Wohnhauses mit Angehörigen, Freundinnen und Freunden zum Fastenbrechen des Ramadans (Zuckerfest) am 23. Mai 2020 ein großes privates Fest feierten, bei dem sich zahlreiche Menschen infizierten.[31] Gewalt an der Gesellschaft sowie fahrlässig bis in

---

28 Der Kasseler Regierungspräsident Walter Lübcke wurde am 1. Juni 2019 vor seinem Wohnhaus bei Kassel erschossen. Als Tatmotiv nannte der Täter in seinem Geständnis Äußerungen Lübckes während der Flüchtlingskrise 2015. Lübcke hatte sich für die Aufnahme von Flüchtlingen eingesetzt und war der Hetze gegen diese von Seiten der *Kagida*, des Kasseler Ablegers der islamfeindlichen und rassistischen Pegida, bei einer Bürgerversammlung im Oktober 2015 öffentlich entgegengetreten. Danach war er zahlreichen Anfeindungen und Morddrohungen ausgesetzt.
29 Am 27. November 2017 wurde Andreas Hollstein, Bürgermeister von Altena (NRW), in einem Döner-Restaurant von einem Täter mit einem Messer angegriffen und verletzt. Der Täter sprach den Bürgermeister mit den Worten an: „Sie lassen mich verdursten und holen 200 Flüchtlinge nach Altena." Daraufhin drückte er dem Bürgermeister ein Messer gegen den Hals. Die Ladenbesitzer eilten dem Angegriffenen zur Hilfe. Der Bürgermeister erlitt eine lange Schnittwunde am Hals.
30 Am Tag vor ihrer Wahl zur Kölner Oberbürgermeisterin wurde am 17. Oktober 2015 ein Messerattentat auf Henriette Reker verübt. Mit einem Messer verletzte der Täter Reker sowie eine weitere Frau schwer, drei weitere Personen leicht. Reker war als Beigeordnete für Soziales, Integration und Umwelt der Stadt Köln auch für die kommunale Unterbringung von Flüchtlingen im Rahmen der Flüchtlingskrise in Deutschland zuständig. Die Staatsanwaltschaft ging bei der Tat von einem „eindeutig fremdenfeindlichen Hintergrund" aus.
31 Mit polizeilichem Aufwand wurden alle Teilnehmerinnen und Teilnehmer ausfindig gemacht und getestet. Der Effekt: 230 Personen in Stadt und Landkreis Göttingen mussten in Quarantäne, weitere 140 im weiteren Niedersachsen und Nordrhein-Westfalen. Die Zahl der Neuinfizierten betrug 80 Personen. Die daraufhin beschlossenen Maßnahmen waren, dass Göttingen aufgrund dieses massenhaften Ausbruchs des Coronavirus neun allgemeinbildende Schulen, die Berufsschulen und vier Kindergärten im Stadtgebiet schloss;

Kauf genommene Lebensgefährdung und Tötung anderer sind für Konservative auch sogenannte Corona-Partys, bei denen vor allem Jugendliche sich absichtlich infizieren wollen, um danach als Genesene alle Feier-, Konsum- und Bewegungsrechte zu haben.

Unmoralische Gewalt politischer Amtsträgerinnen und Amtsträger

Die Mehrheit von Konservativen zeigt Loyalität gegenüber politisch legitimierten Institutionen sowie den Amtsträgerinnen und Amtsträgern. Politische Amtsausübung benötigt Macht und liegt in der verfassungsrechtlichen Grundstruktur der freiheitlichen Demokratie, die durch staatliche Gewaltenteilung gesichert ist. Ähnlich dem Machtmissbrauch in marktwirtschaftlichen Unternehmen gibt es auch in politischen Organen immer wieder Gewalt, die nicht gerechtfertigt ist. Einige (wenige) Konservative sprechen parteipolitische Gewalt an, die sie beobachten nach innen gegenüber hierarchisch niedergestellten Mitgliedern (oft ihnen selbst), wie auch nach außen zu Propagandazwecken. Solche Kritik kommt aus dem humanistisch-christlichen Lager dieses Milieus und wird geäußert mit dem Hinweis, dass ihre Kritik aus ihrer wertebasierten Überzeugung kommt, dass solcher Machtmissbrauch im Gewand von Amt oder Mandat nicht hingenommen oder verschwiegen werden darf, sondern man dieses klar und widerständig kritisieren muss.

„Ich habe auch nie aufgehört, auch das offen anzusprechen, was mir nicht gepasst hat. Ich kann Ihnen jetzt nicht sagen, welche Anträge wir damals konkret formuliert haben. Auf jeden Fall kann ich mich bloß an eine Episode auf einer Landesdelegiertenkonferenz erinnern. Wenn sie als Delegierte für einen Landkreis dort sind, dann machen sie ja Anträge und haben sich was dabei gedacht. Also das machst du ja nicht allein, du bist ja immer im Team. Und dann wird das einfach auf der Delegiertenkonferenz von einem der Oberen im Vorfeld abserviert, oder sie versuchen es abzuservieren, indem sie es wegschieben ‚zur weiteren Bearbeitung.' Na ja, und das war damals der Bundestagsabgeordnete N. Und da bin ich aufgestanden und ans Mikrofon gegangen, habe gesagt: ‚So geht das nicht. Wir sind hier nicht im Bundestag, sondern wir sind hier auf einer Landesdelegiertenversammlung, einem Parteitag und ich lehne es ab, dass Sie einfach unsere wohldurchdachten Argumente und unseren Antrag einfach auf den Verschiebebahnhof schieben.' Großer Applaus, das ganze Auditorium. Und dann wurde verhandelt."[32]

---

ebenso elf Schulen im Landkreis. Durch den Egoismus und die Rücksichtslosigkeit weniger ist vielen Menschen in Göttingen damit Gewalt angetan worden – so die Perspektive von Konservativen.

32 Zitat einer Frau, die vor über 40 Jahren in die CSU eingetreten war mit dem Motiv, mit dieser machtvollen Partei etwas bewegen zu können, für die das Christliche und Soziale entscheidend für die Parteiwahl war, und die jahrelang in parteipolitischen Ämtern auf kommunaler Ebene engagiert war.

Eine andere Frau, mehr als drei Jahrzehnte Mitglied der CSU, beklagt propagandistische Gewalt gegenüber Andersdenkenden, von Parteigegnern bis zu Flüchtlingen. Das habe sich vor allem in der Flüchtlingskrise gezeigt, als man Menschen in dramatischer, physisch und psychisch existenzieller Lebensnot das Motiv des *Asyl-Tourismus* vorgeworfen hatte. Propaganda und Demagogie seien zwar machtpolitisch erfolgreich, gehörten aber nicht zum Kern einer Partei, die ein christlich-soziales Leitbild im Namen trägt.

„Die Seele der Partei! Na ja, das ist auf jeden Fall das Christlich-Soziale und das Soziale ist bei mir ein Schwerpunkt, ja, eindeutig. Also wo ich ernsthaft das Problem in der letzten Zeit hatte, war mit den Aussagen von einem Herrn Seehofer, einem Herrn Söder, einem Herrn Dobrindt und auch mit dem Verhalten unseres Herrn, ich nenne ihn immer Herrn Bescheuer. Also mit diesen Herrschaften habe ich ein ernsthaftes Problem seit Wochen und Monaten, speziell seitdem diese Flüchtlingsthematik aufkam. Es ist für mich unerträglich, dass man im Rahmen einer CSU, die dieses C und *Sozial* im Namen hat, dass man der Lieferant für Unwörter ist. Und das waren sie eindeutig in den Jahren 2017, 2018. Und wenn ich solche Unwörter höre von einem Herrn Seehofer oder einem Herrn Söder, dann kriege ich, also dann geht bei mir schon die Galle hoch. Ich muss aber auch sagen, was der Söder jetzt macht, der hat sich ja vom Saulus zum Paulus gewandelt und man muss anerkennen, dass er jetzt eine gute Arbeit macht. Und es gibt viele Leute, nicht nur mich in der Partei, die bisher sehr ablehnend ihm gegenüber waren und die ihn jetzt sehr positiv beurteilen, weil er eben in dieser Krise sehr nachdenklich und klar ist. Gestern habe ich mir ausgiebig die zwei Interviews von der Kanzlerin angehört. In der Krise auf einmal, jetzt wissen sie, welchen Wert sie unter Frau Doktor Merkel haben. Und vor ein paar Wochen und Monaten wollten sie sie noch wegziehen: ‚*Die muss weg!*' war das Ziel, und damit waren sie mit der AfD einig. Und wie wurde sie fertiggemacht, auf Deutsch gesagt. Die Frau bewundere ich jeden Tag, wie die in dieser Männerwelt mit dieser Arroganz dieser Schnösel von einem Scheuer oder Dobrindt, wie die mit denen zurechtkommt, das ist mir ein Schleier. Und wie sie in der Öffentlichkeit und von der Presse fertiggemacht worden ist! Und von ihr kommt niemals ein böses, verletzendes Wort zurück. Also ich habe die größte Hochachtung vor dieser Frau und ihrer Lebensleistung. Enorm. Da sehe ich ein bisschen so eine Leitfigur."

Gewalt von Führungskräften: permanente Überforderung von Untergebenen

Gewalttätigkeiten nicht körperlicher Art sind für Konservative rücksichtslose Arten der Leitung von Vorgesetzten gegenüber den ihnen zugeordneten Mitarbeitenden. Führung bedeutet, weisungsbefugt *und* verantwortlich die Mitarbeitenden zu fordern und zu fördern. Hohe Leistungsziele, Qualitätsniveaus und Fristen zu setzen, ist normal und notwendig in Wirtschaft und Administration. Zur Gewalttat wird solche Führung dann, wenn dauerhaft Anforderungen erhoben werden, die offensichtlich oder erfahrungsgemäß über das Leistungsvermögen des bzw. der Einzelnen oder des Teams hinausgehen. Solche Überforderung ist Maßlosigkeit und steht in krassem Gegensatz zum humanistischen Leitbild von Konservativen. So zu handeln, ist keine *Führung* im eigentlichen Sinn, sondern motiviert durch Sadismus oder egoistische betriebliche Ziele auf Kosten der anvertrauten Mitarbeitenden.

„Wenn ich jetzt von einem Mitarbeiter permanent mehr verlange, als der zu leisten im Stande ist, dann ist das eine Art von Mobbing und dann würde ich es auch als Gewalt bezeichnen. Ich muss einfach auch auf meinen Mitarbeiter eingehen. Das geht nicht anders."

„Es gibt sicherlich Kollegen, wo der eine oder andere anders rangeht und eben permanent Druck ausübt und Termine setzt, und die Leute damit auch psychisch so unter Druck setzt, dass man das auch Gewalt nennen kann."

„Wann kippt berufliche Führung in Gewalt? Ich denke, dann, wenn der Mitarbeiter es nicht mehr bewältigen kann. Es ist ja nicht jeder gleich, und unterschiedliche Leute können unterschiedliche Arbeitsvolumina bewältigen. Wenn ich aber von jemandem etwas verlange, das der nicht mehr machen kann, wozu er nicht in der Lage ist, entweder rein zeitlich oder auch vielleicht, ja, intellektuell, dann könnte man sagen, dass das dann in Gewalt umschlägt."

Vandalismus und Aggressivität in der Öffentlichkeit: zwischen Courage und Rückzug

Auf ihren beruflichen oder privaten Wegen außerhalb ihrer Wohnung und Wohnumgebung nehmen Konservative immer wieder – etwa auf Bahnhöfen, Haltestellen, Fußgängerwegen, Sportveranstaltungen, Freizeiteinrichtungen, Einkaufszentren, Malls etc. – nicht nur rücksichtslose Menschen wahr, sondern auch aggressive, die Streit suchen und Widerspruch provozieren, um sich dann nicht mehr nur verbal, sondern auch mit körperlicher Gewalt durchzusetzen bzw. um in solchen Situationen ihre Stärke zu demonstrieren.

Konservative nehmen bei Jugendlichen und jungen Erwachsenen, besonders bei jenen mit mutmaßlich türkischem, arabischen, russischen oder südosteuropäischen Hintergrund wahr, dass diese zunehmend Regeln des anständigen Miteinanders verletzen, weil sie – so die Vermutung – die in Deutschland geltenden Regeln nicht kennen, weil sie diese nicht respektieren und sich selbstbewusst nicht anpassen, oder weil sie Regeln bewusst und gezielt brechen, um Anwesende zu provozieren: ein Machtspiel, wobei die Aggressoren offenbar wissen, dass bürgerliche Menschen sich auf eine körperliche Auseinandersetzung nicht einlassen wollen, weil sie den Kürzeren ziehen würden und ihnen eine verbal laute Auseinandersetzung peinlich wäre, dass sie als Provokateure gewinnen, weil sie als Gewaltmittel Worte, Sprechformen, habituell-körperliche Drohgebärden jenseits der akzeptierten Konvention einsetzen, über die Gutbürgerliche und insbesondere Ältere nicht verfügen oder zu denen diese aus moralischen oder stilistischen Gründen nie greifen würden, und denen sie ohnmächtig gegenüberstehen. So sehen sich nicht nur ältere, sondern auch jüngere Konservative in der Ambivalenz zwischen Einmischen mit dem Risiko der mentalen oder gar physischen Verletzung ihrer Person wie ihrer Begleiter bzw. Begleiterinnen, und dem Rückzug mit der Maxime von Selbstschutz und situativer Klugheit. Das tun sie in dem Wissen, dass sie diesen „Sozialvandalen" damit das Feld überlassen und sie in ihrem Verhalten bestärken.

„Also bei einer Sportveranstaltung, die ich mit meiner Familie besucht habe, waren ein paar Jugendliche, die da einfach keine Ruhe gegeben haben. Dann hab' ich die angesprochen und die gebeten, ruhiger zu sein. Dann sind die sofort aggressiv geworden und haben uns gedroht. Also die sind aufgestanden und sich dann mir und meiner Familie frontal gegenübergestellt, haben deutlich klar gemacht, wenn wir nicht sofort still sind und weggehen, dann werden sie mit der Faust gegen uns losschlagen. Ich hatte Sorge, dass die ihre Drohung wahrmachen, und weil das jetzt keine kriegsentscheidende Situation war für uns, habe ich zurückgezogen."

„Wenn ich ehrlich bin, an solchen Situationen gehe ich vorbei. Ich nehme das dann aus dem, ja aus dem Augenwinkel heraus wahr, aber es würde mir da, ehrlich gesagt, jetzt nicht einfallen, in solchen Situationen, wo ich immer sage, wo die Leute sich bewusst hineinbegeben, wenn die so am Hauptbahnhof herumstehen, zu viel getrunken haben, dass ich da in irgendeiner Art und Weise, ja, dazwischengehen würde und mich da ins Spiel bringen würde. Das würde mir nicht einfallen."

„Also ich bin nicht derjenige, der sich körperlich groß einmischen würde. Ich ziehe mich da lieber zurück. Und ich habe dann schon die Sorge, dass wenn man jemand angeht oder sich wehrt, dass man dann, ja, Verletzungen davonträgt. Das muss ich nicht haben. Also ich bin nicht der, um sein Ego zu befriedigen oder um Recht zu haben, der sich durchsetzen möchte oder muss."

Persönliche Tabuzonen: Wissensvorrat riskanter Ort-Zeit-Areale

Was schützt vor solchen Situationen? Es ist bei Konservativen die bewusste Vermeidung von Orts- und Zeitzonen virulenter Gewalt. Man meidet bestimmte Stadtteile und Straßen kategorisch (weil man ohnehin dort nichts zu tun hat; auch nicht auf dem Weg zum Zielort). Andere Straßen, Parks, Plätze, Lokalitäten nutzt man nur in bestimmten sicheren Zeitfenstern; außerhalb dieser, etwa am späten Abend und nachts, meidet man sie möglichst. Die Grenze zwischen sicheren und unsicheren Zeitfenstern ist nicht scharf und fix gezogen, sondern hat graduelle Übergänge. Diese sind auch davon bestimmt, ob man allein unterwegs ist, zu zweit oder in einer Gruppe, als Paar, mit Kindern.

Frauen zeigen hier eine noch größere Vorsicht; aber auch Männer dieses Milieus orientieren sich an diesem sozialräumlichen Wissensspeicher über sichere und unsichere Areale im näheren und weiteren Wohnumfeld. Dieser Wissensvorrat wird über längere Zeit konstant gehalten. Als unsicher markierte Pfade und Plätze zu bestimmten Tages- und Nachtzeiten behalten über Jahre diesen Index in der lokalen Orientierung. Insofern sind die adaptierten, vermuteten, durch selektive Informationen und konfirmatorische Erlebnisse immer wieder bestätigten Risiken in bestimmten Ort-Zeit-Arealen ein erheblich limitierender Faktor der Bewegungsfreiheit. Das Argument ist die Klugheit, sich dort drohender Realität nicht auszusetzen.

In der milieuspezifischen Wirklichkeitsbeobachtung von Konservativen gab es in den letzten Jahrzehnten fortschreitend einen Verlust gesellschaftlicher Sphären, der andauert und sich ausdehnt. Bestimmte Bereiche sind der bürgerlichen Mehrheit zu bestimmten Zeiten, kaum noch umkehrbar, abhanden gekommen. Solche Räume ihrer eigenen Stadt sind ihnen durch regelmäßige Gewaltsituationen und das drohende Gewaltpotenzial genommen, zu bestimmten Zeiten nur unter Gefahr zugänglich, annektiert durch gewaltbereite Personen, Gruppen, Clans, vor denen auch die Polizei resigniert und nur noch symbolisch eingreift aus Mangel an Personal, Courage oder Erfolgsaussichten. Der Wunsch nach mehr Polizeipräsenz ist bei Konservativen sehr ausgeprägt, aber sie wollen keinen Polizeistaat.

„Wir sind jetzt nicht permanent irgendwo draußen, also dass ich jeden Abend da durch die Straßen ziehe, durch die Lokale ziehe. Ich denke, wenn man sehr viel mehr in der Öffentlichkeit wäre, vielleicht auch noch in der Nacht, ist man sicherlich mehr solchen Gefahren oder solchen Situationen ausgesetzt. Wenn eben Alkohol im Spiel ist, wenn da bestimmte Gruppen, wie, ja, Jugendliche, die ihre Power ausleben müssen, da unterwegs sind. Ich muss schon sagen, ich bin da eher der familiäre Typ. Natürlich gehen wir mal abends weg. Aber das ist eben nicht so häufig, wenn, dann meistens tagsüber, dass man in die Stadt geht oder in eine Veranstaltung oder auf dem Arbeitsweg. Das ist ja alles zu normaler Tageszeit, wo man solchen Situationen eigentlich weniger ausgesetzt ist. Und das Gleiche gilt auch für die Kreise, wo man sich dann bewegt."

„Also ich fühle mich sehr, sehr sicher in Bayern, in München, in Deutschland. Ich sehe da jetzt keinen Brennpunkt von Gewalt. Natürlich weiß man, dass es da so Orte gibt, da wo man besser nicht hingeht, also was ich kenne da, Nussbaumpark oder so Geschichten, das liest man ja manchmal. Aber ich muss jetzt nicht abends um 23:00 Uhr unbedingt durch den dunklen Nussbaumpark gehen, wo ich vermuten würde, dass da vielleicht so Gestalten sich rumtreiben. Ja, wo man, ich würde nicht mal sagen, wo man dann Angst haben muss, sondern wo man sich vielleicht eher in das Risiko begibt, da angepöbelt zu werden. Und wenn man da nicht ganz schnell mit eingezogenem Kopf durchgeht, dann Gefahr läuft, da eins auf die Mütze zu bekommen. Wenn man weiß, da ist jetzt eine Gruppe Jugendlicher zu später Stunde schon etwas angedudelt, dann muss ich jetzt nicht in die Gruppe rein und sagen, ihr seid schon überfällig, geht nach Hause. Also das ist nicht meine Rolle."

Insbesondere ältere Konservative fühlen sich an bestimmten öffentlichen Orten mittlerweile unbehaglich und haben die Sorge, dass sie zufälliges Opfer von Aggressivität werden könnten. Als ein medial prominent berichtetes Beispiel nennen einige den Fall einer jungen Frau, die 2016 in Berlin von einem Unbekannten getreten und die U-Bahntreppe heruntergestoßen wurde. Dies wurde auf Video festgehalten, auf dem zu erkennen war, dass der Angreifer ein junger Erwachsener und vermutlich Ausländer war. Ähnliches sei 2017 einem Mann widerfahren, ebenfalls in Berlin. Solche von Fernsehnachrichten und Tageszeitungen berichteten Fälle haben für Konservative etwas Symbolisches, mahnen zur Vorsicht und stigmatisieren Städte (v. a. Berlin). So treffen Konservative an Orten, die sie nicht meiden können oder wollen – etwa an Bahnhöfen – persönliche Sicherheitsmaßnahmen:

„Auf Bahnhöfen, U-Bahn- und S-Bahnstationen ist man ja nun Gott sei Dank wenigstens so weit schon, dass da Kameras installiert werden. Also das ist so der einzige Ort, wo ich mich unbehaglich fühle: auf Bahnhöfen. Weil ich bin ja immer mit der S-Bahn oder mit dem Zug gefahren. Und da bin ich schon mit Vorsicht. Das heißt, da gucke ich mir die Leute an, die mir entgegenkommen. Oder ich stelle mich sehr weit weg von der Bahnsteigkante. Und seitdem man diese Frau da die Treppe runtergeschubst hat, habe ich auch immer die Hand am Geländer. Es hat mich verunsichert. Weil das habe ich früher nicht gehabt. Natürlich nicht. Aber nicht, weil ich jetzt alt und zittrig bin, sondern weil ich denke, so habe ich noch eine Chance, mich eventuell ja vor dem Schlimmsten zu bewahren."

Typische Typologie der Täter von Gewalttaten

Als aufmerksame und kritische Beobachtende gesellschaftlicher Verhältnisse und Veränderungen deuten Konservative gewalttätige Ereignisse, suchen nach Erklärungen und sortieren Taten und Tätergruppen nach Hintergründen, Herkünften, Motiven. Das daraus entstandene Spektrum solcher Alltagstypologien ist in diesem Milieu vielfältig und von individueller Färbung, aber es gibt inhaltliche Muster der Gruppenunterscheidung. Daher soll hier beispielhaft eine typische Gewaltsortierung skizziert werden:

1. *Extremreligiös oder extrempolitisch fundierte Ideologie*: Menschen, die das politische, wirtschaftliche und rechtliche Gefüge in Deutschland nicht akzeptieren. Ihnen geht es darum, mit der Vision einer anderen Gesellschaft die aktuelle Gesellschaft hier zu stören und bestenfalls zu zerstören. Sie erkennen die formale demokratisch-freiheitliche Verfassung der

Bundesrepublik nicht an, nicht die etablierten bürgerlichen Werte, nicht den Lebensstil der Mehrheit, nicht die organisatorischen Strukturen in Politik, Administration, Recht und Wirtschaft: Dazu gehören Gruppen vor allem von Rechtsextremisten und Rechtsnationalen (inkl. Reichsbürger, Pegida, mittlerweile weite Teile der AfD), ebenso Islamisten und Linksradikale (autonome Szene, der vermummte „Schwarze Block" bei Demonstrationen).

2. *Haltlosigkeit und Orientierungsverlust*: Menschen, die keinen Anker im Leben haben (also in diametralem Gegensatz zum ersten Typus stehen): keine stabile Familie, kein stabiles soziales Umfeld, keinen geregelten Tagesablauf durch Beruf oder andere Verpflichtungen (Familie, soziales Engagement oder Ehrenamt), sich solchen Verpflichtungen und Strukturen entziehen bzw. es in solchen nicht aushalten aufgrund geringer Anpassungsbereitschaft und niedriger Frustrationstoleranz. Sie haben keinen äußeren Rahmen, keine Aufgaben, keine Verpflichtungen, trainieren nicht Selbstdisziplin, Zielorientierung, Ausdauer. So ziehen diese Menschen ziellos und wahllos durch die Straßen und geraten in Situationen der Gewalt: Flaneure und Vagabunden, die es nicht nur in der Anonymität urbaner Zentren gibt, sondern auch in ländlichen Orten. Bei ihnen können Frust über die eigene Lebenssituation, mangelnde soziale Einbindung oder gar soziale Stigmatisierung zu Kontrollverlust führen, sodass sie gewalttätig werden. Solche Underdogs sind nicht nur Einzelgänger, sondern auch in Gruppen unterwegs. Dabei hat die Gruppe eine stabilisierende Funktion, fordert Binnensolidarität und erschwert dem Einzelnen den Ausstieg in einen anderen Alltag. Gerade Gruppen entwickeln dabei eine eigene Struktur mit Verbindlichkeiten, die dem Einzelnen Halt gibt – was ein Aussteigen erschwert. Weil die Gruppe ja eigentlich nichts zu tun hat, oft Langeweile herrscht, man ziellos auf der Suche nach Bewegung, irgendeiner Action und Erregungszuständen ist (die zudem kein Geld kosten darf), werden mitunter Unbekannte, Passantinnen und Passanten zum Gegenstand und Opfer provozierender Agitation – aus Spaß, Zeitvertreib, Selbstbestätigung sowie zur Anerkennung in der Gruppe. Gerade Menschen ohne Anker im Leben sind anfällig für extremistische Ideologien des ersten Typs und finden darin Halt – womit sie von einer exzentrischen Gruppe in eine andere switchen.

3. *Strafrechtliche Kriminalität* aufgrund von Habgier, Hass, Rache etc.: zum Beispiel Raub, Vergewaltigung, Entführung etc.

„Meistens haben sie irgendwas, entweder eine Schwäche oder sie haben was zu verbergen oder sie wollen einen kurzfristigen Effekt erzeugen, um dadurch was zu erreichen. Und das habe ich Ihnen ja am Anfang gesagt, ich bin in meiner Art geradlinig, offen und ehrlich. Und wem das nicht passt, der soll es mir sagen. Auch damit kann ich umgehen. Aber Sie werden niemals bei mir erleben, dass ich, um einen Effekt zu erreichen oder einen Vorteil mir zu verschaffen, irgendeine Halbwahrheit oder eine Lüge loslasse. Das mache ich nicht. Das ist mir ganz fremd."

In der Regel, so betonen Konservative mit dem Hinweis auf Ausnahmen, kommen Täter körperlicher Alltagsgewalt aus unteren sozialen Klassen, Schichten und randständigen Milieus: Männer mit geringer Bildung und geringem Einkommen, persönlich frustriert und nicht hinreichend mit Werten und Normen gefestigt, als dass sie ihre Aggressionen bändigen und umleiten oder ihren Neid auf andere bzw. unrealistische Sehnsüchte zähmen könnten. Dass Frauen zu Täterinnen werden, gerät erst nach längerem Nachdenken ins Blickfeld. Aber es gibt nach Einschätzung und Erfahrung von Konservativen auch Frauen, die zu Gewalt greifen – nur mit oft anderen Mitteln und Strategien:

„Bei den Frauen ist es mehr die Intriganz, bei Männern ist es meistens echte Aggressivität in irgendeiner Form. Also Frauen sind seltener aggressiv in ihrem Grundmuster. Die sind es eben verdeckter. Die organisieren was hintenrum, um dich irgendwie niederzumachen oder irgendwas zu erreichen."

„Man sagt ja, dass jede Menge Männer von Frauen auch im Eheleben dran glauben müssen. Kennengelernt habe ich niemanden. Aber man sagt, dass es tatsächlich Frauen gibt, die ihre Männer schlagen oder auch vergewaltigen. Ich kann mir das zwar nicht vorstellen, aber na ja."

„Die Täter kommen schon aus allen Schichten, würde ich sagen, fast aus allen Schichten. Aber in der Mehrheit so aus den einfachen Schichten, weil die einfach auch dieses Auftreten oft nicht haben. Das liegt auch schon ein bisschen an der Umgebung, in der sie leben, und wo sie sich aufhalten, wie sie sich verhalten, wie sie sich benehmen."

„Die körperliche Gewalt, das sind die aus der Arbeiterklasse. Eindeutig. Ganz wenige denke ich, die ausrasten. Nehmen wir mal so Banker oder Ärzte. Wenn die aggressiv werden, dann sind sie krank. Dann haben sie ein Alkoholproblem oder Drogen oder sonst irgendwas. Aber das ist rar. Jedenfalls in meinem Umfeld."

Deutlich häufiger als körperliche Gewalt geht von Männern gehobener Schichten verbale, psychische und sexuelle Gewalt aus. Das geschieht etwa im beruflichen Umfeld im Rahmen der Personalführung. Ob in beruflichen Kontexten, in der Öffentlichkeit oder privat ist es wichtig, die eigene Widerständigkeit und die gesetzten Grenzen durch selbstsicheres Auftreten zu zeigen – das ist auch Pflicht zur Verteidigung der eigenen Würde und des eigenen Willens. Selbstverständlich ist das keine Garantie, niemals Opfer von gewalttätigen Übergriffen zu werden, aber eine wirksame Präventionsstrategie:

„Also ich spiele ja Golf und bin da im Vorstand. Und da gibt es immer wieder dieses Scharmützel mit dem Präsidenten, der einfach mir sagen will, wie ich meinen Job zu machen habe. Und manchmal vergreift der sich im Ton. Und dann sage ich: ‚Wenn Ihre Frau sich das gefallen lässt, wie Sie mit mir reden, ist das ihre Sache. Aber mit mir nicht!' Und meistens hat das dann auch Erfolg. Dann kommt ‚So habe ich es nicht gemeint, Entschuldigung oder so.' Man muss die Männer darauf hinweisen, dass sie sich vergreifen im Ton, dass sie sich vertun. Wenn man es sich gefallen lässt, dann ist man der Verlierer. Und das gibt es auch in den allerhöchsten Kreisen. Also Leute, die durch ihre Art sich zu benehmen, zu reden, zu gebaren, die anderen niedermachen. Das ist Gewalt ausüben für mich."

„Es gibt schon sexuelle Gewalt in hohen Kreisen! Natürlich! Das habe ich allerdings auch bei der X [Firma] erlebt, dass mir jemand schlecht wollte, einer der obersten Chefs. Ich musste ja da in London internationale Seminare halten, Kurse machen und so. Der konnte nicht verkraften, dass ich ihn nicht rangelassen habe. Aber für mich kam das nicht mal andeutungsweise in Betracht. Und das habe ich ihm so deutlich gesagt, wie ich es empfunden habe. Und das hat er mir nie verziehen. Der hat dann immer versucht, an mir was zu finden, und es dem Präsidenten gesteckt. Doch der Präsident war ein ganz gelassener Engländer, Mister N., der hat sich dann wohl gedacht: ‚Na ja, ich weiß schon, woher die Glocken läuten.'"

„Ich habe mehrere Standorte unter mir gehabt. Dann muss ich mir von so einem Schnösel nicht sagen lassen, was ich besser machen kann oder ein sogenanntes Timesheet ausfüllen, wie ich meine Tage verbringe in den Niederlassungen. Und als das zur Debatte stand, habe ich gesagt, und tschüss, meine Herren. Jetzt mache ich mich selbstständig. Man darf sich nicht alles gefallen lassen. Das ist das Wichtigste. Aber da gibt es natürlich schon Männer, die ... Einer zum Beispiel hat nicht kapiert, warum ich ein größeres Auto fahren durfte als er. Der ist wesentlich später in die Firma gekommen als ich. Er war in der Verwaltung und konnte natürlich auch einsehen, was ich verdient habe. Und für eine Frau habe ich für den wahrscheinlich maßlos verdient. Aber ich habe der Firma maßlos viel Geld eingebracht. Und ich durfte mir das Auto aussuchen. Ich durfte mir ein richtig schickes, großes, flottes Auto aussuchen. Das hat er nicht verkraftet. Und dann hat er angefangen zu bohren beim Chef: ‚Was macht die denn? Die fängt erst um neun an in Stuttgart.' Aber da musste ich um sieben in München wegfahren, weil ich ja in München gewohnt habe. Das war von dem schon Gewalt, nur weil er ein Mann ist. Das ist schon Geschlechtergewalt."

Gewalt in Familien gibt es nicht nur in unteren sozialen Schichten, sondern auch in gehobenen, wohlhabenden Kreisen – oftmals klug und aufwendig kaschiert hinter edlen Kulissen. Besonders hervorheben Konservative Gewalt in Familien durch mangelnde Zeit und Aufmerksamkeit von Eltern für ihre Kinder: Wohlstandsverwahrlosung.

„Gerade in den sogenannten besseren Kreisen, da ist oftmals viel Lieblosigkeit da zu den Kindern. Manche Eltern da sind dermaßen mit ihrem Geld, Raff-raff und Konsumverhalten und Partys und Reisen und Geldmachen beschäftigt [...] Ich glaube nicht, dass die ihren Kindern oftmals überhaupt die Aufmerksamkeit angedeihen lassen und auch die Herzlichkeit, die ein Kind in ganz einfachen Kreisen sogar eher kriegt als in solchen Kreisen."

Orte hoher Dichte von Gewalt, sogenannte Brennpunkte, haben Konservative in ihrem sozialräumlichen Umfeld in der Regel nicht. Was sie beklagen, ist die Allgegenwart und zunehmende Normalität bagatellhafter Alltagsgewalt, eine sukzessive in alle Räume und Semantiken eindringende und diese durchdringende Rohheit im sozialen Miteinander beim Aufeinandertreffen von Fremden. Was gemeinhin als Brennpunkt bezeichnet wird, haben einige selbst auf ihren Auslandsreisen gesehen (Johannesburg, Chicago, New York: Bronx, Harlem, Queens – sogenannte „No-Go-Areas"). In Deutschland gibt es sicher auch solche Brennpunkte schon, wenn auch weniger heftig, vor allem in Berlin, auch in Frankfurt, Köln und manchen Ruhrmetropolen, aber weniger in Bayern, weniger in München, Nürnberg, Würzburg oder Augsburg.[33]

**Abwehr des Vorwurfs des Rassimus –
Gewalt entsteht durch fehlende Anpassung**

Aus Sicht von Konservativen sind Täter *alltäglicher öffentlicher Gewalt* (wobei sie nicht organisierte Kriminalität meinen) überproportional häufig jüngere Ausländer. Deren Unhöflichkeit, Rüpelhaftigkeit, verbale oder körperliche Verletzungen beobachten sie „überall". Unter den Gewalttätern gibt es auch zahlreiche Deutsche, aber überwiegend sind es Ausländer, die aufgrund ihres Phänotyps und ihrer Sprache als solche identifiziert werden. Konservative betonen, dass sie ihrer Beschreibung und Diagnose wegen möglicherweise des Rassismus verdächtigt werden könnten – und wehren dies proaktiv und vehement ab. Das zeigt aus ihrer Sicht, wie pauschal und perfide der Vorwurf des Rassismus mitunter instrumentalisiert wird zur Diffamierung und Stigmatisierung einer Person, die kritisch auf Missstände hinweist. Mit dem Vorwurf „*Rassist*" soll begründete Kritik an Gruppen oder Personen im Keim erstickt werden, und werden Personen, die sich in staatsbürgerschaftlicher Verantwortung äußern, außerhalb der bürgerlich-demokratischen Gesellschaft verortet. In solchen Fällen ist der Vorwurf „Rassist" ein gewaltsamer Angriff nicht nur auf eine Person, sondern auf die demokratische Kultur.

Gewalt entsteht durch und *ist* Nicht-Anpassung an geltende Regeln. Wer als Fremder, Fremde, als Migrant, Migrantin oder Flüchtling nach Deutschland kommt, muss sich unbedingt anpassen, so die normative Einstellung von älteren Konservativen: nicht Inklusion oder Integration von Migrantinnen und Migranten, sondern deren Assimilation (jüngere Konservative, deren Anteil aber recht klein ist, haben eher die Haltung der Integration) ist gefordert. Dabei zeigten sehr oft junge Männer aus arabischen, islamischen oder türkischen Kulturkreisen ein wohl in der Erziehung gründendes machohaftes Verhalten mit der Grundhaltung, ein Mann

---

[33] Hier zeigt sich, dass Grundgesamtheit der Erhebung die Bevölkerung Bayerns war: eine bei Konservativen enge Identifikation mit dem Freistaat und dessen hoher Wertschätzung im Vergleich zu anderen Bundesländern.

stünde allein qua Geschlecht hierarchisch über der Frau. Diese Einstellung vieler junger ausländischer Männer, sie könnten die kulturelle oder religiöse Vorstellung ihres Herkunftslandes in Deutschland beibehalten, auch wenn sie im Widerspruch steht zu unserer Verfassung und Kultur, führt zur auf Frauen herabblickenden Haltung und zu aggressiven Reaktionen, wenn eine Frau sie in der Öffentlichkeit nur anspricht oder sie gar auf ungebührliches Verhalten hinweist. Das ist kulturelle Gewalt jener Minderheit, die in Deutschland ihre Traditionen ohne Rücksicht beibehalten wollen. Wenn man dieses machohafte und frauenverachtende, unhöfliche und respektlose Verhalten anspricht und kritisiert, dann bekommt man in Deutschland aus manchen Kreisen schnell den Vorwurf des Rassismus oder der Ausländerfeindlichkeit – das ist Gewalt zweiten Grades.

„Viel kommt natürlich durch die Zuwanderung. Ich bin nicht rassistisch, aber ich bin schon ein bisschen deutsch denkend. Also wenn jemand in ein Land geht und dort wohnen und leben will, muss er sich anpassen. Und wenn er sich nicht anpasst, wird er in das nächste Flugzeug oder Zug gesteckt und muss nach Hause. Muss er. Wenn ich nach England komme und will in einen Bus steigen und stelle mich nicht hinten an, was meinen Sie, was die mit mir machen? Selbstverständlich muss ich mich anpassen, wenn ich in ein anderes Land gehe. Aber hier die meisten doch nicht." [Frau, 71 Jahre; mehrere Jahre Führungskraft in Unternehmen in London und Paris]

„Diese jungen Burschen, fast immer Ausländer. Also das sieht man ja, wie sie aussehen. Die Füße auf dem Sitz, auf dem ich mit meiner weißen Hose dann gleich sitzen muss. Und wenn man dann was sagt, diese Antworten, mit welchen Aggressionen da gearbeitet wird, mit welchen Ausdrücken. Das mag ich gar nicht wiederholen, was die sagen zu einem. Da kann man ruhig nett sein, man muss die nicht anmotzen. Man kann sagen, ich würde mich da gerne hinsetzen, aber mit ihren Abdrücken auf dem Polster. Na ja. Also ich habe es aufgegeben, da auch nur erzieherisch [lacht] Maßnahmen zu ergreifen."

„Ja, allein die Ausdrucksweise: ‚Halt die Fresse!' oder, ich überlege gerade, was der Letzte zu mir gesagt hat: ‚Schleich dich, du Alte!' Das ist niedermachend. Das ist verbal niedermachend. Und es gibt ja auch genügend Worte in der Richtung, die sich schon im Alltag eingeschlichen haben, die Verachtung zum Ausdruck bringen."

„Leider sind es häufig Ausländer. Also ich bin in meiner Grundhaltung überhaupt nicht ausländerfeindlich, im Gegenteil: durch meine Verwandtschaft in den USA und dass ich sehr, sehr viel im Ausland war und auch hier mit vielen Ausländern zu tun hatte. Ich bin offen auch für andere Kulturkreise, andere Menschen. Aber die Leute, die ich hier in dem Zusammenhang oft erlebe, sind ausgerechnet aus diesem türkischen und sonstigen Kreis: die Macho-Erziehung und aus dieser Erziehung heraus ihr Verhaltensmuster entwickeln und ich feststelle, dass sie ganz offensichtlich von Hause aus eine aggressive Haltung Frauen gegenüber entwickeln. Die aggressive Grundhaltung löst bei denen richtig spontane Aggressionen in irgendeiner Form aus, sei es ein Stinkefinger oder sonst irgendwas. Oder dass sie dich richtiggehend frech ansprechen."

Gewaltbereitschaft befördernde Medieninhalte

Erschreckend ist nach dem Urteil von Konservativen (insbesondere Frauen), welche Texte, Bilder und Szenen Kindern und Jugendlichen heute durch die neuen digitalen Medien zugetragen werden. Dabei verweisen sie nicht nur auf die aus ihrer Sicht zu Recht stigmatisierten und vom Jugendmedienschutz kontrollierten Angebote im Internet und auf Online-Spiele.[34] Bereits im Fernsehen im Nachmittags- und Vorabendprogramm gibt es Bilder, Geschichten, Zusammenhänge, subtil normative Botschaften vom Erlaubten und scheinbar Attraktiven, die für eine psychosoziale gesunde Entwicklung von Kindern und Jugendlichen nicht förderlich sind und ein nicht gutes Bild einer scheinbaren Normalität entstehen lassen. Fernsehen hat nicht nur eine Informations- und Unterhaltungsfunktion, sondern auch eine kulturelle (manche betonen: erzieherische) Verantwortung, der sich weder die öffentlich-rechtlichen noch die privaten Sender entziehen dürfen. Nahezu ohnmächtig reagieren Konservative auf Angebote internationaler Kanäle, insbesondere Streamingdienste wie YouTube, Amazon Prime, Netflix, Disney+, Joyn Plus+, Sky Ticket, Apple TV+ etc. Dabei zeigt sich in den Formulierungen die Forderung nach einer Kontrollinstanz, die nach Maßgabe einer wertebasierten Medienfürsorge – und nicht nach marktwirtschaftlicher Nachfrage – Produktionen ausschließt, die ein entwicklungsschädigendes Potenzial bergen. Hier haben nach Auffassung vor allem von Frauen des Milieus die Kontrollinstanzen (Jugendmedienschutz) weitgehend versagt, weil sie im Mantra der Liberalität und aus Angst vor dem Vorwurf der Zensur immer mehr die Altersgrenzen gesenkt haben, immer mehr Tabus aufgelöst und angesichts des Vorwurfs, bloß kein „Erziehungsfernsehen" sein zu dürfen, diese kulturelle Verantwortung weitgehend aufgegeben haben.

„Das klingt jetzt ganz furchtbar. Ich finde, das Fernsehen ist unmöglich. Was die an Filmen zeigen! Nicht nur an Gewalttaten, aber was die auch zeigen an sexuellen Sachen am Nachmittag. Die Jungs müssen ja ganz verrückt werden. Also so was dürfte einfach nicht sein. Und ich verstehe das nicht, wie das durchgehen kann."

---

34 Als inzwischen regelmäßige Internetnutzende kommen sie im Internet gelegentlich – jenseits der von ihnen primär genutzten Angebote – über Suchmaschinenanzeigen, Werbebanner etc. auf Seiten, die ihnen einen zwar nur ersten, aber sie entsetzenden Eindruck geben, was es im Internet überhaupt und ohne Zugangsbarriere gibt. (Anmerkung: dabei berühren Konservative gerade einmal die Oberfläche).

„Wir bräuchten eine stärkere Zensur, was Fernsehen betrifft! Auf jeden Fall was Gewalt und Sex angeht. Nicht dass ich was gegen Sex habe, aber die sich das angucken am Nachmittag, die Kinder können das ja gar nicht verarbeiten. Und die Burschen im Teenageralter denken, ach, das ist normal, was die da machen. Das ist nicht normal, wenn einer eine Frau vergewaltigt und ihr hinterher auch noch, was weiß ich, auch noch den Hals durchschneidet. Ich habe letztens erst so einen Krimi gesehen, so um sechs Uhr. Ich habe meinen Augen nicht getraut, habe gedacht, das gibt es doch nicht, dass die so was zeigen. Das ist der Zeitpunkt, wo Jugendliche doch schon fernsehen. Und das war ein öffentlich-rechtlicher Sender. Dabei haben die doch einen Staatsauftrag – in solchen Filmen und Serien werden sie als Staat nicht dem Auftrag gerecht, dass die Familie unter dem besonderen Schutz des Staates steht."

„Ich meine gut, anfangs hat jeder sich mal was angeguckt, was so moderne Geschichten sind. Aber dann habe ich gedacht, das ist ja nur Brutalität und Gewalt und Krieg und Umbringen. Und diese Computerspiele sind ja genau so. Ich habe erst einen Beitrag auf Bayern 3 gesehen, irgendwas über Computerspiele. Und das war auch so brutal. Da wurde nur abgeschossen und totgeschossen und so. Das ist doch nicht richtig. Das sind ja Kinderspiele. Wie kann man denn so was zeigen? Ist doch kein Wunder, dass die alle gewalttätig werden."

Konservative diagnostizieren, dass es in den letzten Jahren eine zunehmende Häufigkeit und qualitative Enthemmung zu verbalen Attacken gegenüber Personen oder Personengruppen gibt. Das ist durch die neuen Medien nicht erfunden oder erzeugt, sondern Folge eines Werteverfalls, vor allem sinkender Respekt vor der Würde und Unverletzlichkeit des anderen. Die Technik und sozialen Räume digitaler Medien haben einen erheblichen Schub in Richtung Hemmungslosigkeit und Skrupellosigkeit bewirkt. Die im normalen Leben hemmenden Schutzfaktoren sind in der digitalen Welt außer Kraft gesetzt durch Anonymität und Virtualität. Im fiktionalen Raum wird gezeigt und in Games ausprobiert, was später – von einigen – auf die reale Welt übertragen wird. So haben digitale Medien – trotz der unbestreitbar positiven Effekte und Nützlichkeit digitaler Kommunikation im Beruflichen wie im Privaten – zugleich bei einem wachsenden Teil der Menschen eine Erosion wichtiger Werte für den Zusammenhalt der Gesellschaft sowie der Gesellschaftsfähigkeit des Einzelnen befördert.

Nach Einschätzung von Konservativen gibt es seit einigen Jahren auch eine Enthemmung in den analogen Medien sowie bei Demonstrationen. Die Lust zu Diskreditierung und herabwürdigender Beschimpfung findet hier häufiger statt als noch vor drei oder zwei Jahrzehnten – und das im vermeintlichen Schutz der Meinungsfreiheit. Hier sehen Konservative den Rechtsstaat gefordert, die Meinungsfreiheit des Einzelnen nicht absolut zu schützen auf Kosten der Würde anderer und auf Kosten der Zivilkultur. Hier sind der Gesetzgeber, Staatsanwälte und Staatsanwältinnen sowie Richterinnen und Richter gefordert, die Würde des Einzelnen näher zu bestimmen in ihren vielen Hinsichten der Verletzbarkeit und sensibler gegenüber Verletzungen zu sein.

„Diese ganzen sogenannten Social Medias. Da kann jeder jeden Schmutz loswerden, der ihm gerade durch den Kopf geht, ohne dass irgendjemand zur Rechenschaft gezogen wird. Und man sieht, wenn man dann versucht, auch von Staats wegen tätig zu werden, dann ist unsere Justiz jederzeit bereit, das erst mal ad absurdum zu führen. Und das heißt, viele Leute haben inzwischen die Erfahrung: ‚Da passiert mir gar nichts. Ich kann jede Frechheit loswerden.'"

„Was in den Leserbriefen zum Teil für Verbalinjurien stattfinden! Da kannst du nur noch mit dem Kopf schütteln. Und das ist in den letzten Jahren eskaliert. Und ich sehe es ja auch, wenn ich mir anschaue, wie viele Spams ich jeden Tag kriege. Ganze Batterien. Permanent versucht jemand, einen übers Ohr zu hauen, was anzudrehen oder auszuspionieren."

„Woran es mangelt, ist meiner Meinung nach der Respekt vor dem Gegenüber, vor dem Mitmenschen. Da ist eine Barriere, also Höflichkeit und Respekt, dass man den anderen sein Gesicht nicht verlieren lässt. Ich habe beruflich auch mit Japanern viel zu tun gehabt, auch mit Chinesen, Indern, Pakistani, viele. Ich bin sogar geschult worden drauf, wie man mit diesen Herrschaften umgeht. Weil wir in Deutschland manchmal da auch etwas, sagen wir mal, zu wenig sensibel umgehen."

Die im Schutz einiger Medien vorangetriebene und vorbereitete Bereitschaft zu pauschaler Unterstellung unlauterer Motive und zu Beschimpfung von Personengruppen hat es vor der Digitalisierung auch schon gegeben, aber sie erfährt in der digitalen Welt eine neue Dynamik und Verbreitung mit Steigerungslogik. Da man digital schneller Gehör findet und einen verstärkenden Resonanzboden, sickern Stigmatisierungen und eine vergiftete Sprache, die man schon nicht mehr als Sprach*kultur* bezeichnen kann, in den Alltag ein. Insbesondere politische Amts- und Mandatsträger oder Menschen in (hohen) öffentlichen Positionen sind davon betroffen, von Menschen ohne faktenbasierte Belege diskreditiert zu werden. Damit wird nicht nur die gemeinte Person beschädigt, sondern die so Redenden und Schreibenden beschädigen sich selbst, ihre Menschlichkeit, indem sie in sich eine Haltung und Sichtweise erzeugen, die destruktiv, disruptiv und gesellschaftsfeindlich ist.

„Und dann hat sie mich in ein Gespräch verwickelt und sagt sie: ‚Na, diese Politiker sind alles Verbrecher.' Sage ich zu ihr: ‚Was sagst du jetzt gerade? Das kann doch nicht wahr sein. Wie kommst du denn zu so einer Äußerung? Meinst du, die Frau Merkel ist eine Verbrecherin? Meinst du, unsere Abgeordnete ist eine Verbrecherin?' Dann ist sie zurückgerudert: ‚Ach, entschuldige, nein, du hast recht. Das darf ich nicht mehr sagen.' Ich habe sie sofort zur Rede gestellt, es freundlich gesagt, aber ich habe sie <u>sofort</u> drauf aufmerksam gemacht, dass sie so was nicht sagen darf. Das sehe ich eben tendenziell, dass heute viele Menschen ganz schnell bereit sind, irgendjemanden in Schubladen zu stecken, sich hochzustilisieren in eine Hassgrundhaltung, die für mich unerträglich ist. Das ist für mich Gewalt bereits, das ist für mich Gewalt."

„Ich meine, was der Trump macht, das ist ja noch mal die übersteigerte Form von Rücksichtslosigkeit. Er lügt jederzeit, wenn er das Maul aufmacht. Fake News, das ist sein Schlagwort, um von sich selbst abzulenken und andere zu attackieren in der Vorwärtsstrategie und zu sagen: ‚Du lügst. Alles, was zu erzählst, ist Lüge.' Und das Thema Lüge heutzutage ist eben auch bei uns in Deutschland auch immer wieder Thema, indirekt, wenn man nämlich genau hinhört."

Präventions: Courage – Bildung – mehr Polizei – Sozialarbeit

Was schützt Konservative davor, dass selbst selten oder nie Opfer verbaler oder körperlicher Gewalt werden? Man kann die schon beschriebene Meidung von sozialräumlichen Tabuzonen (Parks, Wohnviertel, Kneipen, Lokalitäten etc.) aufzählen, auch die gehobene Stellung und das Wohnquartier, die Sicherungswälle sind. Interessant ist die Antwort von Konservativen selbst, insbesondere von Frauen: Was sie schützt, ist ihr resolutes, bestimmendes, furchtloses Auftreten in Situationen sich anbahnender Gewalt; sich wehrhaft und widerständig zeigen – auch offensiv in Sprache und Gestus. Was nicht nur davor schützt, mögliches Opfer solcher Übergriffe zu werden, sondern auch davor, selbst in diesen Formen gewalttätig zu werden, ist nach Überzeugung und Selbstanamnese von Konservativen ihr *Blick auf Gesellschaft*, ihre *Passion* für eine funktionierende zukunftsfähige und menschenwürdige Gesellschaft, ihre *Erkenntnis* für die beschriebenen Phänomene der Disruption und Sozialunverträglichkeit sowie die *Strategie*, in unvorhersehbaren Situationen sich couragiert und wehrhaft zu zeigen, aber bei Voraussicht sich auf Scharmützel und Verbalgefechte *nicht einzulassen*.

„Ich war immer selbstsicher. Und ich habe auch keine Angst vor Männern gehabt, auch wenn sie mir begegneten."

„Den Frauen muss mehr Selbstvertrauen vermittelt werden. Man muss den Frauen Selbstvertrauen auch in den untersten Schichten geben, auch wenn sie nur Schreibkraft sind, oder Buchhalterin oder Putzfrau oder so. Man muss das denen rechtzeitig beibringen, das ist natürlich auch eine Frage der Schulung, denke ich, dass sie sich das nicht gefallen lassen. Aber das ist immer der gleiche Typ. Der Typ, der sich zu Hause unterbuttern lässt, lässt sich auch im Büro unterbuttern. Ist ganz selten, dass eine Frau im Büro duckmäuserisch ist und sich alles gefallen lässt, und zu Hause hat sie das Sagen. Ich glaube, das gibt es nicht."

„Ich würde auf jeden Fall versuchen, Frauen in Kursen, die könnte ja die VHS anbieten, Selbstverteidigung beizubringen, anderes Verhalten, selbstbewusstes Verhalten. Rollenspiele. Richtig also an den Haaren herbeigezogene Geschichten, wo die sagen, na das passiert einem doch nie. Aber wie reagieren sie darauf? Also Rollenspiele, zum Beispiel *training on the job*."

"Ich muss Ihnen sagen, in der Zeitarbeit haben Sie mit dem Abschaum der Menschheit zu tun. Es sind Knastbrüder, Alkoholiker; Männer, die ihre Frauen verlassen oder geschlagen haben oder sonst irgendwas. Man hat da ein großes Potenzial, sozial zu sein. Das habe ich immer wahrgenommen, weil ich gedacht habe, das ist meine Verpflichtung, wenn ich schon so was mache. Denn ich habe ja auch an diesen Menschen verdient, muss man ja schon sagen. Dann habe ich auch eine Verantwortung. Und da ist mir oft begegnet, dass die Männer, wenn sie am Freitag kamen, angeheitert von der Baustelle oder so, das große Wort geschwungen haben. Das haben die bei mir nicht gemacht. Ich habe dann nur den Finger gehoben, habe gesagt: ‚Herr Schneider, den Ton schminken Sie sich ab. Bei mir nicht!' Und ich war immer erfolgreich dabei. Ich weiß, dass einer mal vor lauter Enttäuschung auf eine Glasplatte geschlagen hat, ein schöner Tisch im Vorzimmer, und die Glasplatte zerschlagen hat mit seiner Hand. Ich bin dann hingegangen zu dem und habe gesagt: ‚Sie verlassen jetzt sofort das Büro oder ich rufe die Polizei!' Meine Mädchen, die da an der Maschine saßen, die haben dann gesagt: ‚Mein Gott, dass Sie sich das getraut haben. Der war doch so böse.' Dann habe ich gesagt: ‚Ja, der war nur böse, weil er enttäuscht war, weil er kein Geld mehr gekriegt hat. Dem muss man Einhalt gebieten. Das darf man sich nicht gefallen lassen.'" [Frau, Leiterin einer von ihr gegründeten Zeitarbeitsfirma]

"Opfer sind hauptsächlich die Schwächeren, Menschen, denen man es ansieht. Also wenn ich sehe, wie Frauen oft gehen, so die Haltung defensiv und zurückgezogen, und die Tasche so unter dem Arm. Die müssen sich nicht wundern, wenn jemand eine Tasche rauben will. Mir raubt keiner eine Tasche! Erstens gehe ich immer gerade, gucke alle Leute an. Und natürlich habe ich meine Tasche auch unter dem Arm. Aber nicht so. Man sieht Menschen an, ob man sie beklauen kann oder nicht. Das ist eine Art Ausstrahlung. Und bei den Kindern ist das so, dass immer das schwächste Glied in der Kette dran glauben muss. Wenn da eine Gruppe ist und da ist einer dabei, der eine Brille trägt, der ein bisschen behindert aussieht, der ein bisschen schwach ist. Den wird es erwischen, den werden sie verprügeln."

In der Diagnose von Konservativen sind die Ursachen von Alltagsgewalt tief verwurzelt in der sozialmoralischen Struktur der Gesellschaft, und lassen sich durch kurzfristige Oberflächenmaßnahmen nicht beseitigen. Es braucht eine geistig-moralische Wende und dazu ist Bildung der Schlüssel. Solche Bildung mit dem Ziel von *Respekt* vor der Würde des anderen, zu *Höflichkeit* im Umgang mit anderen, zu *Anstand* im öffentlichen Raum gegenüber anonymen anderen muss in der frühen Kindheit beginnen mit der Erziehung im Elternhaus, in den Kitas und den Schulen. Hier braucht es in den Erziehungszielen und -stilen von Eltern heute eine Kehrtwende. Denn die meisten Eltern heute sind selbst von ihren Eltern mit antiautoritärer Erziehung behandelt worden, und die heutige Respektlosigkeit sowie der Egoismus nicht nur der jüngsten Generationen, sondern auch der mittleren Generationen, sind Resultat davon. Die Abkehr von einer antiautoritären Erziehung darf aber nicht ein Rückfall in die frühere autoritäre Erziehung sein. Vielmehr muss Kindern – körperlich gewaltlos – mit einer gewissen Strenge Grenzen des Erlaubten aufgezeigt und

Verhaltensweisen des Gebotenen vorgegeben werden, mit Begründung und Erklärung. Es ist aus Sicht von Konservativen eine autoritative Erziehung notwendig, die nicht in die Gräben der autoritären und antiautoritären Erziehung stürzt.

> *Anmerkung*: Hier zeigt sich, wie stark die stilistischen und moralischen Vorbehalte gegenüber der 68er-Generation und Nachfolgegenerationen sind. Tatsächlich hatte nur ein sehr kleiner Teil der Eltern jener Alterskohorte ihre Kinder antiautoritär erzogen. Die Maxime von Eltern, die heute mehrheitlich im Milieu der „Postmateriellen" zu verorten sind, war genau diese autoritative Erziehung, die Konservative fordern.

Neben der Bildungsarbeit junger und künftiger Generationen müssen die Eltern selbst erreicht werden. Solch eine Bildungsoffensive kann nicht auf einem Wege allein erfolgen, weil die Menschen in ihren Interessen und Mediennutzungen sehr unterschiedlich sind. Man muss die Menschen über die von ihnen genutzten Medienkanäle und Multiplikatoren erreichen, auch in ihrer Sprache – allerdings ohne auf das niedrigste Niveau abzusteigen und die Bedürfnisse dieser Kundschaft nur zu bedienen. Institutionen, die dafür prädestiniert sind, sind etwa die Volkshochschulen, die mit einem breiten analogen und digitalen Angebot schon heute Menschen aller Bevölkerungsschichten ansprechen. Solche „Volks"-Bildung ist dringend geboten. Dazu gehören auch Bildungseinrichtungen und Stiftungen in privater oder öffentlicher Trägerschaft.

Ein zweiter Zugang aus Sicht von Konservativen ist eine höhere Präsenz von Polizisten in lokalen Arealen, sowohl im privaten Wohnumfeld wie in öffentlichen Räumen (Plätze und Parks, Nahverkehr etc.). Allein die Präsenz der Polizei (in Uniform) würde real und symbolisch für Ordnung und Sicherheit stehen, potenziell Gewaltbereite von ihrer Tat zurückhalten und die bürgerliche Behauptung aller sozialen Räume signalisieren. Nostalgisch erinnern sich vor allem Ältere im Milieu, dass es früher Dorf- und Ortspolizisten gegeben hat, die mit den lokalen Gegebenheiten persönlich vertraut gewesen sind: Damals ist das normative Image der Polizei „Dein Freund und Helfer" entstanden, was bei den meisten Polizisten auch der Fall war. Solche Dorfpolizisten gibt es nicht mehr, aber solch ein Vertrauensverhältnis braucht es wieder zwischen Bevölkerung und Polizei. Auch wenn die nostalgische Figur des Dorfpolizisten aus mehreren Gründen (Wandel der sozialen Rolle, Wandel der Autorität, Organisation des Polizeiapparats, Personalknappheit etc.) nicht wiederhergestellt werden kann, sollte das Ziel sein, durch personelle Konstanz und Präsenz der Bevölkerung das Gefühl von Sicherheit zu geben. Das ist sicher ein Balanceakt zwischen wehrhafter Ausrüstung und Auftreten einerseits, friedlicher und einvernehmlicher Solidarität mit der vielfältigen Bevölkerung vor Ort andererseits. Dabei geht es auch darum, einige der inzwischen (zu bestimmten

Zeiten) verlorenen öffentlichen Räume wieder zurückzuholen. Die damit verbundenen organisatorischen Probleme, auch mangelnde Personalressourcen, sprechen Konservative an. Aber deutlich bringen sie zum Ausdruck, dass die Lösung auf keinen Fall in privaten Security-Firmen gefunden werden darf, denn solche Sicherheitsfirmen ziehen auch Menschen mit zweifelhaften Interessen und Motiven an.

Wie das Vertrauen in die Polizei als Institution sowie in die konkreten Polizistinnen und Polizisten vor Ort belebt und gefüllt werden kann, skizzieren Konservative nachdrücklich: Die für sie paradigmatische Sozialsituation ist die Begegnung zwischen einem Polizisten und einem Kind bzw. Jugendlichen. Es muss gelingen, dass Kinder, Jugendliche und junge Erwachsene keine Angst vor Polizisten haben, sondern in dieser Amtsperson eine Vertrauensperson sehen, bei der man sicher aufgehoben ist und mit der man ganz normal reden kann: Polizisten als Sicherheitspartner. Wichtig ist natürlich das Erkennen aufgrund der Uniform – zur Identifikation der Rolle und mit Symbolik. Was ihren Kindern (und ihnen selbst) aber Angst macht, berichten Mütter, ist die sichtbare Waffe, bei manchen eine martialische Schutzweste sowie das zwar ruhige, aber auch schweigende Patrouillieren von Polizisten und Polizistinnen in der Öffentlichkeit. Was mehr Vertrauen schaffen würde, wäre – neben dezent gehaltenen Zeichen der Bewaffnung (Waffe, Handschellen etc.) – ein weniger steifes Auftreten, denn die Schweigsamkeit nach außen und Binnenkommunikation nur mit dem Partner/der Partnerin auf Streife oder dem Handsprechfunkgerät hat für viele eine autoritäre, erhaben distanzierte, auch bedrohlich wirkende Ausstrahlung. Vertrauen befördern und die Botschaft der Verbundenheit signalisieren würde, auf Streife mit der Bevölkerung zu sprechen und aktiv ins Gespräch zu kommen. Das geschieht glaubhaft und authentisch nur durch Wiederholung, Wiedererkennung und Bekanntheit, somit durch personelle Konstanz. Das hätte auch Ausstrahlung: nicht jeder muss mit den Polizisten reden; aber allein die Beobachtung, dass Polizistinnen und Polizisten im Gespräch mit der Bevölkerung sind (ohne dass es um ein Delikt geht), wäre ein signifikantes Symbol dieser Verbundenheit. Weitere Defizite sind oft lange Anfahrzeiten, bis die Polizei vor Ort ist (aufgrund zunehmender Zusammenfassung kleinerer Polizeistationen zu Zentralen) sowie der erhebliche Bürokratieaufwand auch durch staatsanwaltschaftliche und richterliche Partizipation, sodass der Apparat sehr träge reagiert, Reaktionen bei der Bevölkerung nicht ankommen oder als bürokratisches Artefakt erscheinen. Mit der wieder aufzubauenden Präsenz *und* personellen Konstanz der Polizei vor Ort ist erforderlich, dass sich die Polizistinnen und Polizisten mit der lokalen Bevölkerung beschäftigen, identifizieren und auskennen.

„Dann kommt dazu, dass sie [die Polizisten] überlagert und überlastet werden durch diese ganzen Spam-Geschichten, wo eindeutig kriminelle Energie dahintersteckt. Zum Beispiel ist bei meiner ehrenamtlichen Einrichtung ein Betrugsfall vorgekommen; da hat jemand versucht, nach Frankreich fast zehntausend Euro von unserem Konto abzuzapfen. Das ist schon das zweite Mal in sechs Jahren, mit einer gefälschten Unterschrift von mir. Da sind wir zur Polizei, Anzeige erstatten, das alles muss protokolliert werden, da ist eine Stunde weg, in Null-Komma-Nichts. Und was kommt dann nach vielleicht zwei Monaten oder drei Monaten? Ein stereotyper vorgefertigter Satz von irgendeinem Gericht oder einem Amt, abgetan, nichts, kein Ergebnis, gar nichts. Und das sagt dir der Polizist, die Polizistin in dem Fall sofort: ‚Diese Übungen machen wir jetzt ganz umsonst, weil, da kommt gar nichts.' So, und damit werden die Polizisten vor Ort zugeschaufelt, mit lauter so einem Mist, und dann geht eigentlich das Wichtige, dass sie sich vor Ort betätigen können und den Sachen nachgehen können, die wichtig wären, das geht da unter, weil sie zugeschaufelt werden mit lauter solchem Papierkram, den sie im Grunde genommen nur formaljuristisch machen müssen, den sie gerade in die Tonne werfen können."

Flankierend kommt aus Sicht von Konservativen ein drittes Präventionsfeld dazu: Durch Sozialarbeit privat und beruflich frustrierte und unzufriedene, orientierungslose oder haltlose, ausgeschlossene und benachteiligte Menschen unterstützen: Ihnen eine Struktur zu(rück) gewinnen helfen, mit ihnen eine Lebensperspektive entwickeln, Chancen und neue Wege aufzeigen, ihre Energie in konstruktive Richtungen lenken. Da Erwerbsarbeit der Schlüssel ist zur finanziellen Existenzsicherung und Zufriedenheit, sollte die Soziale Arbeit hier mit den lokalen Agenturen für Arbeit kooperieren, ebenso mit Schulen (Schulsozialarbeit) und lokalen Bildungseinrichtungen (z. B. VHS).

„Ich sehe schon die Problematik dieser prekären Umstände, in denen viele Leute sind. Ob sie jetzt Arbeit haben, die schlecht bezahlt ist oder keine Arbeit haben, das fördert natürlich solche Situationen, auch Gewalt in der Familie. Ich denke, das ist in so einem Milieu sehr viel stärker verbreitet, nicht nur natürlich, aber wenn die Leute einfach unzufrieden sind mit ihrem Leben und mit sich selber. Um das auszumerzen oder zu verbessern, müsste man einen ganz großen Ansatz haben. Ich weiß gar nicht, ob der gelingen kann. Und wie gesagt, grundsätzlich habe ich da die Einstellung, jeder ist seines Glückes Schmied. Man kann nicht jedem das Geld hinterherwerfen, damit er eben finanziert ist und seinen Hobbys frönen kann, ohne eben dann einen guten Job zu haben."

„Dass alle ihren Traumjob bekommen, das widerspricht meiner grundsätzlichen Auffassung. Jeder muss selber schauen, dass er was aus seinem Leben macht und aus seinen Fähigkeiten, die er hat, bzw. seine Fähigkeiten auch selber entwickelt. Aber mir ist schon bewusst, dass man hier in Sachen Angleichung der Lebensverhältnisse oder Chancengleichheit durchaus auch noch was machen könnte, ohne jetzt gleich den Sozialismus einzuführen."

„In der Bildung sind Vermittlungsziele aus meiner Sicht, dass alle Menschen gleich sind, zu respektieren. Also alle Menschen, egal welcher Herkunft, Rasse und so weiter, sind gleich. Alle Menschen sind zu respektieren, auch wenn sie anders sein mögen."

„Polizeipräsenz, um den Sicherheitseindruck zu verstärken oder auch präventiv tätig zu werden; oder Überwachungskameras, solche Geschichten, die ich eigentlich nicht gutheiße, wenn die ganz großflächig á la China installiert werden würden. Nur mir ist selber bewusst, dass das nicht die Allheilmittel sind, weil dadurch die vorhandene Gewaltbereitschaft nur an anderen Stellen, wo weniger Überwachung ist und weniger Präsenz ist, wahrscheinlich hin verlagert würde."

„Die Menschen brauchen aus meiner Sicht eine Beschäftigung, eine Arbeit, die sie zufriedenstellt und mit der sie ihr Leben auch finanzieren können. Und wenn jemand das nicht hat, dann hat das ja Ursachen. Mag sein, dass er nicht will, aber in der Regel ist es wahrscheinlich mangelnde Qualifikation oder ein Lebenslauf, der ihm keine solche Stelle verschafft. Und an den Punkten müsste man ansetzen. Qualifikation geht noch relativ leicht, indem man hier Fortbildungsmöglichkeiten bietet, die es ja, vermute ich mal, ausreichend gibt. Aber man muss auch die Anschlussbeschäftigung sicherstellen. Da müsste entsprechend ein Programm aufgelegt werden, eine Werbetrommel über Netzwerke. Ob das jetzt Lions Club ist oder die Brancheninstitutionen, da müssten die Unternehmer motiviert werden, solchen Leuten eine Chance zu geben."

„Ich würde mit Sozialarbeitern den Versuch machen, in diese Milieus reinzugehen und, ja, wie soll ich sagen, die Leute zu unterstützen und auch ein bisschen zu indoktrinieren, dass das nicht das Lebensziel sein kann, und ihnen eben Chancen aufzeigen, das Leben anderweitig in die Hand zu nehmen und die Energie in andere Richtungen zu lenken. Das wäre mein Ansatz."

„Es geht um das Empowerment für Frauen. Damit meine ich eine Art von Bildungsarbeit, wo die Volkshochschulen eine Rolle spielen. Ja, die Volkshochschule könnte da sehr gut helfen. Also ich halte sehr viel von der Volkshochschule. Ich habe da schon einige Kurse gemacht. Ich würde sagen, dass da sicherlich Leute, die ja, so auch in der Sozialarbeit fundiert sind, Hilfestellungen geben könnten. Auch für den Beruf jetzt, nicht nur für die Familie, sondern eben auch, um eben den Frauen Selbstvertrauen zu geben und zu sagen: ‚Das können Sie! Das schaffen Sie! Das machen Sie!'"

Nebenströmung im Milieu: statusorientiertes Establishment

In den jüngeren Generationen dieses Milieus gibt es eine zunehmende Tendenz, das Leitbild einer sozial und moralisch gerechten und integrierten Gesellschaft aufzugeben. Stattdessen rückt bei einigen (noch wenigen) eine andere Perspektive in den Blick: die Notwendigkeit des Rückzugs in wohl behütete soziale Enklaven sowie Selbstschutz vor nicht mehr zu bändigenden aggressiven (gewalthaften) Kräften aus den Rändern der Gesellschaft. Das zeigt sich in Sympathie und konkreten Maßnahmen zur sozialräumlichen Abschottung in mit Sicherheitstechnologien bewachte Areale, zu denen nur Befugte Zutritt haben. Ein häufig genanntes, idealtypisches Beispiel für solche Wohngebiete ist München-Grünwald. Es sind vor allem Jüngere im Milieu (unter 60 Jahren), die mit dieser in der

Milieuentwicklung neuen Haltung auftreten. Sie zeigt sich auch bei einigen, die weltanschaulich im humanistisch-wertkonservativen Kosmos beheimatet sind, aber angesichts der politischen und kulturellen Entwicklungen (Krisen überall, Erosion bisheriger Gewissheiten, Import von Risiken), der wachsenden Enthemmungen in Unterschichtsklassen und in der gesellschaftlichen Unübersichtlichkeit ein nicht mehr domestizierbares Unsicherheitspotenzial sehen, vor dem man sich nur noch schützen kann und muss, weil man an den Ursachen wohl kurzfristig nichts verändern kann.

Markant ist die Erosion des Leitbilds einer ganzheitlichen Gesellschaft. Dazu gehört eine nur noch in Spuren vorhandene, meist im resignativen Gestus vorgetragene Empörung über die moralische Verfasstheit gewalttätiger Menschen – als habe man die Frage nach den Ursachen und ihrer Behebung aufgegeben. Beklagt wird ein Rückgang von Ritualen der Höflichkeit und Bildung, der Aufmerksamkeit und Beachtung von sozialen Etiketten (überhaupt der Kenntnis und Kodierung). Der Verlust von Werten und Tugenden der Gesellschaftsfähigkeit in weiten Teilen der Bevölkerung wird klagend registriert, aber für nicht mehr aufhaltbar oder gar umkehrbar gehalten. Bildung als bewährte und lange wichtigste Präventionsstrategie wird von der jüngeren Generation der Konservativen nur noch wenig Chance zur Gegensteuerung zugeschrieben, weil die Anstrengungsbereitschaft dazu in den unteren und bildungsfernen, zu Gewalt häufiger als andere neigenden Schichten aufgrund der Verführungskraft der Unterhaltungsindustrie mit ihren Folgen auf den psychischen Apparat der Individuen kaum noch da ist. So wendet sich die Aufmerksamkeit allmählich weg vom Festhalten an einer integrierten Gesellschaft hin zur Bewahrung des Bewahrenswerten in der Enklave.

Im eigenen privaten und beruflichen Umfeld identifizieren diese Konservativen durchaus Gewalt. Aber dabei wird ein sehr weiter Gewaltbegriff verwendet. Unter Gewalt verstehen sie nicht nur körperliche, psychische und verbale Gewalt, sondern auch finanzielle, kognitiv-intellektuelle und technologische Konkurrenz, Überlegenheit, Führerschaft, etwa als Oberhaupt der Familie, als Eltern gegenüber ihren Kindern, gegenüber Dienstleisterinnen und Dienstleistern im Haushalt oder Mitarbeitenden im Betrieb bzw. der Behörde. Gewalt ist eine anthropologische Unausweichlichkeit, wenn Menschen mit unterschiedlichen Fähigkeiten einander zugeordnet sind. Hier gibt es faire und unfaire Gewalt. Zu welcher Gewalt man greift, ist eine Frage des Charakters. Hier zeigt sich eine fast resignative Frontstellung gegen einen Sozialdarwinismus, den man in der Gesellschaft als wachsenden Trend beobachtet und dessen Wirkmächtigkeit so massiv ist, weil er aus der fortgeschrittenen Moderne neu erwächst, nicht mehr sporadisch und individuell auftritt, sondern systemisch mit der Logik und Kraft moderner Wissenschaften, Technologien, Werbewirtschaft und Kulturindustrie.

Anmerkung:
- Im Milieu der Konservativen wird nachdrücklich der Wunsch nach mehr Kontrolle des öffentlichen Raums durch (mehr) Polizei geäußert. Einige der Interviews in diesem Milieu wurden Ende Mai und im Juni 2020 geführt, als es – anlässlich des Todes von George Floyd in den USA – auch in Deutschland landesweit zu Demonstrationen gegen Alltagsrassismus und rassistisch motivierter Polizeigewalt auch in Deutschland kam. Die (von Konservativen gelesenen) Medien berichteten von Black and People of Color (BPoC), die auf der Straße von Polizisten aufgefordert wurden, sich auszuweisen, was weißen, nicht fremdländisch erscheinenden Bürgern kaum passiert. Es ist auffällig, dass von Konservativen Rassismus und Antisemitismus deutlich kritisiert wird, rassistisch-terroristische Gewalt auf das schärfste verurteilt wird, aber Gewalt seitens staatlicher Organisationen der Exekutive oder auch von einzelnen Polizisten und Polizistinnen kaum thematisiert wird. Hier gibt es offenbar einen blinden Fleck oder die Strategie, die Autorität staatlicher Ordnungsinstitutionen nicht durch Kritik einzelner devianter Beamter bzw. Beamtinnen zu unterminieren.
- Ähnlich zeigt sich, dass eine mentale, gelegentlich verbal- und körperlich-gewalthafte Islamfeindlichkeit in Deutschland kein dominantes Thema im Milieu der Konservativen ist; wohl aber, dass Vandalismus in der Öffentlichkeit häufig von Migranten und Flüchtlingen, in der Regel aus arabischen oder afrikanischen Ländern kommt. Dabei betonen Konservative stets mit Nachdruck, man sei nicht ausländerfeindlich und schon gar kein Rassist; man meine damit auch nicht alle Menschen aus jenen Ländern, sondern beschreibe nur Auffälligkeiten der Alltagsbeobachtung. Es sei wohl ein Clash unterschiedlicher Kulturen, und ein Teil der Flüchtlinge in Deutschland brächten nicht die Bereitschaft auf, sich hier anzupassen an Regeln der Höflichkeit, des Anstands, des Respekts, vor allem gegenüber Frauen, aber auch gegenüber ihren Gastgeberinnen und Gastgebern.
- Im Unterschied zu Etablierten, Postmateriellen und Performern werden von Konservativen sexuelle Gewalt und häusliche Gewalt gar nicht oder nur beiläufig am Rand erwähnt. Sie nehmen in der Wirklichkeitswahrnehmung und Gewaltbewertung einen hinteren Platz ein. In der eigenen Lebenswelt gibt es – nach ihrer Erzählung – solche Gewalt nicht. Das mag Realität sein, oder sie wird tabuisiert und verdeckt durch Täuschung, Bestreitung, Ablenkung.

2.5. „Traditionelle"

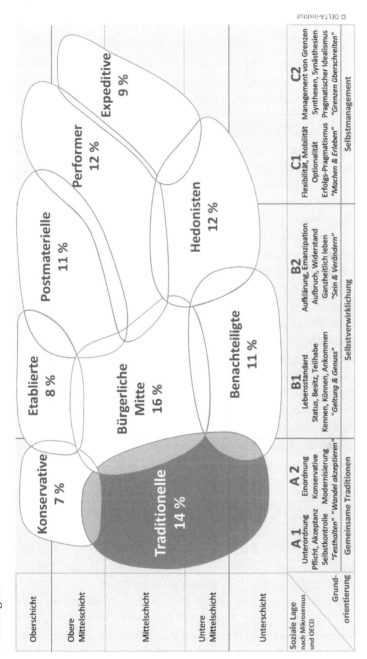

Abbildung 12

2.5.1. Lebenswelt

Grundorientierung

Sicherheit und Ordnung, Pflichterfüllung und Leistungsbereitschaft schätzende Generationen, die in der (dörflichen) Ortsgemeinschaft verwurzelt und im Vereinsleben engagiert sind. Heimat, Vertrautes, Bewährtes sind feste Pfeiler ihrer Identität und Lebensplanung.

- Aufgewachsen in der traditionellen Arbeiterkultur, der Welt einfacher kleinbürgerlicher Angestellter oder auf einem landwirtschaftlichen Hof: sich einfügen und anpassen; das familiäre Erbe erhalten, weiterentwickeln und weitergeben. Die jüngeren Generationen sehen sich im Vergleich zu ihren Eltern und Großeltern aufgeschlossener und offener in Bezug auf Technologien, Einstellungen, Lebensstil und Reisen (auch Fernreisen)
- Ausgeprägte Identifikation mit der Region und der Gemeinde: Sie ist elementarer Teil der Identität und Heimat; dazu gehören ehrenamtliche Unterstützungen für die Gemeinde (wenn man gefragt wird, hilft man; wenn sich die Gemeinde öffentlich zeigt, ist man dabei). Mitgliedschaft und Mitmachen in Vereinen wie Sportverein, Blasmusik/Musikverein, Schützenverein, Feuerwehr, Heimat- und Trachtenverein, Landjugend, Burschenverein, Laien-Volkstheatergruppe, Faschingsclub, Altenbetreuung; Engagement in der Kirche sowie im Handwerksverbund und Kreishandwerkskammer; einige (mehrheitlich Männer) sind oder waren aktiv in der Kommunalpolitik und Kirche (Gemeinderat, Ortschaftsrat, Pfarrgemeinderat) – gelten „als Institution" und Autorität im Ort
- Leben im gewohnten Rhythmus; mit der Zeit gehen, aber sich nicht radikal umstellen; kein Verlangen nach starken Reizen, sich nicht ständig neue Ziele setzen; man ist daheim verwurzelt
- An dem Platz, an den man (vom Herrgott) gestellt ist, tut man seine Pflicht. Es geht darum, sinnvoll und fleißig, sicher und maßvoll zu leben; seinen festen Ort und Rhythmus im Jahreskreis zu haben. Eigene Beschwerden und Bedürfnisse werden zurückgestellt; man will sich nicht exponieren, sondern sich einfügen und anpassen. In diesem Zusammenhang Sorge und Verteidigung der Heimat: Distanz gegenüber Zugezogenen (aber auch Fürsorge für Schutzbedürftige); Vertrautheit und unbedingte Solidarität zu jahrzehntelangen und generationenübergreifenden Bewohnerinnen und Bewohnern im Ort
- In den letzten Jahren langsam wachsende Sorge vor der Zerstörung der Umwelt, aber auch vor radikalen Ökos bzw. einem politischen Ökologismus (bei Landwirtinnen und Landwirten bittere Kritik an immer einschneidenderen Vorgaben für die Landwirtschaft)

- Existenzielle Angst vor dem Abbau des Wohlfahrtstaates: Ohnmacht und Wut, von der großen Politik im Stich gelassen zu werden: „Wir haben ein Leben lang eingezahlt und im Alter werden wir vergessen."

Tabelle 5

Alter	
18–29 Jahre	2 %
30–39 Jahre	7 %
40–49 Jahre	13 %
50–59 Jahre	31 %
60–69 Jahre	25 %
70+	22 %
	100 %

Geschlecht	
Männer	43 %
Frauen	57 %
	100 %

Soziale Lage

- *Bildung*: Überwiegend Hauptschule (Volksschule) oder Realschule mit abgeschlossener Berufsausbildung
- *Beruf*: Handwerker/Facharbeiter und Bauern, viele kleinere Selbstständige, auch kleine Angestellte und Beamte im einfachen Dienst
- *Einkommen*: Meist kleine bis mittlere Einkommen; 75 % haben ein monatliches Haushaltsnettoeinkommen unter 2.000 €

Identität

- *Weltbild*: Hierarchisches Weltbild („Die da oben – wir hier unten"): Man muss sich anpassen und aus seinen (begrenzten) Möglichkeiten das Beste machen. Die Lebenserfahrung zeigt: Wenn man gegen die (von außen gesetzten) Stil- und Verhaltensanforderungen verstößt, drohen soziale Stigmatisierung und Ächtung. Aus dieser Grundhaltung erwächst häufig eine unkritische Verteidigung des Status-quo sowie eine Moral öffentlicher Konformität
- *Selbstbild (Ich-Ideal)*: Der „anständige Kerl" bzw. „die rechtschaffene Frau". Als „kleiner Mann" ist man stolz auf das, was man für sich und seine Familie (materiell) erreicht hat
- *Abgrenzung*: Distanz zum Experimentellen, Exponierten und Exzentrischen; Ablehnung subkultureller Lebensstile. Moralische Stigmatisierung von Tabubrüchen, Verdammung der Spaßgesellschaft
- *Leitmotiv*: Suche nach Ruhe und Gemütlichkeit; Rückzug in eine harmonische und stabile „Heile Welt". Lebensphilosophie der Anpassung und Bescheidung
- *Ausstrahlung*: Aura von Bescheidenheit und Bodenständigkeit

Lebensstil

Bei Älteren:

- Im gewohnten Rhythmus den Tag mit Arbeit, Ausruhen, Gesprächen mit Nachbarn/Freunden sowie Vereinstätigkeiten verbringen. An dem Platz, an den man gestellt ist bzw. den man schon immer hatte, seine Pflicht tun. Es geht darum, sinnvoll, sicher und maßvoll zu leben; seinen festen Ort und Rhythmus im Jahreskreis zu haben. Eigene Beschwerden und Bedürfnisse zurückstellen; sich nicht exponieren, sondern sich einfügen
- Ordnung, Sauberkeit und Arbeiten als wichtigste Lebensprinzipien. Ästhetik des Praktischen und Nützlichen; zurückhaltendes (sehr bescheidenes) eigenes Konsumverhalten, aber großzügig gegenüber Kindern und Enkeln
- Hilflosigkeit, Skepsis und Resignation gegenüber dem gesellschaftlichen Wandel; wenig Bereitschaft, sich auf Neues/Fremdes einzulassen (Ablehnung allzu modischer Neuerungen)
- Heile-Welt-Inszenierungen; starke Tendenz zum Rückzug in die eigenen vier Wände; virulente Zukunftsängste, Sorgen um die Gesundheit

Bei Jüngeren:

- Im Alltag eine traditionelle Rollenteilung, wobei Frauen trotz familienbedingter Erwerbsunterbrechung nicht Hausfrau bleiben wollen (und auch nicht seitens ihres Partners sollen), sondern berufstätig sind (oft Teilzeit) und Geld zur Finanzierung der Familie und Alterssicherung verdienen
- „Alles" für die eigenen Kinder tun, immer für sie da sein und darin einen wesentlichen Sinn im Leben sehen: die heile Kernfamilie als Zentrum des individuellen Lebens – auch wenn man im eigenen Umfeld beobachtet, dass Ehen scheitern
- Eingebunden sein in die „Heimat": Enge (biografische) Verbundenheit – mental, sozial, beruflich. oft enge und langjährige Bindung an den Arbeitgeber. Zugleich Sorge vor Umstrukturierung und Arbeitslosigkeit; latente Angst vor „Entheimatung" durch die Not, woanders eine Stelle suchen zu müssen, pendeln oder mit der Familie umziehen zu müssen
- Sich in örtlichen Vereinen engagieren und helfen, wo man gebraucht wird; der Ort als elementarer Teil der Identität: hier den eigenen Beitrag leisten. Sich für eine moderate Modernisierung im Ort einsetzen, damit der Ort attraktiv und bestehen bleibt
- Mobil sein: Städtereisen mit engen Freunden oder Vereinsmitgliedern; auch zu populären Musicals; Kurzreisen und Urlaube auch ins Ausland; auch mal eine größere Reise

- Die meisten Menschen mit Migrationshintergrund in diesem Milieu sind als Gastarbeiter nach Deutschland gekommen.

Anteil der Menschen mit Migrationshintergrund im Milieu (deutschsprachig): 8,5 %

2.5.2. Wahrnehmung von Gewalt und Vorschläge zur Prävention

Fokus auf unmittelbare körperliche Gewalt

Unter *Gewalt* verstehen Traditionelle hauptsächlich körperliche Verletzungen in Form von Raufereien, Schlägen, Tritten, Rempeleien, auch mit Einsatz von Alltagsgegenständen. Extreme Formen von Gewalt sind die häufige kriminelle Gewalt durch Gewohnheitsverbrecher, organisierte Kriminalität (Raub, Erpressung, Menschenhandel, Mord) sowie (Links-)Terrorismus; seit einigen Jahren auch rassistische und antisemitische Anschläge durch Neonazis. Psychische, sexuelle, häusliche und strukturelle Gewalt gibt es in diesem Narrativ gar nicht oder werden als seltenes Randphänomen erwähnt, wenn jemand im Umfeld oder wenn Prominente davon gesundheitsschädlich betroffen ist. Solche Gewalt hat für Traditionelle den Stellenwert einer unerhörten, schrecklichen und erschreckenden Situation, die am Einzelfall zeigt, was es alles an Verbrechen in Deutschland und der Welt gibt. Damit bringen Traditionelle zum Ausdruck, dass solche Gewalt *außerordentlich* ist, zwar wohl keine seltene Ausnahme mehr, aber jenseits dessen, was normal sein sollte in einer geordneten Welt.

- *Täter von Gewalt* sind in der Regel jüngere Männer im Alter zwischen 20 und 40 Jahren. Gewalt unter Jugendlichen wird als Rauferei bezeichnet und abgetan, gilt als typisch und temporär für die Phase pubertärer Unreife. Gewalt von älteren Männern im Alter über 40 Jahren wird als seltene Ausnahme bezeichnet, um zu unterstreichen, dass Gewalt eigentlich und üblicherweise von Jüngeren ausgeht.
- *Frauen als Täterinnen* spielen auf dieser Bühne keine Rolle, kommen nicht vor. Denn es wäre für eine Frau massiv unschicklich und wesensfremd, wenn sie körperlich gewalttätig würde. Sofern man über Gewalt seitens einer Frau hört, geht es weniger um ihre Motive und Ziele, oder um die Konsequenzen für das Opfer, sondern um die abnormale Geschlechterumkehrung, dass eine Frau körperliche Gewalt gegenüber einem Mann angewendet hat (was für eine Schande, sowohl für die Frau wie für den Mann!), oder als bizarrlächerlich-peinlich, wenn es zur Schlägerei unter Frauen kommt. Es gibt eine enge Korrespondenz zwischen der Tabuisierung von Frauen als Täterinnen mit dem Frauenbild in diesem Milieu. Zwar hat man auch in den Medien

schon von Frauen gehört, die zu Gewalt greifen, aber meistens als Reaktion von Frauen zur Selbstverteidigung oder aus Rache. In der Weltsicht von Traditionellen ist es in der Natur von Frauen nicht angelegt, dass sie gewalttätig werden; hingegen haben Männer eine naturhafte Affinität zu Gewalt: Dieser Hang zur Gewalt ist nicht bei allen Männern gleich stark („Es gibt sehr friedliche Männer ohne jeden Hang zu Gewalt"), hängt ab von der Erziehung in Kindheit und Jugend sowie von der eigenen Selbstkontrolle.

- *Gewalt ist Männersache*: Dies gilt auch für *Opfer von Gewalt*. In den Erzählungen von Männern dieses Milieus kommen Frauen auch als Opfer von Gewalt nur selten vor. Gewalt findet zwischen Männern statt, so das dominante Narrativ. Eine Frau schlägt oder misshandelt man nicht – ist das Ethos. Erst auf gezieltes Nachfragen bestätigen Traditionelle, dass „man natürlich weiß", dass es Vergewaltigungen gibt, dass auch Frauen geschlagen und misshandelt werden – aber darüber zu sprechen ist vielen unangenehm, sie wollen das nicht ausbreiten und vertiefen. Allein das ausführliche Reden über solche Formen von Gewalt an Frauen ist unschicklich.
- Der Gewaltbegriff von Traditionellen (genauer: *das Reden über Gewalt*) unterscheidet kommunizierbare Gewalt, über die man im Kreis von Vertrauten und Bekannten sprechen und diskutieren kann (dazu gehören kriminelle und terroristische Gewalt, Vandalismus sowie Schlägereien, etwa im Rahmen von öffentlichen Veranstaltungen wie Orts- und Vereinsfeste), von jener Gewalt, die so schrecklich und unanständig ist, dass sie in eine Tabuzone fällt und denjenigen beschmutzt, der diese Realität ans Tageslicht zerrt. Dazu gehören häusliche und sexuelle Gewalt. Allenfalls Andeutungen sind erlaubt, aber ein genaues Hinsehen, Beschreiben und Erklären verbietet sich sozialmoralisch.
- *Häusliche Gewalt* wird von Traditionellen im Interview meistens gar nicht erwähnt – allenfalls als Erinnerung an ihre eigene Kindheit, als Prügel normal in der Erziehung daheim und in der Schule war. Aktuelle häusliche Gewalt ist in diesem Milieu in hohem Maße nach außen tabuisiert. Nur im vertrauten Kreis tauscht man sich darüber aus, dass eine Bekannte oder Einheimische von ihrem Mann „verdroschen" wurde (einmalig oder gelegentlich), meistens mit der Suche nach einer Erklärung in der Kindheit (der Ehemann wurde von den eigenen Großeltern oder Eltern selbst immer wieder verprügelt), aufgrund einer Alkoholabhängigkeit, nach exzessivem Alkoholkonsum oder aufgrund eines Mangels an Selbstbeherrschung, sodass brodelnde Aggressionen sich gegenüber der Ehefrau oder den Kindern entladen in blindwütige Gewalt. Aber solche Informationen und Gerüchte über Gewalt im dörflichen Umfeld bleiben diskret und ein *offenes Dorfgeheimnis*.

Im sozialwissenschaftlichen Interview berichtet – in allen Milieus – kaum jemand aus freien Stücken von Gewalt im eigenen Haushalt. Im Milieu der Traditionellen hat dies aber eine besondere Qualität. Denn das Thema *häusliche Gewalt* wird total tabuisiert: Man erwähnt das Thema noch nicht einmal in der Weise, dass es solches woanders gibt, bei anderen Paaren und Familien. Das ist in diesem Milieu typisch und gründet in einem spezifischen Familienverständnis, bei dem drei Elemente zusammenwirken: (1) Die normative Kraft der „heilen Familie" als Keimzelle einer guten Gesellschaft und als eigentlicher Bestimmungsort für den Einzelnen; (2) *Familien-Cocooning*: Es gibt Themen, die partnerschafts- und familienintern bleiben und nicht in die Öffentlichkeit von Nachbarn, Verwandten und Freunde dringen sollen; (3) *Covering*: Moralisch verwerfliche Taten und Situationen, die ein sozial unschönes Licht auf die Familie werfen, werden verdeckt durch Täuschung, Ablenkung oder Leugnung. Häusliche Gewalt „gehört sich nicht", ist so abscheulich, „*sündhaft*" und ein Sakrileg, dass bereits das Sprechen darüber den Sprechenden beschädigt. Gleichzeitig wird es in der dörflichen Gemeinschaft (neben dem Erlebnischarakter solcher Informationen) als Verantwortung verstanden, davon zu wissen und solches zu verurteilen. Daher sind solche außerordentlichen Fälle häuslicher Gewalt ortsintern ein *offenes Geheimnis*. Dies nach außen gegenüber Fremden diskret zu halten, schützt zugleich die Dorfgemeinschaft.

- *Strukturelle Gewalt* spielt im Wahrnehmungshorizont von Traditionellen kaum eine Rolle, aber nicht, weil diese tabuisiert würde, sondern weil hier kaum Begrifflichkeit und Sensorik dafür vorhanden sind. Die Wahrnehmungsfilter von Traditionellen für Gewalt sind eher *konkret* statt abstrakt, *situativ* statt prinzipiell, *personenbezogen* statt organisationsbezogen.

„Aggressionen haben zugenommen" (Frauen) versus
„Es ist friedlicher als früher" (Männer)

Auch in diesem Milieu beobachten die meisten in ihrem eigenen Umfeld nahezu keine Gewalt – abgesehen von Schlägereien bei Festivitäten im Ort. Die meiste Gewalt ist *woanders* und wird ausgeübt von Menschen, die *anders sind* und *nicht Teil ihrer Orts- und Dorfgemeinschaft*.

Männer im traditionellen Milieu betonen, dass es heute deutlich weniger Gewalt gibt als früher. 88 % des Milieus sind älter als 50 Jahre, 73 % älter als 60 und 46 % älter als 70 Jahre – die Mehrheit blickt auf ein langes Leben zurück. Einige haben den Krieg noch erlebt, die meisten sind von der Nachkriegs- und Wiederaufbauzeit geprägt mit Entbehrungen und harter körperlicher Arbeit, einer in den meisten Familien autoritären Erziehung sowie einer streng hierarchischautoritären Berufsausbildung. Das sind auch die Familienhintergründe von jenen, die in den 1960er/1970er Jahren geboren wurden. Wenn sie diese Zeiten mit der Gegenwart vergleichen, dann gab es in ihrer Kindheit und Jugend sowie als junge Erwachsene deutlich mehr Prügel durch Eltern und Lehrer, Watschn am Arbeitsplatz, Schlägereien im Ort als heute. In ihrer Wahrnehmung gibt es heute kaum noch körperliche Gewalt in Betrieben, Schulen, Familien und der Öffentlichkeit. Was sie stärker als körperliche Gewalt wahrnehmen, ist das, was sie als „psychologisches Mobbing" bezeichnen: „Das ist für mich eigentlich Gewalt, kann schon jemanden so richtig madig machen das Leben."

„Also körperliche Gewalt bekomme ich eigentlich gar nicht mit, wüsste ich gar nichts."

„In meinem Betrieb, da haben wir halt noch so wirklich wie früher so ein bisschen Grobschlächtigere, zwei Vorarbeiter, die ihre Stellung schon oft gegen Lehrlinge ausnutzen. Die lassen sie dann am Freitag, wenn alle Feierabend machen, noch das Auto putzen oder so etwas. Das ist schon ein bisschen, ja neumodern würde man sagen, ein bisschen Mobbing. Es ist eigentlich die Gewalt von oben, so seine Stellung zu zeigen. Ansonsten ist es, finde ich, viel besser geworden als wie früher, wie in meiner Lehrzeit. Da haben die Älteren dann schon wen gepackt und haben ihn geduscht oder so etwas. Aber so was, glaube ich, gibt es heute nicht mehr."

„Ich habe auch einen schwarzen Lehrling, einen Asylanten praktisch, aber der wird eigentlich auch anerkannt. Da ist nur ein Arbeiter, der ist vielleicht ein bisschen/ja, nicht rassistisch, das wäre viel zu übertrieben, aber zu bayerisch vielleicht. Ist auch nicht der richtige Ausdruck, zu konventionell. Aber Gewalt ansonsten in der Gesellschaft finde ich eigentlich gar nicht so."

„Leben wir in einer gewaltfreien Gesellschaft? Also in Deutschland würde ich schon sagen. Ja! Ich glaube, die Zeiten waren immer gewaltvoller als wie heute. Das hängt auch mit der Bildung zusammen. Früher waren die Leute viel ungebildeter als wie heute, würde ich sagen."

„Es ist eigentlich ein sehr friedlicher Ort, hier gibt es keine Ausfälle, keine Schlägereien, keine gewalttätigen Übergriffe."

„Ich glaube nicht, dass die Gewalt zunimmt. Ich glaube, es gibt Hotspots mit Gewalt, also Brennpunkte in größeren Städten. Jetzt, wenn ich an Berlin denke, wo da eigene Ghettos mehr oder weniger sind, wo eigene Gesetze herrschen, wo ich mir noch nie vorstellen könnte, warum da die Polizei nicht mehr durchgreift. Wenn die da im Fernsehen vor dem Park reden, wo die Journalisten hinein gehen mit der Kamera und filmen die, die Drogen verkaufen, die Spritzen verkaufen."

„Wo ich Angst habe, sind Zusammenschlüsse wie diese Hells Angels oder diese Rocker, diese Gruppierungen, wo es um Drogen geht, um Prostitution mit Gewalt. Wo eigentlich Gewalt herrscht, die sind ja bekannt. Warum geht da die Polizei nicht mehr vor? Ist mir unbegreiflich. Ich sage auch zu meinen Kindern, wenn man so was merkt, dass welche zu solchen Gruppierungen gehören: wegbleiben, fernbleiben von solchen Sachen, weil das ist unberechenbar."

Im letzten Zitat ist die Relativierung „eigentlich" auffallend. Wenn man im Interview tiefer gräbt, erfährt man auch von gelegentlichen Gewaltsituationen im eigenen Umfeld. Doch zugleich werden diese Täter als notorische Raufbolde charakterisiert, im Ort bekannt, ihre Taten werden missbilligt und sanktioniert, doch sie bleiben immer Teil der Dorfgemeinschaft und werden nicht ausgeschlossen (wenn sie im Ort wohnen und ansonsten harmlos und integriert sind – bei Fremden ist das nicht der Fall). Dabei bringen diese Traditionellen mit ihren Beschreibungen zum Ausdruck, dass diese Gewalt bzw. Raufbolde heute in ihrem Umfeld Ausnahmen sind.

„Am Fasching, da haben sie einen einmal rausgeschmissen, aber weil er halt betrunken war. Die Security, die haben sich gefreut, dass sie endlich einmal etwas zu tun gehabt haben, hat man mir gesagt. Da waren gleich drei auf dem droben gelegen, und haben den dann abserviert. Aber mei, ich glaube, das hat es früher mehr gegeben sogar, überhaupt so Schlägereien."

„Also ich kenne so alte Spezln, so in unserem Alter, die sind ja wirklich am Wochenende dann losgezogen und haben geschaut, dass es ein bisschen eine Rauferei gibt. Aber das ist, wie ich mitkriege, eigentlich Gott sei Dank nicht mehr so."

„Also ich kenne ein, zwei. Der eine, der kriegt auch seinen Führerschein nicht mehr, weil der nur geschlägert hat. Hat auch Schäden, der ist auf einem Ohr taub, alles von so blöden Schlägereien, aber das war dem sein Hobby einfach. Ein anderer, der ist mit seinem Bruder auch immer fortgezogen; jedes Wochenende hat man da gewusst, dass er eigentlich irgendwo zum Schlägern geht. Was mich dann immer erschreckt hat: Dass sie relativ brutal zugeschlagen haben, also dann immer gleich, wer schneller ist, haut dem anderen direkt ins Gesicht, und nicht irgendwie raufen, sondern den anderen schnell ausknocken, dass man selber nichts abbekommt."

Für solche Schlägereien haben Männer im traditionellen Milieu eine Erklärung: Schuld ist übermäßiger Alkoholkonsum, der bei einigen Männern zu unkontrollierter Aggressivität führt. Das bedeutet zugleich, dass es Gewalt im nüchternen Zustand fast gar nicht gibt und körperliche Gewalt nur bei einem Bruchteil notorischer Vieltrinker vorkommt im Zustand aussetzender Selbstkontrolle. In dem von ihnen gezeichneten Bild ist Aggression ein Zustand, der erst durch eine Droge ausgelöst oder gesteigert wird, aber kein permanentes Level in der Ortsbevölkerung.

„Großteils ist der Alkohol schuld, dass die eigentlich immer zu viel getrunken haben und dann aggressiv geworden sind. Es gibt wirklich so die Kategorie, die erst nach so fünf, sechs Bieren dann irgendwie aggressiv werden. Es gibt die, die zufrieden sind, und die, die wo aggressiv werden. Also von den Aggressiven kenne ich mehrere, ja. Wenn die dann zu viel getrunken haben, mache ich meistens einen Bogen drum rum."

„Der Alkohol macht da viel mit den Leuten. Wobei ich sage, der Alkohol ist eigentlich mehr oder weniger Katalysator. Genauso wie viele andere, Marihuana zum Beispiel. Die tun das von Menschen rausbringen, was in ihnen drinsteckt. Wenn du ein fröhlicher Mensch bist, ein lustiger Mensch, dann wirst du mit dem Alkohol lustiger, fröhlicher, geselliger. Wenn du ein verbitterter Mensch bist, wenn du ein grantiger Mensch bist, dann wirst du natürlich aggressiv nach Alkohol. Und so habe ich die Erfahrung gemacht, dass viele dann durch Alkohol aggressiv werden."

„Meine These: Es hängt eins zu eins mit Alkohol zusammen."

Traditionelle **Frauen** haben das Narrativ, dass in der Gesellschaft vornehmlich bei Jüngeren, (auch in ihrem Ort bei einigen, die man nicht mehr alle kennt und nicht gut eingebunden sind) Aggressionen zugenommen haben. In ihrer Wahrnehmung zeigen in den letzten Jahren immer mehr Menschen ein aggressives Verhalten, sind gereizt und ungehalten, geraten oft bei kleinen Anlässen aus der Fassung und lassen einen Mangel an Selbstkontrolle vermissen. Insgesamt ist das Grundlevel an Aggressivität in der Bevölkerung höher und verbreiteter als früher, sodass sich Aggressionen häufiger gewaltartig entladen – oft nicht einmal gezielt und interessegeleitet, sondern diffus, situativ, irrational. Diese vergleichende Perspektive auf die Gegenwart haben vor allem ältere Frauen (70 % sind älter als 60 Jahre), die eine Rohheit in der Öffentlichkeit wahrnehmen, die es früher so nicht gegeben hat und die es aktuell auch in ihrer eigenen Lebenswelt nicht gibt.

„Also, ich selber habe Gewalt jetzt noch nicht direkt erlebt. Ich kann nur das wiedergeben, was ich in der Presse mitbekomme, und da denke ich schon, dass das eigentlich alles ein bisschen überhandnimmt. Die Leute sind allgemein, glaube ich, aggressiver. Also alle Menschen, denke ich. Und dadurch ergibt es sich natürlich, dass die gleich so ausrasten und einen angehen, bespucken oder sonst irgendwas. Also das ist ja ganz übel."

„Es gibt immer mehr Aggression und Gewalt gegenüber Hilfspersonal wie Sanitäter, Polizisten oder so, die auch angegriffen werden. Oder jetzt gestern stand in der Zeitung drin, dass irgendeiner stehengeblieben ist mit dem Auto und den dann angegriffen hat, weil er drauf hingewiesen wurde, dass er eben falsch gefahren ist. Na ja, vielleicht ist es auch ein bisschen schulmeisterlich von manchen Autofahrern."

„So ein übersteigerter Egoismus. Man schaut gar nicht, wie es dem anderen geht/also, dass man gleich immer, wenn irgendeiner einen Fehler macht, gleich draufstürzt und versucht, den irgendwie zu belehren. Aber eben auf eine Art und Weise, wo man denkt: Na, also das bräuchte es jetzt wirklich nicht."

Das letzte Zitat illustriert die Haltung: Aggressives Verhalten ist immer auch ein Verstoß gegen Anstand und Benimmregeln, gegen die guten Sitten und das höfliche Miteinander. In der bewertenden Erklärung von Traditionellen liegt dies daran, dass immer mehr Menschen sich selbst als Person, ihre individuellen Interessen, spontanen Impulse und Meinungen zu wichtig nehmen, sodass die Bereitschaft sich einzuordnen und zurückzunehmen, gesunken ist. Es ist eine modernisierungskritische und kulturpessimistische Klage, mit der Traditionelle ihr Unbehagen an der Gegenwart äußern, in der der Einzelne zu wenig an die Gemeinschaft gebunden ist und sich binden will. Diese Freiheit führt bei einigen zu einem Verlust verbindlicher Moral, was zu Orientierungsverlust, Haltlosigkeit, Selbstüberhebung führt. Und das gilt nicht erst für Teile der aktuellen Jugendgeneration, sondern hat schon in den 1980er Jahren begonnen und gilt für einen Teil derer, die heute in der Mitte des Lebens stehen. In ihrer Deutung gibt es eine einfache Kausalkette mit vier Ausgangsursachen: (1) Die *moralisch und normativ* nicht mehr zwingende Einbindung des Einzelnen, (2) die zunehmende *Anonymität* in den Städten und diese gibt es zum Teil auch in kleineren Städten und in manchen Dörfern schon, (3) die *Beschleunigung* im berufliche Leistungsdruck befördern Frustration und Unfreundlichkeit, erhöhen angestaute Aggression, (4) durch *neue Medien*, vor allem Spielfilme im Fernsehen, das Internet sowie durch Computerspiele (diese kennt man selbst nicht, hört davon aber bezogen auf Jugendliche), weil „dort wirklich nur noch Gewalt stattfindet". Dort wird Gewalt als Lösung von Problemen gezeigt und das hat eine Prägekraft und Vorbildfunktion gerade für Jüngere, die moralisch noch nicht stabil sind und von solchen Gewaltbildern geprägt werden.

„In meiner Kinderzeit, ich bin in München groß geworden, da kenne ich das überhaupt nicht. Also so brutale Dinge kenne ich eigentlich von meiner Kinder- und Jugendzeit gar nicht. Und die Leute waren auch untereinander freundlicher."

„Also selbst beim Einkaufen: Manchmal, wenn man einen fragt, bekommt man gleich eine patzige Antwort, anstatt […], man kann es auch anders sagen. Vielleicht frägt man auch dumm, kann ja auch sein. Aber, es ist einfach, ja, es ist schon ein bisschen aggressiver geworden alles insgesamt. Und daher kommt vielleicht auch diese Gewalt, dass man eher zu einer Gewalt neigt."

„Autoverkehr – manchmal denke ich: Also muss das jetzt sein, dass der da überholt an einer Stelle, wo man echt weiß, in hundert Metern ist eine Ampel, da muss er sowieso stehenbleiben? Da rentiert es sich gar nicht; und eben alle in so eine Gefahrensituation bringen damit. Das ist schon ein bisschen Aggressivität, nur weil es dem vielleicht pressiert."

„Und vielleicht putscht das das Ganze ein bisschen, dass die dann denken: Ach, wenn der mir krumm kommt, haue ich dem auch gleich eine rein, so ungefähr. Also, das ist so ein bisschen wie Vormachen und Nachmachen."

Eigene gewaltfreie Gesinnung durch gewaltfreie Erziehung

Auffallend ist, dass ein Teil der jüngeren Traditionellen sich in den Erzählungen ihrer gewaltfreien Einstellung deutlich von älteren Traditionellen unterscheidet.

Aufgewachsen in den 1970er/1980er Jahren berichtet dieser Teil traditionsverwurzelter Männer und Frauen, dass sie von den Eltern (fast) nie geschlagen worden sind, dass es in ihrer Familie keine Gewalt gegeben hat. Das führen sie als Grund dafür an, dass sie heute in ihrem Alltag keine oder äußerst selten Gewalt erleben und selbst eine absolut gewaltfreie Gesinnung haben. Typisch ist folgende Formulierung:

„Ich habe halt generell mit Gewalt und so Sachen nichts am Hut. Bin immer positiv durchs Leben gegangen, generell ohne andere zu bescheißen, auch ohne andere anzulügen, ohne generell irgendwas. Und ich habe einfach geschaut und gespannt, dass man mit diesem Weg am weitesten kommt im Endeffekt."

Das steht im Kontrast zu Erzählungen von vielen älteren Traditionellen, die als Kind und Jugendliche von ihren Eltern und Großeltern körperliche Bestrafungen erfahren haben, wenn sie etwas falsch oder kaputt gemacht hatten im Haushalt oder auf dem Hof, wenn sie nicht rechtzeitig daheim waren oder eine freche Bemerkung gegenüber Erwachsenen machten. Einige berichten auch vom brutal-unbeherrschten Charakter ihres Vaters, von der Kälte ihrer Großmutter und dass Watschn auch Ventil für anderweitigen Stress ihrer Eltern oder Großeltern waren. Anders als heutzutage war in früheren Zeiten der Umgang von Eltern mit ihren Kindern und Enkelkindern oft roh, nicht nur bei ihnen daheim, sondern auch bei anderen Familien im Dorf, zumal auch das Leben damals hart und entbehrungsreich war – daher kam wohl die Härte der Menschen, auch wenn das nicht entschuldigt. Es waren harte und brutale Menschen, die mit diesen Charaktereigenschaften und einer unnachgiebigen Autorität ihre Kinder erzogen. Eine Reflexion, was man damit den Kindern antue, welche Konsequenzen das auch für später haben würde, habe es in den früheren Generationen nicht gegeben; ebenso wenig das Erziehungsziel einer unbeschwerten Kindheit und Jugend. Gerade in ländlichen Regionen, auf einem Hof, mussten die Kinder von früh auf mitarbeiten, wurden auf dem Hof gebraucht und mussten funktionieren. Ein Ausscheren gab es nicht und wurde umgehend bestraft. Mit Wehmut, Dankbarkeit, Nostalgie erinnert man sich an eine einzelne Person (Mutter, Großvater, Großmutter, Tante, Nachbarin o. a.), die durch ihre Weichheit, Zugewandtheit und Mitgefühl zu Kindern aus jener groben und harten Zeit herausfiel. So sind sie der Auffassung: Obwohl früher vieles gut war, heute weitgehend verloren und auch vergessen ist: jene normale Härte und Brutalität von Eltern gegenüber ihren Kindern ist heute glücklicherweise nicht mehr erlaubt.

Vorbehalte gegen private Sicherheitsdienste – und gegen Pauschalisierung

Groß ist die Ablehnung nicht nur von linksextrem motivierter Gewalt; ausführlich erzählen sie auch von ihrer Ablehnung gegenüber rechtsradikaler Gewalt.

Gewachsen ist auch ihr Misstrauen gegenüber Personen, die in privaten Sicherheitsdiensten tätig sind, die für „Recht und Ordnung" sorgen sollen. Nicht Recht und Ordnung ist das Problem von Traditionellen, im Gegenteil gehören diese zu den wichtigen Gütern. Vielmehr hegen sie Misstrauen mit Blick auf die Motivation jüngerer Menschen, die ausgestattet mit den Befugnissen als „Ordnungshüter" in bestimmten Berufen Gelegenheiten finden, körperliche Macht und physische Gewalt gegenüber anderen auszuüben. Das gilt vor allem für private Sicherheitsfirmen, die für Feiern, Veranstaltungen und für Flüchtlingsunterkünfte engagiert werden. Man verbindet mit diesen kräftige Männer mit einem geringen Bildungsgrad, die woanders keinen Job bekommen haben oder die die Machtbefugnis anlockt. Im Unterschied zur Polizei, so die Vermutung, haben diese Angestellten keine solide und zertifizierte Ausbildung hinsichtlich der Gesetze und erlaubten Maßnahmen. Es mag unter ihnen viele geben, möglicherweise auch die Mehrheit, die vertrauenswürdig sind und nicht zu Machtmissbrauch neigen. Aber private Sicherheitsdienste locken auch Personen mit zwielichtigen Motiven an. Und eine private Organisation wird diese Personen bei der Einstellung nicht so eingehend prüfen, nicht so hohe Qualifikationen fordern und auch fortlaufend nicht mehr akribisch prüfen und aussortieren, wie es wohl bei der Polizei der Fall ist. Daher steht für Traditionelle die Polizei weit vor privaten Securities.

Diese Interviews fanden von Mai bis Oktober 2020 statt, als in den Nachrichten über Ausschreitungen in den USA berichtet wurde anlässlich rassistischer Polizeigewalt.[35] Jüngere Traditionelle betonen zur Stützung ihres Arguments

---

35 Anmerkung: In den USA in Minneapolis wurde am 25. Mai 2020 der 46-jährige Afroamerikaner George Floyd von einem weißen Polizisten getötet. Floyd war von einer Polizeistreife angehalten worden wegen vermeintlich gefälschter Dokumente. Floyd war unbewaffnet, dennoch gingen die Polizisten mit Brutalität gegen ihn vor, was von Passantinnen und Passanten gefilmt worden war. Drei Beamte knieten auf dem Bauch des liegenden Mannes, ein vierter Polizist auf Floyds Nacken. Immer wieder flehte Floyd die Polizisten an, von ihm abzulassen. „I can't breathe" wiederholte er, bis er das Bewusstsein verlor und wenig später im Krankenhaus verstarb. Es war einer von vielen Fällen von Polizeigewalt gegen unbewaffnete Schwarze in den USA in den vergangenen Jahren – doch diesmal durch die Videoaufnahme und Verbreitung in den sozialen Netzwerken und Nachrichten mit explosionsartiger Wirkung. Unmittelbar danach kam es zunächst in Minneapolis, dann in anderen Städten des Landes zu massenhaften friedlichen Demonstrationen; seitens einer Minderheit auch zu gewalttätigen Ausschreitungen: Autos und Geschäfte brannten, es kam zu Plünderungen. Wenige Tage später kam es weltweit zu Demonstrationen der Solidarität mit George Floyd, gegen Rassismus und Polizeigewalt in den USA und im eigenen Land. In Deutschland gingen am 6. Juni 2020 in mehr als 26 Städten mehrere Zehntausend auf die Straße, um gegen Rassismus in den USA, aber auch gegen Alltagsrassismus in Deutschland von Teilen der Zivilbevölkerung sowie auch der Polizei zu demonstrieren. In München gingen etwa 25.000 unter dem Motto „Silent Protest" gegen Rassismus auf die Straße. Sie skandierten „Black lives matter!" sowie „No justice, no peace!" Auf den Schildern, die sie in die Höhe reckten, stand bspw. „Rassismus tötet" oder „It's not black vs. white – it's everyone vs. Racists". „Black Lives Matter" ist mittlerweile eine internationale Bewegung, die 2013 in

gegen pauschalisierende Urteile, dass sie in den Nachrichten Bilder gesehen haben aus den USA, bei denen einige Polizisten und deren Chiefs sich mit den gegen Rassendiskriminierung und rassistische Polizeigewalt Protestierenden solidarisierten und dies öffentlich durch Gesten zeigten: sich mit ihnen in eine Reihe stellten, niederknieten und umarmten. Das ist nach Auffassung von Traditionellen die Regel: Die ganze Polizei in den USA ist nicht rassistisch, aber die Tendenzen zu Rassismus auch unter Polizisten ist in den USA wohl stärker als in Deutschland. Aber es gibt – wie überall – auch in Deutschland bei der Polizei und staatlichen Sicherheitsorganisationen „schwarze Schafe", die in solchen Berufen Gelegenheit für persönliche Gewaltausübung finden.

In analoger Weise sehen sich traditionelle Landwirte ungerechter Pauschalisierung ausgesetzt. Sie nehmen Vorwürfe in der ökologischen und politischen Diskussion über Umwelt-, Tier- und Gewässerschutz als Anklage, als verbale und politische Gewalt gegen ihren Berufsstand wahr, vermissen eine Wertschätzung der Landwirtschaft und ihrer Leistung für den Naturschutz sowie eine differenzierte Auseinandersetzung. Sie sehen die Landwirtschaft gemobbt durch radikale Ökos, die selbst wenig Wissen und Einblick haben in die Landwirtschaft. Diesen Trend zu pauschalen Gewaltbezichtigungen von Berufsständen beobachten sie vielen gegenüber: Pfarrer, Polizisten, Lehrer, Landwirte, Unternehmer etc.

„Man darf da nicht alle unter einen Hut geben, das mag ich selber auch nicht. Ich habe selber die Erfahrung in der Landwirtschaft, dass zu oft die komplette Landwirtschaft unter einen Hut gesteckt wird. Ich bin ein konventioneller Landwirt. Und da bist du in vielen Augen einfach der Luftverschmutzer, der Wasserverschmutzer, der Umweltverschmutzer, der Tiere schlägt, der misshandelt und so weiter. Und das sieht man in so vielen Bereichen. Das geht weiter über Pfarrer: Viele sehen Pfarrer bloß noch als Kinderschänder, wobei ich sagen muss, das sind einfach schwarze Schafe. Und in jedem Bereich gibt es schwarze Schafe."

Hauptmotive: Neid, Gier, Machtsucht und Spaß an der Erniedrigung

Groß und in den letzten Jahren stark gestiegen sind Sorge und Angst vor rechter Gewalt, vor fanatischen Anhängern von Verschwörungstheorien, vor Angriffen auf den Staat und ihre Amtsträger, vor bewaffneten Reichsbürgern, rechten wie linken Extremisten, Querdenkern, aber neuerlich vor den Verleumdungen Wohlhabender, die sich karitativ für das Gemeinwohl engagieren. Als Hauptursache

---

der afroamerikanischen Gemeinschaft in den Vereinigten Staaten entstanden ist mit dem Hashtag #BlackLivesMatter nach dem Freispruch des weißen George Zimmerman nach dessen Tötung des afroamerikanischen Teenagers Trayvon Martin. *Black Lives Matter* ist ein dezentralisiertes Netzwerk und organisiert Proteste gegen die Tötung Schwarzer durch Gesetzeshüter und zu breiteren Problemen wie Racial Profiling, Polizeigewalt und Rassismus.

identifizieren Traditionelle *Neid* gegenüber Bessergestellten und Privilegierten, von denen die meisten für ihren Erfolg auch hart arbeiten und Risiken nehmen mussten („auch denen wurde nichts geschenkt"). Ebenso sehen Traditionelle eine unstillbare *Gier* und das Streben nach *immer mehr Macht* in einer nicht endenden Steigerungsspirale. Diese Kombination aus Machtsucht, Gier und Neid entfesselt, sodass Aggressive hemmungslos werden, kein Mitgefühl, keine Empathie gegenüber ihren Opfern verspüren. Ein viertes Motiv zu Gewalt ist der *Spaß an der Erniedrigung anderer*: Diese Gewalttäter suchen notorisch und häufig mit hohem Alkoholkonsum nach Raufereien mit Schwächeren und werden zu gewaltprovozierenden Maschinen („Unmenschen"), die keine Selbstbeherrschung und keinen Anstand mehr haben.

„Wo ich auch sehr Angst habe […] ich weiß nicht, ob es Angst ist, ein komisches Gefühl ist es einfach. Vielleicht ist doch ein bisschen Angst dabei, weil ich mich ein bisschen zurückversetzt fühle. Ich war zwar nicht dabei, wie es vor dem Zweiten Weltkrieg war. Wir haben jetzt das Glück in Deutschland, dass es nicht viele Arbeitslose gibt. Wenn die Arbeitslosenzahl steigen würde auf 20, 25 Prozent, wenn Unruhe im Land wäre, und dann kriegen die noch mehr, diese AfD. Dass, wo ich mir nie gedacht habe, dass die irgendwann einmal 15 Prozent kriegen, was für mich ein Unding ist. In Gegenden in Bayern, dass die so viel kriegen, da habe ich schon ein bisschen Angst. Und da müssen wir alle aufpassen, dass das wirklich nicht so weitergeht. Genauso jetzt mit dem Corona, mit den ganzen Fake News. Das verstehe ich einfach nicht. Ich verstehe nicht, wie Leute über jemanden herziehen können: Bill Gates. Die kennen den gar nicht. Die meisten Menschen, die viel verdient haben, die hoch hinaufgekommen sind, die haben sich nicht bloß Freunde gemacht. Aber er hat sehr viel gespendet. Wenn man sieht, wie viele Milliarden der gespendet hat in seinen Fonds, wo er Gutes tut, wo er Impfungen in Afrika macht, was sie ihm vorwerfen, was eigentlich nur Gutes ist, wenn man in Afrika, wo so viele Leute sterben. Dass dann über solche Leute so hergezogen wird, das ist für mich ein Unding. Also wenn ich so einer wär und so Gutes mache, und das wird mir dann vorgeworfen, dann sage: ‚Macht euer Zeug selber, ich mag überhaupt nichts mehr mit euch zu tun haben. Ich mache das gar nicht mehr.' Und dann wird den Reichen wieder vorgeworfen, sie sollen mehr für die Allgemeinheit tun. Und das sind so Strömungen, die mir überhaupt nicht gefallen in Deutschland."

„Das Schlimmste in Deutschland ist der Neid. Der Neid ist für mich der Motor für fast jegliche Gewalt. Weil das siehst du in anderen Ländern oft nicht. Ich reise ganz gern, bin zwar noch nicht viel dazu gekommen, aber ich war zum Beispiel auf Jamaika. Ein armes Land, arme Leute. Da haben viele bloß Hütten, gerade einmal Essen, gerade dass sie um die Runden kommen. Aber man hat so eine gewisse Stimmung, positive Stimmung. Und in Deutschland habe ich immer so das Gefühl, dass immer der Neid irgendwo mitschwingt. In Deutschland ist so eine Untugend, dass man auf andere, die man gar nicht kennt, so neidisch ist. Und eigentlich geht es allen gut. Auch denen, die jetzt nicht so viel haben."

„Bei der Mehrheit der Gewalttäter ist es der Neid. Aber da sind auch Leute, denen das scheinbar Spaß macht, die sich überlegen fühlen wollen, die einfach groß sein wollen, die Herrscher sein wollen. Das kenne ich nicht, das Gefühl. Das muss scheinbar ein unbändig schönes Gefühl sein, über andere zu herrschen oder über andere zu bestimmen oder andere in Gewalt zu haben."

Dem stellen sie als Gegenpol ihre gewaltablehnende Einstellung und die Erziehungsphilosophie für ihre eigenen Kinder entgegen:

„Ich frage mich oft, ob da bei Gewalttätern nicht die Wurzel oft im familiären Umfeld liegt. Ob das von Kindheit an bei den meisten hineingesetzt wird, dieser ganze Hass und wie sie behandelt werden, auch von ihren Eltern und Großeltern, die ihre Kinder nie loben, sondern schlechtmachen, erniedrigen und schlagen. Und irgendwann meinen sie dann, sie müssen das auf andere übertragen und ihren Frust dann bei anderen loswerden. Das weiß ich nicht. Ich kenne das von meiner Kindheit nicht. Wir sind nicht geschlagen worden, bei uns ist nie Gewalt angewandt worden. Ich habe das auch weiter so geführt. Also meine Kinder, das gibt es einfach nicht: Gewalt. Auch nicht im psychischen Sinne. Dass man mal laut wird, dass man mal grantig wird, das ist ganz natürlich. Aber diese Art [...] also man muss immer sich beherrschen können und man muss immer sich ein bisschen zusammenreißen können."

„In die Schul' wollt ich damals nicht gern gehen. Da habe ich die Realschule abgebrochen und bin auf die Hauptschule gegangen, war die letzte Klasse Hauptschule. Und da hat mich das schockiert, wie in der Hauptschule das Klima anders war, vergiftet war, Grüppchenbildung. Das habe ich in der Realschule nicht gekannt. Das habe ich von meiner Schulzeit generell nicht gekannt. Da waren wirklich welche dabei, die waren gewalttätig. Die haben andere unterdrückt. Die sind mit Drogen in Berührung gekommen und so weiter. Also das habe ich da schon alles mitgekriegt in der Klasse. Also ich habe mir noch nie was gefallen lassen, also ich habe keine Gewalt angewendet, aber ich habe mich auch nicht versteckt oder geduckt. Weil, wenn sie einmal rausgefunden haben, dass die wo mit dem Kopf am Boden sind, dass das eher die Opfer sind als die, die wo doch sagen tun: ‚Sei mal ruhig und die ein bisschen Druck machen, weil sonst lange ich dir eine.' Also ich bin dann dort in Ruhe gelassen worden in der Hauptschule. Aber ich habe gesehen, dass sie diese Außenseiter, sage ich jetzt einmal, die sind schon gepiesackt worden und das hat mir schon zu denken gegeben." [Mann, Landwirt, 41 Jahre]

„Ich habe ein Spezl gehabt aus der Nachbarortschaft, mit dem hab' ich Fußball gespielt. Wir waren 18 Jahre vielleicht, da ist er zu den Rechten, die Republikaner, nein, die NPD war's, glaub ich. Er hat erst angefangen, dass er in die NPD eintreten will. Und dann haben wir diskutiert in der Gruppe. Und da hat er sich nichts sagen lassen und ist aufgestanden und hat gesagt, ‚Ihr versteht das nicht!' und ist gegangen. Und da habe ich dann mit dem fast völlig den Kontakt abgebrochen. Er zu mir und ich zu ihm. Irgendwann einmal Jahre später habe ich ihn mal getroffen auf einem Fest; da war er als Security. Und da habe ich das dann also mitgekriegt, dass auch in diesem Bereich es Leute gibt, die wo auf Schlägereien aus sind. Weil, er hat gesagt zu mir, ich weiß nicht, ob das eine Drohung und bloß Sprüche sind, weil er gesagt hat, ‚Jetzt schauen wir mal, wen ich heute Abend noch schlage.' Da sage ich: ‚Warum? Was ist los? Spinnst du ein bisschen, oder was?' Dann sagt er: ‚Nein, ich habe halt einfach Lust zu schlagen.' Security! Wo man eigentlich davon ausgehen sollte, dass die helfen oder dass die für Recht und Ordnung sorgen sollen. Da habe ich gesagt: ‚Aber du kannst doch nicht einfach irgendeinen wahllos schlagen.' Da sagt er: ‚Irgendeiner macht mich schon blöd an. Ich finde schon einen Grund, warum ich einen schlagen kann.' Und seitdem habe ich gegenüber Securities keine gute Meinung. Weil in diesem Bereich sehr viele sind, die das machen, weil sie gerne schlagen, weil sie gerne Gewalt ausüben. Man hört halt einfach doch immer wieder, wie jetzt momentan die Sache mit der Polizei. Bin ich mir nicht immer sicher, ob diese Leute da alle bloß dabei sind, weil sie für Recht und Ordnung sorgen wollen. Man sieht das gerade in Amerika wieder, wo dieser Schwarze umgebracht worden ist auf der Straße. Ich habe das im Fernsehen gesehen, wo ich sage, so was geht nicht. So was darf nicht sein. Dass es so was heutzutage noch gibt, das ist für mich unvorstellbar."

„Eingebundene Normale" versus „Aus-der-Ordnung-Gefallene"

Die Menschen im Wohnort, insbesondere einer Dorfgemeinde, verstehen sich als Solidargemeinschaft. Mit Ausnahme einzelner, die man aufgrund ihrer geringen Partizipation an der Gemeinschaft identifiziert, sind alle Mitglieder miteinander verbunden und über ein aktives Vereinsleben eingebunden. Gegenüber einem anderen gewalttätig zu werden, ist ein Sakrileg; insofern ist die Einbindung in die Ortsgemeinschaft ein Schutz vor Gewalt: Der Einzelne ist geschützt vor Übergriffen; man wird aber auch davor bewahrt, selbst gewalttätig zu werden. Einige Traditionelle in ländlichen Regionen beschrieben ihre eigene Lebenswelt als „Käseglocke" und kontrastierten sie zur anonymen (Groß-)Stadt.

Dieser Normalität von sozial Eingebundenen und damit vor Gewalt Geschützten stellen Traditionelle jene entgegen, die aus der lokalen Ordnung gefallen sind und dadurch ein erhöhtes Aggressions- und Gewaltpotenzial haben. Betroffen von Gewaltausbrüchen sind ganz normale Menschen, Täter hingegen sind „nicht normale Menschen". Es sind meistens Jugendliche und junge Erwachsene, „die da so aggressiv ausrasten", selten „ältere Menschen, so über sechzig oder so". Damit fassen Traditionelle Gewalt neben der Zeitgeist- und Modernitätskritik als Generationenproblem. Kennzeichnend für Gewalttätige ist mangelnde Trieb- und Affektkontrolle, im Kern mangelnde Selbstdisziplin.' Das aber sind in diesem Milieu elementare Tugenden und Ausweis der Gemeinschaftsfähigkeit. Nicht Boshaftigkeit ist Auslöser einer Gewalttat, sondern ein Defekt in der sozialmoralischen Architektur des Einzelnen. Insofern ist der zu Gewalttätigkeit neigende Charakter etwas Dauerhaftes und relativ fest, sodass es gesteigerter und dauerhafter Bemühungen bedarf, jemanden da herauszuholen bzw. zurückzuholen. Aber da herauszukommen liegt vor allem in der

Verantwortung des gewalttätigen Einzelnen, der an sich arbeiten muss. Diese Personen werden mit folgenden Beschreibungen typisiert:

- kann sich nicht am Riemen reißen
- der hat einfach einen aggressiveren Charakter
- ist irgendwie angeboren und hat von zu Hause das nicht mit der Erziehung dazugelernt

Zu diesem Defekt in der mental-emotionalen Ausstattung gehört die Unfähigkeit oder der Wille, aus der Steigerungslogik von Reiz und Gegenreiz auszusteigen. Traditionelle haben die Vorstellung einer Kaskade: Nervosität oder Verärgerung („Wie man sagt, ihm ist was über die Leber gelaufen") wird unmittelbar oder nach kurzer Aufstauung nach außen gegenüber anderen ausgelassen. Wenn diese Personen nicht wie gewünscht behandelt werden oder sich ungerecht behandelt fühlen, gehen sie damit nicht rational und vernünftig um, sondern greifen zu Mitteln der Gewalt, auch wenn ihnen durchaus klar ist, dass sie damit ihr Ziel nicht erreichen werden. Hier zeichnen Traditionelle die Sozialfigur eines bereits isolierten und durch die Gewalt sich weiter isolierenden Individuums, das durch mangelnde Einbindung auf unangenehme Reize nur noch quasi-mechanisch reagiert, sodass Reize nicht aufgefangen, gedämpft, umgelenkt oder geschluckt, sondern eruptiv durch Druck nach außen abgelassen werden.

Völlig unverständlich und nicht hinnehmbar ist für Traditionelle Gewalt einzelner oder einer Gruppe, wenn Randalierer Mobiliar einer öffentlichen Einrichtung (Stadion, Zugabteil etc.) verwüsten, oder wenn sie Menschen mutwillig anrempeln, angreifen, hetzen, zusammenschlagen. Sie beschreiben, dass sie angesichts „dieser Exzesse fassungslos sind" und können solches nicht nachvollziehen. Diese Nicht-Nachvollziehbarkeit ist das Kriterium für Inakzeptanz – im Zirkelschluss: Was nicht zur Ordnung passt und nicht normal ist, wird nicht nachvollzogen. Die Hintergründe und Motive *zu verstehen*, wäre ein Schritt in Richtung Verständnis und Akzeptanz – und das soll nicht sein, weil man sowas niemals verstehen und akzeptieren will. Insofern gibt es eine Sperre, ein gewalttätiges Verhalten gar nicht erst verstehen zu wollen. Was nicht verstanden wird, ist außerhalb der Ordnung. Man darf so etwas gar nicht erst verstehen, sonst würde es irgendwann oder von irgendjemandem gebilligt und gerechtfertigt.

„Also wir waren da so eine Gruppe Kinder und Jugendliche. Wir sind miteinander groß geworden und haben immer alles gemeinsam gemacht, Schlittschuh fahren oder mal ins Kino gehen. So viel Geld hatten wir ja alle nicht. [lacht] Und wie gesagt, Zirkus Krone, das weiß ich noch, damals, das waren zwanzig Mark, haben wir lange gespart, dass jeder den Eintritt, zwanzig Mark, zahlen konnte. Und das ist mir richtig in Erinnerung geblieben. Und keiner von meinen Freunden hat irgendwie verstanden, warum die da so den Zirkus Krone zerlegt haben, die Möbel rausgerissen haben und so. Das hat keiner irgendwie nachvollziehen können, was da der eigentliche Aufhänger war."

„In der S-Bahn, weil einer vorbeigehen will und andere schubst, wenn er sich da durchschlängelt. Warum schubst der den? Also das sind so kleinere Sachen, aber eigentlich gehört es ja auch schon zur Gewalt."

„Ich denke, da setzt das Gehirn aus [lachend] bei den Leuten. Also ich weiß nicht. Aber, da setzt was aus. Weil, sonst kann ich mir das nicht vorstellen, dass die da so, einfach so [...] weil es kann ja nicht sein, dass die alle von Hause aus bösartige Menschen sind. Sondern einfach nur, da setzt der normale Verstand aus, glaube ich."

Flüchtlinge: mangelnder Abstand, zu große Enge

Soziale Verbundenheit und Integration sind der wichtigste Schutz vor Gewalt; aber auch Abstand ist wichtig. Zu große Dichte und Enge erzeugen Aggressionen, weil der Einzelne keine Rückzugsmöglichkeiten hat. Diese Perspektive des notwendigen Abstands und von Rückzugsmöglichkeiten des Einzelnen ist in der Weltanschauung von Traditionellen erst in den letzten beiden Jahrzehnten gewachsen, ist im Vergleich zur dominanten Integrationsnorm heute kein Sonderfall mehr. Vielmehr hat sich im Milieu ein Bewusstsein für den privaten Raum entwickelt, den jede und jeder braucht: „Wenn es allzu eng wird und man dadurch sozial und emotional erstickt wird". Das Argument des zu geringen Abstands konkretisieren sie mit Blick auf Gewalt, von der sie über Flüchtlinge in Erstaufnahmeeinrichtungen und Flüchtlingsunterkünften lesen. Hier mischt sich die Belastung eines über Wochen und Monate andauernden Zusammenlebens auf engstem Raum mit Menschen aus ganz anderen Ländern und Kulturen, deren Sprache man nicht versteht, mit der sehr unsicheren Zukunftsperspektive in einem fremden Land, befördert durch das womöglich in der Herkunftskultur höhere Gewaltrisiko und die Angst vor einer Abschiebung. Traditionelle betonen, dass die hohe Aggressivität, die von einigen Flüchtlingen ausgeht, in jenen dauerhaft frustrierenden Lebensumständen liegt, die zu verstärktem Alkoholkonsum führen und dann zum Verlust der Selbstkontrolle. Traditionelle, die durch ihre amtliche oder ehrenamtliche Tätigkeit eine Unterkunft von Flüchtlingen und Asylbewerbern persönlich von innen gesehen haben, sehen darin eine Erklärung der Gewalt, die auch von Flüchtlingen ausgeht:

„Gewalt? Ich weiß, dass es in den Flüchtlingshäusern gerade von den Schwarzen hauptsächlich schon Schlägereien auch gegeben hat. Aber ich glaube, die waren halt einfach auch frustriert, weil sie keine Arbeit haben, weil sie dann teilweise dann trinken. Weil ich war in so einem Container auch schon, es ist schon erschreckend, wie da sechs Leute in so einem Container zusammenwohnen. Also das sollte man einfach einmal selber sehen, wie eng das ist in so einem Container, der ist ja geteilt, und dann jeweils drei in einem Zimmer im Stockbett. Das ist schon nicht so schön. Und heraußen eine kleine Küche, und das war es dann. Wenn man so zusammengepfercht dann ist, dann kommen Aggressionen auf. Und das ist eigentlich natürlich, logisch, würde ich fast sagen. Genau!"

„Diese Situation mit Flüchtlingen ist ein ganz großer Bereich, wo viel Gewalt stattfindet, untereinander, wo die zusammenleben MÜSSEN, dass das einfach Gewalt fördert."

„Jetzt die Flüchtlingssituation: Da ist viel Gewalt in den Lagern, weil zu viele Menschen auf einem Haufen leben, dass man meint, man muss sich irgendwie mehr durchsetzen mit irgendwelchen Mitteln. Das engere Zusammenleben macht, glaube ich, viel aus. Sicherlich gibt es welche, die sind da in den Ländern, wo die herkommen, aufgrund der Situationen und Kriege, alle aggressiver. Die sind vielleicht auch von Haus aus gewaltbereiter."

Ein häufiger Kommentar von Traditionellen zu jedweder Gewalttätigkeit ist „Das bringt doch auch nichts." Aus ihrer Sicht ist eine Gewalttat niemals rational, nicht das Ergebnis eines Kalküls, sondern eine emotionale, ungesteuerte Affekthandlung, deren Wurzeln in einer verrohten Kindheit, in schaurigen (auch traumatischen) Erfahrungen während der Flucht liegen, oder in der fremden Kultur, in der Gewalt alltäglicher ist oder gar ein Mittel zur Problemlösung. Gewalt der Flüchtlinge, vor allem außerhalb des Lagers, ist nicht nur moralisch verkehrt, sondern auch dumm, weil es nicht zum Ziel führt, sondern im Gegenteil die Chance auf Asyl verringert, zur Haftstrafe oder Abschiebung führt – und diese Menschen dauerhaft aus der Ordnung fallen.

Es ist für Traditionelle typisch, dass dieses Narrativ begleitet ist von Mitleidsbekundungen zur Situation von Flüchtlingen: die strapaziöse Flucht mit Angst und Hunger und mangelnder Unterkunft, getrennt von der Familie, Trennung oder gar Verlust von Angehörigen. Aber das rührt in keiner Weise an ihrer absoluten Nicht-Akzeptanz, wenn einige von ihnen gewalttätig werden. Vielmehr dokumentieren Traditionelle durch ihren verstehenden Blick auf die Hintergründe solcher Aggressivität ihre Sensibilität und Empathie, die das absolute Gewaltverbot keineswegs relativiert. Und sie betonen die Distanz und Fremdheit von Flüchtlingen gegenüber der aus ihrer Sicht höher zivilisierten, gewaltfreien Kultur in Deutschland. Ebenso typisch ist die kollektivierende Sprache, mit der die Sozialfigur des Flüchtlings in hohem Maße, gar nicht oder kaum differenziert nach Alter, Bildung, Beruf, Ethnie, Religion oder Herkunftsland (ganz abgesehen von Werthaltungen, Lebensauffassungen oder Lebensweise), skizziert wird. Dies erinnert an das, was der amerikanische Soziologe Erving Goffman als „soziale Identität" beschrieben hat: Eine unbekannte Person wird aufgrund äußerer Merkmale und erster Informationen reflexhaft sortiert und einer Kategorie zugeordnet: Wenn diese Attribute negative Eigenschaften sind, dann hat diese Person ein Stigma. Was sich im Milieu der Traditionellen mit Bezug auf Flüchtlinge zeigt, ist die geringe Bereitschaft zu erkunden, ob jene ersten spontanen Zuschreibungen bei einer konkreten Person tatsächlich zutreffen (persönliche Identität). Man hält an der ersten Zuschreibung lieber fest und sucht konfirmatorisch nach Bestätigungen des ersten klaren Eindrucks. Eine abweichende Information zuzulassen, würde das Anfangsbild irritieren und stören, zur Korrektur auffordern und ein komplexeres Bild erfordern. Solches wird kaschiert durch Formulierungen wie etwa „Es gibt sicher auch andere, die nicht so sind" oder „Es sind ja nicht alle so" – nur diese anderen Normalen werden nicht mit gleichem Gewicht, nicht mit gleichermaßen präzisen und bildhaften positiven Attributen beschrieben wie jene, die aus der Ordnung gefallen sind. Beschreibungen der sozialen Identität von Flüchtlingen zeigen sich in folgenden Äußerungen:

- „Teilweise sind die einfach wahnsinnig aggressiv."
- „Sie kommen natürlich auch schon betrunken an, total betrunken!"
- „Auf jeden Fall sind es schwierige Menschen, glaube ich."

„Hier im Ort ist das Jobcenter in einem Gebäude, da helfe ich bei der Hausverwaltung. Da sehe ich die vielen Flüchtlinge oder auch Arbeitslose. Da denke ich mir manchmal immer schon: Wie die zur Tür reingehen! Ach Gott, denen möchte ich jetzt nicht gegenübersitzen. Also, wenn ich dem jetzt sagen muss: Du bekommst kein Geld mehr oder irgendwas anderes, dann [...] da ist also sehr oft die Polizei im Haus dann. Weil die so ausrasten, dass die wirklich die Leute so angehen. Oder auch, voll Wut kommt der raus, haut mit den Türen gegen die Glasscheibe, dass alles zerbricht. Dann denke ich mir immer: Das bringt auch nichts. Deswegen bekommst du jetzt dein Geld auch nicht. [lacht] Es wird ja auch Gründe haben. Aber die verstehen das halt nicht. Oder die verstehen auch nicht, dass man bestimmte Dinge einfach erfüllen muss, also egal, ob es den Ausweis herzeigen oder irgend so was. Es sind ja oft nur ganz banale, einfache Dinge. Und da sind die schon auf 180."

„Bei uns im Landratsamt ist das bis vor drei Jahren normal gegangen. Und auf einmal mussten die Sicherheitspersonal anstellen, weil es immer schlimmer geworden ist, weil dann jeden Tag die Polizei ins Haus kommen musste wegen der Flüchtlinge. Es gibt ja welche, die laufen mit dem Messer durch die Gegend. Da wird es dann schon lebensgefährlich, sage ich jetzt mal."

Selbst schuld! – Betonung der Eigenverantwortung

Für Traditionelle ist der Zusammenhang von moralischen Lebenseinstellungen und disziplinierter Lebensweise elementar für eine harmonische Gesellschaft. Gewalt entsteht, wenn eine Person zu jenen beiden Hauptdimensionen zu große Distanz hat (einen sozialmoralischen Defekt). Unsolide Lebensführung, Unzuverlässigkeit am Arbeitsplatz, mangelnde Körperpflege, exorbitanter Genussmittelkonsum (gar Drogen), die geringe Bereitschaft, sich ein- und unterzuordnen (Regeln, Autoritäten, Ordnungen) sind die hauptsächlichen Faktoren zur Gewaltneigung.

Zugleich haben Traditionelle die Einstellung, dass gewalttätige Menschen sich als Opfer sehen von aktuellen oder früheren Schicksalsschlägen oder von ungerechter Behandlung durch andere: konkrete Personen, abstrakte Kollektive, das System. Dies ist aus Sicht von Traditionellen eine zu einfache und falsche Erklärung, die darauf hinausläuft, eigentlich schuldlos zu sein und sich selbst nicht ändern zu müssen. Traditionelle kritisieren an Gewalttätern und gewaltaffinen Flüchtlingen einen erheblichen Mangel an selbstkritischer Eigenverantwortung. Genau dazu stellen sie einen engen Bezug zwischen Gewalt und (falscher) Lebensführung her: Für die eigene Lebensführung ist jeder selbst zuständig und verantwortlich; sie bietet Möglichkeiten zur Selbstkorrektur und dem eigenen Schicksal eine andere Richtung zu geben. Gewalt wird somit charakterisiert als exzentrische Haltung: maßlos sein und sich nicht mäßigen wollen. Umgekehrt sehen Traditionelle die Lösung in der Befähigung zur Selbstdisziplin. Diese kann aber nur gelingen, wenn derjenige wirklich eine Änderung in seinem Leben will und *sich* ändern will. Es liegt hauptsächlich am Willen.

Diesem Erzählstrang fügen viele Traditionelle den Verdacht hinzu, dass sich viele der gewalttätigen Menschen gar nicht ändern bzw. sich nicht helfen lassen wollen: Sie sehen (vermuten, unterstellen) einen mangelnden Willen zur Selbstveränderung und zur notwendigen Anstrengung, aus der eigenen Gewaltneigung herauszukommen. Neugierige Reflexionen oder Erkundigungen, warum jemand sein Verhalten nicht ändert, gibt es kaum. Der Blick ist an dieser Stelle extrem individualistisch und weitgehend blind für strukturelle Barrieren, die Aufbrüche verhindern oder hemmen. Es wird von einigen auf „schwierige Rahmenbedingungen" hingewiesen, aber nur abstrakt und inhaltsleer – und diesen wird nicht der Stellenwert einer legitimen „entschuldigenden" Erklärung zugestanden. Traditionelle beschreiben Verharrung, Verhaltensstarre, Unbeweglichkeit aus Bequemlichkeit bei den Aus-der-Ordnung-Gefallenen. Diese Mentalitäten stehen aber im diametralen Gegensatz zu elementaren Tugenden im Milieu: die herrschende Ordnung akzeptieren, sich anpassen und einordnen, eigene Impulse kontrollieren und Triebe unterdrücken. Notwendig wäre eine moralische Umkehr gewaltaffiner Menschen sowie das Arbeiten an Tugenden wie Disziplin, Fleiß, Akzeptanz, Emotionskontrolle, Härte gegen sich selbst. Insofern dient der pessimistische Blick auf die Veränderungsbereitschaft von Gewalttätern zugleich als Kontrastmittel zur eigenen Lebensart: Sie stellen der Unmoral von Gewalttätern ihre eigene Moral gegenüber.

„Da mangelt es an Disziplin bei den Leuten, dass sie sich nicht so am Riemen reißen können."

„Ich glaube, dass da viele meinen, sie sind eigentlich unschuldig an ihrer Lebenssituation. Wobei ich denke, dass doch viele selber schuld sind. Weil, wenn man sieht, dass ungefähr fünfzig Prozent so alkoholisiert dahingehen, total ungepflegt und, ich sage jetzt einfach mal, ungewaschen, was vielleicht nur so ausschaut, weil eben durch den Alkohol das den Menschen auch verändert. Und die denken immer, es sind alle anderen schuld, nur sie selber nicht. Aber wenn ich irgendwo in eine Arbeit gehe und jeden Tag da betrunken ankomme, dass der Arbeitgeber dann irgendwann sagt: ‚Also, es tut mir leid, so können wir Sie nicht behalten, das geht nicht.' Die Situation muss er ja selber ändern. Und es gibt ja auch genug Hilfen für diese Leute. Also, es gibt die Anonymen Alkoholiker und so andere psychologische Betreuungen gibt es ja doch sehr viel bei uns."

„Ich glaube, dass da wirklich nur hilft, diese Lebenssituationen zu ändern. Aber die wollen das ja auch oft gar nicht. Das ist ja so ein Kreislauf. Also, die wollen sich auch oft nicht helfen lassen."

Die psychologischen Charakterisierungen von Gewalttätern stehen im Gegensatz zur Distanz und Kontaktlosigkeit, die Traditionelle zu diesen behaupten. Gewalttätige Menschen gibt es – so die Darstellung – im eigenen Umfeld nicht, Ausnahme sind bekannte Rabauken im Ort. Insofern sind Quelle für die Zuschreibungen vor allem mediale Berichte aus Fernsehen und (lokalen) Tageszeitung, die im eigenen Bewusstsein sowie in der sozialen Nahwelt einen sich selbst bestätigenden Bilderkreislauf erzeugen, der abweichende und irritierende Erfahrungen in der Regel ignoriert, umdeutet, abwehrt. Einzig zu einzelnen gewalttätigen Personen im Ort weicht die persönliche Identitätszuschreibung von der (stereotypen) sozialen Identität ab. Allerdings greift dann meistens der Mechanismus, dass diese Person als Ausnahme gilt, sodass man im selben Horizont bleibt. Sehr lange hält man an der sozialen Identitätszuschreibung von Gewalttätern fest, weil sie als Welterklärung funktioniert.

Vereinsleben schützt

Was einen selbst vor Gewalt schützt (nicht Opfer und nicht Täter werden) ist die Einbindung des Einzelnen in die örtliche Gemeinschaft. Hier haben die Vereine eine ganz wichtige Funktion. Feuerwehr, Heimat- und Trachtenverein, Sportverein, Schützenverein, Faschingsclub, Heimat- und Volkstheater, Musikverein etc. – eine organisierte Gemeinschaft hat einen starken Zusammenhalt und wirkt als Schutzschild, in der jeder und jede Einzelne aufbewahrt und immunisiert ist. In solcher Gemeinschaft gibt es keine Anonymität und Isolation, aggressive Impulse werden aufgefangen und gelöst.

Vor allem in ländlichen Regionen zeichnen Traditionelle das Bild einer harmonischen, nostalgisch anmutenden, friedlichen Solidargemeinschaft, in der die Welt (noch) in Ordnung ist. Hier ist man nicht allein; wer aus der Ordnung ausbricht, wird zurückgeholt und nur wenn jemand partout nicht will, aus der Gemeinschaft ausgestoßen: Diese Sanktion hat abschreckenden Charakter. Dazu zeichnen Traditionelle das Kontrastbild der Anonymität einer (Groß-)Stadt, in der es keine korrigierende, zähmende, zurückholende Instanz gibt.

Eine Prävention gegen eine dauerhafte Aggressivität, die sich gegen Menschen handgreiflich richtet, sehen Traditionelle darin, die Isolation der oder des Einzelnen nicht zuzulassen durch persönliche Nachbarschaftskontakte und Vereinsleben. Offene Familienhaushalte und Vereine sorgen dafür, dass auch Kinder und Jugendliche nicht verloren umherstreunen, sondern immer Orte haben, an denen sie sein können und man sich um sie kümmert. Dies hat die Wirkung einer Desinfektion vor Gewalt, eine Immunisierung gegen dieses „Virus Gewalt".[36] Die Freizeitinteressen verändern sich mit den Generationen und mögen bei jüngeren Menschen andere sein als bei der älteren Generation: Das muss man berücksichtigen und Vereine müssen entsprechende Angebote machen – doch das tun sie und darum ist es so wichtig, dass die Jüngeren in das Vereinsleben eingebunden und dort aktiv sind.

Ein solches Szenario einer dörflich-gewaltfreien Idylle ist nicht nur im sozialwissenschaftlichen Interview propagandistische Werbung für die eigene Lebensauffassung und Lebensweise. Sie bestimmt auch die Wahrnehmungsfilter für bestehende Gewalt innerhalb der Ortsgemeinschaft. Es wird nicht thematisiert, was mit jenen Mitbewohnerinnen und Mitbewohnern geschieht, die sich nicht im Vereinsleben engagieren, die sich der sozialen Kontrolle entziehen, die einen anderen Lebensstil und eine andere Ordnung haben. Es wird nicht thematisiert, dass das Ausschließen, Stigmatisieren oder Diskreditieren jener, die sich partiell oder ganz dem Vereinsleben entziehen, die auch wenig Kontakte zu den Bewohnern haben, selbst ein Gewaltakt ist oder Gewalt gegen diese Personen provozieren kann.

„Ich habe Gewalt selber nicht erlebt. Also zu Hause nicht, also wie ich aufgewachsen bin, und ich habe es auch danach so nirgends erlebt, was mich betroffen hätte. Vielleicht weil hier der Zusammenhalt der Bevölkerung durch die vielen Vereine groß ist, viele sich in so einem Verein organisieren und viel gemeinsam machen, dass da eben viel ausgeglichen wird."

„Man ist eingebunden irgendwie oder ein bisschen aufbewahrt. Also [lacht] ein bisschen geschützt, glaube ich einfach. [...] Und eben auch die Kinder. [...] Es wird ganz viel Jugendarbeit gemacht bei uns, also vom Sport bis, ja, eben Konzerte. Und alle machen da irgendwie Jugendarbeit oder so. Und da lernen die von Hause aus einfach so ein gewaltfreies Leben. Klar streiten sich die Kinder mal. Das ist aber ganz normal, dass die sich dann irgendwann kloppen und dann die nächsten fünf Minuten spielen die aber wieder miteinander."

„Das schützt schon vor Gewalt. Auch dass sie nicht in eine schlechte Gesellschaft abrücken. Klar kann es auch sein, dass da vielleicht mal Drogen kommen. Gibt es ja auch. Aber das wird dann eigentlich schnell ausgesondert."

---

36 Einige Interviews wurden zu Beginn der Corona-Epidemie ab März 2020 durchgeführt. Das hat vermutlich zur Anleihe jener Begriffe und Metaphern geführt.

„Die sind wie so ein bisschen Wachhunde [lachend]. Weil jeder auf den anderen ein bisschen achtet und schaut. Oder wenn er merkt: irgendwas stimmt mit dem nicht oder irgend so was, warum macht der so manche Dinge? Dass man dann vielleicht einfach spricht mit denen."

„Wenn man merkt, der rastet immer gleich aus bei Kleinigkeiten, dass man dann mit ihm spricht, einfach vorsichtig mit jemand sprechen, also nicht gleich aggressiv sprechen ‚Du darfst jetzt nicht, sonst wirst du ausgeschlossen' oder irgend so was. Dass man versucht, den auf eine ruhige Art wieder auf eine Schiene zu bringen. Das ist halt schwierig im Großstadtbereich, da ist es einfach alles anonym, da kennt man keinen mehr. Also ich glaube, dass man sich da zu wenig miteinander beschäftigt oder auch gar nicht nachfragt, wer ist da jetzt eingezogen, oder keiner sagt was, keiner grüßt. Ist alles wurscht, wer da wohnt oder nicht wohnt, oder ob der krank ist oder nicht. Das ist irgendwie so die Anonymität, glaube ich, das macht schon viel aus. Und das ist am Land einfach weniger."

„Dörfliche Regionen haben da weniger mit Gewalt zu kämpfen als im Großstadtbereich. Das ist einfach, weil da die Massen aufeinandertreffen. Wenn man mal Fußballspiele im Stadion nimmt. Kein Mensch weiß, warum der plötzlich einen Gegner, weil der für die gegnerische Mannschaft schreit, warum der den dann einfach angreift. Also das ist irgendwo nicht nachvollziehbar für mich."

„Die Menschen im Ort treffen sich doch eher, egal, ob das jetzt irgendeine Veranstaltung ist oder Kirche oder Friedhof, es ist einfach anders. Man kennt sich einfach. Auch wenn man nicht den Namen kennt, aber vom Sehen einfach. Man trifft den beim Einkaufen jede Woche mal."

„Wir haben sehr viele Vereine hier im Ort. Ist auch eine gute Jugendarbeit, bei der Feuerwehr ist genug Nachwuchs, Blasmusik ganz viel, Schützenverein etc. Vereinsleben ist ein wichtiger Faktor. Ich habe auch von meinen Kindern verlangt, dass sie zumindest in einen Verein eintreten. Sie durften es sich frei auswählen, aber das war, ich bin sonst nicht autoritär, aber das war Grundbedingung. Zwei sind dann zum Trommlerzug gegangen, die zwei Söhne, und die Tochter ist aktiv beim Sportverein, die ist Ausbildungsleiterin. Ja, sie macht halt so Kurse für die Kinderturnen und so etwas. Also das habe ich verlangt, einfach damit man Gesellschaft lernt, damit man lernt, wie man sich mit Freunden, mit Gleichaltrigen, mit anderen arrangiert, wie man zusammenlebt. Finde ich sehr, sehr wichtig. Genau!"

„Ich würde jetzt nicht sagen, dass es in Deutschland mehr Gewalt gibt, dass sich das steigert. Glaube ich nicht. Aber ich bin halt ein reiner Landmensch, von den Städten kann ich es nicht sagen."

„Also in den Städten weiß ich nicht, ob es da irgendwelche Jugendbanden oder so Clans gibt mit Gewalt. Also bei uns gibt es hier nichts, also das wüsste ich schon irgendwie."

Fürsorge für Fremde

In Gegensatz zu der von Performern vorgestellten Segregation von Wohnquartieren als Mittel zur Gewaltprävention haben Traditionelle – vorwiegend Frauen – die Perspektive, dass eine Durchmischung von Wohnquartieren der zunehmenden Anonymität und Fremdheit entgegenwirkt, die eine Voraussetzung für die Bereitschaft zur Gewalt ist. Denn gegenüber Bekannten ist die Neigung zu Gewalt weniger groß. Die Vorstellung ist: Wenn man jene, die „anders" sind kennt, sinken Motivation und Risikobereitschaft zur Gewalt. Denn zum einen ist man gegenüber Vertrauten weniger gewaltbereit als gegenüber Fremden; zum anderen kann man unter Bekannten leichter zur Rechenschaft gezogen werden. So ist für Traditionelle „Integration" (gemeint ist: *Assimilation*) in die Gemeinschaft der Schlüssel zur Gewaltprävention: Sich nützlich machen im Ort und als Teil des Gemeinwesens Aufgabe übernehmen, gibt Sinn und Anerkennung, beugt Frust und Orientierungslosigkeit vor.

Eine ganz andere Lebensart von Neuankömmlingen wird kritisch beäugt und gemessen am unverrückbaren Standard dessen, wie die Dorfbevölkerung lebt. Wenn Fremde aufgrund ihres anderen Aussehens, ihrer Hautfarbe, Kleidung, Sprache etc. offensichtlich aus ganz anderen Ländern und Kulturen kommen, ist der voreingestellte Filter: Diese Menschen darf man mit ihrer früheren Lebensart, die sie noch irgendwie im Gepäck haben, nicht allein lassen, sondern ihnen bei der Anpassung an ihr neues Zuhause behilflich sein. Das ist Fürsorge. Darin besteht auch die Verantwortung der Ortsgemeinschaft: Wenn jemand amtlich im Ort aufgenommen wurde, hat die Ortsgemeinschaft die Verpflichtung, sich um diese Person und Familie zu kümmern. Der Gewaltpräventionsschutzschild gilt dann auch für sie. Voraussetzung bei einer oder einem Fremden ist, dass sie oder er alle Bewohner sowie die Regeln der Ortsgemeinschaft respektiert und anerkennt als das, was gilt; dass er oder sie sich nicht über diese Ortskultur erhebt, sie nicht stört oder beschädigt, die Angebote nutzt und wertschätzt, kontaktbereit ist und einen Platz in diesem feststehenden Ensemble zu finden sucht.

„Ich glaube, dass es wichtig wäre, dass man die alle mehr einbindet in alles Mögliche. Dass man sie nicht so allein lässt mit ihrer Lebensart. Also, dass man sie einfach mehr einbindet, sich mehr um die kümmert."

„Meine Mutter hat jetzt lange im betreuten Wohnen gelebt. Sie ist letztes Jahr gestorben. Und da ist eine Sozialstation dabei. Und da werden diese Flüchtlinge, die machen da Kurse, also sowohl Deutsch als auch andere Sachen, also Computerkurse, Handarbeiten, alles Mögliche. Und da arbeiten auch ein paar Flüchtlinge: Die einen kochen, die anderen putzen. Und auch die alten Leute, wo man denkt: Na ja, die sind vielleicht gegen so anders ausschauende Menschen, ob Schwarze oder südländische Typen oder so, da sind die vielleicht anders, verhalten sich da anders, aber eigentlich gar nicht. Die gehen ganz gut miteinander um. Klar, die helfen natürlich auch den Leuten, das macht natürlich auch was aus, glaube ich."

Anmerkung:
- Unter Gewalt verstehen Traditionelle primär körperliche und verbale Gewalt. Cyber Harassment sprechen Traditionelle von sich aus überhaupt nicht an: Hier haben sie keine eigenen Erfahrungen oder Beobachtungen (selbst Jüngere nicht, die das Internet nutzen); allenfalls erfährt man von verbalen Hassreden über die Nachrichten im Fernsehen oder der lokalen Tageszeitung. In der Sicht von Traditionellen (insbesondere in Orten mit dörflichem Charakter) bedarf es zur Gewaltprävention keiner eigenen Verhaltensänderung und besonderen Maßnahmen im Ort. Aber anderswo, in den Städten, sind solche Maßnahmen unbedingt erforderlich.
- Für ein politisches Präventionskonzept sind die Schutzfunktionen von lokalen Vereinen zu reflektieren. Ihre Funktionalität ist wertzuschätzen und genauer in den Blick zu nehmen. Es ist zu erwägen, wie diese für jüngere Generationen sowie in urbanen Regionen zu transformieren wären, wie eine Stärkung von Vereinen erfolgen kann, welche Anreize in anderen Sozialräumen und Zielgruppen greifen. Dabei wäre gleichzeitig zu eruieren, inwiefern Vereine zu sozialer Schließung tendieren. So ist die Sensibilität dafür zu schaffen, wie viel Gewalt es innerhalb einer Ortsgemeinschaft bzw. in (oder auch zwischen) Vereinen gibt, ob dort bestehende Gewalt tabuisiert, verdeckt oder bagatellisiert wird, weil eine Skandalisierung das kollektive Selbstbild der Harmonie stören würde. Das führt zur Frage, inwieweit eine Vereinskultur in einer eng verbundenen Ortsgemeinde dysfunktionale Effekte zur Gewaltprävention haben kann, wenn Gewalt begrifflich und kommunikativ ausgeblendet wird. Es ist auffällig, dass sexuelle oder häusliche Gewalt überhaupt nicht thematisiert wurden, dass erst auf Nachfrage mit Unbehagen gesagt wurde, davon im Ort noch nie gehört zu haben, oder solche Vorkommnisse wurden nivelliert als exzentrische Entgleisung eines Einzelnen (eine Ausnahme, ein Sonderfall, ein im Ort bekannter Sonderling). Für ein Präventionskonzept wäre an den Wahrnehmungsfiltern innerhalb des Milieus anzusetzen. Dazu gehört ein kritisches Bewusstsein zum Anspruch hegemonialer Alleingeltung des Eigenen gegenüber (dem) Fremden und Anderen, dem bzw. denen man mit fürsorglicher Diskriminierung begegnet, und den Anderen oft nur akzeptiert als künftiges Element des Kollektivs, aber nicht als (ganz) anderes Individuum. Es ginge darum, Tabus und Verschleierungen offenzulegen, die Sehschärfe zu steigern für eine kritische Reflexion ausschließender oder einzwängender Gewalt im Binnenraum. Das sollte einen kritischen Blick auf die Gewalt in der eigenen Nahwelt befördern, statt primär über Gewalt anderswo zu klagen.

2.6. „Bürgerliche Mitte"

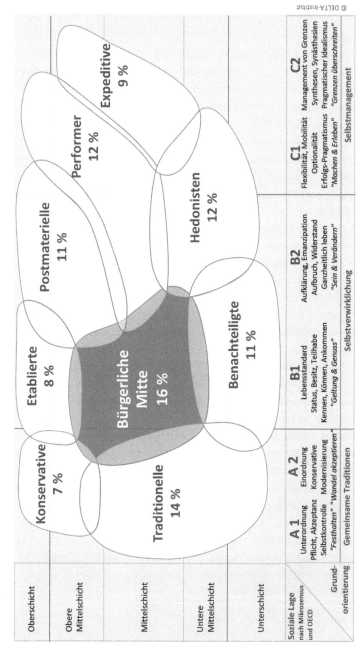

Abbildung 13

2.6.1. Lebenswelt

Grundorientierung

Der leistungs- und anpassungsbereite Mainstream: Streben nach beruflicher und sozialer Etablierung, nach gesicherten und harmonischen Verhältnissen, nach Erhalt des Status Quo. Wunsch, beruflich und sozial „anzukommen", um beruhigt und aufgehoben ein modernes Leben führen zu können. Die zunehmend verlangte Flexibilität und Mobilität im Beruf werden als Bedrohung erfahren.

- Streben nach Erhalt der Stabilität, materiellen Annehmlichkeiten und ausgewählten Events und kulturellen Highlights mit Prestigewert; Sehnsucht nach Genuss und Well-Being, aber Distinktion gegen kruden Hedonismus und experimentelle Lebensweisen
- Synthese von konservativen Werten und moderner Lebensart: Eigenverantwortung und Anpassung an liberale Leistungsnormen; beruflicher Ehrgeiz und demonstrativer Stolz auf erreichte Positionen und den gehobenen Lebensstandard, den man sich erarbeitet hat: Zeugnisse des Erreichten
- Moderate Wettbewerbs- und Aufstiegsorientierung: Wer Talent hat, Kompetenz erwirbt und dauerhaft Engagement zeigt, soll Chancen zum Aufstieg in der Gesellschaft haben. Zugleich Abwehr gegen eine allzu sozialhierarchisch mobile Gesellschaft: Die bestehenden Verhältnisse sollten weitgehend stabil bleiben; Sorge vor dem Verlust von Status, Sicherheit, Anerkennung und Positionen
- Statussymbole sind *materieller Besitz und Wohlstand* (Auto, Immobilienbesitz, gehobene Wohnungseinrichtung), neuerdings – und zunehmend – *Wissen* im Sinne von *sich auskennen* und *vernetzt sein* (Sachwissen, Veranstaltungen, Verbindungen haben, regionale Künstlerinnen und Künstler kennen)
- Ausgeprägte Aufstiegsorientierung für die eigenen Kinder: Kinder sind Investitionsgut mit Prestigewert; im gehobenen Bereich des Milieus eine große Bereitschaft zur Investition (Geld, Zeit der Mutter) in die Schullaufbahn und Karriereförderung der Kinder bis an die Grenze der eigenen Mittel
- Distanz zu traditionsverhafteter Starrheit (ihrer Eltern und Großeltern); Bereitschaft und Wunsch, moderne Entwicklungen mitzunehmen (Zeitgeist, Lebensstil), aber ohne die gewohnten Routinen aufzugeben und ohne die materiell-soziale Stabilität zu gefährden
- Betonung von Solidarität und sozialer Gerechtigkeit; Kritik am Turbo-Kapitalismus und Shareholder-Value; dagegen Festhalten am Wohlfahrtsstaat und der sozialen Marktwirtschaft; zugleich besorgte Wahrnehmung, dass die radikalen Spitzen der liberalen Marktwirtschaft immer mehr vordringen, man sich diesem Strom anpassen muss und von deren negativen Effekten auch betroffen sein könnte. Gleichzeitig die Sorge, dass (zu viele) staatliche Transferleistungen an Flüchtlinge und die Unterklasse fließen

Tabelle 6

Alter	
18–29 Jahre	14 %
30–39 Jahre	16 %
40–49 Jahre	17 %
50–59 Jahre	24 %
60–69 Jahre	16 %
70+	13 %
	100 %

Geschlecht	
Männer	48 %
Frauen	52 %
	100 %

Soziale Lage

- *Bildung*: Qualifizierte mittlere Bildungsabschlüsse (Hauptschule bzw. mittlere Reife mit anschließender Berufsausbildung); mehr als die Hälfte weiterführende Schule ohne Abitur; knapp 20 % mit Abitur; 5 % mit Studium
- *Beruf*: Einfache/mittlere Angestellte und Beamte sowie Facharbeiter; überdurchschnittlicher Anteil von Teilzeitbeschäftigten (v. a. Frauen) und Hausfrauen
- *Einkommen*: Mittlere Einkommensklassen; im Schwerpunkt: 1.500 bis 2.500 € Haushaltsnettoeinkommen; knapp 30 % gehören zu den Mehrverdienenden mit einem Haushaltsnettoeinkommen über 2.500 €

Identität

- *Weltbild*: Die Gesellschaft verändert sich permanent: Man muss aufpassen, den Anschluss nicht zu verpassen, sollte aber auch nicht jedem Trend hinterherlaufen. Dominante Perspektive von Konformität und Abweichung: Orientierung an den Erwartungen anderer, Streben nach Anpassung und grundsätzliche Bereitschaft sich einzufügen („Was wird verlangt? Wer genügt den Anforderungen? Wer weicht ab?")
- *Selbstbild (Ich-Ideal)*: Der moderne, aufgeschlossene und respektierte Bürger in der Mitte der Gesellschaft
- *Abgrenzung*: Wenig Toleranz gegenüber dem Extremen und Randständigen einerseits, Distanz zum allzu Traditionsverhafteten und Rückständigen andererseits
- *Leitmotiv*: Soziale Anerkennung durch Aufstieg und Anpassung an die moderne Entwicklung („gesunder Opportunismus"); Harmonie und Intaktheit als prägende Grundwerte; Orientierung sowohl an der Hochkultur als auch am populären Spannungsschema
- *Ausstrahlung*: Freundlich, sympathisch, nett, menschlich, unprätentiös, gefällig, zeitgemäß

Lebensstil

- Vernunftbetontes Streben nach einer Balance von Arbeit und Freizeit, von persönlichen Interessen und partnerschaftlichen Ansprüchen
- Wunsch nach Lebensqualität, Komfort und Genuss; ausgeprägte Convenience-Ansprüche, Selbstbewusstsein als Verbraucher, Smart Shopper-Einstellung
- Konsumpriorität haben ein gut ausgestattetes, gemütliches Heim und gepflegtes Outfit; aber auch für Auto, Urlaub, Freizeit und nicht zuletzt für die Kinder wird – sofern man nicht zum Sparen gezwungen ist – gerne Geld ausgegeben
- Freizeitgestaltung mit guten Freunden und anderen Familien: Gemeinsame Spiele, Radtouren, Wandern, in den Zoo oder Freizeitpark gehen, Spazieren gehen, die Natur genießen; mit Tieren beschäftigen, Großeltern, Verwandte besuchen
- Haus und Garten als Passion: Man gestaltet/dekoriert gerne die eigene Wohnung, blättert dazu in Wohnzeitschriften und bummelt in Einrichtungsgeschäften und arbeitet im eigenen Garten
- Durch den Beruf bedingte Erholungsbedürfnisse mit ausgeprägten Aktivitätswünschen: Rauskommen, etwas unternehmen, unter Menschen sein. Aber auch: Berufsstressbedingte Escape-Bedürfnisse (in Ruhe allein zu Hause Kaffee trinken und ein Buch lesen, einmal einige Stunden oder auch Tage mit einer guten Freundin verbringen, ohne Partner), wie auch bei Männern (Mountainbike-Tour, Segeltörn mit den Kumpels, Männerabend, eine Woche Motorradfahren, Vereinsaktivitäten)
- Pflege enger Freundschaften: Einladen von guten Freunden, zusammen essen, Spieleabende, Grillen im Garten, sich austauschen, Rat und Tipps geben zu Modernisierungsplänen im Haus, Kindererziehung und dem eigenen Berufsalltag
- Freizeitsport und gemeinsame Unternehmungen mit der Clique (meist eine Gruppe untereinander befreundeter Paare und Familien in ähnlicher Lebenslage); Joggen, Tennis, Tischtennis und Squash spielen, Boot fahren, gemütliche Radausflüge, Kegeln, zusammen ins Kino oder Theater gehen, einen Tanzkurs absolvieren, das Wochenende oder den Urlaub irgendwo gemeinsam verbringen

Anteil der Menschen mit Migrationshintergrund im Milieu (deutschsprachig): 10,7 %

2.6.2. Wahrnehmung von Gewalt und Vorschläge zur Prävention

Statusbewusstes Wissen über Gewalt, die von Rändern der Gesellschaft vordringt

In der Bürgerlichen Mitte wird Gewalt spontan definiert als Handlung einer Person, durch die eine andere Person *körperlich* oder *seelisch* verletzt wird. Unterschieden werden *bewusst* ausgeübte Gewalt, die jemand gezielt aus rationalen Erwägungen oder in emotionaler Erregung ausübt, und *unbewusst* ausgeübte Gewalt, bei der der Verletzende gar nicht mitbekommt, „was er da anrichtet". Diese Verletzung kann *offensives Einwirken* sein, aber auch ein *Verwehren*. Typisch in der bürgerlichen Mitte sind solch binäre Unterscheidungen. Die Leitdifferenzen körperlich/psychisch und bewusst/unbewusst spannen eine Vierfeldertafel auf, die wichtigstes Kategoriensystem der Gewaltwahrnehmung ist. Es gibt, so die Vorstellung, ein breites Spektrum *körperlicher Gewalt* mit unterschiedlichen Schweregraden: das unbedachte oder bewusste Versperren eines Weges, das körperlich-robuste Behaupten der eigenen Laufrichtung ungeachtet der Entgegenkommenden (in Fußgängerzonen, Einkaufszentren, Bahnhöfen, Geschäften), die jener dominanten Körperlichkeit ausweichen, um nicht zu kollidieren und dabei Schaden zu nehmen. Schließlich gibt es gesteigerte Gewaltformen durch gezieltes körperliches Schubsen, Schlagen, Treten, Misshandeln. *Psychische („seelische") Gewalt* ist mit Unsicherheit behaftet, schwerer greifbar und nachweisbar. Mehr als bei körperlicher Gewalt verunsichert, dass es offenbar eine Rolle spielt, ob jemand etwas als psychische (emotionale, verbale) Gewalt subjektiv empfindet oder nicht. Die mentale und emotionale Empfindlichkeit oder Robustheit der Menschen ist höchst individuell. Damit ist ein gewaltsames Einwirken auf die Psyche – durch Worte, Mimik, Gesten, Körperberührungen, Körperbeschädigungen, Entscheidungen (im Betrieb), Bilder, E-Mails, Social Media-Botschaften, Nicht-Einladungen, Stalking etc. – schwer messbar und kaum objektivierbar, sodass es schwerfällt, einen Maßstab zur Identifikation, Klassifizierung und Verurteilung psychischer Gewalt zu finden.

„Die Niveaus, denke ich, sind sehr verschieden. Ich kenne Leute, die, wenn man halt widerspricht, das schon fast als Gewalt empfinden."

Bei der Suche nach einem halbwegs sicheren Boden auf dem unwägbaren Terrain psychischer Gewalt ist *Mobbing* eine Referenz und Orientierung. Mobbing gilt in diesem Milieu als typisch für psychische Gewalt und ist gleichsam *das* Paradigma (Erzählung mit beispielhaftem Charakter). Das Wort Mobbing ist etabliert, ein Modewort zur Beschreibung unguter gesellschaftlicher Strömungen der Ausgrenzung einzelner Personen an Schulen und am Arbeitsplatz. Und zugleich hat Mobbing den Charakter eines Containerbegriffs. Denn beim Nachfragen fällt es schwer zu bestimmen, was Mobbing genau ist, wo die Grenzen verlaufen und warum Mobbing als eine Form von Gewalt aufgefasst wird. Aber der Begriff Mobbing erregt Aufmerksamkeit und sichert Einvernehmen im milieuinternen Diskurs über Alltagsgewalt.

- Nur am Rande erwähnt wird sexuelle Gewalt: selbst erlebte (selten), von Freundinnen berichtete (gelegentlich) oder in Medien gelesene (am meisten) *verbale* sexistische *Anreden oder Kommentare* sowie *sexuelle Belästigung* am

Arbeitsplatz oder in der Öffentlichkeit; ebenso *körperliche Übergriffe* und *Vergewaltigung*. Eine differenziertere Beschreibung gibt es kaum, in der Regel auch keine Vorstellung von strukturellem Sexismus oder strukturellen Ursachen des Sexismus. Sexismus ist, ähnlich wie im Milieu der Traditionellen, ein Thema non grata, das jene mitbefleckt, die dieses zur Sprache bringen.

• Nur von einzelnen thematisiert werden strukturelle Gewalt oder institutionelle Gewalt. Stattdessen ist der Wahrnehmungs- und Deutungshorizont bestimmt von Fragen der Identifikation und Verortung bisheriger und potenzieller Einzeltäter und Tätergruppen sowie riskanter Situationen von Gewalt. Wenn strukturelle oder institutionelle Gewalt beschrieben wird, dann bezogen auf Menschen am Rande der Gesellschaft, insbesondere Flüchtlinge. Genannt werden Abschiebungen nach Afghanistan, die Behandlung mancher Flüchtlinge durch Behörden, die verweigerte Anerkennung von Bildungsabschlüssen und Berufsqualifikationen, Unterbringung der Geflüchteten in Unterkünften (enge Räume, keine Trennung der Geschlechter etc.), die willkürliche Machtausübung privater Sicherheitsdienste.

Zur Einordnung von Gewalt gibt es eine leitende Erzählung: Referenz sind extreme Gewalttaten und die Dämonisierung dieser Täter. Um den Horizont von Gewalt zu bestimmen, werden Informationen und Bilder extremer Verbrechen herangezogen wie terroristische Attentate, rassistische Übergriffe auf Asylbewerber, gezielte Morde aus Rache oder Habgier, Vergewaltigungen, Kindesmissbrauch. Die Täter werden als „geisteskrank" und „gestört" charakterisiert, die Tat als „unglaublich", „entsetzlich", „unbegreiflich" – jenseits der Normalität, jenseits von Mitte und Maß. Damit werden diese Taten und Täter *exotisiert* als „Fremde": Ausländer, links- und rechtsradikale Splittergruppen, Reichsbürger, Flüchtlinge. Der Effekt dieses Narrativs ist, dass die Ursachen und Ursprünge von Gewalt sowie die Gewalttäter außerhalb der eigenen Lebenswelt lokalisiert werden, die als genuin gewaltfrei charakterisiert wird. Zu Beginn des Interviews betonten alle Befragte reflexhaft, dass man im eigenen privaten und beruflichen Alltag keine Begegnung mit körperlicher Gewalt hat, dass man über die eigenen Kinder von Mobbing und Gewalt an Schulen wohl weiß, dass einzelne Freunde über psychische Gewalt am Arbeitsplatz berichten, dass man von Gewalt ansonsten nur aus den Nachrichten weiß, man in der Öffentlichkeit nur aus Distanz gelegentlich Gewaltszenen beobachtet, aber nicht involviert ist. Häufiger erinnert man sich biografisch an Gewalt: bei Männern Raufereien in der Kindheit mit anderen (älteren, stärkeren) Jugendlichen, bei Frauen Mobbing in der Schule, deren Schmerz bis heute nachwirkt; oder bei einigen, dass es in der Familie und Ehe ihrer Eltern, Schwiegereltern oder Großeltern häusliche Gewalt gegeben hat.

„Ich weiß zum Beispiel, dass die Mutter von meinem Mann von ihrem Mann geschlagen worden ist, sodass sogar mein Mann damals als Kind die Polizei gerufen hat, zweimal."

„Natürlich habe ich einmal gesehen, wenn irgendwie am Oktoberfest welche geschlägert haben. Also wie gesagt, mir selber ist das noch nicht begegnet."

„Also ich kenne das schon während meiner Schulzeit, ich habe mich oft wirklich ausgegrenzt und gemobbt gefühlt, wo dann zum Beispiel mein Gewicht so ein Thema war. Und das hat wirklich verletzt. Also das war wirklich bewusst verletzend einfach, und das macht was mit einem, was ich bis jetzt nicht vergessen habe. Also das ziehst du wirklich dein ganzes Leben lang. So abgrenzen davon kann ich mich gar nicht, dass das komplett weg ist."

Die Gewaltbeschreibungen sind konzentriert auf musterhafte Situationen und Tätergruppen, von denen ihnen Freunde, Nachbarn, Verwandte erzählten oder die sie aus der lokalen und überregionalen Presse kennen: Kindesmisshandlung; Kinderpornoringe, häusliche Gewalt an der Ehefrau; Gewalt von Flüchtlingen und Ausländern; Gewalt von Rechtsextremen gegenüber Migranten; Gewalt von Linksextremen auf internationalen Kongressen der Wirtschaft und Politik (G20-Gipfel), Gewalt zwischen rivalisierenden Banden, Clans oder ethnischen Gruppen; Schlägereien zwischen Fans zweier Fußball- oder Eishockeyvereinen im Rahmen von Ligaspielen (Hooligans, Ultras); Gewalt in der Drogen- und Prostitutionsszene etc. Diese werden aufgezählt zur Demonstration ihres umfassenden Wissensvorrats und brandaktuellen Informationsgrades. Sie sollen keine Beschreibung sein ihrer eigenen oder benachbarten Lebenswelt, aber Beleg ihrer berechtigten Angst vor solcher Gewalt.

Die vielfachen Beschreibungen von Gewalt in der Gesellschaft außerhalb ihres eigenen Umfelds haben die Funktion der Statusvergewisserung und Legitimation ihrer Abschottungstendenz. In ihrer Wahrnehmung gibt es eine schubweise, von vielen nicht bemerkte Zunahme von Gewalt in der Gesellschaft, nicht nur terroristische Anschläge wie in Halle, München, Chemnitz, sondern eine dramatisch gestiegene verbale, übergriffige und beschuldigende Gewalt im Alltag – jenseits ihrer Nahwelt. Die immer unvermittelter und unverfrorener auftretende ausländer-, asyl- und fremdenfeindliche Aggression von Deutschen (und einigen Migranten, die schon lange in Deutschland leben) sowie überhaupt die gestiegene Rücksichtslosigkeit gegenüber anderen Personen in der Öffentlichkeit macht ihnen Angst und verstärkt Gefühle der Bedrohung und Ohnmacht. Sie hätten eine solche Aggression, die den Alltag und normale Situationen vergiftet, vor einigen Jahren nie für noch möglich gehalten.

„Bis vor ein paar Jahren war ich immer noch sehr optimistisch, da habe ich mir irgendwie gedacht, soweit kann es bei uns nicht kommen. Und dann waren in letzter Zeit so Sachen, wo ich immer mehr so an meiner optimistischen Grundhaltung irgendwie erschüttert worden bin. Es langt schon zu beobachten, was alleine schon Leute aus unserem Dorf auf Facebook posten, zum Beispiel wenn die gegen Ausländer hetzen und Leute aggressiv angehen, die mit Ausländern befreundet sind oder ihnen im Alltag helfen. Da gibt es schon ein paar so Leute, die komplett falsche Informationen weitergeben und damit einfach Stimmung machen. Zum Beispiel so Aussagen, dass ein Asylbewerber im Monat dreitausend Euro kriegt oder solche Sachen. Und da gibt es welche, die das vielleicht einfach bloß so weitergeben, aber da gibt es auch welche, auch bei uns im Dorf, die schon sehr in dieser Maschinerie drin sind. Mir ist zum Beispiel passiert, dass ich mit einer schwangeren Asylbewerberin im Krankenhaus war, weil sie für eine Operation zum Vorgespräch war, ich sie begleitet habe. Und wie die dann im Arztzimmer war, bin ich von einer Frau massiv angegangen worden, die mich richtig beschimpft hat, dass Leute wie ich ja schuld sind, dass da so viele da sind, und wo soll das hingehen. Die ist dann vom Hundertsten ins Tausendste gekommen. Sie hat dann angefangen, dass die ja auch die Arbeitsplätze wegnehmen und so. Habe ich gesagt, das glaube ich gar nicht, vielleicht sind wir froh, dass die vielleicht irgendwann einmal welche Jobs machen, wo wir schon gar keine [lachend] Leute mehr finden. Dann hat sie angefangen, dass das eine Frechheit ist, dass die jetzt Pflegepersonal holen wollen, aus, ich glaube, aus Mexiko, und dass die Leute alle so unmöglich seien, die gehen ja irgendwie gar nicht auf Toilette, die scheißen ja überall auf den Boden und lauter solche Sachen. Das ist dann immer mehr eskaliert, und mir tat es dann auch so leid, dass ich dann selber einmal lauter geworden bin und nicht ruhig geblieben bin, sondern ich habe dann irgendwann gesagt: Also jetzt begeben wir uns auf BILD-Zeitungsniveau und bin dann echt so ein bisschen auch von oben herab geworden, was auch nicht okay war, aber ich war so, ja, ich war einfach schockiert. Und je mehr so was passiert, umso mehr habe ich tatsächlich Angst. Es ist zwar, Gott sei Dank, immer noch eine Minderheit, aber dass die so viel mehr Durchsetzungskraft haben, dass es vielleicht doch irgendwann einmal so weit kommt. Das macht mir tatsächlich Angst."

Im Strom der lokalen und überregionalen Medienberichte über skandalöse Übergriffe von Schaulustigen gegen Sanitäter, Ärzte, Polizei und Feuerwehr bei Notfalleinsätzen, gegen Ordnungspersonal und Schiedsrichter bei sportlichen Wettkämpfen und Freizeitveranstaltungen, beleidigende und herabsetzende Leserbriefe in der Lokalpresse gegen Personen des öffentlichen Lebens durch Bürgerinnen und Bürger, die sich in ihren verbalen Diffamierungen und Unterstellungen auf die demokratische Meinungsfreiheit berufen, bis hin zu anonymen Drohungen und Angriffen gegen Bürgermeisterinnen und Bürgermeister, identifiziert man eine gestiegene Gewaltneigung. Sie sehen darin weniger einen Angriff gegen den Staat, das System oder korporative Akteure, sondern gegen die individuelle Person, die ein Amt bekleidet oder eine Funktion im öffentlichen Interesse ausfüllt, und aufgrund dieser Rolle gezielt beleidigt und diskreditiert, körperlich und seelisch verletzt wird.

„Zum Beispiel Polizisten. Das ist ja genauso das Problem, dass du als Polizist mittlerweile in deiner Arbeit auch viel mehr Angst haben musst, weil da auch die Hemmschwelle vor Gewalt immer mehr sinkt. Also ich glaube, dass dir das auch in deinem Job immer mehr begegnet, dass du immer mehr Angst haben musst, dass dir irgendwas passiert. Und Polizisten, einzelne, sind [leicht lachend] ja auch bloß Menschen."

Eine prominente Erklärung ist die zunehmende Verwendung von Handys sowie die mentalmediale Segregation der Gesellschaft. Weniger Radio oder Fernsehen, sondern das unüberschaubare Internet (insbesondere das ihnen diffuse Darknet bereitet Unbehagen und steigert Ängste) erzeugt geschlossene Räume, in denen exzentrische Gedanken ohne Sanktionen geäußert, verstärkt und verbreitet werden, und in denen sich auch extreme Ansichten und radikale Gruppen formieren. Das beginnt unter Jugendlichen an Schulen, die andere Schülerinnen und Schüler durch digitale Netzwerkgruppen mobben, über *Cyber Harassment* bis hin zu politisch radikalen Gruppen wie *Identitäre*.

„Wegen dieser Handynutzung, genau. Jeder trägt da so sein Ding mit sich rum, und ja, da habe ich das Gefühl, dass die Leute, die da zu extremen Dingen neigen, auch das Extreme mehr konsumieren und in sich aufnehmen."

„Das hatte man ja bei den amerikanischen Wahlen, dass dann so Firmen, die diese Nachrichten anbieten, diese dann eben nach diesen Wünschen vorsortiert haben. Damit die eben immer ihre passende Nachricht kriegen."

„Jeder hat so seinen eigenen Podcast, und bei Podcasts und ähnlichen digitalen Angeboten kannst du die ja vorreservieren. Und umso stärker tritt man in eine Spur, aber die Spur ist eben nicht mehr so breit. Weil vorher konnte man ja nicht so recht auswählen, was man haben wollte."

„Da findet einfach durch diese Medien und durch dieses Allgegenwärtige eine Verrohung statt."

„Warum tauchen da plötzlich aus der Mitte der Gesellschaft Vögel auf, die andere massakrieren müssen, oder totfahren oder was auch immer? Was ihnen halt einfällt, das denke ich, ist aus dieser Mediengesellschaft, in der man sich seine Welt selber machen kann."

Es sind nicht nur Texte, sondern vor allem Fotos und Videos, die zielgruppenorientiert (vor-)produziert und adressiert werden und Empfängern als *Vorbild* dienen. Das sind Bilder aus der realen Wirklichkeit, die je nach Botschaft gefiltert, geschnitten und manipuliert werden, aber auch fiktionale Bilder und Videos, etwa in Spielfilmen und Zeichentrickfilmen. Es sind aus Sicht der Bürgerlichen Mitte drei ineinander greifende Mechanismen wirksam: (1) die zunehmende Digitalisierung des Alltags (Technologien wie Smartphones als erweitertes Sinnesorgan und Werkzeug); (2) die Spaltung und Abschottung von Teilen der Gesellschaft in relativ geschlossene Subkulturen; (3) die zielgruppenorientierte Medienarbeit industriell produzierter Bild- und Filmwelten, die durch das Zusammenwirken dafür sorgen, dass sich extreme Positionen in den Köpfen einzelner sowie in Splittergruppen etablieren, verbreiten, entfalten.

Mit Sorge beobachtet man, wenn ranghohe Persönlichkeiten aus Politik und Wirtschaft oder Prominente aus dem Showgewerbe zur Demonstration ihrer markenten Haltung eine sprachlich verrohte Ausdrucksweise verwenden. Hier gehen nach Einschätzung und Geschmack der Bürgerlichen Mitte Maß und Mitte verloren und ist für sie ein sorgenvolles Signal, dass auch die Mitte der Gesellschaft nicht absolut sicher sein kann vor einer verrohten Sprache und dem Reiz exzentrischer Einstellungen.

Omnipräsente und omnipotente Gewalt

In den Zitaten deutet sich an, was sich bei allen Befragten im Verlauf des Interviews deutlich zeigt: der *Verdacht einer Omnipräsenz möglicher Gewalt*. Nirgends ist man mehr vor Gewalt sicher – nur noch in der Enklave des eigenen Haushalts und der engvertrauten Nahwelt. Es gibt aus Sicht von Frauen und Männern der Bürgerlichen Mitte eine unübersichtliche Vielfalt an Formen, Motiven und Härtegraden von Gewalttaten in der Gesellschaft, die bisher, Gott sei Dank, nur vereinzelt in ihre eigene Lebenswelt eindringen, die aber permanent gefährlich sind und der Druck von außen wächst. Darin liegt die Bedrohlichkeit und verlangt Abwehrmechanismen zum Selbstschutz. Daher geht es darum, die eigene Lebenswelt vor den Gewaltsphären der Gesellschaft abzuschotten, aufmerksamer und rigider als bisher zu sein, um „infektiöse Elemente" im Umfeld zu identifizieren, zu isolieren und zu entfernen.

Hier zeigt sich ein milieutypischer Dualismus von intern-extern: die von Gewaltakten und Gewaltgruppen durchzogene Welt außerhalb ihrer eigenen Nahwelt versus ihre eigene Alltagswelt, die von diesen Strömungen noch weitgehend frei, aber nicht mehr gänzlich unberührt ist. Von ihrer eigenen Lebenswelt geht keine Gewalt aus; die Keimherde liegen nicht innerhalb ihrer Nahwelt, sondern außerhalb an den Rändern der Gesellschaft, bei sozial geschlossenen Cliquen und Clans, die sich weltanschaulich-religiös verirrt und verhärtet haben, sowie bei oft psychisch kranken Individuen. Allerdings hat man keine Hoffnung, bei diesen exzentrischen Gruppen etwas präventiv bewirken zu können. Es geht nur noch um den Schutz vor einer sich weiter ausdehnenden Gewalt, die immer rücksichtsloser und hemmungsloser wird.

- Beispiele für das Risiko, dass man jederzeit von Gewalt betroffen werden kann, sind Amokläufe und Attentate, die in Fernsehen, Zeitungen und (Boulevard-)Magazinen ausführlich dargestellt, rekonstruiert, diskutiert und analysiert werden – was die Eindringlichkeit und Alltagsnähe dieser Bedrohung immer wieder deutlich macht.
- Dazu ist im milieukollektiven Wissensspeicher abgelegt, dass es in der Oberschicht in einigen Familien Wohlstandsverwahrlosung von Kindern gibt, weil die Eltern (insbesondere die Mütter) für ihre Karriere beruflich viel

unterwegs sind und ihre Kinder sich selbst überlassen oder Angestellten; auch häusliche Gewalt reicher Männer gegen ihre Frau, wovon man aufgrund der Abschottung nicht viel hört. Gewalt nach *außen* und *unten* geht auch von einigen Superreichen und Topmanagern aus, die einerseits immer mehr Vermögen anhäufen, andererseits in den Unternehmen Mitarbeiter entlassen, Sparmaßnahmen auf Kosten der Belegschaft vornehmen, Mitarbeiter immer engmaschiger kontrollieren und auf sie immer höheren Zeit- und Leistungsdruck ausüben, was bei diesen Frust und Existenzangst erzeugt. Während man in der Mittelschicht diesen Druck noch emotional kontrollieren kann, den Primat auf ein harmonisches Familienleben legt, sind diese Fähigkeiten in der Unterschicht nicht so ausgeprägt, weil dort die existenziellen Nöte größer sind, man nicht so von der Familie getragen ist und auch manche Tugenden und Werte nicht so vorhanden sind.

- Noch häufiger als in der Oberschicht gibt es nach Auffassung der Bürgerlichen Mitte häusliche Gewalt in der Unterschicht. Von Menschen am unteren Rand der Gesellschaft geht die meiste und brutalste Gewalt aus, auch eine Vielzahl alltäglicher kleinerer Gewalt im ruppigen Umgang miteinander, was sich ursächlich erklären (aber nicht rechtfertigen) lässt durch geringe Bildung, geringes Einkommen, auch Dauerarbeitslosigkeit, soziale Benachteiligung und Ausgrenzung. Das sorgt bei diesen Betroffenen für Frust bei sinkender Frustrationstoleranz; ebenso die hoffnungslose Sehnsucht nach einem besseren Leben und nach Teilhabe, damit auch Neid und Wut, der Wunsch nach Gütern, die man sich nicht leisten kann. Die Aufstiegschancen sind in der Unterschicht gering, was auch an der bei vielen nicht ausreichenden Selbstdisziplin und mangelnden Ausdauer für Bildung, Pflicht und Engagement liegt.
- Neben diesen Keimzellen der Gewalt am unteren und oberen Rand der Gesellschaft kommen weitere durch Menschen und Organisationen mit exzentrischen Weltanschauungen, wie religiöse Fanatiker, Reichsbürger, Identitäre, faschistische Rassisten; ebenso linksorientierte Radikale und die autonome Szene (Hausbesetzerszene), die die gesellschaftliche Ordnung umstürzen wollen.

Diese Weltperspektive prägt die Annahme omnipräsenter und omnipotenter Gewalt. Dabei ist ein Erzählfaden instruktiv: Zu Beginn des Interviews betonten nahezu alle selbstbewusst, dass es in ihrem Umfeld überhaupt keine Gewalt gibt und das Thema in ihrem Alltag keine Rolle spielt. Doch schon nach kurzer Zeit und weiterem Nachsinnen über Gewalt, fällt ihnen, sie selbst überraschend auf, dass es durchaus und gar nicht so selten Gewalt in ihrem eigenen Lebensumfeld gibt. Es war typisch im sozialwissenschaftlichen Interview mit Frauen und Männern der Bürgerlichen Mitte, dass sie zunächst ein direktes Gewalterleben im

Alltag verneinten, doch je länger sie über das Thema redeten, rückten konkrete Situationen und Beispiele von Gewalt ins Bewusstsein, die ihnen immer wieder mal in ihrem Umfeld begegnen. Die Nicht-Präsenz von tatsächlichen Erlebnissen, die mentale Ablage in hinteren Bewusstseinsschichten ist ein Befund. Und wenn sie doch über diese Erfahrungen oder Informationen von Gewalt in ihrer Nahwelt sprechen, vermeiden sie es, vom „Opfer" oder „Täter" der Gewalt zu sprechen. Sie mildern damit die Härte dieser Gewalt und grenzen sie von jener brutaleren Gewalt ab, die woanders stattfindet außerhalb ihrer Nahwelt. Wenn es zu Gewalttaten innerhalb ihrer Nahwelt kommt, werden Angreifer und Betroffene individualisiert und psychologisiert. Eine gewalttätige Person wird keiner Gruppe und keinem Tätertypus zugeordnet – denn eine solche Verallgemeinerung hätte den Charakter der Normalität im Milieu. Nur wenn ein Täter ein Stigma hat (Alkoholiker, Ausländer), oder wenn ein Täter (selten eine Täterin) aus der Nahwelt ausgeschlossen wird bzw. wegzieht, wird diese Person einer allgemeinen Kategorie von Tätern zugeordnet.

Eine erinnerte Gewaltform im Umfeld ist häusliche Gewalt, von der ihnen Betroffene diskret erzählt haben oder von der sie über Freunde, Freundinnen und Bekannte der Betroffenen gehört haben. Stets sind Männer die Täter häuslicher Gewalt, Frauen und Kinder die Opfer. Weiter erinnern sie sich an Erzählungen von befreundeten Frauen, dass diese selbst oder deren Bekannte nachts von Fremden angegangen worden seien. Darin finden sie eine Korrespondenz zu Medienberichten über Vergewaltigungen und die Bestätigung, dass sie trotz des Schutzes in ihrer eigenen Lebenswelt vor solchen Übergriffen nie sicher sein können. Eigene und erzählte Erfahrungen speisen das Weltbild, entwickeln eine Dynamik konfirmatorischen Sammelns von Belegen für die meist latent bleibende Angst vor Gewalt.

„Im Fernsehen, wenn du jetzt Nachrichten schaust, da geht es hauptsächlich um große politische Geschichten. Und wenn man dann Zeitung, so Tageszeitung liest, dann merkst du halt, bei uns in der Gegend sind eben auch ganz viele Fälle von häuslicher Gewalt zum Beispiel. Also was bei uns in der Nähe ist, was nicht so weit weg ist. Natürlich, das im Fernsehen kommt einem wahnsinnig weit weg vor. Aber ich glaube, dass das rund um uns herum ist, und ich glaube, dass da wahrscheinlich eine riesengroße Dunkelziffer ist, die wir einfach gar nicht wissen."

Orte und Situationen mit erhöhtem Gewaltrisiko werden durch dieses Wissen markiert und möglichst gemieden. Es ist instruktiv, dass im ländlichen Raum lebende Frauen und Männer der Bürgerlichen Mitte häufig Gewaltsituationen beschreiben, die sie selbst selten (oder gar nicht) erlebten, wie allein nachts in der Großstadt unterwegs sein in abgelegenen dunklen Seitenstraßen; oder im scheinbar leeren Raum (Parkhaus, Gebäude, Park, Wald) allein auf Gruppen stark alkoholisierter junger Männer treffen; oder auf politischen Massendemonstrationen zwischen die Fronten geraten oder inmitten von Schlägereien von autonomen Linksradikalen und rechtsextremen Nazis untereinander oder mit der Polizei. Auf Nachfrage im Interview haben sehr viele noch nie (oder allenfalls vor sehr vielen Jahren) solch eine Situation selbst erlebt; wenige haben sie aus der Distanz beobachtet, die meisten haben sie im Fernsehen oder Internet gesehen. Solch signifikante Situationen werden zu Archetypen von Risikoorten und Risikogruppen. Sie sind in diesem Milieu ein virtuelles Gewaltszenario, das real und konkret werden kann, wenn man beruflich oder privat jenseits der Grenzen der eigenen Lebenswelt unterwegs ist, was man nicht ganz vermeiden kann. Und sie schildern dies zur Kontrastierung zu ihrem alltäglichen gewaltfreien Familien-, Berufs-, Freizeitleben. So wird die Dichotomie von der Sicherheit im „Eigenen" und Unsicherheit jenseits der eigenen Nahwelt reproduziert, werden Erzählungen und mediale Informationen selektiv wahrgenommen und gedeutet.

„Ob ich das schon erlebt habe, kann ich nicht sagen, eher nicht. Also ganz bestimmt durch die Bilder, die man präsentiert bekommt, durch Medien, durch Hörensagen. Also ich glaube, das trichtert sich ein."

„Das hört sich supergut an, alle Menschen sind gleich und toll. Aber wenn ich alleine in der Nacht an der S-Bahn-Station stehe und um mich rum lauter fremde, junge Männer, die irgendwelche andere Sprache sprechen, dann fühle ich mich einfach unwohl. Das ist so. Ich habe in der direkten Konfrontation überhaupt keine Angst, aber immer, wenn eben es so ganze Gruppen dann, natürlich fühle ich mich unwohl. Das mag ich zwar selber jetzt nicht zugeben, aber es ist so. [Lachen] Auch ich habe Vorurteile."

„Also ich war mal relativ spät in Berlin unterwegs, da gibt es ja dann doch so einige Plätze auch, wo du dann relativ ungern bist, also zum Beispiel den Alexanderplatz. Weil da auch in der Nacht relativ viel Alkohol einfach getrunken wird und relativ viele, nicht nur Obdachlose, ich beziehe das jetzt nicht nur auf Obdachlose, halt einfach da sind, die dann da miteinander einfach in Konflikt geraten. Das kriegst du dann auch mit und da bist du einfach froh, wenn du in deinen Bus einsteigst und woanders einfach hinfährst."

„Ja, tatsächlich, ich gehe dem wirklich aus dem Weg. Also ich habe erst so einen Fall zum Beispiel gehabt. Ich war in Regensburg und an einer Treppe war eine Gruppe Jugendlicher, die eben recht laut waren und da ist eine Bierflasche irgendwie in die Ecke geflogen. Dann bin ich wirklich umgekehrt und den anderen Weg lang gegangen, ich wollte da nicht vorbei."

Gewalt ist subjektiv und relativ: pragmatischer Rückzug in die behagliche Enklave

Wie Gewalt zustande kommt, wird mit hohem sprachlichen Aufwand mit überschaubarer Kausalität beschrieben als ein *dynamischer Prozess*, bei dem in einem *konkreten Moment* eine Person oder eine Gruppe etwas tut, wodurch eine andere Person in irgendeiner Weise körperlich oder seelisch verletzt wird. Jedem Gewaltakt geht *beim Täter ein innerer Auslöser* voraus, der diesen zur gewalttätigen Handlung bewegt, die eine Konsequenz beim Opfer zur Folge hat.

Einige beschreiben Gewalt als „eine Art der Grenzüberschreitung". Dabei wird diese begriffliche Fassung relativiert und verunschärft durch die Betonung, dass der Unterschied zwischen einer gewalt*losen* und einer gewalt*haften* Grenzüberschreitung individuell, kulturell und situativ verschieden interpretiert werden kann, von außen nur schwer einzuschätzen ist, es daher in den meisten Fällen keinen objektiven Standpunkt gibt. Ob es in einem bestimmten Moment Gewalt gegeben hat, ist von der *individuellen Grenze* der betroffenen Person abhängig, von ihrem *persönlichen Schutzraum*, der bei jedem anders ist und bestimmt, wie viel Nähe zu anderen Menschen grundsätzlich als angenehm oder unangenehm empfunden wird. Zur subjektiven Beurteilung von Gewalt kommt der *kulturelle Kontext*. Je nach Herkunft, Sozialisation und aktuellem Umfeld gibt es kulturspezifische Formen des Umgangs, der Kommunikation und Auseinandersetzung. Dabei wird der Begriff Kultur nicht nur auf andere Länder bezogen, sondern innerhalb der bundesrepublikanischen Gesellschaft gibt es kulturelle Unterschiede. So gibt es bspw. Familien, in denen man sehr leise miteinander spricht, aber auch Familien, die es gewohnt sind, sehr laut zu kommunizieren. Eine laute Kommunikation bspw. kann für jemanden, der dies nicht gewohnt sei, bereits Gewalt bedeuten.

Auf eine klare Grenze, wann etwas Gewalt ist und wann nicht, legen sich Frauen und Männer der Bürgerlichen Mitte meistens nicht fest, mit Ausnahme schwerer Gewaltformen. Diese Tendenz zur notorischen Nicht-Festlegung scheint typisch zu sein. Stattdessen wird auf den Abgleich der verschiedenen Wahrnehmungen verwiesen. So wird eine Situation als Gewalt identifiziert, wenn es eine Übereinstimmung der eigenen Wahrnehmung (als Beobachtende, Informierte) mit dem gesellschaftlichen Wissen über *typische Gewaltsituation* gibt, oder wenn anerkannte Personen aus dem eigenen Umfeld Handlungen als gewalttätig etikettieren, oder wenn Taten durch die Autorität des Gesetzgebers oder eines Richters offiziell, ordnungs- und strafrechtlich als Gewaltakte definiert sind. Abgesehen von diesem schmalen Ausschnitt fällt es schwer, Alltagsgewalt zu identifizieren, obwohl gleichzeitig eine Allgegenwart und Permanenz von Gewalt in der Gesellschaft behauptet wird. So sprechen viele von *Gewalt als Gefühl*. Durch diese Subjektivierung legt man sich nicht fest und bewahrt Flexibilität in Deutung und Urteil. Das kann eine Vorkehrung sein, weil man eine dezidierte Position gegen Widerstände verteidigen müsste; es mag Unsicherheit sein angesichts der Komplexität von Ursachen, Motiven und psychosozialen Dispositionen einer Gewalttat; es ist sicher die Reklamation des eigenen subjektiven Urteils, bestimmte Taten als Gewalt zu deklarieren und eigene Schutzmaßnahmen zu ergreifen oder politisch zu fordern, ohne dass es einer weiteren rationalen Debatte bedarf: das eigene Empfinden ist der Maßstab.

Gewalt ist in diesem Milieu in hohem Maße subjektiviert. Das wird durch ein unterschiedliches Gewicht der Akteurinnen und Akteure noch verstärkt und komplizierter. Ein bedrohtes oder tatsächlichen Opfer von Gewalt hat nach Auffassung der Bürgerlichen Mitte das Interpretations- und Definitionsrecht mit höchstem Gewicht; ein Täter hat ein nur nachgeordnetes Recht zur Bestimmung, ob sein Handeln den Charakter einer Gewalttat hatte. Beobachtern von Gewalt kommt bei der subjektiven Deutung die geringste Relevanz zu, weil sie das Geschehen nicht von innen heraus erleben. Daraus folgt für die Bürgerliche Mitte, dass die Deutung von Gewalt zwar relativ und subjektiv ist, aber mit dem Grad der Involviertheit steigt paradoxerweise die Annäherung an einen objektiven Standpunkt der Beurteilung. Dieser kann zwar nie erreicht werden, aber unmittelbar von Gewalt Betroffenen wird eine größere Nähe und ein höheres Bestimmungsrecht zu dieser Wirklichkeit zugeschrieben als einem Täter oder Beobachtenden. Das *subjektive Erleben* in Kombination mit der *Position während des Geschehens* sowie der sozialen *Beziehung der beteiligten Personen* ist ausschlaggebend für die Klassifizierung.

Die Konsequenz ist, dass ein Diskurs über Gewalt schwierig ist, weil die Beteiligten und Beobachtenden nicht auf gleicher Augenhöhe argumentieren. Das subjektive Empfinden wird nach dem Grad und der Qualität der Involviertheit gewichtet. Wenn objektiv und neutral – mit Ausnahme schwerer Delikte – kaum über alltägliche verbale, psychische, sexistische oder körperliche Gewalt befunden werden kann, zieht man sich auf die eigene Perspektive zurück, auch wenn diese nicht von allen geteilt wird. Maßgeblich ist, dass Gleichgesinnte der eigenen Nah- und Lebenswelt eine ähnliche Einschätzung und Deutung haben. So ist dieser Gewaltzugang in der Bürgerlichen Mitte in hohem Maße *pragmatisch reduziert*. Man strebt keine gesamtgesellschaftliche Diskussion über Formen, Ausmaß und Entwicklung von Alltagsgewalt mehr an. Wichtig ist der Konsens innerhalb der eigenen Nahwelt. Von diesem quasi-archimedischen Punkt der eigenen Lebenswelt nimmt man sich das Recht zur Beurteilung von Gewalt in anderen Teilen der Gesellschaft und Welt – durchaus im hegemonialen Habitus, aber nicht mit dem Anspruch auf allgemeine Gültigkeit, sondern mit dem Anspruch auf eigene Orientierungssicherheit, behördliche Schutzmaßnahmen sowie der Legitimation zur Abschottung, auch vor einer kulturellen Vielfalt, die unübersichtlich ist und mehr Gefahrenpotenzial birgt als ein homogenes Wohnquartier. Es geht in diesem Rückzug um den Schutz der eigenen Lebenswelt vor Übergriffen und Verletzungen von außen. Es ist ein selbstbewusster Rückzug in die Enklave der Mitte.

„Es hat jeder seine persönliche Grenze und dann kommt es auch noch einmal darauf an, in welchem Verhältnis die Menschen zueinanderstehen. Also es kann sein, dass mich zum Beispiel ein wildfremder Mann einfach anfasst und ich es als völlige Grenzüberschreitung sehe und mir denke, das ist übergriffig. Das kann aber auch mein bester Freund sein und dann ist das eher etwas sehr Positives. Also das kommt auf die Situation, auf das Verhältnis an."

Akzeptierte versus nicht akzeptable Gewalt

Eine im Milieu wichtige Unterscheidung ist *akzeptierte versus nicht-akzeptierte Gewalt*. In diesem Milieu gibt es einerseits die im Milieuvergleich umfangreichste Zustimmung zu verschiedenen, scheinbar gegensätzlichen Werten, zum Beispiel Ordnung und Freiheit, Kreativität und Sicherheit. Andererseits ist dieses Spektrum persönlich wichtiger Werte am wenigsten scharf konturiert. Typisch für das Milieu ist die moderate Adaption und harmonische Gleichzeitigkeit verschiedener Prinzipien und Maximen, Werte und Normen. Das ist Kern der Modernität in diesem Milieu. Diese moderat-gleichzeitige Adaption vermeintlich konträrer Werte geschieht, indem kein Wert verabsolutiert wird, sondern die jeweils positiven Aspekte in Balance zueinander gebracht werden.

Dieses fundamentale soziokulturelle Muster zeigt sich in der Gewaltdeutung: So wird *Gewalt im Allgemeinen* grundsätzlich verurteilt und gilt als unakzeptabel, doch als milde angesehene oder als notwendig erachtete Gewalthandlungen werden akzeptiert. Die Balance zwischen den Werten der *Gewaltfreiheit* und des *Schutzes der eigenen Person, zur Not auch mit Gewalt*, ist nicht stabil. Die persönliche Einschätzung sucht Orientierung daran, was wohl gesellschaftlich und politisch akzeptabel ist – doch dieses Votum einer Mehrheitsgesellschaft und auch ihrer eigenen Lebenswelt ist nirgends dokumentiert und standardisiert. Darin besteht die fortlaufende Suchbewegung der Bürgerlichen Mitte zur Frage nach akzeptabler oder unakzeptabler Gewalt, und findet stets eine nur temporäre Balance. Der vermutete Mehrheitskonsens gilt als Maßstab. Ein wichtiges Kriterium ist die Motivation der Handelnden: Was bezwecken sie mit ihrer Tat, die man äußerlich als Gewalthandlung wahrnehmen kann, die man jedoch bei Kenntnis der Motive anders identifizieren müsste (z. B. Fürsorge? Selbstschutz? Nothilfe?). So entscheiden auch die Ziele und Motive der Handelnden über den Charakter einer akzeptierten versus nicht akzeptablen Gewalttat.

Als akzeptierte Gewalt gelten Handlungen, die als notwendig angesehen werden, um die eigene (noch weitgehend *heile, harmonische*) Welt aufrechtzuerhalten oder wiederherzustellen. Dazu zählen Eingriffe von Eltern gegenüber ihren Kindern, wenn diese sich zum Beispiel keine Jacke anziehen oder keinen Helm aufsetzen zum Radfahren; ebenso Maßnahmen zu Verteidigung und Schutz der eigenen Person oder anderer Personen bei körperlichen Attacken. Auch fallen hierunter Formen von Gewalt, die zu einem bestimmten Bild als zugehörig empfunden werden, wie zum Beispiel Rangeleien bei männlichen Jugendlichen nach einem Bierzeltaufenthalt, Durchsetzungsvermögen von Eltern gegenüber ihren pubertierenden Kindern; auch moderate Formen sexueller Witze oder Kommentare unter Kollegen und Kolleginnen, die lediglich Ausweis der eigenen Robustheit sind: Sinn für auch derben Humor zeigen; sich nicht selbst ausgrenzen, sondern das Spiel mitspielen können; das Rollengefüge zwischen Männern und Frauen nicht fundamental und überempfindlich infrage stellen, sondern die Balance wahren.

Als nicht akzeptierte Formen von Gewalt werden Handlungen betrachtet, die darauf abzielen, die eigene Welt zu stören oder zu zerstören. Insofern begreifen Einige feministische Protestaktionen (Femen, #MeToo-Bezichtigungen) als nicht akzeptabel, wenn damit eine bestehende funktionierende Ordnung (eine Ehe, eine Familie, die berufliche Karriere) zerstört wird, zumal wenn die Übergriffe nicht mehr beweisbar sind oder wenn sie Jahre zurückliegen.

Höhere Sensibilität für Gewalt bei Frauen durch die Schwangerschaft

Mit der Schwangerschaft änderte sich – so die biografische Erzählung von Müttern – ihre Wahrnehmung von Gewalt. Sie erinnern sich, dass sie mit Beginn der Schwangerschaft eine emotionale Distanz gegenüber Gewaltbildern und -filmen verspürten, dass ihnen plötzlich aufgefallen ist, wie viel Gewalt in den Medien gezeigt wird, von realer Gewalt in den Nachrichten bis hin zu fiktionaler, mit Nahaufnahmen und Zeitlupen von Attacken, Verletzungen, Wunden realitätsnah inszenierter Gewalt in Serien, Spielfilmen und auch Zeichentrickfilmen. Sie hatten den starken Impuls, sich abzuwenden, weil sie solche Szenen nicht mehr sehen wollten und aushalten konnten, weil sie solches nicht auf sich (und ihr Kind) einwirken lassen wollten, auch nach dem Anschauen nicht mehr die inneren Bilder haben wollten, weil die gezeigte Gewalt so lebensfeindlich ist.

Charakteristisch ist, dass die erhöhte Sensibilität gegen Gewalt bei einem Teil der Frauen nur während der Schwangerschaft und wenige Monate nach der Geburt des Kindes andauerte. Sie wird als Phase beschrieben. Danach hatte sich ihre „Dünnhäutigkeit wieder normalisiert". In ihren Erzählungen wird ihre damalige Empfindsamkeit beschrieben als Kristallisationspunkt ihrer innersten Gewaltablehnung, aber nicht uneingeschränkt positiv, sondern als *Überempfindlichkeit*. Zwar ist ihnen dabei einiges bewusst geworden und sie sind seitdem aufmerksamer für solche Szenen, aber nach dieser schwangerschaftsbedingten Phase ist man in den früheren Zustand zurückgekehrt – und das ist aus ihrer Sicht gut so, denn damit zeigen sie die in ihrer Lebenswelt (Partnerschaft, Freundeskreis, Arbeitskollegen) erwartete Robustheit. Sie wollen auch kein Opfer von lediglich bildhaften Gewaltszenen sein, die keine reale Gewalt darstellt. Ein kleinerer Teil der Frauen hingegen beschreibt jene gewaltsensible Phase während ihrer Schwangerschaft und Familiengründung als Zäsur: Jene emotionale Sensibilität und Reflexion der Lebensfeindlichkeit und Widerwärtigkeit von Gewalt (ebenso von Gewaltbildern, Gewalterzählungen) haben bis heute Auswirkungen auf ihre

Einstellung zu Gewalt. Sie haben ihr Medienverhalten verändert und schauen sich solche Filme nicht mehr an.

„Ich hatte aber auch eine Phase, gerade als ich die Kinder bekommen habe, dass ich keine Nachrichten mehr schauen konnte, das hat mich alles zu sehr mitgenommen. Ich war so emotional. Ich dachte, es gibt nur Leute, die irgendwie hasserfüllt hier rumrennen und mir etwas antun wollten. Und um mich da ein bisschen selbst zu schützen, habe ich einfach nichts mehr geschaut. Damit war es auch besser. Also das hat sich dann wieder normalisiert." [Frau, 33 Jahre]

„Also ich glaube, mit der Schwangerschaft hat es schon angefangen, dass ich mir so manche Thriller und so, so gewalttätige Sachen, das kann ich mir nicht mehr anschauen und schaue ich mir auch nicht mehr an." [Frau, 37 Jahre]

Gewalt als vorzivilisatorische „natürliche" Disposition

Gewalt wird betrachtet als ein *natürliches Verhalten,* als eine in jedem Menschen angelegte Disposition und praktisch naheliegendste Handlungsstrategie, um Ziele zu erreichen oder Bedürfnisse zu befriedigen. Als Beispiel und Beleg für die Naturhaftigkeit von Gewalt dient ihre Beobachtung der Gewalt unter Kindern, wenn sie etwas haben wollen und es anderen Kindern einfach wegnehmen, oder ihnen etwas genommen wird und sie sich durchsetzen müssen auch gegen Widerstände, um es wiederzubekommen. Zum Täter können aber auch Menschen werden, wenn sie in einem politischen Regime oder in einer radikalen Oppositionsgruppierung (rechts oder links) im Strom mitschwimmen, darin zu Hass und Gewalt geführt, verführt werden. Gewalt ist eine *conditio humana.*

Zu diesem Verhalten ist jeder Menschen veranlagt; es kann und sollte durch Sozialisation überwunden werden, zum Beispiel durch das Erlernen gewaltfreier Handlungsstrategien. Das macht Zivilisation aus: Sie domestiziert die instinktgesteuerte und reflexhafte Tendenz zu Gewalt in selbstbeherrschte gewaltlose Handlungen. Damit allerdings hängt es von der Qualität der Erziehung und Sozialisation ab. So kann durch eine falsche Erziehung oder ein ungutes Umfeld die urmenschliche Tendenz zu Gewalt fortgesetzt, bestätigt, belohnt und sogar verstärkt werden. Wenn es in der Gesellschaft permanent und vielfältig Gewalt gibt, dann liegt das heute an Vorbildern in der realen und medialen Welt, die Gewalt verniedlichen, verharmlosen oder glorifizieren als effektive und bewundernswerte Lösung, die aber gegen den Zivilisationsprozess das naturhaft Gewalttätige am Menschen befördern und enthemmen.

In dieser Deutung sind Täter jene, die in Kindheit und Jugend Gewalt als immer wieder eingesetzte und für die Täter erfolgreiche Handlungsstrategie erlebt oder beobachtet haben. Dabei sind ihre Gewalttaten später überwiegend

Reaktionen, weil keine andere Handlungsstrategie zur Verfügung steht oder erfolgreicher scheint. Auch Menschen, die ansonsten friedlich sind, werden in seltenen Situationen gewalttätig, wenn sie an ihre Grenzen kommen. Ein Beispiel aus ihrem eigenen Alltag mit Blick auf die Erziehung ihrer Kinder:

„Tatsächlich. Ja, ja, doch, ist mir auch schon passiert. Ich würde sagen, jetzt sind meine Kinder ja auch schon Schulkinder und so, aber ich würde sagen, zwei-, dreimal in meinem Leben ist es so, dass es bei mir den Schalter umgelegt hat und ich nicht mehr Herr meiner Lage war und auch mein Kind schon so gepackt habe, wo ich mich dann hinterher entschuldigt habe, aber wo ich gemerkt habe, jetzt genau bin ich über meine eigene Grenze. Natürlich passiert das auch mir. Das passiert jedem, glaube ich." [Frau, 37 Jahre]

„Ich glaube ja, dass fast jeder Täter ist auf irgendeine Art. Das liegt tatsächlich auch echt in unserer Natur, jeder ist irgendwie Täter. Ob er das, und wie er das dann auslebt, das ist die andere Geschichte, aber ich glaube trotzdem, jeder ist irgendwie Täter."

„Ich glaube, dass diese Schwelle, dass jemand zum Gewalttäter wird, ganz, ganz schnell überschritten ist. In so einem Regime wie dem Naziregime, da langt dann schon, dass es plötzlich politisch oder gesellschaftlich okay ist, dass ich Gewalt anwende. Und ich glaube, dass das ganz schnell überswitchen kann. Ich glaube, dass das gar nicht so weit weg ist. Ich glaube, jeder trägt das irgendwie in sich. Und wie ich damit umgehe, das hat vielleicht zu tun mit Erziehung, mein Umfeld, auch was ich selber für ein Mensch bin, ob ich gefestigt bin, ob es mir gut geht. Es ist ja so, wenn es mir jetzt vielleicht irgendwie gerade schlecht geht, zum Beispiel finanziell schlecht geht, das ist doch praktisch, jemanden anders zu suchen, der da schuld ist. Wenn ich dann so einen Hass auf jemanden habe, wo ich ja eigentlich nur von meiner eigenen Geschichte ablenke, das ist ja so praktisch, jemandem anders die Schuld dann zu geben. Und da, glaube ich, ist dieser Punkt, wo ich selber zum Täter werde, der ist, glaube ich, ziemlich schnell überwunden."

Obwohl jede und jeder durch Überlastung zur Täterin bzw. zum Täter werden kann und Täterkreise nicht durch äußere Merkmale bestimmt sind, dominiert das Bild eines männlichen, tendenziell jungen Täters, der aufgrund problematischer persönlicher Lebensumstände frustriert und unzufrieden ist und bereits selbst Opfer von Gewalt war. Attribute, mit denen Täter beschrieben werden, sind: *groß, stark, selbstbewusst, roh* – eng assoziiert mit Macht; aber auch mit einem *Mangel an Vielfalt, Kreativität, Flexibilität* bei Problemen, auch einem *Mangel an echtem Selbstbewusstsein,* das sich nicht beweisen muss, sowie ein großes *Geltungsbedürfnis.* Dieses Bild wird ergänzt durch weitere Merkmale:

- Manche Täter werden erst im Ensemble einer festen Gruppe (mit persönlich bekannten Mitgliedern) oder durch Interessensgruppen (z. B. im virtuellen und anonymen Raum des Internets) zu Gewalttätern. Die Gruppe wirkt als

Auslöser und Antreiber zur Gewalt, ohne diesen Kontext würde der oder die Einzelne wohl nicht gewalttätig werden. In einer geschlossenen Gruppe verstärken sich Welt- und Feinbilder, werden grenzüberschreitende Aktionen diskutiert, legitimiert, zur konkreten Tat motiviert und hinterher belohnt.

- Andererseits besteht das Täterbild von psychisch Kranken oder isolierten Einzelgängern, die außerhalb der Normalität stehen, im wortwörtlichen Sinne „verrückt" sind. Dieser Kategorie rechnet man jene zu, deren Weltanschauung „schräg" oder Motive nicht nachvollziehbar sind, weil das Handeln objektiv nicht erfolgreich sein kann und in Abwägung der Folgen mehr Schaden (auch beim Täter) anrichtet als positive Zieleffekte (z. B. bei terroristischen Anschlägen ohne bestimmte Zielpersonen oder unklarer Motivation des Täters).

„Eher Männer, ja genau, zum Teil Jugendliche wahrscheinlich. Gefühlt eher jemand, der frustriert ist oder der sich beweisen muss. Ich denke, der ist oft anders aufgewachsen. Also, wo Gewalt halt vielleicht einfach ein Lösungsansatz war für irgendwelche Probleme. Also grundsätzlich ist Gewalt kein Lösungsansatz für Probleme. Aber ich denke, das ist oft so, dass man Gewalt als Lösungsansatz sieht. Der Stärkere hat Recht oder ja genau."

„Ich glaube, da habe ich genauso die Klischees im Kopf wie viele. Also ich kann nur vermuten, wenn es um körperliche Gewalt geht, dass es mit Sicherheit Menschen sein müssen, die selbst schon Gewalterfahrungen schon irgendwie hatten in der Kindheit oder was auch immer und das dann später irgendwie ausbricht, und sie selbst so werden."

„Opfer-sein" als Stigma

Beschreibungen von Gewaltopfern sind bestimmt durch Adjektive, die auch beim Opfer ein Fehlen positiver Eigenschaften (geringes Selbstbewusstsein, kein selbstbewusstes Auftreten) oder defizitäre Eigenschaften (klein, schwach, übergewichtig, unsportlich, passiv) markieren. Dies gründet in der Auffassung, dass seltener zum Opfer wird, wer sich aktiv in die Gemeinschaft einbringt, sozial eingebunden und anerkannt ist, und dies nach außen durch Präsenz und Selbstvertrauen zeigt. Nach dieser Logik wird man im leistungs- und anpassungsbereiten Mainstream äußerst selten Opfer (mit Ausnahme krimineller strafrechtlicher Gewalt). Das ist ein Grund, warum Angehörige dieses Milieus sich nicht als „Gewaltopfer" bezeichnen wollen, selbst wenn sie schon Gewalt erlebt haben. Denn der Begriff „Opfer" hat eine Vielzahl von Attributen im Gepäck, die nicht dem Werte- und Normenkanon dieses Milieus entsprechen. Würde man selbst zum „Opfer" gemacht oder als solches bezeichnet, wäre dies ein Indikator, nicht unter dem Schutzschild ihrer Lebenswelt zu stehen, was die entblößende Frage provoziert, was man wohl falsch gemacht hat, dass man zum Opfer werden konnte. Insofern ist ein Opfer meistens auch ein wenig *mit*verantwortlich und hat einen Beitrag geleistet, dass es in so eine Situation geraten konnte und ist damit befleckt.

Das Verhalten des Opfers als *Sozialfigur* wird auch als Mitauslöser von Gewalt gesehen. Ein Opfer ist „irgendwie auch jemand, mit dem man es machen konnte", der oder die vom Täter aufgrund äußerer Signale (Erscheinungsbild, Auftreten, Isolation) als potenzielles Opfer identifiziert worden ist. Dies verweist auf ein Verständnis von Gewalt als beeinflussbare und vermeidbare Situation, in der die potenziell betroffene Person mitbestimmen kann, ob es seitens eines Aggressors überhaupt zur Gewalt kommt oder nicht. Die Mitverantwortung für die Prävention liegt immer auch bei den potenziellen Opfern.

„Jemand, der schüchtern ist, der klein und dünn ist zum Beispiel, das ist für mich ein Opfer; oder jemand der sehr, sehr stark übergewichtig ist, auch nicht sehr groß ist, der sich nicht wehren kann, der kein Selbstvertrauen hat, der einfach mit der Situation in dem Moment total überfordert ist. Das ist für mich ein Opfer zum Beispiel." [Mann, 37 Jahre]

„Meistens halt einfach die Schwächeren, mit denen man es machen kann. Im Gegenzug vielleicht mal die Frauen. Ja wahrscheinlich eher die Schwächeren oder die, die nicht unbedingt die Gewalt wollen und dann nicht zurückschlagen. Ich kann es nicht so ganz beurteilen, weil es gibt natürlich auch sexuelle Gewalt und ich denke, die ist dann gegenüber Frauen natürlich sehr viel höher als gegenüber Männern oder halt auch Kinder oder etwas. Das sind für mich dann eher die Schwächeren." [Frau, 46 Jahre]

„Dass es Menschen gibt, die sind empfänglich für Menschen, die psychische Gewalt ausüben. Irgendwie saugt sich das gegenseitig an. Wie das funktioniert, nicht genau fragen. Aber ich kenne es bei Frauen, welche Freunde sich die suchen. Da fällt mir halt eine Freundin ein, und die hat immer die schrägsten Vögel an Land ziehen müssen." [Mann, 60 Jahre]

„Genau, ja. Und ich glaube tatsächlich, je sicherer und je selbstbewusster man ist, umso weniger passiert das, dass du mit Gewalt konfrontiert wirst." [Frau, 48 Jahre]

„Die Außenwelt hat da von jedem irgend so ein Bild, wie man sein muss. Und sobald man nicht so ist, habe ich bei meinen Kindern gemerkt, ist man in der Schule automatisch so der Außenseiter und derjenige, der halt einfach dann gemobbt wird. Also wie gesagt, von der Großen kann ich es sagen: Da ist da eine drinnen [in der Klasse], die ist einfach anders, hat halt jetzt nicht so die tollen Klamotten. Und die Kinder werden irgendwann nach dem schon bewertet. Und dann bist du halt einfach unbewusst schon ein Opfer." [Frau, 35 Jahre]

Parallel zur Abwehr der Selbstbezeichnung *Opfer* pflegt die Bürgerliche Mitte auch Distanz zu tatsächlichen Opfern von Gewalt (es sei denn, es sind Verwandte oder enge Freundinnen bzw. Freunde). Es gibt großes Bedauern und Mitleid mit Opfern von Gewalt sowie Wut auf Täter. Aber wer Opfer ist, wird in der Bürgerlichen Mitte – nach anfänglichen Signalen von Mitleid und Solidarität – danach meistens gemieden und vereinzelt: man geht auf Abstand. Der Grund ist die meist vorbewusste, bei einigen auch bewusste Sorge vor einer sozialen Kontaminierung durch den Kontakt mit Betroffenen von Gewalt. Das zeigt die Ambivalenz im Sprechen über Betroffene von Gewalt: Einerseits wird Verständnis für die schwierige Situation des Opfers und die eigene emotionale Betroffenheit geäußert; andererseits werden Opfer von Gewalt eng mit Scheitern oder Versagen verknüpft. Auch unschuldig aus der harmonischen Normalität herausgefallen zu sein, wird unterschwellig als Makel gedeutet, ein unkittbarer Riss in der normativen Harmoniewelt. Das gilt besonders bei häuslicher Gewalt.

„Sie [Frau, Opfer häuslicher Gewalt] hat es schon mal geschafft für drei, vier, fünf Monate. Es ist natürlich schwierig, sich zu trennen, wenn du geldmäßig abhängig bist und so weiter und so fort. Ja, wenn du vielleicht auch nicht so eine stabile Persönlichkeit bist. Aber trotzdem hält sich da mein Verständnis [Lachen] in Grenzen." [Frau, 37 Jahre]

Prävention: starkes Selbstbewusstsein und Auftreten, mentale und physische Trainings

Da jede und jeder Opfer sowie Täter von Gewalt werden kann (niemand kann ganz sicher sein), sollten Präventionsmaßnahmen so angelegt sein, dass sie alle Menschen erreichen. Aber um alle erreichen zu können, muss man zielgruppenorientiert vorgehen und die Maßnahmen differenzieren nach Alter, Geschlecht, Lebenslage, Lebensphase, sozialer Position sowie beruflichen und familiären Rollen. So braucht ein Kindergartenkind eine andere Form von Präventionsangebot als eine Mutter, ein Unternehmensvorstand ein anderes als ein Landwirt.[37]

Da die meisten Täter vorher selbst Opfer von Gewalt waren, sollte Prävention in erster Linie *Opfervermeidungsarbeit* sein: nicht bei Tätern die Tat verhindern, sondern bei potenziell Betroffenen das Opferwerden verhindern. Das zielt auf vorausschauende Verhaltenssicherheit, Tätern und Tätergruppen auszuweichen, riskante Orte und Situationen zu meiden, im Fall einer Begegnung für Täter das Risiko des Übergriffs allzu hoch erscheinen zu lassen, sich im Fall eines Übergriffs in der Situation selbst wehren zu können. Dazu helfen mentales Training, die das Selbstbewusstsein und ein sichereres Auftreten stärken, körperliche Selbstverteidigungstechniken und Kommunikationstrainings im Fall von Konfrontationen. Hier sollte man so früh wie möglich ansetzen, am besten im Kindesalter, etwa durch Kurse im Kindergarten und in der Schule, in denen geübt wird, schnell, präsent und selbstbewusst zu agieren.

---

37 Hier zeigt sich wieder die Flexibilität und Neigung, sich nicht festzulegen. Durch den Verweis auf Zielgruppenpassung belegt man zudem die eigene Nachdenklichkeit und Differenziertheit.

Allein das Wissen um Lösungen in konkreten Situationen einer Gefahr wirkt als Schutzschild. Das Selbstbewusstsein, stark zu sein und sich wehren zu können, auch über Techniken der verbalen und körperlichen Verteidigung zu verfügen, hat – so die Vermutung – eine so große Ausstrahlung auf potenzielle Täter, dass diese von ihrem Vorhaben ablassen. Gewalt vorbeugend ist das Zusammenspiel von einer fundierten *inneren Haltung* eigener Stärke einerseits und die *Ausstrahlung* dieser Wehrhaftigkeit andererseits.

Einerseits betonen Frauen und Männer dieses Milieus mit Verve, dass professionelle Angebote von Beratungs- und Unterstützungsstellen notwendig sind und ein regional engmaschiger Ausbau zu leisten ist, weil der Bedarf sehr hoch ist. Weil nur wenige von solchen Angeboten überhaupt wissen, ist eine breit angelegte Kampagnenarbeit wohl erforderlich. Andererseits sehen sie sich selbst nicht als erste Zielgruppe solcher Beratungsstellen und Informationsveranstaltungen, weil sie sich damit outen würden, selbst zur Gruppe potenziell Betroffener („*Opfer!*") zu gehören, womit man ein Stigma hätte. Sie würden solche Angebote aber diskret wahrnehmen, gleichsam unter dem Radar ihrer Nahwelt – bis es zu einem attraktiven Trend wird innerhalb der eigenen Lebenswelt mit dem Signal, am Puls der Zeit zu sein.

„Wenn ich wüsste, ich hätte Möglichkeiten mich zu wehren, würde ich vielleicht viel selbstbewusster auftreten, damit ich es dem nicht so leicht machen tät."

„Ich glaube tatsächlich: Je sicherer und je selbstbewusster man ist, umso weniger passiert, dass du mit Gewalt konfrontiert wirst."

„Mein Sohn. Der ist ein wahnsinnig friedliebender Mensch. Und bei dem war es auch in der Schule so, dass dem immer Sachen geklaut worden sind oder irgendwas angestellt worden ist mit ihm. Und der hat das immer alles mit sich machen lassen. Mein Mann hat dann irgendwann einmal gesagt: ‚Schau dich doch an, du bist ein riesengroßer Kerl, ein starker Kerl, wehre dich halt einfach mal!' Und ich dann zuerst so [Boah-Laut]: ‚Das darfst du nicht sagen, der darf sich doch nicht wehren oder der darf doch nicht zuhauen.' Und mein Sohn hat im Nachhinein dann gesagt, diese Aussage von seinem Papa, dass er gesagt hat, jetzt wehr' dich halt mal, du bist stark und groß, jetzt hau halt einfach mal zu, das hat gereicht. Er hat nie zugehauen, aber er ist so anders auf die Leute zu und hat dann gesagt, so ungefähr: ‚Wenn du das nochmal machst, dann hau ich dir eine runter oder so.' Das hat vollkommen gereicht und dann hat es nie wieder Probleme gegeben."

„Und ich glaube, dass es schon wichtig ist, dass man von klein auf Kinder, egal, ob Mädels oder Jungs, nicht klein macht, sondern als selbstbewusste, starke Menschen erzieht."

Fachkräften in Kitas und Schulen empfiehlt man Weiterbildungsmaßnahmen zur Gewaltprävention – ähnlich den Angeboten zum Jugendmedienschutz. Ziel muss es sein, Fachkräften die Kompetenzen zu vermitteln und Sensibilität zu schärfen, Anzeichen von Gewalt zu erkennen und richtig zu reagieren. Häufig können Kinder Gewalt, die ihnen angetan wird, nicht als solche einordnen und diese nicht verbalisieren gegenüber betreuenden Personen, Eltern oder Freunden. Auf der anderen Seite können diese die Zeichen der Kinder häufig nicht einordnen mit dem Risiko, die Situation nicht zu erkennen oder richtig einzuschätzen. Eine speziell geschulte Fachkraft, die durch eine entsprechende Weiterbildung für verschiedene Formen von Gewalt sowie deren Vorzeichen und Anzeichen bei den Beteiligten sensibilisiert wäre, könnte frühzeitig eingreifen, die Betroffenen begleiten und in der Situation unterstützen.

„Es ist ja schon ein großer Schritt für die Kinder, den Eltern zu sagen, dass ihnen da körperlich Gewalt angetan wird. Und wenn du da vielleicht eine Vertrauensperson einfach hast, auch im Kindergarten oder einen Erzieher, der auf so was halt einfach spezialisiert ist, der das dann auch erkennt, vielleicht ist denen dann einfach schon besser geholfen. Sonst tut sich relativ wenig in der Hinsicht. Auch dass du dann halt einfach weißt, dass dir körperliche Gewalt angetan wird, aber die anderen erkennen es halt einfach nicht."

„Ich glaube tatsächlich, dass wir schauen sollten, dass man im Kindergarten und Schule und so schon sehr sensibilisieren sollte. Also, dass auch die Erzieher, die Lehrer da auch während ihrer Ausbildung lernen aufzupassen, also zu sehen so bestimmte Sachen. So ein bisschen ein Handwerkszeug in die Hand kriegen, um zu wissen, wie man damit umgeht."

„Mobbing – ich glaube, dass man viel tun kann, einfach den Menschen bewusst machen, wie sie Menschen schaden. Da glaube ich, kann man jede Menge machen, wenn das einmal viel präsenter wäre schon in der Kindheit und Schule, wenn man das wirklich als ernst zu nehmendes Thema behandeln würde, und zwar wirklich ernsthaft und nicht so belächelnd."

Häusliche Gewalt wird als besonders umgreifende Gewaltsituation betrachtet. Hier gehe es darum, die Frauen (Männer als Opfer häuslicher Gewalt sind gar nicht im Blickfeld) zu unterstützen bei Trennung oder Scheidung – und sie überhaupt dazu zu bewegen, sich aus dieser Situation zu befreien. Dazu müssten auch praktische Dinge bedacht, neu geregelt und organisiert werden, wie zum Beispiel die Finanzierung, die Kinderbetreuung, die Wohnungssituation. Frauenhäuser oder finanzielle Hilfen durch Sozialämter werden als Teil der Lösung und zur Stärkung des Selbstbewusstseins gesehen: Das Bewusstsein über Möglichkeiten, das Leben auch nach einer Trennung gut weiterführen zu können, könnte die Autonomie der Betroffenen fördern und dem Gefühl entgegenwirken, vom Partner (finanziell, sozial) abhängig zu sein und deshalb in der Beziehung bleiben zu müssen. Um wirksam zu sein, müssten diese Angebote jedoch auch den Betroffenen bekannt und präsent sein.

„Also die seelische Gewalt habe ich ja unbewusst durch Unterdrucksetzung schon mitgemacht. In der letzten Beziehung, wo es geheißen hat ‚Ich gehe.' Na ja, wie willst du denn gehen? Dann gehst du halt ohne Kinder? Also ziehst du es weiterhin durch, obwohl es dir schlecht geht." [Frau, 35 Jahre]

„Andersherum, wenn ich wüsste, ich hätte Möglichkeiten, mich zu wehren oder da rauszugehen, würde ich vielleicht viel selbstbewusster auftreten, damit ich es dem nicht so leicht machen tät. Das ist jetzt nur von außen. Natürlich redet man sich von außen leichter. Ich weiß nicht, ob das dann tatsächlich so ist. Aber ich kann mir schon vorstellen, wenn jetzt irgendwie eine Frau weiß, sie kann leichter aus so einer Partnerschaft raus, also sie kann mit ihren Kindern irgendwohin, sie kriegt irgendwo einen sicheren Platz. Sie muss nicht Angst haben, dass sie verhungert, dann täte es vielleicht gar nicht so weit kommen." [Frau, 48 Jahre]

2.7. „Benachteiligte"

2.7.1. Lebenswelt

Grundorientierung

Die um Orientierung, Teilhabe und Anerkennung bemühte Unterschicht; starke Zukunftsängste und Ressentiments gegenüber gesellschaftlichen Eliten sowie gegenüber Fremden (als Konkurrenten). Häufig geringe Bildungsabschlüsse und Berufsqualifikationen, erwerbstätig in Jobs mit geringer Bezahlung; in der Unternehmenshierarchie in unteren (selten mittleren) Positionen; hoher Anteil an Empfängerinnen und Empfängern staatlicher Transferleistungen. Ausgeprägter Wunsch, Anschluss zu halten an die Ausstattungsstandards der breiten Mitte als Kompensationsversuch sozialer Benachteiligungen; geringe Aufstiegsperspektiven; teils frustriert-resignative, teils delegative Grundhaltung. Enge Wohnungen in Quartieren mit hoher sozialer Schließung; sozialräumlicher (durch geringes Einkommen meistens ökonomisch bedingter) Rückzug ins eigene soziale Umfeld von Menschen in ähnlicher Lebenslage und Gesinnung.

- Ausgeprägter Konsum-Materialismus: sich etwas leisten können, Anschluss halten an die Standards der Mittelschicht (DVD-Player, Smartphone, Auto, Urlaub, Kosmetik, Modeschmuck); Träume vom „besonderen Leben" (Geld, Luxus, Prestige), von plötzlich auftauchenden großen Chancen – als Reaktion auf die häufig prekäre finanzielle Lage
- Die tatsächlich eingeschränkten eigenen Möglichkeiten führen zur Sehnsucht nach mehr (v. a. finanzieller) Sicherheit für die Familie, vor allem den eigenen Kindern mehr bieten zu können; auch zu Abwehrhaltungen gegenüber Randgruppen (hedonistisch-subkulturelle Szenen, Antifa, Öko-Szene)

Abbildung 14

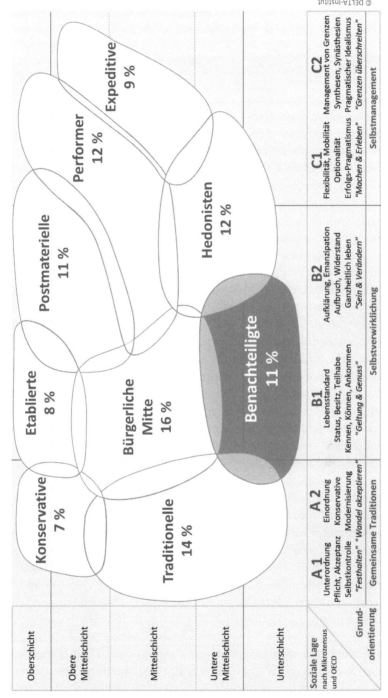

sowie Flüchtlingen, mit denen man um finanzielle Ressourcen konkurriert (Jobs, Transferleistungen) und die mehr politische Aufmerksamkeit und Zuwendung bekommen
- Wahrnehmung massiver Ausgrenzung und Benachteiligung: Deutlich geringere Chancen als andere; von der gehobenen Klasse (in Wirtschaft, Wissenschaft, Politik) nicht beachtet, nicht wertgeschätzt und verachtet; im Job ein hoher Arbeits- und Zeitdruck, eher und mehr und rüder als andere schikaniert werden bei sehr geringem Stundenlohn. Einerseits sozial und materiell weitgehend ausgeschlossen, andererseits unter massivem Druck vom lokalen Umfeld sowie von Ämtern, Vereinen, der „großen Politik", wie man sich anders verhalten sollte; gerade deshalb der demonstrative Habitus, sich daraus nichts machen, robust und unempfindlich sein. In offensiver Reaktion: sich (partiell) freimachen von Stigmatisierungen, zu den eigenen Bedürfnissen und Lebensweisen stehen, sich auf die eigenen Stärken besinnen: Solidarität unter Seinesgleichen, handwerklich was können und auch „richtig" feiern können
- Sich und anderen zeigen, dass man stark und robust ist und „ganz schön was verträgt" (auf eigenem Terrain zeigen); Tendenz, sich zu verbrüdern – eine starke Gemeinschaft; Mitgliedschaft in Kleintierzüchter- und Kleingärtenvereinen; Besuch von Fußball- und Eishockeyspielen; Mitgliedschaft im Fanclub; Urlaub mit (günstigen) Pauschalangeboten in Ferienanlagen für die Familie (all inklusive). Schöne Erlebnisse und Institutionen sind zum Beispiel die Skat- und Kegelrunde, Grillen am Wochenende mit Freunden, das Ortsfest mit Bierzelt; als treuer Fan regelmäßig zu den Spielen des eigenen Clubs gehen. Mit der Familie im Freizeitpark, Movie Park, Sea Life, Phantasialand
- Zunehmend wächst das Gefühl des Ausgeliefert-seins, des Mangels an Einflussmöglichkeiten und der Ohnmacht gegenüber anderen Menschen und Behörden. So erleben Angehörige des Milieus im weiteren Verlauf ihres Lebens persistierende Selbstunwirksamkeit. Die Erfahrung mangelnder Selbstwirksamkeit und soziokultureller Schließung führt dazu, dass einige ihre Bedürfnisse gegenüber anderen nicht mehr adäquat (mit der Chance zur Akzeptanz) ausdrücken, sodass es zu Verhaltensweisen und Eruptionen kommt, die die Umwelt irritieren. So entsteht eine unauflösbare Spannung zwischen den eigenen sich Bahn brechenden Affekten und der sozial erlernten und durch Sanktionen abgesicherten Norm, sich anzupassen, unauffällig zu sein und sich zu fügen

Die typische Sehnsucht von Müttern und Vätern in diesem Milieu zeigt sich beispielhaft in den folgenden Antworten auf die Frage, was ihnen im Leben wichtig sei:

„Dass es meiner Familie und mir gut geht; Sicherheit, dass immer alles Nötige da ist. Ja!"

„Vielleicht mal ein bisschen entspannter leben können und mehr Sicherheit haben eines Tages und dann meinem Kind auch was bieten können."

Die Milieubezeichnung „Benachteiligte" kommt *nicht* daher, dass das Forscherteam in sozialwissenschaftlicher Überlegenheitshaltung eine objektive Bestandsaufnahme mit diesem Label versah; oder dass sich in diesem Milieu die Gesamtheit jener befände, die wirtschaftlich oder sozial benachteiligt sind. Vielmehr spiegelt die Bezeichnung das subjektive Lebensgefühl und die Selbstverortung: am unteren Rand der Gesellschaft zu stehen in Bezug auf Geld, Anerkennung, soziale Position, berufliches Prestige, Bildung, Einfluss. Aus eigenen und kollektiven Erfahrungen ist der Verdacht erwachsen und erhärtet, dass man übervorteilt und ausgenutzt wird, auch weil man in betrieblichen und behördlichen Kontexten keine Macht und kaum Lobby hat. Und wenn man sich wehrt, werden die eingesetzten Mittel – etwa die Wortwahl – diskreditiert und man hat selbst – meist finanziell – die negativen Folgen der eigenen Wehrhaftigkeit zu tragen: Andere sitzen aufgrund ihrer Machtposition stets am längeren Hebel. Insofern fühlt man sich umfassend benachteiligt hinsichtlich der finanziellen und sozialen Ressourcen und Geltung.

Tabelle 7

Alter	
18–29 Jahre	13%
30–39 Jahre	14%
40–49 Jahre	26%
50–59 Jahre	21%
60–69 Jahre	17%
70+	9%
	100%

Geschlecht	
Männer	54%
Frauen	46%
	100%

Soziale Lage

- *Bildung*: Meist Haupt-/Volksschulabschluss: Frauen 70%, Männer 65%; Einige mittlere Reife: Frauen 26%; Männer 34%
- *Beruf*: Männer sind meist Facharbeiter und einfache Arbeiter; Frauen überwiegend einfache Angestellte. Bei Frauen ein hoher Anteil von geringfügig Beschäftigten und Teilzeitbeschäftigung (höchster Anteil von Familienernährerinnen und Frauen). Zur Existenzsicherung der Familie häufig mehrere Jobs gleichzeitig; hohe Arbeitslosenrate
- *Einkommen*: Untere bis mittlere Einkommensklassen: Schwerpunkt: unter 2.000 € Haushaltnettoeinkommen; ein Drittel unter 1.000 € Haushaltsnettoeinkommen; Häufung sozialer Benachteiligungen (Arbeitslosigkeit,

Krankheit). Die Mehrheit im Milieu ist existenziell auf staatliche Transferleistungen angewiesen; Rücklagen sind kaum vorhanden, man lebt von Monat zu Monat, einige von Woche zu Woche

Identität

- *Weltbild*: Geld und Macht regieren die Welt; wer Anerkennung will, muss zeigen, dass er erfolgreich ist: Status-Symbole dokumentieren Lebensart und sichern soziale Akzeptanz. Darüber hinaus braucht man für ein „schönes Leben" zwei Dinge: Unterhaltung und Konsum. In der Öffentlichkeit (z. B. am Arbeitsplatz) muss man sich vorgegebenen Regeln beugen; im Privaten ist man sein eigener Herr
- *Selbstbild (Ich-Ideal)*: Selbstbewusste Betonung eigener Tugenden: Praktische Veranlagung; einfach und direkt, nicht verkünstelt; handfeste Körperlichkeit, Tabulosigkeit
- *Abgrenzung*: Ablehnung von intellektueller Besserwisserei und distinguiertem Habitus
- *Leitmotiv*: Spannung und Genuss
- *Ausstrahlung*: Selbstsicher unter Seinesgleichen, im eigenen Metier; unsicher auf fremdem Terrain; in der Sicherheit einer Gruppe Tendenz zu provozierendem Verhalten

Lebensstil

- Starke Gegenwartsorientierung, Konzentration auf das Hier und Heute (etwas vom Leben haben, ein „Stück vom Kuchen" abbekommen)
- Häufig ungenügende Daseinsvorsorge aufgrund mangelnden Problembewusstseins und beschränkter finanzieller Möglichkeiten; einige (wenige) leben über ihre Verhältnisse, um zu beweisen, dass sie mithalten können
- Spontaner, prestigeorientierter Konsumstil, rasches Aufgreifen neuer Moden und Trends; große Bedeutung von Äußerlichkeitswerten, insbesondere bei Männern starkes Geltungsbedürfnis (z. B. Body-Kult); Protagonisten der Trashkultur
- Spaß- und Freizeit-orientierter Lebensstil, ausgeprägtes Bedürfnis nach Ablenkung und Unterhaltung, intensiver Medien- und wachsender Genussmittelkonsum
- Flucht in Traum- und Entspannungswelten (Action und Gewalt im Fernsehen, aber auch Natur und Alleinsein) als Reaktion auf zunehmende Verelendungstendenzen
- Arbeit und Freizeit sind strikt getrennt. Mit Beginn des Feierabends „fällt der Hammer", ist man auch mental nicht mehr bei der Arbeit; ausgeprägte

- Alltagsflucht: Die Sorgen und Probleme vergessen, tun und lassen können, wozu man Lust hat
- Zu Hause Entspannung vom „hektischen Arbeitstag" und wochenends von einer „stressigen Woche"; man lässt es sich gut gehen und legt einfach die Füße hoch: „Abspannen und Faulenzen, am liebsten in der Badewanne, vor dem Fernseher oder beim Grillen". Bei Jüngeren Diskotheken; ins Fitnessstudio gehen; Sportveranstaltungen besuchen: Lokaler Fußballverein, Fußball-Bundesliga, Eishockey-Liga („kraftvolle Männersportarten")
- Intensiver Konsum neuer Unterhaltungsmedien: Fernsehen, DVD, Video, Computerspiele (CDs, Playstation); oft neue Multimedia-Technologie. Männer basteln gern am Auto oder Motorrad („tunen"), unternehmen Touren mit Freunden und sind mit ihren „Kumpels" zusammen. Frauen gehen gern Walken, treffen sich mit einer Freundin, machen es sich daheim bequem, wollen einfach mal Ruhe und Entspannung, nichts tun müssen
- Am Wochenende Nutzung moderner Freizeitangebote (Freizeitcenter). Gemäß der gutbürgerlichen Norm gehört das Wochenende auch der Familie: Ausflüge mit den Kindern, Picknicken, Radtouren, Schwimmbad etc. Das schöne Erlebnis zum Verwöhnen ist, als Familie ins Schnellrestaurant zum Frühstück oder Mittagessen zu gehen
- Die meisten Menschen mit Migrationshintergrund in diesem Milieu sind als Gastarbeiter nach Deutschland gekommen. Viele arbeiten in einfachen Jobs, Männer als Leiharbeiter, Paketzusteller oder am Bau, Frauen oft als Putz- und Pflegekraft

Anteil der Menschen mit Migrationshintergrund im Milieu (deutschsprachig): 11,5 %

2.7.2. Wahrnehmung von Gewalt und Vorschläge zur Prävention

In den anderen Milieuportraits wird gelegentlich bei einzelnen Aspekten hingewiesen, ob diese mehr bei Frauen oder Männern ausgeprägt sind. Im Prozess der Analyse für das Milieu der Benachteiligten zeigte sich, dass die Geschlechterunterschiede erheblich sind, sodass es sinnvoll, sprachlich unkomplizierter und für das Tiefenverständnis erhellend ist, die Befunde für Frauen und Männern getrennt zu beschreiben, weil sie in vielen Aspekten je andere und auch diametral entgegengesetzten Auffassungen haben.

2.7.3. Männer: Omnipräsenz von Gewalt und Problem, sich als Opfer zu sehen

Die Zäsur durch Partnerschaft und Familie: arbeiten an der Selbstkontrolle

Das Wort Gewalt löst bei Männern ein breites Spektrum an inneren Bildern zu Formen und Situationen aus: „Ja ganz verschiedene Sachen: Es gibt Gewalt in der Familie, es gibt Gewalt zwischen fremden Personen, psychische Gewalt, physische Gewalt, sexuelle Gewalt." Gewalt ist vertraut, und es ist kein Zufall, dass im Zitat die familiäre bzw. die partnerschaftliche Gewalt an erster Stelle steht. Das zeigte sich in fast allen Interviews mit Männern in diesem Milieu, was auf die besondere Sensibilität für diesen Ort von Gewalt hinweist. Die meisten Männer haben als Kind in ihrer Herkunftsfamilie selbst Gewalt erlebt.

Männer mit Familie nehmen eine signifikante Unterscheidung vor zwischen ihrem Leben heute mit Partnerin und Kindern und ihrem Leben davor. Es ist instruktiv, dass sie nicht das Kontrastbild zeichnen, früher als Single seien sie mehr mit Gewalt in Berührung gekommen, während heute mit Familie ihr Leben gewaltfrei sei. Vielmehr ist das Zusammenziehen mit der Partnerin in einen gemeinsamen Haushalt und die Geburt eines Kindes eine Zäsur, die einen Prozess der Auseinandersetzung mit Gewalt und die Selbstdisziplinierung einleitet, der aber monate- und bei einigen jahrelang dauerte. Thema dieser Männer ist, dass es mit der Partnerin in den ersten Wochen immer wieder zu heftigen verbalen und auch körperlichen Auseinandersetzung kommt (aber nie, wird ausdrücklich betont, gegenüber dem Kind). Und man hadert schon in dieser Zeit damit, den Menschen zu verletzen, den man liebt und der das Wichtigste im Leben ist. In der Selbstdiagnose kommen viele zu dem Schluss, dass sie ihre eigenen spontanen Emotionen – Groll, Wut, Zorn – nicht immer im Zaum halten können, sodass Streit häufig eskaliert.

Erst allmählich und durch das Leiden an diesen heftig-eruptiven Konflikten entwickelt man Strategien, wie man sich nach dem Streit beruhigt („runterkommt") oder einen aufkommenden Streit unterbindet: sich in ein Zimmer zurückziehen und abschließen, laut Musik hören, die Wohnung verlassen für kurze Zeit oder mehrere Stunden, spazieren gehen, Freunde treffen, Sport treiben bis zur Erschöpfung etc. Solches Auflösen einer Situation, indem man sich räumlich trennt, signifikante Signale sendet oder Eskalationsstopper findet, wird von einigen – und gilt als „nächste Lernphase" – als Mittel entdeckt, um eine Eskalation von Streit zu vermeiden.

Es ist ein wichtiger Befund, dass das Leben mit Kind(ern) einen Schub versetzt, ein Katalysator ist für den Wunsch nach Selbstkontrolle und das Finden geeigneter Techniken. Denn mit der Familiengründung sehen sich diese Männer (bis auf wenige Ausnahmen) als Haupternährer ihrer Familie, in der Verantwortung und im Glück, nun die Menschen gefunden zu haben, die ihnen von nun an das Wichtigste im Leben sind, die sie aber aus Wut oder im Zorn selbstverschuldet oder nach einer Provokation (verbal, manchmal auch handgreiflich) attackieren und verletzen, was sie hinterher zutiefst bedauern und sich auch schämen. Dass ihr Kind Streit und Verletzungen direkt oder indirekt mitbekommt, ist für diese Männer unerträglich und befördert ihre Motivation, solche Situationen unter allen Umständen nicht mehr aufkommen zu lassen. Insofern zeigt sich bei diesen Männern selten vorsätzliche, sondern eine spontane, unkalkulierte Gewalt, an der sie (spätestens) mit Beginn der Familiengründung arbeiten. Und sie hadern mit sich, wenn sie ihrem eigenen Vorsatz einmal oder wiederholt nicht gerecht werden, wenn sie sich wieder von ihrer Wut hinreißen lassen – und klagen sich dann selbst an oder ihre Partnerin, die dazu Anlass gab. So zeigt sich eine Abwärtsspirale emotionaler Gewaltausbrüche in der Partnerschaft, eine Befriedung und zunehmende Selbstkontrolle, die aber nicht bruchlos ist, sondern ein Auf und Ab, was zu Enttäuschungen und daraus resultierendem Frust führt. Und die alten Ideale und Routinen von Mannsein und starker Männlichkeit kommen, gleichsam als Relikte aus früherer Zeit, dämonenhaft in Form eingeschliffener Kommentare und Routinen immer wieder auf.

Die Familiengründung ist für die meisten dieser Männer ein Übergang von einer Vorgeschichte in die Hauptgeschichte ihres Lebens: vom ungebundenen Leben ohne Verantwortung, nur sich selbst, den eigenen Hobbys und Freunden verpflichtet (einsamer Wolf, umherstreifende Rotte junger männlicher Wölfe, Jungmännerschar etc.); hin zum eigentlichen Leben mit Familie, mit der man angekommen ist, bessere Formen der Anerkennung finden und auch Verantwortung für andere tragen kann: Das Männlichkeitsbild wird „erwachsen" – so die Biografie ihres bisherigen Lebens.

„Am Anfang war es intensiver, öfter gestritten. Es ist vielleicht auch mehr zu diesen Rangeleien mal gekommen, dass sie mich gewürgt hat oder so was. Das ist jetzt eigentlich gar nicht mehr. Und jetzt, wenn wir merken, das ist im Anmarsch so eine Situation, dann geht man erst mal ein bisschen auf Distanz und kommt dann mit kühlem Kopf wieder aufeinander zu."

oder:

Interviewer: „Was haben Sie in den letzten Monaten an Gewalt wahrgenommen oder erlebt?"
„Ja, glücklicherweise gar nicht so viel. Bin ich sehr froh drüber, also persönlich. Ja, außer eben Streitereien natürlich mal, jetzt nicht in Schlagen oder so, aber wenn man sich halt mit Worten aneinander, dann ist das ja manchmal auch eine Art Gewalt, wenn man Dinge sagt, die man nicht sagen möchte. […] Also mit meiner Freundin und auch andersrum. Das ist mal vorgekommen, dass man sich da fetzt. Wenn man sich vorwirft, wenn man sich sehr so den Charakter von dem anderen, also wenn man den anderen kleinmacht und irgendwie sich über ihn stellt oder sie. Wenn sie dann zu mir sagt, man sei ein Versager! Man kann nichts bieten! Ja, oder

andersrum auch Versager, schlechte Mutter, schlechter Vater, faul. Ja, man schreit eben. Das kann sehr unschön sein."
Interviewer: Wie fühlen Sie sich dabei?
„Nicht gut! Emotional aufgebracht. Man schaltet den Kopf ein Stück weit aus. Und wenn man so den Vorwurf hört ‚schlechter Vater', dann man wird wütend, weil man es nicht wahrhaben will, so was zu hören."
Interviewer: Wie endet dann eine solche Situation?
„Man geht sich ein, zwei Stunden aus dem Weg, und dann geht es bei uns in der Regel wieder."
Interviewer: Wie häufig ereignen sich solche Situationen?
„Das ist unterschiedlich. Manchmal passiert das zwei Monate nicht. Und manchmal passiert das mehrmals in der Woche."

In diesem Gesprächsauszug wird exemplarisch, dass Männer aus diesem Milieu sich dem Vorwurf konfrontiert sehen und oft selbst machen, dass sie *kein guter Vater* sind bzw. dass sie *ein schlechter Vater* sind (es gibt beide Formulierungen). Dieses Bohren in der Wunde der Vorwürfe und des moralischen Selbstverdachts ist ein Hebel, den die Partnerin (aus Sicht des Mannes) – geübt und zielsicher – im Streit einsetzt und die Eskalation vorantreibt. Insofern sind diese Machtmittel, also das Wissen um die wunden, sensiblen Punkte des anderen und das gezielte Einsetzen dieses Wissens das, was diese familiäre Gewalt ausmacht (bevor es – was vorkommt – auch zu körperlicher Gewalt führt). In den Formulierungen ist auch eingelassen, dass die Partnerin den Mann in der Rolle als Hauptverdiener der Familie sieht. Wenige der Frauen sind erwerbslos, in Mutterschutz, arbeitslos oder haben sich auf die Rolle als Mutter beschränkt, weil mit mehreren Kindern ihnen ein Job praktisch und organisatorisch nicht möglich erscheint. Die Mehrheit der Frauen ist in Ausbildung oder berufstätig – die meisten haben einen Job, aber ein erheblicher Teil (meist mit älteren Kindern) hat mehrere (schlecht bezahlte) Jobs, um die Familie zu ernähren. In all diesen unterschiedlichen Situationen sehen sich die Männer von ihrer Partnerin mit der Erwartung konfrontiert, dass er als Mann eigentlich der Haupternährer der Familie ist bzw. sein sollte. Wird er dieser Erwartung nicht gerecht, finanziell nicht ausreichend oder nicht kontinuierlich, dann sehen sich diese Männer dem Vorwurf des „Versagers" ausgesetzt. Gleichwohl erleben diese Männer diesen Vorwurf selbst nicht als Gewalt (im engeren Sinn). Erst wenn es zum Streit darüber kommt und man sich dann verbal oder körperlich attackiert, begreifen sie solche Vorhaltungen als Gewalt.

In den sozialwissenschaftlichen Interviews wird offenkundig, wie groß bei Männern nicht nur der eigene Druck ist (ihrer Norm vom guten Vater zu entsprechen, mit den eigenen Schwächen umzugehen, sich nicht immer unter Kontrolle zu haben, die Sehnsucht, ihrer Familie mehr Sicherheit und Komfort leisten zu können), sondern vor allem der Druck von außen: andauernder finanzieller Druck, beruflicher Zeit- und Leistungsdruck, Erwartungsdruck durch die Partnerin, Erwartungen von Freunden, mehr Zeit mit ihnen zu verbringen. Hier ist oft – trotz der gespielten Leichtigkeit und Lässigkeit gegenüber anderen – viel Druck im Kessel. Das scheinen die hauptsächlichen Faktoren zu sein für emotionale Entladungen und Entgleisungen, sodass bisweilen Hemmungen fallen (*pull out all the stops*). Wenn sie Stunden oder Tage später an Streitsituationen mit ihrer Partnerin denken, dann empfinden sie ein Bedauern („Fühle mich traurig. Schade! Nicht schön") mit dem Vorsatz, „das nächste Mal ruhiger zu reagieren", wobei hier stets ein Zweifel dabei ist, ob ihnen das gelingt. Oftmals gibt es den Wunsch nach „einer außenstehenden Person, die das vielleicht einordnet, ein bisschen unparteiisch". Dieser Wunsch ist meistens unausgesprochen, weil sie eine solche Person nicht haben (Freunde sind ebenso Partei wie seine oder ihre Mutter). Auch hier wird der große emotionale Druck kristallin:

„Ja, wenn die Situation dann so unerträglich ist, dass ich es gar nicht mehr aushalte."

„Bin mit der Situation überfordert, nicht schön und ungute Stimmung. Dann muss ich spazieren gehen oder so was. Bevor man da die Wohnung zusammenschreit und die Nachbarn da irgendwie denken, da ist sonst was los. Und auch das Kind: Das ist ja auch überhaupt nicht gut für das Kind."

Auch in ihrem Wohnumfeld nehmen Benachteiligte wahr, dass es auch dort immer wieder mal, in manchen Haushalten auch täglich Familienstreit gibt:

„Ja, ziemlich lautes Geschreie, auch nachts manchmal."

„Also die Wohnung unter uns, wenn da geschrien wird, dann hört man das auch. Deswegen weiß ich, dass bestimmt bei uns auch das gehört wird. Und dann Genaueres interessiert mich ja auch nicht so sehr, weil damit habe ich ja nichts zu tun. Also ich höre dann nur Geschreie. Ich habe jetzt auch nicht das Gefühl, dass es da zu körperlicher Gewalt kommt, weil sonst müsste man vielleicht schon einschreiten. Aber solange man das Gefühl hat, es ist jetzt nichts Körperliches dabei, finde ich, muss man sich nicht einmischen."

Es sind nicht Ausnahmen, sondern man hat sich daran gewöhnt, dass es in benachbarten Haushalten laute Konflikte gibt zwischen Erwachsenen und auch gegenüber den Kindern. Väter im Interview beschrieben niemals, dass sie ihre Kinder angeschrien oder körperlich angriffen haben; hier greift die Norm vom guten Vater mit dem unbedingten Verbot körperlicher Gewalt gegenüber Schutzbefohlenen. (Diese Norm ist so wirkmächtig, dass man wohl eine einmalige oder mehrmalige Gewalttätigkeit gegenüber dem eigenen Kind niemals einem fremden Interviewer eingestehen würde – das gilt auch für Väter anderer Milieus). Aber man beobachtet in anderen Haushalten gelegentlich Gewalt an Kindern, was in Interviews auch psychologisch dazu diente, sich selbst als etwas besserer Vater darzustellen. Deutlich wird in solch unmittelbarer Nachbarschaft auch das Gebot der Nicht-Einmischung: Man ist nicht bereit zu intervenieren, wenn es in anderen Haushalten tagsüber oder nachts zu hörbar heftigem Streit kommt. Man ist durch das enge Wohnumfeld näher an den Nachbarn und bekommt ungewollt laute Auseinandersetzungen mit und sieht die Nachbarn. Doch Nachbarschaftsanamnese und -fürsorge sind wenig ausgeprägt; nur im Extremfall würde man die Polizei rufen oder das Jugendamt informieren: jeder ist eine Insel.[38]

In der oft anonymen Nachbarschaft sind Streit schlichtende Personen selten. Ebenso tauschen sich diese Männer meistens nicht mit ihren Freunden aus, wenn es partnerschaftliche oder familiäre Konflikte gab. Es gibt eine Tendenz zur Einkapselung von Problemen in der Partnerschaft. Die bestimmenden Motive dazu sind Scham und Flucht: (1) Man schämt sich zuzugeben, dass man sich nicht unter Kontrolle hatte und gewalttätig gegenüber seiner Liebsten geworden ist. (2) Man will die mit Freunden selten gewordene Zeit nicht damit verbringen, über Probleme zu sprechen und für Freunde damit eine Last zu sein, sondern will gemeinsam eine gute Zeit haben, dadurch auch abgelenkt werden und nicht den emotionalen Schmerz noch vertiefen. Insofern gibt es bei diesen Männern eine soziokulturell ritualisierte Sprachlosigkeit über ihre eigenen familiären Konflikte.

„Man redet schon, aber nicht so intensiv. Wenn man sich trifft, redet man eher über das Gute."

„Also erstens ist es schwierig, darüber zu reden, eine Überwindung. Zweitens will ich die auch nicht nerven oder so. Die haben ja auch ihre Probleme."

„Weil man sich vielleicht auch schämt dafür? Weil man will ja, dass immer alle denken, dass alles gut ist."

„Es ist nicht so, dass gar nicht drüber geredet wird. Wenn es einem Freund schlecht geht, dann würde ich das schon mitbekommen. Ich glaube andersrum auch. Ich hatte natürlich schon intensivere Gespräche, aber wenn man sich jetzt länger nicht gesehen hat, dann steht eher das Positive im Vordergrund."

Am Konjunktiv „wenn es einem Freund schlecht geht, würde ich das schon mitbekommen" sowie in weiteren Erzählpassagen wird deutlich, dass die eigenen Sensoren für Befindlichkeit des anderen nicht auf höchste Sensibilität eingestellt sind; dass man zugleich hofft, von anderen nicht auf die eigene Niedergeschlagenheit angesprochen zu werden. Es muss dem Freund außergewöhnlich schlecht

---

38 Das ist im Verhaltensmodus nicht unähnlich zum Milieu der Etablierten, auch wenn dort die Lebensformen ganz andere sind und die räumliche Distanz zu Nachbarn meistens so groß, dass gewaltsame Auseinandersetzungen nicht nach außen dringen. Aber wenn, dann gibt es auch im Milieu der Etablierten kaum nachbarschaftliche Einmischungen.

gehen, bevor man das wahrnimmt und ihn darauf anspricht, bevor man sich berechtigt fühlt, die eigene Niedergeschlagenheit zu zeigen. So gibt es in diesen Zusammenkünften die Norm, die erhoffte gute Stimmung zur gemeinsamen Ablenkung nicht durch Problemhaftigkeit, miese Laune, Gedrücktheit zu verderben. Im Gegenteil besteht die Norm zur unbeschwerten Stimmung (auch in Anknüpfung an „die guten alten Zeiten"). Der soziale Raum und die Semantik sind darauf ausgerichtet, von privaten, familiären Problemen abzulenken (was nicht ausschließt, dass es gelegentlich als Ausnahme zu solcher Thematisierung kommt). So sind diese Männer in einer uneingestandenen Ambivalenz, sich einerseits guten Freunden anvertrauen zu wollen, andererseits diese Zeit mit guten Freunden zu genießen, denen und sich selbst diese Freizeit nicht zu vermiesen. Die weiteren psychologischen Analysen führen zu der Diagnose, dass viele Männer bei partnerschaftlichen Problemen allein sind, sich niemandem anvertrauen wollen oder können, sich weder im privaten Umfeld noch professionell Hilfe holen. Freundschaften haben hier eine andere Funktion als Subsidiarität bei Lebensproblemen

Berufliche Gewalt: Schikane von Vorgesetzten und Kunden

Wer einen Job hat, berichtet über Schikane im Betrieb durch direkte Vorgesetzte oder den obersten Chef. „Weil die es mit einem halt machen können", wird man ohne Rücksicht für niedere Arbeiten oder unangenehme Schichten eingeteilt. Eigene Wünsche, wenn man sie zu äußern wagt, werden nur selten berücksichtigt; meistens erhält man eine klare Absage oder man wird übergangen. Viele in diesem Milieu haben einen Job, für den es keine Qualifikation gibt oder braucht (Bedienung, Fensterputzer, Paketzusteller, Essenszusteller, Anstreicher, Zeitungsausträger, Plakatierer, Hilfsarbeiter im Hoch-, Tief-, Straßenbau, in Werkstätten, in Industriebetrieben etc. Sie berichten, dass sie bei sehr geringem Stundenlohn, der gerade über dem Mindestlohn liegt, sehr hart und oft lange arbeiten müssen, dass das Geld kaum zum Leben reicht und sie von ihren Chefs kommandiert und dirigiert werden als Verschiebemasse für unliebsame Arbeiten, gelegentlich wie Leibeigene ohne Rechte und Bedürfnisse. Wer im Handwerks- oder Dienstleistungsbetrieb mit Kunden zu tun hat, wird von diesen oft von oben herab behandelt. Was sie bei einem Teil der Kunden vermissen, ist die Anerkennung und Achtung als Person. Wer im Moment ohne Job ist, ist trotz aller finanziellen Enge doch froh, dieser in früheren Jobs erlebten Gewalt und dem Machtmissbrauch nicht mehr täglich und ohnmächtig ausgesetzt zu sein – eine Erzählung, um der aktuellen (Langzeit-)Arbeitslosigkeit positive Seiten abzugewinnen.

Aus (Underdog- oder Frosch-)Perspektive derer, die sich im Betrieb auf den niedrigsten Rängen befinden, stehen Maßnahmen von direkten Vorgesetzten und der Unternehmensleitung häufig unter dem Verdacht des Machtmissbrauchs gegenüber Schwächeren und Machtlosen, zu denen sie gehören. Wer einen fürsorglichen Chef oder eine Chefin hat, bezeichnet diese bzw. diesen als eine Ausnahme, über die man unglaublich froh ist. In keinem anderen Milieu ist das Thema der Gewalt so eng an das Thema *betrieblicher Ungerechtigkeit* geknüpft und meint konkret die Behandlung von oben herab oder die organisatorisch ungerechte Behandlung in Bezug auf Arbeitszeiten, Leistungskriterien, Überstunden, Bezahlung.

Auf der einen Seite betonen diese Männer verbal kraftvoll, dass diese Ungerechtigkeit natürlich Gewalt ist, die einem da angetan wird. Gleichzeitig äußern sie Unsicherheit, ob das, was sie im Betrieb erleben, als Gewalt bezeichnet werden kann. Diese Ambivalenz der Kategorisierung ihrer Erfahrungen gründet zum einen darin, dass Gewalt für sie primär unmittelbare, konkrete körperliche Verletzung oder verbale Beleidigung ist; institutionell-organisatorische Gewalt ist da eher abstrakt. Zum anderen steht solche Erfahrung im Widerspruch zu ihrem Bild von starker Männlichkeit – als Mann wollen und dürfen sie eigentlich nicht Opfer anderer Männer sein. So ist es eine begriffliche Lösung, eine betriebliche Ungerechtigkeit festzustellen, ohne diese mit dem sie selbst stigmatisierenden Begriff „Gewalt" zu belegen – denn sie wären dann das Opfer solcher Gewalt und als Mann beschädigt. Insofern gehen viele auf Distanz zum Begriff der Gewalt und sprechen eher von Machtmissbrauch durch Vorgesetzte.

„Dass die schlecht bezahlen natürlich. Das ist vielleicht eine Art von Gewalt, dass man viel arbeiten muss für wenig Geld. Aber ich weiß nicht, ob man das als die klassische Definition von Gewalt […] Ist vielleicht eher eine Ungerechtigkeit. Ich verdiene elf Euro die Stunde. Das ist nicht viel. Kriege als Auslieferer manchmal Trinkgeld. Aber das ist auch nicht üppig. Und man wird von den Kunden manchmal nicht so gut behandelt. Aber ich glaube, das kommt überall vor. Das kommt vor für Fehler, wenn man die falsche Lieferung bringt. Ich kann ja nichts dafür. Man kriegt das ja nur in die Hand gedrückt zum Ausliefern und wird dann angeblafft, wenn es das Falsche ist. Oder wenn man in den fünften Stock laufen muss und nicht mal ein Dankeschön hört, geschweige denn ein Trinkgeld bekommt. Als wäre ich der Leibeigene. Das ist schon Gewalt."

„Gewalt ist auch, wenn der Chef oder die Chefin es ein bisschen unfair auslegt, wenn er Leute dann Sachen machen lässt, die nicht nötig sind. Wenn er Dinge verlangt, die er nicht verlangen müsste. Habe mal eine Malerlehre gemacht, die ich dann auch abgebrochen habe, weil, ja, da habe ich mich sehr ungerecht behandelt gefühlt. Man sagt ja zwar immer, als Lehrling ist das ganz normal. Aber ich habe das nicht als normal empfunden, nur als Piesackerei."

„Der Machtmissbrauch von meinem Chef, dass ich auch persönliche Fahrten für ihn persönlich machen muss, dann will er, dass ich für ihn persönlich einkaufen gehe. Solche Sachen. Natürlich auch sehr lange arbeiten für wenig Geld, was ja in der Lehre eigentlich normal ist, aber das ist schon über die Maßen."

„Eine aktuelle Geschichte von dem Freund von mir: Es ist Schichtarbeit und es ist so getaktet, dass das sinnlos ist. Also Frühschicht eine Woche, eine Woche Spätschicht, das ist normal anders, dass man mehr Zeit hat, den Rhythmus zu finden. Und so haben die Leute mit dem Chef geredet und der hat das nicht eingesehen. Mein Freund meinte, das wäre reine Schikane."

Gewalt in der Öffentlichkeit: Empathie mit den Opfern

Männer dieses Milieus mit Wohnort in einer größeren Stadt haben auf die Frage, ob es in ihrer Stadt in der Öffentlichkeit weitgehend gewaltfrei zugehe, eine gänzlich andere Reaktion als Männer aus anderen Milieus (Konservative, Traditionelle, Bürgerliche Mitte, Etablierte, Performer). Während diese betonen, dass Städte wie München oder Nürnberg keine Gewalthotspots haben wie etwa Berlin, sagen Benachteiligte, die in einer bayerischen Stadt wohnen, dass es in ihrer Stadt natürlich solche Hotspots gibt. Es gibt Grund zu der Annahme, dass Männer aus diesem Milieu einen anderen Blick und eine differente Wahrnehmung von Gewalt in der Öffentlichkeit haben als Männer aus gehobenen Milieus. Das Wohnumfeld, die Aufenthaltsorte und Bewegungspfade von Benachteiligten in einer Stadt sind andere als von Angehörigen gehobener Milieus: insofern ist es für sie eine andere Stadt.

Männer aus dem Milieu „Benachteiligte" zeigen sensible Aufmerksamkeit für Gewalt durch staatliche oder betriebliche Sicherheitskräfte mit dem Verdacht, dass bei bestimmten Personen der Sicherheitskräfte die Grenze von legitimer und angemessener Gewalt zur unangemessen harten Gewalt überschritten wird, und sie auf Betroffene mehr als nötig körperlich einwirken. Dabei zeigen sich drei Momente: (1) Keine pauschalen Urteile über die Polizeikräfte insgesamt, sondern Verständnis für bestimmtes Eingreifen und Durchgreifen, zunächst durch Anweisungen und bei Bedarf auch mit körperlichen Mitteln. Hier sieht man einzelne Polizisten oder Angestellte von Security-Firmen, die einen Hang zur übertriebenen Gewalt haben und dies in der Uniform ausnutzen – aber das spiegelt nicht die Mehrheit der Angestellten in staatlichen und privaten Sicherheitsdiensten. (2) Empathie mit denen, die legitime oder überzogene Gewalt durch Sicherheitskräfte erleben: Viele Benachteiligte haben einen Blick für die Befindlichkeit der Betroffenen, versetzen sich in die Lage dieser Person und spüren nach, was sie selbst wohl in dieser Situation fühlen würden. Es ist eine empathische Reziprozität der Perspektive, die sich in dieser Form in den Milieus der Konservativen, Traditionellen, Etablierten und Performer gar nicht oder nur vereinzelt findet. (3) Unverständnis über die mangelnde Selbstkontrolle mancher Männer, die gegenüber Frauen aufdringlich sind und – bei Abweisung – sexuell übergriffig werden. Der Vorwurf an diese Männer, die eigenen Bedürfnisse unbedingt durchsetzen zu wollen gegen den Willen der Frau gründet, so die Deutung von Benachteiligten, in einem chauvinistischen Überlegenheitsgefühl, als Mann gegenüber dem weiblichen

Geschlecht insgesamt und damit auch dieser konkreten Frau grundsätzlich überlegen zu sein.

„Klassische Schlägereien habe ich natürlich auch schon gesehen vor Kneipen, Clubs, Vereinen und natürlich bei Fußballspielen. Das sieht man immer wieder mal, ist aber jetzt nicht da der Alltag, aber sehe ich häufig, überrascht mich nicht."

„Ja im Nachtleben, wenn manche ein bisschen zu aufdringlich geflirtet haben. Wenn man nicht so mit Körben umgehen kann und man dann irgendwie doch die Hand vom Arsch nicht lassen kann. Schon oft gesehen, auch schon erlebt beim Kumpel."

„Ich war mal Zeuge in einem Gerichtsprozess, wo ein Freund von mir wurde so sehr zusammengeschlagen, dass er einen Schädelbasisbruch hatte und einen gebrochenen Kiefer von jemandem. Der hat ihn eigentlich relativ grundlos, einfach so auf ihn eingedroschen, war besoffen und hatte sich überhaupt nicht mehr unter Kontrolle. Hatte ihn was gefragt, und ich war im Gespräch mit meinem Freund, und der hat ihn nur so ‚Ich kann jetzt nicht!', und dann kamen von dem die Faust und Füße auf den Kopf."

„An der Isar, betrunkene Gruppen gehen aufeinander los, so was. Ansonsten natürlich hier die Obdachlosen oder an der Münchner Freiheit, die da ihr Camp aufgeschlagen haben, dass die angegriffen werden. Da hat man dann so das reiche Leben außen rum und sieht dann da die Armut genau daneben. In München gibt es schon einige Schnösel, vielleicht mehr als in anderen Städten, wobei überall gibt es das natürlich. Und dann solche Leute, die sich über andere Leute sehen und die das auch spüren lassen, wie Bedienstete behandeln."

„Am Bahnhof waren da so DB-Sicherheitskräfte. Die haben einen Menschen hinten die Arme und den Pulli über den Kopf und sind mit dem die Rolltreppe so hochgefahren. Ich weiß aber nicht, was vorgefallen ist, deswegen kann da auch nicht so viel zu sagen. Unschön ist es anzusehen. Dem ging es elendig, das hat man im Gesicht gesehen, armer Kerl! Was dem jetzt wohl noch bevorsteht, habe ich mir gedacht. Ich weiß nicht, ob der vielleicht die auch bedroht hat, ist immer schwer zu beurteilen. Ich möchte so einen Sicherheitsjob ja auch nicht haben, aber kann mir schon vorstellen, dass da oft Leute dabei sind, die ein bisschen übertreiben."

**Motive der Täter: Wut, Spaß und Sadismus –
Auswahl der Opfer: Schwächere**

Die bisherigen Ausführungen führen zum tieferen Verständnis dessen, was für Männer in diesem Milieu Gewalt ist. Auf der einen Seite sind es spontane, unkontrollierte Wutausbrüche und Schlägereien unter Alkoholeinfluss. Zum anderen, und das ist für diese Männer bedeutsam und sie selbst betreffend, ist es die gezielte, in Organisationen dauerhafte Ausübung von Machtmitteln für egoistische Interessen. Das kann ein materieller Vorteil sein durch Raub,

Erpressung oder im Betrieb durch geringe Bezahlung, Vorenthaltung von Sonderzulagen, kein Überstundenausgleich, schikanöse Arbeitsorganisation. Zweck solcher Gewaltausübung ist nicht selten die gleichzeitige Befriedigung einer sadistischen Ader: Spaß an der Unterlegenheit und Erniedrigung von anderen; die Ohnmacht des anderen sehen und daraus Genuss ziehen.

Solcher Sadismus ist nach Auffassung und Beobachtung von Benachteiligten bei manchen Tätern schon von Weitem erkennbar durch Gesten und Worte, die harte und erbarmungslose Gewaltfähigkeit signalisieren. Bei anderen ist solche Lust an der Erniedrigung anderer verdeckt durch die Kulisse von Wohlstand, höherer Bildung, wirtschaftlichem Erfolg, sozialem Prestige und Führungsverantwortung. Während man der ersten Gruppe durch die vermutete Offensichtlichkeit leichter ausweichen kann, ist es bei der zweiten Gruppe schwieriger, weil man von dieser Gewalt unvorbereitet getroffen werden kann und weil man am Arbeitsplatz oder bei Behörden von diesen abhängig ist. Hier wird deutlich, dass Benachteiligte unter Gewalt nicht nur physisches Einwirken auf Unterlegene verstehen, sondern vor allem das Ausnutzen oder Herbeiführen der materialen, sozialen oder psychischen Unterlegenheit. Kern von diesem Sadismus ist, dass sich die Täter zur Machtdemonstration in der Regel nicht gleichstarke Gegner auf Augenhöhe suchen, sondern Schwächere: das gezielte Auswählen jener Personen, die aufgrund ihrer objektiven Lebensumstände, Bedürftigkeit, Erscheinung oder aufgrund bisheriger Erfahrung mit ihnen mit hoher Sicherheit das ohnmächtige und gedemütigte Opfer sein werden. Das vermutete Motiv von Benachteiligten ist: Weil es einfacher ist. Würde man sich einen ebenbürtigen Gegner suchen, wäre es nicht so leicht, wäre es riskant, wäre der Spaßfaktor nicht gegeben. Es geht somit nicht um Wettbewerb, nicht um Fairness, sondern um Erniedrigung. Und damit ist auch klar, dass die meisten Sadisten nicht nur aus der Unterschicht kommen (die gibt es dort auch), sondern auch aus der Mitte der Gesellschaft und der Reichtumsklasse – nur verdeckt das edle Äußere ihren kruden Sadismus, zumal diese Täter nur gelegentlich selbst direkt kommunizieren, meistens aber ihre Anweisungen durch Mittelspersonen nach unten geben.

Die Betroffenen solcher Gewalt sind lediglich Instrument, der Spaß am Gewalterlebnis erfolgt auf Kosten der Opfer, die nicht persönlich gemeint sind, sondern als ausrechenbare und verfügbare Figuren. Zugleich – so die Einschätzung – suchen sich solche Täter in der Regel Bekannte oder von ihnen Abhängige als Opfer, weil sie diese besser einschätzen können hinsichtlich ihrer Unterlegenheit und Schwächen. Es ist risikofreier als gegenüber Fremden.

Dieses Muster ist nach Auffassung von Betroffenen „bei neunzig Prozent der Fall". Es gibt natürlich auch Gewalt unter Freunden – aber das verorten die meisten in ihrer abgeschlossenen Vergangenheit.

„Mittlerweile kriege ich von Gewalt im Freundeskreis nichts mehr mit. Mittlerweile sind wir alle erwachsen, haben fast alle Kinder, sehen uns nicht mehr so oft und so intensiv, deswegen ist alles eigentlich recht harmonisch. Aber früher natürlich schon. Also da gab es dann auch Leute, die, weiß ich noch, ein Freund hatte mal eine Soft-Air-Pistole und wir haben bei ihm übernachtet und er hat uns die ganze Zeit damit beschossen und nicht aufgehört. [...] Das sind so Spielzeugpistolen mit Gummigeschossen, die tun trotzdem ganz schön weh. Ich habe mich in die Ecke verzogen und zusammengekrümmt. Am Anfang fand ich das vielleicht lustig, aber das war dann also ein bisschen so viel, dass es dann nicht mehr lustig war. Aufgehört hat er erst, als er keine Munition mehr gehabt hat. Wehren ging nicht, er war stärker. Und ja, der hat seine Macht gerne ausgespielt, der hätte mich dann gepackt und tja. Ein bisschen hätte ich mich wehren können. Aber im Endeffekt ist er aggressiver als ich, stärker als ich."

„Ja, was macht Gewalt aus? Dass der Gewaltausübende auch einen Nutzen davon hat, jetzt nicht unbedingt materiell, aber vielleicht eine sadistische Ader, sich dadurch gut fühlt, sein Selbstwertgefühl, dass er weiß, er kann es machen."

Prävention: Schulsozialarbeit und Exit-Ansprechpartner in gewaltanbahnender Situation

Um Gewalt vorzubeugen, sehen Benachteiligte in harten Strafen keine Lösung – es sei denn, man belangt einmal Täter aus der Reichtumsklasse; das ist aber aus ihrer Sicht selten der Fall. Mit ihrem Votum gegen eine Verschärfung des Strafmaßes stehen sie in diametral entgegengesetzter Position zu Konservativen, Etablierten, Performern. Diesen entgegen betonen Benachteiligte, dass aufgrund ihrer Beobachtung fast alle, die rechtlich hart bestraft oder sozial von ihrem Umfeld stigmatisiert worden sind, „als Gewalttäter abgestempelt" waren, danach wiederholt zu Gewalt neigen und sich ihre Gewaltbereitschaft immer wieder zeigt und verstetigt.

Dem setzen Benachteiligte die *Strategie des Zuhörens* entgegen. In vielen Interviews zu Fragen der Prävention begannen die befragten Männer mit dem Vorschlag, in der Schule schon zu beginnen. Aber nicht ein Verbot neuer Medien, nicht Jugendmedienschutz ist ihr Thema, sondern das Reden mit den Jugendlichen, idealerweise durch Schulpsychologinnen bzw. Schulpsychologen oder Schulsozialarbeiterinnen bzw. Schulsozialarbeiter. Es ist instruktiv, dass nicht betont wird, in dieser Schülerarbeit eine bestimmte, vorher inhaltlich feststehende Botschaft an die Schüler zu transportieren (als Lernstoff), sondern eine Verbindung zu den Schülern herzustellen, ihnen zuzuhören und sie zu Wort kommen zu lassen. Die biografischen Auswertungen der Interviews geben Grund zu der Annahme, dass hier Defizite ihrer eigenen Schulzeit zum Ausdruck kommen. Viele verbinden mit ihrer eigenen Schulzeit die Erinnerung an einen Ort, an dem sie im offiziellen Programm kaum zu Wort kamen; Unterricht und Lernproben keine Erfolgserlebnisse waren und sie im institutionalisierten Programm der Schule eine defensive Haltung innerer Abschottung entwickelten. Im Sozialraum der Schule entwickelten sie eine Art Unterleben, um mit Freunden und Peergroups ihre eigenen Empfindungen auszutauschen. Aber das geschah meistens ohne Verbindung zum eigentlichen, offiziellen Angebot der Schule, den Lehrern oder der Schulleitung. Im Verweis auf die Schule geht es ihnen mit Blick auf Gewaltprävention darum, dass die Schülerinnen und Schüler als Person gehört und akzeptiert werden.

Eigene Erfahrungen sind auch Quelle für einen zweiten Ansatz, der sich auf häusliche Gewalt bezieht: bei einem Streit jemanden kontaktieren zu können, der aus der Situation herauszukommen hilft. Die Beschreibungen dieser Möglichkeit drücken die Sehnsucht und Hilflosigkeit in solchen Situationen aus – aber auch die Reflexion darüber. Das Motiv ist, aufgrund der aussetzenden Selbstkontrolle jemanden von außen zu haben, der schnell zu erreichen ist, eingreift und einen der Beteiligten aus der Wutspirale herausholt (durch räumliche Trennung, durch Reden), bevor man in gesteigerter Wut die Selbstkontrolle verliert. Dabei wird durchaus kritisch erwogen, dass solche Überlegungen in Phasen der Ruhe entstehen, dass aber in emotional aufgebrachter Stimmung es vielleicht schwerfällt, jemanden von außen anzurufen.

„Aber wenn dann die Situationen da sind, dann ist es schwierig, jemanden zu erreichen. Also man kann ja außerhalb reden und dann versteht man das und dann sagt man ‚Ja.' Aber wenn dann die Wut hochkommt, dann ist es natürlich schwierig."

Männer mit einer jungen Familie berichten, dass mit der Vaterschaft sich etwas bei ihnen „im Kopf verändert" habe. Sie seien aufmerksamer für Streit mit der Partnerin geworden, würden ihre Emotionen mehr kontrollieren, denn das Kind solle solchen Streit nicht sehen, weil es dem Kind nicht guttue. Aus dieser Selbsterkenntnis ziehen sie den Schluss, dass eine sinnvolle Präventionsmaßnahme auf Bewusstseinsänderung zielen und das Gefühl vermitteln soll, dass Gewalt nicht nur für das Opfer nicht gut ist, sondern auch für Beobachtende und für den Täter selbst. Ein konkreter Vorschlag ist ein verpflichtender Zivildienst für alle nach Abschluss der Schule. Damit verbunden wird die Erwartung (und Hoffnung), durch den Kontakt mit *anderen* (außerhalb der Peergroup) und mit Hilfebedürftigen bzw. durch einen sozialen Dienst die Fähigkeit zu entwickeln, sich empathisch in die Situation und Befindlichkeit des anderen hineinzuversetzen, sich selbst mit den Augen der anderen zu sehen. Diese Selbstspiegelung könnte den Effekt haben, dass sich Einstellungen verändern und Hemmfaktoren entwickelt werden gegen spontane Wut sowie gegen einen Hang zur sadistischen Erniedrigung anderer. Die *Abgründe*, von denen im folgenden Zitat die Rede ist, sehen sie in jenen Gewalttätern wie in sich selbst. Insofern wäre das Kompetenzentwicklung der Empathie gegenüber dem Leben der Anderen und dem Leben überhaupt.

„Erst mal in Einrichtungen arbeiten und erst mal irgendwie, ja, Abgründe sehen. Dadurch mal ein Gefühl dafür zu bekommen, dass man jetzt nicht automatisch immer die Wut rauslassen kann, also dass man gesehen wird, wie es ist andere. Das macht das ja was im Kopf."

Interviewer: „Was wären das für Einrichtungen?"
„Vielleicht Schulen, Sonderschulen mit ja behinderten Kindern, Seniorenheime, Bahnhofsmission."
Interviewer: „Was würde man dort lernen?"
„Vielleicht kommt ja dann vielleicht ein bisschen Demut."
Interviewer: „Demut wovor?"
„Demut vor dem Leben."

2.7.4. Frauen: zunehmende Angst vor Gewalt

Häufiger und sehnsüchtiger als Männer betonen Frauen, dass ihnen *eine Familie zu haben* und der *Zusammenhalt der Familie* das Wichtigste im Leben sind. Mehr als in allen anderen Milieus streben Frauen nach ihrer Jugend- und Schulzeit nach einer Partnerschaft mit Kindern: ein Statussymbol für Normalität, angekommen sein im Leben. Wenn Frauen dieses Milieus schwanger werden (oft in jungen Jahren), übernehmen sie selbstverständlich, klaglos und umfassend die Versorgung und Erziehung des Kindes sowie die Erledigung des Haushalts. Die traditionelle Rollenteilung bei der Haushaltsarbeit sowie eine teiltraditionelle Rollenteilung für das Familieneinkommen sind in diesem Milieu das übliche Lebensmodell.

**Das biografische Narrativ dauernd erlebter Gewalt –
bis zur Festigkeit heute**

Entgegen ihren Sehnsüchten haben Frauen gegen Ende der dritten Lebensdekade überdurchschnittlich häufig familiäre Brüche erfahren und perforierte Partnerschaftsbiografien, weil sie vom Vater ihres Kindes verlassen wurden (und dieser mitunter keinen Unterhalt zahlt), sie einen neuen Partner finden, der ggf. Kinder aus früherer Partnerschaft hat oder partout keine Kinder will. So sehen sich Frauen schon in jüngeren Jahren im Spagat zwischen ihren eigenen Familiensehnsüchten und der Autorität ihres aktuellen Partners, dem sich die meisten selbstverständlich unterordnen in der Angst, ihn sonst zu verlieren. Durch diese bei vielen wechselnden Partnerschafts- und Familienverläufe ist der Anteil von alleinerziehenden Frauen und von Frauen mit Patchworkfamilie sehr hoch. Frauen in diesem Milieu sind immer wieder am Rande des finanziellen Existenzminimums. Mehr als ein Drittel der Frauen dieses Milieu ist ungewollt in der Rolle der Familienernährerin, manche mit zwei oder drei oder vier Jobs, stehen stets am unteren Ende der betrieblichen Hierarchie. Doch ihre Leistung als Haupternährerin der Familie wird in der Partnerschaft nicht anerkannt (und schon gar nicht nach außen kommuniziert); sie bekommt diesen Stellenwert nicht zuerkannt, weil im Milieu unabhängig von der Wirklichkeit der Mann als

Haupternährer gilt. Sie ist in der Regel für Haushalt und Kinder trotz ihrer Erwerbstätigkeit (bis auf einzelne, eher symbolische Tätigkeiten des Mannes im Haushalt) exklusiv zuständig.

Mehr als in anderen Milieus erzählen Frauen von sexuellem Missbrauch in ihrer Herkunftsfamilie. Eine häufige Erzählung ist, dass ihre Schwester vom Stiefvater missbraucht wurde, oder dass eine gute Freundin solchen Missbrauch erlebt hat. Das ist der Hintergrund (und womöglich das Motiv) für die Selbstpräsentation als Mutter, die sich wie eine Löwin vor ihre Kinder stellt, allen Männern prinzipiell misstraut (ihrem aktuellen Partner vertraut sie, weil bisher nichts passiert ist) und damit eine große Wachsamkeit zum Schutz ihrer Kinder und Familie dokumentiert. Es ist erhellend, dass viele Mütter aus diesem Milieu von *unserer* Familie" und *meinem* Kind" sprechen.

Die Erzählungen dieser Frauen – mehr als bei Männern ohnehin schon – sind getragen von drastischen Erlebnissen seit ihrer Kindheit, der sie ihre Courage, Widerständigkeit, Robustheit sowie ihren ausgeprägten Gerechtigkeitssinn dagegenstellen. Viele berichten von Gewalt in ihrer Herkunftsfamilie, Vernachlässigung und Alkoholismus durch ihren Vater („für mich ist er mein Erzeuger, aber kein Vater") oder Stiefvater. Ein Teil hat Gewalt zwischen den Eltern erfahren. Eine typische Erzählung ist, dass ihre Mutter verprügelt worden sei, dass sie ihre Anzeige bei der Polizei zurückgezogen habe, weil sie „von ihrem Mann um den Finger gewickelt" wurde oder er ihr mit Mord drohte, dass er sie bei einer Trennung und auch wenn sie ins Frauenhaus gehen würde, finden werde. Ihre Mutter habe ohnehin nicht gewusst, wohin sie sich in Sicherheit hätte bringen können.

Fast alle Frauen dieses Milieus erzählen, dass sie selbst Gewalt erlebt haben durch Mobbing, auffallend viele sexuelle Gewalt im Ausbildungsbetrieb und früheren Arbeitsplätzen. Dieser von Gewalt durchzogenen Vergangenheit stellen sie ihre gewaltfreie Situation der Gegenwart gegenüber – sowohl im aktuellen Job als auch in der Partnerschaft und in ihrer Familie (im Gegensatz zu Männern, die von eskalierendem Streit in der Partnerschaft erzählen). Frauen aus diesem Milieu signalisieren, dass sie *jetzt* in den richtigen Verhältnissen leben, aus früheren Fehlern gelernt, eine stabile innere Haltung und äußere Wehrhaftigkeit gegenüber all jenen haben, die sie verletzen könnten. Gewalt findet nach ihrer Darstellung nicht in ihrer eigenen Familie statt – darin sehen sie ihre Leistung als Mutter im Vergleich zu ihrer Herkunftsfamilie. Ihre aktuelle eigene Familie begreifen sie als Schutzraum vor Gewalt, den sie mit aller Macht und Wachsamkeit verteidigen.

Dieses Bild ihrer selbst wird nicht durch Provokationen von außen erschüttert, auch wenn sie selbst gelegentlich aggressiv werden. Eine ihrer Erzählungen dazu ist: Durch die Einschränkungen während der Corona-Pandemie sind viele Leute gereizt und aggressiv – in Bussen und Bahnen, in Einkaufsläden uns vor allem in Supermärkten. Von dieser Aggressivität lässt man sich gelegentlich anstecken, auch wenn man das gar nicht will. Entscheidend ist, dass die Ursache dafür *von außen* kommt und der Anfang *von anderen* gemacht wird. Sie selbst sehen sich nur als Resonanzboden der Gewalt anderer, häufig sogar als Korrektiv und Streitschlichter, etwa in Supermärkten, wenn sich Kunden streiten (z. B um Toilettenpapier oder andere rare Produkte). Damit gestehen diese Frauen einerseits, dass sie nicht immun sind gegen gewaltähnliche Agitation; betonen andererseits, dass sie dies selbstkritisch reflektieren, eigentlich ganz anders sind und einen ausgeprägten Sinn für Gerechtigkeit und Ausgleich haben – wenngleich gelegentlich der „gerechte Zorn" sie dazu bringt auszurasten. Typisch ist, die Ursachen von Gewalt pauschal und generalistisch auf andere zu projizieren (ganz anders als Männer dieses Milieus), und sich selbst gleichzeitig als Opfer und als den Durchblick Habende zu präsentieren.

„Wichtig ist halt für mich am allermeisten meine Familie, dass es meiner Familie gut geht, besonders meinem Kind. Mein Kind ist für mich alles. Also der steht immer an erster Stelle. Der hat höchste Priorität. Dass natürlich alle gesund bleiben, jetzt zur jetzigen Corona-Zeit gar nicht so einfach, weil alle Angst haben [lacht]. Wichtig ist halt auch, dass der Zusammenhalt da ist, gerade Familie, Freunde. Das ist für mich besonders wichtig, dass da ein starker Zusammenhalt da ist, in verschiedensten Situationen. Mein Geld oder so was ist nicht wichtig. Man kommt immer irgendwie weiter. Wichtig ist natürlich auch […] es wäre halt schön, wenn nicht so viele Streitereien überall wären. Weil durch die Corona-Krise ist halt jetzt jeder noch ein bisschen aggressiver, in Anführungsstrichen. Alle sind sehr gereizt und genervt. Und das ist halt unter Umständen manchmal bisschen ansteckend, obwohl man es gar nicht will. Aber irgendwie muss man ja sich auch dann zur Wehr setzen oder durchkommen, irgendwie."

„Gewalt ist auch unter anderem schon in der eigenen Familie passiert. Das wissen nicht viele, weil ich erzähle es halt nicht überall rum. Geht ja nicht jeden was an, mit meinem eigenen Erzeuger. Also ich sage Erzeuger bewusst, mit Absicht, weil es nicht mehr für mich ist. Und der lebt zwar nicht mehr, aber der hat damals, wo meine Schwester und ich noch kleiner waren, hat der sich halt an meiner Schwester vergangen. Und meine Schwester ist eigentlich nur meine Halbschwester. Das heißt, sie hatte einen anderen Vater. Ich bin die Einzige, die einen anderen Erzeuger hat. Und der hat sich halt damals an ihr vergangen, da war sie so acht Jahre alt, ich war damals zwei. Das ist aber erst ziemlich spät rausgekommen, wo sie 20, 21 oder irgendwie so was in der Art war. Da ist sie dann mal rausgerückt mit der Wahrheit und hat das mal alles auf den Tisch gelegt. Das war natürlich ein Riesenschock für mich. Ich meine, dass er noch nie so wirklich Interesse an mir gezeigt hatte, das wusste ich von meiner Mutter her, dass er auch nie Unterhalt gezahlt hat und dergleichen und total der Alkoholiker ist, absolut total der Säufer ist, das wusste ich alles vorher schon. Aber nachdem das halt dann mit meiner Schwester da rauskam, dann war diese Person für mich absolut unten durch. Und das war für mich, erst war das Trauer halt, weil sie mir halt so leidgetan hat. Und das hat sich dann in Wut umgewandelt, aber richtig. Und ich habe dann immer wieder gesagt, er braucht mir nicht über den Weg laufen, weil dann schlage ich ihn zusammen."

„Also eine Freundin wurde von ihrem damaligen Stiefvater als kleines Kind vergewaltigt. Da war sie wohl auch irgendwas 14 oder 15, so was um den Dreh. Aber den gibt's nicht mehr. Ich weiß nicht, ob er im Knast sitzt, ich bin halt niemand, die dann da nachbohrt. Ich warte. Wenn sie mir das selber erzählen möchte, dann bin ich natürlich da und habe ein offenes Ohr."

„Meine Eltern waren beide Alkoholiker. Meine Mutter aus Co-Alk-Abhängigkeit und aus Angst vor meinem Vater. Sind beide arbeiten gegangen, keine dummen Menschen, wirklich intelligent auch. Aber dennoch, mein Vater, der hat viele Frustrationen in sich hineingefressen aus der Arbeit. Das Essen war nicht so, wie er es sich gedacht hat. Dann war er in der Kneipe, kam zurück und dann war es aus. Also nach dem achten Mal, dass ich gegen den Schrank gelaufen bin, hat das keiner mehr geglaubt. Leider! Also meine Mutter wurde regelmäßig geschlagen, ich wurde regelmäßig geschlagen. Ich kann gar nicht zählen, wie viele Haare ich schon in meinem Leben verloren habe, weil er mich aus dem Bett gezogen hat und an den Haaren irgendwo hingeschleppt hat. Meine Mutter hat er gewürgt, Rippen gebrochen, Halswirbel angebrochen, ich hatte blaue Augen, ich habe einen kleinen Finger gebrochen. Tja, so."

Ein Ort erlebter Gewalt ist oder war ihr Ausbildungsbetrieb. Von körperlichen Übergriffen oder sexuell-körperlicher Gewalt dort berichten nur einzelne. Häufig und typisch sind Erzählungen von Mobbing und psychischer Gewalt, auch sexistisch-verbaler Gewalt durch Vorgesetzte oder den Chef. Dazu kommen Geschichten der Ausbeutung, dass sie etwa während ihrer Ausbildungszeit Arbeiten verrichten mussten, die mit ihrer fachlichen Qualifikation nichts zu tun hatten: Sie wurden oder werden als Hilfskraft für alle möglichen, auch privaten Belange des/der Vorgesetzten benutzt (Einkaufen, Lieferdienste etc.). Einzelne berichten, dass bei Zwischenfällen im Betrieb (z. B. in der Kasse fehlte Geld; Werkzeug und Materialien verschwanden) zu Unrecht verdächtigt wurden und ihre Vorgesetzten ihnen trotz mehrfacher Beteuerung nicht glaubten – sie waren das schwächste Glied, einige haben zu diesen unzutreffenden Beschuldigungen noch eine Abmahnung bekommen. Viele erzählen ihr Leben als Geschichte des Opferseins, als Opferbiografie, in der es ihnen darum geht, dass gesehen wird und sie als Person bedauert werden, was sie alles haben ertragen und aushalten müssen – stets zu Unrecht.

Ein Teil hat die Ausbildung vorzeitig abgebrochen aufgrund der verbalen und sexistischen Gewalt sowie der Benachteiligungen.[39] Wer keinen anderen Ausbildungsbetrieb fand, hat überhaupt keine Berufsqualifikation und versucht

---

39 Es scheint bei der Rekonstruktion dieser subjektiven Erzählungen verständlich, dass von keiner Befragten thematisiert wurde, dass man den Anforderungen in der Ausbildung möglicherweise fachlich nicht gewachsen war. Das kann im Rahmen einer sozialwissenschaftlichen Untersuchung auch nicht nicht geprüft werden. Es gibt aber ergänzend die Deutung mit zu erwägen, dass die auf Gewalterfahrung setzende Erzählung die Funktion eines Alibis hat, um vom eigenen Scheitern abzulenken – anderen gegenüber, aber auch für das eigene Selbstwertgefühl.

seitdem, durch Jobs Geld zu verdienen – nach ihrer Erzählung eine Folge der Gewalt in ihrer Ausbildung.

„Da ist dann auch immer wieder Geld verschwunden, interessanterweise auch in der Zeit, wo ich gar nicht da war, weil ich krankgeschrieben war. Da ist auch Geld verschwunden, aber trotzdem wurde das irgendwie, warum auch immer, auf mich geschoben. Und dann hat es mir irgendwann gereicht. Ich habe mich in der Zeit noch zusammengerissen, habe mir einen anderen Betrieb gesucht und habe denen dann die Kündigung hingeknallt [...] Im nächsten Betrieb war es nicht besser, da ging es noch extremer weiter, weil das war Konditorei und Bäckerei in einem. Und ich hatte nur noch vier Monate bis zu meiner Abschlussprüfung. Also ich habe da drin so ziemlich alles machen müssen, aber nichts, was mit Konditorei zu tun hat, das heißt, mit der Bürste die Fugen am Boden schrubben. Ich meine, damals mit 16, 17. Und dann durfte ich dann aus dem Keller die schweren Bierkästen nonstop rauftragen, musste in der Küche stehen und Gemüse schälen, musste Essen ausliefern, weil die halt auch noch so einen Mittagessensbetrieb hatten. Aber so was, wie auf die Prüfung vorbereiten, durfte ich da drin überhaupt nicht, geschweige denn, dass ich zur Prüfung Sachen gestellt bekommen habe, gar nichts."

„In der ersten Tankstelle, da hatte ich dann so einen, der war am Anfang natürlich ultranett, ganz klar, immer zu Neuen, wie ich dann festgestellt habe. Und dann hat man dann gemerkt, was für ein cholerischer Punkt, Punkt, Punkt der eigentlich ist. War ja Wahnsinn. Der hat nur geschrien, die Leute bedroht, die Mitarbeiter bedroht. Wenn man nicht mindestens zehn Autowäschen am Tag verkauft, dann kriegst du die Kündigung und lauter solche Sachen. Hat uns sogar mit Schimpfwörtern beschimpft, oder zu uns dann gesagt: ‚Ihr könnt mich alle an meinem kroatischen Schwanz lutschen', und so Geschichten. So was durften wir uns halt dann regelmäßig anhören, wenn er halt dann da war."

Die Formen und Orte erlebter Gewalt sind vielfältig, aber außerhalb ihrer derzeitigen Familie. Einige berichten, dass sie früher von ihrem Lebensgefährten körperliche, psychische und zum Teil auch sexuelle Gewalt erfahren haben; vor allem in der Phase der Trennung; wenn er türkischer/arabischer/südosteuropäischer Herkunft war, auch durch dessen Verwandtschaft. Ihr Exmann sei auch ihren Kindern gegenüber gewalttätig geworden. Die Erzählung zielt auf maximale Dramaturgie der Gewalt in ihrer früheren Beziehung. Doch sie hätten sich von diesem Mann getrennt und seien aktuell in einer harmonischen Partnerschaft.

> *Anmerkung*: Es ist interessant, dass keine der Frauen dieses Milieus ihre *aktuelle* private Situation so negativ darstellt, wie sie ihre *vergangene* beschreibt. Das gibt Grund zu der Annahme, dass die aktuelle Situation stilisiert wird, um sich vor dem Selbst- und Fremdvorwurf zu schützen, eine falsche Partnerwahl getroffen zu haben *und* nicht die Kraft zu haben, sich von diesem Mann zu lösen. Diesen Vorwurf nehmen sie mit Blick auf ihre Vergangenheit für die Zeit der damaligen Verbindung in Kauf, mit dem Effekt, dass sie ihren Lebensverlauf binär rekonstruieren, mit einer meist scharfen Zäsur der Trennung und einer neuen Partnerschaft.

Heute – so die Darstellung – ist ihre Partnerschaft und Familie wunderbar und friedsam. Gewalt findet außerhalb vielfältig, mit steigender Brutalität und Hemmungslosigkeit vor allem gegen Frauen, Kinder und Ältere statt. Es gibt Gewalt an Schulen, in Betrieben, in Kneipen und Diskotheken, bei Sportveranstaltungen, bei öffentlichen Festen, in Asylbewerberheimen, in der Drogen- und Prostituiertenszene etc. Derzeit fallen ihnen vor allem zwei Orte der Gewalt auf: (1) Einkaufsstätten während der Corona-Krise im ersten Jahr des Lockdowns; (2) die Öffentlichkeit seit der Migrationswelle 2017 durch „Asylanten".

(1) *Verbale und habituelle Aggression* in *Einkaufsstätten während der Corona-Krise*: In den ersten Monaten zu Beginn der Corona-Pandemie (März bis Juni 2020) mit landesweiten Maßnahmen eines Lockdowns (Ausgangs- und Kontaktbeschränkungen) sowie Engpässen im Einzelhandel bei bestimmten Produkten des täglichen Verbrauchs haben Frauen dieses Milieus eine spontan gestiegene Aggressivität vieler Kundinnen und Kunden in Lebensmittelmärkten gegenüber dort Angestellten und anderen Kundinnen und Kunden beobachtet. Während sie dieses Verhalten „kopfschüttelnd" beobachteten und sich solches Verhalten „aufgrund der Umstände psychologisch erklären" konnten, war es für sie gleichwohl absolut nicht akzeptabel: ein roher Kampf um Produkte (um die letzten Toilettenrollen im Regal), ein rücksichtsloser und alle Anstandsformen ignorierender Zugriff, blanker Egoismus und mangelnde Umsicht. Die Kontrastzeichnung besteht darin, dass sie selbst stets die Ruhe und Gelassenheit bewahrten, während andere die Kontrolle über sich, ihre Gefühle und Begierden verloren und „wie Krieger durch den Supermarkt zogen". Selbst ist man nur dann lauter geworden, wenn es darum ging, die angegriffenen Angestellten oder ältere Herrschaften zu schützen.

(2) *Zunehmende Gewalt und Gewaltdrohung durch Ausländer/Asylanten*: In der Öffentlichkeit, auf Bahnhöfen, in Parks, am Rande von Veranstaltungen sind Aggressivität und Gewalt gewachsen, und „eindeutig und glasklar" zurückzuführen auf die zunehmende Anzahl von Ausländern türkischer, kurdischer, osteuropäischer oder arabischer Herkunft sowie durch die in Strömen aus Nordafrika, Syrien, Afghanistan „und was weiß ich woher" kommenden Flüchtlinge. Die Argumentation ist nahezu immer mit drei Hinweisen versehen, (1) dass es natürlich *nicht nur* und *nicht alle* Ausländer sind, die zu häufiger und enthemmter Gewalt neigen, dass es auch unter Ausländern sehr nette und sympathische, anpassungsbereite und integrationsbemühte Menschen gibt, und man mit einzelnen auch eng befreundet ist; (2) dass es auch unter den Deutschen[40] aggressive und gewalttätige Menschen gibt; (3) dass

---

40 Gemeint sind offensichtlich autochthone deutsche Staatsangehörige ohne Migrationshintergrund bzw. Herkunftsgeschichte in anderen (nicht westeuropäischen) Ländern.

man überhaupt nicht ausländerfeindlich oder gar rassistisch ist und die eigene Beobachtung zunehmender Alltagsgewalt durch Ausländer nichts mit Rassismus zu tun hat.

Dabei zeigt die starke Betonung dieses letzten Punkts, dass sie mit dem Vorwurf des Rassismus rechnen, sobald sie „irgendetwas gegen Ausländer" sagen; dass Rassismus aus ihrer Sicht ein negatives Stigma ist; dass sie nicht als rassistisch gesehen werden wollen, weil sie dies von der vollständigen Anerkennung als Normale ausschließt.

Nach diesen präventiven Anmerkungen zu befürchteten Missverständnissen werden eigene Beobachtungen, Erzählungen von Freundinnen, Freunden und Bekannten über Ausländer sowie Medienberichte über Gewalttaten von Ausländern als Beleg angeführt, um ein stichhaltiges und überzeugendes Gesamtbild zu vermitteln. Informationen und Episoden sind ausgewählt nach Maßgabe hoher Dramatik, detaillierter Plastizität und drastischer Zuspitzung (was den Verdacht nährt, hier wird Grenzüberschreitendes, Abnormales, eigentlich Undenkbares formuliert, um besonders überzeugend zu sein). So ergibt sich ein Narrativ zunehmender Gewalt in Deutschland, vor allem durch Fremde von außen. Dabei ist der Grundton getragen von der Sorge einer besorgten Frau und Mutter um ihre persönliche Sicherheit sowie die Sicherheit ihrer Kinder und Familie.

„Typische Situation von Gewalt heute? Also notorisch beim Einkaufen. Einkaufen ist jedes Mal der Höllenritt für mich momentan [lachend]. Wirklich, also egal, wo ich hingehe, die Leute, die haben eine Laune, das ist unfassbar. Besonders, wenn man dann einem irgendwie versehentlich zu nahekommt oder so was, dann wird man gleich angefegt, ich soll gefälligst Abstand halten. Also das ist ganz extrem. Ich habe auch Situationen mitbekommen, wo die sich fast um Toilettenpapier geschlägert hätten. Also wo es ganz schlimm war, die Phase, wo es nirgendwo mehr Toilettenpapier gab, wo sie alle ihre Hamsterkäufe gemacht haben, haben sie sich ja schon fast um Toilettenpapier gehauen, die Kassiererin und so ein Kunde halt. Und dann hat sich noch jemand anders eingemischt und wollte es dem dann aus dem Wagen klauen. Dachte ich ‚Um Gottes willen! Also bitte!'"

„Besonders an den Kassen ist es halt ganz extrem. Ich weiß nicht, wo der Mann herkam, aber es war kein Deutscher! Der hat die Kassiererin so zur Sau gemacht, wortwörtlich. Also Entschuldigung die Ausdrucksweise, aber der hat die voll rund gemacht. Und da bin ich ganz ehrlich, da habe ich mich eingemischt. Weil, die Kassiererin, für ihren kleinen Fehler hat die sich total entschuldigt und alles, und die war voll eingeschüchtert und wusste sich irgendwie gar nicht zu helfen. Und dann habe ich mich eingemischt. Und dann bin ich auch lauter geworden, gebe ich ganz ehrlich zu, weil ich konnte es gar nicht mit anschauen, wie der die fertiggemacht hat. Und da ist er dann aber auch runtergefahren, weil da hat er dann nicht mit gerechnet, dass dann so ein Gegenwind kommt."

„Nichts gegen Ausländer, aber das macht es momentan gerade hier in Bayern schon sehr brisant. Also das ist schon eine Extremsituation. Das sind ganz viele geteilte Meinungen. Meine Meinung ist wirklich, ohne dass ich jetzt wirklich jetzt hetzen will oder rechtsradikal wäre oder so was, aber seit halt die Asylanten da sind, ist das schon sehr grenzwertig. Und da sehe ich halt wirklich zusammengeschlagene Leute, was man halt alles so in den Nachrichten und Medien mitbekommt, zusammengeschlagene Leute, beraubte Leute, vergewaltigte Frauen oder Kinder. Was ich jetzt auch erst wieder gesehen habe, dass sie einen Hund in einem Asylantenheim vergewaltigt haben und dann angezündet und gequält haben, dass er halt dann gestorben ist."

„Ich meine, es gibt auch Deutsche, die nicht unschuldig sind, natürlich. Da gibt es auch welche, die einfach aggressiv sind und einfach drauf losprügeln, die du nur schief anschaust und dann ticken sie schon aus. Das gibt es natürlich hier auch Deutsche genug. Aber mit den Asylanten ist es, habe ich das Gefühl, noch extremer geworden, also so, dass man wirklich schon aufpassen muss, wo man sich zu gewissen Uhrzeiten aufhält."

„Also ich müsste jetzt nicht zwingend neben einem Asylantenheim wohnen wollen. Also das würde ich persönlich jetzt nicht wollen und das wäre für mich, ehrlich gesagt, ein Grund umzuziehen, weil ich halt wirklich Angst hätte um meine Familie und mein Kind. Ich meine, es sind nicht alle so, um Gottes Willen. Es gibt auch wirklich nette. Ich habe auch ein paar kennengelernt, die wirklich engagiert sind, sich hier bemühen und integrieren wollen und alles und wirklich alles dafür tun, dass sie hier ein festes Leben anfangen können. Aber dann gibt es halt wirklich einfach sehr viele von der anderen Sorte, die halt einfach nur aggressiv sind, die meinen, dass sie sich hier alles rausnehmen und erlauben können."

„Man sieht immer mehr Leute, die im Bus oder in der S-Bahn vor sich hin schimpfen, Leute beschimpfen. Also ich glaube, dass die Leute ziemlich schnell durchdrehen mittlerweile. Also das Aggressionslevel, glaube ich, ist gestiegen. Habe ich das Gefühl. Also wenn man mal aus Versehen jemand anrempelt, man wird gleich irgendwie angeschaut, als muss man aufpassen einfach."

„Ich war auch zwei Jahre auf der Hauptschule. Man hatte ausländische Mitbürger in der Klasse, die sich aber integriert haben. Ich habe das Gefühl, dass jetzt eine andere Generation herangewachsen ist. Also die Leute, die früher hier waren und gerne hier, auch aus Türkei oder wo die Menschen herkamen, die *wollten* hier sein. Die haben das geschätzt. Natürlich gab es auch Aggressionen, natürlich, wir hatten auch zwei, drei Schläger auf unserer Schule, auf der Hauptschule, die gibt es immer. Aber da gab es auch Deutsche, also das hatte nichts damit zu tun. Aber jetzt mittlerweile ist das Verhältnis gekippt einfach, es sind mehr von denen und weniger von den anderen. Also ohne rassistisch sein zu wollen, sondern das ist einfach eine Beobachtung. Und ich fürchte auch, dass es damit zusammenhängt, dass die bleiben unter sich oft. Also das hat vielleicht gar nicht so viel mit Bildung zu tun, aber vielleicht mit den Familien." [Frau, 41 Jahre alt; Mittlere Reife]

Schlechte Erfahrungen mit einem Freund oder Partner werden nach Beendigung der Beziehung generalisiert und pauschal übertragen auf die ganze Gruppe, der er angehört. Das gilt in besonderem Maße, wenn der Partner einen türkischen, südosteuropäischen, russischen oder arabischen Migrationshintergrund hat, „kein Bio-Deutscher" war, sondern „Ausländer". Dessen ethnische oder nationale Herkunft bzw. sein Status als Flüchtling/Asylbewerber gilt fortan als Stigma für alle Männer dieser Gruppe – stets mit der Betonung, dass es Ausnahmen gibt, um nicht unter das Verdikt zu fallen, pauschale Urteile zu fällen und nicht genau hinzusehen.

Opfer von Gewalt: (hübsche, schüchterne) Frauen – Kinder – Ältere – Obdachlose

In der ersten Reaktion auf die Frage nach Opfern von Gewalt werden vier Personenkreise genannt: Frauen, Kinder, Ältere, Obdachlose – und damit charakterisiert, dass dies Menschen sind, die sich kaum zur Wehr setzen können. Für Obdachlose, Bettler am Straßenrand und in Fußgängerzonen sowie für ältere Personen wird dies begründet mit der geringeren Körperkraft, Mobilität und Schnelligkeit, sodass sie sich bei Rempeleien (etwa an Treppen) oder dem Entreißen von Handtasche oder Beutel sich nicht gut wehren oder den Angreifer nicht verfolgen können. Bezogen auf Frauen werden diese näher eingekreist auf jene, die besonders hübsch sind (als Gegenstand sexueller Begierde) oder schüchtern wirken, weil ein offensiver Angreifer bei diesen vermutet, ohnehin stärker zu sein, wenig Gegenwehr erfährt und der überlegene Gewinner sein wird.

„Viele zurückhaltende, schüchterne Frauen oder besonders hübsche Frauen oder schlanke Frauen, wo man dann meint, dass die sich nicht wirklich wehren können."

„Verbal halt, zum Beispiel so Sachen wie, was ich oft schon so hinterherpfeifen gehört habe, aus Diskotheken oder so was. ‚Hier, du geile Schlampe. Komm, lutsch mir mal einen!', so was. Oder sie werden dann irgendwo verschleppt. Also ich habe das nicht live mitbekommen, aber man kriegt halt durch die Medien einiges mit."

„Opfer sind meist Schwache, Alte. Schwache meine ich nicht körperlich schwach, sondern alleine, vielleicht ein bisschen körperlich eingeschränkt, zur falschen Zeit am falschen Ort. Können auch Männer sein, natürlich. Oder ein Jugendlicher und fünf andere kommen wie so ein Rudel."

Im Gegensatz zu Männern aus dem Milieu thematisieren Frauen häusliche Gewalt gegenüber Kindern durch den Vater oder Stiefvater:

„Kinder, bin ich der Meinung, dass das in vielen Familien passiert, besonders. Ich habe oft jetzt schon gehört, wenn es der Stiefvater ist. Ich bin in Facebook auch in so einer Gruppe drinnen, das ist zum einen so eine Elterngruppe und Mamagruppe und alles Mögliche, und da kommt auch hin und wieder mal so was raus, wo das dann jemand anonym schreibt. Und ich höre das so oft dann immer, hier der Stiefvater, da der Stiefvater und so was. ‚Ich wurde als Kind so oft misshandelt, von meinem Stiefvater', oder es war der Vater selbst. So was höre ich schon oft, dass dann der Vater oder Stiefvater da irgendeinen Mist macht: vergewaltigen, anfassen, schlagen."

Außerhäusliche Gewalt an Älteren, Obdachlosen und Armen:

„Da gibt es wirklich viele Ältere, die in Armut leben, die hier gar nichts mehr haben, auch zum Teil keine Familie mehr, die auf der Straße dann losgehen und Flaschen sammeln gehen und so. Oder ich habe auch schon mal eine ältere Dame gehabt, die bei McDonalds saß und wo ich dann gesehen habe, dass die dann von anderen Leuten, die weggegangen sind und da noch ein paar Pommes und Zeug drauflagen, dann hat die da angefangen, das Zeug von denen zu essen, weil sie halt Hunger hatte und nichts mehr hatte. Und solche Leute gerade, die dann auf der Straße sitzen, oder so was, die werden halt dann einfach mal zusammengeschlagen, oder so was, oder beraubt, oder irgendwas, oder auf offener Straße. Also das kam auch schon in Regensburg hunderttausendmal vor, dass dann die alten Leute beraubt werden, weil sie halt nicht hinterherkommen, wenn der wegrennt, oder so, der Angreifer oder Dieb, oder was auch immer. Die werden halt dann zusammengeschlagen oder umgeschmissen, oder so was, Tasche geklaut, Tschüss, solche Sachen."

Täter: frustrierte ortlose Jugendliche und erfolglose Männer

Gewalttäter sind aus ihrer Sicht meistens Männer, aber Alltagsgewalt geht auch von jungen Frauen aus. Typisch sind etwa verbale Attacken in Bussen oder Bahnen: Wenn man Mitreisende ansieht und der Blick mehr als drei Sekunden bei einer Person bleibt, reagieren bestimmte junge Leute (sehr oft junge Frauen) mit geringem Bildungsgrad sofort aggressiv, werden laut, beschimpfen einen, nur weil sie angesehen werden. Hier vermuten sie bei den Aggressiven die Lust an der Bestimmung und Beherrschung der Situation: Wer so angegangen wird, gerät durch die für alle hörbare Reaktion der jungen Frau ins Licht der Aufmerksamkeit der anderen Mitreisenden, ist exponiert, empfindet dies als Peinlichkeit und als Anklage, dass man selbst vorher übergriffig geworden ist, weil man die Frau zu lange angesehen hat. Das gibt der verbal Angreifenden ein Gefühl von Macht und Überlegenheit. Solche Episoden verbaler Aggression kennt man auch von jungen Männern, aber weniger häufig.

Die meiste Alltagsgewalt jedoch geht von Männern aus. Die vielfältigen Beschreibungen kreisen um zwei Hauptmotive, die sich weder ausschließen noch einfach ergänzen, sondern miteinander verwoben sind: *Frust und Spaß*. Grundlage von Gewalt ist – so die Motivsuche von Frauen dieses Milieus – ein misslungenes Leben, ein Scheitern in wichtigen Lebensbereichen wie Schule,

Ausbildung, Job, Partnerschaft, Familie: „Männer, die nichts auf die Reihe kriegen", die keine Erfolgserlebnisse haben, hochgradig frustriert sind und keinen Ort haben, an dem sie anerkannt und wertgeschätzt werden, so wie sie sind. In dieser situationsübergreifenden Befindlichkeit fallen in manchen Situationen Hemmungen und moralische Hürden. Man hat ohnehin wenig zu verlieren. So steigen Neid und Wut auf die Masse all jener, die es offenbar mühelos schaffen, ihr Leben normal zu gestalten – und dieses Gelingen anderer wird als ungerecht empfunden. Wenn man dann allein oder in einer Gruppe Gleichgesinnter heimatlos durch die Straßen, Parks und Kneipen zieht, bietet die gewaltsame (meist verbale, gelegentlich auch körperliche) Demütigung irgendeiner Person ein Erfolgserlebnis. Dieses ist zwar von nur kurzer Dauer, aber das ist für solche Aktionen völlig unerheblich: Es geht um das Gefühl, auch etwas bewirken zu können, auch Macht ausüben zu können, auch mal überlegen zu sein und auf andere Schwächere einwirken zu können (der emotional-soziale Kick). So ist die Wahl der Zielperson keineswegs zufällig. Sie orientiert sich daran, auf nur geringen Widerstand zu treffen und sicher zu gewinnen, die angegriffene Person zu überrumpeln, weil sie nicht damit rechnet – und bei einem Gegenangriff oder Polizeieingriff schnell fliehen zu können. Dieses erfolgreiche Fliehen, Entkommen-sein ist Teil der Erlebnisorientierung, an die man sich danach (noch lange) erinnert und Teil des Machtgefühls ist.

„Täter, das sind meiner Meinung nach Männer, die sonst nichts Weiteres in ihrem Leben auf die Reihe gekriegt haben. Also vielleicht gibt es welche, die sich nicht anders weiterzuhelfen wissen, weil sie halt, keine Ahnung, vielleicht sogar abhängig sind, von Drogen, oder was auch immer, und irgendwie Geld beschaffen wollen, oder verzweifelt sind, weil sie nicht wissen, wie sie irgendjemanden ernähren sollen, oder auch einfach, weil sie Geld haben wollen, weil sie einfach sich was erlauben wollen und meinen, sie können sich durch diese Art und Weise was dazuverdienen oder haben irgendwas davon."

„Entweder, weil es halt einfach die Armut ist und sie sich nicht anders zu helfen wissen, und das dann auf so eine Art und Weise machen, um zum Beispiel an Geld zu kommen oder dergleichen; oder weil sie irgendwie ein schönes Leben haben wollen, sich irgendwas erlauben wollen und einfach Spaß dran haben, die anderen Leute fertigzumachen. Vielleicht ist ihnen selbst schon Schlechtes widerfahren und dann denken sie sich, ja gut, dann mache ich das mit anderen auch so."

„Man muss bei den Jugendlichen oder bei den Teenagern schon mittlerweile aufpassen, dass man niemanden böse anschaut oder einfach in die Richtung schaut. Das kann dann schon unangenehm werden. Es gibt so Grüppchenbildungen dann an manchen Stationen, wo vielleicht ein höherer Migrationshintergrund ist, wo man dann aufpassen muss, dass man sich da schnell irgendwie rauswindet aus den Situationen, dass man da ja schnell mit Scheuklappen durchläuft."

„Also gerade auch Mädels an der Bushalte oder im Bus. Man schaut halt einfach Leute an, gar nicht böse, aber man sitzt sich gegenüber und da hat man dann schon oft, also die sind relativ aggressiv, ‚Was schaust du denn so?' Ich denke, dass es ein gewisses Aggressionslevel ist, dass man halt Dominanz zeigen will, auch sich in der Gruppe etablieren möchte, mit der man zusammen ist. Auch bei einigen Mädchen, das ist jetzt schon so ein bisschen dieses Gorilla-Verhalten."

Solche Alltagstheorien über die Motive von Gewalttätern gründen und bestätigen die Haltung der Überlegenheit und Stärke: dies erkannt zu haben *und* selbst nicht in diese Muster zu fallen. Doch diese Überlegenheit ist rein mentaler Art – sie schützt davor, selbst nicht gewalttätig zu sein; aber sie selbst bleiben Tätern meist hilflos ausgeliefert, sind mögliches und leichtes Opfer.

Hemmungslose Gewalt: Erlebnisorientierung und Selbstwert

Weil man selbst auf Bahnhöfen und an Busstationen, spät abends oder nachts, in bestimmten Stadtvierteln oder Parks jederzeit das Ziel solcher Übergriffe sein kann, haben viele Frauen dieses Milieus die Haltung entwickelt, solche Orte zu bestimmten Zeiten entweder kategorisch zu meiden oder sie sehr schnell zu passieren und dort nicht länger als notwendig zu bleiben. Wer abends allein unterwegs ist (z. B. auf dem Heimweg), entwickelt individuelle Strategien zur Abschätzung der aktuellen Bedrohung. So berichtet eine Frau, dass sie stets genau abzählt, wie viele Personen abends/nachts nach ihr aus dem Bus aussteigen und beobachtet, in welche Richtung diese Personen gehen. Eine andere Frau berichtet, dass sie zwar so schnell wie möglich nach Hause will, aber sicher sein will, dass sie niemand verfolgt, sodass sie an der Haltestelle stets wartet, bis sie dort allein ist und weiß, dass keiner der ausgestiegenen Fahrgäste noch da ist und es womöglich auf sie abgesehen hat. So sind es individuelle Kontrolltechniken, die eingesetzt werden, weil man sich in der Öffentlichkeit nicht sicher fühlt.

Frauen dieses Milieus, die in einer Stadt wohnen oder arbeiten, berichten, dass ihnen seit etwa fünf bis zehn Jahren ihr persönliches Gefühl von Sicherheit abhandengekommen ist. Im öffentlichen Raum fühlen sie sich an kaum einem Ort wirklich sicher. Das Risiko, Opfer von Gewalt zu sein, ist heute nicht mehr auf bestimmte Orte eingrenzbar, sondern droht ihnen überall. Zwar hat man früher auch immer wieder von Vergewaltigungen und Schlägereien gehört, aber was sie heute selbst beobachten oder aus dem Bekanntenkreis sowie den Medien hören, beunruhigt sie zutiefst. Wenn Gewalttaten geschehen, dann ist das oft nicht mehr nur ein Akt der Verletzung, sondern eine besinnungslose Eskalation, eine hemmungslose Raserei des Täters. Frauen dieses Milieus registrieren eine zunehmende Enthemmung von Gewalt. Es geht nicht mehr darum, jemanden zu besiegen oder zu demütigen, zu berauben oder zu verletzen, sondern den anderen zu vernichten.

Man schlägt und tritt auf bereits am Boden liegende Opfer weiter ein. Die Grenzen der Gewalt werden immer weiter gedehnt und auch niedergerissen. Wieder ist augenfällig die hohe dramatische Zuspitzung, mit der sie Alltagsgewalt beschreiben.

„Es ist halt das Sicherheitsgefühl verloren gegangen. Also ich wohne in keiner schlechten Gegend. Da gibt es auch Sozialwohnungen wie meine, es gibt aber auch Eigentumswohnungen. Zum Beispiel wenn ich aus der Bahn aussteige abends, zähle ich immer die Leute, die hinter mir laufen, damit ich weiß, wie viele sind hinter mir, wenn ich sehr spät nach Hause komme. Ich gehe einen kleinen Weg entlang. Da ist es dunkel und ich möchte wissen, wer hinter mir läuft und wie viele das sind und so weiter. Das habe ich früher nie gemacht. Das mache ich so seit etwa vier, fünf Jahren."

Frauen dieses Milieus erklären sich die Enthemmung durch eine Verrohung der Jugend, vor allem durch gewaltverherrlichende Videos und Computerspiele. Auf YouTube, Streamingplattformen und anderen regulären Channels kann man sich Filme mit viel und drastischer Gewalt ansehen, bei denen der ganze Film, die Inszenierung und Kameraführung darauf aufgebaut sind, ausgiebig die Ausführung von Gewalt durch Täter und die Trefferwirkung bei den Opfern festzuhalten in allen Details körperlicher und seelischer Verletzung (verstärkt durch *Slow Motion*). Das bewirkt bei Zuschauenden eine Lust auf solche visuellen Kopferlebnisse. Und das, so die Vermutung, überträgt sich auf den Alltag, etwa wenn man ohne Einzugreifen zusieht, wie auf der Straße oder in Parks Menschen von anderen geschlagen oder getreten werden (die Passivität beim Videoschauen überträgt sich auf den Alltag); oder wenn bei einem Verkehrsunfall die Leute anhalten, um möglichst viel zu sehen vom Unfall mit den Beschädigungen an Fahrzeug und Menschen. Diese Lust an Gewaltszenen ist einigen Menschen so wichtig, dass sie Feuerwehr, Rettungsdienst, Notärzte (und Polizei), die eine Behinderung der Rettung durch gaffende Autofahrer und Autofahrerinnen auflösen wollen, attackieren, um freie Sicht zu haben, zum Beispiel für ein Foto – und damit das Leben der Unfallopfer riskieren. Durch ihre Sensationslust werden diese Gaffer gewalttätig.

Die passive Lust an Gewalterlebnissen steigert sich bei einigen in *aktive Lust, Gewalt selbst auszuüben*. Das geschieht, so die Auffassung, nicht mehr nur aus Not oder Inkaufnahme der Verletzung für einen anderen Zweck, sondern *gezielt* gegen *irgendjemanden*: Zum Beispiel gibt es jene, die Unbekannte schubsten, damit sie die Treppe herunterstürzen und sich verletzen. Das Motiv ist nicht Raub oder Rache (z. B. gegen eine bestimmte Person oder gegen einen Repräsentanten einer Gruppe), sondern Lust am momentanen Gewaltspektakel und der Demonstration der eigenen Mächtigkeit. Es kommen zwei Motive zusammen: *Erlebnisorientierung* und *Selbstwert*. Die grundlegende Befindlichkeit mag eine allgemeine oder kurzfristig gestiegene Frustration sein. Das Motiv der

Tat aber ist die Produktion innerer Erlebniszustände der Befriedigung, selbst etwas bewirken, auf andere Personen einwirken können, sie gegen ihren Willen beschädigen, ihnen ihren Willen aufdrängen können. Ein weiteres Motiv kann die Anerkennung der Gruppe sein, mit der man unterwegs ist vor der und in deren Schutz man solche Gewalt ausübt. Diese Gewalt erfolgt ohne äußeren Anlass, ist nicht eine Reaktion auf eine Provokation eines anderen (die Provokation wird in irgendeine Geste oder Mimik des anderen hineinprojiziert). Die Befriedigung besteht darin, sich selbst zu erleben bei der Ausübung von Macht gegen *irgendjemanden:* Diese Person muss nur schwächer sein, sonst ist der Erfolg nicht sicher.

„Das hat nichts mit Tapferkeit und Mut und mit Ruhm am Ende zu tun. Ich glaube, für diese Leute ist das anders. Die fühlen sich mal kurz bestätigt in ihrem Leben, in ihrem Dasein. Sind dann vielleicht mal fünf Minuten der Starke, weil der andere am Boden liegt und vielleicht blutet, oder nicht mehr aufstehen kann, weil ich die Omi die Rolltreppe runtergeschubst habe. Weil ich gezeigt habe: ‚Wow, ich kann das, was keiner gemacht hat, niemand hat sich das getraut.' Ich meine, das wird es immer geben, das ist kein neues Phänomen. Aber ich glaube, dass die Häufigkeit, die Bereitwilligkeit gestiegen ist, so was zu tun."

„Also den ist egal, wer das ist. Ob ich das jetzt bin oder eine alte Frau. Wenn es nicht schnell genug geht, dann schubsen die Leute. Bei uns am Bahnhof, da ist eine sehr steile Treppe und da muss man oft aufpassen, dass die hinter einem sind, nicht so ein altes Mütterchen da wegschubsen, weil man selber auf die drauf fällt, weil die können es nicht abwarten. Keine Geduld mehr für Menschen, kein Verständnis. Ich wäre früher nicht auf die Idee gekommen, dass es Leuten Spaß machen könnte, mich runterzuschubsen. Aber es ist so mittlerweile."

„Die Leute sind frustriert auf der einen Seite, aber es ist auch ‚Aaah, dem kann ich jetzt eins auswischen, mir geht es schlecht, ich bin frustriert, aber dem, dem haue ich eins rein.' Das ist nur ein Vulkan, der ausbricht. Ich bin frustriert, mein Job ist vielleicht nicht gut, ich habe Stress in der Schule, meine Freundin hat sich getrennt, ich habe kein Geld, ich möchte jetzt irgendwie mein neues iPhone kaufen, habe ich aber nicht. Und dann klaue ich der Oma jetzt mal schnell die Tasche, und ob die die Treppe runterfällt, ist mir ziemlich egal. ‚Ach guck mal, da mache ich gleich mal ein Foto und schicke das an meine Kumpels, weil ich bin cool, ich habe jetzt jemanden runtergestoßen.'"

„Man hat früher schon auch gehört, dass Frauen vergewaltigt werden oder dass halt irgendwas passiert ist. Es gab auch mal eine Schlägerei. Aber dass man explizit dann noch auf jemanden eintritt, um ihn wirklich fast zu töten, das gab es eigentlich vorher nicht. Also es gab halt eine Rauferei, natürlich sahen die beiden dann aus, ja, weiß ich nicht, aufgeplatzte Lippe. Aber es war nicht so, dass man versucht hat, den anderen tot zu treten. Ich glaube, es gibt keine Grenze mehr. Dieses, dass man sagt ‚Okay oh mein Gott, der liegt jetzt am Boden und jetzt reicht es!' ist weg bei den Menschen."

„Alte Frauen werden irgendwie die Treppe runtergeschubst, weil sie nicht schnell genug sind. Oder einfach so zum Spaß Leute einfach angegriffen werden, weil man es vielleicht lustig findet, irgendwie jetzt auf irgendjemand einzuschlagen. Weil man grade irgendwie mit sich selber nicht zurechtkommt. Ich glaube, dass die Leute viel frustrierter sind als vor zehn Jahren. Viel mehr Druck. Jeder hat Angst um seinen Job. Die Leute sind sehr viel belastet. Also ich versuche, diesen Situationen aus dem Weg zu gehen, wenn ich ehrlich bin."

„Ich kann mich in diese Leute nicht reinversetzen, weil mir würde so was nie einfallen. Aber ich denke schon, dass sie vielleicht einfach von ihrem eigenen Leben ablenken und dann doch wieder in der Gruppe cooler sind. ‚Wir haben jetzt auf den reingekloppt zu fünft, jetzt sind wir Männer oder jetzt sind wir halt die Checker-Frauen.'"

„Die schauen sich Autounfälle an und suchen, wo man dann irgendwie die Leiche sieht. Früher gab es das nicht. Wenn es ein Unfall gab, war jeder froh, wenn er es nicht sehen musste. Und jetzt halten die Leute an und gaffen. Niemand hätte daran gedacht, dass man Feuerwehr und Sanitäter angreift oder stoppt oder so etwas. Gerade Feuerwehr und Sanitäter, da hatte man Respekt davor. Und der Respekt ist komplett verloren gegangen."

Es gibt in dieser Hinsicht Übereinstimmung mit Frauen aus den Milieus der Traditionellen und Konservativen: Das Beklagen von mangelndem Respekt und wachsendem Egoismus der Jugendlichen; die Diagnose eines Werteverfalls zunächst bei Jugendlichen und zunehmend in weiteren Teilen der Gesellschaft. Hier zeigen sich Frauen als Verteidigerinnen des moralischen Fundaments dieser Gesellschaft: Werte wie Höflichkeit, Respekt (vor älteren Menschen), Hilfsbereitschaft, Anstand, Rücksicht – sie gehen immer mehr verloren. An deren Stelle treten die jeweiligen Gegenpole, und diese führen zu Aggressivität und mangelndem Zusammenhalt.

„Das ist generell diese Gewaltverherrlichung, die wir überall im Internet sehen, natürlich auch im Fernsehen, bei Spielen. Ich will jetzt nichts verteufeln. Auf der einen Seite ist es gut, dass wir sehr viel informiert werden über die Geschehnisse in der Welt. Aber ich glaube einfach an die Werte, die es früher mal gab, höflich zu sein, anderen Leuten zu helfen. Ich rede jetzt nicht von meinen Eltern, sondern von meinen Großeltern – die haben mir meine Werte mitgegeben. Und da war das ganz natürlich. Wenn ich sehe, dass jemand halt Schwierigkeiten hat, zum Beispiel was zu tragen und ich kann helfen, dann tue ich das. Aber die junge Generation macht das nicht, die laufen vorbei, die finden das noch lustig, dass jemand sich vielleicht mit einem Stock abmüht und versucht, da irgendwie seinen Wagen die Treppe nach oben zu ziehen, weil der Aufzug kaputt ist." [Frau, 47 Jahre]

Ein Beispiel ist in der Schule der abnehmende Respekt vor Lehrkräften. Diese Kritik zielt nicht nur auf Eltern und Schüler am unteren Rand der Gesellschaft, sondern auch auf Kinder aus reichen Elternhäusern mit dem Vorwurf der Wohlstandsverwahrlosung:

„Lehrer können nicht mehr so eingreifen wie früher. Es hätte einen Heidenärger in unserer Schule gegeben, hätte man irgendwie einen Lehrer beschimpft oder bespuckt. Das gab es natürlich schon vereinzelt, aber diese Leute wurden ganz schnell von der Schule entfernt. Und die kamen dann auch mit einem blauen Auge von zu Hause wieder in die Schule, weil Papa halt dann gesagt hat ‚So geht es nicht!' Und jetzt ist es so, jetzt müssen sich eher die Lehrer verantworten vor allem, wenn das Kind schlechte Noten hat, ist der Lehrer schuld. Es liegt nicht daran, dass es faul ist, oder dass es nichts kann oder dass es einfach keinen Bock hat. Sondern es ist immer der Lehrer schuld. Und manche Eltern, die es sich leisten können, kommen dann mit dem Rechtsanwalt und drohen dem Lehrer oder der Schule. Und ich glaube, das ist auch, weil die Kinder werden nur noch abgeschoben. Die Eltern kümmern sich nicht mehr so drum vielleicht. Am Ende muss halt der Abschluss mit Bestnoten stehen. Ich weiß auch nicht. Ich habe einfach das Gefühl, dass der Familienzusammenhalt nicht mehr so da ist. Gib es in armen und in reichen Familien. Vielleicht leben die auch selber in so einer Art Parallelgesellschaft in der Familie: Die Eltern gehen arbeiten und überlassen halt die Kinder sich selber. Und da wird da nicht mehr so ‚Du hilfst jetzt dem Nachbarn [...]!', was man halt früher einfach gemacht hat. Jetzt ist jeder nur noch mit sich selber und seinem Handy beschäftigt. Die schauen gar nicht mehr auf. Die rennen auch einfach gegen irgendjemandem, weil sie es nicht sehen oder es ihnen egal ist."

Prävention: Bekanntheit und Akzeptanz *vorhandener* Unterstützungsangebote erhöhen

Mit der Alltagstheorie, dass Hilflosigkeit, Spaß und Frustration die häufigsten Ursachen für Gewalt sind, verweisen diese Frauen auf Unterstützungsangebote der kirchlichen, staatlichen und freien Wohlfahrtspflege. Um der Alltagsgewalt vorzubeugen, sollten die bestehenden Angebote von potenziellen Gewalttätern (somit Frustrierten, Orientierungslosen, Hilflosen, Armen) genutzt werden. Das aber, so die Vermutung, geschieht häufig nicht, weil ein Teil diese Angebote *nicht kennt*, ein anderer Teil aus Stolz diese Angebote *nicht nutzt*, wieder andere sich bereits *selbst aufgegeben* haben und ihnen alles egal ist. Insofern plädieren Frauen aus diesem Milieu nicht für eine Ausweitung oder Veränderung des Angebots von Trägern der Wohlfahrtspflege (am häufigsten genannt werden Caritas, Arbeiterwohlfahrt, Jugendamt, Tafeln) – diese sind nach ihrer Einschätzung okay und passend, sondern für mehr Bekanntheit, Akzeptanz und Nutzung bei den Adressaten. Die praktischen Instrumente zur Gewaltprävention stehen bereit, man muss aber dafür sorgen, dass die Bekanntheit der Angebote erhöht wird, Hürden und Hemmschwellen gesenkt werden, sich auch Einstellungen bei den Adressaten ändern (Stolz, Gleichgültigkeit, Fatalismus) und Vorbehalte gegenüber caritativen Organisationen abgebaut werden.

„Ich meine, dass es halt eigentlich in Bayern genug verschiedenste Unterstützungen gibt, dass man nicht irgendwie Gewalt anwenden muss, sei es finanziell, sei es psychisch. Man muss sich keinen Psychiater oder Therapeuten leisten können, aber man muss die Überwindung dazu haben, zu einem zu gehen und sich dem anzuvertrauen, wenn man wirklich Probleme hat. Es gibt diverse Ämter oder Organisationen, so wie Caritas etc. Besonders Caritas, die unterstützen einen in vielen Bereichen. Es ist jetzt nicht nur Lebensmittel, weil man halt kein Geld dafür hat. Die unterstützen einen auch, was die Familie angeht. Die unterstützen auch diverse ausländische Parteien und organisieren diverse Übersetzungen oder helfen einem bei Anträgen, wenn man irgendwas nicht versteht, helfen einem bei Schulden. Die haben verschiedene Bereiche. Und da gibt es aber jetzt nicht nur die Caritas, sondern auch verschiedene andere Organisationen, die einen in den verschiedensten Problemen oder Bereichen helfen können oder unterstützen können, nur dass das halt wirklich wahnsinnig viele Leute nicht in Anspruch nehmen wollen, entweder weil der Stolz zu hoch ist oder weil sie keine Ahnung davon haben oder weil sie Angst haben, dass da dann irgendwas bei rumkommt oder sie noch mehr Probleme bekommen."

„Ich habe mir dann Hilfe bei der AWO geholt. Und die Caritas, die hat mir dann gesagt, sie bezuschussen mich auf gewisse Art und Weise, indem sie halt Klamotten für meinen Sohn und mich sponsoren. Und dann habe ich auch einen Tafelausweis damals bekommen, bin dann auch zur Tafel gegangen. Einen Euro musste ich, glaube ich, zahlen, genau. Und dafür habe ich aber dann für meinen Partner, meinen Sohn und mich zwei so riesengroße Einkaufstüten voll mit Lebensmitteln bekommen. Da war auch das eine oder andere Teil drin, was man halt vielleicht jetzt nicht mehr zwingend so essen wollte, aber da waren auch noch super Sachen mit drin, also wirklich super Sachen, wo man sich wirklich auch viel Geld sparen konnte, wenn man damit ausgekommen ist. Und das hat mir schon sehr, sehr viel weitergeholfen."

„Gerade für Familien, wo es finanziell schwierig ist, dass das Jugendamt die auch unterstützt. Nur das nehmen viele nicht in Anspruch, weil sie Angst haben, dass sie dann vielleicht irgendwie bei dem Jugendamt so oben auf der Liste stehen: ‚Oh, die müssen wir jetzt beobachten!', oder so. Das habe ich schon öfter gehört, dass viele Angst vor dem Jugendamt haben, wo ich immer sage: ‚Warum Angst haben, habt ihr irgendwas zu verbergen?' So denke ich mir halt immer, wenn man doch nichts zu verbergen hat und für sein Kind alles tun würde, warum muss man dann Angst vor dem Jugendamt haben. Und die helfen Familien wirklich sehr viel weiter. Das Jugendamt kann zum Beispiel auch bei Kita-Gebühren etc. unterstützen, wenn man in Armut lebt."

„Jugendamt, das ist für viele ein brisantes Thema, gerade für Familien, dass die dann Angst haben, dass sie bei denen dann auf dem Kieker stehen, dass es da irgendwie Probleme geben könnte, weil jeder natürlich Angst dann um sein Kind hat, dass da irgendwas passiert."

„Wenn man zu Gewalt greift, dann doch, weil man Hilfe nicht annimmt. Entweder, weil sie halt zu stolz dafür sind und dann sagen, ‚Ach nein, so was habe ich nicht nötig, so was hatte ich noch nie nötig und das braucht es auch nicht.' So was habe ich schon gehört, aber auch, dass einige wirklich ahnungslos sind, warum auch immer, aber dass die einfach keine Ahnung haben, dass halt in diversen Organisationen einem geholfen werden kann. Und dann gibt es welche, denen ist wirklich alles scheißegal und die machen einfach, was sie wollen, und holen sich einfach, was sie wollen auf egal welche Art und Weise. Also die einen sind zu stolz, die anderen wissen es nicht und die dritten, denen ist alles egal. Das sind so drei Gruppen, wo ich denke, dass es von jeder Sorte etwas gibt."

Prävention: mehr Eingriffsbefugnisse der Polizei – härtere Bestrafung von Gewalttätern

Groß ist der Wunsch nach einem schnelleren Eingreifen der Polizei mit mehr Eingriffsbefugnissen sowie einer unverzüglichen und härteren Bestrafung jener, die körperlich oder verbal gewalttätig geworden sind – oder jemandem Gewalt angedroht haben. Der Ruf nach *Law and Order* ist bei Frauen dieses Milieus erwachsen aus ihrer Angst im öffentlichen Alltag (auch im privaten Haushalt) und ihrem Wunsch nach Sicherheit. Die persönliche Angst im Alltag ist – trotz der dramatischen Ausdrucksform – ein meist latentes, in bestimmten Situationen konkretes, massives Gefühl von Ausgeliefertsein und Hilflosigkeit, sodass sie in einem schnellen Eingreifen der mit Macht ausgestatteten Polizei sowie einem abschreckenden Strafmaß eine Rettung sehen. Gewalttäter oder Gewaltandrohende, „wegzusperren" ist aus ihrer Sicht zwar eine harte Maßnahme, aber eine Geldbuße (mit dem langen Weg der Rechtsbürokratie) oder wenige Tage Arrest und Sozialdienst würden nicht ausreichen, denn damit werden sie diese Täter nicht los.

Die Härten, die sie im Alltag aushalten und innerlich entwickeln müssen zum eigenen Überleben, wenden diese Frauen nach außen. Im milieutypischen Gestus von Klarheit und Entschiedenheit formulieren sie ihre Lösungsidee kompromisslos und radikal. Eine Abwägung bezüglich der Rechte von Tätern oder falschen Verdächtigungen, Nachweisbarkeit der Täterschaft und Schuld spielen zunächst keine Rolle: Diese Frauen wollen in Ruhe gelassen werden und absolut sicher sein vor Menschen, die ihnen wehtun oder sie bedrohen.

Die in gehobenen Milieus artikulierte Warnung vor einem „Polizeistaat" oder einem autokratischen Polizeiapparat spielt für Benachteiligte überhaupt keine Rolle. Im Gegenteil begegnen sie solchen Begriffen offensiv, sodass einige sagen, für ihre persönliche Sicherheit würden sie einen Polizeistaat natürlich wollen. Hier ist evident, dass „Polizeistaat" in den Milieus mit ganz unterschiedlichen Bedeutungen und Bewertungen belegt ist, Bilder völlig anderer Art und Verweisungshorizonte erzeugt, mit je anderen Ängsten und Hoffnungen verknüpft ist. Insofern fallen auch mediale Berichte über Polizeieinsätze gegen Gewalt auf einen je anderen Nährboden der Deutung. Frauen aus dem Milieu „Benachteiligte" lesen primär die Ohnmacht von Polizisten und die selbstbewusste Arroganz der Gewalttäter. Wer vor einem Polizeistaat warnt, die Rechte von Polizistinnen und Polizisten eher einschränken will, über kraftvolles Zupacken der Polizei bei Einsätzen klagt, von Polizeiwillkür und Racial Profiling spricht, der tut das – nach Auffassung dieser Frauen – aus einer sehr komfortablen sozialen Position heraus: meistens Akademiker, die in sicheren Vierteln wohnen und selbst im Alltag keine körperliche Gewalt oder realistische Gewaltandrohung erleben. Sicher müssen sich Polizisten und Polizistinnen an die Regeln halten und schwarze Schafe unter ihnen aussortiert werden: Das darf aber nicht so weit gehen, dass man die Polizei insgesamt schwächt und damit den Schutz der Gewaltopfer reduziert.

Vergleicht man diese Erzählung mit jenen der Performer, Postmateriellen oder Bürgerlichen Mitte (dem unmittelbar darüber gelagerten Milieu), dann ist der zentrale Befund eine große *Angst* vor konkreter Gewalt und *Wut* auf jene, die diese Ängste nicht ernst nehmen. Zum Verständnis können zwei Hinweise nützlich sein:

1. Frauen aus dem Milieu Benachteiligte stehen in der sozialen Hierarchie auf den untersten Stufen – beruflich *und* privat. Sie sind erwerbstätig in Jobs mit geringem sozialem Prestige, geringem Stundenlohn und in der betrieblichen Sozialordnung auf der untersten Stufe, oft ohne Lobby. Privat sind viele – ob alleinerziehend oder in Partnerschaft – in der Rolle der Familienernährerin (erwirtschaften mehr als 60 % des Haushaltseinkommens); nahezu ausnahmslos sind sie allein zuständig für die Erledigung der Aufgaben im Haushalt und für die Versorgung der Kinder – gleichwohl besteht in der Partnerschaft eine traditionelle Rollenteilung, die den Mann als Oberhaupt und Haupternährer der Familie definiert. Dass die Frau zum Einkommen beträgt, oft durch zwei oder drei Jobs sogar das Haupteinkommen, wird nach außen und innen tabuisiert. Dieser strukturelle und psychische Unterdrückungsmechanismus wird von diesen Frauen nicht skandalisiert – denn von ihnen wird gefordert, dankbar zu sein, wenn sie eine halbwegs funktionierende Partnerschaft haben und Kinder, sowie (neben staatlicher Unterstützung) eigenes Haushaltseinkommen. Gleichwohl sind die finanziellen Möglichkeiten sehr eng begrenzt. Aus dieser Lebenslage sozialer und finanzieller Enge sowie alltäglicher sozialer Ausgrenzung und Stigmatisierung durch Menschen aus gehobenen Milieus (z. B. im Betrieb, in öffentlicher Verwaltung, in Kitas, in Schulen, in Einkaufsstätten) entsteht das Bedürfnis, sich zu entziehen: ein Vermeidungsimperativ: *nicht* weiter „geschlagen" und erniedrigt werden: vom Schicksal, von anderen Menschen, von finanzieller Not. Sie gehören zu den Schwächeren in dieser Gesellschaft und damit ist die Wahrscheinlichkeit hoch, Opfer zu werden.

2. Frauen aus diesem Milieu passen sich in fremder Umgebung an, sind äußerlich geduldig und leidensfähig. Sie haben ein Gespür für soziale Hierarchie und akzeptieren diese. Sie kritisieren – oft fatalistisch – die hierarchischen, ungerechten Verhältnisse in unserer Gesellschaft. Gleichzeitig haben sie eine

Affinität für klare, autoritäre Botschaften der Härte und des Durchgreifens. Starke Männer sind in diesem Milieu eine soziale Figur der Bewunderung und Sehnsucht. Wichtig ist, dass diese eine verständliche eindeutige Sprache sprechen und auch mal „Tacheles" reden jenseits von politischer Korrektheit. Das wird reflexhaft verstanden als Bodenständigkeit, die nicht Studierte sind und sich nicht in sozial und finanziell geschützten Kreisen bewegen. Ihr Streben richtet sich nicht nach Umsturz der Gesellschaft, sondern nach Errichtung einer sozial gerechten Gesellschaft, in der sie einen sicheren Platz haben und gesehen werden. Nicht mehr mögliches Opfer von Gewalt sein, ist das Kernmotiv ihrer klaren Forderung nach mehr Polizei. Groß sind Wertschätzung und Sympathie mit der Polizei als Sicherheitsapparat, groß sind Respekt und Empathie mit den einzelnen Polizistinnen und Polizisten im Dienst.

„Ich verstehe auch nicht, warum Menschen einfach Sachen in der Innenstadt zerstören können. Wenn ich in der Regierung wäre, dann wären die erst mal weg für ein paar Jährchen. Also ich glaube, dass die Gesetze einfach ein bisschen zu lax sind. Die Polizei kann nicht mehr so einschreiten wie früher. Ich habe eine Freundin, die ist Polizistin. Die haben kein Respekt mehr, gar nicht mehr. Die wissen ganz genau, der Polizist darf mich nicht schlagen, der Polizist muss sich alles gefallen lassen. Bei uns weiß jeder, da kommt die Polizei, was sollen die schon machen. Bis das Gerichtsverfahren, weil ich einen BTM-Eintrag habe oder was auch immer, bis das dann kommt. Dann gehe ich halt ins Gefängnis. Das ist ja wie Urlaub, muss ich nicht arbeiten gehen."

„Die Polizei war auch supernett, deswegen vielleicht habe ich auch einfach einen Respekt vor Polizisten, weil ich ein sehr gutes Verhältnis immer hatte. Ich saß oft nachts auf der Wache und habe Pizza gegessen. Weil wir mal wieder, meine Mutter und ich, flüchten mussten vor meinem Vater. Die Polizei hat eingegriffen, ja, weil dann irgendein Nachbar die Schreie gehört hat."

„Halt der Polizei einfach mehr Rechte geben, also schneller eingreifen zu können. Wenn jetzt zum Beispiel jemand einen Stalker hat, darf die Polizei nichts machen. Solche Sachen dürfen gar nicht passieren. Wenn ich jetzt in der Familie bin und mein Mann schlägt mich, dann muss es [...], natürlich gibt es da Gesetze, ist nicht streng genug meiner Meinung nach. Jeder Steuerhinterzieher kommt sofort weg und ein Vergewaltiger kommt nach drei Jahren wieder raus."

„Natürlich brauchen wir mehr Polizei. Meine Freundin ist bei der Polizei, die muss teilweise Zwölf-Stunden-Schichten schieben, weil sie keine Leute bekommen. Niemand will das mehr machen, weil natürlich jeder weiß, als Polizist bist du der Idiot. Du sollst versuchen, die Bürger zu schützen, aber jeder hasst dich. Die verstehen nicht, dass die uns einen Gefallen tun. Auch wenn sie Leute davon abhalten, Haschisch zu rauchen oder keine Ahnung. Das ist nun mal Gesetz. Und diese Leute verstehen das nicht, die wollen das nicht verstehen. Die sehen nur, ich habe jetzt Ärger. Hat man einen Fehler gemacht, kriegt man auch Ärger, das ist ganz klar. Aber das ist verloren gegangen."

„Meiner Meinung nach müssten für die Sicherheit mehr gute Polizisten ausgebildet werden. Ich meine, das kostet natürlich alles auch. Aber Geld sollte dabei keine Rolle spielen, wenn man halt einfach für mehr Sicherheit damit sorgen kann, ja, und dass einfach wirklich mehr Polizisten oder Streifen überall verteilt werden, auch ihre Parkrunden laufen, ihre Runde durch die Stadt laufen, oder mal da positioniert werden, mal da positioniert werden. Also es gibt zu wenig. Man sieht hin und wieder welche, aber es gibt meiner Meinung nach zu wenig. Das wäre für mich schon mal eine Option, wenn es halt mehr ausgebildete Menschen gibt, die für Frieden sorgen können."

„Der Polizei ist die Wertschätzung abhandengekommen, absolut. Die sollen eingreifen, aber sind oft von den Gesetzen sehr eingeschränkt. Und diese Leute, die was auf dem Kerbholz haben, die wissen das. Die wissen ihre Rechte besser als jeder andere. Der weiß, dass der Polizist nicht viel machen kann. Der weiß auch, solang ich der Alten jetzt nur hinterherlaufe, aber sie terrorisiere, sie 10 mal anrufe am Abend, oder klingle, solange ich der nichts tue, kann die Polizei nichts machen. Die können vorbeifahren. Man kann halt beim Gericht was anfordern, dann darf der sich nur noch auf 30 Metern demjenigen nähern. Was nützt mir das? Dann steht der irgendwann nachts um die Ecke und schlitzt mir die Kehle auf, toll. Und das wissen diese Leute. Dann geht natürlich auch die Wertschätzung verloren, weil man sich denkt, was ist das denn für Kasper, der kann eh nichts machen."

„Ich glaube, dass da auch viel Frustration vonseiten der Polizei ist: ‚Ich will Leute schützen und ich kann nicht.' Es würde mich auch sauer machen, da würde ich vielleicht auch mal überreagieren. Vielleicht mal jemanden zu hart anfassen oder auf den Boden schmeißen und der bricht sich was. Jeder ist nur ein Mensch. Wenn Sie den ganzen Tag bespuckt, bepöbelt, angeschrien, teilweise auch ja wirklich im privaten angegangen werden, weil man weiß, dass Sie Polizist sind, irgendwann dreht jeder mal durch. Und ich glaube aber, wenn wir ein bisschen, wenn die Politik auch der Polizei ein bisschen mehr Respekt hätte, ich glaube, da liegt auch viel daran. Weil dann meldet sich irgendein Lokalpolitiker und sagt: ‚Da haben die Polizisten halt wieder überreagiert.' Ja warum denn? Sag doch so einen Satz nicht, wenn du die Sachen nicht weißt. Aber das ist alles Meinungsmache. Und jeder versucht, auf diesen ‚Black Lives Matter'-Zug aufzuspringen. Natürlich ist die Polizei frustriert, aber weil sie halt nichts machen kann. Wenn ich andere Gesetze habe, die zwar nicht polizeistaatmäßig sind, aber halt ein bisschen härter, wo die Leute wirklich merken, es passiert mir wirklich was, also ich werde weggesperrt. Wer will denn weggesperrt werden? Niemand!"

Interviewer: Was würden Sie denen sagen, die vor mehr Polizeibefugnissen und einem Polizeistaat warnen?
„Dann geh doch nachts ins Hauptbahnhofviertel als Frau, geht doch mal dahin, dann bist du mal ganz schnell still. Und dann hoffst du, dass die Polizei mal vorbeifährt. Diese Leute, die so was sagen, haben keine Ahnung von Gewalt, denen ist noch nie was passiert. Die wissen nicht, wie das ist, wenn man Angst hat. Es gibt dann die gewissen Studierten, die sich überall einmischen müssen. Die denken, sie kommen jetzt frisch vom Abi oder sie studieren jetzt BWL und

kennen sich mit allem aus. Die waren noch nie in so einer Situation, vielleicht weil Mami, Papi ihnen schon das Auto schenkt. Da brauchen sie nicht mit der U-Bahn fahren, das ist schon mal noch mal was anderes."

Polizistinnen und Polizisten werden in zwei Hinsichten als Opfer der Gewalt gesehen: (1) Sie werden von manchen (vermummten) Extremisten angegriffen und verletzt. Häufig genanntes Beispiel sind die Ausschreitungen bei Protesten gegen den G20-Gipfel in Hamburg im Juli 2017 sowie – im Zeitraum dieser Untersuchung – in Stuttgart am 20. Juni 2020, als gewalttätige Kleingruppen die Innenstadt verwüsteten, Scheiben von Geschäften einschlugen, Geschäfte plünderten, die Polizei angriffen, Passantinnen, Passanten, Polizeibeamte verletzten. Diese links- oder rechtsextremistischen jungen Leute würden nicht sehen, dass die Polizei für die Sicherheit von allen. Die Randalierer sehen bei ihren Angriffen gegen die Polizei mit Tritten, Steinwürfen und Brandbomben nicht, dass Polizisten Menschen sind, viele mit Partnerin bzw. Partner, mit Kindern und Familie. (2) Polizisten sind Opfer von Gewalt, weil sie die Opfer von Gewalttaten nicht hinreichend schon präventiv schützen können (was sie wollen und was Auftrag ihres Jobs ist) und sie daher von den Tätern verlacht und verspottet werden. Das geschieht manchmal direkt vor den Polizisten, weil Gewalttäter oft genau wissen, wie weit sie in Anwesenheit der Polizei gehen können, ohne dass die Polizei eingreifen darf – und sie spielen damit.

Prävention: mehr Jugendtreffs – ein zweites offenes Zuhause

Neben mehr polizeilicher Sicherheitsvorkehrung zum eigenen Schutz vor Gewalt (bzw. dem Schutz von Frauen, Kindern, Obdachlosen und älteren Menschen) nehmen Frauen aus diesem Milieu Jugendliche in den Blick. Diese Prävention erwächst aus ihrer Alltagsbeobachtung, dass viele Jugendliche in Parks oder auf öffentlichen Plätzen sich aufhalten, ziellos durch die Straßen ziehen, keinen Ort und keine Beschäftigung haben. Als jugendliche Vagabunden auf der Suche nach Thrill, Action und Reizen gibt es innerhalb der Gruppe spaßhafte Provokationen, bei dem jeder seinen Platz in der Gruppe findet und so eine Gruppenhierarchie entsteht. Doch gelegentlich suchen sie außerhalb der Gruppe Objekte der Provokation, zur Belustigung (z.B. Obdachlose, Frauen, andere einzelne Jugendliche). Nicht nur, aber vor allem nachts und bei stärkerem Alkoholkonsum kann das in körperliche Auseinandersetzung führen, von Schubsereien bis hin zum besinnungslosen Schlagen und Treten. Ziel einer Präventionsstrategie muss es sein, dafür zu sorgen, dass Jugendliche nicht mehr ziellos durch die Straßen ziehen müssen, sondern einen Ort haben, an dem sie sein können.

Ein Jugendtreff wäre ein zweites Zuhause. Denn die elterliche Wohnung ist bei vielen (gerade in unteren Einkommensklassen) beengt und laut durch Geschwister, laufendes TV, streitende Eltern und lärmende Nachbarn. Hier haben

Jugendliche keinen Rückzug, sind nicht ungestört, können und wollen keine Freundinnen und Freunde dahin einladen. Für andere aus der Mitte der Gesellschaft (und noch mehr in der Oberklasse) ist die elterliche Wohnung zu bürgerlich und ordentlich – es herrschen klare Regeln und soziale Kontrolle, meistens durch die Mutter, die wissen will, wer denn da zu Besuch ist und allzu laute Musik in der Wohnung nicht akzeptiert. So ist – so die Vorstellung von Frauen aus dem Milieu „Benachteiligte" – die Flucht auf die Straße der einzige Ausweg aus dieser Enge, gerade in einer Lebensphase, in der sich Jugendliche von den Eltern ablösen. Zweck eines Jugendtreffs wäre es, dass Jugendliche einen *Platz finden* können. Dazu muss man ihnen einen *Platz geben*. Es muss *ihr* Platz sein, den sie selbst gestalten können – und nicht nur einer, an dem sie sich aufhalten dürfen.

In ihrem Vorschlag gehen diese Frauen über ein allgemeines Jugendzentrum hinaus. Was ihnen vorschwebt, ist *tiefer und weiter*, denn solch ein Jugendtreff ist bis spät in die Nacht offen und bereits morgens sehr früh. Vor allem haben Jugendliche dort einerseits Bewegungs- und Gestaltungsfreiheit mit konkreten Angeboten (etwa Sport, Handwerken, Musik machen etc.), andererseits sind dort Sozialarbeiterinnen bzw. Sozialarbeiter und Sozialpsychologinnen bzw. Sozialpsychologen angestellt und jederzeit für die Jugendlichen verfügbar.[41]

„Jugendtreffs, aber mehr einfach. Dort versuchen, dass man eher auf die sportliche Schiene geht. Wenn du Aggressionen hast, dann geh in den Boxclub, geh nicht auf die Straße. Also vielleicht einfach, ich habe ja vorhin schon gesagt, so Boyscout-mäßig. Dass man einfach versucht, diese in diesen Vierteln, in allen Stadtvierteln mehr den Jugendlichen auch mehr Platz einräumt."

„Warum gibt es da so Jugendtreffs nicht? Was auch am Wochenende aufhat, wo man sich trifft, wo man sich irgendwie […], das meine ich eben mit Platz einräumen. Die wollen von zu Hause vielleicht raus, weil vielleicht das Elternhaus nicht perfekt ist. Im Sommer kann man viel machen, aber ich habe neulich 15 Jugendliche auf der Straße rumlungern sehen. Die saßen dann zusammen, 15 Leute vorm Pizzabäcker. Warum gibt es da keinen Jugendtreff, warum haben die keinen Platz, wo man vielleicht auch mal mit anderen Leuten sprechen kann? Vielleicht auch Hilfe suchen kann und sagen: ‚Okay, mir geht es nicht gut.' Ich glaube, dass gerade auch Männer, Jungs, egal welches Alter, Probleme haben, und da das auch zuzugeben. Und da kann natürlich vielleicht auch die psychologische Betreuung halt ein bisschen reinkommen. Wir machen jetzt, wir kickern jetzt, oder so was."

---

41 Frauen aus dem Milieu Benachteiligte präsentieren diese Vorstellung als *innovative Lösung*. Die meisten kennen solche Jugendtreffs selbst nicht. Aber sie hätten in ihrer eigenen Jugendzeit gern solch einen Ort gehabt. Dabei ist dieses Konzept von Jugendtreffs mit Sozialarbeiterinnen und Sozialarbeitern keineswegs neu, sondern reicht zurück bis in die 1970er Jahre mit zahlreiche Umsetzungen. Aber offenbar hat es einen relevanten Teil der Zielgruppe (z. B. diese Frauen) nicht erreicht.

„Dass man halt sagt: Okay, wir haben dieses Jugendtreff. Ihr könnt da euren Abend verbringen, ihr könnt hier zocken, ihr könnt hier zusammen irgendwie Sport treiben. Bewegt euch, tut was, kriegt Frustration los, mit uns zusammen. Ich bin hier, wenn ihr jemanden braucht. Aber ihr könnt euch auch selber organisieren."

„Einen Platz schaffen! Ein Ort, wo man hingehen kann und deswegen auch vielleicht einfach nicht nur bis zehn. Keine Ahnung, wie lang dieser Jugendtreff aufhat, aber schon bis in die Nacht. Weil, sonst wissen sie ja danach nicht, wohin."

„Die Kirche hatte das früher, in meiner Kindheit auch. Aber heute? Die Kirche ist nicht mehr cool, weil natürlich auch da sind natürlich viele Werte verloren gegangen. Das hat leider jetzt schon jeder mitbekommen, dass die Pfarrer sich dann öfter mal am Messdiener vergriffen haben, auch die Gelder vielleicht nicht für das hergenommen worden sind, für was man eigentlich gespendet hat. Dass sich der Bischof ein neues Häuschen kaufen will, ist ja schön und gut, aber nicht mit dem Geld der Kollekte. Hat leider an Wert verloren, leider."

In den Milieus der Etablierten und Performer gibt es mehrheitlich den Präventionsvorschlag einer sozialräumlichen Separation zwischen sozialen Milieus, hingegen im Milieu der Postmateriellen die Forderung nach einer Überwindung bestehender sozialräumlicher Ghettomauern. Menschen aus dem Milieu der Benachteiligten äußern sich dazu auffallend gar nicht. Erst durch Tiefenbohrungen im Interview erhellen sich deren Einstellungen, und diese sind durch Ambivalenz gekennzeichnet. Auf der einen Seite streben Menschen aus diesem Milieu nach Teilhabe und Anerkennung in der Mitte der Gesellschaft, wollen nicht ausgegrenzt werden und sich in spezielle Wohnviertel abgeschoben sehen. Das spräche für ein Einreißen lebensweltlicher Ghettogrenzen, eine stärkere Durchmischung von Wohnquartieren und eine integrative milieuübergreifende Sozialraumplanung. Auf der anderen Seite machen sie in signifikanten Situationen regelmäßig die Erfahrung, dass sie in lebensweltlich durchmischten Begegnungen und Versammlungen, sofern sie wie bei Vereinen nicht in der überwältigenden Mehrheit sind, stets am unteren Rand der sozialen Hierarchie stehen. Sie sehen sich in hierarchisch heterogenen Gruppen despektierlich beobachtet und behandelt. Sie gelten als Verlierer und Abgehängte, als der unkultivierte und unwissende „Mob", erfahren keine Wertschätzung und Anerkennung. Solch erniedrigende Spiegelungen vermeidet man daher im Alltag und schließt sich aktiv ein unter Gleichgesinnten und Gleichbetroffenen, von denen man akzeptiert wird, bei denen man sich frei äußern kann, mit denen man Entspannung und Lebensfreude hat. Insofern wird man nicht nur von anderen aus höheren Klassen und Milieus gemieden, sondern hat selbst eine Haltung der Distinktion nach außen-oben entwickelt – aus Selbstschutz und Selbstachtung.

2.8. „Hedonisten"

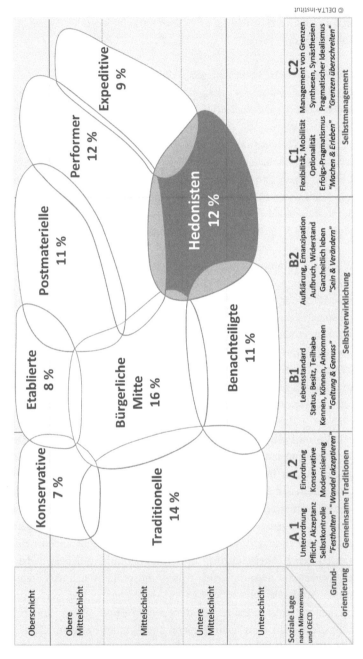

Abbildung 15

2.8.1. Lebenswelt

Grundorientierung

Die spaß- und erlebnisorientierte moderne Unterschicht/untere Mittelschicht: Leben im Hier und Jetzt; Verweigerung von Konventionen und Verhaltenserwartungen der Leistungsgesellschaft einerseits, Genuss der Angebote der Medien- und Eventgesellschaft andererseits. Suche nach Spaß, Unterhaltung, Bewegung (Fun und Action, „on the road" sein): *Feiern* als finale Freizeitgestaltung; Ausbrechen aus den Zwängen des Alltags: frei sein, ungebunden sein, anders sein als die „Spießer"; *freie Zeit* hat einen extrem hohen Stellenwert („Ich bin eigentlich abends immer unterwegs, um die Zeit zu nutzen einfach"), mit Freunden zusammen sein (Bars, Clubs, schöne Plätze), oder für intensiven Sport. So definieren Hedonisten ein ausgewogenes Leben: nicht für den Job, für die Karriere oder für Geld leben, sondern sich ausleben; unbedingte Gegenwartsorientierung, hier und heute leben („Ich schaue halt, was so kommt. Ich habe keine Ahnung, was in einem halben Jahr ist."): kein Vorsorgen, Hinarbeiten oder Verzichten für „später".

- Demonstration von Spontaneität, Jugendlichkeit, Lebendigkeit, körperlicher und erotischer Attraktivität
- Angepasst im Berufsalltag (oft wenig Identifikation mit der beruflichen Tätigkeit) – in der Freizeit Eintauchen in Erlebnis- und Gegenwelten
- Trotz Selbstbewusstsein als unangepasste Gegenkultur gleichzeitig Träume von einem heilen, geordneten Leben (intakte Familie, geregeltes Einkommen, schönes Auto/Motorrad) – gespeist durch mit dem Alter wachsenden sozialen Ängsten
- Ein signifikantes Feld ist das Geschlechterrollenbild junger Männer: Auf der einen Seite das Ideal vom starken, furchtlosen, harten Mann mit robustem, belastbarem Körper (*forever young*). Auf der anderen Seite betont man die eigene Sensibilität und inszeniert sich gegenüber anderen als „Unschuldslamm", das sich aber nichts gefallen lässt. Ähnlich zeigt sich ein Rollenspagat bei Frauen, die selbstbewusste Eigenständigkeit zeigen und wozu einige als Alleinerziehende praktisch gezwungen sind; andererseits schlüpfen sie immer wieder in eine modern-traditionelle Rolle von Frauen, ihren Wert und ihre Bestimmung erst als Freundin eines starken Mannes zu gewinnen

In diesem Milieu gibt es zwei Subkulturen:
Lifestyle-Hedonisten: Das nach aufregendem Lifestyle strebende Erlebnismilieu der (unteren) Mitte, primäre Sphären sind Fashion, neue Medien und jederzeitige Kommunikation mit engen Freunden; Streben nach auffälligen und glänzenden Oberflächen; Outfit und neue Kommunikationsmedien als wichtiges Ausdrucksmittel.

- Die spannenden und vielfältigen Möglichkeiten und Angebote der Medien- und Eventgesellschaft auskosten; makellos sein, die eigene Oberfläche stylen mit den Mitteln der Medien- und Produktgesellschaft – motiviert von dem Wunsch, auf andere besonders, schön und zeitgemäß zu wirken (ausgeprägte Außenorientierung)
- Zeigen, dass man nicht im Alltagstrott erstarrt ist, sondern lebendig, das Leben mit allen Sinnen aufsaugt und auslebt; starke Wahrnehmung und Orientierung an aktuellen medialen Trends, Popikonen und Kultgegenständen
- Tendenz zu Jobs mit Lifestyle-Dekoration und Erlebnischarakter: Surflehrer bzw. Surflehrerin (auch als Ferienjob bei Reiseveranstaltungen; Urlaubsanimateur/Urlaubsanimateurin), Café und Cocktailbar, Verkäufer/Verkäuferin in CD-Laden, Young-Fashion-Boutique, Motorrad-/Bike-Laden; oft Zeitverträge und dann eine diskontinuierliche und kurzfristige Berufs- und Lebensperspektive, die zentraler Bestandteil des Lebens im Hier und Jetzt ist

Subkulturelle Hedonisten: Stilistische, weltanschauliche und moralische Counter-Culture zur bürgerlichen Leistungsgesellschaft; selbstbewusste Selbstverortung am unkonventionellen modernen Rand der Gesellschaft; Identität als unangepasste und freie Menschen.

- Die eigenen Bedürfnisse nicht unterdrücken, sondern im Hier und Jetzt leben: ausgeprägte Orientierung an kruden Erlebnissen
- Suche nach starken Reizen, Spaß an Tabuverletzung und Provokation, demonstrative Unangepasstheit; häufig Identifikation mit antibürgerlichen Szenen
- Nostalgisches Tradieren „großer Ereignisse": Trash-Party, diverse Motorradtreffen, Hard Rock/Heavy Metal/Gothic Metal/Dark Metal Konzerte (legendär: Wacken); Beheimatung in subkulturellen Szenen; breites Spektrum an expressiven Ausdrucksweisen mit hoher Symbolkraft (Rasta, Irokese, Skin, Gothic, Metal, Emo etc.)
- Den Werten und Moralvorstellungen, Vorschriften und Vorhaltungen der angepassten Welt setzt man sich möglichst nicht aus; Präferenz für Jobs mit hohem Erlebniswert, freier Zeiteinteilung, hohem Selbstbestimmungsgrad (oft Gelegenheitsjobs, Zeitarbeit)
- Nur ungern liefert man sich dem Druck und der Kontrolle der Arbeitswelt aus: Sehnsucht nach einer beruflichen Tätigkeit, die den eigenen Bedürfnissen entsprechen (DJ, Ski- oder Surftrainer/in, Animateur/Animateurin an Urlaubszielen, in Clubs arbeiten; Fahrradkurier); meistens aber „normale" Jobs, zu denen man eine äußere Distanz braucht, um damit zurechtzukommen (dann ist der Job notwendiges Übel zum Geldverdienen): Das eigentliche Leben findet in der Freizeit statt

Tabelle 8

Alter	
18–29 Jahre	34 %
30–39 Jahre	16 %
40–49 Jahre	16 %
50–59 Jahre	16 %
60–69 Jahre	13 %
70+	5 %
	100 %

Geschlecht	
Männer	56 %
Frauen	44 %
	100 %

Soziale Lage

- *Bildung*: Bei Männern überwiegend Hauptschule mit oder ohne Lehre (57 %) – Frauen 33 %. Bei Frauen überwiegend weiterführende Schule ohne Abitur (50 %) – Männer 38 %
- *Beruf*: Überwiegend einfache/mittlere Angestellte und (Fach-)Arbeiter: Handwerker; häufig Freiberufler/Jobber
- *Einkommen*: Die Haushaltsnettoeinkommen liegen schwerpunktmäßig zwischen 1.500 und 2.500 €. 25 % haben ein sehr geringes Haushaltsnettoeinkommen unter 1.000 €

Identität

- *Weltbild*: Der Einzelne ist den gesellschaftlichen Verhaltensregeln und Leistungsanforderungen, die seinen „natürlichen" Lebensansprüchen entgegenstehen, meistens ohnmächtig unterworfen. Einzig die Freizeit ist ein Refugium für unprogrammiertes Leben; hier kann der Mensch seinen eigenen (spontanen) Bedürfnissen nachgehen und intensiv leben
- *Selbstbild (Ich-Ideal)*: Die eigene (innere) Distanz zu sozialen Regeln wird als Coolness, Echtheit und persönliche Unabhängigkeit gedeutet: Anders als Menschen, die diesen Regeln gefällig folgen, ist man selbst innerlich frei. Nach außen oft in der Rolle des „Underdog", hat man sich innerlich seine Unabhängigkeit bewahrt und lässt sich nicht unterkriegen
- *Abgrenzung*: Keine Lust, seine spontanen Bedürfnisse zugunsten zukünftiger Erfolge und Belohnungen aufzuschieben; Distanz zu einer angepassten „spießbürgerlichen" Lebensführung
- *Leitmotiv*: Spannung und Zerstreuung: Lust am Spontanen, Anstößigen und Exzessiven
- *Ausstrahlung*: Spontan, unkonventionell, provozierend, „unordentlich" (im weiteren Sinne)

Lebensstil

- Leben im Hier und Jetzt, kaum Lebensplanung, sich möglichst wenig Gedanken um die Zukunft machen; sich treiben lassen, sehen was kommt, was sich einem bietet
- Spontaner Konsumstil, unkontrollierter Umgang mit Geld; hohe Konsumneigung bei U-Elektronik, Musik, Multimedia, Kleidung, Ausgehen, Sport; geringes Umwelt- und Gesundheitsbewusstsein
- Freude am guten Leben, an Luxus, Komfort und Convenience; aber häufig die Erfahrung von Beschränkungen und Wettbewerbsdruck (immer seltener Chancen auf schnelle Jobs)
- Spaß an Tabuverletzung und Provokation, Suche nach starken Reizen, demonstrative Unangepasstheit; häufig Identifikation mit anti-bürgerlichen, „krassen" Szenen und Gruppen (Fankulturen, Hardrockbands, Motorradclubs etc.)
- Jugendlichkeits- und Body-Kult sind mächtige Lifestyle-Normen im Milieu – bereiten den (älteren) Milieuangehörigen aber zunehmend Probleme
- Freizeit als eigentlicher Lebensraum: Spaß haben, unterhalten werden, etwas erleben, tun und lassen, was einem gefällt (es soll immer „was geboten" sein, „etwas laufen" gegen die Öde und Langeweile des Alltags)
- Ausbruch aus den täglichen Routinen von Ausbildung, Arbeitsplatz: Freiheit, Abenteuer, Bewegung, Nervenkitzel; unterwegs sein. Aber auch: Allein sein, nichts tun, die Zeit totschlagen, träumen, Musik hören, fernsehen (durch die Kanäle zappen) oder DVDs reinziehen ist bei den meisten bereits out, aktueller sind das Blockbuster- und Serien-Surfen durch Netflix, Amazon Prime, Disney Plus, Maxdome etc.
- Leben in der Subkultur; in der „Szene" sein: Skater, Techno, Hip-Hop, Rap, Graffiti, DJing, Punk, Sprayer, Demo, Gothic etc. Freizeitgestaltung in und mit der Clique; Freunde und Kumpels treffen (bei McDonalds/Burger King u. a., im Billardcafé, in der Spielothek, im Fitnesscenter, im Park), gemeinsam rumhängen oder was unternehmen, Partys feiern, in Discos und Clubs, zu Rock-/Pop-Konzerten, Raves und Techno-Events gehen und „tanzen bis zur Erschöpfung", Auto-/Motorradfahren zum Spaß, Sportveranstaltungen besuchen oder selbst Sport treiben. Von männlichen Milieuangehörigen typischerweise bevorzugt: Fußball, Krafttraining, Kampfsport, Body-Building; neuerdings auch Extremsportarten (z. B. Freeclimbing, Paragliding, Drachenfliegen) und neue Sportarten (Inline-Skating, Snowboarding, Beachvolleyball)
- Im Vergleich zu anderen Milieus ist der Anteil der Menschen mit Migrationshintergrund im Milieu der Hedonisten mit Abstand am höchsten

Anteil der Menschen mit Migrationshintergrund im Milieu (deutschsprachig): 24,9 %

2.8.2. Wahrnehmung von Gewalt und Vorschläge zur Prävention

Gewalt: Einschränkung und Demütigung

Hedonisten beschreiben Gewalt nicht kulturkritisch wie Konservative, nicht als unerhörte stilistische Grenzüberschreitung und Hoheitsgebietsverletzung wie Etablierte, nicht sozial- und medienkritisch wie Postmaterielle, nicht mit dem individualistischen Wettbewerbsmodell wie Performer. Hedonisten liefern auch keine analytische Definition von Gewalt, sondern beschreiben Gewalt anhand ihrer eigenen Empfindungen in konkrete Situationen und Szenen der Gewalt. An Gewalt schlimm ist für Hedonisten nicht nur der unmittelbare Schmerz, sondern die nicht kalkulierbaren Neben- und Spätfolgen, die oft unsichtbar sind und sich spät zeigen. Die Folgen von Gewalt sind nicht nur mögliche (erhebliche) körperliche Schädigungen, sondern vor allem innere, psychische in Form von Ängsten und Komplexen, die das Leben mindern. Sie beschreiben dies beispielhaft in der Weise:

„Ich glaube, dass es einfach psychische Schäden an den Leuten hinterlässt, von denen man auch irgendwie gar nicht weiß am Anfang, was das für Folgen hat, wie dieses – wie heißt das? – PTST, ja, Posttraumatische Stresssyndrom. Oder auch andere Sachen, dass Leute sich einfach nicht mehr trauen, auf die Straße zu gehen, oder sonstige Komplexe, die sich dadurch entwickeln können. Und natürlich auch, dass man eine andere Person verletzt. Also wenn man jemanden blöd trifft, dann kann ja die Person auch für ihr Leben geschädigt sein. Also, wenn man jemanden ins Gesicht schlägt und das trifft das Auge blöd, dann ist der vielleicht sein Leben lang blind."

Physische Gewalt ist aus Sicht von Hedonisten immer auch eine psychische Gewalttat. Eine körperliche Misshandlung löst plötzlich heftigen Schmerz aus und kann äußere oder innere organische Verletzungen zur Folge haben. Aber die zunächst unsichtbaren seelischen, emotionalen und mentalen Verletzungen gehen tiefer und halten länger an, etwa in Form von Angst (vor Personen, Orten, Tätigkeiten) bis hin zu Psychosen. Auch wenn beim Wort Gewalt im ersten Reflex an körperliche Gewalt gedacht wird, ist nach Überzeugung von Hedonisten die psychische Gewalt wirkmächtiger und verletzt tiefer. Nicht erst die körperliche Tat (Schläge, Tritte) ist psychische Gewalt, sondern bereits ihre Androhung. Gewalt hat für Hedonisten vornehmlich zwei Konsequenzen: *Einschränkung von Freiheit* (zur Selbstverwirklichung) und *Demütigung*. Beide sind unabhängig; fallen aber oft zusammen.

Typische Orte der Gewalt sind aus Sicht von Hedonisten die geschlossenen Grenzen gegenüber Flüchtlingen und die Flüchtlingslager an den EU-Außengrenzen, Rassismus seitens der deutschen Bevölkerung, häusliche Gewalt, Aggression im Straßenverkehr, Gewalt in Clubs und auf Volksfesten, sexuelle

Belästigung sowie Cybermobbing. Am Beispiel der an den europäischen oder deutschen Außengrenzen festgehaltenen oder zurückgewiesenen *Flüchtlinge*, der im Mittelmeer vor dem Ertrinken nicht Geretteten, der durch Behörden nicht von Rettungsschiffen auf das italienische Festland Gelassenen, der nicht von europäischen Ländern Aufgenommenen; der in Auffanglager Kasernierten illustrieren Hedonisten psychische Gewalt. Hier zeigt sich für sie Freiheitseinschränkung und Demütigung durch verschiedene Täter in einer für die Betroffenen schier endlosen und hoffnungslosen Geschichte. Die in ihrem Herkunftsland durch Hunger oder Krieg erfahrene *Zerstörung* (des Lebens von Familienangehörigen, Verwandten, Nachbarn und Freunden; von Besitz und Erinnerungen, von Anrechten und Status) und *Demütigung* (die eigene Heimat nicht behaupten können, des puren Überlebens wegen weglaufen müssen ins Ungewisse und Fremde; im scheinbar sicheren Hafen wie Häftlinge behandelt zu werden) sind Gewalt. Diese Menschen erfahren auch unterwegs durch Schleuser sowie seitens der Bevölkerung der Landesteile, durch die sie wandern, und schließlich, aber nicht abschließend, durch Menschen und Behörden in den Durchreise- und Zielländern: Sie sind nicht willkommen, nicht gewollt. Sie sind als Fremde unwillkommen, Aussatz und Abfall, werden stigmatisiert aufgrund ihrer Herkunft *und* aufgrund ihrer aktuellen Situation, sind Verschiebemasse, die in Ghettos zwischengelagert werden. Und sie werden nicht nur gehindert anzukommen, sondern oft auch gehindert weiterzureisen. Dazu kommen in den Unterkünften große Enge, Wachpersonal (wie für Strafgefangene), Arbeitsverbot, Beschäftigungslosigkeit, kein Raum und kein Geld für persönliche Interessen und Bedürfnisse, eine äußerst eingeschränkte Mobilität etc.

„Die Geflüchteten sind ja meistens Vertriebene durch Krieg. Und das heißt, sie haben da schon viel körperliche Gewalt erlebt oder psychische Gewalt dadurch, dass sie Mitglieder ihrer Familie verloren haben bspw. Ich meine, wir können uns das ja, oder ich kann mir das speziell eigentlich nicht so wirklich vorstellen, was für ein Leid diese Flucht ist. Also allein der Weg oder allein der Gedanke, dass man überhaupt darauf kommt, zu flüchten. Da muss man, glaube ich, ziemlich weit kommen oder weit getrieben werden, dass man überhaupt zu dem Gedanken kommt, wegzugehen aus seiner Heimat und seiner Kultur. Und dann kommt bei uns der Egoismus von vielen der Bevölkerung und von den europäischen Staaten: den guten Status, den man erreicht hat, nicht zu teilen mit anderen Leuten! Andere Leute in ihrem Leid mehr oder weniger sitzenzulassen."

„Ich habe schon gehört, wie Alt-Bayern über Flüchtlinge abgelästert haben und so gesagt haben: ‚Die müssen alle raus' und so. Das fand ich schon krass. Also ich finde es schlimm, wenn Leute sich anderen Kulturen so verschließen, einfach nur weil sie so konservativ sind."

Hedonisten demonstrieren hohe Empathie für diese Gruppe von Flüchtlingen und identifizieren sich mit Facetten, die sie bei Flüchtlingen wahrnehmen: Es gibt eine zum Teil ähnliche Lebenssituation, wenn sie auch nicht selbst aus einem Land geflohen sind: Denn wie Flüchtlinge sind sie Fremde außerhalb der kulturellen Norm und Akzeptanz: Sie sehen sich in ihrer Gesellschaft als die unangepasste, bürgerlichen Ordnungs- und Pflichtvorstellungen nicht genügende Freizeit- und Gegenkultur. Auch darin gründet ihre Verbundenheit mit Flüchtlingen, denen Freiheitsrechte genommen werden aufgrund einer unverschuldeten existenziellen Notsituation. Groß ist die anklagende Empörung über das Schicksal und die Behandlung dieser Menschen durch Staaten, Behörden, Propaganda durch Pegida und AfD sowie Teile der Bevölkerung. Wut und Anklage der Fremdenfeindlichkeit sind besonders augenfällig bei jenen, die einen Migrationshintergrund haben (auch wenn sie in Deutschland aufgewachsen sind) – sie sehen sich von Teilen des bürgerlichen Mainstreams aufgrund ihrer Ethnie stigmatisiert und mit Vorurteilen überladen.

> *Anmerkung:* Zugleich zeigen Hedonisten Coolness und Gelassenheit zum Thema Flüchtlinge: Ihre Empörung ist auf bestimmte Aspekte und Zeitfenster konzentriert und eingehegt. Ihre anderen, eigentlichen Bereiche der persönlichen Alltagsgestaltung lassen sie durch diese Empörungswellen nicht beeinträchtigen oder verderben. Gewalt an Flüchtlingen wird als politischer und gesellschaftlicher Skandal reklamiert, soll aber das eigene Leben nicht bestimmen und beschränken. Insofern gibt es Grund zu der Annahme, dass dieses Thema für sie ein Podium bietet zur Anklage der bürgerlichen Mehrheitsgesellschaft und des kontrollierenden Staats, mit dem sie ihre eigene *moralische* Überlegenheit diesen gegenüber belegen, werden sie doch im Alltag von diesen moralisch abschätzig behandelt.

Auch in Deutschland beobachten Hedonisten „nicht so oft, aber ab und zu so eine gewisse Art von Rassismus." Eines von vielen geschilderten Beispielen ist eine Situation, in der eine deutsche, als traditionell und gutbürgerlich beschriebene Frau mittleren Alters im Bus drei schwarze Kinder mit rassistischen, ausländerfeindlichen Worten beschimpft habe. Als Gewalt skandalisieren Hedonisten, dass Menschen aufgrund ihrer Herkunft oder äußerer Merkmale einem Kollektiv zugeordnet werden und einer Person allein aufgrund dieser Zugehörigkeit bestimmte, meistens nur negative Eigenschaften zugeschrieben würden. Diese Personen haben durch diese Zuordnung ein Stigma, das sie von der vollständigen Anerkennung ausschließt bzw. verhindert, dass sie nicht als Individuum wahrgenommen werden, sondern nur als zugehörig zu einem Kollektiv, deren Angehörige alle als unanständig, gefährlich und weniger wert gelten. Man ist nicht bereit, positive Seiten an dieser fremden Person überhaupt zu sehen.

„Ich bin im Bus gefahren. In der letzten Reihe saßen drei kleine schwarze Kinder, die haben mit ihrem Handy rumgedaddelt. Und dann ist eine Frau eingestiegen und hat dann angefangen rumzuschreien, dass die Kinder sie irgendwie angefasst hätten oder geschlagen hätten oder irgendwie angegangen wären. Aber ich bin ja selber im Bus gewesen, ich habe das ja gesehen, die Kinder haben mit ihrem Handy gespielt und haben ja nichts gemacht. Und die hat dann angefangen, hysterisch rumzuschreien, die kleinen Kinder mit rassistischen Beleidigungen zu bewerfen. Ich weiß nicht, die ist gefühlt schon mit dieser Einstellung eingestiegen und hat sich dann da so aufgeführt. Die hat sie angeschrien: ‚Ja, scheiß Asylanten, Neger, Pack.' Solche Wörter, also diese Wörter sind auf jeden Fall gefallen, die restlichen Wörter habe ich jetzt nicht mehr parat. Und das ist einfach Wahnsinn, dass ein kleines Kind in öffentlichen Verkehrsmitteln von jemandem mit diesem Rassismus ausgesetzt ist."

„Das finde ich so schlimm, wenn Leute so verallgemeinern. Das finde ich total schlimm, weil so was kommt ja auch dann bei diesen konservativen Bayern, dass die dann, weil die in den Nachrichten oder auf der Bild lesen, ‚Ja, wieder zehn Flüchtlinge haben eine bayerische Frau gewalttätig', dann sind die gleich so: ‚Ach, scheiß Flüchtlinge, alle sind scheiße, alle weg aus Deutschland.' Das ist doch nicht die Lösung. Also das finde ich überhaupt nicht cool. Und das beziehen die dann ja auch auf Türken, auf alle möglichen Menschen, auf Gruppen, was auch immer. Das ist nicht cool, weil es nicht stimmt. Weil nicht jeder Flüchtling ist zum Beispiel ein Vergewaltiger oder ein Arschloch oder was auch immer. Nicht jeder Türke macht das und das. Nicht jeder Schwarze vertickt Drogen oder was auch immer. Ich weiß es nicht. Das ist ja nicht so. Dann wäre ja auch jeder Deutsche ein Nazi oder so. [lacht] Und das ist ja einfach nicht der Fall."

Orte der Gewalt: Volksfeste, Clubs, Straßenverkehr

Markante („verlässliche") Brennpunkte von Gewalt für Hedonisten sind *Volksfeste*, insbesondere die Wiesn in München. Aber auch jenseits dessen beschreiben Hedonisten bestimmte ihnen bekannte Kneipen, Discos und Clubs am Wochenende ab 23 Uhr als „kleinere Brennpunkte." Diese sind dadurch gekennzeichnet, dass dort durch höheren Alkoholeinfluss die meist jüngeren Menschen hemmungslos werden und „über das Ziel hinausschießen, weil sie Aggressionspotenzial haben und vielleicht auch gefrustet sind." Bei Gewalttätigen ist nach Einschätzung von Hedonisten die Frustrationstoleranz sehr gering. Stress und Frustration in der Ausbildung, im Job, mit der Freundin machen die Menschen dünnhäutig. An jenen Orten darf man seinen Frust oft nicht zeigen, allein die Freizeit ist ein Ort zum Abreagieren (etwa durch Feiern) – und da können kleinste Störungen das Fass zum Überlaufen bringen.

„Beim Feiern passiert das ab und zu, dass die Gemüter irgendwie erhitzt sind und sich irgendeiner zum fünften Mal angerempelt fühlt und dann beim Tanzen irgendwie ein bisschen ausrastet. Und dann entsteht eine Schubserei, aber vielleicht wird es dann irgendwann ein bisschen mehr."

„Schlägereien nachts in irgendwelchen Clubs. Gewalt geschieht häufig beim Feiern: Jemand sagt, ‚Du hast mich angerempelt.' Dann sagt der andere: ‚Nein, habe ich nicht.' Und auf einmal gehen die sich gegenseitig an die Gurgel. Also, dass Leute einfach total gereizt sind und dann überreagieren. Und meistens sind es Männer, aber es kommt auch bei Frauen vor. Also das sind nicht nur Männer."

„Wenn man jetzt spät nachts unterwegs ist, Leute sind betrunken, kommen gerade von einer Party oder haben was anderes genommen, dann ist es meistens so, dass auch nur die kleinste Kleinigkeit zu Gewalt führen kann. Also jemand rempelt einen an, der ist nicht gut drauf, ist betrunken, dann sagt der: ‚Hey, was soll das?' Und dann gibt es halt eine Auseinandersetzung oder Prügelei. Aber das ist eigentlich überall an irgendwelchen Plätzen."

Nicht nur in den Städten, sondern in ländlichen Regionen nehmen vor allem Frauen aus diesem Milieu im Straßenverkehr – insbesondere durch männliche Autofahrer – zunehmende verbale Aggressionen wahr. Ihnen fallen vor allem ältere Männer auf, die meinen, als Privatpolizist unterwegs zu sein und andere maßregeln zu dürfen.

„Im Straßenverkehr total. Fällt mir jeden Tag auf, total, egal, ob es jetzt verbal ist oder physisch. Fällt mir total auf. Da lassen Leute, also Autofahrer, ihre Wut aus, wie so ein Ventil, wo sie dann halt einfach drauflos brüllen und im schlimmsten Fall sogar handgreiflich werden."

„Ich sehe halt total oft, wie jemand viel zu schnell einem anderen dann Arschloch hinterherschreit oder so, oder sofort irgendwie den Stinkefinger zeigt oder so. Also ich habe jetzt auch schon mal gesehen, wie einer dem anderen auf die Windschutzscheibe so geschlagen hat."

Diese oft dramatischen Darstellungen von unbeherrschten Attacken in Clubs, auf Festen oder im Straßenverkehr sind gespickt mit kurzen Kommentaren ihres eigenen entspannten Verhaltens in solchen Situationen. Einerseits sind ihre Wahrnehmungen von Gewalt wichtige Daten mit Einblicken in ihre Lebenswirklichkeiten. Andererseits lassen sie sich gleichzeitig deuten als Vordergrundgeschichte für die eigentliche Inszenierung ihres Images als cool, souverän, selbstbeherrscht, distanziert und den tagtäglichen Eruptionen einer aus den Fugen geratenen Leistungsgesellschaft überlegen.

Die Normalität sexueller Belästigung und Beleidigung

Sexuelle Belästigung ist jüngeren Frauen dieses Milieus eine vertraut-widerliche Erfahrung, die sie aus mehreren Situationen kennen, in verschiedenen Graden erlebt haben und für sie nahezu normal geworden ist, sodass sie jederzeit damit rechnen. Aufgrund dieser Gewohnheit fassen einige verbale sexistische Übergriffe in der Öffentlichkeit schon nicht unter die Kategorie Gewalt, sondern als Belästigung. Erst wenn es zu körperlichen Berührungen und Übergriffen kommt, die Frau festgehalten wird gegen ihren Willen oder an Tabuzonen des Körpers willentlich berührt wird, beginnt für sie Gewalt von leichter Form bis hin zur Vergewaltigung.

„Zum Beispiel, was mir auch schon öfters passiert ist, dass ich im Taxi nach Hause gefahren bin und der Taxifahrer fragt, ob er noch zu mir zum Frühstücken kommen kann. Aber das ist zwar schon irgendwie was, was man als unangenehm empfindet. Aber nicht alles, was unangenehm ist, ist Gewalt."

„So zum Beispiel bei meinem Chef, der meinte mal in der Pause zu mir: ‚Ja, magst du Vögel?' Ich so: ‚Ja.' Und wir waren da mit mehreren zusammen, die auch arbeiten. Und dann sagt er zu den anderen: ‚Hahaha, schau, die Anke ist gut zu Vögeln.' So, also einfach so Witze."

„Sexuelle Belästigung! Das ist Standard fast schon. Egal, ob man jetzt feiern ist oder einfach am Tag wie heute einfach durch die Straße geht, da kommen einfach Sachen. Also dann brüllt auf einmal einer so: ‚Ey, du Geile.' So, jetzt das ist mini. Oder man wird gefragt von irgend 'nem Typen: ‚Hast du 20 Minuten Zeit und zehn Zentimeter Platz?', was dann einer schreit oder dich einfach fragt. [lachend] Und das sind dann halt einfach Sachen, da denkt man sich dann so, was will der damit erreichen? Wenn ich jetzt zum Beispiel mit einer Freundin in die Stadt gehe und in gewissen Vierteln, da ist es sowieso sehr viel, dann kommt immer so was. Also egal. Das ist es eigentlich immer. Ja, dass einer von der anderen Straßenseite einfach schreit: ‚Willst du ficken?', das ist auch schon passiert. Was sind das für Männer? Anscheinend hohle [lacht], das auf jeden Fall. Und notgeile."

(Häusliche) Gewalt von Männern und auch von Frauen

Was das Täterprofil betrifft, hat sich nach Ansicht von Hedonisten etwas verschoben: Heute wird Gewalt wohl in etwa gleichem Umfang von Männern *und Frauen* ausgeübt – aber nicht in der gleichen Weise. Während gewalttätige Männer ihre körperliche Überlegenheit und Kraft einsetzen, von außen beobachtbar und an organischen Verletzungen nachweisbar, sind gewalttätige Frauen raffinierter und diskreter. Zwar gibt es auch einzelne Frauen, die zu körperlicher Gewalt neigen (Schlagen, Treten, Spucken, an den Haaren ziehen), aber meistens setzen Frauen psychische Gewalt ein, etwa durch verbale Ausgrenzung, emotionales Stressen, Mobbing. Das ist weniger offensichtlich und schwerer nachweisbar, aber in der Wirkung oft verletzender als körperliche Gewalt.

„Gewalt geht von Frauen und Männern in gleicher Weise aus. Nur ist es etwas verschoben, wie die Gewalt ausgeübt wird: dass die Frauen das meistens etwas intelligenter lösen, um es jetzt so darzustellen. Der Mann nutzt einfach seine körperliche Überlegenheit aus in den meisten Fällen. Und eine Frau macht es dann eher psychisch. Also man merkt es ja in Freundeskreisen, wie Personen über andere Personen, die nicht da sind, dann immer herziehen. Oder wenn da irgendwelche Kommentare fallen, wo man genau weiß, dass das jetzt unter die Gürtellinie geht.

Es ist beides in beiden Geschlechterrollen vertreten. Aber ich denke, dass einfach der Mann hauptsächlich das körperlich ausübt und die Frau hauptsächlich psychisch."

Groß ist die demonstrierte Sensibilität gegenüber *häuslicher Gewalt an Frauen und Kindern*. Bei häuslicher *Gewalt* vermuten Hedonisten eine hohe Dunkelziffer. Was in privaten Haushalten an Gewalt geschieht, bleibt meistens verborgen. Opfer sind hauptsächlich Frauen, meistens verheiratete, denn diese haben weniger Möglichkeiten und Mut zu fliehen, scheuen das finanzielle Risiko oder den Verlust ihrer Kinder.

„Ich denke, dass es unterschätzt ist und dass die meisten Menschen das auch irgendwie gar nicht so wirklich wahrnehmen, also dass sie mal einfach darüber hinwegschauen, wenn dem Partner mal die Hand ausrutscht: ‚Ja, das ist halt jetzt passiert, aber ist halt nicht so schlimm, das macht er ja sonst nicht so.' Und dass man sich das da dann schönredet."

„Ab und zu hört man auch Geschichten, wo Frauen zum Beispiel schon länger nicht mehr draußen waren und die gar keine Möglichkeit haben, die Wohnung zu verlassen."

„Ich hab' das bei einer Freundin erlebt. Die war schwanger von ihrem Freund und er hat ihr gesagt: ‚Treib das Kind ab, sonst schlage ich dir in den Bauch, bis du stirbst.'"

Opfer sind Kinder in Familien, in denen es häusliche Gewalt gibt, die ihrer Mutter angetan wird oder ihnen selbst. Gewalt in Familien aber geht keineswegs nur von den Vätern aus, sondern auch von Müttern, was meistens nicht gesehen wird, weil man in unserer Gesellschaft solche Gewalt wohl „bösen Männern" und „Rabenvätern" zutraut, aber nicht Frauen, für die das Bild der fürsorglichen Mutter pauschal gilt und den Blick auf die Realität verstellt. Ohne Belege zu haben, sind Hedonisten der Auffassung, dass solche Gewalt gesellschaftlich ganz anders erzählt und bewertet wird als häusliche Gewalt von Männern an ihrer Frau und ihren Kindern. Häusliche Gewalt von Männern an Frauen wird oft verschwiegen aus Scham und Angst der Frau vor Stigmatisierung durch das Umfeld, aber auch vor neuerlicher Gewalt durch ihren Mann oder vor Scheidung und dem drohenden Kindesentzug. Noch stärker, so die Vermutung, ist häusliche Gewalt von Frauen an ihren Kindern tabuisiert. Und am stärksten tabuisiert ist die häusliche Gewalt von Frauen an Männern: Das liegt daran, dass solche Gewalt gesellschaftlich nicht anerkannt und ernst genommen wird. Als Mann von einer Frau (gar der Ehefrau) geschlagen oder sexuell misshandelt zu werden, kann man sich nur schwer vorstellen, läuft jeder gängigen Vorstellung zuwider. Wenn ein Mann von einer Frau körperliche Gewalt erleidet, gilt das als tiefste Verletzung der Würde *als Mann*. Die Männlichkeit ist nicht nur verletzt, wird nicht nur infrage gestellt, sondern ist der Lächerlichkeit preisgegeben. Das ist – so die Meinung von Frauen aus dem hedonistischen Milieu – in allen Bevölkerungsgruppen der Fall und auch in Behörden, bei denen Opfer von Gewalt normalerweise Schutz finden. Ein Mann, der zur Polizei gehen und anzeigen würde, von seiner Frau körperlich oder emotional oder sexuell misshandelt oder vergewaltigt worden zu sein, würde dort vermutlich belächelt. Allein die Situation einer solchen Anzeige auf der Polizeistation wird ein betroffener Mann als neuerlichen Gewaltakt erleben. Und je nachdem, ob eine Polizistin oder ein Polizist die Anzeige aufnimmt, hat diese psychische Gewalterfahrung zweiten Grades eine je andere Qualität und Tiefe neuerlicher Verletzung als Mann.

„Es können ja sowohl Männer als auch Frauen Opfer von Gewalt sein. Männer können ja andere Männer verprügeln oder missbrauchen. Es können ja auch Frauen sein. Man belächelt es ja irgendwie immer, so blöd es klingt. Aber wenn ein Mann sagt: ‚Oh, meine Frau schlägt mich‘, dann lachen ihn alle aus, ‚Oh, du Weichei, so lass dich doch nicht von einer Frau schlagen‘, so blöd es klingt. Aber das gibt es auch, bin ich mir sicher. Ich glaube, man hat es gar nicht mehr auf dem Schirm, weil man schon so fest in diesen Bildern ist, dass die Frau geschlagen wird und nicht der Mann."

„Wenn eine Frau in der Ehe geschlagen wird, würde ich über sie sagen Weichfrau? Nein, das würde ich halt nicht, eben. Ich würde sagen: ‚Was für ein Arschloch ist der Mann!‘ Aber wenn der Mann geschlagen wird, gilt er als Weichei, weil er sich nicht wirklich wehren kann. Da wird schon mit zweierlei Maß gemessen. Man nimmt diese Männer nicht ernst. So blöd es klingt, mir würde das auch zuerst in den Kopf kommen, aber das stimmt nicht. Man muss ja die Verhältnisse erst mal sehen. Wenn er jetzt eine Wrestler-Frau hat oder er einfach dieses feste Bild im Kopf hat, meine Frau schlage ich nicht, aber seine Frau einfach komplette Gewaltprobleme hat."

„Also ich glaube schon, dass es das gibt, häusliche Gewalt von Frauen gegen Männer. Aber darüber redet niemand und darüber reden auch Männer nicht. Also ich glaube, dass die wenigsten Männer zugeben würden, dass sie von einer Frau geschlagen wurden. Egal, ob das jetzt zu Hause ist oder nicht. Genauso wie mit sexuellem Missbrauch. Ich glaube, dass da bei Männern noch eine viel höhere Dunkelziffer ist, die da Opfer sind, weil denen das einfach so peinlich ist. Das ist halt für Frauen irgendwie sozial anerkannter, da was zu sagen. Und bei Männern ist das so: ‚Ach, also komm, das kann doch nicht so schlimm gewesen sein. Du bist doch ein Mann‘, und so was."

„Das Problem ist, dass es so ein Stigma ist. Ich weiß gar nicht, ob sich ein Mann trauen würde, so ein Angebot wie ein Männerhaus wahrzunehmen oder auch hinzugehen, weil man dann so vom Umfeld so gesagt bekommt: ‚Ja, du bist jetzt nicht mehr männlich genug, so, lässt dich von einer Frau schlagen und flüchtest dann in so ein Heim.‘ Also das, da muss man, glaube ich, als Mann eigentlich noch mehr Mut haben als als Frau."

„Da müsste man erst mal die gesellschaftliche Akzeptanz fördern, dass Männer häuslich von Frauen geschlagen oder psychisch misshandelt werden. Und dass es nicht lächerlich ist und nicht irgendwie süß oder sonst was, oder irgendwie sozial akzeptabel oder gar nicht so schlimm."

Es ist kein Einzelfall, dass Hedonisten ihre Beispiele häuslicher Gewalt in der Ich-Erzählform schildern. Das ist eine milieutypische Sprechform, kann aber auch als Indikator interpretiert werden, dass sie solche Gewalt selbst erlebt haben und ihre Erfahrungen generalisieren.

Frust, Aggression, Stressabbau – Machtgefühle als Kompensation

Frust, Aggression, Stressabbau sind für Hedonisten einleuchtende Erklärungen, warum jemand gewalttätig wird. Das vorgestellte Modell ist, dass aufgrund äußerer Umstände sich in einer Person Stress ansammelt und aufstaut, bis der Druck so groß wird, dass sich dieser plötzlich entlädt. Dabei gibt es zwei Varianten: (1) Bei einigen entlädt sich der innere Druck plötzlich aufgrund nichtiger Ereignisse, die mit der Stressursache oder dortigen Personen gar nichts zu tun haben – und sie verlieren in diesem Ausbruch ihre Selbstkontrolle. (2) Andere suchen sich gezielt Orte und Personen, an denen sie ihre inneren Aggressionen abbauen können, oder auch Lust, Macht und Überlegenheit fühlen können. Dazu provozieren sie andere oder deuten eine Äußerung anderer willkürlich als übergriffig und beleidigend, um einen Anlass zur Reaktion zu haben. Wenn sich dann ein positives Gefühl der Überlegenheit einstellt, der gefühlte Stress vorübergehend vergessen wurde, hat sich diese Strategie bewährt und wird wiederholt.

Solche Menschen, so die moralische Deutung von Hedonisten, haben nicht gelernt, dass man Stress besser auf andere Weise abbaut, etwa durch Sport (Biken, Schwimmen, Joggen, Surfen, Boxen, Skaten, Tanzen etc.), denn Stressabbau durch Gewalt ist „sinnlos und bringt nichts". Stress kommt etwa durch Druck im Job, Probleme in der Beziehung, Trennungsschmerz, finanzielle Enge, Ärger mit den Eltern oder Nachbarn. Hier zeigen Hedonisten im Interview den Gestus ihrer eigenen Reflektiertheit, mit solchen Stressgefühlen besser umzugehen als andere, die dann gewalttätig werden. In kritischer Lesart dieser Narrative verdichtet sich der Verdacht, dass Hedonisten in dieser Manier sich selbst oder ihre Bekannten beschreiben, wodurch ihre Erzählung ein Spiegel ihrer selbst wird, ohne dass sie im Interview dieses zugestehen würden. So spiegeln diese Beschreibungen die in diesem Milieu etablierte Norm, wie man am besten mit eigenem Frust und aufgestauter Aggressivität umgeht. In manchen Äußerungen öffnen sie ein wenig die Tür zu ihrer realen praktischen Wirklichkeit, in der sie sich nicht mehr zusammenreißen wollen oder können.

„Es gibt gewiss manchmal Situationen, wo man denkt, jetzt ist Schluss, jetzt reiße ich mich nicht mehr zusammen. Aber Gott sei Dank ist es noch nicht so weit gekommen, dass ich über diesen Punkt hinausgegangen bin. Ich denke mal, dass es einfach Vernunft ist, da sich zusammenzureißen und sich zu sagen: Was soll der Scheiß?"

„Wenn man irgendwie zu direkt ist und einen wunden Punkt trifft, dann kann das ganz schnell nach hinten losgehen. Viele, die einfach eine Wunde haben innerlich, und die sich dadurch getroffen fühlen, die sind halt sehr schnell auf Konfrontation aus. Also so habe ich die Erfahrung gemacht."

„Ja, Frust. Und auch oft, dass sie irgendeine Kränkung erlebt haben, die sie dann da rauslassen wollen. Also zum Beispiel, jemand verliert seinen Job und dann wird er deswegen gewalttätig."

„So eine Art Machtgefühl. So zeigen, sie sind der Stärkere. Auch dass man zeigt: ‚Ich bin was Besseres als du.' Dann auch, dass man sich so seinen Stress so ein bisschen abreagiert zu einer anderen Person. Ja."

„Ja, das ist ja dann ein menschlicher Boxsack. Also ich glaube, das ist für diese Leute das Gleiche. Und ich glaube, dass Leute, die oft in Schlägereien sind, denen würde so was wie Boxen oder irgendeine andere Sportart sehr guttun. Aber weil sie gar nicht wissen, dass ihnen das gut tun würde, machen sie es nicht. [lacht] Also es gibt natürlich immer andere Wege, Stress abzubauen, außer Schlägereien. Andere Leute schaffen das ja auch ohne. Aber diese Menschen, die so sind, ich glaube, die wissen einfach nicht, wie sie sonst mit der Situation umgehen sollen. Also die können irgendwie nicht sagen: ‚Ich fühle mich gestresst. Ich muss darüber reden. Ich fühle mich gestresst. So, es wäre jetzt gut, wenn ich vielleicht Sport mache, wo ich mich ein bisschen auspowern kann. Dann fühle ich mich besser.'"

„Ich gehe auch solchen Menschen aus dem Weg. Also wenn ich merken würde, dass ich mit jemandem befreundet, der, wenn ihm irgendwas im Leben passiert, das an anderen Leuten rauslässt, also mit so einer Person könnte ich sehr schlecht befreundet sein."

„Ich kann wirklich sagen, mein Leben ist bis jetzt sehr schön gewaltlos."

„Ich bin eigentlich nicht so oft wütend. Ich kann mich gerade nicht erinnern, wann ich das letzte Mal wütend war."

„Ich bin schon auch mal wütend, aber nicht oft. Also ich lasse es nicht im Straßenverkehr an so Leuten aus, die es überhaupt nicht verdient haben."

„Ich bin eh jemand [lächelt], der sich da raushält und keinen Stress will. Also ich versuche, mich von Gewalt fernzuhalten. So mein Freundeskreis ist jetzt nicht wirklich gewalttätig. Also ich kenne Leute, die von zu Hause aus Gewalt erleben. Irgendwie durch den Vater bspw., weil der drogensüchtig ist oder andere Probleme hat. So was bekomme ich mit."

Wer gewalttätig wird, ist nicht als Täter bereits geboren

Gewalttaten werden einerseits als sinnlos und scheußlich beschrieben, nicht jedoch die Täter. So groß die Wut auf den Täter/die Täterin im Moment der Gewalt oder der Information darüber auch ist: Wer gewalttätig wird, ist nicht als Täter bereits geboren. Vielmehr ist die Tat eine Folge der Last, die man zu tragen hat. Diese Last kann auf erlittene Misshandlungen zurückgehen (Vernachlässigung oder Prügel der Eltern, Mobbing in der Schule oder im Job, Ausgrenzung von der Peergroup, Schikane von Kolleginnen und Kollegen oder Vorgesetzten im Job), somit Enttäuschung, Benachteiligung, Ohnmacht. Wer zum Täter bzw. zur Täterin wird, ist vorher meistens selbst Opfer der Gewalt anderer gewesen. Wer besonders offen oder schon einmal verwundet wurde, ist besonders empfindlich, sodass bei bestimmten Menschen schon leichte Reize zu einer Überreaktion führen können. Die Überzeugung ist: Die meiste Gewalt erwächst nicht aus Neid oder Gier, sondern aus erlittener Verwundung. Ein banaler Streit, gerade unter Drogen und Alkohol, löst dann lediglich die Gewalttat aus, deren Wurzeln tiefer liegen.

Prominent ist das Kreislaufmodell: Erlittenes Leid befördert die Wahrscheinlichkeit, Leid bei anderen auszulösen. Das ist nach Auffassung von Hedonisten kein Automatismus. Sie selbst schildern sich als Beispiele, dass Frust und Stress nicht zu Gewalt führen müssen. Aber dazu benötige man einen starken Willen, Techniken und Lösungen, um gewaltfrei mit Frust und Stress umzugehen – den sie gemäß ihrer Selbstdarstellung meistens haben: Und doch bleibt unklar, was sie dazu befähigt und wie sie zu diesen Ressourcen kommen. Überspitzt inszenieren sie sich als Helden der Stressbewältigung. Dadurch betonen sie zugleich die Eigenverantwortung jedes Einzelnen. Allerdings bedeutet das keine Voll-Verantwortlichkeit des Einzelnen: „Die Gesellschaft" (eine beliebte Adressierung), insbesondere „die Elternhäuser" (der anderen), das Erziehungs- und Bildungswesen sowie die Verantwortlichen in Schulen, Ausbildungsstätten und Unternehmen sehen sie in der Hauptverantwortung, weil dort die Ursachen für Stress und Frust liegen.

„Gewalt ist eigentlich immer da, wo Menschen was zu tragen haben, also ein Laster zu tragen haben. Viele können ja dann auch mit Sachen nicht wirklich umgehen und greifen dann eben zu Gewalt. So was, denke ich, gibt es überall. Habe ich auch schon oft erlebt, einfach, wenn man Leute kennenlernt."

„Es kann auch sein, dass die einfach nicht gelernt haben, mit Stress umzugehen. Denen fehlt so ein bisschen die Hilfe in ihrem eigenen Leben. Und wenn ihr eigenes Leben besser wäre, dann wären sie auch nicht so gewalttätig."

„Ich bin halt fest der Überzeugung, dass jeder Mensch irgendwas erlebt hat, vielleicht eine schwere Kindheit hinter sich hatte, deswegen sehr gereizt ist. Also wenn man halt sich mit Leuten unterhält, dann merkt man eigentlich meistens erst mal, was steckt da dahinter. Warum ist dieser Mensch so, oder warum ist jemand still, oder warum ist er so aufgedreht? Das ist eigentlich meistens irgendwas, um zu kaschieren. Und bei vielen, wenn man wirklich zu viel erlebt hat, dann können ja auch psychische, also einfach wirklich starke Folgen zurückbleiben wie Erkrankungen. Ich denke halt, dass Leute, die jetzt so rumpöbeln oder vor allem aggressiv sind, dass die halt einfach auch Gewalt erlebt haben, vielleicht jemand gestorben ist, keine Eltern hatten, irgendwie in die Richtung. Also ich würde jetzt nicht sagen, dass jemand geboren wird und der ist automatisch aggressiv und pöbelt Leute an. Das macht kein Kind [lacht], also das ist erlernt."

„Ich trag meine Aggressionen nicht in andere Leben hinein, denn das aktiviert ja wie so einen Kreislauf. Also wenn ich jetzt was Schlimmes erlebt habe und bin deswegen aggressiv und verprügel jemanden, dann hat der vielleicht auch ein Trauma davongetragen, hat wiederum auch einfach wieder was Schlechtes erlebt, das beeinflusst diese Person wahrscheinlich dann auch und so geht es halt immer weiter. Deswegen ist das Beste, irgendwie so Frieden zu finden, auch wenn es schwer ist. Oder sich irgendwie was zu holen, dass Gewalt was Gutes sein könnte. Wenn man das als Ventil nutzt, also Kampfsport macht oder Boxen geht, und somit irgendwie seine Aggressionen rauslässt, wenn man welche hat."

Erlebnisorientierung und Sadismus

Die moralische Ablehnung von Gewalt ist authentisch und ernstgemeint, ist aber noch Oberflächenphänomen. Es zeigt sich bei Hedonisten noch Tieferes: Gewalt ist ein störendes Element. Gewalt zerstört die eigene entspannte Stimmung, verdirbt den Spaß, nimmt den Kick fröhlichen Miteinanders. *Daher* ist Gewalt abtörnend, uncool, peinlich. Der entspannte reizvolle Erlebnisfluss wird unterbrochen, stattdessen hat man sich mit den Problemen und Konflikten einer Gewalttat zu beschäftigen. Darin zeigt sich auch die potenzielle Umkodierung einer Gewalttat: Wenn diese nicht Störung, sondern Animation des emotionalen Kicks ist, dann ist sie reizvoll und kann sogar Lustpotenzial entfalten – eine anfängliche Rangelei situativ aufschaukeln bis hin zur Eskalation. Die Gewalt kann bei Personen oder Personengruppen zu einer situationsübergreifenden Disposition werden, wenn sie den emotionalen und sozialen Kick starker Erlebnisse verheißt. Das Problem ist, dass diese Erlebnisse durch bloße Wiederholung schal werden, der Erlebnischarakter nutzt sich ab. Die Lösung liegt in der Steigerung der Frequenz, Intensität oder Variabilität eigener Gewalttätigkeit. Neue Orte und andere Opfer müssen gesucht, die Ausdrucks- und Verletzungsmittel gesteigert werden. Hier kann es in der Gruppe zur Demonstration der eigenen Kühnheit und zu Überbietungswettbewerben kommen, auch zur Sicherung der Anerkennung und hierarchischen Position in der Gruppe.

Die erlebnisorientierte Tiefenstruktur wird von Hedonisten als Negativfolie auf jene projiziert, die als dumpfe Gewalttäter karikiert werden: Diese, so die Auffassung von Hedonisten, haben Spaß an der Erniedrigung anderer, genießen ihre eigene Macht angesichts der Ohnmacht anderer und ziehen daraus kurzfristig Selbstbewusstsein. Sich selbst hingegen beschreiben die meisten Hedonisten als absolut gewaltablehnend: Man geht automatisch auf Distanz zu jenen Gewaltaffinen, die ihre Aggression irrational an anderen auslassen. Diese Projektion der Irrationalität von Gewalttätern setzt sich fort hinsichtlich der Auswahl ihrer Opfer. Hier sehen Hedonisten vor allem zwei Opferkategorien aus Sicht der Täter:

- *Schwache Menschen*: vorwiegend Frauen; auch Männer von geringer Körpergröße mit schmalen Schultern und wenig Muskelmasse; Kinder, die in manchen privaten Haushalten physischer, psychischer, emotionaler und manche auch sexueller Gewalt durch Mütter und Väter bzw. Missbrauch durch Verwandte oder Bekannte ausgesetzt sind.
- *Fremde Menschen*: erkennbar an Hautfarbe oder Sprache, werden durch ihr anderes Aussehen identifiziert als Angehörige einer anderen Ethnie, die dadurch stigmatisiert sind, *nicht Deutsche* zu sein. Hedonisten vermuten einen national-völkischen Rassismus bei diesen Tätern, aber das muss nicht immer der Fall sein. Es genügt, dass diese „Fremden" vermutlich schwach sind, weil sie in der der vermeintlichen Mehrheitsgesellschaft als Minderheit erscheinen, ohne nennenswerte Unterstützung und Solidarität.

Hedonisten vermuten bei notorisch Gewalttätigen sadistische Züge: eine Freude daran, Schwächere und Wehrlose zu demütigen und zu verletzen. Das sind vor allem jene, die nicht die Fähigkeit oder den Willen haben, ihre Aggressionen über Ventile wie etwa im Sport abzubauen. Wer zum Stressabbau Kampfsport oder Boxen betreibt, hat meistens Gegner auf gleicher Augenhöhe, und man verpflichtet sich zur Einhaltung von Regeln. Doch sogenannte Schlägertypen vermeiden beides: So jemand sucht sich nicht jemanden in der gleichen Körpergröße und Gewichtsklasse, sondern immer einen Kleineren, den er piesacken und sich damit seine Portion Ego-Schub holen kann. Solche Schlägertypen sind nicht unbedingt Einzelgänger, sondern eingebunden in eine Gruppe. Hier – so die abfällige Diagnose von Hedonisten – gilt der Sadismus gegenüber Schwächeren sogar als Nachweis von Kühnheit und Skrupellosigkeit, was das positive Ansehen des Einzelnen in der Gruppe befördert.

„[…] dass viele eben immer groß reden oder angeben, sie würden jeden plattmachen und dann am Ende ist es vollkommener Schwachsinn. Vielleicht ist das auch Image, dass die sagen können, wenn sie solche Freunde haben, die halt auch so was machen: ‚Ja, gestern habe ich wieder jemanden richtig vermöbelt.'"

„Ich könnte mich nie in so einer Situation sehen, dass ich jemanden auch noch, wenn er am Boden liegt, demütige. Das würde ich schon als Sadismus bezeichnen, also dass daran sogar Freude empfunden wird, was ich krass finde. Vielleicht, die haben viel erlebt, war nicht schön, dann wollen sie jemanden sehen in dieser Situation, vielleicht eine Situation, die sogar noch schlimmer ist als die, die erlebt wurde, um sozusagen dem Ganzen irgendwie Luft zu machen."

**Gewalt in Social Media ist permanent:
Inszenierung souverän-überlegener Distanz**

Die Nutzung von Smartphones ist im Milieu von Hedonisten selbstverständlich und hat eine elementare Funktion für die soziale Konnektivität: stets dabei und angeschaltet. Das Handy ist das unverzichtbare Medium, um sich auszutauschen und zu verabreden. Die meisten in diesem Milieu sind mit dem Internet groß geworden, es ist für sie eine fraglos gegebene soziale Wirklichkeit. Digitaler Austausch ist Schauplatz und Ziel ihres Handelns. Das Smartphone ist erweitertes unverzichtbares Sinnesorgan ihrer Person und Lebenswelt. In dieser Welt nehmen sie ebenso fraglos Gewalt wahr wie in anderen (analogen) Situationen ihres Alltags. Auffallend ist die demonstrative Souveränität, mit der Hedonisten zu dieser ihnen eng vertrauten Welt verbal auf Distanz gehen: Typisch und (nachweislich) im Gegensatz zu ihrem tatsächlichen Verhalten sind Äußerungen, dass sie selbst die sozialen Netzwerke selten nutzen, dass man damit nur seine Zeit verschwende, dass dort haufenweise Unsinniges und Beleidigendes geschrieben werde, dass ätzende Kommentare, Mobbing, Hass-Posts üblich seien dass diese sich aufschaukeln und andere Menschen hauptsächlich niedergemacht würden.

So sehr sie verbale und sexistische Gewalt im Internet kritisieren, sprechen sie sich doch gegen eine Zensur im Internet aus; vor allem wollen sie keine „Internet-Polizei". Getrieben ist dies aus Sorge vor einer weiteren Sphäre der Kontrolle und Einschränkung. Auch wenn es in Blogs, Foren und Messenger-Diensten wie Facebook, Instagram, Snapchat, WhatsApp, Telegram, Wire, TikTok etc. Gewalt gibt, die Menschen kleinmacht und beschädigt, ist ihnen das Prinzip möglichst großer Freiheitsräume und geringer Einschränkung wichtiger. Sie befürchten, dass eine Internetpolizei Zugriff hätte auf ihre eigenen Botschaften, dass sie selbst ins Visier geraten könnten und für spaßhafte, ironische oder sarkastische Nachrichten zur Rechenschaft gezogen werden mit einschneidenden Folgen. Sie fürchten, in solchen Überwachungsbehörden wären wohl Personen mit ganz anderen Wertvorstellungen als sie, in einem amtlichen Apparat könnten Angestellte ihre Macht auch willkürlich ausnutzen. Noch größer ist ihre Sorge vor einer Kontrolle via Algorithmen. Eine Maschine ist aus ihrer Sicht noch gnadenloser als ein Mensch bei der Bewertung von Kommentaren; vor allem versteht eine Maschine ihre Sprache nicht, deutet bestimmte Begriffe und Redewendungen falsch. Außerdem müsste ein solcher Zensur-Algorithmus programmiert werden – und die Programmiererinnen und Programmierer kommen sicher nicht aus ihrer eigenen Lebenswelt.

„Im Internet, das ist Alltag so mit Gewalt: Beleidigung, Runtermache, Mobbing, alles Mögliche. Das ist ja alles zu finden im Internet. Man wird ja immer kritisiert, also ich nutze Social Media nicht, weil ich das wahnsinnig oberflächlich finde, also unglaublich. Das macht auch irgendwie unsere Gesellschaft, finde ich, sehr kaputt, vor allem junge Leute. Weil sich jeder immer so hinstellen möchte, als wäre sein Leben perfekt. Und selbst dann, wenn man das macht, wird man immer noch kritisiert und angegriffen und gesagt: ‚Ja, du bist hässlich und schau dich mal an!' und was auch immer. Also da ist Gewalt alltäglich, auf jeden Fall."

„Habe mal auf Instagram was gepostet, ein Bild. Und da hatte ich halt meinen ganzen Körper drauf in so einer Jeans. Und dann hat einer mal so geschrieben: ‚So dicke Beine habe ich ja noch nie gesehen.' Und dann dachte ich mir so: ‚Häh?', weil da war ich noch dünner als jetzt. Und dann dachte ich mir in dem Moment auch, warum schreibt er das? Und das war jetzt klein. Da gibt es ja Leute, die haben sich schon deswegen umgebracht, weil die sich so schlimm behandelt gefühlt haben."

„Also wenn ein Junge einen anschreibt und man dann so sagt: ‚Ich will nichts von dir', dass er dann sagt: ‚Ja, okay, du Hure. Von dir wollte ich eh nichts' oder irgend so was. Das ist wenig, wenn man es vergleicht mit den anderen Sachen."

„Ich kenne keine Freundin von mir, die da noch nie irgendwas Blödes gehört hat, so Sexistisches."

Das ambivalente Bild auf Polizei: Sicherheitsgarant und Spaßverderber

Hedonisten haben ein fundamentales Vertrauen in die Polizei als Sicherheitsgarant und verlässliche Hilfe in Notsituationen. Zu helfen ist für Polizisten und Polizistinnen keine Option, sondern Pflicht, auf die man sich verlassen kann – das schätzen Hedonisten nicht nur abstrakt. Fast alle von ihnen haben selbst schon als Betroffene oder nahe Beobachtende solche Erfahrungen gemacht. Dabei sind Hedonisten davon beeindruckt, dass die Polizistinnen und Polizisten sehr genaue Kenntnisse über rechtliche Verordnungen und Gesetze haben, meistens ruhig und überlegt in solchen Situationen reagieren – allerdings auch beharrlich, was gelegentlich nervt, wenn man selbst in der Situation ist und wenig Zeit hat. An dieser Stelle beginnt die Ambivalenz im persönlichen Verhältnis zur Polizei: Diese ist für Hedonisten auch Spaßverderber, wenn sie den Alkoholpegel kontrolliert, Rucksack und Taschen nach Aufputsch- und Rauschmitteln durchsucht (oder solche ggf. konfisziert), Auto oder Motorrad kontrolliert und aus dem Verkehr zieht, jemanden mehrere Minuten lang auf der Straße, im Dienstfahrzeug oder gar auf der Wache befragt – und somit den eigenen Erlebnisstrom unterbricht und zerstört. Hier scheint für Hedonisten das Bild der ihren Alltag störenden, die Stimmung zerstörenden Polizei auf.

Das jedoch betrachten Hedonisten – nach einigen Tagen Abstand – keineswegs als unzumutbare „Polizeigewalt", bzw. solche Gewalt bewerten sie als „eigentlich in Ordnung". Von Polizeigewalt sprechen sie mit Blick auf besonders hartes Eingreifen der Polizei, etwa bei Demonstrationen oder Razzien. Sofern sie nicht selbst oder Freundinnen bzw. Freunde auf Demonstrationen körperlich sehr hartes polizeiliches Einschreiten erlebt haben, halten sie ein konsequentes Eingreifen der Polizisten und Polizistinnen für gerechtfertigt zur Aufrechterhaltung der öffentlichen und persönlichen Sicherheit. Groß ist das Verständnis auch dafür, dass einzelne Polizisten und Polizistinnen gelegentlich überhart zupacken (sofern man nicht selbst betroffen ist) mit dem Argument, dass der Polizeijob sehr hart ist.

Groß ist die Ablehnung des Polizeiaufgabengesetzes[42], mit dem man verbindet, dass die Polizei mehr Kontrollrechte hat, ihre Freiheit und ihren Lebensstil mehr überwachen, registrieren und einschränken kann: Man will nicht, dass die Polizei zur Aufrechterhaltung der öffentlichen Ordnung und Vermeidung von Kriminalität jedwedes antibürgerliche Verhalten gleich mitkassiert und sanktioniert. Es steigt in diesem Milieu die Sorge vor einer schrittweisen Ausweitung der Befugnisse der Polizei sowie vor zunehmender Willkür einzelner Polizisten und Polizistinnen. Das überkommene Bild der Polizei als Freund und Helfer hatte in diesem Milieu schon immer Risse und den Schatten von einzelnen Polizisten als Spaßverderber, und es wird zunehmend dominiert vom Bild der Polizei als Aufpasser mit Unberechenbarkeitspotenzial. Gleichwohl ist auch dieses Image durchzogen von Einstellungen, dass der Job für die einzelnen Polizisten und Polizistinnen hart ist: Sie müssen die zahlreichen Gesetze sehr genau kennen, müssen diese in heiklen, oft unklaren Situationen schnell und präzise anwenden, stets mit dem Risiko, falsch zu reagieren und danach intern bestraft zu werden. Und zugleich sind Polizisten und Polizistinnen im Einsatz immer wieder mal in einer Situation der Ohnmacht, auch der Wut von Randalierern und Gewalttätern ausgesetzt. Als Vertreterinnen und Vertreter des Polizeiapparats sind sie Aggressionen und unfairen Attacken ausgesetzt, müssen diese körperlich und psychisch aushalten – und damit auch persönlich zurechtkommen. Dazu müssen Polizistinnen und Polizisten wohl – so die Vermutung – viele Überstunden leisten und haben als Privatperson durch ihren

---

42 Das „Gesetz über die Aufgaben und Befugnisse der Bayerischen Staatlichen Polizei" (kurz: Polizeiaufgabengesetz – PAG) ist ein Landesgesetz des Freistaates Bayern, das die Aufgaben und Befugnisse der Polizei auf dem Gebiet der Gefahrenabwehr regelt. Es wurde erstmals 1954 erlassen und 1978 unter seiner heutigen Bezeichnung neu gefasst. 2017 und 2018 gab es Novellen des Gesetzes, die heftige konträre politische Debatten auslösten, auf vielfältigen Protest stießen und zu Großdemonstrationen führten.

Berufsstand ein Image, das bei vielen Distanz erzeugt. Diese Ambivalenz von Vertrauen und Empathie einerseits, Misstrauen und Frontstellung andererseits prägt die Einstellung von Hedonisten zur Polizei und Polizeigewalt. Es mag vordergründig verwundern, dass Frauen und Männer aus diesem Milieu, die sich als unangepasste Gegenkultur zur spießbürgerlichen Leistungs- und Ordnungsgesellschaft verstehen, solche Wertschätzung zur Polizei äußern. Doch solche Institutionen der Sicherheit sind die Voraussetzung für das eigene erlebnisorientierte Leben. Das ahnen Hedonisten nicht nur, sondern erfahren dies in einzelnen Situationen der Gewalt immer wieder, wenn Polizistinnen und Polizisten Schlägereien auflösen und Randalierer abführen – und damit den sozialen Erlebnisraum für sie wieder öffnen.

„Polizei – einerseits ist es ja schon mein Freund im Sinne, er hilft mir. Andererseits bin ich auch immer in der Situation, dass ich mich auch vor ihm schützen muss, dass man selber nicht irgendwie benachteiligt wird."

„Polizei ist schon jemand, die für Ihre Sicherheit sorgen. Weil wenn ich ein Problem habe und da anrufe, dann wird mir geholfen. Ein Kumpel von mir, da war ich zu Besuch in seiner WG, und er hat einen Mitbewohner, der Alkoholiker war und der ist an dem Abend etwas über das Ziel hinausgeschossen und hat angefangen zu randalieren in der Wohnung und war dann nicht mehr zu bändigen. Und dann haben wir die Polizei gerufen, dass der halt rausgeschmissen wird."

„Man weiß ja, dass so quasi Polizeigewalt herrscht, dass es halt Vorfälle gibt. Kann ich den Polizisten teilweise auch nicht verübeln, das ist einfach auch ein extrem anstrengender und harter Job."

„Ich sage mal ein Beispiel: Ich weiß halt nicht zu hundert Prozent, wann ist ein Fahrrad verkehrstauglich. Und wenn ich das nicht zu hundert Prozent weiß, dann kann ich ja in eine Situation kommen, in der ich quasi durch das Wissen einer anderen Person übertrumpft werde. Weil ich nicht so mit der Materie bewandert bin oder mit dem Gesetz so genau Bescheid wie die Polizei. Und dann hätte ich ja einen Nachteil."

„Ich würde schon sagen, dass wir so in Richtung Polizeistaat gehen, also in Bayern auf jeden Fall. Also allein die Tatsache, dass jetzt Polizisten Kameras tragen und alles aufzeichnen, wenn sie einen kontrollieren oder auf jemanden zugehen und man dagegen eigentlich fast nichts tun kann. Ich finde es halt auch nur erschreckend, dass es anscheinend möglich ist, dass die Polizei jemanden durch einen, ja, relativ leichten Grund schon so lange festhalten kann, wie sie möchte, und das immer wieder verlängern kann, das finde ich zum Beispiel nicht sehr gut [lächelt]. Also halt hier, finde ich, ist die Polizeipräsenz schon groß, man sieht eigentlich jeden Tag ein Polizeiauto."

„Ich finde einfach, dass die Polizei durch dieses Gesetz [Anm.: Polizeiaufgabengesetz] zu viel Macht bekommen hat in Bayern. Und dass sich das eigentlich schon wie ein Polizeistaat anfühlt und so was mag ich halt gar nicht, weil ich mag halt die Freiheit und ich finde es einfach so krass, dass man so eingeschränkt wird. Dass man auch, wenn man irgendwie, sagen wir mal Cannabis raucht oder so, dass man dann wahnsinnig verfolgt wird oder harte Strafen bekommt oder so. Ich meine, man tut ja keinem was so. Und ich finde jetzt dadurch, dass eben die Polizei noch mehr Rechte bekommen hat, ist das halt einfach so im Hinterkopf eine Einschränkung."

„Ich hatte jetzt auch noch nie Probleme mit der Polizei. Wenn man jetzt in der Gruppe unterwegs war, dass man aufgehalten wurde, dass man kontrolliert wurde und solche Sachen. Polizisten sind nur Menschen und es gibt coole Polizisten, finde ich, und es gibt Polizisten, die sind leider etwas arrogant oder nutzen sozusagen einfach ihre Position aus, habe ich das Gefühl. Ja, aber viele lassen auch mit sich reden, mit denen kann man auch reden so: ‚Hey, warum seid ihr unterwegs?' oder so frägt man dann einfach auch mal. Deswegen: Die machen halt nur das, was ihnen gesagt wird, was sie machen sollen, deswegen auch Marionetten des Staates."

„Uneingeschränktes Vertrauen zu Polizisten habe ich nicht. Weil Polizisten sind ja auch nur Menschen wie wir. Die sind jetzt ja keine Roboter, die darauf gepolt sind, nur die richtigen Sachen zu tun."

„Zum Beispiel ein schwarzer Freund von mir, der hat mir schon oft erzählt, dass er von Polizisten einfach so angehalten wurde, obwohl er nichts getan hat. Und das ist halt zum Beispiel auch doof, weil er halt einfach schon so verdächtig aussieht, blöd gesagt, für die Polizisten. Aber mir passiert das halt überhaupt nicht. Ich sehe halt anscheinend so nett aus."

„Also ich glaube auf jeden Fall, dass da ein rassistisches Bild im Kopf von den Polizisten ist, von manchen, nicht von jedem."

Sehr groß sind bei hedonistischen Frauen Vorbehalte und Vorwürfe gegenüber der Polizei, wenn sie oder eine Freundin einen sexuellen Übergriff oder eine Vergewaltigung zur Anzeige bringen. Bei Frauen dieses Milieus hat sich das Narrativ etabliert, dass die Befragung durch die Polizei für die betroffene Frau eine weitere Gewalterfahrung ist. Bemerkenswert ist, dass sie nicht nur von Polizistinnen und Polizisten sprechen, sondern von „der Polizei" – somit die Institution meinen. Die Kritik zielt somit einerseits auf die konkrete Person, die die Anzeige aufnahm und die Befragung vornahm, andererseits auf das Prozedere. Es gibt Belege, dass beides (Befragungskommentare und das Prozedere) Grund dafür ist, dass Frauen nach Übergriffen nicht zur Polizei gehen, dass sie leichte oder mittelschwere sexuelle Übergriffe lieber schweigend ertragen und aushalten, als sich der drohenden Befragung der Polizei zu unterziehen. Dabei wird die subjektive

Feststellung, wie schwer und verletzend ein Übergriff war, von dieser Erwartung einer polizeilichen Befragung erheblich beeinflusst und daher aus Selbstschutz eher bagatellisiert.

„Diese Fragen, die dann von der Polizei gestellt werden, die sind für die Opfer so unangenehm, dass sie dann lieber gar nichts machen, anstatt was zu sagen. Und vor allem bei Sachen, die jetzt irgendwie so zu Hause passieren, da erst recht. Dass Leute sich einfach nicht trauen, sich solchen Befragungen zu stellen."

„Die Befragung der Polizei müsste anders gestaltet sein. Dass, wenn einer Frau was passiert, nicht die erste Frage immer ist: ‚Was hatten Sie an?' Weil, das spielt meiner Meinung nach zumindest kaum eine Rolle, also außer man braucht das jetzt als Beweisstück, um den Täter zu finden. Aber: ‚Ja, was hatten Sie an? Hatten Sie was Kurzes an?' Man hat doch nicht irgendwie verdient, geschlagen oder vergewaltigt zu werden, nur weil man Kürzeres oder was Längeres anhatte. Oder dann auch Fragen so ständig zu wiederholen, sodass das Opfer sich dann auch selber infrage stellt, also dass man so ein bisschen das Gefühl hat, man wird so fast schon als Lügner dargestellt. Ich glaube, das ist halt einfach so, dass sich da Opfer schon eingeschüchtert fühlen und dann deswegen nichts gegen die Täter unternehmen. Wer das einmal bei der Polizei erlebt hat oder von einer Freundin erfährt, der geht so schnell nicht zur Polizei deswegen. Das tut man sich nicht auch noch an. Man müsste die Fragen einfach klar und deutlich einmal stellen, und dass vor allem nicht auf das Aussehen der Frau abgestellt wird."

„Ich hatte selber mal einen Vorfall mit einem Taxifahrer, der versucht hat, mir unters Kleid zu greifen. Bin zur Polizei, wo ich dann auch dreißigmal gefragt wurde, ob das daran lag, dass ich so was Kurzes anhatte, und dann auch wie und was und wo. Und dann kamen noch mal zehnmal die gleichen Fragen, obwohl ich das schon beantwortet hatte. Und das war so unangenehm! Und in dem Moment musste ich dann auch daran zurückdenken: Eine Freundin von mir wurde mal vergewaltigt und ich habe das damals gar nicht verstanden, warum sie meinte, dass das so schlimm war, da zur Polizei zu gehen, und dass das so eine schlimme Erfahrung war dort. Aber dann, wo mir das passiert ist, mit was, das viel weniger schlimm war, konnte ich das gut nachvollziehen, dass eben diese Befragungen, wie die gemacht werden, für die Opfer total unangenehm sind."

„Frauen wissen ja auch, dass da solche Fragen kommen und überlegen sich das dann auch, ob sie sich so einer Situation unterziehen wollen, vor allem, wenn einem gerade schon was passiert ist und man das ja erst noch verarbeiten muss, sich dann noch so einer Befragung zu unterziehen."

„Man muss Polizisten klarmachen, dass Frauen Gewalt gegen sich nicht durch ihr Aussehen provozieren."

Ungerechte Straßmaße – Cannabis etc. für den Privatgebrauch sind keine Gewalt

Ausgeprägt ist der Vorwurf fundamentaler Ungerechtigkeit von Polizei und Justiz bei der Bemessung von „Verstößen": Der Besitz und der Konsum von Haschisch, Cannabis und anderer Drogen wird kriminalisiert – obwohl man niemandem damit Gewalt antut oder benachteiligt. Im Vergleich dazu werden häusliche Gewalt an Frauen und Kindern, die Misshandlung von Obdachlosen, die Misshandlung von Älteren in Pflegeheimen, Mobbing und Hassbotschaften im Internet, Diskriminierung von Minderheiten und Migranten, rechtsradikale Gewalttaten und Todeslisten, sexuelle Belästigung in der Öffentlichkeit und in Betrieben und auch Vergewaltigung, die Menschen physisch und psychisch schwerstens verletze, vergleichsweise gering bestraft. Strafen für Drogenkonsum werden, so der Vorwurf, fast ebenso hart bestraft wie Gewalttaten an Menschen.

Dies führt dazu, so die Argumentation von Hedonisten, dass bestimmte Gewalttaten als weniger schwerwiegend gelten, wenn sie ähnlich oder sogar weniger bestraft werden wie Drogenbesitz. Das Schlagen einer Ehefrau wird nicht bestraft, wenn diese keine Anzeige gegen ihren Ehemann stellt, wohl aber der Besitz von Haschisch über einer definierten Menge. Körperliche Gewalt und sexuelle Übergriffe (z. B. in öffentlichen Verkehrsmitteln) und auch Gewaltandrohungen (psychische Gewalt) müssten weitaus härter bestraft werden als Drogenkonsum, zumal die Festlegung, welche Droge illegal und welche legal ist, recht willkürlich ist – die Dosis macht die Droge: Daher ist die Trennung zwischen legalem hochprozentigem Alkohol, Bier, Zigaretten einerseits, Haschisch, Cannabis etc. nicht plausibel. Gewalt an Menschen sollte weitaus härter bestraft werden als Besitz und Konsum von leichten Drogen wie Haschisch, Cannabis etc.; diese sollten völlig straffrei sein. Groß also ist die Kritik an dem Verhältnis verschiedener Strafmaße: Für den Besitz von Aufputschmitteln und sanften Drogen wird man seitens der Polizei oder Justiz relativ hart rangenommen; hingegen wird häusliche Gewalt oft gar nicht bestraft (es sei denn, die Frau ist körperlich schwer verletzt), aber psychische Gewalt in der Ehe wird gar nicht bestraft, weil sie so schwer nachzuweisen ist. Ebenso beklagen vor allem Frauen aus diesem Milieu, dass sie regelmäßig sexistische Belästigung, Beleidigung und Übergriffigkeit erleben – auf der Straße, in Clubs, im Internet, in Foren, in digitalen sozialen Netzwerken. Solche Gewalt, von aggressiver Misogynie bis zur verbalen Vergewaltigung, ist aus ihrer Erfahrung alltäglich, dass sie sich fast daran gewöhnt haben, was der eigentliche Skandal ist. Hier fordern sie, häusliche Gewalt und sexistische Gewalt deutlich schneller und härter zu bestrafen.

„Dass einer, der Raubkopien herstellt, länger ins Gefängnis kommt wie jemand, der vergewaltigt hat. Also in dem Bereich müsste man besser abwägen, was schwerer wiegt. Vor allem Vergewaltigung ist ja jetzt keine rein körperliche Vergewaltigung, es ist ja auch eine psychische

Vergewaltigung, also es ist ja sexuelle Gewalt. Das müsste viel härter bestraft werden wie andere Sachen." [Mann, 26 Jahre]

„Es gibt ja seit Kurzem das neue Gesetz zum Thema ‚Upskirting‘, also dass man keine Fotos mehr machen darf bei Frauen unter den Rock. Also das durfte man vorher auch nicht, aber jetzt gibt es ein Gesetz dazu, dass es halt strafrechtlich relevant ist. Wenn man in so eine Richtung geht, dass man da härter durchgreift, dass die Leute abgeschreckt werden. Ich weiß gar nicht, unter was es früher gefallen ist, vielleicht unter Belästigung, das war dann relativ harmlos. Solche Sache für die Betroffenen, dass die merken, wenn ich mich an jemanden wende, dass auch was passiert." [Mann, 32 Jahre]

„Da saß ich in der U-Bahn. Und da waren diese Sitze in einer Reihe am Fenster. Und da saß ich da und dann spüre ich auf einmal, wie es so warm wird an meinem Po. Und dann schaue ich und da hat der Mann neben mir, hatte seine Hand an meinem Po. Da bin ich aufgesprungen, weil ich hatte das noch nie in meinem Leben. Das hatte ich noch nie in meinem Leben. Da war ich so erschüttert, dass ich einfach meine Sachen genommen habe und sofort bis ans andere Ende der U-Bahn gerannt bin. Ich hätte eigentlich aufspringen sollen und sagen sollen: ‚Was sind Sie für ein Perversling? Warum haben Sie mir an den Po gefasst?' Das hätte ich eigentlich machen sollen im Nachhinein, weil dann hätte er sich auch doof gefühlt. Aber so ist er einfach damit weggekommen. Ich hätte mir schon gewünscht, dass die Mitreisenden was sagen, weil er soll sich ja doof fühlen. Er soll dann ja checken, dass das doof ist und dass er es niemals wieder bei irgendeinem anderen Mädchen macht. Das ist dann ja das Wichtige. Weil so denkt er dann vielleicht ‚Ja, okay, passt, dann mache ich es bei der nächsten wieder.' Super!"

Selbstschutz junger Frauen: Schlüssel/Pfefferspray, ÖPNV meiden, starkes Auftreten

Systematische Trainings zur Selbstverteidigung ergreifen Hedonisten in der Regel nicht. Nur wenige haben, meistens animiert durch den Sportunterricht oder durch Freundinnen, Kampf- und Selbstverteidigungskurse besucht. Gleichwohl hat sich bei einigen als bewährte Vorkehrung etabliert, wenn sie nachts allein unterwegs sind, ihren Schlüsselbund in die Faust zu nehmen mit einem Schlüssel als Spitze, und diesen bei einem Angriff als Waffe einzusetzen. Dazu kommen weitere individualisierte Verhaltensregeln, die im Freundinnenkreis wie Rezepte ausgetauscht werden, wie das Meiden öffentlicher Verkehrsmittel spätabends, Pfefferspray dabeihaben, auf dem Heimweg telefonieren, was einen Angreifer abschrecken soll, und vor allem sich sehr selbstbewusst nach außen zeigen und diese Gefühle der Stärke in sich selbst erzeugen: sich nicht als mögliches Opfer sehen, sondern als wehrhaft und tough: Gefühlsarbeit und Haltungsmodellierung. Die Strategie ist, einerseits Schlägereien aus dem Weg und auf Distanz zu aggressiven Personen zu gehen, andererseits sich sehr selbstbewusst und stark zu zeigen, damit sie gar nicht erst als Opfer in Betracht gezogen werden.

„Was mir bei mir auffällt, dass ich halt, wenn ich nach Hause gehe, immer den Schlüssel zwischen meine Finger so mache, wenn ich irgendwie in eine dunkle Straße reingehe, falls mich jemand angreifen würde, dass ich mich irgendwie wehren kann. Das machen auch fast alle meine Freundinnen [lacht]."

„Wenn ich in der Nacht nach dem Feiern alleine nach Hause gehe und dann ich durch einen Park oder eine dunkle Straße muss, oder irgendwer kommt mir entgegen, den ich nicht so koscher finde, dann nehme dann halt meinen Schlüsselbund in die Hand und mache dann die Schlüssel wie so einen Schlagring, wie so eine Waffe dann. Das machen alle meinen Freundinnen so. Das ist auch so eine Folge von Gewalt in der Vergangenheit bei Freunden, die man gehört hat."

„Also meine Freundinnen reden mir das oft ein, dass man sich mit Pfefferspray bewaffnen soll und nachts irgendwie immer so mit dem Schlüssel in der Hand nach Hause gehen soll. Ja, damit man halt so ins Auge von jemandem reinstechen kann, wenn man angegriffen wird."

„Also ich habe keine Angst. Aber das sind oft so Vorschläge, die man von Freundinnen hört. Oder ich weiß nicht, auch dass man nachts nicht mehr öffentlich fahren soll, weil das zu gefährlich sei. Finde ich jetzt nicht. Aber was ich schon ganz gut finde, wenn es später wird, also sagen wir mal nahezu zwölf oder eins, wenn man jemanden hat, mit dem man auf dem Nachhauseweg telefonieren kann. Also das ist mir dann irgendwie schon ganz angenehm."

„Meine Mentalität ist da jetzt nicht so negativ. Ich bin eigentlich eher selbstbewusst. Also ich versuche immer so einen relativ starken Blick aufzusetzen und irgendwie selbstbewusst zu sein und dann nicht irgendwie so mich so in diese Opferhaltung zu bringen überhaupt. Das versuche ich halt. Also ich bin generell positiv gestimmt, dass mir nichts passiert, aber auch vorbereitet gleichzeitig, dass, wenn mir was passiert, dass ich mich verteidigen kann."

In diesem äußerst unternehmungs- und feierfreudigen Milieu lernt man in Clubs, Bars oder auf privaten Feiern immer wieder neue Leute kennen. Diese kommunikative Offenheit ist Teil ihrer Identität und ihres Lebensgefühls. Gleichzeitig aber zeigt ein Teil dieser Frauen das Prinzip strategischer Diskretion: Aufgrund ihrer Vorstellung, dass die meisten sexuellen Übergriffe und Vergewaltigungen nicht von völlig Unbekannten kommen, sondern aus dem weiten Bekanntenkreis (kaum von guten Freunden), zeigen sie neben ihrer grundsätzlichen Unbefangenheit und Zugänglichkeit gegenüber Fremden zugleich die Haltung der Verschwiegenheit ihrer Wohnadresse und Arbeitszeiten. Sie fürchten weniger eine Vergewaltigung durch Unbekannte (obwohl sie dies nicht ausschließen, wenn sie nachts allein in Parks oder auf einsamen Wegen unterwegs sind), sondern durch Männer, die sie flüchtig kennengelernt haben.

„Ich glaube auch einfach, wenn so was wie Vergewaltigung vorkommt, kennen sich die Leute meistens. Das kann zwar zwischen Fremden passieren, also mir ist das ja auch mit einer fremden Person passiert, aber meistens, wenn es zu Gewalt kommt, kennen die Leute sich zumindest mit Vornamen. Und deswegen habe ich da, wenn ich alleine nachts nach Hause gehe, nicht so Angst. Es ist ja auch so bei Vergewaltigungen zum Beispiel, dass die Opfer in – keine Ahnung – fast allen Fällen ihre Täter kennen. Also das kommt so gut wie nie vor, dass das Fremde sind, also zumindest statistisch gesehen. Klar, diese Fälle, die in der Zeitung stehen, da sind das meistens irgendwie Unbekannte. Aber in der Regel, oder auch bei Kindesmissbrauch, meistens kennen die Eltern die Leute, die die Kinder missbraucht haben. Das sind Leute, denen die ihre Kinder anvertraut haben. Und genauso ist es auch bei Gewalt."

„Ich habe keine Angst vor Fremden, eher Angst vor Bekannten, also Leute, die man ein bisschen kennt, aber nicht gut. Also jetzt nicht irgendwie so der beste Freund oder so, oder der Bruder, aber halt Leute, die man flüchtig kennt. Ich glaube, dass da so was am schnellsten vorkommt. Also ich versuche halt Leuten zum Beispiel nicht zu sagen, wo ich wohne. Solche Fragen kommen oft, also auch vielleicht so ein bisschen so zwischen den Zeilen, dass Leute halt mehr wissen wollen über einen privat und wo genau man jetzt wohnt und alles, oder wann ich Arbeit aushabe. Also so was muss ich Fremden oder Leuten, die ich nur in der Arbeit sehe, also die bei mir halt oft essen, das muss ich denen nicht sagen. Also da versuche ich halt, auszuweichen. Weil ich sonst ja so was provoziere, dass mir was passiert." [Frau, 26, arbeitet als Bedienung im Restaurant]

„Also bei so was wie sexueller Gewalt, ich glaube nicht, dass die von fremden Leuten so extrem ausgeht. Glaube ich einfach nicht! Sondern das geht eher aus von Leuten, die man so mittelmäßig kennt, denen man vermeintlicher Weise glaubt, vertrauen zu können und dann eben doch nicht. Also zum Beispiel irgendwie Leute, mit denen ist man zwei-, dreimal irgendwie ausgegangen, so auch vielleicht in einer Gruppe, und dann plötzlich wird man da vergewaltigt."

Frauen betonen, dass sie nachts unterwegs Unbehagen fühlen, eine latente Bedrohung spüren, stets wachsam und wehrhaft sein müssen. Quelle ihrer Sorge und Angst sind eigene Gewalterfahrungen, deutlich häufiger noch Erzählungen von Freundinnen und was deren Bekannte an Gewalt erfahren haben, dazu Berichte in der lokalen Presse (auch wenn sie schon Monate oder Jahre zurückliegen) – und es sind vor allem innere Bilder aus Spielfilmen.

Spielfilme – Maßstab und Quelle der Wahrnehmung von Gewalt

In keinem anderen Milieu sind Assoziationen und Bilder zu Gewalt so tief von Spielfilmen geprägt. Spielfilme sind eine Referenz zur Deutung der sozialen Wirklichkeit. Natürlich ist bewusst, dass Spielfilme Fiktionen sind und (längere) Gewaltszenen äußerst überzeichnet – so lange wie in manchen Filmen gezeigt, kann niemand tatsächlich Schläge und Tritte aushalten. Spielfilme und Serien (meistens amerikanische oder ostasiatische Produktionen) anzuschauen ist – neben Sitcoms – eine Leidenschaft von fast allen Frauen und Männern in diesem Milieu. Auffällig ist bei vielen aus diesem Milieu die Gleichzeitigkeit (1) der Faszination nach Actionfilmen (mit ausführlichen Gewaltszenen und einem überlegenen starken Helden); (2) von sporadischem Nachsinnen, dass solche Gewaltbilder unrealistisch sind, eigentlich furchtbar sind und einen mental und emotional prägen; (3) dass man auf solche Unterhaltung aber nicht verzichten will und keine Zensur solcher Bilder will; (4) dass es vor allem Frauen nach besonders harten Gewaltszenen wie einer Vergewaltigung emotional nicht gut geht und sie darüber mit einer Freundin sprechen müssen, um diese inneren Bilder und Gefühle loszuwerden.

„Ich glaube, das ist die jahrelange Gehirnwäsche von der Gesellschaft und den Filmen. Wir wurden ja schon ganz, ganz früh geprägt von ‚*Der Mann ist so stark!*‘ Der Jäger war der Mann immer und die Frau hat immer die Beeren gesammelt. Man wurde ja schon von Jahr Null gebrainwashed."

„Filme verändern schon unseren Kopf. Ich denke schon, klar. Weil, in einem Film ist eine Schlägerei zehn Minuten lang, aber der hat schon total oft eine auf die gleiche Stelle im Gesicht bekommen. Dann wäre der schon längst k. o. im echten Leben. Aber in Filmen werden die wie Helden dargestellt, die noch eine Stunde sich schlägern könnten und nicht k. o. wären. Also die Gewalt wird da ja viel einfacher dargestellt als in echt. In echt bist du nach einer guten Faust, glaube ich, weg. In Filmen, da hast du einen Kratzer." [lacht]

„Ja, ich mag so Filme halt. Eigentlich ja, aber ich weiß ja, dass es in echt nicht so ist. Ich finde es spannend. Es ist schon spannend, solche Filme anzuschauen. Ich finde sogar, dass es sehr fragwürdig ist, was in Filmen alles dargestellt wird, und dass man ja so oft Gewalt sieht. Und deswegen: Wenn zum Beispiel in Filmen ein toter Mensch auf dem Boden liegt oder eben ein als tot dargestellter Mensch am Boden liegt, dann ist man so ‚Okay, der ist tot.‘ Aber eigentlich ist es was voll Schlimmes. Ich meine, dieser Mensch ist tot. Aber man ist so ‚Ja, okay‘, weil es ein Film ist und so, aber eigentlich ist es viel schlimmer."

„Also wenn ich Gewalt sehe, nehme ich sie auch wahr. Und das macht mich natürlich auch wütend, wenn es irgendwie Unschuldige trifft. ich nehme es schon ernst. Ich weiß nicht, vielleicht nehme ich es manchmal sogar zu ernst. Filme zum Beispiel nehmen mich manchmal viel zu sehr mit, als sie es eigentlich sollten. So Vergewaltigungsszenen nehmen mich manchmal viel zu sehr mit. Da muss ich dann ausmachen oder rede danach noch ewig mit demjenigen, mit dem ich den Film angeschaut habe."

Was helfen würde: Ächtung der Gewalt im eigenen Umfeld

Frauen aus diesem Milieu nennen häufig einen Punkt, der ihnen nach der Situation eines gewalttätigen Übergriffs helfen würde: Wenn sie dem Angreifer einen Spiegel vorhalten könnten, sodass dieser selbst sieht, „wie dumm es eigentlich war". Gemeint ist die Umkehrung der Perspektive für den Täter bzw. die Täterin: Dieser bzw. diese sollte die eigene Tat von außen betrachten mit den Augen der anderen (der Opfer, des Umfelds); und dann deren vernichtendes Urteil bekommen und idealerweise dann selbst zu dem beschämenden Urteil kommen. Aus Sicht dieser Frauen steht das eigentlich hinter jedem Gerichtsurteil: Die Gesellschaft hält dem Täter seine Tat vor und verurteile diese Tat und diesen Täter (im Namen des Volkes). Doch löst nach Überzeugung vieler Hedonisten ein richterlich-amtliches Urteil meistens nicht Reue und Lernen aus. Denn die Richter sind für die Täter nur fremde Autoritäten, zu denen sie keine persönliche Verbundenheit haben, von denen sie keine Wertschätzung als Person erfahren, deren persönliche Geringschätzung ihnen also nichts ausmacht. Erst wenn aus dem eigenen Umfeld des Täters bzw. der Täterin, von deren Freundinnen, Freunden und geschätzten Bekannten die Botschaft der Missachtung seiner oder ihrer Gewalttat käme (und gerade nicht deren Anerkennung und Befeuerung), wenn eine Gewalttat im eigenen Kreis zum Stigma würde und soziale Ächtung droht, würden sich aggressive Personen deutlich mehr zähmen, bevor sie gegenüber anderen gewalttätig werden.

„Wenn zum Beispiel dann alle ihn auslachen würden oder irgendwie seine Freunde auch sagen würden: ‚Häh, warum hast du das jetzt gesagt?' Das wäre toll, weil dann würde er checken, das wäre voll cool, weil dann würde er sich so denken: ‚Ja, okay, warum habe ich das gerade gemacht?'"

Schlüssel zur Prävention: Bildung und Benennung – Skandalisierung – Bestrafung

Die erste Antwort fast aller Hedonisten auf die Frage nach Möglichkeiten der Gewaltprävention ist *Bildung*. Dieser Begriff wird auch in anderen Milieus genannt und scheint eine Allzweckwaffe zur Behebung von Problemen jedweder Art zu sein (wer mehr Bildung fordert, liegt nie falsch und erntet keinen Widerspruch). (1) Für einige ist die Forderung nach Bildung eine Hohlphrase, weil sie keine Idee zur Gewaltprävention haben (das belegen in einigen Interviews hermeneutische Analysen). (2) Andere meinen mit Bildung die *Schärfung des Blicks für Gewalt*. Darin liegt eine sozialkritische Haltung mit dem Vorwurf, dass alltägliche Gewalt gar nicht mehr gesehen wird, weil sie durch ihre Alltäglichkeit selbstverständlich und unspektakulär geworden ist, sogar normalisiert und bagatellisiert wird. Hier fordern diese Hedonisten ein Aufbrechen der Gesellschaft, dokumentieren im Interview ihre eigene (subjektiv hohe) Sensibilität für Gewalt in der Gesellschaft. Die Stoßrichtung ihrer Forderung zielt auf potenzielle Täter und auf Opfer von Gewalt. Zur Prävention muss man das ganze Spektrum von Gewalt in den Blick nehmen, bisherige Seh- und Deutungsgewohnheiten auf den Prüfstand stellen, sozusagen am Weitwinkel *und* Telezoom arbeiten, auch an der Tiefenschärfe. Die Idee ist, dass der Dreiklang *klare Benennung – öffentliche Skandalisierung – schnelle Bestrafung* verletzender Handlungen die beste Prävention ist: Aufklärung, Mut zur Anklage (das verlangt Zivilcourage und soziale Unterstützung) sowie bei den Tätern Anstoß zur Selbstreflexion (der Spiegel). Solche Prävention würde hemmen und tendenziell verhindern, dass aggressive Menschen ihren Frust an anderen auslassen oder andere aus Spaß demütigen.

„Ja, das Wichtigste ist halt Bildung. Sobald die Menschen gebildet werden oder sich mehr bilden, dann sinkt auf jeden Fall das Risiko, dass Gewalt ausgeübt wird. Genauso wie das Risiko sinkt, dass Opfer Leid über sich ergehen lassen und sich Hilfe holen. Also Bildung ist Key."

„Ich würde da anfangen, wo man noch was retten kann, quasi in der Jugend. Erst mal Aufklärung, was bedeutet überhaupt Gewalt, wie wird sie ausgeübt. Im Falle von häuslicher Gewalt wissen die Opfer gar nicht, dass ihnen das gerade passiert, oder lassen es halt zu, oder das passiert halt jetzt und ist nicht so schlimm. Also der erste Schritt ist, zu erkennen, was ist denn überhaupt Gewalt."

„Ich finde, man muss nicht mehr Polizei machen. Man muss die Gedanken von den Leuten ändern, weil dann braucht man auch nicht so viel Polizei. Ich meine, so viel Polizei muss ja nur sein, weil es so viele Menschen gibt, die böse Dinge tun, jetzt mal ganz [lachend] banal ausgedrückt. Und deswegen müsste man einfach was bei den Leuten ändern. Ich glaube, es gibt schon sehr viel Polizei."

Warn-App vor Gewalt (aktuelle Gewaltorte, -lokale, -situationen)

Eine kreative und eher spontane Idee, Orte notorischer Gewalt zu meiden, aktuelle Gewaltsituationen zu umgehen oder bei akuten Gewaltsituationen sehr viel schneller Hilfe zu holen, wäre die Entwicklung einer App, die – ähnlich Staumeldern – vor typischen oder akuten Orten der Gewalt warnt. Eine solche App müsste sich jeder auf dem Handy installieren können und melden, wenn man eine Gewalttat beobachtet. Dazu könnte die Polizei aufgrund ihrer Erfahrung typische Orte der Gewalt dort einspeisen. Das wäre ein Hinweis für andere, die auch diese App nutzten, diese Bereiche zu umgehen. Auch könnten Polizisten und Polizistinnen auf Streife so schneller an Einsatzorten sein. Allerdings wenden Hedonisten, die diese Idee einbringen, selbst ein, dass solche Meldungen auch Schaulustige oder Schlägertypen anziehen könnten; und da die meisten Gewalttaten nur wenige Sekunden oder Minuten dauerten, kämen Polizei und Schaulustige oft zu spät – auch Missbrauch ist möglich. Ihre Idee einer App ist, wenden sie selbst ein, natürlich noch nicht ausgereift – ihnen geht es um die grundsätzliche Möglichkeit, mithilfe aktueller Informationstechnologie vor Gewaltsituationen zu warnen und ggf. auch Sicherheitskräfte schneller als bisher an solchen Orten zu haben. Das gilt auch für private Sicherheitsdienste wie etwa auf Bahnhöfen, in Bussen und U- bzw. S-Bahnen oder an Bahnstationen.

„Man könnte Leute losschicken in Viertel, die unterwegs sind und sich umschauen und merken, okay, hier ist gerade irgendwie ein bisschen brenzlig und dann daraus vielleicht sogar eine App machen, die dann wiederum live [lacht] zeigt, wo gerade Gewalt stattfindet, damit man diese Orte meidet. Jeder kann da mitmachen, so jeder meldet sich kostenfrei an und jeder kann dann eben wiederum zeigen, wo."

Anmerkung: In den lebensweltlichen Analysen zeigt sich eine tiefe Mehrdeutigkeit zu Gewalt. Auf der einen Seite demonstrieren vor allem Jüngere im Milieu ihre harsche moralische Ablehnung und Verurteilung von Gewalt. Auf der anderen Seite steht die Schilderung, dass Gewalt nicht nur wehtut mit Kurz- und Langzeitfolgen, sondern und in konkreten Situationen die Unbeschwertheit und den Spaß zerstört – ein erlebnisorientiertes Argument. Narrative von Hedonisten zur Gewalt sind geprägt durch ein Oszillieren zwischen der eigenen Betroffenheit von Gewalt, eigener Verletzbarkeit, der Demonstration ihrer Sensibilität für Gewalt, ihres eigenen hohen moralischen Standards, der weit über dem des statusorientierten Bürgertums liegt.
Staatsschutz meint in diesem Milieu zuerst, den Einzelnen und die Einzelne (sie selbst) vor Einschränkungen durch den Staat schützen. Es geht um ihre Freiheit und Unabhängigkeit, sodass ihr ungebundenes Verhalten nicht dem Risiko staatlicher Sanktionen ausgesetzt ist. Staatsschutz hat zugleich die Bedeutung der Forderung nach einem schnell und hart eingreifenden Staat (durch Polizei und Justiz), wenn die eigene Freiheit und Unversehrtheit durch andere bedroht und verletzt wird. Gesetze sind gut, wenn sie die eigene Freiheit und Bedürfnisse schützen; sofern sie grundsätzlich oder situativ die eigenen Spielräume einschränken, erhebt sich der Imperativ, die Autonomie zu verteidigen aus einer überlegenen moralischen Warte.
Hedonisten erleben in ihrem Alltag häufig Gewalt unterschiedlichster Art und Grade. Es zeigt sich aber wenig Reflexion darüber, ob ihr eigenes Verhalten selbst Gewalt für andere ist. Ihre im eigenen Freundeskreis ausgeprägte Körperlichkeit in der freundschaftlichen Kommunikation (typisch sind häufige Berührungen, Umarmungen, Knuffe, verbale Spötteleien etc.) etabliert Rituale und Stile, die von anderen als Übergriffigkeit und Gewalt beobachtet werden. Ebenso genießen einige den situativen Kick, bei denen körperliche und verbale Provokation gegenüber Fremden stärker ausfallen, weil man sich im Schutz einer Gruppe weiß. Zu fragen ist, ob Hedonisten die Gewalt, die sie beklagen, auch selbst ausüben oder provozieren.
In der Milieulandkarte sind die beiden Milieus der Hedonisten und Konservativen diagonal gegenüber gelagert in äußerster Positionalität. Dahinter steht ein gegensätzliches Verständnis im Verhältnis von Individuum und Gesellschaft. Konservative sind bewegt von der Sorge um das Ganze, um ein funktionierendes Gemeinwesen und Staatswesen. Hedonisten treibt die Sorge um das Individuelle einer jeden Person, das vor dem deformierenden Zugriff der Gesellschaft in Gestalt von Gesetzen, Konventionen, Normen oder

Traditionen geschützt werden muss. Ihnen geht es um möglichst sofortige Befriedigung aktueller Bedürfnisse, es gibt kaum Motivation zur Triebsublimierung. Aber es besteht die Forderung nach Toleranz seitens „der Gesellschaft", mit der der konventionelle Mainstream gemeint ist, von dem man sich selbstbewusst abgrenzt als Identitätsmarkierung und zu der man daher ein enges Verhältnis zur Distanzierung pflegt. Konservative sind hingegen an der nachhaltigen Versorgung der Bedarfe des Gemeinwesens und der Funktionssysteme orientiert; das verlangt von jedem Individuum Triebsublimierung, das Zurückstellen aktueller Affekte und Spontanbedürfnisse. So stehen diese beiden Milieus als soziokulturelle Antipoden einander gegenüber, ohne dass es bisher gelingt, ihre Narrative in einen Dialog zu bringen oder gar in eine dialektische Weiterentwicklung.

2.9. „Expeditive"

2.9.1. Lebenswelt

Grundorientierung

Die hoch gebildete, mobile, unkonventionelle und äußerst individualistische Avantgarde, auf der Suche nach Veränderungen und neuen Grenzen; Vision von einer Welt der Kreativität, Toleranz, Umweltfreundlichkeit und Weiterentwicklung; Anspruch, dass die eigene (private und berufliche) Tätigkeit neue Erfahrungen und Perspektiven eröffnet (auch jenseits von finanziellem Gewinn): postmoderne Selbsterfinder, Entdeckerinnen bzw. Entdecker neuer Welten und Identität(en); Flaneure und kreative Vagabunden in den pulsierenden Metropolen und kreativen Szenen; auf der Suche nach dem Glück spannender Momente und Begegnungen. Das *Leben* beginnt am Ende der Komfortzone. Wenn man es erfahren und entdecken will, muss man Neues probieren.

- *Neue eigene Wege gehen* als Lebensprinzip: Man ist nicht bereit, im Mainstream einfach nur mitzumachen, sich ziellos treiben zu lassen oder die medien- und kulturindustriell vorfabrizierten Angebote einfach zu konsumieren. Es geht um das Aufbrechen von Denk- und Handlungsmustern und Eröffnen neuer Perspektiven auf das *Leben*, nach *Sinn* und dem *eigenen inneren Kern*, den man nicht festhalten und konservieren kann, sondern dem man sich immer wieder neu annähern muss (= Lebendigkeit). Primäre Perspektive ist: Das „Eigentliche", Originäre und Wertvolle ist das Potenzial des und der Einzelnen. Die Gesellschaft bietet Material und Möglichkeiten, aus denen man autonom wählt, deren Versatzstücke man bearbeitet: Die Gesellschaft als Pool und Archiv, aus dem man sich bedient. Meist keine enge Identifikation mit der (bestehenden) Gesellschaft als Ganzer, aber eine oft radikale (an die Wurzel gehende), ökonomisch und politisch kritische, konstruktive Gesellschaftskritik

Abbildung 16

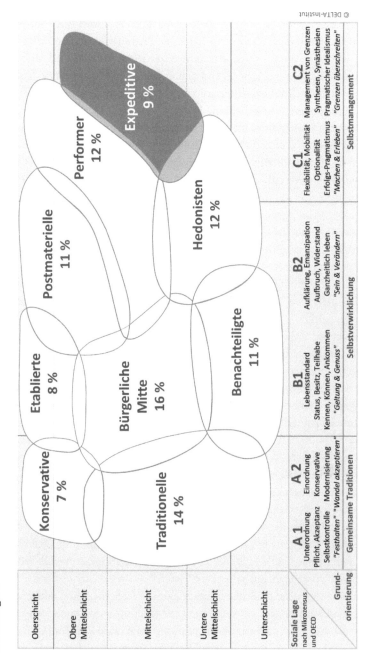

309

- Sich für ungewöhnliche und kreative, auch skurrile Ideen und Ausdrucksformen interessieren: Musik verschiedener Provenienz, Malerei und Fotografie, Esoterik, Buddhismus etc. Sympathie für Originale und Ursprüngliches: den Dingen auf den Grund gehen und auch verändern; Sympathie für Greenpeace, Amnesty International, Attac, Occupy-Bewegung, Fridays for Future, Extinction Rebellion, Black Lives Matter etc. Engagement in künstlerischen und subkulturellen Szenen: Kleinkunst, Chaos Computer Club, Antifa-Szene etc. sowie Orientierung an internationalen und vor allem kleineren Protestinitiativen und Non-Profit-Organisationen (z. B. Oxfam, Transparency International, Sunrise Movement, Future Coalition etc.) – gleichzeitig Kritik an unreflektierter Massenbewegung
- Bei einigen eine grundlegende Kritik am Kapitalismus aufgrund seiner negativen Effekte für die Selbstbestimmung des Individuums, seiner Zerstörungskraft der Umwelt und Ökologie (Klima- und Artenschutz) und für die Beziehungsformen der Menschen untereinander (egoistisches Interessenverfolgen). Dabei auch experimentelle Sympathie für alternative politische Modelle, getrieben von dem Wunsch, Gesellschaft und Politik einmal ganz anders zu denken
- Überzeugung, dass Systeme und administrative Apparate notwendig sind, dass sich aber der oder die Einzelne von vorgegebenen Plattformen, Regeln und Konventionen (innerlich und praktisch) immer wieder emanzipieren muss, um lebendig zu sein und die eigene Einzigartigkeit zu bewahren: Grenzgänge zwischen dem Konventionellen und Ausgesetzten/Extravaganten/Riskanten; Pendeln zwischen dem Alternativen und Normalen: Anders-Sein als Maxime; dafür aber braucht es immer wieder Kontakt und Austausch mit dem Normalen
- Bewusst immer wieder das Gewohnte, Bewährte, Akzeptierte überschreiten; auch an die eigenen kognitiven, emotionalen, physischen Grenzen gehen und mit Entbehrungen leben können. Flaneure in den Konsumpassagen und subkulturellen Szenen der Gegenwart zur Inspiration, um etwas Eigenes daraus zu machen. Selbstbewusstsein als individualistische Vor- und Querdenker. Dabei beharrlich und hart an der eigenen Idee oder einem Projekt arbeiten: Spannungen erzeugen, aushalten, auflösen
- Aufgrund biografischer Brüche, materieller Unsicherheit und unsteter Beschäftigungsverhältnisse teilweise das Lebensgefühl von Heimatlosigkeit als Dauerzustand: Das „auf der Reise sein" ist beglückende Identität und Belastung zugleich

„Ich bin kein groß anspruchsvoller Mensch. Ich sage immer ganz gerne, ich bin ein sehr reicher Mensch, weil ich sehr wenig brauche zum Glücklichsein. Und ich hatte natürlich auch genauso unstete finanzielle Lagen. Ich habe öfter Hunger gehabt in meinem Leben. Und ich habe öfter derartigen Überfluss gehabt, aber dann auch wieder gar keine Zeit, dass ich ihn ausgebe. Ich reise sehr gerne. Das ist mir wichtig, dass ich immer mobil bleiben kann. Das ist eines der wichtigsten Dinge in meinem Leben."

„Worauf lege ich Wert? Freiheit! Freiheit! Freiheit und die Suche nach, das klingt so plakativ, aber die Suche nach dem Sinn des Lebens oder nach dem, was halt dahintersteckt. Also für mich steht nicht materielle Befriedigung im Vordergrund, absolut nicht."

„Sinn macht für mich, meine Erfahrungen weiterzugeben und ja, das ist ziemlich anstrengend, weil ich [lachend] als neugieriger Mensch ziemlich viel Erfahrungen aus vielen Bereichen gesammelt habe. Und natürlich auch mit so einem freien Leben die Zeit hatte. Und das ganze Wissen, egal in welchem Bereich, nützt ja nichts, wenn man das nicht weitergeben kann. Und das ist für mich ein Riesensinn, und zwar in Liebe und uneigennützig. Also nicht Win-Win-Situation."

Tabelle 9

Alter	
18–29 Jahre	38 %
30–39 Jahre	17 %
40–49 Jahre	13 %
50–59 Jahre	18 %
60–69 Jahre	10 %
70+	4 %
	100 %

Geschlecht	
Männer	42 %
Frauen	58 %
	100 %

Soziale Lage

- *Bildung*: Knapp die Hälfte mit höherem Bildungsabschluss und weiterführender Schule; ein Drittel hat einen (Fach-)Hochschulreife und ein Studium (begonnen)
- *Beruf*: Meist einfache und mittlere Angestellte; auch qualifizierte Angestellte und Selbstständige, auch Jobber. Häufig zeitlich befristete Stellen; Projektstellen
- *Einkommen*: Breites Einkommensspektrum (oft diskontinuierliche Einkommen):
  - 34 % haben hat ein Haushaltsnettoeinkommen über 2.000 €; 20 % über 2.500 €
  - 20 % haben ein Haushaltsnettoeinkommen unter 1.000 €; 12 % unter 750 €

In keinem Milieu ist die Kluft zwischen dem Bildungsgrad und dem monatlichen Einkommen so groß wie in diesem Milieu

Identität

- *Weltbild*: Lebensqualität bedeutet, den eigenen „inneren Kern" zu entdecken und diesem gemäß (intensiv) zu leben: Das geschieht durch das experimentelle Erproben unkonventioneller Stile, durch den virtuos-kreativen Umgang mit Regeln und das Durchbrechen von Tabus, durch geistige und körperliche Grenzerfahrungen und durch den Wechsel von Realitätsebenen. Verhaltenskodizes und Routinen lassen dem Einzelnen wenig Spielraum zur Selbstentdeckung und beschränken ihn in der kreativen Entwicklung eines individuellen Stils
- *Selbstbild (Ich-Ideal)*: Kreative und kulturelle Avantgarde der Gesellschaft
- *Abgrenzung*: Starre Strukturen, rigides Sicherheitsdenken, kleinbürgerliche Idyllen; Fixierung auf beruflichen Erfolg, Geld und Karriere
- *Leitmotiv*: Entdecken der vielfältigen Aspekte des Lebens (der Welt und des Selbst); Entfalten der eigenen Talente und Möglichkeiten
- *Ausstrahlung*: Aura des (Lebens-)Künstlers und (Lebens-)Designers: Dynamisch, offen, kreativ, mutig, selbstbewusst. Im Outfit oft unauffällig, nur bei einem Teil Extravaganz in der Kleidung (eigene Schnitte, Unikate, Second Hand-Läden, „Künstlergarderobe") mit Anleihen und Design-Zitate aus anderen Epochen und Kulturen

Lebensstil

- Widersprüchlichkeit als Lebensform: Mit Lebensstilen und Rollen spielen, in unterschiedlichsten Szenen, Welten und Kulturen leben. Die Normalität immer wieder verlassen; Gefallen finden an der (spielerisch-experimentellen) Distanz zur Normalität: nur so spürt man Lebendigkeit – das entbettete und entborgene Individuum. Eigene Rituale und Rechnungen zwischen Sicherheit und Freiheit (eine mitunter diskontinuierliche und prekäre Suchbewegung nach Verbindlichkeit ohne bürgerliche Spießigkeit)
- Starkes Bedürfnis nach Kommunikation, Inspiration und Bewegung. Selbstverständnis als Lifestyle-Avantgarde, Vorliebe für stilistische Provokationen, großes Interesse an jungem Theater, Kleinkunst, Musikimprovisationen, anderen Kulturen, Tier- und Umweltschutz, Globalisierungskritik
- Man will und braucht Zeit ganz für sich allein, genießt das Alleinsein (die „Einsamkeit"), will dann von niemandem gestört werden: Sich in ein Café setzen, Zeitung oder Buch lesen, in Ruhe nachdenken oder an einem Projekt arbeiten
- Mentales Training, Yoga, Meditation (sich spüren, sich „erden")
- Selbst zeichnen, malen, musizieren, Literatur schreiben jenseits des Mainstreams: die eigenen Grenzen und die Grenzen des Mediums ausprobieren. Dahinter stehen Sehnsucht und Interesse am Ursprünglichen: zum Beispiel Texte im Original lesen – ohne Übersetzung und Interpretation anderer

Keine stilistischen und weltanschaulichen Berührungsängste, weder mit der Tradition noch mit der Postmoderne; auch keine Ansprüche an Geradlinigkeit und Konsistenz (nach bürgerlichen Maßstäben): Sich nichts „vorschreiben" lassen, weder kulturell noch normalbiographisch, sondern sortieren und arrangieren nach eigenem Gusto – dann eröffnen sich neue Perspektiven. Das gilt für stilistische Einrichtungen ihrer Wohnung wie für mentale Elemente ihrer Weltanschauung

- Ausgeprägte Neigung zu neueren Sportarten und Extremsportarten, z. B. Freeclimbing, Paragliding, Drachenfliegen, Kitesurfen, Skydiving, Snowboarding, Beachvolleyball, Segeln, Surfen, Mountainbiken
- Beispiel Musik: Avantgarde der Entdeckung von Vinyl: Die technologische Perfektion und Reinheit der CD wird schnell langweilig und schal im Vergleich zu den knisternden Begleitgeräuschen der Platte. Wertschätzung der Einzigartigkeit der künstlerischen Covergestaltung sowie der je eigenen Sammlung. Platte und Cover – spürbar benutzt und abgegriffen – erinnern an die eigene Biographie (mit der Platte), verändern sich in ihrer Qualität, haben Makel und sind dadurch einzigartig. Der Vinylladen als Szene von Kennern und Liebhabern mit je einzigartigem Geschmacks- und Sammlerportfolio
- Die in der Moderne bzw. in bürgerlichen Konventionen getrennten Sphären nicht trennen, sondern zusammenbringen und unter einen Hut bringen, z. B. als Mutter/Vater auch kleinere Kinder mit ins Konzert, auf sportliche Bergtouren u. a. nehmen
- Der Anteil der Menschen mit Migrationshintergrund ist im Milieu der Expeditiven am zweithöchsten (nach Hedonisten 24,9 % und vor Performern 13,8 %).

Anteil der Menschen mit Migrationshintergrund im Milieu (deutschsprachig): 16,2 %

2.9.2. Wahrnehmung von Gewalt und Vorschläge zur Prävention

Gewalt unterbricht den eigenen Lauf, zerstört die Person:
Rules for Autonomy

Im Milieu der Expeditiven, für die Freiheit und Offenheit, Ungebundenheit und Eigensinn der Kern ihrer Identität sind, gibt es derzeit eine große Beunruhigung angesichts der aus ihrer Sicht in den letzten Jahren gewachsenen – und in der Corona-Pandemie noch einmal gestiegenen – Aggressivität vieler Menschen im Alltag, der verbalen Ruppigkeit, Drohung und körperlichen Übergriffigkeit durch Unbekannte. So ist die Einstellung gewachsen, dass das Pendel in der Gesellschaft ausgeschlagen ist in eine extrem *egoistische*

Liberalität, die keinen Sinn mehr hat für eigentliche Liberalität, die Respekt vor dem anderen voraussetzt und Toleranz gegenüber Menschen, die anders sind: Immer mehr Menschen haben, so die Alltagsdiagnose, nurmehr einen Tunnelblick, machen ihre eigenen Befindlichkeiten und Interessen zum alleinigen Maßstab – ohne Einfühlung für andere, ohne Rücksicht auf deren Belange, Grenzen und Verletzlichkeit. Diese Aggressivität kommt keineswegs primär von Unterprivilegierten, sondern ist stark ausgeprägt in der Mitte der Gesellschaft sowie in der Oberklasse, die ihre Abschottung und Distinktion mit aller Macht durchsetzt.

Diese sehr pointierte Erfahrung und Diagnose von Gewalt mag bei Expeditiven überraschen angesichts ihrer Grundorientierung, aber bei genauer Betrachtung ist sie eine logische und konsistente Folge. Die Auffassung ist: Wut und Gewalt haben einen lähmenden Effekt, behinderten Kreativität und Entwicklung. Das Schlimme und „Bösartige" an Gewalt ist, dass sie in den Lauf eines Individuums ohne dessen Einverständnis einbricht, eine Person körperlich, mental und emotional aus der Bahn wirft mit kurzfristigen und oft langfristigen Folgen. Für ihr eigenes Arbeiten an ihren persönlichen Passionen und Projekten sind Selbstdisziplin, Ausdauer und Frustrationstoleranz notwendige Tugenden. Wer nur spontanen Impulsen folgt, kommt niemals ans Ziel. Wer seine Gefühle von Frust oder Stress durch Aggression an anderen auslässt und so loszuwerden versucht, setzt diese Gefühle nur fort, indem er sie bedient.

Expeditive nennen zwar verschiedene *Formen* von Gewalt (physisch, psychisch, verbal, sexuell, rassistisch etc.), aber das ist nicht ihr Zugang. Ebenso wenig ist für sie von Belang, welche subjektiven *Motive* zu einer Gewalttat führen oder welche *Ziele* erreicht werden sollen (Stressabbau, Habgier, Rache, sexuelle Befriedigung, Erniedrigung anderer, kollektiver Erlebniskick, Beweis in der Peergroup, Machtdemonstration etc.). Zwar werden *Gruppen* genannt, die häufiger Opfer von Gewalt sind (Frauen, Kinder, Juden, Muslime, Migranten, Flüchtlinge, Homosexuelle, LGBTI[43] etc.), doch so ernst dies zu nehmen ist, hat die alltägliche und häufig in Gewalt umschlagende *Aggression gegen Jedermann und Jederfrau* zugenommen.

Gewalt besteht aus ihrer Sicht in jener Arroganz und Ignoranz und Stereotypie, in der *Andere* (vor allem *Fremde*) nicht *als Menschen* und *Individuen* wahrgenommen und respektiert werden, über deren Art, Freiheit und Eigensinn man sich freuen könnte, sondern als Figuren, die nützlich oder störend sind oder Objekte zum Stressabbau. Was fehlt, sind die Bereitschaft und wohl weitgehend die Fähigkeiten, (1) zu sich selbst auf Distanz zu gehen und das eigene Verhalten

---

43 *LGBTI* ist eine Abkürzung der englischen Wörter Lesbian, Gay, Bisexual, Transsexual/Transgender und Intersexual, auch ergänzt um Q für queer sowie *non-binary* für Geschlechtsidentitäten bzw. Geschlechterorientierungen außerhalb der zweigeteilten Geschlechterordnung.

von außen zu betrachten und dabei die eigene Lächerlichkeit solchen Verhaltens zu sehen; (2) sich selbst infrage und kritisch zur Disposition zu stellen; (3) die Würde, Eigenständigkeit und Andersartigkeit anderer anzuerkennen. Das Einspinnen in die nur eigene Perspektive erzeugt Egomanie, eine permanente Selbstspiegelung und einen Tunnelblick, die Grundlage und Rechtfertigung für die Aggression gegen irgendwelche andere ist, die nicht passen. Die in den letzten Jahren gewachsenen verbalen, körperlichen und sexistischen Übergriffe und Hemmungslosigkeiten richten sich nicht gegen bestimmte Personen, sondern häufig gegen irgendjemanden, der oder die in einer konkreten Situation im Wege ist und stört. Daraus entstehende Gewalt jedweder Form machen aus Sicht von Expeditiven niemanden zufrieden, schon gar nicht das Opfer, aber letztlich auch nicht den Täter oder die Täterin, sondern steigert auf allen Seiten Unzufriedenheit, was zu Frust, Stress und erneuter Gewalt führen kann. So ist es diese verhängnisvolle Steigerungsspirale von Unzufriedenheit und Egomanie, die Gewalt befördert.

Wenn gesagt wird, Opfer von Gewalt seien Schwächere oder Minderheiten, greift das aus Sicht von Expeditiven zu kurz. Zum einen ist *Minderheit* eine relationale Kategorie – je nach sozialer Situation ist eine Person mal in der Minderheit und mal in der Mehrheit, mal stärker und mal schwächer im Vergleich zu anderen. Zum anderen lassen sich Täter bzw. Opfer nicht eindeutig den Kategorien Mehrheit bzw. Minderheit zuordnen. Täter kommen aus der Mehrheitsgruppe *und* der Minderheitsgruppe. Wenn gesagt wird, Täter von Gewalt seien Frustrierte, Männer und Jugendliche aus der Unterschicht, Rechtsradikale, Linksautonome, Neonazis mit völkisch-rassistischem Gedankengut, Flüchtlinge mit Traumata ohne Bleibeperspektive, mit Anpassungsproblemen sowie anderer kultureller und religiöser Anschauung (insbesondere im Verständnis der Rolle von Frauen), dann greift auch diese Zusammenstellung des Täterkreises zu kurz. Täter und Täterinnen von alltäglicher Aggression und Gewalt kommen aus allen Gruppen und Klassen der Bevölkerung, sodass eine rein soziodemografische Profilierung zu kurz greift. Gewalt kommt auch von Angehörigen gesellschaftlicher Eliten, auch von manchen Müttern mit kleinen Kindern, die meinen, rabiat und rücksichtslos gegen jeden sein zu können, weil sie halt Mütter seien und damit Vorrechte hätten und jenseits sonstiger Gepflogenheiten der Rücksichtnahme stünden. Umgekehrt gibt es in allen Gruppen und Klassen auch jene, die aus Prinzip keine Gewalt anwenden. Kategorisierungen mögen der Differenzierung und Profilierung der Täter und Opfer dienen, sind aber im Kern selbst ein Akt der Gewalt denjenigen gegenüber, die zu einer dieser Gruppen gehören, aber dem zugeschriebenen Profil nicht entsprechen. Vielmehr ist eine Omnipräsenz von Gewalt in allen Klassen, Schichten, Milieus und Szenen der Gesellschaft festzustellen. Zielgruppenmodelle zur Prävention mögen der Eindämmung an bestimmten Stellen dienlich sein, bergen aber die Gefahr, dass man dadurch blind wird für jene Vielfalt an Gewalt, die breit gestreut in der Bevölkerung ist.

Daher pochen Expeditive – nur scheinbar entgegen ihrer eigenen Liberalität – für eine striktere Einhaltung von sozialen Regeln der wechselseitigen Unversehrtheit. Nur wenn *Rules for Autonomy* gelten, sind Freiheit und individuelle Entfaltung der Einzelnen möglich. Die Freiheit der Einzelnen endet an den Grenzen anderer. Dafür ist es aus Sicht von Expeditiven eine Notwendigkeit, sich über die eigenen Grenzen klar zu werden *und* die Grenzzonen der anderen Person, der man in einer konkreten Situation begegnet: Das verlangt in jeder Beziehung mit Vertrauten, Bekannten und in flüchtigen Begegnungen die Reflexion darüber und ist eine nie abschließbare Aufgabe. Aber dieser Respekt vor den Grenzen und der Freiheit des anderen wird zunehmend missachtet, ignoriert, bewusst verletzt, verspottet, diskreditiert (aus weltanschaulichen, religiösen, völkischen, chauvinistischen, machtarroganten, erlebnisorientierten Gründen): nicht mehr geübt, gekonnt, gewollt. Das verhärtet und vertieft den Tunnelblick.

Es gibt, betonen Expeditive, keine grenzenlose Liberalität; Individualität und Eigensinn haben nichts mit Egomanie oder Egoismus zu tun – das sind unterschiedliche Kategorien. So gibt es in diesem Milieu angesichts zunehmender Gewalt derzeit eine starke Fürsprache nach staatlicher *Law and Order* – allerdings ohne dies zum politischen oder weltanschaulichen Kernprogramm zu machen; also gerade keinen autoritären Staat: Es geht in engen Grenzen darum, durchzusetzen, dass sich alle an die Regel des Respekts vor den Territorien der anderen halten. Das Ziel ist die Sicherstellung der Autonomie des und der Einzelnen, damit die Freiheit jedes Einzelnen gewahrt bleibt. Dazu dient die Forderung nach mehr Polizeipräsenz sowie nach schnellerer, härterer Bestrafung von Gewalttätern, die kein Selbstzweck sein dürfen und auch keinen Vorrang des Staates über das selbstbestimmte Individuum bedeuten. Es ist instruktiv, dass es in der Forderung nach Respekt und stärkerer Kontrolle durch staatliche Sicherheitskräfte eine große Übereinstimmung mit dem Milieu der Konservativen gibt – obwohl beide Milieus in der Grundhaltung einander diametral entgegenstehen.

Täter mögen nach der Kriminalstatistik tendenziell überwiegend Männer sein, jugendlich oder mittleren Alters, eher mit geringer Schulbildung und Berufsqualifikation, mit geringem Einkommen aus unteren Schichten. Das aber ist aus Sicht von Expeditiven nicht entscheidend. Denn es gibt viele mit denselben Merkmalen, die nicht gewalttätig werden. Die entscheidende Präventionsausstattung ist Zufriedenheit im Leben. Und das ist nicht nur ein privates Projekt, sondern verlangt gesellschaftliche Strukturen, die allen die Möglichkeit zu dieser Zufriedenheit eröffnen.

„Gewalt hängt sehr viel mit Unzufriedenheit zusammen. Auf jeden Fall. Auf jeden Fall. Also ich glaube nicht, dass ein zufriedener Mensch, der wirklich bewusst handelt, gewalttätig sein kann."

„Ich würde die Gewalt nicht auf eine Gruppe beschränken. Es ist ja überall zu sehen, egal, ob das jetzt Gewalt gegen Frauen ist oder eine religiöse Gruppe. Das ist überall und gegen jeden."

„Ich sehe zum Beispiel eine unheimliche Aggressivität, die durch die Verkehrsmittel ausgedrückt wird. Ich bin selbst Radfahrer, aber ich nehme da keinen raus, Radfahrer und Fußgänger. Da fährt ein Lkw und ist im Abbiegen, und dann kommt von hinten ein Radfahrer auf dem Radweg und der hat ja Vorfahrt. Aber der Lkw ist ja schon im Abbiegen, dann gibt der Radfahrer noch Gas und schreit dann hoch: ‚Hey, Arschloch.' Das ist auch eine Form von Gewalt, die beide sich gegenseitig antun. Es ist halt nur mit sehr unterschiedlich verteilten Mitteln. Und das hat jetzt in den letzten Monaten massiv zugenommen. Massiv."

„Es ist doch wirklich diese Gewaltbereitschaft und diese Zerstörungswut bei der jungen Generation. Die ist einfach nicht nachzuvollziehen. Ich rede mit vielen Leuten drüber. Also trotz diesem Welpenschutz, den Jugend hat, die sich ja auch in Aggression ausdrücken üben muss. Aber da ist die Hemmschwelle viel weiter nach unten gerutscht, als es bei uns damals war oder auch noch selbst vor 15, 20 Jahren. Also die letzten zehn Jahre einen radikalen Anstieg an einfach Lust, Störungslust, Lust auf Gewalt, sei es Menschen, Tieren oder Gegenständen gegenüber. Ich mache mir da sehr viel Gedanken."

„Also zum Anfang des Gesprächs muss ich jetzt mal ganz deutlich klarstellen, weil ich werde öfter auch über Ausländer reden: Ich habe nichts gegen Ausländer. Ich bin Buddhistin. Und ich habe Freunde international. Ich bin eine Künstlerin. Ich habe ein Orchester zusammengesetzt aus sämtlichen Nationalitäten. Also für mich sind alle Menschen gleich. Aber, was mir sehr auffällt, ist bei Jugendlichen, die gar keine Hemmschwelle mehr haben. Die einen anfassen, wenn man bloß ‚Hey, was soll das?' sagt und ‚Ey Bitch!', also die Beleidigung lassen wir mal weg, aber: ‚Hast du was gegen Ausländer?' Wie oft ich diesen Satz auch woanders gehört habe, von Leuten, die tatsächlich nichts gegen Ausländer haben, auch aus meinem Bekanntenkreis. Und als Deutscher mit dieser Nazivergangenheit und wo es jetzt ja auch wieder brodelt, stockt man da erst mal. Das heißt, man steckt eigentlich ständig ein. Und das wird von einer bestimmten Gruppe, die sehr viel auf der Straße unterwegs ist, also wirklich missbraucht, dass man da gleich in so eine Ecke reingeschoben wird, obwohl das gar nichts damit zu tun hat. Das hätte man auch gesagt, wenn das jetzt ein bayerischer Bub gewesen wäre."

„Mütter fühlen sich wirklich berufen, wie ein Soldat ihre Kinder verteidigen zu müssen, obwohl man gar nichts von denen will, sondern wirklich einfach sagt: ‚Pass einfach mal ein bisschen auf!' Das ist auch eine Art Brennpunkt. Und Schulen sowieso: Schulhöfe, Spielplätze, Bolzplätze."

„Ich wohne am Rande eines sozialen Brennpunkts. Ist zwar die Polizei vis-à-vis und ein Nobelrestaurant [lachend] vor dem Haus, aber daneben ist ein Bolzplatz, wo sich verschiedene Nationalitäten von Kindern treffen. Was ich da mitkriege, das ist wirklich der Horror. Die bewerfen sich mit Steinen gegenseitig. Es ist eine Aggression in der Sprache schon bei Achtjährigen. Und ein Sichaufplustern und Wichtigmachen und ‚Du Opfer!' und ‚Du Bitch!.' Ist ja null Respekt mehr da. Und es achtet auch keiner drauf. Ich verstehe das sogar, weil ich weiß nicht, wer sich da wem anpasst. Die Gesellschaft entwickelt sich ohnehin immer mehr in Ellbogen. Ja klar, es geht ums Überleben."

„Damals durften wir noch rauchen in der U-Bahn, da habe ich mir eine Kippe angesteckt an der U-Bahn. Da kommt ein Typ auf mich zu und schlägt mir voll ins Gesicht. Volle Kanne! ‚Das ist hier nicht erlaubt!' Da war es nur ein Gebot, es war noch kein Verbot. Das war so eine Zwischenära. Dann kamen gleich ein paar Omas an: ‚Ja, das stimmt schon. Man soll nicht mehr rauchen.' Da sage ich: ‚Ja, aber Frauen schlagen ist okay, oder was?' Geht es noch?"

„Ich habe auch Senioren schon beobachtet, die wirklich mit ihrem Stock auf Kinder eingeschlagen oder ihnen hinterhergeschlagen haben, die versehentlich mal ein bisschen neben dem Radweg gefahren sind. Die passen sich auch an, die Rentner."

„Das nervt mich total, von der Erziehung her sowohl im Elternhaus auch an den Schulen. Die Lehrer kriegen keinen Respekt mehr, Aggression gegen Polizei, gegen Notärzte, sinnlose Aggression, ja! Und das ist für mich jetzt da der Endpunkt. Ich denke, das hat viel mit dieser Erziehung zu tun. Also ich habe noch eine strengere Erziehung genossen. Alles hat Vor- und Nachteile. Aber ich merke schon, wenn jetzt allzu tolerant erzogen wird, dann entgleist es ja."

„Da hatte ich erst gestern eine Situation beim Einkaufen, passiert aber immer wieder. Da werde ich von alten Menschen irgendwie total ohne Grund angeblafft, weshalb ich jetzt da stehe oder wieso ich nicht zur Seite gehen kann. Oder der Art und Weise, wie ich dann einkaufe, oder was ich nehme. Im Endeffekt war es dann, glaube ich, aber immer deren Unzufriedenheit. Also ich sehe das dann immer so: Die haben gerade in dem Moment irgendein Problem mit sich selbst, oder sind irgendwie unzufrieden und lassen das halt an anderen Leuten so wortlaut aus, was ich halt irgendwie nicht so verstehen kann. Ich nehme das dann nicht so persönlich."

„Mein Bild von Tätern ist, das ist einfach ein unglücklicher Mensch irgendwie. Wenn ich mit meinem ganzen Leben zufrieden bin und glücklich, dann kann ich mir nicht vorstellen, dass ich irgendwie jetzt andere Menschen irgendwie Gewalt zu üben möchte."

„Wie man mit anderen Menschen umgeht, hat sehr viel mit der eigenen Zufriedenheit zu tun."

„Um Gewalt zu verhindern, müsste man eigentlich dafür sorgen, dass die Menschen glücklicher sind, zufriedener sind. Oder einfach Aufklärung: In der Schule nicht nur Mathe, Deutsch, Englisch, sondern auch Fächer für Soft Skills: Kommunikationsfähigkeit und Einfühlvermögen. Ich würde echt mal so ein Fach vorschlagen in der Schule wie ‚Menschliche Kompetenzen': wie sollte man miteinander umgehen."

„Ein Grund für Gewalt ist auch, dass die Menschen keine Fehler eingestehen können und gleich in die Offensive gehen. Manche Menschen können sich da nicht zurückhalten und werden dann auch körperlich gewalttätig, wenn sie einem mit ihrem Körper oder Gesicht zu nahekommen, mit den Händen drohen oder auch anfassen und schlagen."

„Gerade in den Städten spüre ich Gewalt, Aggression. Sei es, dass man mich irgendwie wegdrängt oder mich fast über den Haufen rennt. So ganz banale Sachen. Es macht mich im ersten Ansatz natürlich wütend. Aber ich habe diese Wut, so in mich gegangen, recherchiert. Die Wut ist eigentlich eher diese Machtlosigkeit dagegen. Ich bin eigentlich traurig. Ich könnte heulen darüber. Weil das ja gar keinem Menschen was bringt. Die betrügen sich ja dadurch alle selbst um ihr eigenes Wohlbefinden."

Verletzung des rituellen Regelwerks (das hohle „Tschuldigung!")

Situationen der Gewalt sind meistens Situationen der Kommunikation. Häufig verletzt man eine andere Person, ohne das zu beabsichtigen. Typische Beispiele sind Rempler in einer Fußgängerzone oder im Warenhaus; man tritt jemanden unbeabsichtigt auf den Fuß, verschüttet ein gefülltes Glas, dessen Inhalt auf der Kleidung des oder der anderen landet, oder ein Ellenbogencheck beim Tanzen in der Disco oder im Club. Hier greifen normalerweise Rituale des korrektiven Ausgleichs, sodass am Ende das vorherige Gefüge wiederhergestellt ist. Idealtypisch und normativ: Auf das Anrempeln einer Person und dem Hinweis eines Geschädigten auf das Fehlverhalten folgen eine Entschuldigung seitens des Schädigenden, der damit seine Schuld eingesteht mit dem Angebot der Versöhnung und Wiedergutmachung, worauf der Geschädigte die Entschuldigung annimmt oder die Erklärung akzeptiert, das Ereignis bagatellisiert, woraufhin sich der Missetäter für die gewährte Vergebung dankbar zeigt. Was Expeditive zunehmend erleben (und in den Interviews ausführlich beschreiben), ist das Aussetzen dieses korrektiven Austauschs, des Eingestehens von Unachtsamkeit oder Fehlverhalten, die Verweigerung dieses rituellen Regelwerks. Und das ist für Expeditive auch eine Form von Gewalt.

Wenn jemand sagt „Entschuldigung", dann ist es die *Bitte* an den Geschädigten, das Bekenntnis zur Täterschaft und das Bedauern des Vergehens anzunehmen und die Tat zu vergeben. Grundsätzlich hat ein Betroffener also die Option, eine Entschuldigung auch abzulehnen. *Ent*-schuldigen kann somit nur der Geschädigte, er oder sie muss vom Täter die Last der Schuld nehmen. Wer um Entschuldigung bittet, kann sich nicht selbst entlasten, sich nicht selbst von der Schuld freisprechen. Genau das aber geschieht in dem hohlen Verbalritual „Tschuldigung". Hier nimmt ein Täter von sich selbst die Schuld durch das Aussprechen jenes Wortes mit der Behauptung, dass damit die Situation bereinigt ist. Der geschädigten Person wird nicht mehr die Freiheit zugestanden, die Entschuldigung anzunehmen oder zurückzuweisen. So wird ein Höflichkeitsetikett zu einer Floskel der Gewalt.

„Ich würde jetzt nie eine richtige Entschuldigung ablehnen. Aber dieses hingeschleuderte Tschuldigung, das so halbherzig wie ‚Hups!' gesagt wird, das akzeptiere ich dann nicht. Weil, das ist ja nur ein Reflex. Es kommt nicht von innen. Also was bedeutet Entschuldigung? Ich fühle eine Schuld dir gegenüber. Das kommt nicht rüber. Nur das Wort kommt rüber, der Impuls."

„Auch wenn einem jemand nur auf den Fuß steigt und man schreit ‚Aua!' – [giftig]. Man wird gleich angebrüllt ‚Ich habe es ja nicht mit Absicht gemacht!' Ich habe dann zu dem gesagt: ‚Entschuldigung! Ich kann doch wohl noch, wenn Sie mich verletzen, was sagen!' Und dann kommt dann so ein: [giftig] ‚Tschuldigung!' Also man braucht nicht mehr aufeinander achten. Man kann dem anderen den Ellbogen in die Seite rammen oder ins Gesicht schlagen. Man braucht bloß einfach dieses Wort Tschuldigung hinterherschmeißen und dann ist alles paletti. Und da rege ich mich sehr auf. Oder dieser Satz ‚Ich habe es ja nicht mit Absicht gemacht.' Woraufhin von mir immer kommt: ‚Ja, wenn Sie das mit Absicht gemacht hätten, wären Sie ja ein Sadist.' Dann gucken die erst mal. Und dann, die meisten, da fällt dann der Groschen. Und statt, dass die dann ‚Ja okay, das tut mir wirklich leid, war blöd', – nö, man bleibt auf der Aggressionsschiene und fängt dann einen Streit an und dann kommen Beleidigungen und also hallo. Das ist doch Gewalt."

„Ich war unterwegs mit Krücken, ich hatte zwei gebrochene Füße. Ein Blinder hat gesehen, dass ich verletzt bin. Ich stehe im Aufzug. Da kommt eine Dame mit einem Kinderwagen, das passiert sehr oft, diese Mütter sind äußerst [lachend] aggressiv. Diese Kinderwagen haben manchmal vorne noch so einen Vorbau. Und die fährt mir voll in meine frisch operierten Füße. Und ich klappe zusammen. Und dann kriegte ich eben auch gleich: ‚Hä, ich habe es ja nicht mit Absicht gemacht!' – Ich dann: ‚Also ja, man kann sich ja wenigstens entschuldigen.' – Doch sie: ‚Ich habe Entschuldigung gesagt!', obwohl das tatsächlich nicht der Fall war. Die haben im Kopf: Och, das hat mir jetzt leidgetan. Aber das ist so ein Bruchteil von einer Sekunde. Dieser Impuls lässt die glauben, sie hätten sich tatsächlich entschuldigt."

Häusliche Gewalt – auch an Männern

Häusliche Gewalt thematisierten alle Expeditiven – Frauen und Männer – dieser Untersuchung von sich aus. Sie bewerten häusliche Gewalt als eines der größten und zugleich unsichtbarsten Probleme unserer Gesellschaft. Zugleich haben sie den Eindruck, dass die mediale Berichterstattung zu gestiegener häuslicher Gewalt im Zuge des Corona-Lockdowns das Thema zumindest etwas mehr ins öffentliche Bewusstsein gerückt hat.

Es sind mehrheitlich Frauen, die erzählen, dass es sicher (nur einzelne haben Kenntnisse aus dem eigenen Umfeld) auch häusliche Gewalt von Frauen gegen Männer gibt. Damit meinen sie nicht nur psychische Gewalt, sondern auch körperliche Gewalt. Doch – so der Eindruck von Expeditiven – ist häusliche Gewalt an Männern noch immer ein Tabuthema: Es fällt Männern schwer, anderen davon zu erzählen und sich als Opfer körperlicher Gewalt durch die Lebenspartnerin zu outen – aus Schmach vor der verletzten Männlichkeit und um die eigene Partnerin nicht zu stigmatisieren. Expeditive betonen die Dringlichkeit dieses Themas. Sie lesen immer wieder Berichte darüber oder erfahren von Beratungsstellen, was wichtig und zu tun wäre, damit diese Männer ernst genommen werden und diese Form unsichtbarer Gewalt ebenso skandalisiert wird wie häusliche Gewalt von Männern an Frauen und Kindern. Denn neben der häuslichen Gewalt von Frauen an Männern darf man nicht ausblenden, dass es wohl auch – ein weiteres, noch größeres Tabu – körperliche und vielleicht auch sexuelle Gewalt von Frauen gegenüber ihren Kindern gibt. Das allerdings wird medial noch weniger thematisiert.

„Es gibt ja ganz viele Männer, die von Frauen körperliche Gewalt erleben. Das war ja immer ein Tabuthema. Und ich finde, da muss ich jetzt einmal die Medien loben, dass das schon immer wieder als Thema aufgegriffen wird, damit es nicht in Vergessenheit gerät." [Frau, 47 Jahre]

„Es ist schon so, dass man über einen Mann, der von seiner Frau geschlagen wird, sagt: ‚Der ist einfach zu schwach. Das ist ein Schwächling', also kein richtiger Mann. Wenn man die Gesellschaft im Durchschnitt nimmt, die bezeichnet einen richtigen Mann, der hat Muskeln und der kann sich auch verbal durchsetzen. Das ist ein Mann. Das ist immer noch so in den Köpfen drin. Also ein Mann, der total pazifistisch ist und diplomatisch ist, der kann noch so klug sein und mit seiner Intelligenz alle in den Schatten stellen und der Winner eigentlich sein. Er wird aber trotzdem nicht so als starker Mann wahrgenommen. Ist einfach so. Und da tun die sich natürlich schwer, die Männer, die wirklich echte Gewalt erleben. Das wird nicht so sehr ernst genommen."

„Man darf bei sexuellem Missbrauch im Haushalt auch nicht nur an Männer denken. Ich glaube, es gibt bestimmt auch Mütter, die ihrem Kind Gewalt antun oder auch sexuell missbrauchen."

Rassistische Gewalt und antirassistische Gewalt

Mit großer Sorge nehmen Expeditive wahr, dass es rassistisch motivierte Einschüchterung bestimmter Gruppen gibt, Gewaltausübung und Gewaltandrohung. Diese Gewalt geht nach ihrer Auffassung von Neonazis, Pegida, AfD etc. aus, von Menschen mit islamistischem Hintergrund (insbesondere gegen Juden; auch gegen Frauen mit eigenwilligem Outfit) sowie von einzelnen Polizisten oder geschlossenen Netzwerken innerhalb der Polizei, mit Hinweis auf die Debatte zu Rassismus innerhalb der Polizei (z. B. anonyme Drohmails mit

Absender NSU 2.0 mit persönlichen Informationen nach Abruf von Daten aus hessischen Polizeicomputern) oder anlasslose Personenkontrollen zum Zweck der Migrationskontrolle (Racial Profiling, Ethnic Profiling).

Dem gegenüber sehen Expeditive antisexistische Bewegungen wie #MeToo und antirassistische Bewegungen wie *Black Lives Matter*, deren Ziele und Weltanschauung sie grundsätzlich unterstützen. Doch auch in diesen Bewegungen beobachten Expeditive wirkmächtige und kommunikativ laute Strömungen, die mit Mitteln der Pauschalisierung und Stigmatisierung vorgehen und damit zu Gewalttätern mit dem Instrument der Propaganda werden. So widerlich Rassismus ist, so sehr wird das Label Rassismus oft willkürlich verwendet, um beliebige Gegner zu diffamieren. Dieser spezifische aggressive Antirassismus ist auf seine Art ideologisch, totalitär und – ja auch – rassistisch. Dieser begeht bspw. unreflektiert-dumm oder absichtlich-perfide einen Übertragungsfehler, indem die „Black Lives Matter"-Bewegung aus den USA einfach auf Deutschland übertragen wird, obwohl die historische und soziale Situation von Schwarzen in den USA und in Deutschland gänzlich anders ist. Hingegen wird in Deutschland seit Jahren die Situation von anderen benachteiligten Gruppen, etwa Leiharbeitende aus osteuropäischen Ländern in Fleischbetrieben oder Erntewirtschaft, Sinti und Roma, unbegleitete minderjährige Flüchtlinge (UMF), Straßenkinder etc. oder die strukturelle Benachteiligung von Frauen, deren Gleichberechtigung sogar in der Verfassung steht, nur am Rande behandelt. Diese randständige Behandlung von eigentlichen Zentralthemen einer offenen demokratischen Gesellschaft gleicher Teilhabe ist ein Skandal und zeigt Ideologiecharakter, wenn gleichzeitig eine Empörungsblase mit Erlebnisdemonstrationen für *Black Lives Matter* und gegen Polizeigewalt stattfindet.

„Man kriegt das doch mit. So wie einige Ausländer sagen: ‚Ja, bist du Nazi?', kriegt man auch oft zu hören: ‚Hau doch ab, du scheiß Nigger', oder irgendwie so was oder ‚Dreckskanacke.' Ich spreche es jetzt frei aus, was ich zu hören kriege." [Frau, 36 Jahre, Deutsche, weiß]

„Es ist eine grundaggressive Einstellung weltweit irgendwie. Eine Unzufriedenheit weltweit einfach. Und gerade, was jetzt da auch mit diesen Black Lives Matter abging in den USA. Das wurde hier eins zu eins in Deutschland kopiert. Ich lange mir an den Kopf. Ich sage: Hallo! Die Farbigen in den USA, die sind als Sklaven dahin verschleppt worden. Hier ist kein einziger Sklave. Die sind hierhergekommen und haben gebeten, bei uns leben zu dürfen. Das ist doch ein ganz anderer Hintergrund. Aber da wird gar nicht mehr drüber nachgedacht. Da wird einfach nur: ‚Oh, da kann ich mich jetzt auslassen.' Oder wie jetzt mit diesen Maskendemos. Wo auch immer sich eine Gelegenheit bietet, sich zu entladen. Das ist eine Massenhysterie. Wozu Massenhysterie führen kann, haben wir ja in der Geschichte gesehen. Kann auch in eine andere Richtung führen, aber bestimmt nie eine gute und in eine zufriedenstellende."

„Das fehlende Denken führt zu Gewalt. Das fehlende Denken. Zum Beispiel: die Leute, die sich jetzt über die Flüchtlingswelle 2015 aufgeregt haben, denen ist nicht klar, dass es diese Flüchtlingswelle zum großen Teil gab, weil wir so leben. Beispiel Nordafrika: Die meisten nordafrikanischen Staaten haben ihre Fischereirechte an europäische Unternehmen verkauft. Wir kommen mit unseren topmodernen Hochseeschiffen und fischen denen den Fisch weg. Die mit ihren kleinen Fischerbooten können nicht mehr fischen, was machen sie mit ihren Fischerbooten? Ich habe jetzt ein Fischerboot, ich habe kein Geld mehr. Ach, da kommen die anderen, die wollen ja nach Europa. Ja, dann mache ich doch jetzt ein Fährunternehmen auf und bringe meine Landsleute nach Europa. Also das fehlende Denken auch, dass die Leute nicht wissen: ‚Hey, wir leben hier mega privilegiert' und dann jetzt auf diese Sache so mit Hass und Fremdenfeindlichkeit und Arroganz zu reagieren, ist der Fehler [...] Genauso auf der anderen Seite, dass zum Beispiel Leute aus den Ländern kommen und denken: ‚Boah, in Deutschland kriege ich alles geschenkt.' Und nicht sehen: ‚Scheiße, in Deutschland musst du für allen Scheiß Steuern zahlen, du musst für alles eine Genehmigung haben.' So einfache Sachen wie da unten, dass du sagst: ‚Okay, ich habe dieses Fischerboot, ich gehe fischen.' Geht hier nicht, du brauchst eine Genehmigung, du brauchst TÜV, was weiß ich alles. Alle müssten sich mehr bewusst sein: Das, was man irgendwo hat, hat Vorteile und gleichzeitig auch Nachteile."

„Es ist gerade die Diskussion: Ist unsere Polizei rechts? Und du bist jetzt Polizist und musst bis heute Abend noch was abliefern. Und du weißt: Okay, wenn ich jetzt die Oma nach Drogen durchsuche, werde ich wohl keinen Treffer landen. Wenn ich den Typen im Nadelstreifenanzug durchsuche, werde ich auch keinen Treffer haben. Aber wenn ich dann den Afrikaner in Jogginghose kontrolliere, ist die Wahrscheinlichkeit größer, dass ich bei dem was finde. Und das ist dann Rassismus. Das ist alles so komplex. Und das ist ja das Problem von Populismus, dass der Populismus immer sagt: Es gibt einfache Lösungen. Es gibt aber keine einfachen Lösungen! Das gilt auch für den populistischen Vorwurf, die Polizei sei rechts. So einfach ist das nicht. Es ist megakomplex."

Was schützt Expeditive davor, dass sie selbst nicht aggressiv werden, Frust oder Stress nicht durch Gewalt an anderen rauslassen? Ihre eigene subjektive Erklärung dafür sind *Zeit* (Abstand finden zu beruflichen Verpflichtungen, sich temporär freimachen von Leistungs- und Zeitdruck), *Eigenwahrnehmung* (sich von außen betrachten aus der Perspektive anderer), die Übung, *sich in andere hineinzuversetzen* sowie der *Kontakt mit Menschen aus anderen Ländern und Kulturen*: Sich in die Fremdheit begeben, das *Andere anerkennen und wertschätzen, sich für das Fremde interessieren*, um sich selbst aus dieser anderen Perspektive zu sehen.

„Mich schützt natürlich auch der globale Überblick, viel auf Reisen war und Menschen aus anderen Ländern und Kulturen kennengelernt habe. Auch mein Freundeskreis ist sehr international. Wenn man viel unterwegs ist, hat man Vergleichsmöglichkeiten, man kann es globaler überblicken und einschätzen. Man ist nicht in dieser Masse aus Mitläufern, denn da nimmt man sich ja gar nicht mehr als Ego wahr irgendwann. Das schützt mich natürlich. Und auch Gespräche mit anderen, die ähnliche Lebensphilosophien haben wie ich und auch auf sich achten, dass sie niemandem Unrecht tun. Ich will niemandem Unrecht tun, ganz einfach. Weder mir selber noch den anderen. Also das ist für mich ein No-Go. Ich habe nicht das Recht, jemand Unrecht anzutun, nur aus primitiven persönlichen Gründen, weil mir jetzt die Nase nicht passt."

„Was mich schützt, nicht zum Gewalttäter zu werden, ist dass ich halt weiß, dass Gewalt immer Konsequenzen hat und dass ich mich selbst sehe. Wenn ich jemandem sage: ‚Ey, du Arschloch auf dem Fahrrad', dann sehe ich mich selbst und sage mir: ‚Mensch, wie bescheuert warst du jetzt eigentlich?' Und dann frage ich mich: ‚Will ich so sein?'"

Einige aus diesem Milieu – insbesondere im Alter über 40 Jahren – führen ihre heute rigorose Distanz zu Gewalt darauf zurück, dass sie in ihrem Leben schon viel Gewalt erlebt und darunter gelitten haben. Einige Beispiele:

- Prügel in der Kindheit vom (Stief-)Vater und/oder der Mutter
- Körperliche Gewalt zwischen den Eltern
- Hänselei, Ausgrenzung, Schläge, Mobbing in der Schule
- Gewalt in der früheren Partnerschaft
- Gewalt durch Nachbarinnen/Nachbarn/Hausbewohnerinnen/Hausbewohner
- Körperliche, sexuelle oder verbale Gewalt im öffentlichen Verkehr
- Frauen erzählen davon, (mehrmals) vergewaltigt worden zu sein

Damit eröffnen sie ein alternatives Kausalmodell: Während das übliche Erklärungsmuster ist, dass Gewalttätige zuvor selbst Opfer von Gewalt waren, setzen Expeditive dem entgegen, dass ihre eigene (glaubhafte) Gewaltlosigkeit auf selbst erlittene Gewalt zurückgeht. Das ist psychologisch nur eine laienhafte Selbstdiagnose, deren Gültigkeit nicht erwiesen ist. Aber sie eröffnet einen Horizont: die Möglichkeit konstruktiver Opferarbeit mit dem Ergebnis einer Haltung, die in Gewalt niemals eine Lösung sieht und sie verabscheut.

„Mein Stiefvater, der meine Mutter damals geheiratet hat, mit vier Kindern, war halt ein Despot. Am Sonntagabend mussten wir uns vor ihn stellen mit dem Ranzen und dann hat er geguckt, was ist drin, ist alles in Ordnung? Wenn alles in Ordnung war, konnte man ins Bett gehen, und wenn es nicht in Ordnung war, gab es Schläge. Entweder mit dem Kleiderbügel, mit so einem Holzkleiderbügel mit Nieten, also so ein Holzkleiderbügel mit Leder überzogen und Nieten, oder mit dem Gürtel. Und meine Mutter, aufgrund dessen wurde sie zur Alkoholikerin und hat halt dagegen versucht, eine Zeit lang zu rebellieren, und dann gab es halt Streit, wenn sie betrunken war, und dann gab es Schlägereien und dann kam die Polizei, da flog der Mülleimer durch die Tür. Also ich kenne Gewalt."

„Ich hasse halt Gewalt. Ich kenne noch das Gefühl, kenne auch noch die Riesenhand meines Stiefvaters, wenn die so auf einen zukam. Und meine Mutter hat mich mal mit dem Kochlöffel malträtiert. Kennen Sie diese klassischen Holzkochlöffel mit so einem Loch in der Mitte? Da war dann tagelang der Abdruck."

„In der Schule, dadurch dass ich halt sehr gehemmt war und immer scheiß Klamotten hatte. Wir waren nicht reich, waren schon fünf Kinder, hatten immer Klamotten an, die nicht so cool waren. Und es war damals schon so, wenn man Zwei-Streifen-Turnschuhe hatte: ‚Äh, du Assi, du hast Assidas!' Und dann war ich auch das Mobbingopfer und habe die Schläge gekriegt. Diese beiden Schneidezähne sind künstlich, die sind mir in der Grundschule schon ausgeschlagen worden."

„Wir waren in einer Gegend, wo auch viele mit Migrationshintergrund waren, und da gab es halt dann auch gleich auf die Fresse."

„Wir hatten eine Frau im Haus, die hat fast das halbe Haus zusammengeprügelt. Die wollte mich die Treppe runterstoßen. Ohne Grund. Die hatte Kopfkino."

„Die häusliche Gewalt! Also ich hatte mal einen Mann, wie ich ganz jung war, mein erster, der hat mich geschlagen. Ich konnte mich da nicht wehren. Mich hat auch meine Mutter immer geschlagen. Ich konnte mich da nicht wehren. Also ich habe sehr viel Gewalt mitgekriegt in meinem Leben, mich deswegen ja auch sehr damit auseinandergesetzt."

„Ich hatte zwei Vergewaltigungen. Einmal mit irgendeiner Substanz. Ich weiß nicht, ob das K.-O.-Tropfen waren, ich habe das alles miterlebt. Das waren Deutsche. Ich habe das alles mitgekriegt, ich war aber wie gelähmt. Ich konnte mich weder bewegen noch reden."

Es gibt in den Narrativen eine enge Verknüpfung zwischen der eigenen Gewalterfahrungen in ihrer Kindheit mit ihrer Wahrnehmungsempfindlichkeit heutiger Gewalt von Eltern an ihren Kindern. Ein signifikantes Beispiel für diese Sensitivität zeigt die Erzählung eines Expeditiven, der die Kommunikation eines Vaters mit seinem Kind beobachtete:

„Jetzt habe ich eine klassische Szene in einer Eisdiele gesehen, da war der Junge und wollte Aufmerksamkeit. Und der Vater war aber am Handy und war so der Typ gebildeter Vater. Und der Junge hat nichts erreicht und dann hat er angefangen zu heulen. Und der Vater hat so wirklich ihm den Blick gegeben: Jetzt erst recht nicht, jetzt erst recht nicht. Und der Junge: ‚Wäh' [weinend, trampelnd]. Und es wurde immer mehr, es wurde immer mehr. Er hat das ganze Café genervt. Und der Vater hat dichtgemacht und: Mich erreichst du nicht! Und das ist auch eine Form von Gewalt in meinen Augen. Die Gewalt, die das Kind dabei erleidet, war, dass es versucht, zu dem Vater Kontakt aufzunehmen und der Kontakt komplett verweigert wird. Wie in einer Wohnung und ich sage: ‚Ich mache die Tür zu und du kannst draußen bleiben.' Also die Verweigerung, das Zumachen, das ist die Gewalt."

Gesteigerter Leistungs- und Zeitdruck führen zur Selbstentfremdung

Warum werden die Menschen heute so aggressiv bis gewalttätig? Expeditive sehen unter den vielen ursächlichen Faktoren vor allem drei: zu hoher Leistungsdruck, falsche Anreize, mangelnde Eigenliebe. (1) Ein Frust, Aggressivität und Gewaltimpulse befördernder Faktor ist der gesteigerte Leistungs- und Zeitdruck in der Wirtschaft. Hier befinden sich die Menschen im modernen kapitalistischen Wirtschaftssystem in einem Hamsterrad, aus dem es keine rationale Ausstiegsoption gibt und auch Widerstand gegen die Eskalationsdynamik nicht möglich ist, es sei denn um den Preis der Gefährdung der eigenen finanziellen Existenz. (2) Es werden medial (v. a. durch Kino und Musik) Anreize und Leitfiguren vermittelt, in denen Gewaltfähigkeit demonstriert und ein martialisches Auftreten verklärt werden, wie etwa im Gangsterrap. (3) Wer gegenüber anderen gewalttätig wird, hat – so die privatpsychologische Deutung von Expeditiven – keine Eigenliebe. Wer anderen Gewalt antut, überträgt die Wut über den Mangel an Liebe zu sich selbst auf andere. Insofern ist die Gewalttat gegenüber anderen auch eine Gewalttat an sich selbst. Wer hingegen mit sich selbst im Reinen ist und sich selbst liebt, verspürt keinen Impuls zur Aggression nach außen.

„Da gibt es wahrscheinlich mehrere Gründe. Also erst einmal die eigene Unzufriedenheit mit der Politik, mit der persönlichen Lebenssituation, Arbeitslosigkeit oder Überforderung im Job. Es ist ja Wahnsinn, seit dem Computerzeitalter muss ja jeder das Achtfache leisten. Man könnte meinen, mit dem Computer könnte man langsamer arbeiten. Nein. Und die Leute kriegen noch Überstunden drauf. Alle, auch Beamte, das weiß ich. Also die machen nicht hier Schluss in ihrer Amtsstube, sondern die nehmen solche Stapel von Akten mit nach Hause und müssen die am Wochenende auch noch abarbeiten. Die Leute haben ja gar keine Zeit mehr, richtig zu sich zu finden. Die haben noch die Zeit, dass sie am Wochenende sich ins Koma saufen, sage ich jetzt mal übertrieben, oder sich mit ihren Freunden treffen und feiern. Und dann kommt ein halber Tag zum Ausnüchtern. Dann macht man den Haushalt, die Wäsche und dann geht die Chose wieder von vorne los. Wie sollen die Menschen jemals zur inneren Ruhe kommen und wirklich zum klaren Nachdenken kommen? Und peu à peu macht das natürlich aggressiv. Man entfernt sich ja immer weiter von sich selbst. Man merkt, irgendwas geht schief. Ich bin nur noch ein Zahnrädchen. Das ist einer der Gründe. Der zweite Grund ist, dass einfach Gangsterstyle voll in ist. Gewalt ist in. Gangster werden verehrt? Das ging ja schon vor zwanzig Jahren mit dem ganzen Gangsterrap und den ganzen Gangs aus den USA, das wurde angehimmelt. Und das ist cool und in der Gruppe fühlt man sich stark."

„Die Aggressiven und Gewalttätigen haben keine Selbstwahrnehmung mehr und da fehlt es natürlich dann auch an einer Portion Eigenliebe. Und wenn ich keine Eigenliebe habe, kann ich auch keine Liebe gegenüber anderen entwickeln."

„Egoismus darf man mit Eigenliebe nicht verwechseln, Egoismus ist viel oberflächlicher, viel banaler als Eigenliebe. Egoismus entsteht aus einem Moment raus, ist ein Impuls, der schon auch mit Eigenliebe zu tun hat, aber nur dieses letzte Restchen Eigenliebe, das es nur noch aus so Impulsen rauskommt und was dann ja auch aggressiv macht, wenn das dann nicht erfüllt wird. Eigenliebe, da weiß man, was sind die wirklichen Interessen. Da weiß man, wie weit will ich in welcher Situation gehen, da hat man sich beschäftigt mit so was, weil man sich einfach selber nicht wehtun will, weil man sich selber schützen will. Da hat man die Rolle, die man in dieser Welt, in dieser Gesellschaft spielen will, sehr klar definiert für sich, und weiß, wie weit werde ich jetzt laut, aggressiv und in welcher Situation. Und bei den Egoisten kommt das nur aus einem Impuls heraus und ist grundsätzlich auf einem starken Aggressionslevel. Bei jemandem mit Eigenliebe, der macht sich deswegen nicht zum Opfer, aber er erkennt die Nuancen. Auch jemand mit Eigenliebe hat sich nicht unter völliger Kontrolle. Es gibt immer gewisse Überforderungen. Aber er besinnt sich eher zurück. Er besinnt sich eher zurück, wenn er in so eine Entgleisungssituation kommt. Während der Egoist sich eher noch hochschraubt."

„Momo, Michael Ende! Da leben die alle in ihrem kleinen Dorf und der Beppo, der Straßenkehrer, kehrt die Straße und er sagt sich nicht: ‚Ich muss jetzt die ganze Straße kehren', sondern halt: ‚Hm [nachdenklich], ich kehre, ich bin hier.' Und das ist eigentlich die Quintessenz des Lebens. Und davon haben wir uns, hat der Großteil der Gesellschaft sich total entfernt, und das ist übrigens auch eine meiner Hauptursachen für Gewalt."

Kritik an einer totalitär verständnisvollen Sozialarbeit

Spitz ist die Kritik an Sozialarbeiterinnen und Sozialarbeitern, die – nach Wahrnehmung und Vorurteil von einigen Expeditiven – allzu mitfühlend und verständnisvoll sind gegenüber gewalttätigen Jugendlichen. Weil man bei Jugendlichen und Erwachsenen mit Fluchthintergrund, stigmatisierter Ethnie, Wohlstandsverwahrlosung oder mangelnder Fürsorge unterprivilegierter Eltern, eine Reihe von biografischen und sozialen Faktoren für deren Aggressivität und Disposition zu Gewalt kennt, führt das bei einigen Fachkräften der Sozialen Arbeit und Pädagogik dazu, diesen sehr viel Verständnis entgegenzubringen, was zu einer Weichheit in der Kommunikation sowie zu ausdauernder geduldiger Toleranz und partieller Akzeptanz führt, wobei Gewalttaten und Gewalttäter nicht immer klar unterschieden werden bzw. diese Differenz bei den Delinquenten nicht ankommt. Hier fehlt nach Einschätzung von Expeditiven bei Sozialarbeiterinnen und Sozialarbeitern häufig die unmissverständliche Botschaft, auf unbedingte Einhaltung von Regeln der Fairness und Gewaltfreiheit hinzuweisen, hier auch Unbedingtheit und Härte zu zeigen.

Die Kritik zielt darauf, dass ursächliche Erklärungen und ein verstehendes Nachvollziehen der subjektiven Motive von Gewaltneigungen sehr häufig bei Sozialarbeitern und Sozialarbeiterinnen zu einer bündnishaften Solidarität mit den Gewalttätern führen im Bemühen, sich durch Verständnis und Akzeptanz einen Zugang zur Person zu wahren (damit diese bei einem Vorwurf nicht völlig dichtmacht). Die Kritik von Expeditiven ist nicht, dass Sozialarbeiter bzw. Sozialarbeiterinnen jene Gewalt befürworten (im Gegenteil), aber ihr Verstehen der Herkünfte dieser Aggression und Gewalt führt mit dem sozialarbeiterischen Mantra der Empathie zu einer Verständnis-Kommunikation, sodass bei jenen mit Aggressions- und Gewaltpotenzial nicht hinreichend die Botschaft ankommt, dass Gewalt *absolut* keine Option ist, dass Gewalt (mit Ausnahme von Notwehr und Nothilfe) kategorisch und kompromisslos abgelehnt wird – so nachvollziehbar die Gründe auch sein mögen. Auch wenn man selbst in der Kindheit von den Eltern, durch Krieg im Herkunftsland, auf der Flucht, in der Schule, am Arbeitsplatz, durch andere ethnische oder religiöse Gruppen oder sonst wo Opfer von Gewalt ist bzw. gewesen ist, erlaubt das nicht im Geringsten, anderen Gewalt anzutun.

Hier benötigt – so die Auffassung von Expeditiven – die Soziale Arbeit in ihrem Umgang mit aggressiven und gewaltaffinen Jugendlichen und Erwachsenen ein konzeptionelles Gegengewicht zur aus ihrer Sicht allzu dominanten Empathie, auch wenn diese notwendig ist, um Kontakt und Kommunikation mit den Klientinnen und Klienten aufrechtzuerhalten. Empathie ist zwar wichtig, um Menschen mental und kommunikativ zu erreichen; aber sie wird allzu oft zu einer Toleranz-Empathie, weil einige Sozialarbeiter und Sozialarbeiterinnen nicht jene Härte (in Worten und Maßnahmen) zeigen, die für die Botschaft unbedingter Gewaltfreiheit nötig ist.

„Also die Sozialarbeiter, da sind die meisten so diese typischen Luschen, sage ich mal. ‚Ich habe ja für alles Verständnis. Und der hat ja auch seine Hintergründe, dass er das macht' und so. Also das ist typisch bei den Sozialarbeitern. Die gehen zu wenig hart damit um, finde ich schon. Also die sind wirklich zu sozial, wenn es um Gewalt geht, das bringt ja keinem mehr was. Die sagen: ‚Mein Gott, der Arme ist ja als Kind von seiner Mutter geschlagen worden.' Damit hat er noch lange nicht das Recht, dass er die anderen schlägt. Und das ist halt so: Der Sozialpädagoge sucht dann nach Ursachen und Gründen und nach Verständnis."

„Wir haben seit 2015 die große Flüchtlingswelle. Und wir haben unheimlich viele junge Leute bekommen, die einen komplett anderen Background haben, und die mit Gewalt aufgewachsen sind und Gewalt erlebt haben und für die Gewalt auch immer ein Mittel war zum Lösen von Konflikten. Und die kommen jetzt hier her und haben mit Leuten zu tun, die es sehr gut mit ihnen meinen. Sozialarbeiter meine ich jetzt und so. Und die wirklich alles so ihnen geben so: ‚Ja, Junge, wir verstehen das, ne' und so. Und da habe ich jetzt schon sehr viele Situationen in diesen fünf Jahren gesehen, wo Gewalt war, zum Beispiel gegenüber Frauen, verbale Gewalt: ‚Hey Fotze, hä hä.' Oder da ging ein Junge, der ging so ein bisschen schwul. Und der wurde so übel von denen angemacht, weil sie halt gar nicht damit umgehen konnten, dass jetzt einer da offen schwul ist. Ich fände es halt angebracht, wenn diese Sozialarbeiter zum Beispiel auch mal ganz klar sagen würden: ‚Jungs, hier! Wenn eine Frau mit Minirock langläuft, kommt damit klar, kommt damit klar! Und wenn einer schwul rumläuft, kommt auch damit klar! Hier gelten jetzt die Regeln, damit müsst ihr euch abfinden.' Wir sind gerne bereit, andere Kulturen aufzunehmen, aber wir lassen uns nicht auf dem Kopf rumtanzen. Aber diese superliberale Haltung, die wir da haben, die führt halt wiederum zu so viel Aggressionen, weil die Jungs merken: Ich kann es ja machen. Ich kann es ja machen, ich habe ja keine Konsequenzen."

Anmerkung: Was hier von vielen Expeditiven beschrieben wird, ist ihre Wahrnehmung der Sozialen Arbeit, projiziert auf den Bereich der Arbeit mit Gewalttätigen. Das ist nicht zu verwechseln mit der tatsächlichen Tätigkeit von Sozialarbeiten und Sozialarbeiterinnen in diesem Feld, insbesondere in der offenen Jugendarbeit. Insofern erhellen diese Aussagen mehr über Expeditive mit ihrer Forderung nach konsequenter Kante. Ebenso wird Empathie recht schlicht, eindimensional und theoriearm beschrieben – was verständlich ist, denn diese kann für Laien wohl auch nicht adäquat begriffen werden ohne Kenntnis sozialarbeiterischer Handlungstheorien. Gleichwohl sind die Wahrnehmungen aus dem Milieu der Expeditiven ein Teil der Wirklichkeit. Insofern wäre ein Diskurs der Profession der Sozialen Arbeit ratsam, insbesondere im Bereich der Präventionsarbeit, inwiefern die Kritik aus dem Milieu der Expeditiven (die sich zum Teil auch bei Performern, Etablierten, Konservativen und Postmateriellen zeigt) berechtigt ist – ohne reflexhaft die Haltung der Abwehr und Immunisierung gegenüber jenen Laien einzunehmen. Bemerkenswert ist, dass auch in diesen Milieus – trotz ihrer Kritik – primär die Profession der Sozialen Arbeit als geeignet und zuständig für die Gewaltprävention gesehen wird. Im Blick sind hier hauptsächlich die Schulsozialarbeit, Jugendarbeit, Migrationssozialarbeit und Resozialisierungsarbeit und Streetworker. Befund ist auch, dass der Sozialen Arbeit bei der Gewaltprävention nicht nur ein hauptsächliches Zuständigkeits- und Kompetenzfeld zugesprochen wird, sondern sie zugleich ein Imageproblem hat (damit auch Zweifel an der vollständigen Kompetenz) hinsichtlich der Kommunikation und Durchsetzung nicht verhandelbarer Regeln der Gewaltfreiheit.

Portfolio an Präventionsmaßnahmen

Gewaltprävention muss nach Auffassung von Expeditiven darauf zielen, dass eine Person die Folgen ihrer Handlungen berücksichtigt und für eigenes Handeln die Verantwortung übernimmt. Daher plädieren einige (nicht alle!) aus dem Milieu für ein Heruntersetzen des Alters der vollen Strafmündigkeit von derzeit 18 Jahren auf 14 Jahre (einzelne sogar auf zwölf Jahre). Strafmündig ist jemand, der überblicken können muss, ob man mit einer Tat anderen schaden und daher für diese Handlung strafrechtlich zur Verantwortung gezogen werden kann. Ein Herabsetzen des Alters der Strafmündigkeit würde diese Fähigkeit der Folgenabschätzung erfordern und Verantwortlichkeit für bewusste eigene

Handlungen befördern. Das würde nach Auffassung von Expeditiven bei Jugendlichen das Bewusstsein befördern, dass diese Lebensphase unter 18 Jahren kein Freibrief ist und sie für Gewalt aus Frust oder Erlebnislust zur Rechenschaft gezogen werden. Gleichzeitig zeigt sich ein tiefes Unbehagen im Milieu, dass mit ihrer Vorstellung einer Bestrafung von Jugendlichen auch bei kleineren Gewaltdelikten einem staatsautoritären *Law and Order* Vorschub geleistet und die Vielfalt selbstbestimmter Leben eingeschränkt würde: Das wäre das Gegenteil ihrer Vision von einer Gesellschaft individueller Freiheiten, die von einem autoritären Staat leicht mitkassiert werden könnte. Vor allem in urbanen Zentren neigt nach ihrer Einschätzung die Polizei dazu, nicht nur Gewalt zu bekämpfen, sondern Regeln und Verordnungen kleinlich auszulegen (ohne dass jemand tatsächlich einen Schaden hätte: Regelbefolgung als Selbstzweck und Alibi der Polizeitätigkeit) und damit die Menschen zu gängeln. Dem wäre unbedingt ein Riegel vorzuschieben bzw. die (gewaltfreien) Freiheitsrechte der Individuen wären als höchstes Gut zu schützen und tabu gegenüber jeder staatlichen Gewalt.

Gleichzeitig nehmen Expeditive wahr, dass es eine Vielzahl von alltäglichen gewaltsamen Übergriffen gibt, die nicht sanktioniert werden. Das liegt zum Teil daran, dass das Personal in Bussen oder Bahnen sich nicht zuständig oder machtlos fühlt; zum Teil daran, dass es zu wenig Zivilcourage gibt, sodass verbale, körperliche oder sexistische Übergriffe von Zuschauenden teilnahmslos beobachtet werden und ein Opfer auf sich allein gestellt ist. Daher fordern Expeditive mehr Präsenz von Sicherheitsorganen entweder in Uniform oder in Zivil. Zugleich wenden Expeditive aufgrund ihrer Erfahrungen mit der Polizei ein, dass diese zwar zuverlässig eingetroffen ist, dass die Polizistinnen und Polizisten sich aber überaus neutral, distanziert, unempathisch verhalten haben. Die Polizei als „Freund und Helfer"? Von dieser Zuschreibung distanzieren sich Expeditive – sie brauchen keine Amtspersonen als „Freunde", sondern eine kraftvolle Eingreifperson und -truppe zur Verhinderung weiterer Gewalt und Einkassieren der Gewalttätigen. Was man von der Polizei fordert ist, dass sie sich mehr um den Schutz der Menschen vor Gewalt kümmert und weniger um die Kontrolle von Menschen hinsichtlich der Einhaltung von Ordnungsregeln (auch wenn massive Verstöße gegen Verkehrs- und Ordnungsregeln andere Menschen verletzten *können*). Derzeit erscheint ihnen die Polizei als Instanz einer anderen Seite (nicht „meiner", sondern des Gebildes „Staat"). Als Organ der Demokratie sollte sie zwar auch dem Staat dienen, aber noch davor und an erster Stelle hat sie Vertrauensorgan für die Bürgerinnen und Bürger zu sein: das Individuum kommt vor dem Staat.

„Schwierig, muss ich sagen, schwierig. *Die Polizei – Dein Freund und Helfer*, dieses Bild habe ich, ehrlich gesagt nicht. Nein!"

„Also ich habe jetzt nicht das Gefühl, dass die Polizei immer so auf meiner Seite ist. Eigentlich sollte es ja so sein, sie ist auf deiner Seite."

„Auf meiner Seite sollte sie sein. Aber zu hundert Prozent überzeugt bin ich davon nicht, so für meinen eigenen Schutz. Dass ich mich sicher fühle, nur weil da die Polizei ist, ist eigentlich nicht der Fall."

„Die Polizei ist da einfach zu distanziert oder zu neutral, sodass sie gar nicht mein Freund sein konnte. Ein Freund ist nie neutral. Ein Freund ist immer auf Ihrer Seite. Die Polizei soll ja gar nicht mein Freund sein. Daher war der Slogan sowieso Quatsch. Aber das bedingungslose Vertrauen in die Polizei, das war wohl gemeint, dies Vertrauen ist nicht da."

„Wenn ich mal mit der Polizei zu tun hatte oder Polizisten begegne, fühle ich mich immer irgendwie unwohl. Ohne Grund, einfach weil die so übermäßig sachlich sind, neutral bis zum Abwinken. Eigentlich sind wir denen als Menschen egal – das strahlen die meisten aus!"

„Ich wünsche mir halt, dass sie Schutz bieten, dass man sich sicher fühlt, wenn die Polizei da ist und nicht andersrum, dass sie halt eigentlich gegen dich arbeitet. Aber das Gefühl habe ich immer, wenn sie in meiner Nähe ist."

Viele in diesem Milieu sind aufgewachsen, als es das Internet längst flächendeckend gab; auch für Ältere in diesem Milieu ist das Internet ein festes Informations- und Kommunikationsmittel. Und groß ist die Wertschätzung für die Möglichkeitsräume, die das Internet bietet in kultureller und kreativer Hinsicht, aber auch in wirtschaftlicher, sozialer und politischer Hinsicht. Die Möglichkeit der Anonymität im Internet galt in diesem Milieu lange als positiv für Selbstschutz und Emanzipation – etwa zur Zeit des Arabischen Frühlings. Mit Sorge sehen Expeditive aber den Missbrauch dieser Anonymität für Mobbing, Diffamierung, Stigmatisierung, Hetze, Gewaltandrohung sowie Sexismus. Daher plädieren vor allem Ältere (ab 35/40 Jahren) für eine Aufhebung der Anonymität im Internet – das sollte zumindest in Europa durchgesetzt werden. Wer sich in Europa über irgendein Medium äußert, ist nicht wie in despotischen Staaten und Diktaturen von Verfolgung, Gefängnis oder Tod bedroht. Die Meinungsfreiheit im Rahmen der Verfassung sowie die Grenzen der Meinungsfreiheit müssen auch im Internet gelten. Faktisch aber wird die Chance zur Anonymität im Internet immer routinierter und aggressiver dazu genutzt, gegen bestimmte Personen oder Gruppen zu hetzen, Gewalt anzudrohen oder andere zur Gewalttätigkeit aufzurufen. So bedauerlich der Verlust der positiven Effekte der Internetanonymität sicher ist, würde man in der Güterabwägung für eine selektive oder vollständige Abschaffung der Anonymität im Internet plädieren.

Gleichzeitig müssen die Internetnutzer davor geschützt werden, dass der Staat oder IT-Unternehmen eine umfassende Informationskontrolle der Individuen betreiben (*Who guards the guardian?*). Abschreckendes Negativbeispiel ist China, das Bürgerinnen und Bürger beim Kauf eines Handys zur Gesichtserkennung zwingt und ein Punktesystem (Sozialkreditsystem) landesweit eingeführt hat, das die Menschen nach positivem oder negativem Verhalten bewertet. Apps wie „WeChat" sind für viele in China zum eigentlichen Internet geworden und bieten alles von Nachrichtenübermittlung und sozialen Netzwerken, Taxidiensten bis hin zur Lieferung von Lebensmitteln, Buchung von Massagen und der Zahlung von Steuern. Groß sind bei Expeditiven die Bedenken hinsichtlich einer totalitären staatlichen Überwachung.

Einige, vor allem Frauen, fordern eine Medienkontrolle für das Fernsehen. Hier ist am eindrucksvollsten zu sehen, dass die Vorstellung, Expeditive wollten völlige Freiheit und Selbstbestimmung, die Wirklichkeitsauffassung dieses Milieus nicht (mehr) trifft. Weil Gewalt in ihren psychisch tiefgreifenden Folgen und als flächendeckende Normalität immer mehr die Freiheitsräume des Einzelnen bedroht und zerstört, muss man an die Ursachen heran. Hier identifizieren Expeditive neben dem Internet auch das Fernsehen – sowohl die Privatsender als auch öffentlich-rechtliche Sender. Expeditive sprechen nicht von Zensur. Ihnen ist wichtiger, dass die überwältigende und weiter steigende Menge an Gewalt zeigenden Filmen reduziert wird. Nicht um Verbote gehe es, nicht um Erziehungsfernsehen (nichts läge ihnen weiter als dieses), sondern um die Wahrung von Vielfalt und die Chance, auch alternativen Genres wieder Raum zu sichern, der angesichts des massenhaften Konsums von immer mehr Gewaltfilmen verloren geht. Sie betonen, dass der massenhafte Konsum von Mainstream gewordenen Gewaltfilmen nicht die Produktion dieser Genres und Formate bestimmt, sondern dass umgekehrt die Produktion und Vermarktung solcher Genres die massenhaften Bedürfnisse nach solchen erzeugt und auf Dauer stellt. Hier gehen Expeditive zunehmend auf Distanz zum Argument, dass der Markt lediglich auf die Nachfrage reagiere, und sie sehen die Ursache im fortgeschrittenen Kapitalismus: Die tiefenpsychologischen Mechanismen der Werbe- und Filmwirtschaft führen aus ihrer Sicht dazu, dass die Menschen ihre eigentlichen Bedürfnisse gar nicht mehr kennen, sondern lediglich den präsentierten Angeboten nach Maßgabe der Erlebnisrationalität hinterherlaufen. Kreativität und Individualität der Filmherstellenden bekommen in diesem System keinen Raum, kaum finanzielle Mittel, keine Bühne, keinen Sendeplatz, weil alles den Blockbustern und der Fernsehquote geopfert wird. Filmliebhaber bekommen zunehmend nur noch den „Einheitsgewaltbrei des Mainstreams" serviert. Das gilt ebenso für die Massen-Streamingdienste wie Netflix und Amazon Prime, in denen es nur (noch) wenige wirklich innovative Filme und Serien kreativer Regisseure, Storys und SchauspielerInnen gebe (z. B. „Mr. Robot" oder „You"). Nach diesen müsse man mittlerweile sehr aufwendig suchen – weil diese Dienste sehr mainstreamig geworden seien mit Standardstorys und -szenen.

Gewaltprävention ist zudem eine genuine Bildungs- und Erziehungsaufgabe. Hier muss man aus Sicht von Expeditiven an Schulen ansetzen durch eigene Veranstaltungen. Die Inhalte sollten nicht von Lehrerinnen und Lehrern in ihren eigentlichen Fächern auch noch vermittelt werden. Es braucht zur Einübung,

Auseinandersetzung und Vertiefung einen eigenständigen Raum und Zeit, verschiedene didaktische und pädagogische Methoden wie etwa Rollenspiele und jahrgangsspezifische Lern- und Diskutiereinheiten. Ziel sollte sein, Gewalt zu stigmatisieren, die in manchen jugendlichen Szenen als cool bewertete Gewalt und Machtdemonstration infrage zu stellen, zu entlarven als Schwäche und uncool sowie ein gewaltfreies Konfliktverhalten als neues Heldentum zu inszenieren. Dazu wäre es sinnvoll, Jugendliche in den Schulen und in der Jugendsozialarbeit mit den Folgen von körperlicher, vor allem enthemmter Gewalt zu konfrontieren. Eine Übung könnte sein, Schülerinnen und Schülern reale Opfer von Gewalt zu zeigen – bspw. durch eine Exkursion in eine medizinische Notaufnahme oder Reha-Einrichtung. Ziel ist die Reziprozität der Perspektive und Adaption der Folgen von Gewalt: die Situation realer Opfer zur Kenntnis nehmen (nicht wegsehen, sondern hinsehen!); das Opfer nicht als Vertreterin oder Vertreter einer Ethnie oder Gruppe betrachten, sondern als Individuum; sich selbst hineinversetzen in die Situation dieses Gewaltopfers sowie in die Situation, der Täter bzw. die Täterin dieser Gewalttat gewesen zu sein.

„Ich würde an den Schulen anfangen anhand von Rollenspielen. So, wie man auch Drogenprävention oder Verkehrserziehung betreibt an den Schulen. Auch nicht bloß einmal jetzt in der dritten Grundschulklasse, sondern es müsste einmal pro Schuljahr stattfinden. Weil Kinder, je älter sie werden, einen ganz anderen Blick darauf kriegen, andere Erfahrungen haben. Die müssen lernen, dass mehr zum Thema gemacht werden kann und auch in der Gruppe merken: ‚Aha, die Mehrzahl ist da eigentlich dagegen, was ich da letztens heimlich gemacht habe.'"

„Problematischen Jugendlichen, die aus Problembezirken, denen müsste man aufzeigen, wie viel cooler ein Leben ohne Gewalt ist. Und auch mit denen in die Notaufnahme gehen und die Opfer von Gewalt zeigen, Leute, die bleibende Schäden haben. Wenn du eine richtige Schlägerei hattest, dann ist das Gesicht verformt und dann ist es vielleicht das ganze Leben. Und den Jugendlichen zeigen: ‚Hier, dieser Typ war früher genau so ein cooler und gutaussehender Typ wie Du, und dann ist er irgendwo in eine Schlägerei gekommen, und dann hat ihm einer den Schädel gespalten.'"

„Die Leute in die Bewusstheit führen. Dass derjenige, der da sagt: ‚Ey, du scheiß Nigger', dass man dem halt bewusst macht: ‚Hey, überlege doch mal, wie es für dich wäre, wenn dauernd Leute dich doof anmachen, nur weil du so aussiehst. Du hast nichts getan, und nur weil du so aussiehst, wirst du angemacht.' Es gab mal so einen schönen Film, wo so ein Nazi auf einmal in einer Zeitreise im Dritten Reich gelandet ist und da selbst Jude war, dass er das mal selbst fühlt, wie Juden behandelt wurden. Also Aufklärung, dass man wirklich auch weiß: ‚Hey, überlege mal, wie du dich als Opfer fühlen würdest von Gewalt.'"

„Dass man den Kindern halt vor Augen führt: ‚Hey, das, was du jetzt machst, ist für dich jetzt nur ein kurzer Zeitvertreib, weil du hö hö hö [Ausdruck von verbaler Gewalt]. Aber für den anderen, der trägt das vielleicht sein ganzes Leben mit sich rum.' Oder sexuelle Gewalt, noch schlimmer. Der eine will jetzt nur seinen Trieb befriedigen und dann vergewaltigt er eine Frau. Aber die Frau trägt das ihr ganzes Leben lang mit sich. Und das muss der Täter zu spüren bekommen, dass er was anrichtet, was halt für einen anderen lebenslang Folgen hat."

„Also du kriegst es nur hin, wenn du halt Leute erziehst, dass sie halt sagen: ‚Okay, ich genieße meine Freiheit, aber ich genieße auch die Freiheit des anderen.' Also nicht die Erziehung von außen durch Kontrolle, sondern die Erziehung von innen heraus. Dass man morgens aufsteht und sagt: ‚Wie kann ich denn heute ein besserer Mensch werden?' Das klingt jetzt so blöd. Aber es ist halt wirklich so, dass man sich halt wirklich fragt: ‚Will ich das denn für mich?'"

„Kinder brauchen immer Vorbilder, Helden. Und es sind halt immer noch die Bösen die reizvollen Helden. Klar, weil das Verbotene natürlich reizvoller ist. Aber man kann ja auch mal von einem anderen Aspekt herangehen: cool reagiert, voll Diplomatie zum Beispiel. Wie verhandele ich diplomatisch? Oder nachdenken, der könnte ja auch die und die Situation haben. Habe ich das richtig eingeschätzt? Also dieses Bewusstmachen, das gehört mehr getrained, um diese Impuls-Reaktion einfach auszumerzen."

„Also man müsste ein neues Heldentum darstellen können. Früher war einer ein Loser, der kriminell war. Heute ist er der Hero. Man müsste das wieder umdrehen. Dass Ehrhaftigkeit, Mut, Diplomatie, solche Sachen viel stärker sind und man dann viel cooler ist, als wenn man einfach nur diese primitiven körperlichen Reflexe hat. Es muss einfach ein anderes Hero-Weltbild in die Köpfe von den Menschen."

„Aufhebung der Anonymität im Internet fände ich eigentlich nicht schlecht. Denn wenn ich irgendwas kommentiere oder irgendeine Meinung abgebe, dann steht da mein ganzer Name. Ich meine, dann stehe ich halt auch dazu. Ich glaube nur, andere Leute werden sicher ein Problem damit haben. Für sie ist an der Anonymität im Netz das Positive oft, dass man da eigentlich machen kann, was man möchte."

„Schärfere Gesetze brauchen wie sowieso. In puncto Gewalt und auch sexueller Gewalt und auch, dass eben auch Jugendliche schärfer bestraft werden. Also bei Körperverletzung grundsätzlich, also das ist einfach zu lasch alles. Man hört ja immer wieder, da fährt jemand einen fahrlässig tot und der geht auf Bewährung raus. Das darf einfach nicht sein. Das macht ja auch aggressiv. Das macht ja die Leute auch aggressiv. Die fühlen sich ja gar nicht mehr beschützt."

„Wenn einer jetzt was macht, zum Beispiel hat jetzt einer Frau richtig an den Hintern gegriffen, und kriegt dann, sagen wir mal, fünf Stunden Jugendarbeit oder noch mehr, um zu zeigen: ‚Hey Junge, das kannst Du nicht machen.' Dann überlegt er es sich vielleicht beim nächsten Mal. Aber ich hasse diese Richtung so, in die es geht dann, halt *Law and Order*. Das ist es auch nicht. Teilweise ist mir München zu viel *Law and Order*, deshalb sind wir weggezogen. Weil da hörten wir öfter: ‚Ja, Sie dürfen es aber nicht machen, mit dem Rad auf dem Bürgersteig fahren' oder dass halt die Polizei bei jedem kleinen Scheiß gleich eingreift und einen gängelt."

„Also ich würde auf alle Fälle Sicherheitspersonal erhöhen, ob jetzt Polizei oder U-Bahn-Polizei oder wie die sich nennen. Die muss erhöht werden, damit einfach mehr Präsenz auch auf den ersten Blick schon da ist. Wobei das auch wieder provozieren kann. Aber man muss das erhöhen. Es ist immer noch zu wenig."

„Man zahlt ja derzeit Strafe, wenn man in einer Einrichtung mal nicht eine Maske trägt. Aber wenn einer zum Beispiel irgendwen verbal auf der Straße oder in der Bahn fertigmacht, oder eine Frau sexuell belästigt im Bus, ihr unter den Rock und an den Arsch fasst – das ist mir nämlich neulich passiert, habe den gleich angebrüllt – aber seitens des Busfahrers passiert da gar nichts. Und Security in Zivil ist auch nicht da. Also da habe ich noch nie erlebt, dass der Täter wirklich für solche verbale oder sexistische Gewalt büßen musste. Und das müsste unbedingt sofort geschehen, da braucht es auch nicht nur Mut und persönlichen Einsatz der Beschäftigten dort, sondern das muss deren Job sein. Und wir brauchen viel mehr zivile Security in solchen öffentlichen Einrichtungen."

„Diese Alltagsgewalt sollte man schärfer bestrafen und überhaupt bestrafen. Das geht nicht, dass man einfach so gewalttätig ist, Gewalt einfach an anderen Leuten auslässt, ohne dafür irgendwie eine negative Reaktion zu bekommen. Das kann ja eine Geldstrafe oder so etwas, oder überhaupt diesen Leuten sehr deutlich sagen: ‚Halt! Das ist absolut unakzeptabel. Was du machst, zieht Folgen mit sich.' Und zwar so, dass die Security nicht vom Täter oder seiner Gruppe lächerlich gemacht wird."

„Ich finde das ganz schrecklich, dass die Polizei da ihren Status als Staatsorgan verloren hat. Dass die Beamten auf einer persönlichen Ebene, weil sie Polizist geworden sind, jetzt angemacht werden und auch attackiert werden. Und ich finde das schlimm. Warum? Die sind zu unserem Schutz. Ich meine, jeder hat einmal eine Wut auf einen Polizisten, wenn der einem ein Knöllchen gegeben hat oder einen mit dem Rad aufhält, weil man einfach zehn Meter in die verkehrte Richtung geradelt ist. Es gibt keinen, der so eine Situation noch nicht erlebt hat. Aber da ist man ja eigentlich auch selber schuld, wenn man es mal genau nimmt."

„Ein ganz wichtiger Punkt: Schalten Sie mal den Fernseher ein und wollen keinen Krimi sehen. Also manchmal ist es erschreckend. Und natürlich sind Krimis spannend. Das törnt doch total an zu Gewalt, wenn ich ständig irgendwelche Schlägereien oder Schießereien sehe, Verletzte oder Tote. Auch wenn im Öffentlich-Rechtlichen dann die Polizei immer den Mord aufklärt und die Täter verhaftet werden, werden die Szenen ja gezeigt, und sie haben damit Vorbildcharakter allein durch das Zeigen. Und in Kinofilmen, gerade amerikanischen, sind die Guten ja meistens die, die Gewalt nur raffinierter oder als moralischer Weltretter anwenden gegen die Bösen – aber die Lösung geht hier immer über Gewalt. Die wird gesehen, weil sie fesselt und nicht langweilig ist, sondern unterhaltsam. Und schalten Sie nur mal das normale Fernsehen ein. Natürlich sinkt die Hemmschwelle, wenn ich ständig mit Gewalt berieselt werde. Der Inhalt von dem Film ist ja wurscht, aber die Szenen sind doch ständig da."

„Eine ganz ganz ganz ganz ganz große Ursache von Gewalt ist halt Hollywood. Hollywood hat uns vorgegaukelt, dass eine Schlägerei Bam, bam, bam, bam [Schlaggeräusche][...] wir schlagen uns zehn Minuten, die ganze Einrichtung geht zu Bruch und hinterher: ‚Aaah' [Ausdruck von Verletzung], hat man ein bisschen Nasenbluten und ‚Ey, Alter, das war eine geile Rauferei.' Bud Spencer, Terence Hill, das ist ein großer Fehler. Die Leute schlagen heutzutage mit der Faust ins Gesicht. Und es gibt die Theorie, dass der Faustschlag ins Gesicht erst durch Hollywood gekommen ist. In uns drin ist das eigentlich nicht. In uns drin ist eigentlich, dass man zeigt: Okay, ich habe dich jetzt unten, ich bin der Stärkere, haben wir das jetzt geklärt? Und beide gehen gut raus. Dem einen sein Selbstbewusstsein ist vielleicht ein bisschen angekratzt, aber keiner hat eine gebrochene Nase oder zwei fehlende Schneidezähne oder einen gebrochenen Kiefer. Das wäre übrigens auch ein gutes Präventionsmittel zu Gewalt, den Jugendlichen klarmachen: Leute, ein Faustschlag ins Gesicht kann so gravierende Folgen haben."

Anmerkung: Es gibt eine Reihe von Parallelen zwischen Expeditiven und Postmateriellen hinsichtlich ihrer Forderungen und Ideen zur Gewaltprävention. Das gilt etwa für eine verstärkte Einschränkung von Gewaltfilmen im Fernsehen, auch eine stärkere Restriktion der Online-Angebote sowie die Abschaffung der Anonymität im Internet. Das Gegenargument der freien Marktwirtschaft lassen sie nicht gelten, denn zum einen sei in Deutschland und Europa der Markt ohnehin aus guten Gründen schon seit Jahren reguliert, zum anderen habe gerade der freie Marktmechanismus zu jener Verbreitung vielfältiger Formen von Gewalt geführt (von der Normalität in Spielfilmen bis zur realen Gewalt in sozialen Netzwerken). Weiter sei es eine naive (oder sehr gerissene) Vorstellung, dass das Angebot nur auf Nachfrage der Konsumenten und Konsumentinnen reagiere, denn Bedürfnisse seien nicht einfach da, sondern werden von Anbietern bzw. dem Markt hergestellt. Trotz dieser gleichen Forderungen gibt es zwischen Expeditiven und Postmateriellen kategorische Unterschiede hinsichtlich ihrer Motivation: Postmaterielle sind bewegt von einer gesellschaftlichen Vision der Emanzipation, des Zusammenhalts und Abbaus sozialer Ungleichheit; in diesem Zuge auch ihre städtebaulichen Hinweise zur Überwindung sozialräumlicher Ghettos. Expeditive hingegen haben primär eine individualistische Vision der Emanzipation und freier Gestaltungsräume. Zwar haben einige von ihnen auch eine ausgeprägte gesellschaftskritische Haltung (was sich bei einigen in der Sympathie mit Attac, Occupy, Black Lives Matter zeigt), aber diese ist orientiert an der Beseitigung staatlicher und kapitalistischer Eingriffe in die Bewegungsfreiheit des Individuums. Die aktuell verstärkt dem Staat zugeschriebene Rolle sehen sie im Schutz der vielen Einzelnen, deren Freiheits- und Entfaltungsrechte durch Weltanschauungen oder Marktmechanismen sie bedroht sehen.

3. Ergänzende Befunde der Repräsentativbefragung zu Gewalt

Die im Folgenden beschriebenen statistisch-repräsentativen Daten ergänzen die bisherigen Befunde aus der qualitativen Grundlagenstudie. Sie sind nicht zu lesen als deren Vertiefung oder gar als die eigentlichen Ergebnisse, denn in standardisierten Erhebungen kommen nur Größenordnungen und Zusammenhänge heraus zu Aspekten, die in Form von Fragen und Antwortmöglichkeiten hineingesteckt wurden. Der Gewinn liegt in einer besseren Vorstellung von Anteilswerten und Verteilungen sowie der Stärke und Richtung von statistischen Zusammenhängen. Dazu können bei Fragen der Erfahrungen von Gewalt diese Befunde in Beziehung gesetzt werden zu den Narrativen, die es in den verschiedenen Milieus gibt. Ein Beispiel ist das Thema der häuslichen Gewalt an Männern, das im Bewusstsein der Bevölkerung weit nachgeordnet ist und in den Narrativen der Gewalt in der Bevölkerung (oder der eigenen Nahwelt) kaum eine Rolle spielt – hingegen berichtet in der Repräsentativbefragung ein relevanter Teil der Männer von selbst erlebter häuslicher Gewalt.

Themenspektrum: Es versteht sich von selbst, dass eine standardisierte Erhebung via Fragebogen mit einer Befragungszeit von ca. 25 bis 35 Minuten nicht die Fülle an Themen abbilden kann, die eine qualitative Untersuchung in Form von Einzelinterviews hervorbringt. Schon gar nicht kann sie die spezifischen (milieutypischen) Perspektiven, Argumentationen und Haltungen ganzheitlich abbilden. Insofern bilden die repräsentativen Befunde nicht das ganze Spektrum der Wahrnehmungen von Gewalt ab, schon gar nicht das „eigentlich relevante" Spektrum. Die Konzentration dieser Erhebung lag auf persönlich erfahrene und beobachtete Gewalt. Die in der qualitativen Hauptuntersuchung herausgearbeiteten Aspekte struktureller und institutioneller Gewalt sowie der Anregungen zur Prävention wurden in dieser Standarderhebung nicht systematisch erfragt. Insofern bleibt die hauptsächliche Referenz zu Gewalterfahrungen, Gewalteinstellungen sowie Gewaltprävention die qualitative milieudifferenzierte Untersuchung, deren Befunde in den vorherigen Kapiteln dokumentiert sind.

Antwortskalen (abgestufte Antwortkategorien): Die Beobachtung und Wahrnehmung von Ereignissen sowie ihre innere Repräsentanz sind Deutungen. Manche Bürgerinnen und Bürger sind sich subjektiv sehr sicher, dass ihre Beobachtung den vermuteten Sachverhalt tatsächlich, korrekt und im Kern vollständig erfasst. Andere hingegen haben von einer Situation einen Eindruck, der nicht zweifelsfrei ist, weil man nicht nahe genug dran war, oder weil eine andere Deutung der Situation auch denkbar wäre, oder weil man kein eindeutiges Urteil geben möchte. Was für die Abfrage von äußerlichen Ereignissen und deren Wahrnehmungen gilt, gilt auch für eigene innere Einstellungen: Manche haben zu einem Aspekte eine klare Meinung und Position; bei anderen ist die Meinungsbildung nicht abgeschlossen oder die Einstellung entspricht nicht völlig jener im formulierten Statement. Daher wurde in den Antwortskalen zu Aussagen eine Abstufung angeboten von völliger Zustimmung (trifft voll und ganz zu), tendenzieller Zustimmung (trifft eher zu) bis hin zu tendenzieller Ablehnung (trifft eher nicht zu) und sicherer Ablehnung (trifft überhaupt nicht zu).

Prozentzahlen ohne Nachkommastelle: Bei der folgenden Darstellung statistischer Befunde werden Prozentzahlen meistens ohne Nachkommaziffer genannt. Eine oder gar zwei Nachkommastellen auszuweisen, würde wohl den Eindruck statistischer Präzision erhöhen, allerdings wäre diese eine Schimäre. Bei einer Stichprobe unterliegt jeder Wert einer statistischen Zufallsschwankung; eine repräsentativ gezogene Stichprobe kann nur versuchen, die Verhältnisse der Grundgesamtheit abzubilden: Der wahre Wert bleibt unbekannt. Zudem erhöhen Nachkommastellen die Datenmenge und Unübersichtlichkeit, ohne einen sachlichen Informationsgewinn und Erkenntnisfortschritt zu bieten. Denn an der Interpretation der Befunde und an Relationen zwischen einzelnen Daten ändern Dezimalstellen von Prozentwerten nichts.

Häufigkeit und Brutalität der Alltagsgewalt

Nach Einschätzung der Mehrheit der Bevölkerung Bayerns hat die Häufigkeit von Alltagsgewalt (zu der weitaus mehr als strafrechtliche Gewalttaten gehören) in den letzten fünf Jahren zugenommen: 55% der Bevölkerung sind dieser Auffassung. Nur 3% nehmen wahr, dass es 2020/2021 weniger Gewalt gibt als 2015/16. Noch ausgeprägter ist die Wahrnehmung in Bezug auf die Brutalität von Alltagsgewalt: 63% nehmen hier eine Zunahme in den letzten fünf Jahren wahr. Für die Hälfte der Bevölkerung (49%) sind Häufigkeit *und* Brutalität von Alltagsgewalt gestiegen.

Es gibt statistisch einen starken Zusammenhang zwischen der Neigung (bzw. mangelnden Hemmung) zu körperlichen oder verbalen Übergriffen, und der Brutalität dieser Äußerungen. Hier besteht in der Auffassung der Bevölkerung eine *wechselseitige* Kausalität mit Steigerungseffekten: (1) Je mehr Brutalität akzeptiert, nicht sanktioniert und dadurch normalisiert wird, umso geringer sind die Hemmungen zu Übergriffen. (2) Je häufiger und normaler Übergriffe werden gegenüber Anderen und Fremden, umso größer die Neigung zur Steigerung der Stöße, mit Konsequenzen für das subjektive (von der Subkultur oder Clique geteilte und bestärkte) Gefühl der Akzeptanz solcher Handlungen: Stets die gleichen verletzenden verbalen oder körperlichen Handlungen werden für einen Täter oder eine Täterin schnell langweilig. Die Gewöhnung macht die bisherige Form des Übergriffs schal und nährt das Bedürfnis nach stärker zu setzenden Impulsen. Eine solche Analyse würde auf die These hinauslaufen, dass alltägliche

Gewalt sich zunehmend etabliert, ausbreitet, steigert, mit der Folge der Verrohung zwischen Menschen unterschiedlicher Lebenswelten. Umgekehrt lassen sich die Zahlen deuten als Effekt einer gestiegenen Sensibilität der Bevölkerung gegenüber Gewalt. Bildet der empirische Befragungsbefund die Wirklichkeit real ab oder nur das *Gefühl* allseits wachsender Gewalt? Haben sich die Tatsachen der Gewalt verändert oder bei gleicher oder gar sinkender Gewalt hauptsächlich die *Empfindlichkeiten* der Bevölkerung? Eine solche Deutung käme zu dem Schluss, dass der Grad an Zivilisiertheit gewachsen ist, eine empfindlichere Sensorik für verschiedene Formen von Gewalt: Was vor noch einigen Jahren (oder Jahrzehnten) nicht *als Gewalt* bemerkt wurde, wird heute als verstörend wahrgenommen, als Gewalt klassifiziert und auf der Skala der Brutalität immer weiter oben verortet.

Zur Beantwortung der Frage ist zu berücksichtigen: Eine rückblickende Einschätzung der Bevölkerung ist niemals objektiv, beruht nicht auf methodisch validen Messungen zu zwei Zeitpunkten, sondern ist ein Vergleich ausgehend von *einem* Zeitpunkt und ausgehend vom aktuellen weltanschaulichen, moralischen und stilistischen Standpunkt. Maßstab ist die *gegenwärtige* Befindlichkeit, an der und von der aus die rückblickend-vergleichende Erinnerung modelliert wird.

Welche Annahme trifft nun zu: wachsende Verrohung oder gestiegene Zivilisiertheit? Die amtliche Kriminalitätsstatistik ist zur Beantwortung nur ein schwacher Indikator, denn sie erfasst fast nur strafrechtlich relevante Gewalttaten, nicht aber Alltagsgewalt. Und sie erfasst nicht alle Straftaten, sondern ist letztlich ein Tätigkeitsbericht, abhängig von den personellen Ressourcen von Staatsanwaltschaft und Ermittlungsbehörden, der sich stets im Wandel befindenden Rechtsordnung und -praxis, auch politischen Schwerpunkten sowie den Anzeigen aus der Bevölkerung und deren Anzeigenbereitschaft.

Letztlich ist die Frage, welches der beiden Interpretationsmodelle zutrifft, objektiv nicht zu beantworten und sie ist für anstehende Maßnahmen der Gewaltprävention irreführend und irrelevant. Wenn die Bevölkerung mehrheitlich mehr und brutalere Gewalt feststellt, ist das zu nehmen als *soziale Tatsache*. Das Argument der Überempfindlichkeit käme einer Infantilisierung und psychosozialen Pathologisierung der Bevölkerung gleich; im gleichen Zuge würden alte und neue Formen der bestehenden Alltagsgewalt bagatellisiert und sogar legitimiert. Wenn die Sinne für Gewalt schärfer geworden sind, Empfindsamkeit und Verletzbarkeit gestiegen, ebenso das Gefühl zunehmender Unsicherheit in der Öffentlichkeit und die Ahnung einer hohen Dunkelziffer bei häuslicher Gewalt, dann ist es gleichgültig, ob es objektiv mehr Alltagsgewalt gibt oder ob die Menschen die schon bestehende Alltagsgewalt besser wahrnehmen. Die Sensoren der Bevölkerung für Alltagsgewalt sind *Ressourcen*, treffen *Unterscheidungen* und erfassen damit die Wirklichkeit (und erzeugen sie zugleich performativ), sind tragende und gestaltende Elemente der *Alltagskultur* und eine *Kompetenz des Sehens*.

Die eingangs genannten Zahlen beschreiben einen subjektiven 5-Jahresvergleich. In einem rückblickenden Vergleich über die letzten 10 Jahre haben sogar 75 % (Frauen 78 %, Männer 71 %) den Eindruck, dass die Gewalt zugenommen hat. Sehr stark ist diese Wahrnehmung bei einem Drittel der Bevölkerung (34 % der Frauen, 27 % der Männer). Insofern haben sich in der aktuellen Wahrnehmung die Häufigkeit und Brutalität der Alltagsgewalt nicht erst seit Kurzem abrupt verändert. Vielmehr gibt es auch im mittelfristigen Rückblick über einen Zeitraum, den alle Befragten selbst erlebt haben, eine Steigerung der Gewalt. Die Mehrheit begreift die gestiegene Alltagsgewalt nicht als kurzfristige Phase, sondern als mittel- oder gar längerfristigen Trend. Bei einer sensiblen Interpretation des 5- und 10-Jahres-Vergleichs kann man zu dem Schluss kommen, dass aus Sicht der Bevölkerung die Alltagsgewalt in den letzten fünf Jahren stärker gestiegen ist als im Zeitabschnitt davor: Die Gewaltsteigerung hat an Dynamik zugenommen. Diese subjektive *Sorge* ist ein Kernbefund.

In welchen Bereichen nimmt man zunehmende Gewalt wahr oder vermutet diese? An der Spitze dieser Rangordnung stehen zwei Gewaltsphären, zu denen zwei Drittel der Bevölkerung steigende Gewalt in den letzten fünf Jahren beobachtet:

- Aggression im Straßenverkehr durch Beschimpfung und drohende Gesten: 68 %
- Hemmungslosigkeit bei der Gewalt (z. B. auf einen bereits am Boden Liegenden weiter einschlagen): 66 %

In diesen zeigen sich die beiden allgemeinen Aspekte der Brutalität und Häufigkeit. Gerade im Straßenverkehr sind spontan-emotionale Aggressionsäußerungen wegen ihrer ziellosen, personenunabhängigen Zufälligkeit und Flüchtigkeit hoch, fällt eine mangelnde Affektkontrolle leicht durch die geringste Sanktionswahrscheinlichkeit. Auf den weiteren Rängen folgen körperliche Gewalt auf der Straße und in Parks (57 %), Gewalt gegen Angehörige anderer Religionen (57 %), gegen ethnische Minderheiten (54 %), Schlägereien in Clubs und auf Festen (52 %), sexuelle Belästigungen und Übergriffe in Bussen, Bahnen, Bahnhöfen (49 %) sowie Gewalt gegenüber Frauen (49 %). Bei weiteren Aspekten nimmt zwar die relative Mehrheit der Bevölkerung eine unveränderte Gewalthäufigkeit wahr, jedoch eine erhebliche Minderheit gestiegene Gewalt:

- Häusliche Gewalt gegen Lebenspartner/in (45 %)
- (Häusliche) Gewalt an Kindern (43 %)
- Verbale Gewalt am Arbeitsplatz (27 %)
- Gewalt gegen Männer (25 %)
- Verbale sexuelle Übergriffe am Arbeitsplatz (22 %).

Einen Rückgang von Gewalt nimmt nur eine Minderheit wahr; am häufigsten bei verbal-sexuellen Übergriffen am Arbeitsplatz (14 %), verbaler Gewalt am Arbeitsplatz (12 %) und bei Schlägereien in Clubs und auf Festen (8 %).

Der überwältigende Eindruck der Bevölkerung einer weitgehenden Stabilität und, mehr noch, einer Steigerung von Gewalt muss zum Nachdenken bringen. Instruktiv ist der Befund einer von über 40 % der Bevölkerung festgestellten Zunahme häuslicher Gewalt an Kindern oder Lebenspartnern. Dies kann kaum das Ergebnis eigener Beobachtungen sein, weil Haushalte nicht transparent und öffentlich sind. So scheint jener Eindruck der Bevölkerung nicht ein solider empirischer Befund sein, der im Ensemble mit anderen Beobachtungen derselben Richtung zur allgemeinen Diagnose der Zunahme von Gewalt führt, sondern umgekehrt: Die bestehende prinzipielle Diagnose und Alltagshypothese zunehmender und omnipräsenter Gewalt lenkt und präjudiziert den Eindruck hinsichtlich der einzelnen Gewaltformen und -sphären.

Konkrete Orte und Formen möglicher Gewalt dienen dann, etwa bei Alltagsgesprächen oder sozialwissenschaftlichen Interviews, als Beleg zur Stützung der eigenen Gewalttheorie. Diese ist nicht einfach pauschal und abstrakt, sondern richtet differenziert die eigenen Sensoren und Deutungsmuster aus für konkrete, im eigenen Alltag beobachtete oder von anderen berichtete Situationen sowie für die mediale Rezeption. Konfirmatorisch werden Informationen als Beleg der eigenen Alltagstheorie rezipiert. Insofern beschreiben die statistischen Daten wohl nicht nur eine tatsächliche Entwicklung, sondern bilden vor allem das gegenwärtige, weitgehend diffuse und umso mehr verunsicherte Lebensgefühl allseitiger Gewalt ab. Diese in den Daten liegende Botschaft ist eine soziale Tatsache einer schwindenden Sicherheit sowie der steigenden Sorge vor Gewalt: Kein Ort ist mehr wirklich sicher; bestimmte Orte müssen gemieden werden, will man sich nicht fahrlässig dem Risiko willkürlicher Gewalt aussetzen. So bleiben nur individuelle Vermeidungsstrategien zur Reduktion des Gewaltrisikos.

39 % der Bevölkerung sagen, dass sie sich an ihrem Wohnort in Parks, auf öffentlichen Plätzen, am Bahnhof und an Bushaltestellen, bei Fahrten mit S- und U-Bahnen und an ihren Stationen, in bestimmten Straßenzügen und Wohnvierteln nicht mehr sicher fühlen: 43 % der Frauen, 34 % der Männer. Dies ist kein Phänomen zunehmender Angst im Alter. Im Gegenteil ist es die jüngste Altersgruppe, die am häufigsten solche Unsicherheit im öffentlichen Raum hat. Im Alter von 18 bis 29 Jahren sind dies 47 % der Frauen und 41 % der Männer. Während bei Frauen mit zunehmendem Alter die Unsicherheit vor Gewalt in bestimmten Gegenden ihres Wohnorts und auf ihren Mobilitätspfaden *abnimmt*, ist sie bei unter 30-jährigen Männern zwar auch am höchsten, aber bei 30- bis 39-Jährigen deutlich geringer (31 %) und *steigt* in den folgenden Altersstufen.

Abbildung 17

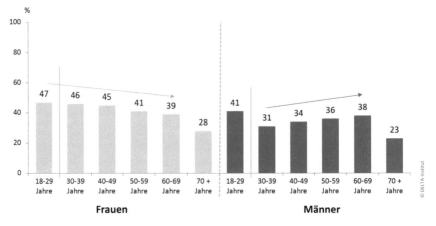

*Trifft voll und ganz zu + trifft eher zu

Auch wenn in fast allen Altersstufen signifikant mehr Frauen als Männer jene Unsicherheit in ihrem weiteren Wohnumfeld haben, sind die Entwicklungsverläufe bei Frauen und Männern im *Lebensverlauf* offensichtlich unterschiedlich: Einer im fortschreitenden Alter zunehmenden Entspannung bei Frauen steht eine wachsende Sorge bei Männern gegenüber. Die bei beiden Geschlechtern höchsten Anteile der Stigmatisierung bestimmter mikrogeographischer Areale gibt es in der jüngsten Altersgruppe (unter 30), was auf die höhere Mobilität in dieser Lebensphase zurückgeführt werden kann. Hingegen ist in der höchsten Altersgruppe (über 70) diese Unsicherheit am geringsten. Dies wird primär daran liegen, dass in dieser Lebensphase der Sozialraum, in dem man sich bewegt, geringer ist als früher und das Mobilitätsverhalten über die gewohnten und notwendigen Räume kaum hinausgeht. Insofern haben Ältere oft keine praktische Berührung mehr mit unbekannten Straßenzügen, Parks oder Plätzen, die für andere Unsicherheitssphären sind.

Weiter lassen sich die Daten nicht nur in Lebensverlaufsperspektive lesen, sondern auch im *Generationenwandel*. Liest man die Zahlen von den älteren hin zu den jüngeren Alterskohorten (bzw. Generationen), ergibt sich ein ergänzender Befund: Bei Männern schwindet von Generation zu Generation die Unsicherheit hinsichtlich bestimmter Orte und Areale, bei Frauen steigt sie. Dazu zeigt sich ein nahezu linearer Zusammenhang mit der *Bevölkerungsdichte*: In Großstädten ist die Einstellung, dass bestimmte Viertel und Orte gewaltriskant sind, deutlich höher als in kleineren Orten: 43 % der Bewohner von Städten mit über 500.000 Einwohnern haben jenen Eindruck unsicherer Orte ihres Wohnumfelds, hingegen nur 24 % der Bewohner in Orten unter 2.000 Einwohnern.

In den Gewaltnarrativen dominiert in allen Milieus das Bild von Frauen als hauptsächliche Opfer männlicher Gewalt. Die repräsentative Befragung bestätigt, dass dies für häusliche Gewalt sehr wohl zutrifft, dass aber einige Frauen *auch* Täterinnen häuslicher Gewalt sind und einige Männer *auch* Opfer häuslicher Gewalt.

Auffällig ist der Kontrast zwischen der Vorstellung, in welchen Bereichen Gewalt zugenommen hat und den konkreten Erfahrungen aus dem eigenen Umfeld. In ihrem Bekanntenkreis kennen ...

- 19 % Fälle von häuslicher Gewalt gegen Frauen
- 13 % Fälle von häuslicher Gewalt gegen Kinder
- 9 % Fälle von häuslicher Gewalt gegen Männer
- 8 % Fälle von Gewalt gegen pflegebedürftige Angehörige

Männer als Opfer körperlicher Gewalt in der Öffentlichkeit: Die Repräsentativbefragung widerlegt das Täter-Opfer-Schema für Gewalt in der Öffentlichkeit. Glaubt man den Antworten auf die Frage, ob man selbst schon in öffentlichen Räumen körperlich gestoßen und angegangen wurde, muss das stereotyp-eindimensionale Bild Täter = Männer, Opfer = Frauen aufgebrochen werden. Deutlich mehr Männer als Frauen erleben in der Öffentlichkeit körperliche Gewalt, vor allem jüngere Männer: 40 % der unter 30-jährigen Männer berichten von solchen Übergriffen, 28 % der Frauen.

- Bei Frauen bleibt der Anteil jener, die Gewalt an öffentlichen Orten erfahren, bis zum Alter von etwa 50 Jahren auf hohem Niveau (ca. 26 %). In den folgenden Altersstufen sinkt der Anteil deutlich – doch erfahren noch 13 % der Frauen im Alter über 60 Jahren körperliche Übergriffe.
- Bei Männern ist der Anteil in allen Altersstufen höher als bei Frauen gleichen Alters. In der vierten Lebensdekade erleiden 38 % der Männer in der Öffentlichkeit gewaltsame Übergriffe; erst im folgenden Altersabschnitt von 40 bis 49 Jahren sinkt der Anteil auf 28 %, bleibt aber auf hohem Niveau: Im Alter von 60 bis 69 Jahren erlebt mehr als jeder fünfte Mann (23 %) in der Öffentlichkeit Gewalt.

Männer sind in allen Altersstufen einem höheren *körperlichen* Gewaltrisiko in der Öffentlichkeit ausgesetzt als Frauen. Dieser Befund (vorausgesetzt, die

Selbstauskünfte sind zuverlässig, und sie sind selbstverständlich abhängig von der körperlichen Konstitution und Deutung) sagt noch nichts über Formen und Heftigkeiten körperlicher Gewalt. Gleichwohl scheint im Bewusstsein der Bevölkerung das Risiko und Leiden von Männern als Ziel und „Objekte" körperlicher Gewalt durch andere Männer (und Frauen) wenig präsent und unterschätzt.

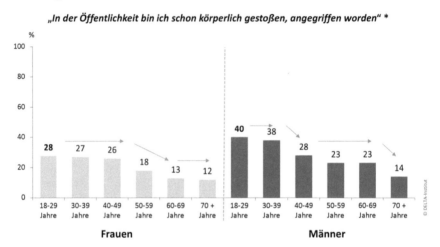

Abbildung 18

„In der Öffentlichkeit bin ich schon körperlich gestoßen, angegriffen worden" *

* Trifft voll und ganz zu + trifft eher zu

Körperliche häusliche Gewalt: Mehr als jede fünfte Frau (21 %) hat – nach Selbstauskunft – vom eigenen (früheren oder aktuellen Partner) körperliche Gewalt erfahren; mehr als jeder zehnte Mann (11 %) von seiner Lebenspartnerin. Das Risiko körperlicher Gewalt durch den Partner ist bei jungen Frauen (unter 30) mit 17 % erheblich und skandalös – aber angesichts der weiteren Entwicklung noch vergleichsweise „gering"; denn im weiteren Lebensverlauf steigt der Anteil für Frauen sprunghaft auf 27 % und bleibt dann bis ins fortgeschrittene Alter auf dem hohen Niveau von mehr als jeder fünften Frau. Es scheint in einem erheblichen Teil der Partnerschaften für Männer normal zu sein, persönlichen Unmut, Wut oder Stress körperlich an der (Ehe-)Frau auszulassen – bis ins höhere Alter.

Der Befund ist instruktiv, weil er auch Gewalt durch einen früheren Partner umfasst und die Anteil bei älteren Frauen geringer sind als bei jüngeren. Denn in den ersten Nachkriegsjahrzehnten dominierte eine traditionell-hierarchische

Rollenteilung, waren Vergewaltigung und Gewalt in der Ehe keine Straftaten. Haben Frauen ihre damals erlittene Gewalt nicht als solche begriffen, haben sie einige Übergriffe bagatellisiert, weil sie normal waren, sie verdrängt, oder wollen sie ex post ihren (aktuellen oder früheren) Partner schützen? Oder sind die jüngeren Frauen heute sensibler und kategorisieren Auseinandersetzungen als Gewalt, die Frauen älterer Generationen nie so sehen würden?

Am häufigsten – nach Selbstauskunft der Frauen – gibt oder gab es diese häusliche Gewalt bei „Hedonisten" (35 %) und „Benachteiligten" (27 %), auch im Milieu der „Traditionellen" (25 %) und „Expeditiven (22 %). Solche Partnerschaftsgewalt an Frauen ist kein Unterschichtsphänomen, auch kein Phänomen sozialer Randmilieus, sondern ereignet sich in allen Milieus: in der „Bürgerlichen Mitte" 20 %; im Milieu der „Etablierten" zu 16 %, bei „Performern" 13 %. Gleichwohl darf das nicht die Prävalenz körperlicher häuslicher Gewalt von Frauen an Männern verdrängen: Hier berichten im Milieu der Hedonisten fast ebenso viele Männer (28 %) von Gewalt durch die Partnerin, aber auch etwa jeder zehnte Mann in den Milieus der „Bürgerlichen Mitte", „Performer", „Expeditiven" und „Traditionellen" – ein weites Spektrum. In einigen Milieus ist die Dunkelziffer vermutlich höher, weil das Zugeben solcher Erfahrungen das Männerbild beschädigt.

Abbildung 19

„Ich selbst habe von meinem aktuellen oder früheren Lebenspartner/meiner Lebenspartnerin schon körperliche (nicht-sexuelle) Gewalt erlebt" *

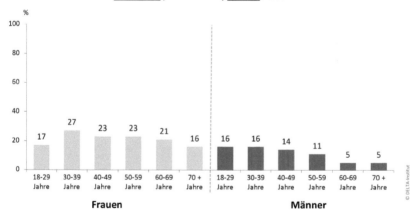

* Trifft voll und ganz zu + trifft eher zu

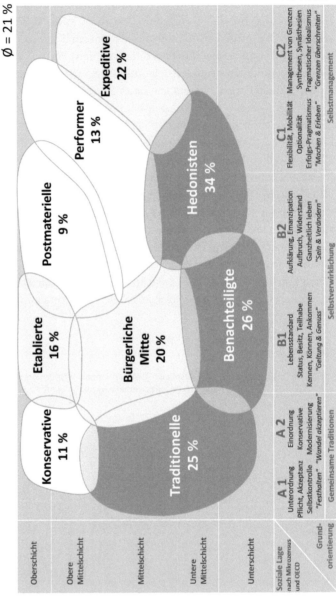

Abbildung 20

346

Abbildung 21

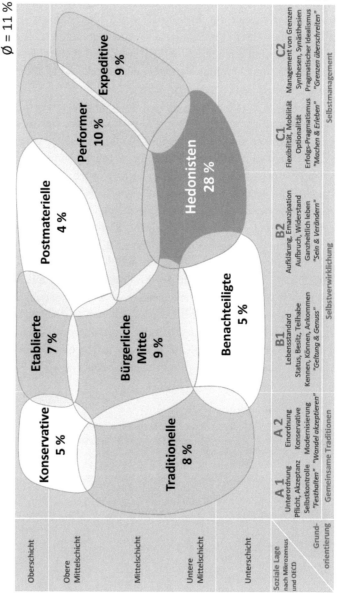

Massive psychische häusliche Gewalt: 27% aller Frauen berichten von massiver psychischer Gewalt durch ihren aktuellen oder früheren Lebenspartner, 14% aller Männer durch ihre Partnerin. In allen Altersstufen bis zum 60. Lebensjahr erleben mehr als ein Viertel solche Gewalt. Der Peak findet im Lebensabschnitt zwischen 30 und 39 Jahren statt: 35% der Frauen und 19% der Männer in diesem Alter berichten über massive psychische Gewalt.

Es ist kein Zufall, dass im Alter ab 30 Jahren Frauen vermehrt in der Partnerschaft körperliche und psychische Gewalt erleiden. Das ist die Lebensphase, in der signifikante Entscheidungen in der Partnerschaft getroffen und Weichen gestellt werden. Gerade die Phase der Familiengründung und jungen Familie ist nicht nur eine Phase des Glücks, sondern auch des Organisations- und Zeitdrucks, für viele der hohen beruflichen Mobilität und Flexibilität sowie der Karriereoptionen. Es muss dazu entschieden werden, wer für die Versorgung und Erziehung der Kinder die eigene Erwerbstätigkeit reduziert oder unterbricht – und damit eigene Berufspläne zurückstellt und in finanzielle Abhängigkeit gerät. Noch immer sind es mit deutlicher Mehrheit Mütter, die beruflich und finanziell zurückstecken. Solche Entscheidungen mit den Folgen der Abhängigkeit sortieren die Machtverhältnisse in der Partnerschaft neu. Damit ist verbunden, wer sich körperliche Übergriffe am Partner „erlauben" kann – bzw. für wen das Risiko höher ist. Mit der Bifurkation der Lebensverläufe in dieser Phase werden Risiken und Chancen neu verteilt; offenbar auch für die Neigung zur Druckausübung bis zu gewaltsamen Übergriffen in der Partnerschaft.

Abbildung 22

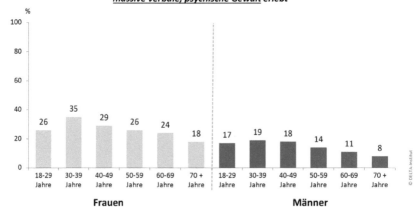

Abbildung 23

Frauen

„Ich selbst habe von meinem aktuellen oder früheren Lebenspartner schon massive verbale, psychische Gewalt erlebt"

Ø = 27 %

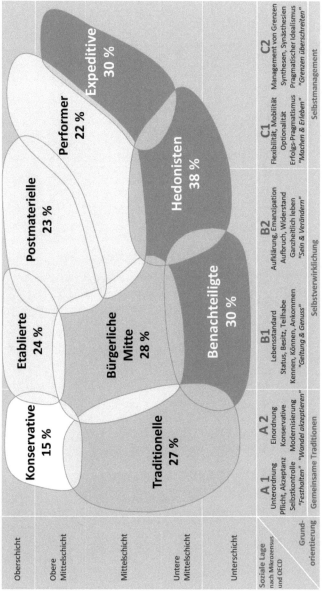

349

Abbildung 24

Männer
„Ich selbst habe von meiner aktuellen oder früheren Lebenspartnerin schon massive verbale, psychische Gewalt erlebt"

Ø = 14 %

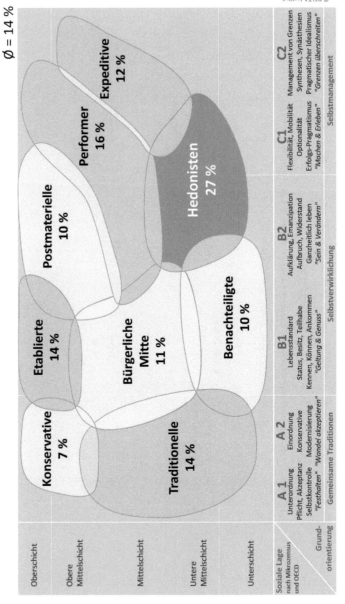

350

Abbildung 25

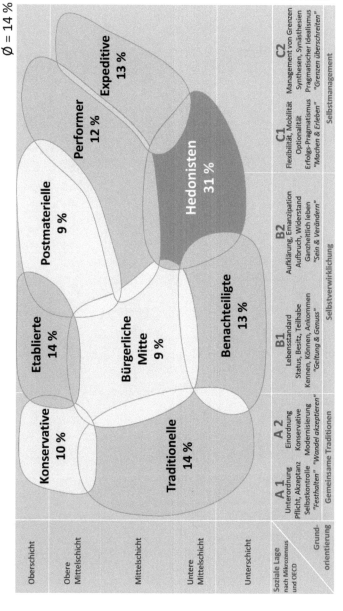

Abbildung 26

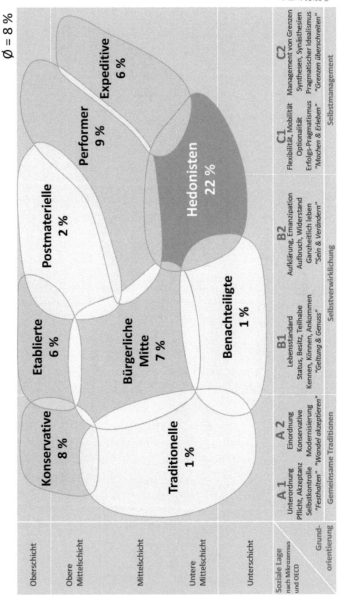

Männer

„Ich selbst habe von meiner aktuellen oder früheren Lebenspartnerin schon sexuelle Gewalt erlebt"

Ø = 8 %

Signifikant ist ein Befund mit Blick auf die Milieus: Die vergleichende Analyse zur Gewaltwahrnehmung und eigenen Betroffenheit in der Milieulandschaft zeigt, dass sich das Thema Gewalt nicht auf wenige Milieus reduzieren lässt. Es gibt Unterschiede in der eigenen Betroffenheit von Gewalt sowie zu Kenntnissen von häuslicher Gewalt im eigenen Bekanntenkreis. Und manche Unterschiede zwischen den Milieus sind statistisch signifikant – und größer als die Geschlechter- und Altersunterschiede. Beispiele:

- 17% sagen, „Ich selbst habe von meinem Lebenspartner/meiner Lebenspartnerin körperliche Gewalt erlebt" – am häufigsten im Milieu „Hedonisten" (31%), seltener im Milieu der „Konservativen" (9%).
- Der Aussage „Ich selbst habe von meinem Lebenspartner/meiner Lebenspartnerin sexuelle Gewalt erlebt" bejahen 11% der Bevölkerung: 26% der „Hedonisten" versus 6% der „Postmateriellen".
- 39% stimmen der Aussage zu „In der Öffentlichkeit bin ich schon von Unbekannten verbal angegriffen und beschimpft worden". Den höchsten Wert haben „Hedonisten" (48%), den geringsten „Traditionelle" (27%).
- Der Aussage „In der Öffentlichkeit bin ich schon körperlich gestoßen, angegriffen worden" stimmen 24% zu; am häufigsten „Hedonisten" mit 35%, am wenigsten „Konservative" mit 17%.

Die Befunde zu den Gewalterfahrungen in den Milieus bestätigen die Erkenntnis der qualitativen Grundlagenstudie, dass sich ein Präventionskonzept zu Gewalt nicht auf ein oder zwei Milieus, oder auf ein Milieusegment in der Landkarte reduzieren lässt. Auch wenn (wie in den Beispielen) die Spannweite vom höchsten und geringsten Wert statistisch signifikant ist, bedeutet das nicht, dass alle Milieuunterschiede groß sind und lässt nicht den Schluss zu, dass in Milieus mit geringerer Prozentzahl Gewalt nur marginal vorkommt. Vor allem ist es wichtig, hinter die Zahlen zu blicken. Zunächst ist auf äußerliche Auffälligkeiten hinzuweisen:

- Stets finden sich im Milieu der „Hedonisten" die mit Abstand höchsten Anteile jener, die konkrete Fälle häuslicher (körperlicher, verbaler, psychischer, sexueller) Gewalt kennen. Der zweithöchste Wert findet sich häufig im Milieu der „Expeditiven" – beide soziokulturell und demographisch junge Milieus. Es sind auch die Milieus, die die höchste Sensibilität für das Thema *häusliche Gewalt gegen Männer* zeigen. Hingegen die geringsten Anteile zeigen die demographisch ältesten Milieus der „Konservativen" und „Traditionellen" (gefolgt von der „Bürgerlichen Mitte" und „Benachteiligten"). Eine Interpretation des Befunds wäre, dass es in der Nahwelt dieser vier Milieus tatsächlich deutlich weniger häusliche Gewalt gibt. Eine alternative, möglicherweise ergänzende und plausible(re) Deutung ist, dass das soziale Covering in diesen Milieus

Abbildung 27

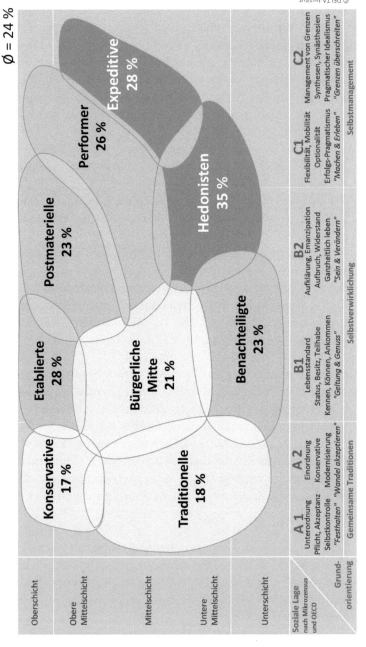

354

sehr ausgeprägt ist: Zum einen der Schleier der Verdeckung solcher Gewalt seitens des eigenen Haushalts nach außen; zum anderen das kollektive Verschweigen solcher Gewalt gegenüber der Öffentlichkeit (z. B. im Interview).
- Damit kommen wir zu einem elementaren Befund, der nur durch die Milieudiagnose sichtbar wird: Wahrnehmungs- und Deutungsfilter von Gewalt sowie die Kommunikationsfilter und -weisen über Gewalt sind abhängig von der lebensweltlichen Alltagskultur. Das verlangt, nicht einfach einer Befragungszahl zu trauen, sondern bei der Interpretation die spezifische Lebenslogik des Milieus zu berücksichtigen. Insofern ist es nicht ausgeschlossen, dass in Milieus mit niedrigem Wert der mitgeteilten Fälle häuslicher Gewalt die tatsächliche Gewaltrate weitaus höher ist – nur funktionieren die Mechanismen des Ignorierens, der Verschleierung und der Tabuisierung relativ gut. Es ist für Fragen der Prävention häuslicher Gewalt ein wichtiger Hinweis für Maßnahmen, um diesen Schleier zu wissen und ihn vielleicht zu lüften (für Opferschutz und Täterprävention), bzw. die Vorbehalte und Ängste vor Stigmatisierung zu nehmen, wenn solche Gewalt publik würde.
- Für das Milieu der „Hedonisten" überraschen die sehr hohen Anteilswerte. Sie können zum Teil erklärt werden mit der in diesem Milieu typischen Neigung zur Übertreibung, Dramaturgie und Steigerung (gerade in Befragungen). Ein zweiter Faktor ist – das zeigten die narrativen Interviews eindrücklich – die in dieser Lebenswelt höhere Neigung zu Partnerschaftsstreit mit verbalen und auch körperlichen Auseinandersetzungen. Gleichzeitig und davon ein stückweit unabhängig ist die recht hohe Sensibilität für Gewalt und außerordentlich geringe Neigung, über diese nicht zu reden und in bürgerlicher Manier zu kaschieren. Diese Offenheit hingegen ist im in der Milieulandkarte benachbarten Milieu der „Benachteiligten" eher gering. Dort greifen viel stärker die vor allem in traditionellen und bürgerlichen Milieus verankerten Mechanismen des Coverings.

Vorbeugung von Gewalt

Für die Prävention sollen zwei in den qualitativen Interviews besonders betonte Maßnahmen exemplarisch betrachtet werden: Schulsozialarbeit und Polizeipräsenz.

Schulsozialarbeit: Eine große Mehrheit von 87 % der Bevölkerung befürwortet, dass zur Vorbeugung von Gewalt an allen Schulen Sozialarbeiter/innen und Psycholog/innen feste Ansprechpartner sein sollten. Fast die Hälfte der Bevölkerung (43 %) unterstützt das sehr stark. Der insgesamt hohe Zustimmungswert überrascht nicht, weil er für Befragte kaum mit Einschränkungen verbunden ist und die Einstellung vorherrscht, dass Sozialarbeiter/innen und Psycholog/innen an Schulen sicher nicht schaden und in einigen Fällen dem, was man über Drogen, Mobbing, Exklusion, Erpressung und körperliche Gewalt

Abbildung 28

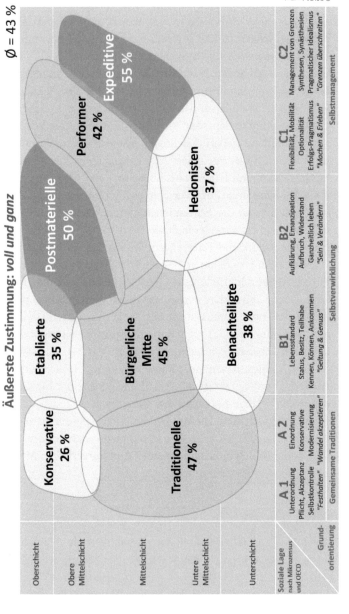

so medial und durch Bekannte hört, sicher vorbeugen können. Gleichwohl ist dieses Votum ernst zu nehmen und signalisiert Akzeptanz. Spannend ist der Blick auf die Alters- und Milieuverteilung derer, die diesen Vorschlag sehr stark unterstützen. Die Zustimmung ist am höchsten in den jüngeren Generationen und geht dann sukzessive zurück. Das ist zum einen zurückzuführen auf jene, die als Eltern aktuell selbst schulpflichtige Kinder haben und näher dran sind an konkreten Problem in Schulen. Zum anderen sind Generationeneffekte eines kulturellen Wertewandels erkennbar: Die Aufgeschlossenheit der Jüngeren für unterstützende „weiche" Maßnahmen von Professionen wie Sozialarbeit und Psychologie. Das ist Bürgerinnen und Bürgern älterer Generationen tendenziell fremder. In der Milieulandschaft unterstützen vor allem „Postmaterielle" und „Expeditive" diese Idee. Die größte Zurückhaltung gibt es seitens der traditionellen und klassischen Eliten („Konservative" und „Etablierte") sowie in der modernen Unterschicht („Benachteiligte", „Hedonisten").

Abbildung 29

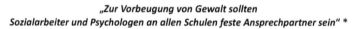

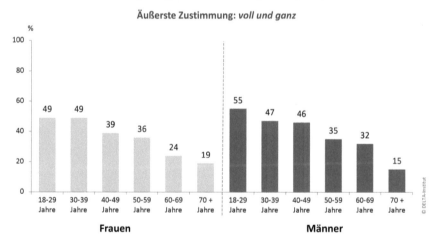

Mehr Polizeipräsenz: Eine breite Mehrheit von 79 % fordert mehr Polizeipräsenz in der Öffentlichkeit, nicht nur an neuralgischen Orten und zu bestimmten Zeiten, sondern weitgehend flächendeckend, um der Bevölkerung die Botschaft der Sicherheit an allen Orten zu geben und um Gewaltbereiten zu signalisieren, dass es keine ungeschützten Areale für Gewalt gibt. 38 % der Bevölkerung stimmen dem voll und ganz zu. Anders als bei Thema Schulsozialarbeit steigt der Wunsch nach mehr Polizeipräsenz mit zunehmendem Alter, insbesondere bei Frauen, und ist in der Milieulandschaft am größten in Milieus der Grundorientierungsachse A „Gemeinsame Traditionen" („Konservative",

Abbildung 30

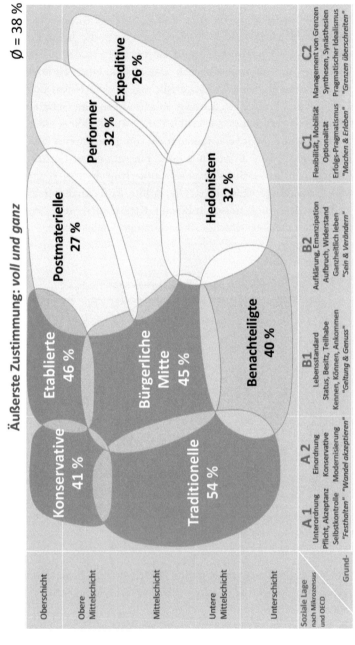

"Traditionelle") und B1 „Geltung & Genuss" („Etablierte", „Bürgerliche Mitte"). Zurückhaltender zu mehr Polizeipräsenz im öffentlichen Raum äußern sich hingegen „Postmaterielle" und „Expeditive", also Milieus in der Achse der Grundorientierung B2 „Sein und Verändern" sowie C „Selbstmanagement". Auch wenn Menschen in diesen Milieus ein grundlegendes Vertrauen in die Polizei haben, ist ihr Blick zugleich kritisch gegenüber einem aus ihrer Sicht möglicherweise und bei bestimmten Themen (prominent das umstrittene Polizeiaufgabengesetz) zu sehr auf *Law and Order* bedachten Staat und Polizeiapparat, der die vielfältigen, individuellen und auch extravaganten Interessen, Ansprüche und Bedürfnisse von Individuen geringer achtet, dessen primärer Fokus Ordnung und Kontrolle ist und weniger die Selbstverwirklichung jedes und jeder Einzelnen. Einerseits ist auch Postmateriellen und Expeditiven der Schutz von Individuen vor Gewalt sehr wichtig und sie sehen die funktionale Wirkung von mehr Polizeipräsenz. Andererseits sehen sie die Ambivalenz und Risiken solcher Maßnahmen. Diese Ambivalenz und Risiken sehen Postmaterielle und Expeditive auch hinsichtlich der Frage nach mehr Befugnissen für die Polizei, schon bei Gewalt*androhung* grundsätzlich, schneller und härter eingreifen zu können.

Abbildung 31

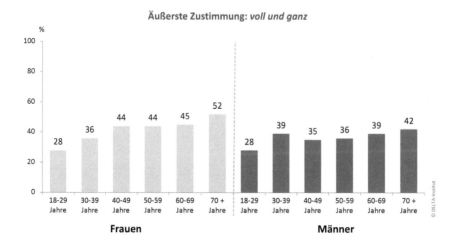

Die Polizei: Wunsch und Vorbehalte

93 % der bayerischen Bevölkerung wünschen sich von den einzelnen Polizistinnen und Polizisten, dass sie sich als Partner zur Sicherheit der lokalen Bevölkerung verstehen: die erwartete oder ersehnte Rolle als „Vertrauenspersonen" der Bevölkerung. Sogar 96 % wünschen sich „Die Polizei sollte der Freund und Helfer

sein". Das verlangt ein entsprechendes Berufs- und Rollenverständnis sowie Verhaltensweisen. Zu diesen beiden Einstellungen gibt es kaum Unterschiede zwischen den Altersgruppen und zwischen den Milieus.

Gleichzeitig hat ein Drittel der Bevölkerung (38 % der Frauen, 27 % der Männer) Sorgen vor Rassismus und Fremdenfeindlichkeit bei der Polizei. Denn, so die rationalen Bedenken und emotionale Angst, solche Haltungen können bei einzelnen oder einigen Polizisten und Polizistinnen der Fall sein und haben Folgen für ihre Dienstauffassung sowie den Umgang mit einem bestimmten Teil der Bevölkerung. Solche Haltungen können sich aber auch formieren zu Subgruppen innerhalb der Organisation, sich verfestigen und eine Polizeistation unterwandern oder gar dominieren, im äußersten Fall sogar Teile der Struktur der Organisation erfassen. Diese Befürchtungen haben 47 % der jungen Frauen unter 30 Jahren, und auch danach bis zum Alter von 60 Jahren etwa 40 % der Frauen (auch 28 % der älteren Frauen haben diese Sorge). Bei Männern sind diese Sorgen in allen Altersgruppen relativ gleich hoch zwischen 27 % und 31 %.

Die ambivalente Rolle der Polizei und aufgrund ihrer Ordnungsaufgabe vielleicht höhere Attraktivität dieser Organisation für Menschen mit autoritärem Charakter, bei denen rassistische und fremdenfeindliche Einstellungen sich einnisten, vermuten vor allem „Expeditive" (43 %), „Postmaterielle" (41 %) und „Hedonisten" (41 %). Am geringsten sind solche Sorgen im Milieu der „Benachteiligten" (23 %) sowie in der klassischen Elite der „Konservativen" (20 %) und „Etablierten" (23 %) – aber trotz dieser Milieudifferenzen in jedem Milieu mehr als jeder Fünfte.

Menschen mit Migrationshintergrund bzw. Zuwanderungsgeschichte

Bei Menschen mit Migrationshintergrund in Bayern[44] sind die Anteile der „Hedonisten" (24 %) und „Expeditiven" (14 %) deutlich größer als in der

---

44 In die Stichprobenziehung und deutschsprachig durchgeführte Befragung kamen Menschen mit Migrationshintergrund gemäß der Definition des Statistischen Bundesamts, eingeschränkt auf Personen mit Wohnsitz in Bayern und deutschen Sprachkenntnissen. Damit ist nur ein Teil der Menschen mit Migrationshintergrund bzw. Zuwanderungsgeschichte hier repräsentiert. Nicht in die Stichprobe kamen jene, die nicht Deutsch sprechen, keinen festen Wohnsitz haben, in einer Flüchtlingsunterkunft oder Ankerzentrum wohnen sowie jene, die eine sozial abgeschlossene Community bilden und keine Auskunft über sich geben wollen. Der Anteil der Menschen mit Migrationshintergrund in dieser Stichprobe beträgt 13 %. Dieser Wert liegt unter dem, was das Statistische Landesamt ausweist. Gründe dafür sind neben der zuvor genannten Einschränkung vor allem die schlechtere Erreichbarkeit für ein Interview, Hemmungen für ein Interview auf Deutsch, Vorbehalte gegenüber Auskünften zu Einstellungen und Erfahrungen, die ein Risiko darstellen könnten für das Bleiberecht. Insofern repräsentiert diese Auswahl primär relativ gut integrierte Menschen mit Migrationshintergrund.

Gesamtbevölkerung. Hier gibt es einen engen Zusammenhang mit der deutlich jüngeren Altersverteilung. Eine traditionell-konservative Grundorientierung haben 10 % der Menschen mit Migrationshintergrund (in der Gesamtbevölkerung Bayerns 21 %). Zudem ist der Anteil von Frauen mit Migrationshintergrund (56 %) höher als in der Gesamtheit (51 %).

Häufigkeit und Brutalität der Alltagsgewalt (und der Veränderung in den letzten Jahren) werden von Menschen mit Migrationshintergrund ähnlich wahrgenommen wie von jenen ohne Migrationshintergrund. Ganz anders hingegen ist es bei häuslicher Gewalt, die bei jenen mit Migrationshintergrund deutlich häufiger vorkommt.

- 30 % haben von ihrem aktuellen oder früheren Lebenspartner/ihrer Lebenspartnerin schon massive verbale, psychische Gewalt erlebt: 36 % der Frauen von ihrem Partner, 23 % der Männer von ihrer Partnerin (in der Bevölkerung ohne Migrationshintergrund 19 %, 26 % der Frauen und 13 % der Männer).
- 27 % wurden vom Lebenspartner körperliche Gewalt zugefügt: 29 % der Frauen von ihrem Partner, 25 % der Männer von ihrer Partnerin (in der Bevölkerung ohne Migrationshintergrund 15 %, 21 % der Frauen und 9 % der Männer).
- 22 % wurden von ihrem früheren oder aktuellen Lebenspartner bzw. ihrer Lebenspartnerin sexuelle Gewalt zugefügt: 22 % der Frauen, 21 % der Männer (in der Bevölkerung ohne Migrationshintergrund 9 %, 13 % der Frauen und 6 % der Männer).
- Insgesamt schon körperliche *oder* sexuelle *oder* psychische häusliche Gewalt durch aktuelle oder frühere Lebenspartner(in) haben 39 % der Menschen mit Migrationshintergrund erlebt (in der Bevölkerung ohne Migrationshintergrund 24 %, 31 % der Frauen und 19 % der Männer).

Frauen mit Migrationshintergrund sind häuslicher Gewalt in weit höherem Maße als andere soziodemographische Gruppen ausgesetzt. 45 % berichten von körperlicher *oder* sexueller *oder* psychischer Gewalt durch ihren aktuellen oder früheren Lebenspartner. Dieser dramatische Befund darf nicht übersehen, dass auch 31 % der Männer mit Migrationshintergrund häusliche Gewalt durch ihre Lebenspartnerin erfahren (haben). Die Befunde belegen darüber hinaus, dass Migrationshintergrund und Geschlecht (Frau-Sein) die Wahrscheinlichkeit der Gewaltbetroffenheit signifikant erhöhen. Zwischen diesen Merkmalen besteht Intersektionalität. Die Gleichzeitigkeit dieser Merkmale erhöht die Gefahr, Opfer von Gewalt zu werden.

Die Diagnose zur häuslichen Gewalt in den sozialen Milieus bei Menschen mit Migrationshintergrund zeigt zum einen, dass sich auch bei Menschen mit Zuwanderungsgeschichte die Gewalt nicht auf wenige Milieus konzentriert;

zum anderen gibt es bei Frauen als Opfer häuslicher Gewalt Schwerpunkte in traditionellen und hedonistischen Lebenswelten.[45]

Diese Befunde zu den Milieuunterschieden sind gleichzeitig ernst zu nehmen und nicht für bare Münze zu nehmen. So ist für das Milieu „Hedonisten" zu berücksichtigen, dass in diesem Milieu Dramaturgie und inszenierte Verletzlichkeit oft Teil des Kommunikationsstils und der expressiven Selbstpräsentation im Alltag sind. Andererseits ist zu reflektieren, dass auch solche pointierten Darstellungen von Gewalt in der eigenen Partnerschaft keine freien Erfindungen sind, sondern einen realen Hintergrund haben.

Auch wenn der Anteil des Milieus „Traditionelle" bei Menschen mit Migrationshintergrund gering ist (der Gesamtanteil dieser traditionellen Lebenswelt beträgt 8%), ist doch zu beachten, dass 69% dieser (meist älteren) Frauen von körperlicher, sexueller oder psychischer Gewalt durch ihren Lebenspartner berichten – der höchste Anteil im Milieuvergleich. In Milieus der „Konservativen" und „Traditionellen" wird häusliche Gewalt durch Instrumente des Covering verdeckt und nicht so expressiv nach außen getragen wie in jüngeren Milieus und Generationen.

Hingegen sagen nur 9% der Männer aus dem Milieu der „Traditionellen", dass sie von häuslicher Gewalt seitens ihrer Lebenspartnerin betroffen sind. Hier sind es primär hierarchische Macht- und Rollengefüge, die Gewalt von Frauen an Männern eher unwahrscheinlich machen sowie Männlichkeitsideale, die bei solchen Gewaltfällen das *Coming-out* eines Mannes, von seiner Frau Gewalt erlitten zu haben, verhindern.

Signifikant häufiger als die Bevölkerung ohne Migrationshintergrund (24%) werden Menschen mit Migrationshintergrund (29%) in der Öffentlichkeit *körperlich gestoßen oder angegriffen*. Noch häufiger sind *verbale Übergriffe und Beschimpfungen* durch Unbekannte (49%). Im Vergleich dazu erleben mit 38% deutlich weniger Menschen ohne Migrationshintergrund solche Verbalattacken. Auch hier sind Frauen besonders solchen Übergriffen ausgesetzt. 52% der Frauen mit Migrationshintergrund berichten, dass sie in der Öffentlichkeit schon massiv beschimpft oder beleidigt wurden, 44% der Männer mit Migrationshintergrund.

51% der Frauen und 41% der Männer mit Migrationshintergrund fühlen sich in ihrem Wohnumfeld nicht mehr überall sicher, in Parks, auf Plätzen, Bahnhöfen, bestimmten Straßen, Wohnvierteln. Im Durchschnitt sind das 47% der Menschen mit Migrationshintergrund. Von der Bevölkerung ohne Migrationshintergrund fühlen sich hingegen nur 37% in Parks, auf Plätzen, Bahnhöfen, bestimmten Straßen, Wohnvierteln nicht sicher vor Gewalt. Wie groß diese Unsicherheit bei Personen ist, die nicht Deutsch sprechen, kulturell fremd, wenig

---

45 Berechnet man, zu welchem Milieu die Menschen mit Migrationshintergrund die größte Nähe haben (entwickelt man also kein eigenes Milieumodell für diese Gruppe), ergibt sich eine Milieuverteilung, die von der Gesamtbevölkerung Bayerns erheblich abweicht.

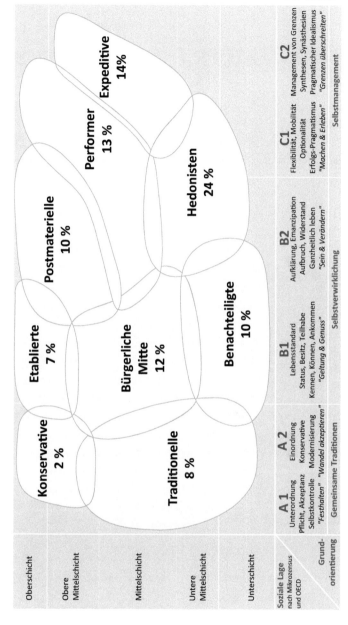

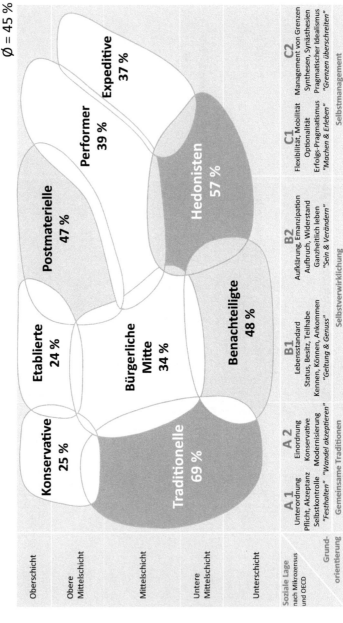

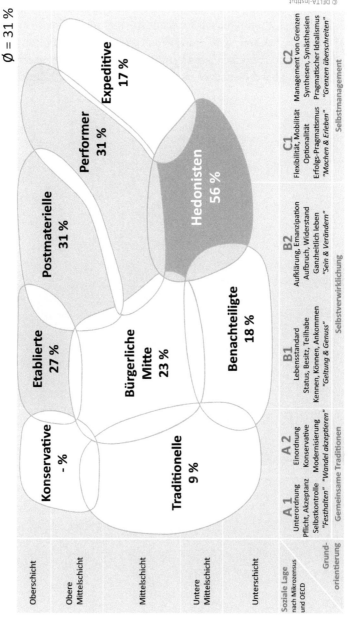

vernetzt, ohnmächtig und ausgesetzt sind, lässt sich nur ahnen – und ist wohl deutlich höher, ebenso die tatsächliche Gewalttätigkeit, die sie in der Öffentlichkeit erfahren. Insofern wird ein Konzept zur Gewaltprävention mit dem Fokus Opferschutz die Menschen mit Migrationshintergrund besonders im Blick haben müssen – und bei diesen nicht nur Frauen, sondern auch Männer.

4. Gruppenbezogene Menschenfeindlichkeit in Milieus

Seit einigen Jahren werden abwertende und stigmatisierende Haltungen gegenüber Gruppen untersucht und unter den Begriff *Gruppenbezogene Menschenfeindlichkeit* zusammengefasst. Gemeinsam ist solchen Haltungen die Nicht-Anerkennung der Würde, Daseins- oder Hierseins-Berechtigung sowie Gleichberechtigung von selektiven Personengruppen außerhalb der Eigengruppe.

Die Bezeichnung *Gruppenbezogene Menschenfeindlichkeit* ist ein Sammelbegriff für Vorurteile gegenüber Gruppen bzw. deren Angehörige, die als soziale Gruppe im soziologischen Sinn gar nicht existieren, weil sie meist keine lebensweltliche Gemeinschaft mit konkret-praktischer Solidarität und Subsidiarität aufweisen. Solche Gruppen und Gruppenidentitäten werden durch die Adressierung der Ungleichwertigkeit oft erst erzeugt – und erhalten dann, paradoxerweise, durch die gemeinsame Betroffenheit von Individuen und Kleingruppen manchmal dann erst eine soziale Existenz und Verbundenheit. Solche zum Zweck der Abwertung konstruierten Fremd- und Feindbilder sind im Kern *abstrakt*, denn sie sehen ab von allen weiteren individuellen Attributen und reduzieren eine Person auf die Zugehörigkeit zu einem Kollektiv, das meist durch ein Kernmerkmal bestimmt ist. Solch ein Attribut kann die ethnische Zugehörigkeit sein, nationale Staatsbürgerschaft, Religionszugehörigkeit, Geschlechtszugehörigkeit oder sexuelle Orientierung. Eine solche Haltung bedarf zur individuellen Genese keineswegs der unmittelbaren Erfahrung oder eines Kontakts zu einer konkreten Person mit diesem ihr zugeschriebenem Stigma. Solche Feindbilder entstehen auch durch Narrative innerhalb sozialer (und medial gefütterter) Teilkulturen, erhalten sich im weitgehend erfahrungsfreien Raum stabil und erfinden in einer das Bild verstärkenden kreativen Binnendynamik ergänzende negative Aspekte. Singuläre konkrete Erfahrungen mit Individuen oder mediale Berichte dienen primär konfirmatorisch der Bestätigung; dem Bild widersprechende Erfahrungen werden als Ausnahmen sortiert: der Kern der weltanschaulichen Perspektive wird so immunisiert.

4.1. Ausprägungen und Zusammenhänge

Das Spektrum der Adressaten gruppenbezogener Menschlichkeit ist vielfältig. In der hier vorgenommenen Untersuchung wurde die bereits von Zick (2011) eingesetzte und bewährte Skala verwendet mit Fokus auf sechs dominante

Haltungen: Fremdenfeindlichkeit, Rassismus, Antiislamismus, Antisemitismus, Homophobie, Sexismus.[46]

Die umfangreiche Forschung zu gruppenbezogener Menschlichkeit aus den letzten Jahren oder Jahrzehnten soll hier nicht rekapituliert oder empirisch einfach wiederholt werden. Vielmehr geht es darum, diese Haltungen zu identifizieren und mit sozialen Milieus in Verbindung zu bringen. Bisher wurden die Schwerpunkte solcher Haltungen nur mit soziodemographischen Merkmalen (Alter, Geschlecht, Bildung, Schichtzugehörigkeit etc.) beschrieben. Jetzt werden solche Haltungen erstmals in der Milieulandschaft abgebildet. Dabei zeigt sich, dass solche Orientierungen in erster Linie keine Frage von Bildung, Einkommen oder sozialhierarchischer Position sind, sondern von *Kultur*. Die Lebensauffassungen und Lebensweisen eines Milieus hängen eng mit Nähe oder Distanz zu gruppenbezogener Menschenfeindlichkeit zusammen. Die Milieus weisen deutlich mehr Unterschiede auf (diskriminieren statistisch mehr) als rein äußerliche soziodemografische Merkmale.

In der Messung gruppenbezogener Menschenfeindlichkeit wurden die Bezeichnungen „Islamfeindlichkeit", „Antisemitismus" etc. nicht verwendet. Die Befragten sollten nicht wissen, was gemessen wird. So wurden über einfache Aussagen ohne diese bekannten und stigmatisierenden Vokabeln die Richtung und Stärke solcher Haltungen bei jeder und jedem Befragten erfasst. Und dennoch gibt es wohl Effekte sozialer Erwünschtheit auch bei den verwendeten Items. Daher gibt es Grund zur Annahme, dass die Verbreitung von Haltungen gruppenbezogener Menschenfeindlichkeit trotz der hohen Anteilswerte noch unterschätzt wird.

Gruppenbezogene Menschenfeindlichkeit ist ein Syndrom eines Ensembles verschiedener attributiver Zuschreibungen, Stigmatisierungen und Wertungen. Es ist vor allem kein dichotomes Ja-/Nein-, sondern ein graduelles Einstellungssyndrom. Diese stetige Skala wurden in Abschnitte unterteilt, um unterschiedliche Nähen und Härten in dieser Menschenfeindlichkeit zu fassen. (1) Am

---

46 Es gibt viele weitere Adressaten der Gruppenabwertung, wie etwa Sinti, Roma, Asiaten, Polen, Türken, Afrikaner, Amis, Russen, Ostdeutsche, Priester, Politiker etc. Das macht deutlich, dass diese Fremd- und Feindgruppenkonstruktionen fließend und unscharf sind, und dass eine erschöpfende sozialwissenschaftliche Erfassung ökonomisch und methodisch kaum möglich ist. Daher beschränkt sich diese Analyse auf jene, die (1) besonders dominant und demokratiefeindlich sind und (2) zu denen es bereits bewährte Erhebungsinstrumente gibt. Die Items zur Messung waren identisch mit der in der Untersuchung von Zick (2011), wurden ebenfalls auf einer vierstufigen Skala gemessen. Ergänzt wurde die Skala um zwei mit identischer Skala gemessene Items: (1) „Ich bin für die Gleichberechtigung Intersexueller und Transsexueller in unserer Gesellschaft" zur Messung der Dimension *Sexismus*. (2) „Deutschland ohne Ausländer wäre ein langweiliges Land" für die Dimension *Diversität*. Insgesamt umfasst die Skala 32 Items. Die einzelnen Dimensionen gruppenbezogener Menschenfeindlichkeit wurden über das arithmetische Mittel gebildet.

äußersten Pol gibt es jene mit einer extremen Haltung: radikal, kategorisch, kompromisslos, absolut, ohne Einschränkung oder Relativierung in ihrer Frontstellung gegen die adressierte Gruppe (*extreme Ausprägung*).[47] (2) Zum Kern gehören jene, die von ihrem klaren Urteil über diese Gruppe fest überzeugt sind und allenfalls marginale Abstriche machen (*starke Ausprägung*). (3) Der weitere Kreis umfasst jene mit mehr oder weniger konsistenter Oppositionshaltung zur definierten Gegnergruppe; im Mittel stimmen sie den einzelnen Aussagen zu (*grundsätzliche Tendenz*).[48] So gibt es das Syndrom der extremen Fremdenfeindlichkeit mit stark nationalistischem Patriotismus, kulturellem Protektionismus sowie einer Unter- und Nachordnung von Ausländern und Migranten bei 7,5 % der Bevölkerung, bei 20 % ist diese Einstellung stark ausgeprägt, 50 % haben eine stabile grundlegende Tendenz dazu.

- In der Rangfolge *grundsätzlicher Tendenzen* zu den hier gemessenen Syndromen der Menschen- und Gruppenverachtung liegt ganz vorn Islamfeindlichkeit (61 %) vor allgemeiner Fremden-/Ausländer-/Migrantenfeindlichkeit (50 %), Antisemitismus (31 %), Rassismus (25 %), Homophobie (23 %) und Sexismus (20 %).
- Bei der Verbreitung *starker Ausprägungen* ergibt sich eine ähnliche Reihung: Islamfeindlichkeit (28 %) vor Fremdenfeindlichkeit (20 %), Antisemitismus (8 %), Rassismus (5 %), Homophobie (5 %) und Sexismus (5 %).

Die Prozentwerte sind natürlich abhängig vom eingesetzten Messinstrument (der Anzahl der Items und der vierstufige Skala) sowie der Abschnittseinteilung; insofern würde es mit einem anderem Messinstrument (etwa mit weiteren Items, die andere Teildimensionen erfassen oder mit einer 5- bzw. 7-stufigen Skala) Abweichungen von diesen Werten geben. Daher ist es methodisch richtig, die Prozentwerte nicht absolut, sondern relational zu interpretieren. Die eigentlichen Befunde sind daher die recht hohen Prozentniveaus der einzelnen Syndrome, ihre Rangordnung sowie die Schwerpunkt der einzelnen gruppenorientierten Menschenverachtung in bestimmten Milieus. Diese vergleichenden Befunde

---

47 Ebenso gibt es am anderen Ende der Skala jene, die jede abwertende und stigmatisierende Aussage über die jeweilige Gruppe radikal und kategorisch ablehnen.
48 Statistisch wurden im Skalenraum von 1 („trifft voll und ganz zu") bis 4 („trifft überhaupt nicht zu") jene zur Gruppenkategorie „grundsätzliche Tendenz" gerechnet, die einen Wert < 2,5 haben (d. h. < 50 % der Skala); zur Gruppe „starke Ausprägung" ab dem Wert < 1,75 (d. h. < 25 % der Skala). Das sind Grenzziehungen, die auch anders definiert werden könnten; insofern sind die Prozentwerte relational und im Horizont dieser Einteilung zu interpretieren. Grund für diese Einteilung war, die ursprüngliche Skala von 1 bis 4 in vier gleich große Abschnitte zu unterteilen, sodass die aufgrund der Mittelwertberechnung stetigen Ausprägungen wie im ursprünglichen Merkmalsraum abgebildet und interpretiert werden können.

zeigen, dass die demokratische Gesellschaft Deutschlands keineswegs eine rundum offene ist, sondern in der Bevölkerung tief verwurzelte und weit verbreitete kollektive Identitäten bestehen, die eine gesellschaftliche Schließung und kulturelle Homogenität anstreben.

Die soziokulturellen Schwerpunkte dieser Haltungen liegen an Randmilieus der Gesellschaft und haben dort ihre lebensweltlichen Ursprünge. Nicht alle Milieus an den sozialhierarchischen Rändern (Oberklasse, Unterklasse) oder soziokulturellen Rändern (Tradition, Postmoderne) sind Heimat und Keimzelle solcher Vorurteilssyndrome, sondern vor allem jene mit einer traditionell-konservativen Grundorientierung (in der Milieugrafik die Achsenabschnitte A1 „Unterordnung: Pflicht, Akzeptanz: *Festhalten*" sowie A2 „Einordnung: konservative Modernisierung: *Wandel akzeptieren*") sowie Randmilieus mit einer Grundorientierung, die eng an Lebensstandard, Status, Besitz, Teilhabe: *„Geltung & Genuss*" orientiert sind (Achsenabschnitt B1 in der Milieulandkarte). Hier sind die Vorbehalts- und Abwehrreflexe gegenüber *Fremden* und *Anderen* besonders fest. Aber sie bilden keine Enklave abgeschotteter subkultureller Eigentümlichkeiten, sondern haben Ausstrahl- und Aufnahmewirkungen in die Mitte der Gesellschaft. Auch wenn die Vorurteilssyndrome im Milieu der Bürgerlichen Mitte meistens durchschnittliche Anteilswerte haben, so ist das nicht zu unterschätzen. Denn zum einen ist dieses quantitativ das größte Milieu in der Gesellschaft, sodass trotz moderater Anteilswerte die absoluten Häufigkeiten von Menschen mit solcher Mentalität sehr groß sind. Zum anderen werden qualitativ solche Feind- und Abwehrstereotype durch das Erreichen des Zentrums der Gesellschaft *normalisiert*. Sie sind bereits relevanter Teil des Mainstreams, haben performativ ein Akzeptanzniveau erreicht und damit ein Fundament, daraus eine normative Programmatik zu entwickeln.

Instruktiv ist, dass diese Haltungen in der gesellschaftlichen Landschaft nicht lokalisiert sind in einem klar konturierten Segment oder in einer engen Nische; sie sind aber auch nicht weit und zufällig verstreut. Sie finden sich in der Oberschicht *und* Unterschicht *und* Mittelschicht; sie finden sich in allen Altersgruppen (wenn auch meist signifikant häufiger bei älteren). Die wohl wichtigste Trennlinie verläuft zwischen den Milieus: In den Milieus der „Postmateriellen" und „Expeditiven" sind fremdenfeindliche, rassistische, homophobe und sexistische Geisteshaltungen und Weltperspektiven sehr selten und allenfalls in Spurenelementen zu finden (hier kann man von Ausnahmen sprechen). Unterdurchschnittlich sind diese Syndrome auch im Milieu der „Performer". Das sind *soziokulturell* relativ junge Milieus (keineswegs demographisch junge Milieus). Es ist also keine Frage des Alters oder der Generationen, wenn es darum geht, warum solche Haltungen in bestimmten sozialen Kreisen keinen Halt finden, auf keinen fruchtbaren Boden fallen und sich in diesen Milieus nicht ausbreiten.

Am häufigsten und stärksten zeigen sich Formen gruppenverachtender Feindlichkeit im Milieu der „Traditionellen". Fast notorisch liegt der höchste Anteil bei jedem der hier gemessenen sechs Syndrome in diesem Milieu. Die zweit- und dritthäufigsten Anteile – jeweils stark überdurchschnittlich – haben die benachbarten Milieus der „Konservativen" und „Etablierten" in der Oberklasse sowie die Milieus der „Benachteiligten" und „Hedonisten" in den unteren Klassen. Das variiert sehr stark je nach Syndrom: *Rassismus* findet sich überwiegend in der Milieuachse Traditionelle-Benachteiligte-Hedonisten, aber „nur" durchschnittlich bei Konservativen und Etablierten (wobei 5 % sehr starker Ausprägung in diesen Leitmilieus bereits beunruhigend hoch sind und sich darüber hinaus zeigt, dass weitere 27 % der Etablierten und 20 % der Konservativen eine moderate Neigung zum Rassismus haben). Eine ähnliche Milieuverteilung zeigt sich beim *Antisemitismus*. Hingegen besteht eine starke *Islamfeindlichkeit* mit etwa 40 % bei Etablierten, Konservativen, Traditionellen, Benachteiligen – und auch 33 % der Bürgerlichen Mitte. Von jenen Rändern der Milieulandschaft sind bestimmte fremdenfeindliche oder rassistische Facetten bereits in die Mitte der Gesellschaft eingedrungen und partiell verankert.

Wichtig zu sehen ist, dass Personen aus unterschiedlichen Milieus mit demselben Syndrom einer gruppenbezogenen Feindschaft in keinem organisierten Austausch stehen. Vielmehr gibt es in jedem Milieu eine spezifische Art etwa der Islamfeindlichkeit. Eine ausgeprägte Islamfeindlichkeit im Milieu der Etablierten ist anders als bei Benachteiligten oder Traditionellen. Der subjektive und lebensweltlich-kollektive Wissenshorizont (und -vorrat) ist ein je anderer; ebenso die Argumentationen und Perspektiven, wohin mit welchen Mitteln die Reise gehen soll.

Wenn die stereotypen Feindfremdbilder trotz vordergründig ähnlicher Aussagen in jedem Milieu auf einem anderen Boden wachsen, wird ein allgemeines Präventionskonzept, dass gleichzeitig alle zu erreichen versucht, wohl wenig erfolgreich sein. Zu unterschiedlich sind die Milieus in ihrer spezifischen Sprache, Stilistik und Diskurskultur; zu unterschiedlich sind auch die Narrative der jeweiligen Vorurteilsmentalitäten sowie das Set von Argumenten, die akzeptiert werden und gegen die bereits Abwehrmechanismen errichtet sind. Dazu kommen emotionale Barrieren, die auf der je unterschiedlichen Betroffenheit gründen, auf die jene Urteile gründen. Daher wird über einen differenzierten Ansatz nachzudenken sein. Man wird der Islamfeindlichkeit bei Konservativen anders begegnen müssen als bei Hedonisten, dem Sexismus bei Etablierten anders als bei Benachteiligten.

Dieser Befund zeigt auch die große Kluft zwischen Milieus, die in der Landkarte unmittelbar nebeneinander positioniert sind, etwa Etablierte und Postmaterielle; oder Expeditive und Hedonisten. Aus der sozioökonomischen Lage lässt sich keine Ableitung treffen hinsichtlich der Schutz- oder Risikofaktoren stereotyper Feindbilder. Eine hohe Bildung schützt vor solchen Vorurteilsstrukturen nicht; ebenso führt eine geringe Bildung nicht automatisch in solche. Diesseits von jenen mit einem geschlossenen und verhärteten Feindbild gibt es Teile der Gesellschaft, die eine moderate Neigung zu einem oder mehreren Syndromen gruppenbezogener Menschenfeindlichkeit haben. Diese gilt es näher in den Blick zu nehmen. Denn sie sind einerseits in der Gefahr, in den Sog eines sich weiter schließenden, eindimensionalen und totalitären Gesellschaftsbilds zu geraten und womöglich selbst ein Risiko für eine offene demokratische Gesellschaft. Andererseits scheint ihr Bild von Anderen noch nicht verhärtet, sodass sie für Diskurse (noch) erreichbar sind.

In den folgenden Tabellen und Grafiken sind für die acht Syndrome die Items, Verteilungsfunktion, Häufigkeiten in den Altersstufen sowie die Ausprägungen grundsätzlicher sowie tendenzieller Tendenzen dargestellt.

Fremdenfeindlichkeit

Tabelle 10

Items			
Stimme voll und ganz zu (%)	Gesamt	Frauen	Männer
Es gibt zu viele Zuwanderer in Deutschland	32	30	34
Durch die vielen Zuwanderer hier fühle ich mich manchmal wie ein Fremder im eigenen Land	26	26	27
Wenn Arbeitsplätze knapp sind, sollten Deutsche mehr Recht auf eine Arbeit haben als Zuwanderer	23	21	24
Zuwanderer bereichern unsere Kultur (Ablehnung)[49]	13	12	14
Zuwanderer sind wertvoll, weil sie zur Vielfalt unserer Gesellschaft beitragen (Ablehnung)	14	13	14

---

49 Die Reaktionen auf die Aussagen (Items, Reize) wurden auf einer vierstufigen Antwortskala gemessen mit den Abstufungen völliger Zustimmung (*trifft voll und ganz zu*), tendenzieller Zustimmung (*trifft eher zu*), tendenzieller Ablehnung (*trifft eher nicht zu*) und sicherer Ablehnung (*trifft überhaupt nicht zu*). Einige Items als Indikatoren einer Dimension wurden umgekehrt („negativ") formuliert, um stereotypen Antwortschablonen vorzubeugen. Zur statistischen Berechnung der zugrundliegenden Dimension wurden diese Items umcodiert.

Abbildung 32

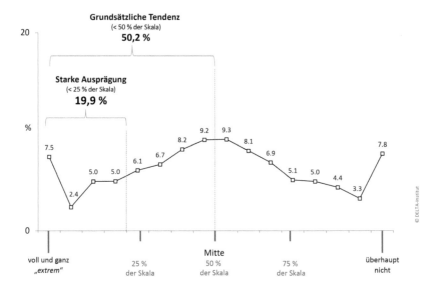

„Fremdenfeindlichkeit" in den Altersgruppen

Tabelle 11

%	18–29 Jahre	30–39 Jahre	40–49 Jahre	50–59 Jahre	60–69 Jahre	70+ Jahre	Gesamt
Starke Ausprägung	7	15	22	27	28	21	20
Moderate Neigung	25	33	35	31	26	32	30
Σ Grundsätzliche Tendenz	32	48	57	58	54	53	50

373

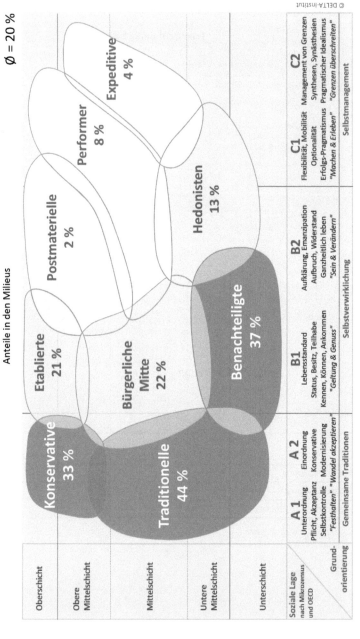

Abbildung 33

Abbildung 34

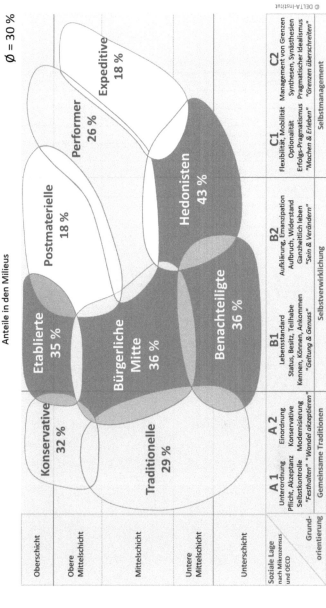

Die Summe der „starken Ausprägung" und der „moderaten Neigung" für jedes Milieu ergibt die grundlegende Tendenz des Milieus zu Fremdenfeindlichkeit.

Rassismus

Tabelle 12

Items			
Stimme voll und ganz zu (%)	Gesamt	Frauen	Männer
Es gibt eine natürliche Hierarchie zwischen schwarzen und weißen Völkern	6	4	8
Schwarze und Weiße sollten besser nicht heiraten	6	4	7
Manche Kulturen sind anderen klar überlegen	9	7	11
Wir müssen unsere eigene Kultur vor dem Einfluss anderer Kulturen schützen	16	15	17
Manche Völker sind begabter als andere	11	10	13
Deutschland ist ein reiches Land, weil wir Deutschen fleißiger und tüchtiger sind als andere	16	12	19

Abbildung 35

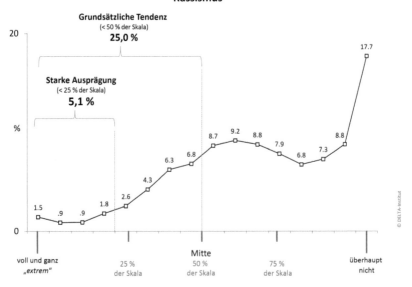

„Rassismus" in den Altersgruppen

Tabelle 13

%	18–29 Jahre	30–39 Jahre	40–49 Jahre	50–59 Jahre	60–69 Jahre	70+ Jahre	Gesamt
Starke Ausprägung	3	5	5	3	8	9	5
Moderate Neigung	13	17	21	20	24	27	20
Σ Grundsätzliche Tendenz	16	22	26	23	32	36	25

Abbildung 36

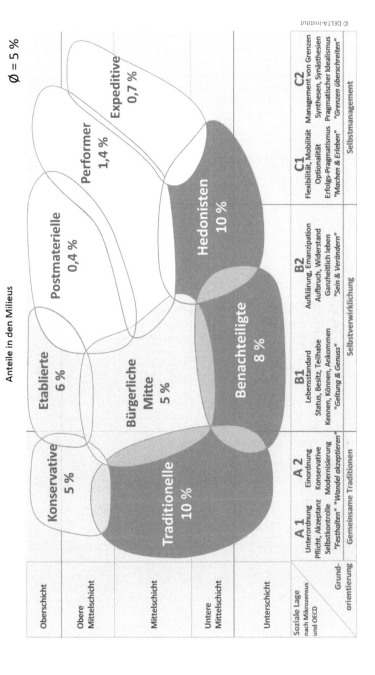

Abbildung 37

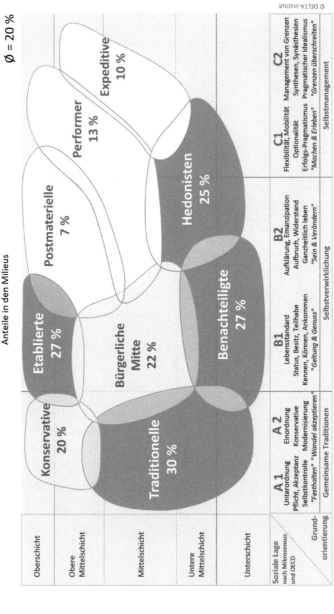

Moderate Neigung zu **Rassismus**
Anteile in den Milieus

Ø = 20 %

Die Summe der „starken Ausprägung" und der „moderaten Neigung" für jedes Milieu ergibt die grundlegende Tendenz des Milieus zu Rassismus.

Islamfeindlichkeit

Tabelle 14

Items			
Stimme voll und ganz zu (%)	Gesamt	Frauen	Männer
Die muslimische Kultur passt gut nach Deutschland (Ablehnung)	33	31	35
Es gibt zu viele Muslime in Deutschland	25	22	28
Muslime in Deutschland stellen zu viele Forderungen	29	25	32
Der Islam ist eine Religion der Intoleranz	25	22	28
Viele Muslime betrachten islamistische Terroristen als Helden	29	25	33

Abbildung 38

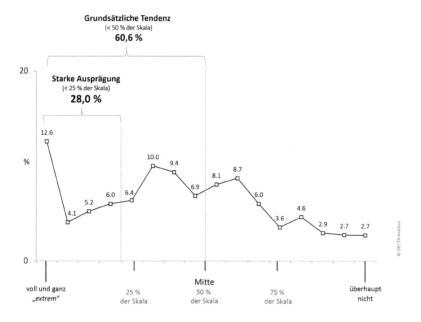

„Islamfeindlichkeit" in den Altersgruppen

Tabelle 15

%	18–29 Jahre	30–39 Jahre	40–49 Jahre	50–59 Jahre	60–69 Jahre	70+ Jahre	Gesamt
Starke Ausprägung	10	22	34	36	32	36	28
Moderate Neigung	25	36	33	32	35	37	33
Σ Grundsätzliche Tendenz	35	58	67	68	67	73	61

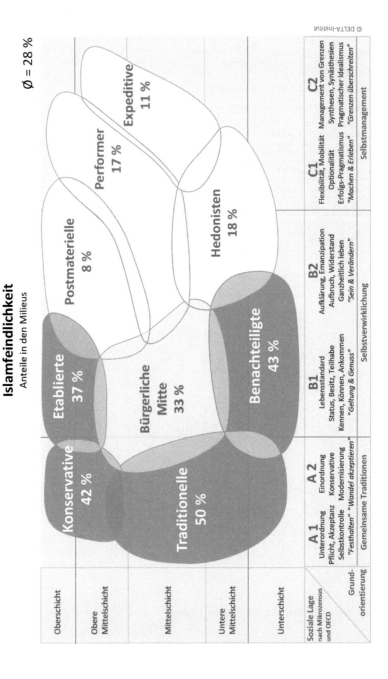

Abbildung 39

380

Abbildung 40

Moderate Neigung zu Islamfeindlichkeit
Anteile in den Milieus

Ø = 33 %

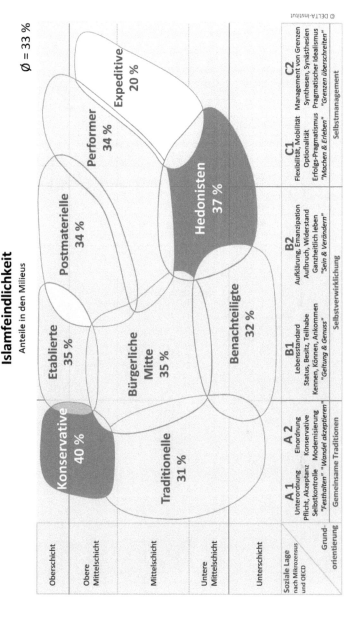

Die Summe der „starken Ausprägung" und der „moderaten Neigung" für jedes Milieu ergibt die grundlegende Tendenz des Milieus zu *Islamfeindlichkeit*.

Antisemitismus

Tabelle 16

Items			
Stimme voll und ganz zu (%)	Gesamt	Frauen	Männer
Juden haben in Deutschland zu viel Einfluss	9	7	12
Juden im Allgemeinen kümmern sich um nichts und niemanden außer um ihre eigene Gruppe	9	8	11
Juden bereichern unsere Kultur (Ablehnung)	10	10	11
Juden versuchen heute Vorteile daraus zu ziehen, dass sie während der Nazi-Zeit die Opfer gewesen sind	18	14	22
Bei der Politik, die Israel macht, kann ich gut verstehen, dass man Juden nicht mag	11	7	15

Abbildung 41

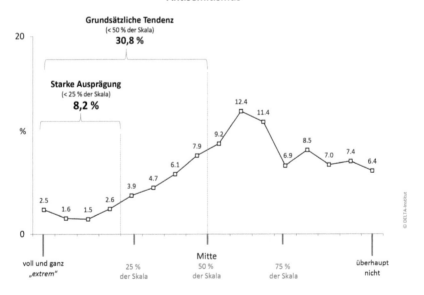

„Antisemitismus" in den Altersgruppen

Tabelle 17

%	18–29 Jahre	30–39 Jahre	40–49 Jahre	50–59 Jahre	60–69 Jahre	70+ Jahre	Gesamt
Starke Ausprägung	2	5	10	11	11	11	8
Moderate Neigung	19	21	22	24	25	26	23
Σ Grundsätzliche Tendenz	21	26	32	35	36	37	31

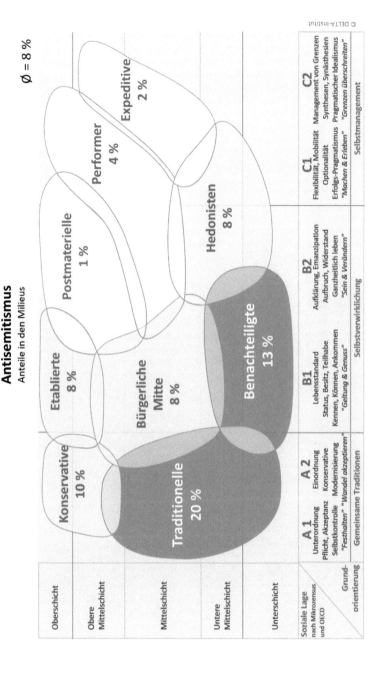

Abbildung 42

Abbildung 43

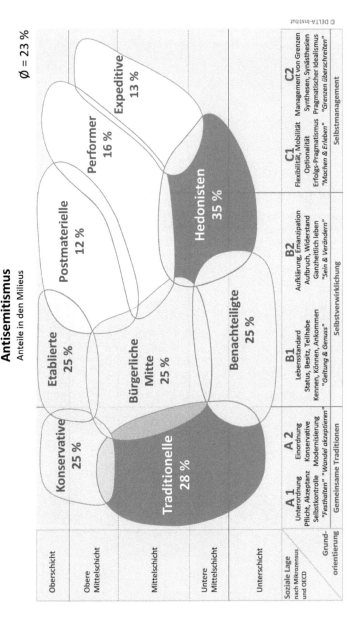

Die Summe der „starken Ausprägung" und der „moderaten Neigung" für jedes Milieu ergibt die grundlegende Tendenz des Milieus zu Antisemitismus.

Homophobie

Tabelle 18

Items			
Stimme voll und ganz zu (%)	Gesamt	Frauen	Männer
Es gibt nichts Unmoralisches an Homosexualität (Ablehnung)	26	27	25
Es ist eine gute Sache, Ehen zwischen zwei Frauen bzw. zwei Männern zu erlauben (Ablehnung)	12	10	14
Lesbisch, Schwul, Bisexuell, Transsexuell/Transgender und Intersexuell (LGBTI): das ist nicht normal und sollte ausgemerzt werden	5	4	6

Abbildung 44

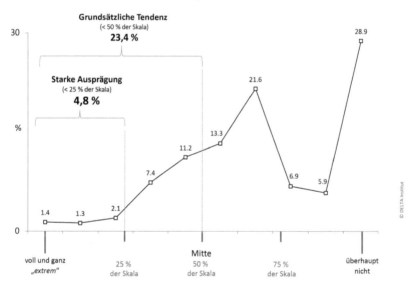

„Homophobie" in den Altersgruppen

Tabelle 19

%	18–29 Jahre	30–39 Jahre	40–49 Jahre	50–59 Jahre	60–69 Jahre	70+ Jahre	Gesamt
Starke Ausprägung	2	5	4	5	6	8	5
Moderate Neigung	15	17	20	17	19	27	18
Grundsätzliche Tendenz	17	22	24	22	25	35	23

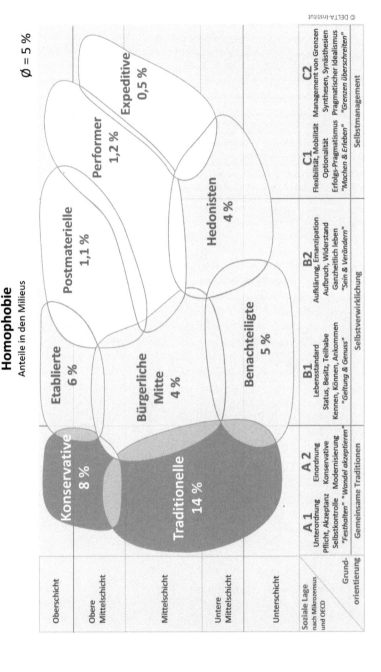

Abbildung 45

Abbildung 46

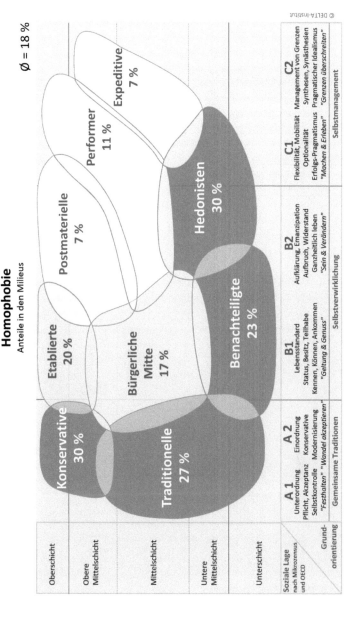

Die Summe der „starken Ausprägung" und der „moderaten Neigung" für jedes Milieu ergibt die grundlegende Tendenz des Milieus zu Homophobie.

Sexismus

Tabelle 20

	Items		
	Stimme voll und ganz zu (%)	Gesamt	Frauen	Männer
Frauen sollten ihre Rolle als Ehefrau und Mutter ernster nehmen		10	8	11
Wenn Arbeitsplätze knapp sind, sollten Männer mehr Recht auf eine Arbeit haben als Frauen		4	3	5
Ich bin für die Gleichberechtigung Intersexueller und Transsexueller bzw. Transidenter in unserer Gesellschaft (Ablehnung)		11	9	14

Abbildung 47

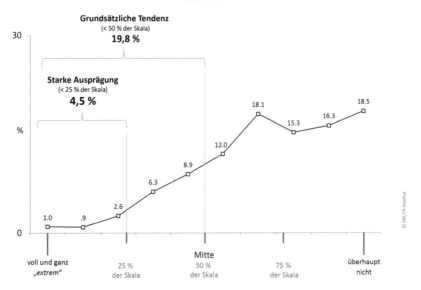

„Sexismus" in den Altersgruppen

Tabelle 21

%	18–29 Jahre	30–39 Jahre	40–49 Jahre	50–59 Jahre	60–69 Jahre	70+ Jahre	Gesamt
Starke Ausprägung	2	4	3	5	7	8	5
Moderate Neigung	11	11	17	15	19	20	15
Σ Grundsätzliche Tendenz	13	15	20	20	26	28	20

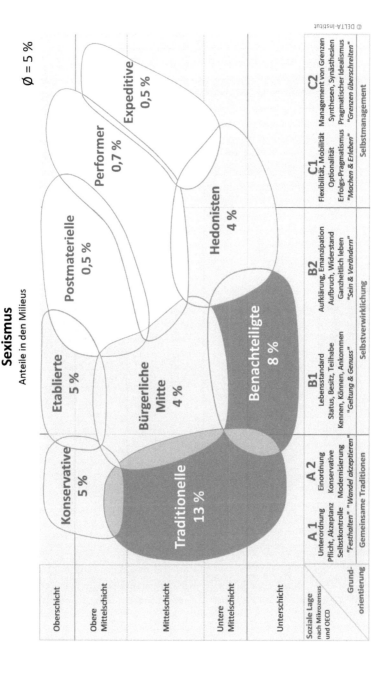

Abbildung 48: Stark ausgeprägter Sexismus – Anteile in den Milieus (Ø = 5 %)

Abbildung 49

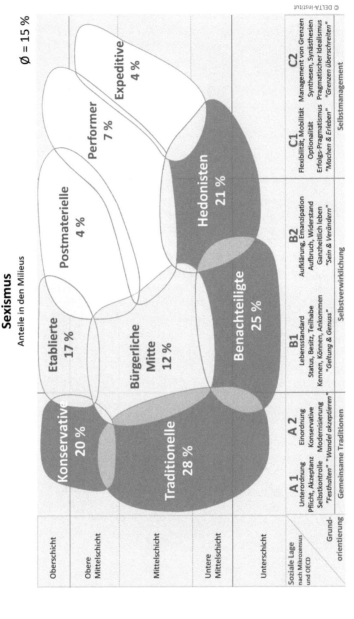

390

Soziale Dominanzorientierung

Tabelle 22

Items			
Stimme voll und ganz zu (%)	Gesamt	Frauen	Männer
Untergeordnete Gruppen sollten an ihrem Platz bleiben	3	2	4
Es ist eine gute Sache, wenn einige Gruppen in der Gesellschaft an der Spitze, andere weiter unten stehen	4	3	4

Abbildung 50

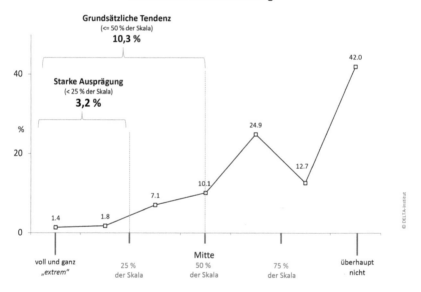

„Soziale Dominanzorientierung" in den Altersgruppen

Tabelle 23

%	18–29 Jahre	30–39 Jahre	40–49 Jahre	50–59 Jahre	60–69 Jahre	70+ Jahre	Gesamt
Starke Ausprägung	4	3	2	2	5	3	3
Moderate Neigung	5	6	8	8	9	8	7
Σ Grundsätzliche Tendenz	9	9	10	10	14	11	10

Abbildung 51

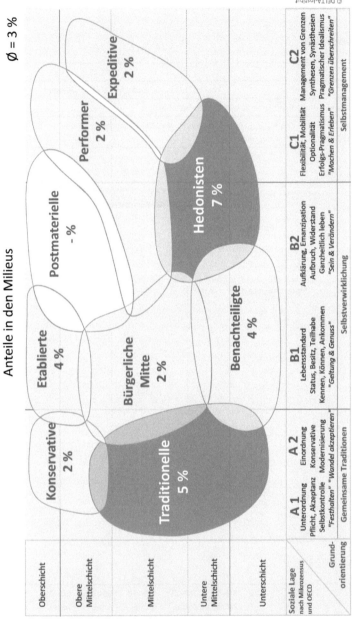

392

Abbildung 52

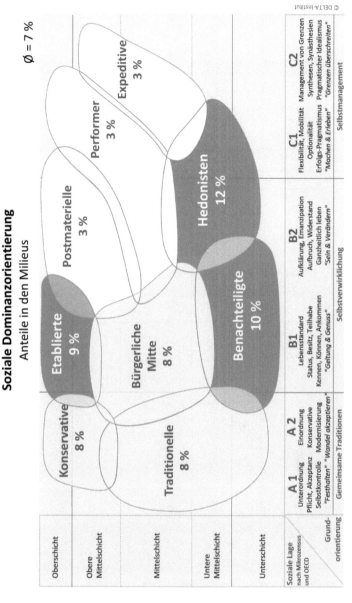

Die Summe der „starken Ausprägung" und der „moderaten Neigung" für jedes Milieu ergibt die grundlegende Tendenz des Milieus zu Sozialer Dominanzorientierung.

Anti-Diversität

Tabelle 24

Items			
Stimme voll und ganz zu (%)	Gesamt	Frauen	Männer
Es ist besser für ein Land, wenn es eine Vielfalt unterschiedlicher Religionen gibt (Ablehnung)	15	14	16
Es ist besser für ein Land, wenn fast alle dieselben Sitten und Gebräuche haben	14	13	15
Deutschland ohne Ausländer wäre ein langweiliges Land (Ablehnung)	18	17	19

Abbildung 53

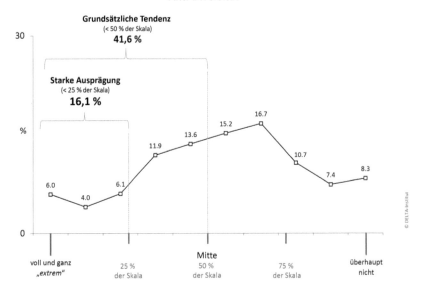

„Anti-Diversität" in den Altersgruppen

Tabelle 25

%	18–29 Jahre	30–39 Jahre	40–49 Jahre	50–59 Jahre	60–69 Jahre	70+ Jahre	Gesamt
Starke Ausprägung	6	15	17	21	20	20	16
Moderate Neigung	22	26	32	26	21	26	26
Σ Grundsätzliche Tendenz	28	41	49	47	41	46	42

Abbildung 54

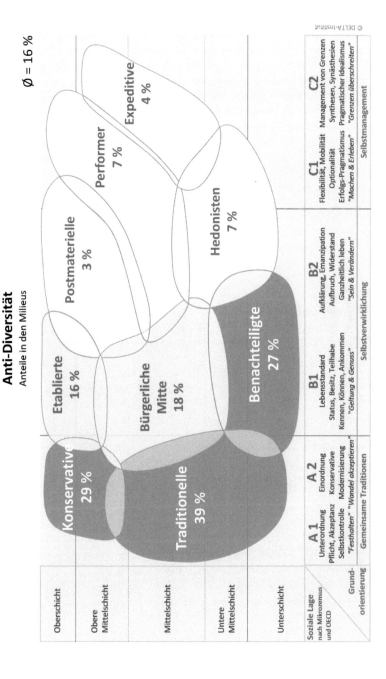

Abbildung 55

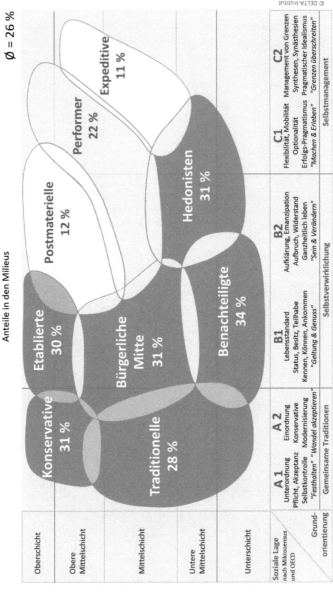

Die Summe der „starken Ausprägung" und der „moderaten Neigung" für jedes Milieu ergibt die grundlegende Tendenz des Milieus zu Anti-Diversität.

Die verschiedenen, mit einem markanten Label versehenen inhaltlichen Ausformungen gruppenbezogener Menschenfeindlichkeit stellen nicht voneinander völlig getrennte Räume dar. Sie hängen zusammen. Statistisch zeigt das allein der Blick auf die Korrelationsmatrix[50]: Alle Zusammenhänge sind positiv: je ausgeprägter ein Vorurteilsstereotyp, desto ausgeprägter auch (im Durchschnitt) das andere Stereotyp. Ein negativer Koeffizient zwischen zwei Typen der Gruppenfeindlichkeit würde bedeuten, dass diese konträr zueinander stehen, sich wechselseitig begrenzen und gleichzeitig bei einer Person selten vorkommen. Das aber ist hier nicht der Fall. Inhaltlich stehen diese Ausformungen in einem wechselseitigen Akzeptanz- und Steigerungsverhältnis.

Am stärksten ist dies bei *Islamfeindlichkeit und Fremdenfeindlichkeit* (Korrelationskoeffizient r = 0,749). Wenn man jede Form von gruppenbezogener Menschenfeindlichkeit als Syndrom betrachtet, ist diese Kombination ein Syndrom zweiter Ordnung. Auffallend starke Zusammenhänge bestehen ebenso zwischen *Rassismus & Fremdenfeindlichkeit* (r = 0,624), *Antisemitismus & Fremdenfeindlichkeit* (r = 0,607). Aber auch die politisch und kulturell unversöhnlich konfligierenden Religionen Judentum und Islam finden in Deutschland gleichermaßen hassgetränkte Gegnerschaft: ein starker Zusammenhang von *Antisemitismus & Islamfeindlichkeit* (r = 0,536).

Das führt zur Überlegung, dass es einen gemeinsamen ursächlichen Faktor für die Ablehnung so gegensätzlicher Lebensauffassungen, Lebensweisen oder religiös-kultureller Identitäten gibt. Dieser lässt sich identifizieren als Haltung der *Anti-Diversität*: Die Ablehnung von Migranten und Ausländern, von Juden und Moslems in der Gesellschaft Deutschlands gründet in einer Ablehnung von Vielfalt. Menschen mit ausgeprägten Fremdfeindbildern halten es für besser, wenn es in Deutschland keine Vielfalt von Religionen und Ethnien gibt, wenn fast alle

---

50 Der Korrelationskoeffizient wurde von Bravais und Pearson entwickelt und ist ein in der Statistik etabliertes Maß für den Grad des linearen Zusammenhangs zwischen zwei mindestens intervallskalierten Merkmalen. Er kann Werte zwischen − 1 und + 1 annehmen. Bei einem Wert von -1 besteht ein vollständig negativer linearer Zusammenhang zwischen den betrachteten Merkmalen, das heißt je größer der Wert des einen Merkmals, umso geringer der Wert des anderen Merkmals. Alle Ausprägungen beider Merkmale liegen in einem Koordinatensystem auf einer absteigenden Linie. Bei einem Wert von +1 besteht ein vollständig positiver linearer Zusammenhang zwischen den Merkmalen: je größer der Wert des einen Merkmals, umso größer der Wert des anderen Merkmals. Alle Ausprägungen beider Merkmale liegen in einem Koordinatensystem auf einer aufsteigenden Linie. Wenn der Korrelationskoeffizient den Wert 0 aufweist, hängen die beiden Merkmale überhaupt nicht linear miteinander zusammen. In der Praxis erreicht der Korrelationskoeffizient die extremen Werte -1 oder +1 nie. Es zeigt sich in der Regel eine Punktwolke um eine gedachte ab- oder absteigende Linie. In den Sozialwissenschaften wird ein Korrelationskoeffizient mit Werten kleiner als (etwa) -0,4 bzw. größer als +0,4 als ein mittelstarker Zusammenhang interpretiert; ein Korrelationskoeffizient kleiner als -0,6 bzw. größer als +0,6 gilt als ein relativ starker Zusammenhang. Die Grenzen sind dabei fließend.

dieselben oder ähnlichen Sitten und Gebräuche haben. Das schafft Überblick und Orientierungssicherheit. Die eigene Lebenswelt soll für die ganze Gesellschaft stehen, das paradigmatische, beispiel- und vorbildhafte Modell sein für Deutschland. Sorge dieser Menschen sind nicht Monotonie und Langeweile, sondern Verlust von persönlicher (emotionaler, psychischer, mentaler) Orientierungssicherheit und sozialer Geltung. *Vielfalt* und *Fremde* (ein *Mehr vom Anderen*) gelten als existenzielle Bedrohungen. Je mehr sich die Lebenswelten voneinander entfernen und je mehr innerhalb eines Milieus subkulturelle „Blasen" mit großer weltanschaulicher Schließung sich ausbilden, umso geringer sind die Motivation zum Dialog mit dem Anderen, die Bereitschaft zum Verstehen der Anderen und deren Anerkennung.

Tabelle 26: Korrelationsmatrix der Subskalen Gruppenbezogener Menschenfeindlichkeit (GMF)[51]

	Fremden-feindlichkeit	Rassismus	Islamfeindlichkeit	Antisemitismus	Homophobie	Sexismus	Soziale Dominanzorientierung	Anti-Diversität
Fremdenfeindlichkeit	1							
Rassismus	0,624	1						
Islamfeindlichkeit	0,749	0,518	1					
Antisemitismus	0,607	0,583	0,536	1				
Homophobie	0,345	0,413	0,281	0,371	1			
Sexismus	0,477	0,571	0,406	0,529	0,595	1		
Soziale Dominanzorientierung	0,408	0,625	0,311	0,470	0,388	0,597	1	
Anti-Diversität	0,804	0,552	0,674	0,525	0,333	0,456	0,370	1

Korrelationen > 0,5 sind fett markiert

In der Matrix ebenfalls erkennbar sind die zwar positiven, aber nur mittelstarken Zusammenhänge von Fremdenfeindlichkeit/Rassismus/Islamfeindlichkeit/Antisemitismus mit zwei anderen Formen der Gruppenverachtung: Homophobie

---

51 Die Gesamtskala mit 32 Items hat eine sehr hohe Reliabilität mit Cronbachs Alpha von 0,945. Cronbachs Alpha ist ein statistisches Maß für die interne Konsistenz (den Grad des Zusammenhalts) einer Itembatterie, die bei hoher Zuverlässigkeit als „Skala" bezeichnet wird und als Messinstrument für ein Syndrom geeignet ist. Der Wertebereich von Cronbachs Alpha liegt zwischen Null und Eins. In der Literatur herrscht weitgehend Übereinstimmung darüber, eine Skala ab einem Cronbachs Alpha-Wert von 0,75 als reliabel zu bezeichnen. Ist $\alpha \geq 0{,}8$, gilt die Skala als gut, bei $\alpha \geq 0{,}9$ gilt die Skala als exzellent.

und Sexismus. Insbesondere *Homophobie*, die Verachtung, Stigmatisierung und Intoleranz von Intersexualität oder Transsexualität in der Geschlechtsidentität sowie von Homosexualität und Bisexualität in der Partnerorientierung scheint ein relativ eigenständiges Syndrom zu sein. Dieses hängt eng zusammen mit einem ausgeprägten *Sexismus*, der sich in einer traditionell-hierarchischen Rollenteilung zwischen Männern und Frauen zeigt mit dem Ideal einer zwar technologisch modernen, aber kulturell patriarchalischen Gesellschaft, in der Männer in öffentlichen und beruflichen Belangen stets Vorrang haben, und in der die Normalität und Norm der Zweigeschlechtlichkeit gilt. Die Haltung des *Sexismus* (wobei Personen mit dieser Weltsicht diese Bezeichnung weit von sich weisen) hängt eng zusammen mit einer ausgeprägten *sozialen Dominanzorientierung*: persönliches Streben und Ideal einer sozialen Hierarchie feststehender Gruppen.

4.2. Die Gesamtdisposition: Soziale Lage und Milieu

Wenn die einzelnen Ausformungen der Vorurteilsstereotype eng zusammenhängen, gibt es Grund zu der Annahme, dass dahinter eine gemeinsame Grundhaltung steht, die sich empirisch messen lässt. Dazu wurde ein gruppenübergreifender Indikator berechnet. Dieser ist nicht nur ein zusammenfassender Oberbegriff für unterschiedliche Feindstereotype, sondern eine reale und empirisch messbare Disposition.

Methodisch wurde die Skala gebildet als Mittelwert aus den sechs Teildimensionen Fremdenfeindlichkeit, Rassismus, Antiislamismus, Antisemitismus, Homophobie, Sexismus (die Syndrome Soziale Dominanzorientierung und Anti-Diversität wurden dazu nicht einbezogen, weil sie keine spezifische Adressierung haben).[52] Mit diesem Verfahren lässt sich bei jeder und jedem Befragten berechnen, wie stark diese Disposition ausgeprägt ist und wie verbreitet sie in der Bevölkerung ist: 30 % der Bevölkerung zeigen eine grundsätzliche Disposition zu gruppenbezogener Menschenfeindlichkeit: bei 4 % ist die Haltung sehr stark ausgeprägt, 26 % haben eine moderate Neigung. Dem gegenüber stehen 70 % mit Distanz zu fremdenfeindlichen Einstellungen: Bei 45 % ist die Ablehnung solcher Auffassungen moderat (und das Syndrom GMF eher gering); 25 % haben eine starke Ablehnung fremdenfeindlicher Haltungen (das Syndrom der GMF ist kaum vorhanden). Auf dieser Basis lassen sich Berechnungen vornehmen, wie hoch die Anteile gruppenbezogener Menschenfeindlichkeit sind bei Frauen und Männern, in den Altersstufen, in sozialhierarchischen Positionen sowie in den Milieus.

---

52 Diese aus 27 Items bestehende Skala (GMF-Gesamtskala) hat eine sehr hohe Reliabilität mit Cronbachs Alpha von 0,938.

Wie auch immer der Ausprägungsgrad gruppenbezogener Menschenfeindlichkeit statistisch definiert und Kategorien zugeordnet wird: deutlich mehr Männer als Frauen haben eine solche Haltung; deutlich mehr Ältere als Jüngere. In einer Untersuchung für einen Zeitraum lässt sich nicht beurteilen, ob hier in optimistischer Interpretation Generationeneffekte am Werk sind, sodass Fremdenfeindlichkeit und Rassismus im weiteren Generationenwandel schwinden, oder ob, in pessimistischer Interpretation, hier Alterungs- und Lebensverlaufseffekte wirken, sodass mit fortschreitendem Alter Vorbehalte und Abwertungen gegenüber Fremden wachsen mit einem ethnozentrisch-hierarchischen Blick auf Welt und Menschen.

Tabelle 27

GMF	Gesamt	Männer	Frauen	18–29 Jahre	30–39 Jahre	40–49 Jahre	50–59 Jahre	60–69 Jahre	70+ Jahre
Starke Ausprägung	4%	7%	2%	1%	3%	4%	5%	9%	6%
Moderate Neigung	26%	28%	24%	14%	22%	31%	28%	30%	35%
Grundsätzliche Tendenz starke + moderate Neigung	30%	35%	26%	15%	25%	35%	33%	39%	41%

Tabelle 28

Schulbildung → GMF	Volks-, Hauptschulabschluss oder Polytechnische Oberschule mit Abschluss 8./9. Klasse	Mittlere Reife, Realschulabschluss oder Polytechnische Oberschule mit Abschluss 10. Klasse	Fachhochschulreife (Abschluss einer Fachoberschule etc.)	Abitur (Hochschulreife) oder erweiterte Oberschule mit Abschluss 12. Klasse
Starke Ausprägung	7%	3%	2%	2%
Moderate Neigung	37%	24%	22%	12%
Grundsätzliche Tendenz	44%	27%	24%	14%

Tabelle 29

Berufsbildung → GMF	Kein Berufsabschluss (nicht mehr in der Schule, nicht in Ausbildung)	Derzeit in Ausbildung	Abgeschlossene Lehre	Abschluss von Fach-, Meister-, Technikerschule, Verwaltungs-, Wirtschafts- oder Fachakademie	(Fach-) Hochschulabschluss, Bachelor, Master	Universitätsabschluss (Diplom, Master, Magister, Staatsexamen)
Starke Ausprägung	8%	1%	5%	4%	2%	2%
Moderate Neigung	29%	13%	31%	25%	17%	17%
Grundsätzliche Tendenz	37%	14%	36%	29%	19%	19%

Tabelle 30

Stellung im Beruf → GMF	Niedrig	2	3	4	Hoch
Starke Ausprägung	11%	7%	2%	3%	4%
Moderate Neigung	36%	28%	24%	26%	23%
Grundsätzliche Tendenz	47%	35%	26%	29%	27%

Es gibt eindeutige Zusammenhänge der Disposition gruppenbezogener Menschenfeindlichkeit mit soziodemographischen Merkmalen wie Geschlecht, Alter, Bildung, Berufsqualifikation und beruflichem Status. Diese Determinanten können Syndrome wie Antisemitismus, Antiislamismus, Homophobie und Sexismus ein Stück weit statistisch erklären. Sie liefern Hinweise, wo diese Syndrome soziale Akzeptanz finden und stärker verbreitet sind. Dazu sind zwei Punkte anzumerken: (1) Auch wenn fremdenfeindliche Dispositionen in unteren Bildungs-, Berufsqualifikations-, Berufsstands- und Einkommensklassen überdurchschnittlich häufig sind, darf der Befund nicht auf diese Segmente am unteren Rand der Gesellschaft reduziert werden und gruppenbezogene Menschenfeindlichkeit in den Mittelklassen und Oberklassen marginalisieren – im Gegenteil. Es ist zudem wenig plausibel, dass solche Haltungen von den unteren Klassen in die oberen Klassen strömen, dass die Mittel- und Oberschicht von den unter ihnen gelagerten Schichten etwas übernehmen und „lernen". Zu groß sind die Mechanismen der Distinktion gegenüber Lebenswelten in unterer sozialer Lage. (2) Kein Merkmal hat eine so große Erklärungskraft wie die Milieuzugehörigkeit.

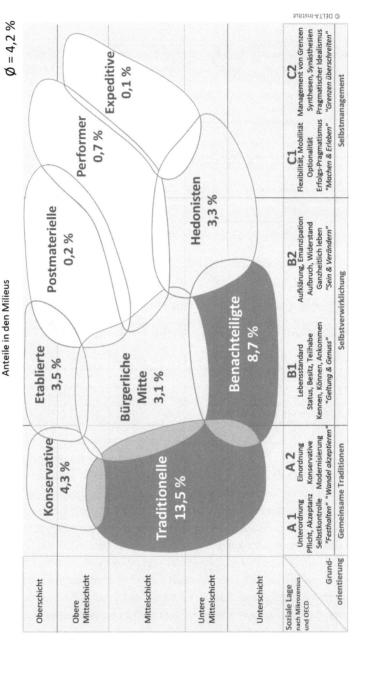

Abbildung 56

Stark ausgeprägte Disposition „Gruppenbezogene Menschenfeindlichkeit"
Anteile in den Milieus

$\emptyset = 4{,}2\,\%$

402

Die Prozentunterschiede zwischen den Milieus sind deutlich größer als bei den soziodemographischen Kategorien Alter, Bildung, Status, Einkommen etc.

Es ist zu erkennen, dass die Disposition *Gruppenbezogene Menschenfeindlichkeit* am häufigsten in den Milieus der Traditionellen und Benachteiligten vorkommt, hingegen sehr selten in den Milieus der Expeditiven, Postmateriellen und Performer. Die Spannweite zwischen dem höchsten und kleinsten Anteil ist relativ groß (13,5 % versus 0,1 %). Interessant ist, dass es keine klare sozialhierarchische Struktur (etwa von unten nach oben) und auch keine eindeutige horizontale Verbreitung (von links nach rechts) gibt, sondern eher eine Kombination von beiden. So ließe sich in die Milieulandkarte ein Pfeil zeichnen, der von links unten nach rechts oben verläuft: von der häufigsten Verbreitung dieser Disposition bei Traditionellen in unterer sozialer Lage bis hin zur geringsten Verbreitung bei Expeditiven/Performern/Postmateriellen in gehobener sozialer Lage und postmoderner Grundorientierung.

Ähnlich ist das Bild für jene, die nicht zum engeren Kern gehören, aber doch eine stabile moderate Neigung zu gruppenbezogener Menschenfeindlichkeit haben. Hier ist die Spannweite (38 Prozentpunkte) noch weitaus größer mit dem höchsten Anteil von 44 % im Milieu der Traditionellen bis zum geringsten Anteil von 6 % im Milieu der Postmateriellen. Was die Infizierung mit dieser gruppenübergreifenden Disposition betrifft, gibt es innerhalb der Oberschicht sowie innerhalb der Mittelschicht ein äußerst heterogenes Spektrum, von sehr weiter Verbreitung dieser Disposition bis hin zu äußerst geringer, was auf Schutz- und Abwehrmechanismen schließen lässt, die wohl in der kulturellen DNA des Milieus gründen.

4.3. Sensiblere Gewaltwahrnehmung bei fremdenfeindlichen Dispositionen

55 % der Bevölkerung haben den Eindruck, dass in den letzten fünf Jahren die *Häufigkeit* der Alltagsgewalt zugenommen hat und 63 % sehen eine zunehmende *Brutalität* der Alltagsgewalt. Nun spricht einiges dafür, dass diese Wahrnehmung eine fremdenfeindliche Grundhaltung erzeugt oder befördert, wenn als Täter jene ausgemacht werden, die von außen kommen, anders und fremd sind. Und in der Tat zeigt sich in den Daten ein solch statistisch signifikanter Zusammenhang: Bei jenen mit stark ausgeprägter gruppenbezogener Menschenfeindlichkeit sehen 72 % eine immer häufigere und 77 % eine brutaler gewordene Alltagsgewalt – deutlich weniger hingegen bei jenen ohne Tendenzen zu Fremdenabwehrhaltungen mit 51 % bzw. 60 %.

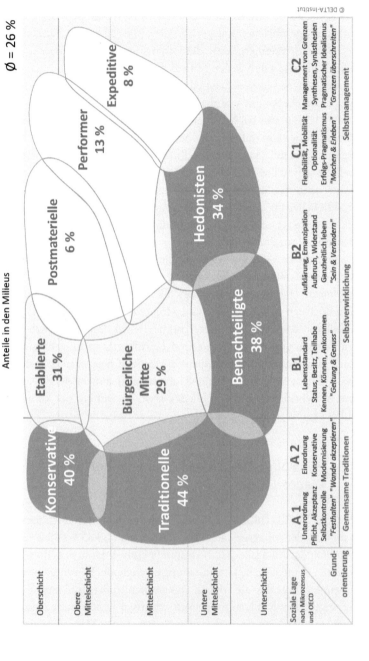

Abbildung 57

404

Abbildung 58

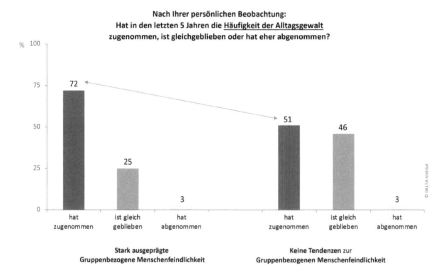

Abbildung 59

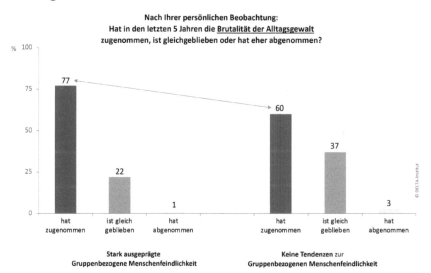

Allerdings ist vor einer simplen Kausalität zu warnen, etwa dass die Wahrnehmung gestiegener Gewalt die Abwehrhaltungen gegen Fremde begründet. Gerade umgekehrt steuern solche Sichtweisen auf Andere und Fremde die Wahrnehmung von Gewalt. Mehr noch: Die Auffassung häufigerer und brutalerer Gewalt gründet oft gar nicht auf persönlichen Beobachtungen oder medialen Berichten, sondern die Diagnose fällt erfahrungsfrei im Lichte der eigenen fremdgruppenfeindlichen Disposition. Singuläre Beobachtungen und Medienberichte werden selektiv verarbeitet zur konfirmatorischen Stützung der eigenen Vorurteilsstrukturen. Selbst wenn von den diskreditierten Gruppen bzw. Personen dieser Gruppenzugehörigkeit keine Gewalt *ausgeübt* wird, greift das Argument, dass von ihnen aber die Gewalt *ausgeht,* weil sie durch ihr Anderssein oder Hiersein andere, „Normale", Soseins- und Hierseins-Berechtigte provozieren, indem sie bei diesen ungute Gefühle wie Neid, Frustration, Ohnmacht, Unsicherheit, Aggressivität auslösen.

Gleichwohl darf nicht einfach beiseite gefegt werden, dass Menschen mit starker oder extremer Fremdgruppenfeindlichkeit tatsächlich häufiger Gewalt beobachten oder auch selbst erfahren. Von ihnen selbst beobachtete oder ihnen berichtete Gewalt kommt zum Teil auch von Personen, die sie einer diskreditierten Gruppen zuordnen, aber ebenso von Personen, die zu keiner dieser Gruppen gehören. Hier findet eine *selektive konfirmatorische Übertragung* statt: Gehört – bestätigt oder nach Augenschein – eine Person zu einer stigmatisierten Gruppe, dann steht die Tat für die ganze Gruppe und bestätigt das Vorurteil. Gehört die Person nicht zu einer stigmatisierten Gruppe der Fremden und Anderen, wird ihre Tat als allein individuelles Vergehen sortiert.

4.4. Affinität zu sozialen Bewegungen

Betrachtet man Personen mit stark ausgeprägter Fremdenfeindlichkeit und untersucht ihre Einstellungen zu sozialen Bewegungen und politischen Parteien, zeigt sich eine erhebliche Abweichung vom Mainstream der Bevölkerung. In der Repräsentativbefragung wurde nach der Einstellung (Ablehnung versus Zustimmung) zu sozialen Bewegungen und politischen Parteien gefragt. Die Einstellungen wurden auf einer bipolaren 7-stufigen Skala erfasst. In der Rangfolge der Sympathiewerte stehen in der Bevölkerung an oberster Stelle derzeit *Black Lives Matter* vor *Greenpeace, #MeToo* und *Fridays for Future* mit positiven Mittelwerten.[53] Es folgen mit deutlich negativen Mittelwerten *Antifa, Pegida* sowie *die AfD* an letzter Stelle mit der stärksten Ablehnung.

---

53 Methodisch ist darauf hinzuweisen, dass die Mittelwerte nicht absolut (für sich allein) interpretierbar sind, sondern nur in Beziehung zu anderen (= relationale Interpretierbarkeit) und selbstverständlich abhängig sind von der verwendeten Skala.

Abbildung 60

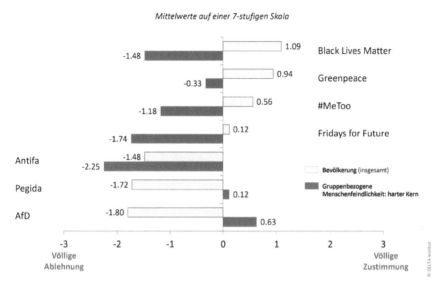

Personen mit einem stark ausgeprägten Syndrom gruppenbezogener Menschenfeindlichkeit haben eine weitgehend gegenteilige Einstellung zu sozialen Bewegungen als die Gesamtbevölkerung. Während die Mehrheit der Bevölkerung eine äußerst ablehnende Haltung zur *AfD* und *Pegida* hat, haben diese beim harten Kern fremdenfeindlich-rassistisch eingestellter Personen das beste Image und die höchsten Zustimmungswerte. Andere soziale Bewegungen, die in der Gesamtbevölkerung mehrheitlich Zustimmung finden wie *Black Lives Matter, Greenpeace, #MeToo, Fridays for Future* werden von überzeugten Fremdenfeinden stark abgelehnt. Das basale Motiv von Menschen mit gruppenbezogener Menschenfeindlichkeit ist – entgegen der eigenen Propaganda – nicht Emanzipation, sind nicht soziale Gerechtigkeit und Demokratie; denn jene sozialen Bewegungen, die dafür stehen, werden abgelehnt.

Erhellend ist zu unterscheiden zwischen jenen mit weitgehender Distanz zu gruppenbezogener Menschenfeindlichkeit und jenen mit „nur" moderater Ablehnung von Menschen fremder Herkunft, Kultur, Religion oder Lebensweise. Personen mit großer Distanz zu gruppenbezogener Menschenfeindlichkeit haben für *Black Lives Matter, Greenpeace, #MeToo* und *Fridays for Future* noch deutlich höhere Sympathiewerte als der Durchschnitt der Gesamtbevölkerung, lehnen Pegida und AfD noch stärker ab. Hingegen bei Personen mit einer zwar nicht starken, sondern moderaten und wenig markanten Fremdenfeindlichkeit, die im Alltag eher subkutan ist und sich defensiv zeigt, überwiegen die Distanz zu

407

Pegida und AfD, aber deutlich schwächer als bei jenen ohne fremdenfeindliche Disposition – dafür ist die Ablehnung der *Antifa* umso größer.

Abbildung 61

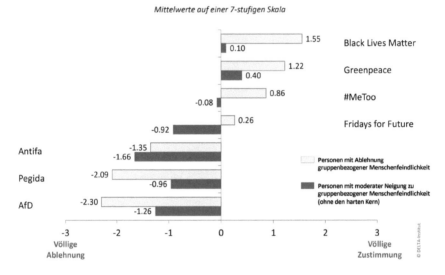

Es gibt einen statistischen Zusammenhang zwischen der Disposition „Gruppenbezogene Menschenfeindlichkeit" und der Sympathie für bestimmte Bewegungen und Parteien. So ist der Korrelationskoeffizient zwischen dem Syndrom GMF und der Sympathie mit Pegida ($r = 0{,}41$) signifikant. Noch stärker ist der Zusammenhang von Gruppenbezogener Menschenfeindlichkeit mit der Sympathie für die AfD ($r = 0{,}48$) und die NPD ($r = 0{,}58$). Ebenfalls sehr stark ist der statistische Zusammenhang in der Sympathie für AfD und NPD ($r = 0{,}55$).

5. Die autoritäre Persönlichkeit

Gruppenbezogene Menschenfeindlichkeit beschreibt den Blick nach außen, die auf Ungleichheit und Ungleichwertigkeit zielende Kategorisierung von Personengruppen, die stigmatisiert, abgewertet und „hier in Deutschland" nicht akzeptiert werden, weil sie anders sind. Die theoretische und empirische Analyse der *Autoritären Persönlichkeit* geht eine Ebene tiefer und identifiziert eine der gruppenbezogenen Menschenfeindlichkeit möglicherweise zugrundeliegende spezifische Charakterstruktur.

5.1. Die F-Skala von Adorno/Berkeley-Gruppe

Untersuchungen zum Autoritarismus haben eine lange Tradition. Anstoß und Meilenstein waren die Untersuchungen von Wilhelm Reich (1933), Erich Fromm (1936) sowie vor allem von Theodor W. Adorno (1950, 1973). Dieser hatte mit Else Frenkel-Brunswik, Daniel J. Levinson und R. Nevitt Sanford 1945/1946 an der University of California, Berkeley, an einer Studie zur autoritären Persönlichkeit gearbeitet. Es war ein Forschungsprogramm über die psychologischen Grundlagen von Vorurteilen, insbesondere zu Antisemitismus (A-S-Skala), Ethnozentrismus (E-Skala) und politisch-ökonomischen Konservatismus (PEC-Skala), aus denen schließlich die sogenannte F-Skala (für implizite antidemokratische Tendenzen und Faschismuspotenzial) entwickelt und als kleinbürgerliche autoritätsgebundene Charakterstruktur identifiziert wurde.[54] Be-

---

[54] Die Studie *The Authoritarian Personality* an der University of California, Berkeley war nicht bevölkerungsrepräsentativ. Ziel war auch nicht eine Analyse der amerikanischen Bevölkerung, sondern zunächst die Entwicklung und Validierung eines Messinstruments, das erst noch repräsentativ eingesetzt werden sollte, um angesichts der erwarteten und erhofften Niederlage Deutschlands in der Nachkriegszeit zu untersuchen, inwieweit die Bevölkerung, die nicht nur unter dem Nazi-Regime litt, sondern es hervorgebracht und gewählt hatte, es weiter unterstützte und es selbst *war*, bzw. die psychischen Voraussetzungen haben würde für eine demokratische Gesellschaft. Die Entwicklung und Erprobung des Messinstruments erfolgten in Form unterschiedlicher Teilstichproben mit immer wieder modifizierten Fragebögen und Skalen-Versionen. Befragt wurden insgesamt knapp 3.000 Personen in mehreren unabhängigen Stichproben. Es wurden ca. 40 Gruppen unterschiedlichster Herkunft einbezogen, primär aus Kalifornien und hauptsächlich aus der Mittelschicht, darunter relativ viele Studenten. Also auch die Zusammensetzungen der Stichproben in diesen Pilotstudien waren nicht bevölkerungsrepräsentativ. Geschuldet war dies Vorgehen dem Ziel der Entwicklung eines validen und reliablen Messinstruments zur Identifikation autoritärer, faschistischer und ethnozentrischer Charakterstrukturen. Die konzeptionellen und methodischen Auseinandersetzungen über die F-Skala und ihre Subskalen setzten bald nach der Veröffentlichung ein, etwa von Hyman/Sheatley 1954; Titus/

deutsam war diese Studie, weil mit Methoden der empirischen Sozialforschung jene Dispositionen gemessen wurden, ohne dass die theoretischen Begriffe Antisemitismus, Rassismus etc. in den Items vorkamen. In mehreren aufeinander aufbauenden Pretests wurde ein kohärentes und kompaktes Set von Items entwickelt, das als Messinstrument in einer finalen Erhebung eingesetzt wurde (F-Skala Form 45 und 40; Adorno 2018: 81 ff.). Bekannt wurde die Untersuchung durch ihren Band „The Authoritarian Personality" (1950) sowie das von Adorno auf Deutsch erst posthum erschienene „Studien zum autoritären Charakter" (1973, 2018).[55]

In der Untersuchung der Berkeley-Gruppe wurde also der Versuch unternommen, das Syndrom einer autoritären Persönlichkeitsstruktur, die Entstehung von Vorurteilen und antidemokratischen Bestrebungen empirisch zu fassen. Weiter ging es darum zu identifizieren, in welchen Gruppen die autoritären Charakterstrukturen besonders häufig vorkommen und wo diese sozial verortet sind. Bei der Analyse dieser Gruppen orientierte man sich ausschließlich an soziodemographischen Kriterien (Alter, Geschlecht, Berufsgruppe, berufliche Hierarchie, soziale Position etc.) – ein Modell sozialer Milieus war damals noch nicht entwickelt. Die Verknüpfung von Theorie und Messung der autoritären Persönlichkeit mit sozialen Milieus ist das Neue in dieser hier vorgenommenen Untersuchung.

Für den empirischen Befund ist die auf Begriffe und Erkenntnisse der Psychoanalyse aufsetzende *theoretische Diagnose* entscheidend. Nach Adorno hat das typische autoritäre Individuum vor allem ein sehr schwaches Ich. Es leidet unter der mangelnden Integration des Über-Ichs und hat Angst vor den eigenen Triebregungen, die als unkontrollierbar empfunden werden. Es greift daher zu unreifen und unzuträglichen Abwehrmechanismen. Dafür bietet, so Adorno 1943/44, vor allem die faschistische Ideologie gesellschaftlich akzeptierte Deutungs- und

---

Hollander 1957; Christie/Cook 1958; Kerlinger/Rokeach 1966; Roghman 1966; Kirscht/Dislhay 1967; Duckit 1982; Altemeyer 1981; Zick 1997. Seit Ende der 1960er Jahre hatten Ansätze Konjunktur, die, ausgehend von der Adorno/Berkeley-Studie, alternative Messinstrumente (Skalen) entwickelten. Trotz methodischer Kritik hatte die Theorie der Autoritären Persönlichkeit großen Einfluss auf nachfolgende Forschungsarbeiten. In Deutschland jedoch war unter den Verhältnissen der Nachkriegsjahre festzustellen, dass empirische Sozialforschung über faschistische Denkmuster bei vielen Anstoß und Abwehr auslösten. Die befürchteten Befunde und bereits die Begrifflichkeit stießen auf vorsorgliche Abwehr. Die in den ersten Jahren geringe Neigung deutscher Historiker, Soziologen, Psychologen und Politikwissenschaftler, sich empirisch-wissenschaftlich mit den aktuellen kulturellen Folgen der deutschen Vergangenheit und der Modernisierung auseinanderzusetzen, ist rückblickend offensichtlich.

55 Die maßgebliche Bedeutung durch die vorherigen psychoanalytische Arbeiten durch Reich (1933) und Erich Fromm (1936) zum autoritären Charakter für das theoretische und empirische Konzept der Berkeley-Gruppe wurde erst allmählich erkannt (vgl. Stellmacher 2004; Fahrenberg/Steiner 2004).

Verhaltensmuster, die den emotionalen Bedürfnissen des autoritären Charakters entgegenkommt, ihm die Realität erklärt und Handlungsweisen nahelegt, die sein labiles psychisches Gleichgewicht auf Kosten vor allem von gesellschaftlichen Gruppen, die in der Minderheit sind, entlasten und stabilisieren, sodass daraus das Gefühl und Selbstbewusstsein eigener Stärke erwächst. Diese psychische Struktur des autoritären Charakters ist nicht zufällig und kein individuelles Phänomen, sondern ein Produkt im modernen Prozess der Vergesellschaftung und führt zur Entindividualisierung des Einzelnen durch ökonomische Zwänge, zunehmende Abhängigkeit von Märkten, staatlichen Verwaltungsapparaten und den Einflüssen der Kulturindustrie. Die Schwierigkeit von Individuen, die Bedeutung der sie beeinflussenden Prozesse einzuschätzen, führt bei autoritären Charakteren zu zwei Phänomen bzw. psychischen Techniken: *Ticket-Denken* und *Personalisierung*.

(1) *Ticket-Denken*: Um die eigene labile psychische Konstruktion zu stützen, subsumieren Personen mit autoritärer Persönlichkeitsstruktur ihr Wissen und ihre Erfahrungen unter passenden, von der Kulturindustrie vorfabrizierten Stereotypen, in denen die Verantwortung für alle möglichen Probleme und beängstigenden Entwicklungen gesellschaftlich und politisch schwachen Minderheiten zugeschrieben wird. Man löst eine geistige Fahrkarte für ein von anderen bereitgestelltes Erklärungsmuster und springt gleichsam als Passagier auf diesen Zug auf. „Wenn unser kulturelles Klima unter dem Druck der sozialen Kontrolle und technologischen Konzentration in einem bisher unbekannten Ausmaß standardisiert worden ist, müssen wir annehmen, daß die Denkgewohnheiten der Individuen neben der Dynamik ihrer eigenen Charakterstruktur auch diese Standardisierung widerspiegeln. Deren Produkt mögen die Charakterstrukturen in weit höherem Grad sein, als der naive Beobachter glauben könnte." (Adorno 2018: 176).

(2) Der psychische Mechanismus der *Personalisierung* dient dazu, hochgradig abstrakte Prozesse durch die Identifikation mit bestimmten Individuen zu konkretisieren, fassbar und sichtbar zu machen: Wer nicht versteht, wie der Wertpapierhandel an der Börse funktioniert und wie dieser mit der gesamtgesellschaftlichen Struktur verwoben ist, macht, historisch überlieferte und kulturindustriell vorgefertigte Klischees übernehmend, die raffgierige Persönlichkeit jüdischer Spekulanten für Fehlentwicklungen verantwortlich (vgl. Schwandt 2010: 79f.). Einzelne Personen stehen für die Personengruppe, zu der sie aufgrund eines einzigen Merkmals gehören.

Wenn wir einen Blick auf Strömungen in der Corona-Pandemie werfen, dann zeigen die in dieser Untersuchung erhobenen Repräsentativdaten sowie die Befunde aus narrativen Einzelinterviews und Gruppendiskussionen, dass es 2020/2021 in der Bevölkerung bei ca. 17% im weiteren Kreis und 3% im Kern eine Sympathie bis hin zu festen Überzeugungen gab für Erklärungen, deren

Narrativ *abstrus* (unerwartet, exotisch, überraschend) und *klar* (einfach, simple, unterkomplex) war und im *Gegensatz zur gesellschaftlichen Haupterzählung* stand. Diese Synthese faszinierte, etwa: Bill Gates plane mit Corona-Impfungen die Einpflanzung von Microchips zur Kontrolle und Steuerung der Menschheit; dahinter steckten auch andere Milliardäre wie Jeff Bezos, George Soros, die Familie Rothschild, ebenso globale Großbanken; oder die von Eliten vorangetriebene weltweite Impfkampagne diene eigentlich dem Ziel der Bevölkerungsdezimierung, weil zu viele Menschen auf der Welt seien, die so nicht mehr ernährt werden könnten und wertvolle Ressourcen kosteten. Es reichte für Menschen mit autoritärer Persönlichkeitsstruktur, dass man eine *alternative* Erklärung hatte für das Pandemie-Geschehen und politisch obstruktive Infektionsschutzmaßnahmen, die die eigene Freiheit und Mobilität einschränkten; etwa dass die ganze Erzählung über Corona eine inszenierte dramatisierte Verschwörung von Eliten aus Wissenschaft-Politik-Wirtschaft-Medien seien, oder ebenso evidenzfrei und spekulativ-absurd die QAnon-Behauptungen.[56] Die Sehnsucht nach einem alternativen Blick zur Erklärung der Geschehnisse ist so groß, dass mit dem Grad der Andersartigkeit und überraschender Zusammenhänge die Glaubwürdigkeit steigt, weil man sie aufgrund ihrer geringen Komplexität weitererzählen kann, die Story faszinierend wirkt, damit eine psychische Entlastung bietet und das Selbstbewusstsein stärkt, zu jenen zu gehören, die aufgeklärt, jetzt wissend und durchblickend sind.

Bereits vor der Corona-Pandemie waren in Deutschland verschiedene Destinationen des *Ticket-Denkens* etabliert, etwa gegen die seit 2015 aus Nordafrika und Syrien nach Europa gekommenen Flüchtlinge; neben dem seit langem bestehenden Antisemitismus und Antiziganismus ein wachsender Anti-Islamismus sowie Homophobie gegen Menschen mit anderer sexueller Identität (transident, intersexuell) oder Geschlechterorientierung. Sogenannten Ticketdenkern geht es nicht um Klärung und Verständigung durch Kritik und methodisch kontrollierte empirische Belege, sondern um das vernichtende Urteil, den ausgrenzenden Bann, und das wiederum geschieht, indem man dem verhassten Objekt ein feindliches Ticket zuschreibt, mit dem diese bösen Menschen unterwegs sind – und sich selbst das gute Ticket ausstellt und sich als Mensch begreift, der die Wahrheit kennt und das Richtige will. Mit diesem Ticket rechnet die autoritäre Persönlichkeit darauf, in der eigenen Nahwelt, bei bewunderten Personen oder einer Wunschgruppe Anerkennung zu bekommen (vgl. Gess 2008: 26). Der Zusammenhang mit der autoritären Persönlichkeit liegt nicht in begrifflichen Bezeichnungen (diese sind oft notwendig als Basis für Diskurs und Brücke

---

56 QAnon (kurz Q) nennt sich eine mutmaßlich US-amerikanische Person oder Gruppe, die seit 2017 Verschwörungstheorien mit rechtsextremem Hintergrund im Internet verbreitet. Das Pseudonym bezeichnet seitdem diese Verschwörungsthesen. Zentral ist die Behauptung, eine einflussreiche, weltweit agierende, satanistische Elite entführe Kinder, halte sie gefangen, foltere und ermorde sie, um aus ihrem Blut eine Verjüngungsdroge zu gewinnen.

zur dialektischen Kritik), sondern in der Stigmatisierung dieser Gruppen bzw. der Personen, die zu diesen Gruppen lebensweltlich gehören oder zum Zweck der Diskreditierung zugerechnet werden. Der Kern liegt also in der autoritären Persönlichkeitsstruktur, die durch Ich-Schwäche gekennzeichnet ist; einerseits aus mangelnder Distanz zum Über-Ich, andererseits aus Angst vor unvorhersehbaren und unbeherrschten eigenen Gefühlsregungen (Liebe, Bewunderung, Hingabe, Begierde, Neid, Furcht etc.) gegenüber (dem) Anderen und Fremden sowie aus Angst vor einer ambiguen oder ambivalenten Situation und Beziehung.

Im Mittelpunkt des Interesses der Berkeley-Gruppe „stand das *potenziell faschistische* Individuum, ein Individuum, dessen Struktur es besonders empfänglich für antidemokratische Propaganda macht" (Adorno 2018: 1). Motiviert war die Untersuchung durch die Erfahrung des gewachsenen Faschismus in weiten Teilen der bürgerlichen Gesellschaft in der Weimarer Republik noch vor dem Krieg. Die während des Zweiten Weltkriegs in den USA durchgeführten Studien zum autoritären Charakter dienten der Entwicklung eines wissenschaftlichen Instruments, mit dem sich herausfinden ließe, wie weit die Bevölkerung im Nachkriegsdeutschland subkutan dem Nationalsozialismus noch anhing oder psychisch ausgestattet war für eine demokratische emanzipierte Gesellschaft, nicht nur im verbalen Bekenntnis oder vordergründigen Verhalten, sondern in der Persönlichkeitsstruktur. Insofern gab es einen zeitpolitisch bedingten Konnex zwischen autoritärer Persönlichkeitsstruktur und Faschismus. Für das typische autoritäre Individuum bietet die faschistisch-rassistische Ideologie zwar eine besonders naheliegende, aber nicht ausschließliche Lösung und Heimat. Allen totalitären Ideologien, auch linksextremistischen oder staatskommunistischen, liegt die Grundstruktur der autoritären Persönlichkeit zugrunde.

Die Bezeichnung „F-Skala" (Faschismus-Skala) lag wohl am zentralen Forschungsinteresse, das Faschismuspotenzial in der Nachkriegsära in Deutschland zu messen. Es wäre angemessener gewesen, von einer Autoritarismus-Skala (A-Skala) zu sprechen, um den Blick nicht eindimensional auf rechten, rassischen, ethnozentrischen Nationalsozialismus auszurichten, sondern auch linkstotalitären (staats- und parteiideologischen) Sozialismus in den Blick zu nehmen – es sei denn, wofür es gute Gründe gibt, man identifiziert auch linke totalitäre Ideologien als faschistisch (entgegen der landläufigen Assoziation).[57]

---

57 Als A-Skala hat bereits die Adorno-Schülerin Michaela von Freyhold das von ihr entwickelte Messinstrument bezeichnet, das sie in ihrer 1971 publizierten Studie als Weiterentwicklung der F-Skala begriff und das geeignet sein sollte zur Erfassung der bundesrepublikanischen Situation, mit besonderem Fokus auf politische Einstellungen in der Bevölkerung. Die erste Fassung ihrer A-Skala wurde bereits 1959/1960 in einem Hauptseminar von Adorno erarbeitet. Ausgangsmaterial waren 200 von Adorno formulierte Items. In verschiedenen Pretests und Teilprojekten, etwa durch Adornos Assistenten Egon Becker und Ludwig von Friedeburg, oder die Studien von Klaus Baumann, wurde die A-Skala eingesetzt und erprobt. Die weiteren eigenen Arbeiten führten von Freyhold schließlich zu einer Skala von

Doch im weiteren zunächst zur Methode und zur Messung der autoritären Persönlichkeit durch Adorno.

5.2. Methode und Subskalen

Adorno und das Team an der University of California, Berkeley, entwickelten die F-Skala auf Basis von neun Dispositionen, die den mehrdimensionalen Raum von autoritären Persönlichkeitsstrukturen aufspannen und auf sozialpsychologischen und psychoanalytischen Konzepten basieren. Für jede dieser Dispositionen wurden spezifische empirische Messinstrumente, sogenannte Subskalen entwickelt (Adorno 2018: 81 f.).

Tabelle 31

Subskalen autoritärer Denkmuster	Disposition
Konventionalismus (conventionalism)	Starres Festhalten an konventionellen Wertvorstellungen des Mittelstands (Festhalten an Hergebrachtem)
Autoritäre Unterwürfigkeit (authoritarian submission)	Unterwürfige, kritiklose Haltung gegenüber idealisierten moralischen Autoritäten der Eigengruppe
Autoritäre Aggression (authoritarian aggression)	Tendenz, nach Menschen Ausschau zu halten, die konventionelle Normen verletzen, um sie zu verurteilen, zu verwerfen und zu bestrafen
Anti-Intrazeption (anti-intraception)	Abwehr des Subjektiven, des Phantasievollen, Sensiblen
Aberglaube und Stereotypie (substitution and stereotypes)	Der Glaube an die mystische Bestimmung des eigenen Schicksals; die Disposition, in rigiden Kategorien zu denken (Aberglaube, Klischee, Schicksalsdeterminismus)
Macht und „Robustheit" (power and toughness)	Denken in Dimensionen wie Herrschaft – Unterwerfung, stark – schwach, Führer – Gefolgschaft; Identifizierung mit Machtfiguren; Überbetonung der konventionalisierten Attribute des Ich; übertriebene Zurschaustellung von Stärke und Robustheit
Destruktivität und Zynismus (destructiveness and cynicism)	Generalisierende Feindseligkeit, Verleumdung des Menschlichen
Projektivität (projectivity)	Disposition, an unsinnige und gefährliche Vorgänge in der Welt zu glauben, an die Existenz des Bösen in der Welt; Projektion unbewusster emotionaler Impulse nach außen
Sexualität (sex)	Übertriebenes Interesse an sexuellen „Vorgängen"

38 Items (von Freyhold 1971: 14, 21 f., 319 ff.). Diese hatte allerdings keine nachhaltige Resonanz, führte nicht darüber hinaus zu Forschungsprojekten und erlangte nicht jene Anerkennung wie die F-Skala, womöglich aufgrund der dezidiert politischen Ausrichtung des Messinstruments sowie den in den Itemformulierungen engen Bezügen zum Nationalsozialismus der Hitlerdiktatur und Bolschewismus.

Gemessen wurden die Teildispositionen einer autoritären Persönlichkeit unter Verwendung von 29 Items, die auf einer siebenstufigen Skala von -3 (völlige Ablehnung) +3 (völlige Zustimmung) gemessen wurden.[58]

The Authoritarian Personality hat eine lebhafte Debatte angeregt und war ein Meilenstein der empirischen Forschung und soziokulturellen Theoriebildung. Ausgeprägt war bald nach Erscheinen eine konzeptionelle Kritik an den Subskalen sowie eine methodische Kritik mit Versuchen einer Weiterentwicklung der Erhebungsinstrumente (z.B. von Freyhold 1971). Ein Teil der erhobenen methodischen Kritikpunkte ist berechtigt,[59] doch dazu alternativ entwickelte Erhebungsinstrumente (z.B. Altemeyer 1981, 1996) haben die Subskalen arg verkürzt von neun auf drei, und sie weisen zum Teil einen Mangel an Theorie auf.[60]

---

58 In der ersten Publikation von 1950 bestand das Messinstrument aus 30 finalen Items, Adorno nennt in der 1973 erschienenen Publikation 29 Items.
59 So etwa der Einsatz einzelner Items für mehrere Subskalen, was interne Gewichtungseffekte erzeugt, sodass ein Item ein höheres Gewicht bekommt als andere, auch mit Effekten auf die F-Skala insgesamt; oder die durchweg positive Formulierung der Items, was durch Ja-Sage-Tendenzen eine Verzerrung erzeugen kann, weil Items unabhängig vom Frageninhalt beantwortet werden könnten (negativ formulierte Items, die in die umgekehrte Dimensionsrichtung zielen, würden dem vorbeugen).
60 In seiner als Right-Wing-Authoritarianism (RWA) bezeichneten Überarbeitung reduzierte Altemeyer Autoritarismus auf drei der neun von Adorno et al. etablierten Subdimensionen: autoritäre Aggression (durch Autoritäten sanktionierte generelle Aggression gegenüber anderen), autoritäre Unterwürfigkeit (Unterwürfigkeit unter etablierte Autoritäten und generelle Akzeptanz ihrer Aussagen und Handlungen) und Konventionalismus (starkes Befolgen etablierter gesellschaftlicher Konventionen). Altemeyer (1981, 1996) zufolge genügten diese drei Dimensionen, um das Persönlichkeitsmerkmal RWA zufriedenstellend beschreiben und messen zu können. Im Gegensatz zum psychodynamischen Ansatz von Adorno et al., demzufolge die Ursache für die autoritäre Persönlichkeit in der frühen Kindheit liegt, versteht Altemeyer RWA als ein in der frühen Jugend sozialisiertes Persönlichkeitsmerkmal. Die von Altemeyer entwickelte RWA-Skala wurde nicht nur von ihm selbst in umfangreichen empirischen Studien eingesetzt (Altemeyer 1981, 1988, 1996, 1998), sondern wurde auch von anderen als Messinstrument für Autoritarismus etabliert (z.B. Duckitt et al. 2007, 2010, 2013). Die von Altemeyer entwickelte RWA-Skala ist vor allem forschungsökonomisch einfach einsetzbar, weil deutlich weniger Items benötigt werden. In der Kurzskala Autoritarismus (KSA-3) von Beierlein et al. (2014) werden für die drei Dimensionen nur neun Items verwendet. Was forschungsökonomisch sinnvoll ist, reduziert notwendig die Güte der Skala (Validität, Reliabilität) und ist mit theoretischer Verkürzung verbunden. Einen guten Überblick über die Rezeption und Kritik an der F-Skala sowie der Kritik an dieser Kritik bietet Stellmacher (2004: 12–40). Dabei wird deutlich, dass eine Reihe der als schwerwiegend erhobenen Kritikpunkte an der F-Skala sich bei genauer Betrachtung als irrig oder übertrieben erweisen; dass auch die von Altemeyer in seiner Kritik an der F-Skala angeführten eigenen Studien zur Überprüfung konzeptionelle oder methodische Mängel aufweisen. Gleichwohl hat die F-Skala methodische Schwächen, aber sie ist trotzdem, und wie wir sehen werden auch heute noch, sehr gut geeignet zur Messung autoritärer Charakterstrukturen.

Die neun von der Berkeley-Gruppe entwickelten Subskalen umkreisen das, was man sich als Syndrom der autoritären Persönlichkeit vorstellt und als Faschismuspotenzial begreifen kann. Im Zentrum steht ein Gebilde, das sich aus diesen Komponenten zusammensetzt bzw. von ihnen genährt wird; wobei die Teilkomponenten selbst untereinander in einer wechselseitigen Austausch- und Steigerungsbeziehung stehen. In einer einzelnen Person haben diese neun Komponenten nicht die gleiche Konfiguration, sind nicht gleichgewichtig am Werk zur Formung einer autoritären Charakterstruktur; aber alle Teildimensionen liefern einen Beitrag, der sich verdichtet zu jenem Syndrom. Insofern ist der autoritäre Charakter kein dichotomes psychisches Gebilde (Ja/Nein), sondern gradueller Art, was bei empirischen Messungen und Quantifizierungen zum Abgrenzungsproblem führt. Ebenso betont werden muss, dabei sei an Kants Erkenntnistheorie erinnert, dass man zur faschistischen Persönlichkeitsstruktur *an sich* nicht vordringen kann. Insofern sind die Skala und Subskalen lediglich Indikatoren für das, was wir uns als autoritäre Persönlichkeit vorstellen; die Begriffe entstammen unserem Erkenntnisapparat. Allerdings gibt es gute Gründe anzunehmen, dass die Subsyndrome (gemessen durch Subskalen) und das Gesamtsyndrom tatsächlich bestehen. Aus diesen Überlegungen folgt, dass die F-Skala nicht suffizient ist im Sinne einer erschöpfenden restlosen Erfassung aller Komponenten dessen, was zur autoritären Persönlichkeit beiträgt. Solche Suffizienz anzustreben ist ebenso notwendig wie die Erkenntnis, dass dieses Ziel nicht erreicht und ihr Fortschritt auf das Ziel hin nicht gemessen werden kann. Es gibt ebenso gute Gründe, bei der Konstruktion des Messinstruments den ökonomischen Erwägungen zur Reduktion der Skala auf wenige Subskalen und Items (Kurzskalen) nicht zu sehr nachzugeben, weil das die methodische Validität und den inhaltlichen Erkenntnisgrad erheblich reduziert.

In der 2020/2021 durchgeführten Untersuchung des Delta-Instituts wurde das Konzept und weitgehend dasselbe Messinstrument für die F-Skala eingesetzt wie jenes der Berkeley-Gruppe. Es sollte keine neue Skala der autoritären Persönlichkeit bzw. des Autoritarismus entwickelt werden. Gerade aufgrund der theoretischen Tiefe wurde die F-Skala verwendet und nur geringfügig modifiziert (siehe Anhang). Eine Prüfung der Reliabilität der Skala ergibt einen Wert von 0,895 Cronbachs Alpha. Insofern zeigt die modifizierte F-Skala ein gutes Maß an Zuverlässigkeit und Stabilität.[61]

---

61 Die Reliabilität der Untersuchung der Berkeley-Gruppe hatte einen nahezu identischen Wert von 0,90 (Adorno 1973: 84). Es gibt also gute Gründe anzunehmen, dass das Instrument heute wie damals zuverlässig ist.

5.3. Empirische Ausprägungen der Subskalen heute

In der Bevölkerung Deutschlands (Bayerns) heute sind die neun Dispositionen nicht in gleicher Weise ausgeprägt. Jede Dimension hat einen etwas anders gelagerten Mittelwert und eine eigene statistische Verteilung (was auch in der Studie 1944/1945 der Fall war). Die Teildispositionen leisten also einen graduell je anderen Beitrag für das Syndrom der autoritären Persönlichkeit. Gemessen an den Mittelwerten (der siebenstufigen Skala von +3 bis -3) ergibt sich folgende Reihung:

Tabelle 32

– Projektivität	
– Konventionalismus	
– Autoritäre Unterwürfigkeit	*Positive Mittelwerte: > 0*
– Sexualität	*(stärkerer Beitrag zur autoritären Persönlichkeit)*
– Autoritäre Aggression	
– Destruktivität und Zynismus	
– Anti-Intrazeption	*Negative Mittelwerte: < 0*
– Aberglaube und Stereotypie	*(schwächerer Beitrag zur autoritären Persönlichkeit)*
– Macht und Robustheit	

Am weitesten verbreitet in derzeit die Disposition, an unsinnige und gefährliche Vorgänge in der Welt zu glauben, an die Existenz des Bösen: eine De-Rationalisierung durch politische Despoten, autoritäre Regime oder demokratisch legitimierte Kräfte sowie angesichts der aktuellen Corona-Pandemie eine entfesselte Natur. Einige mit diesem stark ausgeprägten Subsyndrom bezweifeln nicht die Gefährlichkeit des Virus, sondern nehmen dieses als indirektes Wirken Gottes und Botschaft zur Umkehr: In islamistischer und salafistischer Deutung wird die Pandemie sakral umgedeutet als Strafe Gottes für Ungläubige. Ähnlich deuten einige aus der esoterischen Szene oder mit christlich-evangelikaler Überzeugung die Corona-Pandemie als zeichenhaftes Eingreifen Gottes in eine Welt, die sich im entfesselten Individualismus (Konsumismus, Hedonismus, Ökonomismus, Umweltverschmutzung) immer mehr von seinem Willen und Wohl entfernt habe. Solche *Deutungen der Zeit* reichen bis zu apokalyptischen Szenerien. Diese Subskala *Projektivität* ist besonders stark ausgeprägt bei Frauen.

An zweiter Stelle in Verbreitung und Stärke steht die Subskala *Konventionalismus*: Ein starres Festhalten an überkommenen Wertvorstellungen und Lebensstilen, ein Klammern an das, was schon immer als normal galt, akzeptiert wurde und Orientierungssicherheit bot. Damit verbunden ist eine mentale und oft rigide Abschottung gegenüber dem Neuen: In einer sich permanent und zunehmend schneller verändernden Welt bieten der Rückzug in das lebensweltliche

Eigene und die Stilisierung der eigenen Enklave als das Normale und Richtige psychische Entlastung. Diese Disposition ist besonders häufig und stark bei Männern.

In der Rangreihe kraftvoller Dispositionen autoritärer Persönlichkeitsstruktur folgt die *unterwürfige, kritiklose Haltung gegenüber Autoritäten* der Gegenwart oder der Vergangenheit, die von der der Eigengruppe stilisiert und idealisiert werden und vor jedweder Kritik beschützt und verteidigt werden. Deren Reden und Handeln ist sakrosankt, sie sind unangefochtene moralische Leitbilder. Das Spektrum solch erkorener Figuren ist vielfältig und abhängig vom Milieu oder der subkulturellen Szene. Es können aktuelle oder frühere Politiker einer Regierung oder Opposition sein, Wissenschaftler, geistlich-spirituelle Persönlichkeiten, „Querdenker", technische Innovateure, Utopisten, kulturelle Avantgardisten, Menschenrechtsvertreter oder Medien-Ikonen (Musiker, Künstler). Solch erkorene Personen können selbst einen autoritären Charakter haben, sie können aber weit von einem solchen entfernt sein und Autoritarismus vehement ablehnen – was bestimmte Personen nicht davon abhält, sie als ihre Autorität anzuhimmeln. Ein dazu gehörendes Charakteristikum ist die Negativfolie, die moralische Verdammung all jener, die die auserwählte Autorität kritisieren oder angreifen. Umso mehr wächst die Selbstverpflichtung als jederzeit wehrhafte und offensive Verteidiger der eigenen Autorität. Diese Rolle wird zunehmend zur Identität, die sich aus der Unterordnung jener Autorität definiert.

Von den Subdimensionen mit aktuell großer Wirkmächtigkeit für eine autoritäre Persönlichkeit sei im weiteren *Sexualität* als übertriebenes Interesse an sexuellen Vorgängen genannt. Das zeigt sich in einer massiven Kritik an schamlosen Publikationen von Sexualität, die nicht nur in Zeitschriften, Fernsehen und im Internet immer mehr Raum einnimmt, sondern auch im öffentlichen Alltag: Sexualität hat im Privaten, Diskreten, Verborgenen zu bleiben. Ebenso groß ist der Abscheu vor allen Abweichungen einer als normal empfundenen sexuellen Orientierung zwischen Männern und Frauen: Alles was „queer" ist, wird als abstoßend, widerlich, gegen die göttliche Ordnung, sozialmoralisch und kulturell zersetzend gesehen: Homosexualität, Bisexualität, Transgender bzw. Transidentität, Intersexualität, überhaupt die Unterscheidung von *sex* und *gender*.

Schließlich soll die *autoritäre Aggression* betont werden als Tendenz, nach Menschen Ausschau zu halten, die konventionelle Normen verletzen, um diese Personen zu verurteilen, zu verwerfen, deren Bestrafung auch jenseits des Rechts zu fordern – und zu begrüßen, wenn andere selbst Hand anlegen. Das führte in der Corona-Pandemie zu persönlich-aggressiven Maßregelungen anderer, zu Denunziation und (meist anonymen) polizeilichen Anzeigen von jenen, die sich nicht strikt an die Corona-Auflagen hielten: selbstnannte Privatwächter der Gesellschaft, die jede Art von Abweichung – gemessen an ihren Maßstäben – verurteilen. Auch jenseits der Corona-Pandemie bot und bietet der Alltag Personen mit Disposition zu autoritärer Aggression Gelegenheit, Anstoß zu nehmen: im Straßenverkehr, im Supermarkt, beim Anstehen in einer Warteschlange, Grenzüberschreitungen nachbarschaftlicher Grundstücke, so geringfügig sie auch sein mögen. Und wachsend sind Aggressivität und Übergriffigkeit gegenüber Personen, die unter das Kürzel *LGBTI* oder *queer* fallen. Unabhängig vom Grad der Regelverletzung erfolgt eine rigide Reaktion und Sanktion nach dem Motto „wehret den Anfängen!". Nicht nur ein Verstoß gegen gesatzte Regeln, sondern auch ein Verstoß gegen die eigenen Vorstellungen von moralischem und sittlichem Verhalten provoziert eine aggressive Zurechtweisung (Füße in der Bahn auf dem gegenüberliegenden Sitz stellen; freizügige Kleidung tragen, Reservierung von Stühlen durch Kleidung oder Taschen etc.), sondern auch politische Positionen und rechtliche Entscheidungen, die den eigenen Überzeugungen zuwiderlaufen und solche Personen auf die Barrikaden bringen (ein Beschluss im Stadtrat, ein Leserbrief etc.). Im Konflikt zwischen Moral und Gesetz stellt man gesetzliche Regeln unter den Werte- und Normenkodex, den man in einer weltanschaulichen oder religiösen Utopie, in der eigenen lebensweltlichen Enklave, Szene, politischen Partei oder sozialen Bewegung sieht, den man als Fundament einer richtigen und guten Gesellschaftsordnung begreift, aus dem man die Legitimation ableitet, auch zum Rechtsbruch für eine höhere Sache.

An dieser Stelle sollen die weiteren Subdispositionen autoritärer Persönlichkeit nicht näher ausgeführt werden – sie sind gleichwohl deren mittragende Säulen. Bezieht man die Subdimensionen und Milieus aufeinander, sind die Differenzierungen erhellend. Die höchsten Ausprägungen (gemessen am empirischen Skalenmittelwert) hat bei fast allen Teildispositionen das Milieu „Traditionelle" vor dem Milieu „Benachteiligte"; die niedrigsten regelmäßig die Milieus der „Postmateriellen" und „Expeditiven". Das ist eine recht stabile Struktur. Aber es gibt Auffälligkeiten und Abweichungen, die instruktiv sind:

- Etablierte und Bürgerliche Mitte haben in fast allen Subskalen höhere Werte als Konservative.
- Bei *Konventionalismus* haben nach Traditionellen Etablierte den zweithöchsten Wert.
- *Destruktivität und Zynismus* sind am stärksten bei Benachteiligten und Hedonisten.
- Bei *Projektivität* hat nach den Traditionellen den zweithöchsten Wert die Bürgerliche Mitte.

Darüber hinaus hat die Bürgerliche Mitte, also das soziodemographische und soziokulturelle Zentrum der Gesellschaft in Deutschland, den dritthöchsten Wert bei *Sexualität, Autoritäre Aggression* und *Autoritäre Unterwürfigkeit*, bei den weiteren Subdispositionen mindestens den vierthöchsten Rang. Das ist ein Indikator dafür, dass die autoritäre Persönlichkeit kein gesellschaftliches Phänomen an den Rändern ist, sondern fest verankert auch in der Mitte. Damit wird die Mitte der Gesellschaft selbst verdächtig, ein nicht geringes autoritäres, faschistisches Potenzial zu bergen, das anfällig ist und jederzeit, ganz oder teilweise, instrumentalisiert werden kann.

Tabelle 33: Mittelwerte der Subskalen differenziert nach sozialen Milieus

Delta-Milieus	Konventionalismus	Autoritäre Unterwürfigkeit	Autoritäre Aggression	Anti-Intrazeption	Aberglaube und Stereotypie	Macht und Robustheit	Destruktivität und Zynismus	Projektivität	Sexualität
Etablierte	,5327	,1606	,1900	,1423	-,4180	-,2493	-,0168	,1394	,0555
Postmaterielle	-,3935	-,3878	-,6546	-,6900	-,7519	-1,0327	-,5192	-,1514	-,5586
Performer	,0069	-,1972	-,2888	-,2333	-,5671	-,7313	-,1672	-,0469	-,2844
Konservative	,3733	,1250	,1593	-,1264	-,4718	-,2814	-,0790	,1012	,1224
Traditionelle	,6106	,5730	,5714	,2156	,0270	,2633	,1865	,7711	,6224
Bürgerliche Mitte	,3999	,2748	,2783	,0410	-,2279	-,1543	,1004	,3788	,2480
Benachteiligte	,5065	,3297	,3866	,2068	-,2162	,1157	,2922	,3586	,3177
Expeditive	-,4028	-,3036	-,6014	-,5528	-,5059	-,9413	-,3802	-,0377	-,3849
Hedonisten	,2319	,2366	,0988	,0828	-,0017	-,0271	,2774	,2782	,1571
Insgesamt	,1940	,0953	,0123	-,1020	-,3290	-,3330	-,0253	,2167	,0384

fett = größte Werte, unterstrichen = niedrigste Werte

Tabelle 34: Rangfolge der Milieuausprägung innerhalb der einzelnen Subskalen

	Konventionalismus	Autoritäre Unterwürfigkeit	Autoritäre Aggression	Anti-Intrazeption	Aberglaube und Stereotypie	Macht und Robustheit	Destruktivität und Zynismus	Projektivität	Sexualität
+	TRA	TRA	TRA	TRA	TRA	TRA	BEN	TRA	TRA
↑	ETB	BEN	BEN	BEN	HED	BEN	HED	BÜM	BEN
	BEN	BÜM	BÜM	ETB	BEN	HED	TRA	BEN	BÜM
	BÜM	HED	ETB	HED	BÜM	BÜM	BÜM	HED	HED
	KON	ETB	KON	BÜM	ETB	ETB	ETB	ETB	KON
	HED	KON	HED	KON	KON	KON	KON	KON	ETB
	PER	PER	PER	PER	EXP	PER	PER	EXP	PER
	PMA	EXP	EXP	EXP	PER	EXP	EXP	PER	EXP
−	EXP	PMA	PMA	PMA	PMA	PMA	PMA	PMA	PMA

Tabelle 35: Mittelwerte der Subskalen bei Männern und Frauen

Geschlecht:	Konventionalismus	Autoritäre Unterwürfigkeit	Autoritäre Aggression	Anti-Intrazeption	Aberglaube und Stereotypie	Macht und Robustheit	Destruktivität und Zynismus	Projektivität	Sexualität
Männer	,3195	,1379	,1228	,0160	-,3926	-,2308	,0542	,1730	,0399
Frauen	,0726	,0539	-,0947	-,2159	-,2682	-,4331	-,1017	,2585	,0368
Differenz Männer – Frauen	0,2469	0,084	0,2175	0,2319	-0,1244	0,2023	0,1559	-0,0855	0,0031

Erkennbar ist, dass jedes Milieu eine je eigene Zusammensetzung dieser Ingredienzien hat. Erkennbar ist auch, dass Menschen mit Migrationshintergrund oder -geschichte (hier nicht differenziert nach Herkunftsländern und -kulturen) im Mittel auf allen Subskalen höhere Werte haben als Menschen ohne Migrationshintergrund. Man könnte das auf einen methodischen Effekt beim Antwortverhalten zurückführen, dass etwa Menschen mit Migrationshintergrund bei Befragungen zu extremeren Antworten neigen – aber das ist reine Spekulation und scheint wenig plausibel. Ohne das Ergebnis zu kennen, würde man eher das Gegenteil vermuten, also ein moderates, unauffälliges Antwortverhalten. Insofern scheint der Befund ein Indikator dafür zu sein, dass bei ihnen – im Durchschnitt – eine stärkere Tendenz zur autoritären Persönlichkeit angelegt ist oder durch die Erfahrung im Zuwanderungsland produziert wird. Das wäre unbedingt zu differenzieren für die einzelnen Herkunftsländer und -kulturen. Nur das ist mit dieser Stichprobe nicht möglich. In der folgenden Tabelle sind die Mittelwerte von Menschen *mit* bzw. *ohne* Migrationshintergrund gegenübergestellt und sortiert nach der größten Differenz.

Tabelle 36: Mittelwerte der Subskalen bei Personen mit bzw. ohne Migrationshintergrund

Migrationshintergrund	Aberglaube und Stereotypie	Anti-Intrazeption	Destruktivität und Zynismus	Projektivität	Sexualität	Autoritäre Unterwürfigkeit	Macht und Robustheit	Autoritäre Aggression	Konventionalismus
Ja	-,0504	,1695	,2272	,4370	,2421	,2922	-,1466	,1768	,3315
Nein	-,3708	-,1427	-,0631	,1837	,0079	,0658	-,3609	-,0123	,1734
Differenz	0,3204	0,3122	0,2903	0,2533	0,2342	0,2264	0,2143	0,1891	0,1581

Eine starke Ausprägung einer Teildisposition allein konstituiert noch nicht das Syndrom der autoritären Persönlichkeit. Es müssen in einer Person mehrere Subdispositionen mit starker Ausprägung zusammenkommen für das Syndrom einer autoritären Persönlichkeit, wie sie die integrierte F-Skala erfasst. Insofern hat jede Person ein individuelles Portfolio, einen je eigenen Mix aus den Subskalen. Diese sind in der Bevölkerung nicht zufällig verstreut, sondern sammeln sich in Teilkollektiven, vor allem in Szenen[62] und Milieus.

5.4. F-Skala heute: Milieuschwerpunkte der autoritären Persönlichkeit

Aus den neun Subskalen wird die Gesamtskala (modifizierte F-Skala) berechnet.[63] Ihr Mittelwert im Skalenspektrum von -3 bis +3 liegt mit -0,02 sehr nahe am Nullpunkt. Interessant ist, welche Milieus in Richtung des positiven Skalenraums tendieren hin zur autoritären Persönlichkeit und welche Milieus in den negativen Skalenraum zur Charakterstruktur einer anti-autoritären Persönlichkeit. Die größte Distanz zur autoritären Persönlichkeitsstruktur zeigen im Durchschnitt Personen in den Milieus der Postmateriellen, Expeditiven und Performer; die größte Nähe Traditionelle, Benachteiligte sowie mit etwas Abstand die Bürgerliche Mitte und Hedonisten. Es liegt also nicht wenig Verführungspotenzial auch bei Menschen im Milieu der Hedonisten, die sich in ihrer Grundorientierung als innerlich frei und unabhängig von gesellschaftlichen Vorgaben begreifen. Das Ideologiepotenzial in diesem Milieu ist lange unterschätzt worden. Es ist weiter erhellend, dass in der Mitte der Skala, noch im positiven Wertebereich, das Milieu der Etablierten liegt, signifikant vor den Konservativen.

Es gibt hinsichtlich dieser Disposition der autoritären Persönlichkeit eine relevante Kluft zwischen dem Milieu der Konservativen und dem Milieu der Traditionellen, obwohl sie in derselben Achse der Grundorientierung positioniert sind. Auch malen überkommene Bilder von Nazi-Größen das Bild, dass Nazis sehr häufig im konservativ-nationalistischen Milieu zu finden seien. Das mag für die Zeit der Weimarer Republik, der Nazidiktatur selbst und auch in der jungen Bundesrepublik überwiegend in diesem Milieu der Fall gewesen sein; doch für die Gegenwart ist zu differenzieren. Es hat sich offenbar im Milieu der Konservativen etwas verändert (auch wenn es in diesem Milieu weiterhin relevante Segmente mit autoritärer Persönlichkeitsstruktur gibt. So rekrutiert sich beispielsweise ein erheblicher Teil der AfD-Wählenden aus diesem Milieu der „Konservativen").

---

62 Zu Szenen siehe etwa Schulze (1992) oder Hitzler/Niederbacher (2010).
63 Die Gesamtskala wurde als das arithmetische Mittel der Subskalen berechnet. Dabei ging jede Subskala mit dem gleichen Gewicht ein, da es keine Grundlage gibt für eine ungleiche Gewichtung der Subskalen.

Tabelle 37

Delta-Milieus	Mittelwert der mod. F-Skala Spektrum -3 bis +3
Traditionelle	,4268
Benachteiligte	,2553
Bürgerliche Mitte	,1488
Hedonisten	,1482
Etablierte	,0596
Konservative	-,0086
Performer	-,2788
Expeditive	-,4567
Postmaterielle	-,5711
Insgesamt	-,0258

Dabei bedeutet ein Mittelwert bei null auf dieser Skala keineswegs, Individuen in diesem Milieu wären frei von faschistoiden Persönlichkeitselementen – denn das ist lediglich der Mittelpunkt der Skala. Das lohnt einen Blick auf das Milieu der Etablierten: Obwohl das Milieu der Etablierten im Lebensstil moderner ist als das der Konservativen, zeigt es stärkere Tendenzen zur autoritären Persönlichkeit. Das ist zu betonen, weil „Etablierte" ein gesellschaftliches Leitmilieu ist, diese Männer und Frauen in führenden Positionen in allen gesellschaftlichen Bereichen und Organisationen sind, Macht und Einfluss haben. Hier ist ebenso die Differenz zum Milieu der Performer hervorzuheben. Etablierte und Performer haben ähnlich das Selbstbild als neue ökonomische und technologische Elite, aber hinsichtlich der autoritären Persönlichkeit gibt es (im Durchschnitt) erhebliche Unterschiede.

Die Mittelwerte geben zentrale Tendenzen an; gleichwohl haben Mittelwerte eine Streuung und so ist es weiter erhellend, sich die Verteilungen anzusehen. Teilt man das Intervall von -3 bis +3 in Abschnitte zur Berechnung von Prozentanteilen, ist das stets eine definitorische Setzung. Gehören zum Syndrom der autoritären Persönlichkeit all jene, deren Wert im positiven Skalenbereich liegt, oder höher als +1 ist, oder größer 1,5, oder 2 oder 2,5? Hier gibt es keine „Wahrheit". Der Grund ist, dass das Syndrom der autoritären Persönlichkeit ein graduelles Merkmal ist. Will man Größenordnungen ermitteln, sind Grenzziehungen eine pragmatische Lösung. Das hat zur Konsequenz, dass die Prozentwerte nicht absolut interpretiert werden können, weil sie abhängig sind von der Abschnittsdefinition. Sie gewinnen ihren erheblichen Erkenntniswert erst durch Vergleich von Teilgruppen, etwa Geschlecht, Alter, soziale Lage oder Milieuzugehörigkeit. Hilfreich zur Orientierung für Größenordnungen sind auch Varianten der Abschnittseinteilung, wobei es unendlich viele Möglichkeiten der Setzung gibt. Hier zwei Varianten der Abgrenzung:

Abbildung 62: Zwei Varianten der Abschnittseinteilung der Skala „Autoritäre Persönlichkeit"

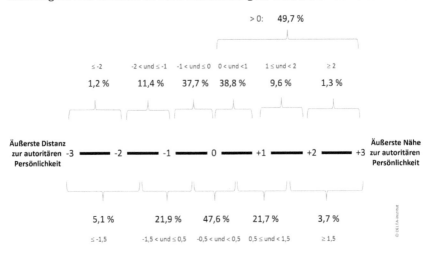

Es ist offensichtlich, dass knapp die Hälfte der Bevölkerung (47,6 %) in der Mitte der Autoritätsskala liegen und die Anteile an den äußersten Bereichen recht gering sind. Fasst man jene zusammen, die einen (positiven) Wert in Richtung autoritäre Persönlichkeit (> 0) haben, so sind das in der Bevölkerung 49,7 %, einen Wert ≥ 1 haben 10,9 % – bei diesen ist eine autoritäre Persönlichkeitsstruktur stärker ausgeprägt. Umgekehrt im negativen Skalenbereich in stärkerer Distanz zur autoritären Persönlichkeit haben 12,6 % einen Wert von ≤ -1. Das zeigt, dass die Skala weitgehend symmetrisch ist.[64]

Zu beachten ist, dass die F-Skala eine *monopolare* Disposition misst. Sie ist nicht bipolar aufgespannt: Am extremen Pol (mit den „positiven" Werten) steht die extrem autoritäre Persönlichkeit mit faschistischer Charakterstruktur. Am gegenüberliegenden Pol (mit „negativen" Skalenwerten) steht nicht eine linksextreme Persönlichkeitsstruktur (*left wing*), sondern die äußerste Distanz zur autoritären Persönlichkeitsstruktur.[65] Ein Skalenwert nahe am Wert 0 bedeutet also keineswegs, dass diese Person oder Personengruppe keine autoritäre Persönlichkeitsstruktur hätte. Sie hat im gesamten Spektrum eine mittlere Ausprägung. Das sind etwa 47 % der Bevölkerung (im Spektrum von -0,5 bis +0,5). Personen mit Skalenwert über 0 haben eine überdurchschnittliche, mäßig stark oder sehr

---

64 Die empirische Verteilung erstreckt sich fast über den gesamten theoretisch möglichen Ausprägungsraum von -3 bis + 2,85 (Spannweite 5,85). Sie hat die Form einer Normalverteilung: Mittelwert = 0,0258, Median = 0,000, Modus = 0, Varianz = 0,73, Schiefe = – 0,21 (linksschief, rechtssteil) und Kurtosis (Wölbung) = 0,223 (Tendenz zu spitz zulaufender Verteilung; steilgipflig).

65 Zur Messung einer anarchistischen Persönlichkeitsstruktur müsste ein anderes Messinstrument eingesetzt werden mit anderen Items.

Abbildung 63

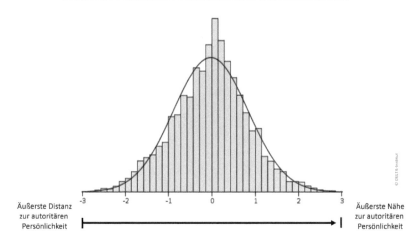

Autoritäre Persönlichkeit
Histogramm der empirischen Verteilung (Säulen) mit Normalverteilung (Linie)

stark ausgeprägte autoritäre Persönlichkeitsstruktur.[66] Da dies auf die Hälfte der Bevölkerung zutrifft, kann das als Befund interpretiert werden, dass in der demokratisch verfassten Gesellschaft Deutschlands solche Persönlichkeitsstrukturen weiterhin weit verbreitet und verankert sind. Ein ergänzender Befund ist, dass die Gesellschaft in Bezug auf diese Disposition keineswegs gespalten ist (in dem Fall wären die Randbereiche stärker besetzt als die Mitte).

Betrachtet man die Verbreitung ausgeprägter Autoritätsstrukturen (Skalenwert > 0), zeigt sich ein Schwerpunkt in den Milieus der Traditionellen und Benachteiligen. 70 % bzw. 63 % der Angehörigen dieser Milieus haben solche überdurchschnittlichen Dispositionen. Dann folgen mit mehrheitlichen Anteilswerten die Bürgerliche Mitte (57 %), Etablierte (55 %), Konservative (54 %) und Hedonisten (54 %). Die Kluft zwischen unteren und oberen Milieus ist also nicht groß. Das Syndrom der autoritären Persönlichkeit ist nicht auf eine Schicht begrenzt, sondern in allen Schichten verankert – aber nicht in allen Milieus einer Schicht. Am geringsten sind die Anteile in den Milieus der Postmateriellen (23 %), Expeditiven (33 %) und Performer (38 %).

---

66 Zur Interpretation ist die idealtypische Vorstellung hilfreich, dass in einer Gesellschaft umfassend antiautoritärer und non-faschistischer Persönlichkeitsstrukturen alle Skalenwerte im Bereich von -3 wären.

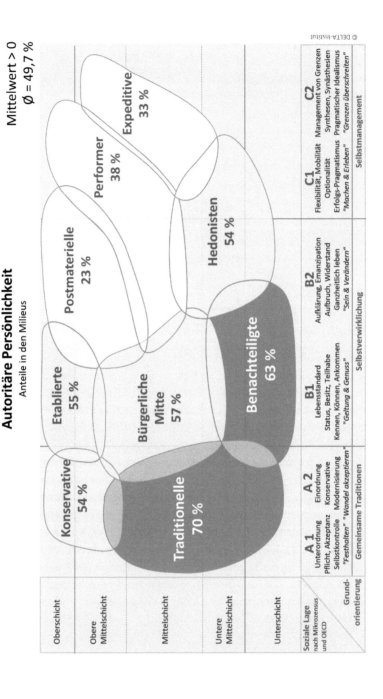

Abbildung 64

Wenn Persönlichkeitsstrukturen in der Kindheit angelegt und in der weiteren Sozialisation sowie in den lebensweltlichen Alltagskulturen stabilisiert und ausgeformt werden, kann der Befund als Beleg gedeutet werden, dass es in einigen Milieus Erziehungs- und Kulturtendenzen der Beförderung autoritärer Charakterstrukturen gibt, während in anderen Milieus eher kulturelle Mechanismen der Verhinderung autoritärer Persönlichkeitsstrukturen wirksam sind. Der Prozentabstand zwischen dem niedrigsten und höchsten Anteil ist erheblich (47 Prozentpunkte zwischen Traditionellen und Postmateriellen). Betrachtet man die Milieugrafik als eine Gesellschaftskarte, dann zeigt sich ein Gefälle: Vom Lebenswelten-Areal links-unten bis zum Areal rechts-oben sind die Anteile autoritärer Persönlichkeiten stufenweise geringer. Die Verbreitung der autoritärer Charakterstrukturen ist keine Frage der sozialen Hierarchie. In den sozialen Schichten im oberen und mittleren Bereich gibt es ein breites Spektrum geringen bis häufigen Vorkommens autoritärer Persönlichkeiten. Weder allein eine sozialhierarchische Betrachtung noch allein eine sozialvertikale Betrachtung sind hinreichend für eine zutreffende Beschreibung und ursächliche Erklärung. Insofern wären Aussagen unzutreffend und verkürzt, wie etwa, dass autoritäre Persönlichkeitsstrukturen in der Unterschicht dominieren und zu suchen sind, oder dass solche Charaktere im Achsenabschnitt A „Gemeinsame Traditionen" zu verorten seien.

Es gibt einen statistisch zwar signifikanten, aber noch moderaten Unterschied zwischen Männern (52 %) und Frauen (47 %) hinsichtlich des Skalenwerts größer null. In diesem Skalenbereich gibt es etwas mehr Männer als Frauen mit autoritärer Persönlichkeitsstruktur. Das widerlegt die Hypothese, dass autoritäre Charakterstrukturen typischerweise männlich wären. Dass Männer zu Härte in der Persönlichkeitsstruktur neigen, Gewalt eher akzeptieren und selbst stärker zu Gewalttat neigen als Frauen und somit eher zu Tätern werden; dass Frauen hingegen eher weich wären und daher Opfer, erweist sich als Illusion und wirklichkeitsverzerrendes Stereotyp. Frauen haben ähnlich häufig wie Männer eine autoritäre Persönlichkeitsstruktur mit den in den Subskalen beschriebenen Aspekten. Autoritäre Charakterstrukturen zeigen sich bei Frauen und Männern in teils ähnlichen, aber auch sehr verschiedenen Sphären, Formen und Stilen: die Expressivität mag anders sein, die psychische Disposition ist nahezu identisch. So übernehmen Frauen mit einer autoritären Persönlichkeitsstruktur häufiger eine andere Rolle, etwa als Unterstützerin männlicher Vorhaben oder gar als deren Urheberin und Motivatorin, oder sind in einer Partnerschaft jene, die seine Vorurteile und Vorhaben teilt, stützt, verteidigt, weiter vorantreibt. Nicht immer und nicht notwendig als Frontfrau, aber als funktionierendes Mitglied werden sie so zu *Mittäterinnen* (Thürmer-Rohr 1983, 1989) und sind als solche eben auch Täterinnen. Frauen sind aufgrund ihrer ähnlich wie bei Männern ausgeprägten autoritären Charakterstruktur nicht weniger anfällig für entsprechende Ideologien als Männer.

Weitaus stärker als der Geschlechterunterschied ist ein Alters- bzw. Generationeneffekt, der nahezu linear verläuft. Mit zunehmendem Alter steigen die Anteile autoritärer Persönlichkeiten kontinuierlich; von den älteren Generationen zu den jüngeren Generationen sinken die Anteile. In Generationenperspektive geben diese Verlaufszahlen Anlass zur Hoffnung; in einer Lebensverlaufsperspektive eher weniger.

Tabelle 38

Skalenwert > 0	Männer	Frauen	18–29 Jahre	30–39 Jahre	40–49 Jahre	50–59 Jahre	60–69 Jahre	70+ Jahre
	52%	47%	38%	46%	49%	53%	54%	63%

Richten wir nun den Fokus enger auf Personen mit sehr stark ausgeprägtem Syndrom autoritärer Charakterstruktur. Zur Identifizierung kann man pragmatisch jene dazu zählen mit einem Skalenwert größer gleich 1. Mit dieser Abschnittsbestimmung würden 11% der Bevölkerung zu denen mit sehr stark autoritärer (faschistischer und rassistischer) Persönlichkeitsstruktur gehören, 13% der Männer und 9% der Frauen. Bei jungen Menschen unter 30 Jahren ist der Anteil mit 5% relativ gering, bei 30- bis 50-Jährigen fast doppelt so groß und beträgt bei über 70-Jährigen 19% (jede/jeder Fünfte). Wenn mit der vorgenommenen Abschnittseinteilung von den heute 30- bis 60-Jährigen ein Zehntel (10,2%) sehr starke autoritäre Persönlichkeitsstrukturen haben, kann das nicht mehr mit Sozialisation in der NS-Diktatur ursächlich erklärt werden (sie sind alle nach 1960 geboren und in den 1970/80er/90er Jahren sozialisiert). Es gibt in den Alltagskulturen Keimzellen, in denen solche Persönlichkeiten entstehen und wachsen. Sie finden in ihren sozialen Umfeldern Bestätigung und Anreize. Allerdings wäre es eine dem Befund unangemessene Nivellierung und Bagatellisierung, wollte man von *Nischen* sprechen, denn zu groß sind die jeweiligen Anteile der permanent reproduzierten autoritären Persönlichkeiten. Insofern gründen diese wohl in den Alltagskulturen der einzelnen Lebenswelten und in der Grundstruktur der modernen Gesellschaft.

Tabelle 39

Skalenwert ≥ 1	Männer	Frauen	18–29 Jahre	30–39 Jahre	40–49 Jahre	50–59 Jahre	60–69 Jahre	70+ Jahre
	13%	9%	5%	9%	9%	12%	15%	19%

Besonders fruchtbare und ertragreiche Keimzellen hart-autoritärer Persönlichkeiten sind die Milieus der Traditionellen (25%) und Benachteiligten (18%), in denen solche Charakterstrukturen mit rassistischen, homophoben und

Abbildung 65

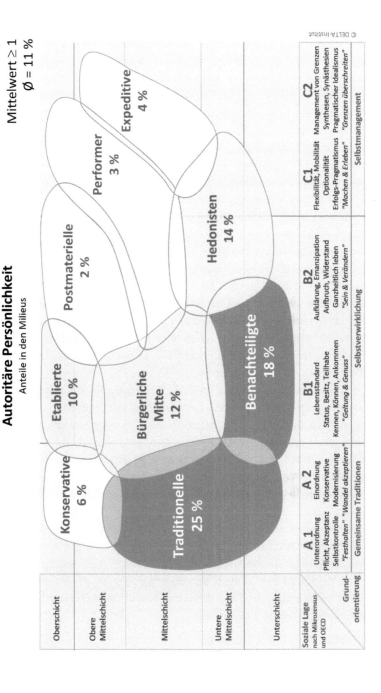

ethnozentrischen Dispositionen deutlich häufiger produziert und akzeptiert werden als etwa in den Milieus der Postmateriellen (2 %), Performer (3 %) und Expeditiven (4 %). Auffällig und ein wenig überraschend ist, dass der Anteil im Milieu der Etablierten (10 %), Bürgerlichen Mitte (12 %) und Hedonisten (14 %) deutlich höher ist als im Milieu der Konservativen (6 %).

Mit Bezug auf Bourdieu gibt es empirisch fundierte Gründe für die These, dass der milieuspezifische Habitus in einer engen und wechselseitigen Kausalbeziehung zu autoritären Persönlichkeitsstrukturen steht. In einigen Milieus gibt es Abwehrmechanismen gegen autoritäre Persönlichkeitsstrukturen sowie Diskreditierungsrituale gegenüber solchen Äußerungen, somit Schutzfaktoren vor rassistischen, ethnozentrischen und totalitären Denk- und Handlungsschablonen. Diese bieten keine Garantie vor ideologischen Fängen, reduzieren aber das Risiko. In anderen Milieus hingegen wirken Anreiz-, Beförderungs- und Erfolgsstrukturen für den Typus einer autoritären Persönlichkeit. Hier sind die Wahrscheinlichkeit und das Risiko höher, solche Charakterstrukturen zu erzeugen. Damit rücken die Lebenslogik und die Alltagskultur solcher Milieus in den Blick: sie bieten Brücken in eine radikal-faschistische Ideologie und bieten Moratorien für faschistische Welt- und Menschenbilder, bis sich durch das Zeitgeschehen Gelegenheiten finden, sich anzuschließen und zu entfalten. Das Wachsen der AfD ist ein Beispiel.

Was ist daraus zu lernen? Weil die Erziehung in der frühen Kindheit und Jugend maßgeblich ist, ist es lohnenswert, sich in der Familienbildung, in Kindertagesstätten und in der Jugendarbeit mit den unterschiedlichen Erziehungszielen und -stilen in den Milieus auseinanderzusetzen. Das ist eine notwendige Bildungsaufgabe für eine Demokratisierung der Gesellschaft, die nicht nur aktuell in Phasen eines wachsenden Nationalismus, Ethnozentrismus und Rassismus notwendig ist, sondern niemals abgeschlossen werden kann.[67] Insofern wäre in der Familienbildung, Kindheitspädagogik und Jugendarbeit ins Zentrum zu stellen, Tendenzen von autoritären Persönlichkeitsformungen vorzubeugen und Interventionsmaßnahmen zu entwickeln. Dazu wären Sensoren zu entwickeln und Indikatoren zu benennen, an denen Tendenzen zum Autoritarismus früh erkannt werden können sowie Hilfen zur kritischen Selbstreflexion für Mütter und Väter, Erzieherinnen und Erziehern in Kitas, Lehrerinnen und Lehrern, Jugendarbeiterinnen und Jugendarbeiter.

---

67 Dabei wäre zugleich vor einem holzschnittartigen Vorgehen zu warnen, etwa einzelne Milieus als Vorbild zu definieren (zu stilisieren) und andere Milieus zu verdammen. Vielmehr wäre daran zu arbeiten, die Faktoren in den Einstellungen, Haltungen und der Alltagspraxis herauszuarbeiten, die eine vom autoritären Habitus emanzipierte Persönlichkeit befördern. Zugleich ist vor einem Ingenieursdenken zu warnen. Ein Milieu kann man nicht durch ein politisches Maßnahmenbündel ändern oder gar steuern. Bildung ist keine Sozialtechnokratie. Ganz im Gegenteil würde eine solche Persönlichkeitstechnokratie in Erziehung und Bildung autoritäre Persönlichkeitsstrukturen produzieren.

Man könnte vorschnell zu dem Schluss kommen: Je moderner ein Milieu, umso geringer ist die Tendenz zur autoritären Persönlichkeit. Das ist ein Irrtum. Die Milieus der Traditionellen und Konservativen sind keine vormodernen Milieus. Sie sind ein Produkt der Moderne. Sie haben zwar eine kulturelle Entwicklungsgeschichte und Prägung, aber sie werden heute in alltäglichen Kommunikationen bestätigt und erzeugt. Diese Lebenswelten haben sich erst unter den Bedingungen der Moderne geformt. Die Moderne hebt sich von der Vormoderne ab durch ein alles erfassendes Ordnungsmodell, durch das Ziel einer vollkommenen Ordnung durch Kategorisierung, funktionale Ausdifferenzierung von Systemen und Wertsphären, deren eigenlogische Rationalität eine enorme Effizienzsteigerung bewirkt. *Rationalisierung* und *Ordnungsentwurf* sind die elementare Grammatik der Moderne (Bauman 1991). Was sich nicht einsortieren lässt, was keinen Platz im Ordnungsentwurf und dem geordneten Alltag hat, ist suspekt. Fremdes muss sich stets an der Autorität des Bestehenden orientieren. Hier zeigen sich enge Analogien zur Grundorientierung in den Milieus der Traditionellen und Konservativen.

Dem entgegen stehen Kräfte, die das Bestehende nicht fraglos akzeptieren, die aktuelle Ordnung nicht für sakrosankt und alternativlos halten, und mehr noch: denen restlose Kategorisierung suspekt ist. Diese postmoderne Orientierung ist typisch für Milieus der Postmateriellen und Expeditiven. Bei den Postmateriellen ist es die Orientierung, widerständig zu sein gegen das Bestehende mit der Vision von einem anderen guten und richtigen Leben als Individuum und Gesellschaft; für Expeditive geht es in exzentrisch-individualistischer Positionalität darum, eigene neue Wege zu gehen, ein offenes Terrain zu betreten, das noch nicht vorstrukturiert und katalogisiert ist. Darin liegen für sie Kreativität und Lebendigkeit, Möglichkeiten dessen, was man selbst noch sein könnte.

Es scheint also nicht die Moderne zu sein, die autoritäre Persönlichkeitsstrukturen eindämmt, sondern eher die Postmoderne. Die Moderne bzw. stark an der Moderne orientierte Lebenswelten scheinen im Gegenteil autoritäre Charaktere eher zu produzieren. Andererseits aber bietet die Postmoderne keinen Ordnungsentwurf mit weitreichendem Anspruch mehr an: Wenn alles fluide und unverbindlich ist, wächst die Sehnsucht nach Klarheit und Eindeutigkeit – und bietet totalitären Ideologien ein fruchtbares Feld. Wenn das Soziale dem Individuum nicht mehr sicher ist und es immer wieder letztlich auf sich selbst zurückgeworfen, verstärkt dies die Gemeinschaftssehnsucht nicht nur von vielen isolierten Einzelnen, sondern wird zum Massenphänomen kollektiver Zufluchten.

Damit schließt sich ein verhängnisvoller Zusammenhang. „Die Flüchtige Moderne erzeugt flüchtige Identifikationen, die ihrer Flüchtigkeit durch die Hoffnung auf imaginierte Gemeinschaften zu entkommen suchen, damit aber auch diese der Flüchtigkeit unterwerfen und damit die flüchtigen Identifikationen immer prekärer und die Flüchtige Moderne immer instabiler werden lassen" (Junge 2006: 116). Bindungslosigkeit als das Mantra der Postmoderne kann spontan und radikal kippen in Bindung an geschlossene ideologische Weltanschauungen, die durch ihre Klarheit und Bestimmtheit einem heimatlos gewordenen Individuum Ankunft und Heimat, Sicherheit und Entlastung verheißen: Man wird versorgt.

Abschließend eine Analyse zu drei Milieus, in denen – nach Traditionellen und Benachteiligten – autoritäre Persönlichkeitsstrukturen häufig sind: Hedonisten, Bürgerliche Mitte, Etablierte. An diesen drei Milieus wird deutlich, dass autoritäre Charakterstrukturen nicht durch eine bestimmte sozialhierarchischen Lage hervorgebracht werden, denn sie stehen für die Oberklasse, Mittelklasse und Unterklasse.

(1) Für *Hedonisten* in der Unterklasse (und unteren Mittelklasse) scheint der relativ hohe Anteil autoritärer Charaktertypen überraschend, kennzeichnet doch ihre Grundorientierung eine Distanz zu Zielen, Normen und Sekundärtugenden der Leistungsgesellschaft, der sie mit selbstbewusster Coolness begegnen, in jungen Jahren auch mit provokanten Gesten und Kleidungsstilen, durch die sie ihr Anderssein und ihre Unangepasstheit demonstrieren. Es ist instruktiv, dass ein erheblicher Teil der Milieuangehörigen autoritäre Charakterstrukturen und eine substanzielle Ich-Schwäche hat. Das entlarvt ihren kruden Hedonismus als anfällig für Verführungen und offenbart eine tief verwurzelte Sehnsucht nach Halt und Orientierung, die sie phasenweise in Stilisierung von Subkultur-Ikonen oder aber in hippen Fashion- und Popkultur-Idolen finden, die aber lediglich eine andere Art von Autorität sind und die entweder als unkonventionelle ausdrucksmutige Avantgarde, oder als wehrhaft-mutige Helden gegen den bürgerlichen Mainstream und das gesellschaftliche Establishment verehrt werden.

(2) Für das gesellschaftliche Leitmilieu *Etablierte* in der Oberklasse scheint der hohe Anteil von Menschen mit autoritärer Charakterstruktur ebenfalls überraschend, zumal dem Syndrom psychologisch eine Ich-Schwäche zugrunde liegt. Im hierarchisch-meritokratischen Weltbild von Etablierten besteht in unserer Gesellschaft ein funktionierendes und weitgehend gerechtes Rangsystem, das durch Kompetenz und Anerkennung sortiert ist, in dem Bildung, Leistung und Professionalität belohnt werden. Die Weltperspektive ist: Durch Herkunft haben manche bessere, andere schlechtere Startvoraussetzungen; dennoch bietet unsere Gesellschaft jedem Aufstiegschancen, sich einen Platz in der Rangordnung zu erarbeiten. Warum also in diesem Milieu der auffällige Anteil von Menschen mit autoritärer Persönlichkeitsstruktur, wo man doch selbst beruflich eine Führungskraft ist und privat einen distinguierten Lebensstil führt? Der Grund liegt in jener Bewusstseinsstruktur eines hierarchischen Rangsystems, das ihre Wahrnehmung und Orientierung steuert und eine Sogkraft erzeugt, sich noch höheren Autoritäten anzuschließen, de-

nen man nahezu unbedingte Geltung zuschreibt. Es ist jene sozial-hierarchische Bewusstseinsstruktur, die eine Ich-Schwäche nicht nur voraussetzt, sondern *produziert*. Auf der sozialen Leiter ist man in der Rangordnung niemals ganz oben. Ist man lokal oder regional, beruflich oder privat Teil der oberen Klasse, nimmt man im landesweiten Ranggefüge noch längst keine Spitzenposition ein; und selbst wer gesellschaftsweit an der Spitze steht, sieht sich im internationalen Vergleich noch immer *unter* anderen. Dazu sind die Hierarchiedimensionen nicht monolithisch, sondern plural differenziert nach Sektoren (Wirtschaft, Politik, Kultur etc.) und Branchen, nach Positionen und Netzwerken. Insofern gibt es einen doppelten Grund der Unterwürfigkeit. Dem Streben immer-weiter-nach-oben liegt erstens eine grundlegende Akzeptanz derer zugrunde, die dort oben schon sind und daher als Autorität anerkannt werden. Das fordert und erwartet man unbedingt von jenen, die unter einem stehen. Die eigentliche Autorität ist das Rangsystem, das legitimiert, von der je aktuellen Position die eigene Herrschaft nach unten auszuüben und den Bestimmungen der anerkannten Oberen zu folgen. Zweitens ist es eine erhebliche Last, die eigene Position durch noch mehr Leistung zu behaupten und dazu weiter aufsteigen zu müssen. Sich mit der Position zufrieden zu geben, wäre in der kulturnormativen Logik des Milieus ein Abstieg und Sakrileg. Das Streben nach Mehr und Höher ist der voreingestellte Modus. So findet man zugleich psychische Entlastung darin, in einigen Lebensbereichen aus dieser Aufstiegsmaschinerie auszusteigen und sich einer Autorität schlicht und dauerhaft unterzuordnen. In religiösen Sphären sind das bei einigen kirchliche Autoritäten oder Ordensmitglieder, denen man als spirituelle Leiter Gefolgschaft entgegenbringt in der Erwartung der Teilhabe am Höheren und Heiligen, Spüren des *Numinosen*, bis hin zum Gefühl des *tremendum* („Schauervollen": Rudolf Otto). Im Bereich der Politik sind es herausragende Persönlichkeiten, Mandatsträger oder eine Partei, denen man sich mit Leib und Seele verschreibt. So wird die Sekundärtugend der *Härte* zum *soft skill* (was paradox klingt), die ein notwendiger Schlüssel ist, um in diesem Ranggefüge sich zu behaupten. Das verlangt nicht nur Durchsetzungskraft, Entschlossenheit, Konfliktfähigkeit und Härte anderen gegenüber, sondern vor allem Härte gegen sich selbst. Das verlangt auch ein partielles Ausschalten der Empathie gegenüber individuellen Schicksalen. Denn man trägt schließlich Verantwortung für das Ganze: für das Unternehmen, die Verwaltung, das Land, eine Idee.

Die im Etablierten-Milieu sozialpsychisch tief verankerte, die Wahrnehmung und Orientierung steuernde Weltperspektive einer sozialhierarchischen Rangordnung ist auch in den Milieus der Traditionellen und Benachteiligten maßgeblich. Allerdings geht ihr Blick von einer weitaus niedrigeren sozialen Position aus, identifiziert auch Menschen in sozialen Lagen unter ihnen, aber Abstand und Spektrum nach oben sind ungleich weiter und größer. Allerdings ist ihre Bewertung dieses Rangsystems unterschiedlich. Für *Traditionelle* ist ein Rangsystem richtig und gerecht, das Fleiß, Leistung und Anpassung belohnt. Dabei beklagen sie, meist nur privat und im vertrauten Kreis, dass das Rangsystem immer weniger gerecht geworden ist, weil in obere Ränge durch Geld, Vetternwirtschaft, Korruption, Maßlosigkeit (z. B. Fußballer, manche Manager und Politiker) häufiger Menschen gekommen sind, die jene Tugenden nicht aufbringen, keine gesellschaftliche Verbundenheit haben, sondern egoistisch nur ihren eigenen Vorteil suchen. So ist ihr Wunsch eine Rückkehr in jenes Ordnungssystem, das aus ihrer Sicht zu Beginn der Bundesrepublik prägend war und diesem Land Wohlstand verschafft hat. Dem entgegen bewerten Menschen im Milieu *Benachteiligte* das bestehende hierarchische Rangsystem als starr, gnadenlos, ungerecht – zu ihrem eigenen Nachteil und für sie ausweglos. Sie sehen sich am unteren Ende und sehnen sich nach (ein wenig) finanzieller Entlastung und sozialer Anerkennung: Von anderen überhaupt wahrgenommen zu werden und als auch wertvolles Mitglied dieser Gesellschaft zu gelten, ist ihr Traum. Groß sind in diesem Milieu die Identifikationen mit einer starken Figur, die stellvertretend für diese Anerkennung, Größe und Stärke steht.

(3) Auch in der *Bürgerlichen Mitte* ist das Einfalltor autoritärer Charakterstrukturen eng mit der Lebenslogik dieses Milieus verbunden. Man beobachtet und sondiert aufmerksam verheißungsvolle Strömungen aus den sie umgebenden soziodemographischen und kulturellen Rändern (mit Ausnahme von Trends in der Unterklasse), selektiert und transformiert sie ins Moderate, nimmt ihnen Spitze und Schärfe, die das Risiko des Extremverdachts bergen, und schließt sie an die Ausstattungen, Rituale und Stile des Eigenen an. Grundbedingung ist Akzeptanz in der eigenen Lebenswelt (durch Freunde, Nachbarn); Maßstab und Anreiz sind Bewunderung mit Vorbildcharakter für andere. Der Erhalt von sozialem Status verlangt die andauernde Aufmerksamkeit für neue Trends, die man nicht verpassen darf. Man ist nicht bereit, Avantgarde zu sein mit dem Risiko, herauszufallen aus der Nahwelt und ihren Anerkennungsritualen. Man will aber auch nicht altbacken „unmodern" sein und den letzten Zug verpassen, was das andere Risiko für Exklusion birgt. Groß ist daher die *außenorientierte* Sondierung von maßgeblichen, zukunfts- und anerkennungsrelevanten Konsumgütern, Dienstleistungsangeboten, Weltanschauungen, Organisationen und öffentlichen Personen: Der aktuelle Markt der Meinungen und des Geschmacks ist die Autorität, der man sich hingebungsvoll unterwirft, getrieben von der Sorge, sonst abgehängt und ausgestoßen zu sein, damit allein und isoliert. Die Tugenden der Loyalität und bürgerlichen Bodenständigkeit verdecken die Flüchtigkeit und Beliebigkeit der Autoritäten, denen man sich verschreibt. Das Kriterium der Wahl ist weniger die Menschenfreundlichkeit der Autorität, sondern die Funktion für die eigene soziale und berufliche Etablierung. Die Orientierung gilt dem,

was soeben über die Avantgarde hinaus das Image des Anerkannten und Zukunftsfähigen hat. Das wird transformiert in ein leicht zu identifizierendes Muster, das man durch Konsumgüter und Rituale imitiert, die aufgrund der nüchternen Begeisterung und Konsequenz schnell zum Typischen werden.

Die Analysen nur dieser drei Milieus schon zeigen: Sozialarbeit und Erziehungshilfe mit dem Ziel, autoritären Persönlichkeitsentwicklungen entgegenzuwirken, tun gut daran, milieusensibel und -differenziert vorzugehen.

5.5. Zusammenhang mit gruppenbezogener Menschenfeindlichkeit

Es drängt sich die Frage auf, in welchem Zusammenhang die Disposition autoritärer Persönlichkeit mit der Disposition gruppenbezogener Menschenfeindlichkeit steht. Die statistische Analyse weist auf einen starken positiven linearen Zusammenhang hin, der Korrelationskoeffizient beträgt r = 0,65. Das Bestimmtheitsmaß hat somit den Wert r^2 = 0,42 und bedeutet, dass 42 % der Disposition einer autoritären Persönlichkeitsstruktur die Einstellungen zu gruppenbezogener Menschenfeindlichkeit statistisch erklären.[68] Es gibt eine wechselseitige Kausalität der Ermöglichung, Beförderung und Steigerung zwischen den Dispositionen einer autoritären Persönlichkeitsstruktur und einer gruppenbezogenen Menschenfeindlichkeit. Transformiert man die stetigen Ausprägungen in zwei Gruppen am jeweiligen Mittelpunkt der Skala (unter Inkaufnahme des Informationsverlustes), lässt sich der Zusammenhang in einer Kreuztabelle darstellen:[69]

---

68 Das Quadrat des Korrelationskoeffizienten ist das *Bestimmtheitsmaß*. Formal ist das Bestimmtheitsmaß der Anteil der Varianz der abhängigen Variable, der durch die unabhängige Variable erklärt wird. Es nimmt Werte zwischen 0 und 1 an. Je größer r^2 ist, desto höher ist die Erklärungskraft der einen Variablen durch die andere (im äußerst seltenen Fall von r^2 = 1 wird eine Variable vollständig durch die andere erklärt).

69 Begreift man statistisch die beiden Dispositionen nicht als metrische, sondern als ordinale Merkmale, klassiert diese und berechnet auf dieser Grundlage Assoziationen, ergeben sich Somers-d = 0,52, Kendall-tau-b = 0,53 und Kendall-tau-c = 0,47. Mit dem Pearson-Korrelationskoeffizienten werden nur lineare Beziehungen gemessen. Der Rangkorrelationskoeffizient von Spearman misst lediglich monotone Beziehungen, erfasst aber auch nichtlineare Zusammenhänge. Der Koeffizient Spearman-Rho beträgt mit klassierten Werten = 0,58, mit nicht-klassierten (originalen) Werten = 0,65. Auch diese Zusammenhangsmaße zeigen, dass ein positiver monotoner Zusammenhang zwischen den zwei Dispositionen besteht.

Tabelle 40

		Disposition Gruppenbezogene Menschenfeindlichkeit[70]		Gesamt
		(eher) Nein	(eher) Ja	
Autoritäre Persönlichkeit	eher gering (Skalenwert ≤ 0)	44,3%	6,0%	50,3%
	eher groß (Skalenwert > 0)	25,1%	24,6%	49,7%
Gesamt		69,4%	30,6%	100,0%

- Fast die Hälfte (44,3%) haben eine (eher) gering ausgeprägte autoritäre Persönlichkeitsstruktur *und* eine (eher) geringe Disposition zu gruppenbezogener Menschenfeindlichkeit.
- Ein Viertel (24,6%) haben eine (eher) stark ausgeprägte autoritäre Persönlichkeit *und* eine (eher) große gruppenbezogene Menschenfeindlichkeit.
- Bei ebenfalls einem Viertel (25,1 %) ist die autoritäre Persönlichkeitsstruktur zwar relativ stark angelegt, aber sie zeigt sich (noch) nicht in einer fremdenfeindlichen Einstellung. Dieses Segment kann zum einen begriffen werden als ein noch schlummerndes faschistoides Potenzial, das nur noch nicht die passende (entlastende) Ideologie gefunden hat, bei dem bestehende (bzw. hier gemessene) fremdenfeindliche Weltanschauungen bisher nicht verfangen. Es kann für einen Teil auch begriffen werden als Disposition, bei der soziokulturelle Mechanismen eine Übersetzung in eine bewusste fremdenfeindliche Einstellung hemmen. Dabei ist vor allem an Werte und Normen der eigenen Lebenswelt zu denken: die Milieuzugehörigkeit sowie das familiäre, berufliche und freizeitliche Umfeld. Man kann hier das Bild von einem Damm bemühen, der einen Ausbruch der vorhandenen autoritär-faschistischen Kräfte bisher verhindert. Mit Blick auf Gewaltprävention wären diese Mechanismen näher zu bestimmen und zu stärken. Die soziodemographische Analyse zeigt, dass dieses schlummernde, noch latente faschistoide Potenzial am größten ist in den jungen Altersgruppen (30–39 Jahre: 27%; 18–29 Jahre: 26%) sowie bei Älteren über 70 Jahre (28%); in den Milieus der Bürgerlichen Mitte (30%) und Performer (28%), aber auch mit ähnlich hohen Anteilen bei Etablierten (26%), Benachteiligten (26%), Expeditiven (26%) und Hedonisten (25%) – [in den folgenden Tabellen in

---

70 Auf der durch einen additiven Mittelwert gebildeten (Likert-)Skala von 1 bis 4 mit der stärksten Ausprägung gruppenbezogener Menschenfeindlichkeit beim Wert 1 und der größten Distanz beim Wert 4, wurden die beiden Gruppen gebildet in der Skalenmitte: *(eher) Nein* bei einem Wert ≥ 2,5 sowie *(eher) Ja* beim Wert < 2,5.

der zweiten Datenzeile]. Der Tabelle ist ebenso zu entnehmen eine größere Distanz zur gruppenbezogenen Menschenfeindlichkeit *und* zur autoritären Persönlichkeitsstruktur in den Milieus der Postmateriellen (75 %), Expeditiven (65 %) und Performer (58 %); insgesamt bei Frauen (48 %) und Jüngeren unter 30 Jahren (58 %) – [vierte Datenzeile der folgenden Tabellen]. Diese Gleichzeitigkeit, dass ein überdurchschnittlicher Anteil der Bevölkerung unter 30 Jahren sowohl eine Distanz hat zu diesen Dispositionen und gleichzeitig ein großer Teil dieser Altersgruppe ein noch latentes autoritäres Potenzial existiert, zeigt nicht nur die Heterogenität in dieser Altersgruppe und Lebensphase, sondern auch das hohe Risiko der Verführbarkeit. Das sollte nicht nur als Bildungsauftrag begriffen werden, sondern auch zum sozialphilosophischen Nachdenken über die Strukturen in der fortgeschrittenen Moderne (oder Postmoderne), in der autoritäre Persönlichkeitscharaktere in den jungen Generationen sich reproduzieren.

Tabelle 41

		Delta-Milieus								
		Etablierte	Postmaterielle	Performer	Konservative	Traditionelle	Bürgerliche Mitte	Benachteiligte	Expeditive	Hedonisten
GMF Aut. Pers. (24,6 %)	Ja Ja	28,8 %	5,2 %	9,6 %	32,9 %	48,0 %	26,6 %	36,7 %	6,6 %	29,5 %
GMF Aut. Pers. (25,1 %)	Nein Ja	25,7 %	18,4 %	28,2 %	20,8 %	22,3 %	30,3 %	26,4 %	26,5 %	24,7 %
GMF Aut. Pers. (6,0 %)	Ja Nein	5,6 %	1,2 %	4,4 %	10,8 %	9,6 %	5,3 %	9,5 %	1,6 %	7,9 %
GMF Aut. Pers. (44,3 %)	Nein Nein	39,9 %	75,2 %	57,8 %	35,5 %	20,1 %	37,9 %	27,4 %	65,3 %	37,9 %
Gesamt		100 %	100 %	100 %	100 %	100 %	100 %	100 %	100 %	100 %

GMF = Gruppenbezogene Menschenfeindlichkeit; Aut. Pers. = Autoritäre Persönlichkeitsstruktur

Tabelle 42

		Geschlecht		Altersgruppe					
		Frauen	Männer	18–29 Jahre	30–39 Jahre	40–49 Jahre	50–59 Jahre	60–69 Jahre	70+ Jahre
GMF Aut. Pers. (24,6 %)	Ja Ja	21,3 %	27,9 %	11,7 %	19,6 %	26,2 %	27,2 %	32,6 %	34,8 %
GMF Aut. Pers. (25,1 %)	Nein Ja	25,8 %	24,4 %	25,9 %	27,0 %	23,3 %	25,6 %	21,2 %	28,1 %
GMF Aut. Pers. (6,0 %)	Ja Nein	5,1 %	6,8 %	3,9 %	5,4 %	8,3 %	5,9 %	6,4 %	6,6 %
GMF Aut. Pers. (44,3 %)	Nein Nein	47,7 %	40,9 %	58,4 %	48,0 %	42,2 %	41,4 %	39,9 %	30,4 %
Gesamt		100 %	100 %	100 %	100 %	100 %	100 %	100 %	100 %

GMF = Gruppenbezogene Menschenfeindlichkeit; Aut. Pers. = Autoritäre Persönlichkeitsstruktur

5.6. Zusammenhang mit Sympathien für soziale Bewegungen und Parteien

Wenig überraschend haben Personen mit einer (sehr) gering ausgeprägten autoritären Persönlichkeitsstruktur große Sympathien für die Bewegungen *Black Lives Matter*, *Greenpeace*, *#MeToo* oder *Fridays for Future*, und lehnen *Pegida* und *Querdenken* stark ab. Überraschend ist hingegen, dass bei Menschen mit sehr geringer autoritärer Persönlichkeitsstruktur im Durchschnitt auch die *Antifa*-Bewegung wenig Sympathie findet, was weiter zu ergründen wäre hinsichtlich der Programmatik und Argumente, der Stilistik und des Images der Antifa. Vor allem belegt dies das offensichtlich wenig sympathische Bild der Antifa nicht nur in der Mehrheitsbevölkerung, sondern auch bei jenen mit einer kaum faschistischen Persönlichkeitsstruktur. Denn gerade bei diesen wäre doch anzunehmen, dass sie die Anliegen der Antifa schätzen.

Wenig überraschend ist, dass Personen mit stark autoritärer Charakterstruktur die Antifa-Bewegung am stärksten ablehnen und unsympathisch finden. Überraschend und instruktiv hingegen ist, dass Personen mit stark autoritärer Charakterstruktur auch *Querdenken* und *Pegida* (im Durchschnitt) tendenziell unsympathisch finden und eine schwache Sympathie für *Greenpeace* und *Black Lives Matter* äußern. Diese Bekundungen von Sympathie und Antipathie können auf Effekte sozialer Erwünschtheit in der Befragungssituation zurückgeführt werden. Aber das ist ein schwaches und unzureichendes Argument für eine Erklärung. Es ist davon auszugehen, dass die Äußerungen authentisch sind. Das führt zu dem Befund, dass die subjektiv bewussten Einstellungen nicht zu den tiefenpsychologischen Charakterstrukturen passen, dass diese bei einem erheblichen Teil der Bevölkerung inkongruent sind. Man kann von einer geäußerten Sympathie für soziale Bewegungen, die für Emanzipation und Gleichberechtigung aller Menschen stehen, nicht darauf schließen, dass hier keine potenziell faschistische, autoritäre Persönlichkeitsstruktur vorliegt. Das subjektive Selbstbild und die inneren Strukturen sind bei einem erheblichen Teil der Bevölkerung disparat. Natürlich werden auch heute die meisten nicht selbst sich einer tieferliegenden autoritären Persönlichkeitsstruktur verdächtigen.

Abbildung 66

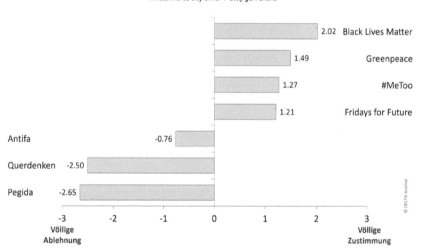

Blicken wir zunächst auf drei Gruppierungen, die in der aktuellen Wahrnehmung als rechtsextrem oder als zunehmend von Rechtsextremen unterwandert gelten: Querdenken, Pegida, AfD.

Abbildung 67

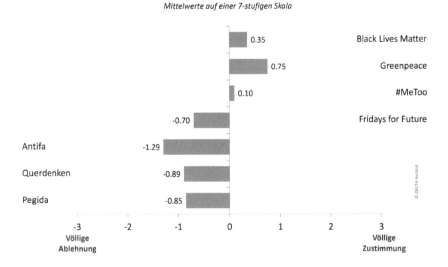

Einstellung zu sozialen Bewegungen
bei Personen mit starker Ausprägung einer autoritären Persönlichkeit (Skalenwert ≥ +1)
Mittelwerte auf einer 7-stufigen Skala

Tabelle 43: Sympathie für Querdenker-Bewegung, Pegida, AfD

in %	Querdenken	Pegida	AfD
+3 Völlige Zustimmung	4,4	3,1	5,5
+2	3,9	3,6	3,3
+1	4,7	5,4	5,4
0	11,6	16,3	11,5
-1	3,9	5,5	3,9
-2	8,9	9,6	7,1
-3 Völlige Ablehnung	62,6	56,4	63,3
Summe	100	100	100

Der engere Kern derer, die diesen drei Gruppen (bzw. Projektionsflächen) völlig zustimmen und mit ihnen sympathisieren, ist relativ klein (zwischen 3,1 % und 5,5 %). Auch der weitere Kreis, hier auf der Skala der Sympathiewert von +1 und mehr ist ähnlich groß (Querdenken 13,0 %; Pegida 12,1 %; AfD 14,2 %). Zwischen den Anhängern dieser Gruppen gibt es einen inneren Zusammenhang, aber kein hohes Maß an Personalkonstanz: Aus der Teilnahme an einer Querdenken-Demo kann man nicht sicher auf Sympathie mit der AfD oder Pegida schließen, wenngleich diese einen hohen Anteil stellen und diese Bewegung als

Rekrutierungspool nutzen, ebenso wie Reichsbürger, Rechtsextreme (etwa die Gruppierung „Der dritte Weg"), QAnon, Linksextreme, Anthroposophen. Der innere Zusammenhang liegt im autoritären Charakter.

Personen mit stark autoritärer Persönlichkeitsstruktur stimmen nicht automatisch der AfD, Pegida, Querdenken zu, aber diese und andere Angebote eines geschlossenen ideologischen Weltbildes ziehen solche Menschen besonders an – und stoßen deutlich eher Menschen ab mit einem nur schwach ausgebildeten autoritären Charakter. Man kann sagen, dass Personen mit einer autoritären Charakterstruktur wie Vagabunden sind nach Angeboten der Einkehr und einstweiliger Unterkunft. Sie suchen und finden Entlastung. Der Fassade mit den Parolen wie Freiheit, Klarheit, Frieden, Selbstbestimmung, nicht zufällig positiv besetzte Wertbegriffe, steht eine fundamentale Ich-Schwäche entgegen. Die Personen, die solchen Bewegungen mental oder praktisch sich anschließen, verlieren – entgegen ihrer subjektiven Selbstwahrnehmung – darin ihre eigene Individualität, geben sie auf und lassen sie ganz verschwinden in der totalitären Akzeptanz eines wörtlich und normativ *vorgeschriebenen* Programms. Ihre Individualität und Emanzipation erschöpft sich paradox darin, sich als Teil einer innerlich starken und solidarischen, minoritären Gegenbewegung zu fühlen (David-Effekt) mit dem Erfolgsanspruch „Egal mit wem – Hauptsache viele!".

Es wäre zu kurz gedacht, würde man von einer stark autoritären Persönlichkeitsstruktur auf die Bindung an eine rechtsextreme Partei oder Bewegung schließen. Das faschistische Potenzial sammelt sich nicht in wenigen ausgewiesenen Organisationen. Projektionsflächen für psychische Entlastung bieten auch andere, zum Beispiel linksautonome oder religiöse Organisationen. Und selbst die Antifa (Antifaschistische Aktion) zieht – entgegen ihrer Programmatik – auch einzelne Personen mit einer stark autoritären Charakterstruktur an. Allerdings haben politische Parteien und soziale Bewegungen sehr unterschiedliche Anziehungskraft für autoritäre Charaktere, die einige durch ihre Programmatik, Rhetorik und Stilistik verstärken. So ist bei Personen mit höchster Sympathie für die AfD, Querdenken oder Pegida der autoritäre Charakter sehr viel häufiger zu finden als bei Fridays for Future, Black Lives Matter oder #MeToo (auch dort gibt es solche, aber zu einem deutlich geringeren Anteil). Umgekehrt gibt es bei extremen Sympathisanten von AfD, Querdenken oder Pegida sehr wenige Personen mit einer kaum ausgeprägten autoritären Persönlichkeitsstruktur. Diese finden sich sehr viel häufiger bei leidenschaftlichen Anhängern von Fridays for Future, Black Lives Matter oder der Partei der Grünen.

Es besteht statistisch ein *positiver* Zusammenhang zwischen dem autoritären Charakter zu den Bewegungen Pegida und Querdenken; hingegen eine *negative* Beziehung zu Fridays for Future, Black Lives Matter und #MeToo. Diese schrecken autoritäre Charaktere eher ab. Da der Korrelationskoeffizient *monotone* Zusammenhänge misst, kann man sagen: Je stärker der autoritäre Charakter einer Person, umso stärker ist ihre Sympathie für Pegida oder Querdenken; je geringer die Disposition zur autoritären Persönlichkeitsstruktur, umso stärker die Affinität zu Fridays for Future oder Black Lives Matter. Für das politische Parteienspektrum besteht die stärkste Anziehung für autoritär-faschistische Charaktere zu den Parteien der AfD und Bayernpartei; hingegen die größte Distanzierung zu den Grünen, der Linken, ÖDP und SPD.[71]

Tabelle 44: Korrelation (Rangkorrelationskoeffizient Rho nach Spearman) zwischen dem Ausprägungsgrad eines autoritären Charakters und der Sympathie mit der sozialen Bewegung bzw. politischen Partei (von links sortiert nach Stärke und Richtung des Zusammenhang)[72]

Soziale Bewegung →	Pegida	Querdenken	Antifa	Greenpeace	#MeToo	Black Lives Matter	Fridays for Future
Korrelation: Spearman's Rho	0,33	0,24	- 0,13	- 0,16	- 0,20	- 0,26	- 0,31

Tabelle 45

Partei →	AfD	Bayernpartei	CSU	Freie Wähler	CDU	FDP	SPD	ÖDP	Die Linke	Die Grünen
Korrelation: Spearman's Rho	0,37	0,25	0,11	0,06	0,04	0,01	- 0,13	- 0,14	- 0,17	- 0,33

---

71 Der Rangkorrelationskoeffizient nach Spearman ist ein Maß für die Stärke und Richtung eines monotonen Zusammenhangs zwischen zwei mindestens ordinal skalierten Merkmalen. Im Gegensatz zum Korrelationskoeffizienten nach Pearson wird bei der Berechnung des Korrelationskoeffizienten nach Spearman kein linearer Zusammenhang vorausgesetzt, sondern lediglich ein monotoner (linearer oder nicht-linearer) Zusammenhang. Der Koeffizient Rho nimmt Werte an zwischen -1 (vollständig negativer monotoner Zusammenhang) und +1 (vollständig positiver monotoner Zusammenhang). Ein positiver Zusammenhang bedeutet, dass, wenn der Wert des einen Merkmals steigt, dieser auch für das andere Merkmal steigt. Bei einem negativen Koeffizienten verlaufen die Merkmalsausprägungen gegenläufig: steigt der Wert eines Merkmals, sinkt der Wert des anderen (und umgekehrt). Ein Korrelationskoeffizient nahe dem Wert Null bedeutet nicht, dass kein Zusammenhang besteht, sondern lediglich, dass es keinen ausgeprägten *monotonen* Zusammenhang gibt. Bei einem Wert von Null haben möglicherweise bestehende Zusammenhänge einen nicht-monotonen Charakter.
72 Zu berücksichtigen ist beim Zusammenhang mit der Parteisympathie, dass die Daten im Bundesland Bayern erhoben wurde, in der es eine etwas andere Parteienlandschaft gibt als in anderen Bundesländern.

Diese Analysen charakterisieren keineswegs eine Partei oder Bewegung selbst, sondern welche Projektionen sie bietet und Sehnsüchte ausstrahlt, was Teil des Selbstverständnisses und der Programmatik sein und forciert werden kann zum Zweck der Rekrutierung von Mitgliedern, Spendern und Wählern. Man kann eine soziale Bewegungen oder Partei nicht pauschal verantwortlich machen, wenn autoritär-faschistische Charaktertypen sie sympathisch finden. Andererseits wird sie aufmerksam sein müssen, welche Geister sie anzieht, aber auch welche sie erzeugt.

Tabelle 46: Sympathie für Querdenker-Bewegung, Pegida, AfD – differenziert nach Ausprägung der autoritären Persönlichkeit

		Sympathie mit					
in %		Querdenken		Pegida		AfD	
Autoritäre Persönlich- keitsstruktur →		Gering Skalenwert ⩽ -1,5	Hoch Skalenwert ⩾ +1,5	Gering Skalenwert ⩽ -1,5	Hoch Skalenwert ⩾ +1,5	Gering Skalenwert ⩽ -1,5	Hoch Skalenwert ⩾ +1,5
+3 Völlige Zustimmung			14		8		19
+2		3	12		14		11
+1		1	9		14	1	9
0			2	3	2	2	5
-1		4	4	1	2	1	4
-2		8	6	4	8	2	7
-3 Völlige Ablehnung		84	53	92	52	94	45
Summe		100	100	100	100	100	100

Tabelle 47: Sympathie für Fridays for Future, Black Lives Matter, Antifa – differenziert nach Ausprägung der autoritären Persönlichkeit

		Sympathie mit					
in %		Fridays for Future		Black Lives Matter		Antifa	
Autoritäre Persönlich- keitsstruktur →		Gering Skalenwert ⩽ -1,5	Hoch Skalenwert ⩾ +1,5	Gering Skalenwert ⩽ -1,5	Hoch Skalenwert ⩾ +1,5	Gering Skalenwert ⩽ -1,5	Hoch Skalenwert ⩾ +1,5
+3 Völlige Zustimmung		39	27	60	38	11	12
+2		19	12	18	12	14	14
+1		16	3	9	6	12	6
0		14	5	9	16	19	16
-1		3	6	2	2	7	3
-2		4	8	1	7	9	4
-3 Völlige Ablehnung		5	39	1	21	28	45
Summe		100	100	100	100	100	100

Tabelle 48: Sympathie für die politischen Parteien[73]: CDU, CSU, SPD – differenziert nach Ausprägung der autoritären Persönlichkeit

in %	Sympathie mit					
	CDU		CSU		SPD	
Autoritäre Persönlichkeitsstruktur →	Gering Skalenwert ≤ -1,5	Hoch Skalenwert ≥ +1,5	Gering Skalenwert ≤ -1,5	Hoch Skalenwert ≥ +1,5	Gering Skalenwert ≤ -1,5	Hoch Skalenwert ≥ +1,5
+3 Völlige Zustimmung	2	11	4	25	3	10
+2	6	29	7	20	13	23
+1	13	13	14	9	22	15
0	29	20	21	18	29	13
-1	16	2	18	4	14	8
-2	18	12	19	12	8	14
-3 Völlige Ablehnung	16	13	17	12	11	17
Summe	100	100	100	100	100	100

Tabelle 49: Sympathie für die politischen Parteien: Die Grünen, FDP, Die Linke – differenziert nach Ausprägung der autoritären Persönlichkeit

in %	Sympathie mit					
	Die Grünen		FDP		Die Linke	
Autoritäre Persönlichkeitsstruktur →	Gering Skalenwert ≤ -1,5	Hoch Skalenwert ≥ +1,5	Gering Skalenwert ≤ -1,5	Hoch Skalenwert ≥ +1,5	Gering Skalenwert ≤ -1,5	Hoch Skalenwert ≥ +1,5
+3 Völlige Zustimmung	18	7	1	5	9	20
+2	25	13	4	14	10	10
+1	27	10	7	9	23	3
0	12	20	22	23	22	15
-1	7	3	13	9	13	2
-2	2	11	23	12	10	19
-3 Völlige Ablehnung	9	36	30	28	13	31
Summe	100	100	100	100	100	100

73 Zu beachten ist, dass die Daten repräsentativ für das Bundesland Bayern erhoben wurden. Insofern gibt es einen landesspezifischen Bias. Ziel der Untersuchung waren nicht Wählerreichweiten politischer Parteien, sondern der Zusammenhang mit autoritären Charakterstrukturen.

5.7. Sehnsucht nach Autorität und Alternativlosigkeit

In der Corona-Pandemie 2020/2021 hat die Sehnsucht nach Erlösung durch eine zentrale Instanz einen Schub erhalten. Angesichts des Massensterbens in Deutschland, Europa und allen Teilen der Welt, Long-Covid-Erkrankungen und der für den Infektionsschutz notwendigen Einschränkungen privater und beruflicher Aktivitäten, die einen großen Teil der Menschen an den Rand ihrer ökonomischen, psychischen und sozialen Existenz führten, fokussierte sich die Hoffnung auf Lebensschutz durch Vakzine. Allein durch den wissenschaftlich-biotechnischen Fortschritt war überhaupt und in bemerkenswert kurzer Zeit die Entwicklung von Impfstoffen möglich. Technik *und* Hoffnung waren rational. Die Krisensituation hat nicht nur den Schleier verweht und die dekorativ kaschierenden Oberflächenkrusten abgetragen, die in Normalzeiten über dem gesellschaftlichen Geschehen liegen, und tief verankerte Strukturen zutage gefördert, sondern sie zugleich befördert. Die ausschließlich zweckrational verwissenschaftlichte und technologisch durchorganisierte Gesellschaft, die Max Weber (1985: 203) als *stahlhartes Gehäuse der Hörigkeit* beschrieb und Herbert Marcuse (1964) in fortgeschrittenen Industriegesellschaften sah, wurde (erneut) zur Erlösungsinstitution.

Die partikulare Zweck-Mittel-Rationalität der Biowissenschaften, Verwaltungsapparate, Sicherheitsapparate, Ökonomie (man denke an die wirtschaftliche Dimension von Vakzinen und ihren Basissubstanzen, Mund-Nase-Masken, PCR-Tests, Schnelltests, Spritzen, Kanülen, Desinfektionsmittel etc. – und ihrem weltweiten Handel) ging auf Kosten der Rationalität des Ganzen. Das *Ganze* geriet weitgehend aus dem Blick; man hatte kaum noch einen Begriff davon. Mühsam mussten sich andere Wissenschaften und Praxisfelder, die sich mit der alltäglichen Lebenswirklichkeit der Menschen befassen, zu Wort melden und wurden durch die Resonanz zu Randaspekten. Ihre Perspektiven wurden zunehmend dahin gerückt, die indirekten Nebenfolgen der Pandemie und der verordneten Maßnahmen in ihren verschiedenen Revisionen und Updates in den Griff zu bekommen. Die Lebenswelten der Menschen selbst wurden zu Feldern, für die Schutz und Fürsorge rechtlich, medizinisch und praktisch zu organisieren war – aber die Individuen spielten als autonome Subjekte keine Rolle, es sei denn als Risiko sowie in ihrer Verantwortung für das Gemeinwohl. Eine in der Pandemie aufpoppende konflikthafte Gesellschaft zeigte sich fast nur in der Konfrontation des politisch-wissenschaftlich-administrativen Apparats gegen ideologische Verschwörungsgespinste, die bar jeder empirisch-fundierten Theorie sich im praktischen und kommunikativen Widerstand gegen staatliche Regeln erhitzte, Entlastung und partikulare Solidarität im Widerstand gegen einschränkende Maßnahmen fand. In kaum einer sozialen Bewegung fanden sich schneller und mehr Personen mit einer autoritären Persönlichkeitsstruktur als in der sogenannten Querdenker-Bewegung.

Die Krise beförderte nicht die Sehnsucht nach einer besseren, noch nie da gewesenen Gesellschaft, sondern die normative Kraft der vorcoronalen Zeit in den *cum grano salis* fortbestehenden wirtschaftlichen, politischen und administrativen Rahmenbedingungen. Noch mehr gilt das für die sogenannte „Querdenker-Bewegung", deren Anhänger analyse- und theoriearm lediglich ihre privaten Mobilitäts- und Konsumgewohnheiten zurückwollten und damit umso stärker der vorcoronalen Zeit verhaftet waren. Das potenziell gesellschaftsverändernde Potenzial eines dialektischen Querdenkens wurde bereits am Anfang erstickt durch eine eindimensional-totalitäre Protestpropaganda. Die Eindimensionalität der Gesellschaft wurde so performativ dokumentiert, seitens der Machtapparate wie seitens der Protestbewegungen. Nichts wies mehr über die bestehende Welt hinaus. Die vor der Pandemie bestehende Normalität wurde zur Utopie erklärt, zu der man zurückwollte. Die Faktizität des Vergangenen wurde verklärt, zur normativen Kraft und Utopie, zur *causa finalis*. Alles was werden soll, sollte *wieder* werden, bemaß sich am Wiederherstellen des Früheren.

Die zweckrationale Effizienz der Kontrolle, Kommentierung und Lösung des Infektionsgeschehens durch die Apparate ließ keine Spielräume mehr für ein Transzendieren des Maßnahmengeschehens und des Themas insgesamt. Zur vernünftigerweise unbestreitbaren Existenzbedrohung durch das Virus kam das politisch-wissenschaftliche Lösungsprogramm. In lebensbedrohlicher Enge wurde jede Regung über alternative Perspektiven und Themen verdrängt, fokussierte sich die hörige Aufmerksamkeit auf Kanzlerin, Ministerpräsident/innen und Minister/innen, Virolog/innen und Epidemiolog/innen als finale Autoritäten zur Erlösung. Alternativlosigkeit wurde zum Mantra aus rationalen Gründen. Kunst als Institutionen des Anders-Denkens (und Potenzial *wirklichen* Querdenkens) wurde nicht systematisch befördert gerade jetzt. Für Künstlerinnen und Künstler, für Kunsteinrichtungen wurden nicht Bühnen eigens errichtet für ihren Beitrag als kultureller Kontrapunkt, sondern sie fanden sich im Ensemble heruntergefahrener Sektoren und Organisationen.

Sowohl das Vertrauen in die Funktionssysteme als auch das Misstrauen in diese mit Hinwendung zu Verschwörungsunterstellungen („der Elite", „des Systems", des globalen Finanzkapitals etc.) hatten die gleiche Wurzel: die Suche nach einer externen Autorität, in *wissende Personen und Instanzen* für Erklärung und Lösung des Geschehens. Die einen fanden und finden Entlastung in der Hingabe an das politisch-wissenschaftlich-technologisch-administrative Expertengetriebe, die anderen im solidarischen Glauben an eine nationale, globale, zentral gesteuerte Verschwörung und Knechtung, deren autoritärer Ideologiecharakter, typischerweise mit Parolen der Freiheit und Aufklärung, offensichtlich war und von programmatisch faschistisch-rassistischen Bewegungen instrumentalisiert wurde.

Es kommt nicht von ungefähr, dass in Kriegen und Naturkatastrophen die unkritische Akzeptanz einer Autorität besonders groß ist. Andererseits waren Kriege oft Katalysatoren für Innovation. Doch Innovationsdiskurse kreisten während der Corona-Pandemie um eine Verbesserung der Digitalisierung und den Abbau bürokratischer Hürden – aber nicht um eine bessere Gesellschaft. Innovation wurde lediglich im Horizont technischer und organisatorischer Optimierung gedacht. Eine andere visionäre Normalität wäre eine Option gewesen, die in öffentlichen Diskursen zu entwickeln wäre, wenn schon durch die Pandemie viele Strukturen, Abläufe und Organisationen nicht mehr funktionierten, aus dem Tritt gekommen waren und notgedrungen sich umstellen mussten. Doch eine Folge in der Corona-Pandemie war eine kulturelle und gesellschaftspolitische Verengung des Horizonts. Alternative Denkansätze gerieten entweder reflexhaft in den Verdacht zur Nähe einer spinnerten, politisch gefährlichen, auch gewaltaffinen, das Ziel der Herdenimmunität gefährdenden und Leben kostenden Verschwörungsideologie, oder sie wurden als unerhebliches deviantes Rauschen privater Weltanschauungen abgetan (etwa religiös-spirituelle Deutungen des Pandemiegeschehens als apokalyptische Zeichen). Äußerungen wurden in der Rezeption zunehmend binär codiert – je nach eigenem Standpunkt mit extremer Stigmatisierung der feindlich-fremden Standpunkte. Ein offener Horizont, die Anerkennung der Anderen, das aktive energiegeladene Streben nach einer neuen Perspektive für Politik und Gesellschaft für die postpandemische Zeit drangen zumindest während der Pandemie nicht durch. Die Verhaftung am Faktischen war umfassend.

Symbolisch kam das technokratische Weiter-so im Begriff „System" zum Ausdruck, der von Leugnern der Pandemie und Maßnahmengegnern als Label für die feindliche politisch-wissenschaftliche Obrigkeit verwendet wurde, und von politischen Entscheidungsträgern bei der Definition dessen, was „systemrelevant", also funktions- und existenznotwendig ist, und daher mit staatlichen Mitteln zu stützen sei. Es gab keinen offenen oder öffentlichen Diskurs darüber, was *Systemrelevanz ausmacht* oder was das von anderen gehasste *System* eigentlich ist. Gemeint war der Status Quo von Macht und funktionalen Branchen. Was als systemrelevant galt, wurde nur ahnbar durch konkrete Maßnahmen, aber nicht durch semantische und diskursive Bestimmungen. So wurde performativ festgelegt, dass es keine Änderung der Systemfunktionalität geben soll, auch keine Modifikation und Transformation. Schon gar nicht in die politische Entscheidungssemantik einbezogen wurde der Gegenbegriff zur Systemrelevanz, nämlich die *Lebensweltrelevanz.*[74]

Einzig der Klimaschutz wurde zum Thema einer künftig tiefgreifenden Veränderung der Gesellschaft – aber nicht aufgrund der Vision von einem besseren Leben, die zum Maßstab der Maßnahmen würde, sondern zur Verhinderung der Vernichtung von Lebensfähigkeit; und vor allem durch ein Urteil des

---

74 Das lässt anschließen an das von Habermas (1981, II: 522) gegenübergestellte Begriffspaar von System und Lebenswelt, die Basis seiner Kolonialisierungsthese sind.

Bundesverfassungsgerichts im April 2021, das die bisherigen Klimaschutzmaßnahmen als unzureichend erklärte und die Abwälzung von Klimaschutzmaßnahmen auf künftige Generationen als nicht verfassungskonform;[75] noch einmal verstärkt durch die Hochwasserkatastrophe im Juli 2021 in Teilen von Nordrhein-Westfalen und Rheinland-Pfalz (ebenso in Ostbelgien und den Niederlanden) mit zahlreichen Todesopfern und Vermissten; Eigentum und berufliche Existenzen wurden vernichtet und ganze Orte verwüstet. Diese bildgewaltige Katastrophe wurde schnell mit dem Klimawandel assoziiert, aber dieser Schub orientierte sich nicht an einer besseren Lebensqualität und Gesellschaft, sondern der Fortsetzung bestehender Verhältnisse, die angepasst werden müssten, um das Überleben zu sichern. Gleichwohl hat der Klimaschutz, populärstes und mobilisierungsfähigstes Teilthema von Ökologie und Umweltschutz, das Potenzial für Veränderung der Gesellschaft in ihren Grundstrukturen.

---

75 Beschluss des Bundesverfassungsgerichts vom 24. März 2021: 1 BvR 2656/18, 1 BvR 96/20, 1 BvR 78/20, 1 BvR 288/20, 1 BvR 96/20, 1 BvR 78/20

6. Resümee

Abschließend sollen die Befunde reflektiert und Handlungsoptionen benannt werden. Solche Folgerungen lassen sich aus den Daten nicht logisch ableiten; aber sie gründen in den empirischen Daten, die sie zugleich übersteigen. Sie sind formuliert im Horizont der Idee einer offenen und demokratischen Gesellschaft selbstbestimmter Individuen.

„Gewalt" und „Macht": wissenschaftliche Bestimmungen

Im Folgenden werden zu den Begriffen *Gewalt* und *Macht* prominente wissenschaftliche Bestimmungen aus der Pädagogik, Soziologie und Politik kurz skizziert. Es versteht sich von selbst, dass hier nur wenige angesprochen werden können, denn die Theorien, Forschungen und Diskurse innerhalb dieser Professionen (und interprofessionell) sind zu vielfältig, um ihnen hier auch nur annähernd gerecht zu werden. Zweck der Darstellung dieser Perspektiven auf Gewalt und Macht ist, Horizont und Kaleidoskop zu bieten zur Verortung der subjektiven Wahrnehmungen von Gewalt.

Unter *Macht* wird in gängigen soziologischen Definitionen verstanden „die Chance, innerhalb einer sozialen Beziehung den eigenen Willen auch gegen Widerstreben durchzusetzen, gleichviel worauf diese Chance beruht." (Weber 1985: 28) bzw. „das Vermögen, sich gegen fremde Kräfte durchzusetzen" (Popitz 1992: 22).

- Nach Heinrich Popitz können einige grundlegende Formen der *Machtausübung* unterschieden werden: Zufügung körperlicher Verletzungen, Begrenzung des Zugangs zu wesentlichen Lebensmitteln, Einschränkung sozialer Teilhabemöglichkeiten, Zuweisung von Belohnungen und Bestrafungen, Beeinflussung von Wahrnehmungen und Informationen und Überzeugungen, selektive Gewährung von Anerkennung, Einsatz technischer Mittel zur Gestaltung materieller Lebensbedingungen. Ermöglicht wird Machtausübung wesentlich durch das Angewiesensein von Individuen auf soziale Teilhabe und den Zugang zu gesellschaftlich verfügbaren Ressourcen sowie aufgrund der physischen und psychischen Verletzbarkeit von Individuen (Vulnerabilität). Die *Anwendung von Gewalt* durch Androhung oder Zufügung physischer Verletzungen ist also nur eine Grundlage von Macht- und Herrschaftsausübung durch Zwangsmittel. Deshalb wird die Möglichkeit, psychischen Zwang auszuüben, als „psychische Gewalt" gefasst (vgl. Scherr 2016: 192).

- Jene Definition von Gewalt (*violence*) wurde unter anderem von Galtung (1969, 1975) erweitert um das Konzept der „strukturellen Gewalt" (*structural violence*), die die Begrenzung des Zugangs zu Ressourcen und Teilhabemöglichkeiten bezeichnet. Galtung beschreibt sie als vermeidbare Beeinträchtigung grundlegender menschlicher Bedürfnisse bzw. des Lebens, die den realen Grad der Bedürfnisbefriedigung unter das herabsetzt, was potenziell möglich ist. Damit soll akzentuiert werden, dass Individuen durch gesellschaftliche Strukturen ebenso in ihrer physischen und psychischen Unversehrtheit beeinträchtigt werden können wie durch körperbezogene oder psychische Gewalt. Unter strukturelle Gewalt fallen alle Formen der Diskriminierung, die ungleiche Verteilung von Einkommen, Bildungschancen und Lebenserwartungen sowie das Wohlstandsgefälle zwischen der sogenannten Ersten und der Dritten Welt. Auch eingeschränkte Lebenschancen aufgrund von Umweltverschmutzung oder die Behinderung emanzipatorischer Bestrebungen werden hierunter subsumiert. Gewalt kann in dieser umfassenden Definition, die allein die Effekte benennt, nicht mehr konkreten Personen (Tätern und Täterinnen) zugerechnet werden. Sie basiert auf Strukturen einer bestehenden Gesellschaftsformation, insbesondere auf gesellschaftlichen Strukturen wie Werten, Normen, Institutionen, Diskursen, Machtverhältnissen, Recht, Verordnungen sowie insbesondere finanzielle Förderungen von Projekten, Gruppen, Institutionen und Maßnahmen. Diese Begriffsbestimmung verzichtet auf die Voraussetzung, dass, um von Gewalt sprechen zu können, eine Person oder Gruppe subjektiv Gewalt empfinden muss. Strukturelle Gewalt werde von den Opfern oft nicht einmal wahrgenommen, da die eingeschränkten Lebensnormen bereits internalisiert seien. 1996 fügte Galtung die strukturelle Gewalt neben personaler und kultureller Gewalt als einen der drei Pole in sein Konzept eines interdependenten Gewaltdreiecks ein. Unter dem Begriff *personale Gewalt* (auch *direkte Gewalt*) versteht Galtung die Gewalt, die ein Akteur unmittelbar gegen einen Anderen anwendet. Beispiele dafür sind Drohung, Schmähung, sexuelle Belästigung, Vergewaltigung oder Körperverletzung.[76] *Strukturelle Gewalt* (auch *indirekte Gewalt*) bezeichnet die Gewalt, die in der Sozialstruktur verankert ist („die Gewalt ist in das System eingebaut"). Die personale und die strukturelle Gewalt äußern sich beide in konkreten Handlungen. Dass Menschen verletzen oder töten, ist genauso auf personale und strukturelle Gewalt zurückzuführen, wie dass bestimmte soziale Gruppen unterdrückt werden und dass Lebenschancen ungleich verteilt sind. Weitere Beispiele sind inhumane Lebensbedingungen, unzureichende Kontrollinstanzen und mangelhafte soziale Absicherung. In Abgrenzung zu den beiden anderen Formen existiert „*kulturelle Gewalt*" nur

---

76 Durch das Begriffsinstrument von Galtung wird der Unterschied zwischen Sexismus und sexueller Belästigung fassbar. Während Sexismus (im Schwerpunkt) der strukturellen Gewalt zuzuordnen ist, ist sexuelle Belästigung eine Form der personalen Gewalt.

ideell. Sie dient der Legitimation der konkreten Gewalt und ist in „Religion und Ideologie, in Sprache und Kunst, Wissenschaft und Recht, Medien und Erziehung" verankert (Galtung 2007: 17). Beispiele sind generelle Akzeptanz von Gewalt, gesellschaftliche Rollenbilder, Tabuisierung oder Scham bestimmter Formen von Gewalt, ebenso wie signifikante geographische oder institutionelle Orte von Gewalt seitens der Betroffenen oder Täter.

- Scherr (2016: 192) weist darauf hin, dass Macht- und Herrschaftsverhältnisse keineswegs nur ein Element der staatlich-politischen Strukturen der Gesellschaft sind. Vielmehr gehen soziologische Theorien davon aus, dass alle sozialen Beziehungen, also auch pädagogische Beziehungen, immer auch einen Machtaspekt beinhalten. In Bezug auf familiale Erziehung und professionelle Pädagogik zitiert Scherr Popitz: „Wo Menschen Kinder pflegen und heranziehen, üben sie intentional und mit hoher Überlegenheit Macht aus […]" (ebd.: 35). Diese These ist plausibel, weil Eltern und Pädagogen aus Gründen der Fürsorge und Verantwortung beanspruchen, Entscheidungen zu treffen, Regeln zu setzen und durchzusetzen, ohne dass ihre Adressaten damit einverstanden sein müssen. Grundlage hierfür ist die Absicht bzw. der gesellschaftliche Auftrag, bei Kindern und Jugendlichen, von denen im Unterschied zu Erwachsenen angenommen wird, dass sie nicht umfassend zu einer eigenverantwortlichen Lebensführung in der Lage sind, Lern- und Entwicklungsprozesse auch dann zu bewirken, wenn diesen deren Notwendigkeit (noch) nicht einsichtig ist. Die Behauptung, dass Pädagogik Machtausübung sei, steht nach Scherr jedoch im Widerspruch zum Selbstverständnis moderner Pädagogik. Dies werde darin deutlich, dass Pädagogen ihr Handeln gewöhnlich nicht als Machtausübung beschreiben, nicht mit Begriffen wie Befehlen, Anordnen, Erzwingen oder Bestrafen charakterisieren, sondern mit Begriffen wie Betreuung, Beratung, Erziehung und Bildung, deren Machtdimension nicht offenkundig ist. Ein solches Verständnis von Pädagogik als machtferne Praxis werde dadurch begünstigt, dass moderne Pädagogik auf ein zentrales Machtmittel, auf die Anwendung physischer Gewalt durch Körperstrafen, verzichtet hat. Physische Gewalt gelte inzwischen – seit Abschaffung der Prügelstrafe als legales Erziehungsmittel in den 1970er Jahren – als eine problematische und durch pädagogische Einwirkungen zu überwindende Form abweichenden Verhaltens. Scherr ist rechtzugeben und zu ergänzen, dass ein zentrales Machtmittel der modernen Pädagogik der rechtlich-administrative Apparat ist, der die Durchsetzung pädagogischer Maßnahmen gegenüber einem Individuum garantiert.
- Max Weber hatte auf die Bedeutung der staatlich-politischen Machtverhältnisse hingewiesen, insbesondere auf die staatliche Monopolisierung der legitimen physischen Gewalt (wir können ergänzen: auch der psychiatrischen Gewalt) sowie auf den Stellenwert der Disziplin als „Eingestelltsein […] auf präzisen Gehorsam innerhalb der gewohnten Tätigkeit" bzw. auf die

Einhaltung der „gewohnten Normen und Reglements". Disziplin ist seines Erachtens die bedeutsamste Form von Machtausübung in Industrie- und Dienstleistungsbetrieben und staatlichen Bürokratien.
- In den weiteren Diskussionen wurde ein weiter gefasster Gewalt- und Machtbegriff einflussreich, der von Michel Foucault (1976) entwickelt wurde. Er fragt, auf welcher Grundlage Normalität und Wahnsinn unterschieden werden und was daraus folgt für den Umgang mit jenen, die als psychisch krank definiert werden, und welche Sichtweisen der Ursachen und des Umgangs mit Kriminalität einflussreich sind. Foucault (1971) verweist auf eine „Ordnung des Diskurses", des möglichen und erlaubten Denkens, Redens und Handelns, innerhalb derer sich die Individuen bewegen. Foucault argumentiert, dass Machtausübung nicht nur als Repression, Erzwingen und Verbieten verstanden werden kann, sondern auch das Veranlassen, Erleichtern und Nahelegen von bestimmten Möglichkeiten einschließt. Macht ist insofern nicht nur einschränkend und verletzend, sondern auch produktiv und fordernd.
- Weil Gewaltausübung in modernen Gesellschaften nicht nur Monopol des Staates ist, sondern für das Funktionieren von Ordnung erforderlich ist, ist Gewaltfähigkeit überall verankert. Weil sie insbesondere mit hegemonialer Männlichkeit verknüpft ist, beschreibt von Trotha Gewalt als eine „Jedermanns-Ressource" (1997: 25). Das führt zwar nicht dazu, dass Jede und Jeder jederzeit und überall damit rechnen muss, Opfer von Gewalttaten zu werden. Vielmehr kann man davon ausgehen, dass normal sozialisierte Individuen moralisch und normativ so ausgestattet sind, dass sie erhebliche Hemmungen gegenüber der Anwendung von Gewalt aufgebaut haben und Gewalttätigkeit nicht als normales oder legitimes Mittel zur Durchsetzung eigener Interessen oder persönlicher Konfliktbewältigung dient. Insofern ist Gewalt rechtlich sanktionsbedroht und in aller Regel nicht geeignet, Machtbeziehungen auf Dauer abzusichern – sofern die Gewalttaten öffentlich werden. Insofern ist entscheidend welche Gewalttaten öffentlich (gemacht) werden und welche nicht. Insbesondere häusliche Gewalttaten im Schutz der Ehe werden häufig tabuisiert und nicht angezeigt. Ähnliches gilt für sexuelle Gewalt, die im privaten wie im öffentlichen Raum lange Zeit als solche nicht benannt wurde und damit keine soziale Existenz hatte. Das gilt noch immer für häusliche Gewalt von Frauen an ihren Kindern und gegenüber dem Lebenspartner; auch für Gewalt durch Fachkräfte in Pflege- und Alteneinrichtungen oder in Einrichtungen für Menschen mit Beeinträchtigung. Derzeit geraten vor dem Hintergrund kirchlicher Missbrauchsfälle die leitenden Vertreter in Legitimations- und Rechtfertigungsprobleme, weil sie dem Täterschutz Vorrang geben in Relation zum Opferschutz.
- Eine erhellende Bestimmung der Begriffe Macht und Gewalt nimmt Hannah Arendt vor (1969/2019: 36–58). Sie betont, dass Macht und Gewalt nicht dasselbe sind, sondern Gegensätze. Hinter Macht steht nicht eine verborgene (drohende) Gewalt; Gewalt setzt nicht Macht bereits voraus. Die Sache ist aus

ihrer Sicht ernster und differenzierter. Ein Akt der Gewalt, der Gehorsam erzwingt, erzeugt und verleiht keine Macht (ebd.: 42). „Zu den entscheidenden Unterschieden zwischen Macht und Gewalt gehört, daß Macht immer von Zahlen abhängt, während die Gewalt bis zu einem bestimmten Grade von Zahlen unabhängig ist, weil sie sich auf Werkzeuge verlässt. [...] Der Extremfall der Macht ist gegeben in der Konstellation: Alle gegen Einen, der Extremfall der Gewalt in der Konstellation: Einer gegen Alle. Und das letztere ist ohne Werkzeuge, das heißt ohne Gewalt*mittel* niemals möglich." (ebd.: 43). Auf dieser Grundlage differenziert Arendt: *Macht* entspricht der menschlichen Fähigkeit, „sich mit anderen zusammenzuschließen und im Einvernehmen mit ihnen zu handeln. Über Macht verfügt niemals ein Einzelner; sie ist im Besitz einer Gruppe und bleibt nur solange existent, als die Gruppe zusammenhält. Wenn wir von jemand sagen, er „habe die Macht", heißt das in Wirklichkeit, dass er von einer bestimmten Anzahl von Menschen ermächtigt ist, in ihrem Namen zu handeln" (ebd.: 45). Als Gegensatz zu Macht sieht Arendt die *Stärke*: Diese kommt immer nur einem Einzelnen zu. „Sie ist eine individuelle Eigenschaft, welche sich mit der gleichen Qualität in anderen Dingen oder Personen messen kann, aber als solche von ihnen unabhängig ist. Stärke hält der Macht der Vielen nie stand; der Starke ist nie am mächtigsten allein, weil auch der Stärkste Macht gerade nicht besitzt. Wo der Stärkste mit der Macht der Vielen zusammenstößt, wird er immer durch die schiere Zahl überwältigt, die sich oft nur darum zusammenschließt, um mit der der Stärke eigentümlichen Unabhängigkeit fertig zu werden" (ebd.). Dagegen sieht Arendt *Gewalt* „durch ihren instrumentellen Charakter gekennzeichnet. Sie steht dem Phänomen der Stärke am nächsten, da die Gewaltmittel, wie alle Werkzeuge, dazu dienen, menschliche Stärke bzw. die der organischen „Werkzeuge" zu vervielfachen, bis das Stadium erreicht ist, wo die künstlichen Werkzeuge die natürlichen ganz und gar ersetzen" (ebd.: 47).

Arendt macht aufmerksam, dass entgegen der von Weber, Popitz und Galtung nahezu synonyme Verwendung der Begriffe Macht und Gewalt diese tatsächlich sehr Unterschiedliches bedeuten. Mit Blick auf Gewalt zwischen Menschen[77] eröffnen Arendts Unterscheidungen wertvolle Erkenntnisse: Ein Täter solcher Gewalt hat keine Macht (auch wenn Betroffene und Beobachtende solcher Übergriffe von der *Macht des Täters* sprechen), denn er handelt nicht im Namen oder mit Legitimation einer Mehrheit. Erfolgt Gewalt gegen eine Person aus einer das Opfer umringenden Gruppe mehrerer Täter und ihrer Verbündeten heraus, haben sie in der Situation wohl Macht als Mehrheit des umstehenden Kreises, aber diese Macht ist auf diesen Raum-Zeit-Moment begrenzt und zerfällt sofort,

---

77 Hier sollen die Begriffe Macht und Gewalt ausdrücklich nicht bezogen auf Staatsgewalt diskutiert werden, die Staaten nach innen und außen haben und anwenden (z. B. Gewaltenteilung).

wenn die Situation vorüber ist. Sobald eine Gewalttat öffentlich ist, wenn es Beobachter und Passanten gibt, hat der Täter bzw. die Tätergruppe keine Macht. Wenn sie trotz der Beobachtung ihre Gewalttat begehen, weil die Beobachtenden nur zuschauen, aber nicht intervenieren und die Macht der Mehrheit nicht ins Spiel bringen, hat sich keineswegs die Macht des Täters durchgesetzt (solche Formulierung wäre irreführend), sondern die Gewalt des Täters hat sich gegen die Macht der Mehrheit behauptet. Wie machtlos ein Täter in der Regel ist, erkennt man daran, dass ein Täter meistens verborgene Orte und Verstecke für seine Tat nutzt (die Nacht, den Park oder Wald, den Privathaushalt), an denen man von Dritten wohl nicht beobachtet wird; dass ein Täter von seinem Opfer ablässt und seine Gewalttat abbricht, wenn er von anderen gestört wird, wenn er merkt, dass er beobachtet wird und flieht, um nicht erkannt und gefasst zu werden. Allein die bloße Anwesenheit von Anderen oder deren unmittelbare Beobachtung der Situation führt nicht sicher dazu, dass ein Täter seine Gewalttat nicht begeht oder diese unterbricht. Körperliche, verbale und sexistische Gewalttaten in öffentlichen Verkehrsmitteln sind dazu ein plastisches Beispiel. Es bedarf der aktiven Intervention der Anwesenden, um einem Täter bzw. einer Täterin zu signalisieren, dass er bzw. sie zwar die (körperliche, habituelle, psychische) Stärke hat, aber die Macht der Mehrheit gegen sich und diese Tat. Das verweist darauf, welche Verantwortung Passanten, Nachbarn und Freunde haben, die Zeugen oder Wissende von öffentlicher oder häuslicher Gewalt sind. Eine besondere Bedeutung kommt in unserer Zeit digitaler Kommunikation jenen zu, die in den sogenannten „sozialen Medien" verbale oder sexistische Gewalt wahrnehmen (Cyber Harassment, Cybermobbing, Cyberstalking, Sexismus im Netz etc.).[78]

Die Herausforderung der Gewaltprävention besteht in der Ermutigung und Verpflichtung derer, die als unbeteiligte Passanten Gewalt an anderen wahrnehmen – analog oder digital, unmittelbar oder mittelbar. Solche Intervention kann nur gelingen, wenn der oder die sich Einmischende auf die Solidarität der anderen Anwesenden oder Wissenden vertrauen kann, um sich nicht selbst als isoliert Einzelne(r) dem hohen Risiko auszusetzen, vom Täter attackiert zu werden.

Wenn Betroffene vom Zusammenhang von Gewalt und Macht sprechen, beschreiben sie im Kern den Zusammenhang von Gewalt und Stärke. Wenn Opfer von Gewalt von der „Macht des Täters" in jener Situation sprechen, meinen sie dessen individuelle Stärke (Körperkraft, Verbalvermögen, Dominanz), die ihrer eigenen überlegen war. Damit zeigt sich, dass die Macht meistens auf Seiten des Opfers ist, weil (und wenn) in unserem Rechtsstaat solche öffentliche und private Gewalt nicht akzeptiert ist. Doch solche Macht der Mehrheit ist in abgeschirmten

---

[78] Der PEN America bevorzugt zur Beschreibung dieser Phänomen die Begriffe *online harassment* oder *online abuse*, und definiert diese als „pervasive or severe targeting of an individual or group online through harmful behavior." (www.onlineharassmentfieldmanual. pen.org/defining-online-harassment-a-glossary-of-terms/ (Abruf am 23.11.2020).

Gewaltsituationen nicht wirkmächtig. Sie entfaltet – so die Beobachtung der Betroffenen von Gewalt – auch in der Öffentlichkeit immer weniger ihre präventive oder intervenierende Kraft. Beobachtende von Gewalt in der Öffentlichkeit werden zu passiven wegschauenden Passanten.

Zuvor wurde behauptet: Ein Gewalttäter hat keine Macht, denn er handelt nicht im Namen oder mit Legitimation einer Mehrheit. Paradigmatisch gilt das für häusliche Gewalt und sexuelle Gewalt (Stalking, Belästigung, Übergriffigkeit, Vergewaltigung). Wie aber verhält es sich mit jenen, die ihre Übergriffe im Namen einer Mehrheit begehen, als deren Agenten und Verteidiger sie sich verstehen. Solches zeigt sich bei Fällen rassistischer, antisemitischer, antiislamischer, antiziganistischer, fremdenfeindlicher oder verfassungsfeindlicher Gewalt. Solche Täter meinen sich im Auftrag einer von ihnen behaupteten Mehrheit oder auch einer Minderheit, für die ein höherer (moralischer, religiöser, weltanschaulicher) Anspruch behauptet wird und deren Rechte und Ziele sie durchsetzen, auch mit Gewalt. Bei einigen sind es sozial geschlossene (zum Teil organisierte extremistische) Gruppen, aus deren Mitte oder Rand heraus jemand im Auftrag sich wähnt oder beauftragt wird zu solchen Übergriffen. Spannend sind jene, die ohne persönlichen Kontakt zu jener Mehrheit ihre Vorstellungen eines stellvertretenden Handelns entwickeln, dass sie Auftrag und Rückendeckung der aus ihrer Sicht rechtmäßigen Masse (z. B. des Volkes) haben. In beiden Fällen stützen sie sich auf Techniken zur Gewaltausübung gegen eine behauptete Macht ihrer Opfer. Hier stehen sich offenbar zwei Machtkollektive gegenüber: die tatsächliche öffentliche Macht einer herrschenden Gruppe (Regierung, Bevölkerung) versus die behauptete stille Macht des Teils der Bevölkerung, der eigentlich das Volk zu sein behauptet oder die tatsächliche schweigende Mehrheit hinter sich meint. Ein aktuelles Beispiel waren 2020/2021 Demonstranten von Corona-Leugnern, die jene angriffen, die eine Mund-Nase-Maske trugen. Ein dauerhafter Mythos ist die behauptete jüdische Verschwörung von Faschisten oder Identitären, um jüdische Mitbürgerinnen und Mitbürger zu attackieren. Ein neu belebter Mythos ist die Islamisierung des Abendlandes. Diese solches behauptenden aggressiven Minderheiten sehen in Gewalt zwar kein legales, aber durch ein höheres Gut legitimes Mittel, sich gegen die herrschende Macht und die latenten Mächte zu wehren: Verteidigung gegen die Willkür der herrschenden Klasse, deren Opfer sie durch deren Machtmissbrauch sind.

Wie hingegen verhält es sich, wenn eine Flüchtlingshelferin auf eine junge afghanische Frau, die in Deutschland eine Berufsqualifikation anstrebt, verbalen Druck ausübt und sie drängt, ihren Berufswunsch aufzugeben mit dem Hinweis, dass sie diesen nicht schaffen wird; oder Sicherheitskräfte in einer Flüchtlingsunterkunft, die bei Beschwerden eines Flüchtling diesen zurechtweisen, Flüchtlinge sollten sich nicht beschweren, sondern dankbar sein?[79] Was von

---

79 Das sind Beispiele aus eine parallelen Befragung von unmittelbar Betroffenen von Gewalt; methodisch wurden 46 narrative Interviews 2020/2021 durchgeführt.

den Betroffenen als Gewalt bezeichnet wird, ist Anwendung von Macht. Aber handeln diese Flüchtlingshelfer oder Sicherheitskräfte tatsächlich im Namen der Mehrheit, im Namen aller Flüchtlingshelfer oder ihrer Vorgesetzten oder der Bevölkerung? Oder ist ihre Position ein Podium, das sie nutzen, um vermeintlich für die Mehrheit stehend ihre persönlichen Abwägungen ins Spiel bringen? Umgekehrt: Wenn das Motiv Fürsorge und der Hinweis als realistische Beratung gemeint ist: Darf jeder Widerstand, jede Korrektur und jede Hürde (hier seitens der Flüchtlinge) zu Recht als Gewalt oder Machtmissbrauch stigmatisiert werden? Insofern wird es für ein Konzept zur Gewaltprävention hilfreich sein, genau hinzuschauen und zwischen Gewalt und Machtmissbrauch zu unterscheiden. Sprache erschafft Wirklichkeiten. Die Sprachfertigkeiten sind mitentscheidend, wie eine Realität gedeutet und sortiert wird. Dazu kommt Propaganda.

In den meisten Milieus nicht gesehene oder tabuisiserte Gewalt

Die Befunde zur milieuspezifischen Wahrnehmung von Gewalt zeigen, dass bestimmte Orte, Täter und Opfer von Gewalt im Alltagsbewusstsein dominant sind, die inneren Bilder und Einstellungen formen: Dazu gehören häusliche Gewalt von Männern an Frauen; sexuelle Belästigung und gewaltsame Übergriffigkeit von Männern an Frauen in der Öffentlichkeit und am Arbeitsplatz; sexueller Missbrauch von männlichen Triebtätern an Kindern; Schlägereien zwischen Männern im Rahmen von Freizeitveranstaltungen, oft verbunden mit Alkohol; Gewalttätigkeit in der Öffentlichkeit durch männliche, oft ausländische Jugendliche; Mobbing am Arbeitsplatz und an Schulen; rassistisch motivierte Gewalt (v. a. gegen Juden, Muslime, Ausländer, Flüchtlinge aus dem Nahen Osten oder Afrika); Hass und Gewalt im Netz; körperliche, psychische oder sexuelle Gewalt in der Kindheit durch den Vater; Gewalt im Straßenverkehr und in öffentlichen Verkehrsmitteln; Gewalt von Verwaltungsapparaten und Ordnungskräften gegenüber Ausländern, Asylbewerbern, People of Color und Queeren (Racial Profiling, Ethnic Profiling, Sexual Profiling); Gewalt gegenüber Sanitätskräften, Feuerwehr, Polizei im Einsatz etc. So sind die Milieuperspektiven und ihre Gewaltnarrative institutionalisierte Sensoren und Gedächtnisse, die vulnerable Gruppen und nicht-akzeptierte Verletzungen thematisieren.

Eine kritisch-hermeneutische Analyse zeigt andererseits, dass die Wahrnehmungsfilter und Deutungsmuster eines Milieus geformt sind vom je eigenen Gewaltnarrativ mit selektiver Sensibilität, das Belege und Beispiele primär konfirmatorisch sucht zur Bestätigung des eigenen Gewaltbildes, das nur unregelmäßig durch starke signifikante Ereignisse gestört und dann mitunter ergänzt wird – während andere Gewalttaten, -orte, -opfer und -täter gar nicht in den Blick geraten. Die Erfahrungen von Gewalt eines Milieus wären nun zu vergleichen mit denen der je anderen Milieus. Doch auch bei einer Zusammenfassung aller Gewaltnarrative in den einzelnen Milieus ergibt sich kein vollständiges Tableau tatsächlicher Gewalt. Auch hier hätte Gewaltprävention anzusetzen. Die Erfahrungen derer, die beruflich mit Gewalt zu tun haben (Polizei, Streetworker, Beratungsstellen für häusliche und sexualisierte Gewalt an Frauen, Fachkräfte in der Männerberatung, Gewaltbeauftragte in Sozialdiensten und Ankerzentren, Gleichstellungsbeauftragte in Betrieben und Kommunen, Fachkräfte in der offenen Jugendarbeit, Fachkräfte in Frauenhäusern und Männerhäusern, Organisationen für und von LGBTIQ etc.) als Abgleichfolie zu den Milieubeschreibungen zeigen, welche Gewalt in einzelnen Milieus und in der Summe aller Milieus nicht thematisiert wird. Politische und zivilgesellschaftliche Gewaltprävention könnte darauf hinwirken, die Aufmerksamkeit für in den Milieus (und damit in gesellschaftlichen Kollektiven) nicht gesehene Gewalt, tabuisierte Gewalt, nicht als Gewalt begriffene Handlungen zu erhöhen. Das verlangt eine milieuadressierte Aufklärungsarbeit und Thematisierung von Gewalt jenseits der eingerichteten Erwartungen und mit unbehaglichen Täterschaften. Das verstört gewohnte Deutungen und stört das Vertraute. Aber dieses aufzubrechen wäre sinnvoll für das Ziel der Gewaltprävention: Wissen und Hinsehen!

Ein erheblicher Teil der signifikanten Gewalt ist nicht im Blickfeld der lebensweltlichen Wahrnehmungen, wird nur von einem kleinen Segment Betroffener oder fachlich Befasster gesehen, wie etwa häusliche Gewalt von Frauen an Männern, häusliche Gewalt von Müttern an ihren Kindern, Gewalt in Altenheimen oder in der häuslichen, ambulanten, stationären Pflege, Gewalt gegen Sinti und Roma. In höchstens einem Milieu oder gar nur vereinzelt in den narrativen Interviews wurden diese Orte der Gewalt genannt. Ein Präventionskonzept sollte auch darauf ausgerichtet sein, solche unbekannten oder verschleierten Orte, Opfer und Täterschaften von Gewalt in das öffentliche und lebensweltliche Bewusstsein zu rücken: es zur Sprache bringen. Die Milieunarrative allein sind keine Autorität für relevante Gewalt. Sie können Indikatoren und Sehhilfen sein, aber auch Verschleierungs- und Tabuisierungsinstanzen. Im Folgenden einige Beispiele für Gewalt, die in der qualitativen Befragung dieses Forschungsprogramms von Expertinnen und Experten aus Praxis und Wissenschaft benannt wurden und die in den milieueigenen Narrativen kaum oder gar nicht vorkommen (die Reihenfolge signalisiert keine Rangordnung oder Dringlichkeit):[80]

- Gewalt von Kindern an Kindern; von Jugendlichen an Jugendlichen und Kindern.
- Gewalt von Erwachsenen/Eltern gegen Kinder – psychisch und physisch: schwere Schütteltraumata, Knochenbrüche, Leberrisse, Verbrennungen,

---

80 In einer qualitativen Untersuchung in Form von narrativen Einzelinterviews wurden 30 Fachkräfte befragt, die sich beruflich mit dem Thema Gewalt befassen. Diesen Interviews sind die hier beispielhaft genannten Gewaltformen, -opfer und -täter entnommen.

Verbrühungen etc. („*Alles, was man sich vorstellen kann und auch vieles, was man sich nicht vorstellen kann*" [Leiter eines Sozialdienstes für Jugend und Familie]).
- Gewalt gegen *behinderte Kinder* (Kinder mit Beeinträchtigung) in privaten Haushalten, in der Öffentlichkeit und in stationären Einrichtungen der Behindertenhilfe. Sie sind „vergessene Kinder", die nicht gesehen werden, denen Gewalt angetan wird durch andere Kinder und durch einzelne (überforderte, gestresste) Betreuerinnen und Betreuer dieser Einrichtungen. Das gründet auch in einem Zuständigkeitsproblem, weil manche Jugendämter und Einrichtungen der Jugendhilfe der Ansicht sind, dass sie für schwerst oder mehrfach behinderte Kinder nicht zuständig sind. Diese Kinder haben kaum eine Lobby. Behinderte Kinder sind nach Einschätzung mancher Experten den sie betreuenden Institutionen ausgeliefert, sind in Behinderteneinrichtungen und werden da (von außen) nicht gesehen, weil oft nur alle paar Monate eine Fachkraft vom Jugendamt kommt, nicht regelmäßig Entwicklungsgespräche und Hilfeplangespräche stattfinden, sondern behinderte Kinder „nur vom Schreibtisch aus verwaltet werden über den Bezirk", aber kaum in den Einrichtungen und Pflegefamilien persönlich in engen Zeitabständen besucht werden, nicht zu ihrem aktuellen Zustand und Befinden befragt werden.
- Zu den *vergessenen Kindern* gehören auch Kinder von alkohol-, drogen- oder suchtkranken Eltern.
- Gewalt an allein reisenden oder alleinerziehenden Frauen in Flüchtlingsunterkünften: etwa durch Männer desselben Herkunftslandes, die solch eine Frau patriarchalisch „unter ihre Fittiche" nehmen in nationalethnischer Vereinnahmung, mit vermeintlichem Recht und moralischer Verpflichtung zur gewaltsamen „Fürsorge"; oder von nicht geflohenen Ehemännern oder Verwandten, die der geflüchteten Frau in Deutschland nachstellen und ins Heimatland zurückzwingen wollen mit Drohungen der Gewalt an ihrer Familie.
- Gewalt an allein reisenden jungen Männern in Flüchtlingsunterkünften.
- Gewalt an unbegleiteten minderjährigen Flüchtlingen.
- Homophobe Gewalt an homosexuellen, non-binären, queeren Flüchtlingen.
- Gewalt gegen ethnische und religiöse Minderheiten in Ankerzentren und den Dependancen gegen Angehörige stigmatisierter Minderheiten im Herkunftsland oder einer politisch verfeindeten Nation.
- Häusliche Gewalt von Familienvätern in Flüchtlingslagern (1) aufgrund von Alkohol- und Drogenmissbrauch (unter anderem aufgrund ihrer Verzweiflung und aggressiv nach außen gewendeten Ich-Verachtung, ihrer Rolle als Familienernährer nicht gerecht zu werden); (2) weil in einigen Kulturen das Schlagen von Frau und Kindern im Herkunftsland relativ normal ist und strafrechtlich nicht verfolgt wird.

- Strukturelle Gewalt durch die mangelhafte Infrastruktur in den Flüchtlingslagern: Praxisexperten bemängeln räumliche Enge, fehlende Rückzugsmöglichkeiten (v. a. für Frauen), mangelnde Beschäftigungssituation (v. a. für Männer, die ihre Rolle als Ernährer nicht ausüben dürfen und diesen Identitätsverlust oft nicht aushalten). Insbesondere in der Corona-Pandemie hat sich diese Situation verschärft durch Kettenquarantäne, als die Kinder nicht zur Schule gehen konnten und man dauerhaft in einem Zimmer eingepfercht war.
- Gewalt durch haupt- und ehrenamtliche Helfer in der Flüchtlings- und Asylbewerberarbeit.
- Gewalt an Sozialarbeiterinnen und Sozialarbeitern in der Familienhilfe und im Jugendamt (etwa bei Inobhutnahme): von affektiven Gewalthandlungen wie Würgen, Messerzücken bis hin zu Morddrohungen.
- Gewalt gegen Menschen mit psychischer oder körperlicher Beeinträchtigung.
- Sexualisierte Gewalt an Frauen mit Behinderung/Handicap (z. B. gehörlose Frauen).
- Stigmatisierung, Ausgrenzung und körperliche Übergriffe gegen Sinti und Roma.
- Gewalt gegen Straßenkinder.
- Gewalt an Obdachlosen.
- Häusliche Gewalt von Frauen an Männern (auch in der Oberschicht) – das ist nicht selten, nur suchen sich die Männer nicht so oft Hilfe, oder erst dann, wenn es deutlich zu spät ist. Die Formen reichen von affektiven Übergriffen wie Ohrfeigen, Schläge, Kratzen bis zum psychischen Bereich, dass Männer erniedrigt und gedemütigt werden (auch vor den Kindern), emotional bedroht und erpresst werden („Wenn du das nicht machst/wenn du mich verlässt, dann nehme ich Dir die Kinder weg"). Einige Frauen drohen ihrem Partner, dem Jugendamt oder der Polizei einfach zu sagen (zu lügen), dass sie von ihm geschlagen wurde – denn einer Frau glaubt man Misshandlung durch ihren Partner eher, als einem Mann die Misshandlung durch seine Partnerin. Nach Einschätzung von einzelnen Praxisexperten sind Frauen als Täterinnen häuslicher Gewalt an ihrem Partner tendenziell raffinierter und gehen geplanter vor als bei Gewalt von Männern an ihrer Partnerin: Manche Frauen sprechen vorher mit Anwält/innen, wie sie ihren Mann unter Druck setzen können, haben klare und oft fertige Pläne bzgl. Umzug oder den Anspruch auf die Wohnung/das Haus – und bereiten dies mit kompetenten Freundinnen oder anwaltlich vor.
- Häusliche Gewalt des Mannes an seiner Partnerin vor, während und nach einer Trennung; auch bei Konflikten bzgl. des Kontakts zu den Kindern: von affektiven Handlungen wie Ohrfeigen bis zu (geplanten) Entführungen. Körperliche Gewalt in vielfältigen Ausdrucksformen und Graden jenseits der gesellschaftlichen Vorstellungen (die meist medial durch Spielfilme

vermittelt und stereotyp verkürzt sind): Einsperren, Schubsen gegen Möbel oder die Treppe herunter, Würgen, Bedrohungen und Verletzungen mit dem Messer (an Bauch oder Hals), Zuschlagen mit der Handfläche, der Faust, mit Gegenständen aus dem Haushalt, Schlagen ins Gesicht oder bewusst an Körperstellen, sodass die Verletzungen öffentlich nicht erkennbar sind: All dies erfolgt nicht nur einmalig, sondern in vielen Fällen ist diese körperliche Gewalt ritualisiert über Monate und Jahre.

- Stalking an Frauen, meistens durch den Expartner, der die Trennung nicht akzeptiert; auch (seltener) vom Urlaubsflirt, der die Beziehung nicht beendet sieht. Die Gewalt ist von manchen massiv und aggressiv, von anderen durch subtile „schöne" Zeichen, etwa an von ihr genutzten Orten (z. B. Bushaltestelle) durch Aufkleber „Du weißt, dass ich Dich liebe", Geschenke nach Hause oder ins Büro, oder sie hat ein Pferd und dann hängt eine Rose am Stall mit „Ich liebe Dich", oder am Grab ihrer Eltern eine Nachricht „Für immer dein". Die Ohnmacht der Frau besteht auch darin, dass diese Zeichen von Bekannten oder Amtsträgern oft nicht als psychische Gewalt gesehen werden, die Frau Überzeugungsarbeit leisten muss, die Beweislast allein bei ihr liegt und sie mit dem Vorwurf konfrontiert wird, überempfindlich zu sein und diese schönen Gesten nicht wertschätzen zu können. Schwierig ist die unscharfe Grenze zur strafrechtlich oder gerichtlich verwertbaren Gewalttat; eine Hürde sind zu wenig Anlaufstellen und Anwälte für solche Gewalt vor allem im ländlichen Raum. Ebenso belastend ist die „Belohnung" für den Stalker, wenn es vor Gericht eine Anhörung gibt und er dort eine Bühne findet; davor an sie seine Drohung „Ich zeige dort alle Nacktfotos von Dir und alle intimen Nachrichten von Dir". Hier wird der Frau erneut Gewalt angetan. Solche Gewalt trifft Frauen in allen Altersgruppen (von unter 18 bis über 80 Jahren) und Schichten: arme bis sehr reiche Frauen. Es gibt solche Stalking-Gewalt – seltener – auch von Frauen gegenüber Männern.
- Finanzielle Gewalt in Partnerschaften, indem der Partner seiner Frau verbietet, erwerbstätig zu sein, ein eigenes Bankkonto zu besitzen, sie keinen Zugang zu Konten und Geld hat und von ihm – täglich – finanziell abhängig ist.
- Soziale Gewalt in Partnerschaften, dass die Frau ihre eigenen Eltern nicht mehr sehen darf, keine Freundinnen oder Freunde treffen darf – sozial isoliert wird. Dazu die Kontrolle ihres Computers und Handys sowie habituelle Drohungen, wenn sie telefoniert; oder wenn sie unerlaubt telefoniert, er ihr Handy zertrümmert oder die Toilette runterspült.
- Sozialpsychische Kontrolle der Partnerin: ihr nachstellen, wenn sie beim Friseur oder Einkaufen war; sie an ihrer Arbeitsstelle aufsuchen und brüskieren; Drohungen, ihrem Arbeitskollegen, ihrer Freundin bzw. einem Bekannten, mit dem sie sich unterhalten oder getroffen hat, die Autoreifen aufzustechen oder direkt zu verletzten (und dann versucht die Frau, solche Kontakte zu vermeiden, um ihre Kolleg/innen und Freunde nicht zu gefährden).

- Psychische Drohungen gegenüber der Partnerin, ihr die Kinder wegzunehmen oder dass bei Trennung das Jugendamt ihr die Kinder wegnehmen wird, weil sie keine Arbeit hat oder er Audio-/Video-Aufnahmen hat, wie sie ihr Kind angeschrien hat; oder gegenüber der ausländischen Partnerin, dass sie abgeschoben wird und die Kinder bleiben hier.
- Gewalt an Frauen der Reichtumsklasse (wohl separiert durch alleinstehende Villa und die soziale Binnendiskretion des Milieus).
- Strukturelle Gewalt, wenn Frauen, die im Frauenhaus sind, keine Wohnung finden und so für Akutfälle Frauenhausplätze blockieren, weil es zu wenige Angebote auf dem Wohnungsmarkt gibt.
- Körperliche und psychische Gewalt als Erziehungsmethode in Familien der Oberklasse (in Milieus der Konservativen, Etablierten).
- Körperliche Misshandlungen von Kindern durch ihre Mutter.
- Sexualisierte Übergriffe (Missbrauch) durch Mütter an ihren Kindern.
- Erzwungene Körperlichkeit durch die Mutter (wenn etwa eine Mutter in ihrer Traurigkeit zum Trost mit ihrem Kind kuschelt, das Kind dies partout nicht will, es aber die körperliche oder psychisch-emotionale Kraft nicht hat, sich dem Willen der Mutter zu widersetzen).
- Gewalt gegen Transidente/Transsexuelle, Intersexuelle, Homosexuelle, Non-Binäre in der Öffentlichkeit, am Ausbildungs- oder Arbeitsplatz, im Verein, durch Ärzte, durch Pflegekräfte, in öffentlichen Verwaltungen/Ämtern.
- Häusliche Gewalt in homosexuellen Partnerschaften.
- Stalking an Männern.
- Zwangsverheiratung von Männern.
- Gewalt in der Prostitution durch Zuhälter und Freier.
- Psychische und finanzielle Gewalt in Sekten.
- Gewalt durch religiöse Initiationsrituale, die sich auf kulturelle Traditionen berufen.
- Aufnahme- und Initiationsrituale etwa bei Bundeswehr, Polizei, studentischen Verbindungen, Internaten und subkulturellen Szenen, die einen Neuling demütigen, damit dieser nach bestandener Prüfung in den Kreis der Gleichgesinnten aufgenommen und integriert ist.
- Gewalt von Ärztinnen und Ärzten an ihren Patienten (bei Diagnosen, Behandlungen, Überweisungen zur zum Beispiel psychiatrische Behandlung).
- Gewalt in Betrieben durch weibliche Vorgesetzte.
- Stalking und Gewaltandrohungen gegenüber Amtsträgern (z. B. Bürgermeister/innen).

Das ließe sich fortsetzen und verweist auf die Notwendigkeit des genauen Hinsehens, des Ernstnehmens dieser Gewalt und der Anerkennung dieser Gewaltopfer. Daraus erwachsen Opferschutz und Opferhilfe, ebenso Täter- und Täterinnenarbeit. Dazu bedarf es neben Opferschutz und Täterarbeit eines dritten Adressaten: die Bevölkerung in den einzelnen Milieus, damit Gewaltprävention ein zivilgesellschaftliches Engagement wird, das keine Gewalttat übersieht, bagatellisiert oder tabuisiert. Hinzuweisen ist, dass in allen Milieus der Begriff „häusliche Gewalt" bekannt ist – aber er ist meistens merkwürdig abstrakt und unkonkret; gleichsam ein Label, mit dem man sich zufrieden gibt als Wissensvorrat – und man hat keine Ahnung (will oft nicht wissen), was tatsächlich konkret geschieht.

Eine Vielzahl von Gewalttaten findet keinen Eingang in die Wirklichkeitswahrnehmung einzelner Milieus. Eine Reihe von Gewalttaten bleiben individuelle Erzählungen, werden zum biografischen Narrativ der Betroffenen, ihrer Angehörigen und Freunde, der Hilfsorganisationen – aber erreichen darüber hinaus keine Kollektive. Und was nicht kommuniziert wird, hat keine soziale Existenz. Was keine soziale Existenz und Lobby hat, nicht in Diskursen als sozial relevantes Problem thematisiert wird, erzeugt nur selten politische Aufmerksamkeit. Gegen Gewalt, die nicht gewusst und mitgeteilt ist, keine soziale Ächtung erfährt oder als öffentliches Sicherheitsproblem gilt, werden weniger Präventionsmaßnahmen ergriffen und Ressourcen bereitgestellt. So kann die Liste der bestehenden Präventionsprogramme und -projekte gelesen werden als Spiegel der dominanten Gewaltnarrative. Durch Pilotprojekte werden neuere, noch zarte Gewaltnarrative aufgegriffen, die von Minderheiten und Fachkräften thematisiert werden – meistens befristet und mit dem Druck zur kurzfristigen Bewährung (es muss ein „Erfolg" sein, die Nachfrage stabil oder steigend). Zugleich sind Pilotprojekte ein Weg, wie es ein junges Narrativ schaffen kann, gesellschaftliche Aufmerksamkeit und Anerkennung zu gewinnen. Beispiele dafür sind die Geschichte von Frauenhäusern oder die offene Jugendarbeit und Streetwork; derzeit junge Narrative haben es zu Pilotprojekten oder dauerhaften Institutionen geschafft etwa zum Thema *häusliche Gewalt an Männern* durch Einrichtung von Beratungsstellen, Hilfetelefone für Männer sowie Männerhäuser. Im wettbewerblichen Ringen um politische Aufmerksamkeit für ihr Kernthema und deren Förderung erreichen in der Regel betroffene Minderheiten und Sondergruppen (schon diese Bezeichnung ist ein Akt narrativer Gewalt) lange Zeit wenig Aufmerksamkeit und Resonanz.[81]

Es gibt nicht nur eine unmittelbare Gewalt durch Nicht-Anerkennung des Anderen als Person und ihre Verdinglichung, sondern auch narrative Gewalt durch ein Nicht-Sehen und Nicht-Kommunizieren der einer Person oder

---

81 Man muss sich von einer binären Vorstellung verabschieden, dass bestimmte Gewalttaten zu Narrativen werden und andere nicht. Vielmehr zeigen sich graduelle Hierarchien von Narrativen. Die für die einzelnen Milieus identifizierten Wahrnehmungen von Gewalt offenbaren die dominanten Narrative an der Spitze jener Hierarchie. Man muss die in Kapitel 2 beschriebenen Perspektiven kritisch lesen hinsichtlich der Gewalt, die *nicht* thematisiert wird.

Personengruppe angetanen Gewalt. Das meint vergessene Gewalt, Gewalt zweiten Grades, die Betroffenen widerfährt.

Es verlangt eine signifikante und von Ambivalenz geprägte Positionierung: Soll Politik vornehmlich jene Narrative bedienen, die eine breite Mehrheit der Bevölkerung ansprechen, in einem Milieu dominant sind, Akzeptanz und Rückhalt im Mainstream haben? Und wenn zwischen den Milieus unterschiedliche und gar gegensätzliche Narrative über Gewalt und notwendige Gewaltprävention bestehen: Welche Milieus werden bevorzugt wahrgenommen und ernstgenommen: Milieus der Mitte oder randständige Milieus? Oder bestimmen die herrschenden Eliten in den gesellschaftlichen Leitmilieus, welche Narrative wertvoll sind? Die Chance eines wie auch immer gewichteten Bedienens dominanter Gewaltnarrative ist das Erreichen von Etappenzielen zur Gewaltprävention, das Risiko sind die Bedienung von Stereotypen und eigennützigen Interessen sowie eine Unterminierung von Gewalttaten und -orten, die keine prominente mediale Aufmerksamkeit haben. In dieser Perspektive wäre ein Hebel die Anwaltschaft für jene Opfer der Gewalt, die häufig nicht gesehen werden. Damit aber bürdet sich Präventionspolitik Legitimationsschwierigkeiten auf, die sie bei etablierten Narrativen nicht hat. Politische Prävention, die am Gemeinwohl und Personenschutz orientiert ist, hätte allerdings die Aufgabe, solches Hinsehen zu befördern durch die Schaffung von Angeboten und Praxisprojekten, die im Mainstream der Hauptnarrative untergehen.

An den Tätern ansetzen – und den Wissenden einer Gewalttat

Die entscheidende Frage zur Prävention ist: Wie kann man die emotionalen und kognitiven Strukturen der Gewaltaffinen und Gewalttäter verändern? Einige Gewalttäter leben in randständigen unterprivilegierten Lebenswelten, mehrheitlich männliche Jugendliche und Männer, „deren Sprachgesten solche von kaum kontrollierter körperlicher Gewalt" (Adorno 1971: 95) sind oder die sich als überdurchschnittlich anfällig für rechtsextremes oder autonom-linksextremes Gedankengut erweisen. Aber man springt zu kurz, diese als „gefährliche Klasse" (Eisenberg 2000: 157) zu exponieren oder als Hauptzielgruppen zu definieren. Denn solches birgt das Risiko einer Stilisierung mit dem Effekt, dass Gewalttaten anderer Art sowie Gewalttäter und -täterinnen anderer Klassen aus dem Blick geraten. Die Möglichkeiten und Techniken des Verschleierns von Gewalt sind in den gehobenen Milieus vielfältiger und ausgefeilter; das gilt für die Komplizenschaft häuslicher Gewalt ebenso wie für institutionelle Gewalt in Betrieben durch Vorgesetzte. Es wäre eine wirklichkeitsverzerrte und fatale Voreinstellung zu meinen, Gewalt gehe hauptsächlich aus von unteren sozialen Klassen, subversiven Subkulturen, irrationalen anomischen Einzelgängen sowie von rechts- oder linksextrem orientierten Gruppen – aber nicht auch von Menschen aus der Mitte der Gesellschaft oder gehobenen Milieus.

Gewalt hat in den lebensweltlich verankerten Alltagstheorien eine ursächliche Wurzel in ungerechter Ungleichheit. Nicht Ungleichheit per se sei das Problem, sondern eine Ungleichheit, die als ungerecht empfunden wird. Hier soll nicht die moralische Berechtigung von Widerstand und Aufruhr philosophisch erörtert werden (etwa Gewalt gegen Rassismus oder Ghettoisierung), auch sollen nicht akzeptable versus unakzeptable Grenzen sozialer Ungleichheit ausgelotet werden. Aber eine Präventionsstrategie darf das Thema *ungerechte* soziale Ungleichheit nicht ausklammern, ebenso nicht die sozialräumliche Separation sozialer Klassen, die von manchen als eine Ursache von Gewalt gesehen, von anderen als strategische Lösung gepriesen wird.

Vor allem in der bürgerlichen Mitte und in konservativ-traditionellen Milieus wird betont, dass eine Präventionsstrategie die Stärkung potenzieller Opfer sei: Frauen stark machen, sie mental aufrüsten und sie auch physisch und technisch ausrüsten, sodass sie sich selbstbewusster und widerständiger gegenüber Tätern zeigen, die sich ihr Opfer nach dem Kriterium der Schwäche aussuchen. Solches Vorgehen mag funktionieren, aber es lenkt die Verantwortung der Gewalt von Tätern auf die Opfer: Wer sich nicht stark genug zeigt, ist selbst schuld, weil sie (oder er) sich nicht hinreichend widerständig präsentiert. Die Folge wäre ein Rüstungswettbewerb unerreichbarer Sicherheit, denn irgendein Gewaltbereiter wird immer stärker und skrupelloser sein; man kann durch die Strategie der Selbstausrüstung allenfalls die Wahrscheinlichkeit erhöhen, selbst nicht in die Kategorie *schwach und leichtes Opfer* zu fallen. Dem wäre mit Adorno entgegenzuhalten: „Die Wurzeln sind in den Verfolgern zu suchen, nicht in den Opfern" (Adorno 1971: 90).

Das unterminiert nicht den Vorschlag aus einigen Milieus nach mehr Schutz durch Polizeipräsenz zur Wahrung und Rückgewinnung der Sicherheit des Individuums in der Öffentlichkeit vor Gewaltandrohung und -ausübung durch Einzelne oder Gruppen. Es gibt das ernst zu nehmende Bedürfnis nach mehr Sicherheitspersonal mit einerseits mehr Befugnissen des Eingreifens und Durchgreifens, andererseits nach einer veränderten (restaurierten) Rolle der Polizei als *Freund und Helfer* bzw. *Sicherheitspartner* (statt als stumm autoritär patrouillierende Überwacher oder als Eingreiftruppe primär mit Recherche- und Verwaltungsaufgaben *nach* erfolgter Tat). Auch wenn gleichzeitig von den meisten betont wird, trotz des unbedingten Ausbaus der Polizeipräsenz vor Ort keinen Polizeistaat zu wollen, dass dazu rechtliche Vorkehrungen zu treffen sind hinsichtlich des individuellen Missbrauchs durch Beamte, als auch mit Blick auf die Eigenlogik von Organisationssystemen wie einen Polizeiapparat, bleiben unaufhebbare Aporien dieser Strategie. Die von den Befragten mit Dinglichkeit formulierten Forderungen nach mehr Polizeipräsenz zeigen, dass an der gesellschaftlichen Rolle der Polizei sowie der rechtlichen, kommunikativen und habituellen Ausrüstung der Polizistinnen und Polizisten zu arbeiten ist, mit Konsequenzen für ihre Aus- und Weiterbildung. Die Untersuchung belegt eine hohe Wertschätzung der Polizei in der Bevölkerung und dokumentiert ein grundsätzliches Vertrauen. Die Wertschätzung der Polizei und ihre vornehmliche Funktion als Sicherheitsinstitution ist in allen Milieus groß. Gleichzeitig ist der Verdacht einer auch von der Polizei ausgehenden Gewalt in einigen Milieus (Postmaterielle, Expeditive, Hedonisten) gewachsen; die Wahrnehmungsfilter sind derzeit sehr sensibel (auch in anderen Milieus).[82] So ist es geboten, zum Schutz der Legitimation der Polizei als elementare und nicht substituierbare Institution daran zu arbeiten, dass verbaler, körperlicher oder administrativer Rassismus, Racial Profiling oder unangemessene Gewaltausübung durch Polizistinnen und Polizisten benannt werden, offene Distanzierung und internes Anzeigen von solchen Kolleginnen und Kollegen nicht sanktioniert, sondern geschützt, ausgezeichnet und befördert werden. Das geschieht nicht von selbst, nicht durch eine einmalige Dienstanweisung, sondern bedarf der internen *und* externen Schulung, der Forderung und Förderung durch Vorgesetzte sowie der Auszeichnung vorbildlicher Praxis.

So wichtig es ist, dem Bedürfnis der Bevölkerung nach mehr Polizeipräsenz in der Öffentlichkeit zur Prävention vor Gewalt nachzukommen, sind damit die Unsicherheiten vor Gewalt in privaten Haushalten, in Betrieben, im Internet (Blogs, Foren, soziale Netzwerke etc.) unberührt. Man mag Vorkehrungen treffen, sodass man für sich das Risiko reduziert, indem man bestimmte Plätze, Stadtteile, Lokale gänzlich oder zu bestimmten Uhrzeiten meidet. Aber das sind persönliche Lösungen, die eine vorhandene Gewalttäterschaft auf andere Opfer richtet und belässt. Solche individuellen Maßnahmen sind Vorkehrungen der Meidung riskanter Orte, aber keine Prävention mit dem Ziel der Hemmung und Verhinderung von Gewalt.

Gewaltprävention braucht Opferschutz, aber eine nachhaltige, an den Wurzeln ansetzende Prävention muss die Täter in den Blick nehmen: „Schuldig sind allein die, welche besinnungslos ihren Hass und ihre Angriffswut an ihnen ausgelassen haben. Solcher Besinnungslosigkeit ist entgegenzuarbeiten, die Menschen sind davon abzubringen, ohne Reflexion auf sich selbst nach außen zu schlagen. Erziehung wäre sinnvoll überhaupt nur als eine zu kritischer Selbstreflexion. […] Ein Schema, das in der Geschichte aller Verfolgungen sich bestätigt hat, ist, dass

---

82 Anlass geben signifikante Skandale wie etwa 2020/2021 um die Hessische Polizei oder der 2020 aufgedeckte Drogenskandal bei der Münchner Polizei. So verstörend diese Meldungen für die Bevölkerung sind und das Misstrauen bestätigen, so sehr wurde im Zuge dieser Ermittlungen Vertrauen aufgebaut, etwa in Hessen durch die Einrichtung einer Expert/innenkommission zur Untersuchung zu rechtsextremen und rassistischen Vorfällen bei der Polizei Hessen, die im Juli 2021 einen äußerst kritischen Abschlussbericht mit einschneidenden Maßnahmenvorschlägen vorlegte; oder dass die Staatsanwaltschaft München im Herbst 2020 mit rund 170 Ermittlern eine Drogenrazzia bei Polizisten und Polizistinnen vornahm, 30 Wohnungen und sieben Dienststellen durchsuchte, was zu Disziplinarverfahren und Anklagen führte.

die Wut gegen die Schwachen sich richtet, vor allem gegen die, welche man als gesellschaftlich schwach und zugleich – mit Recht oder Unrecht – als glücklich empfindet" (Adorno 1971: 90). Dieser Vortrag Adornos am 18. April 1966 im Hessischen Rundfunk könnte aktueller kaum sein.

Dies wäre mit Blick auf die Einstellungen und Forderungen der Bevölkerung nicht nur auf unmittelbare persönliche Gewaltausübung von Person zu Person zu beziehen, sondern auch auf medial vermittelte Gewalt und Gewaltvorbilder. Der Hinweis auf die hohe Nachfrage von zu Gewalt stimulierenden Filmen und Games legitimiert nicht eine ungebundene Freiheit ihrer Produktion, Vermarktung und Distribution. Auch hier wäre Täterschaft zu thematisieren, wären Unternehmen zu adressieren, wären vor allem PC-Games in den Blick zu nehmen.

Aus den empirischen Einstellungen und Erfahrungen von Menschen aus unteren Milieus kann man lernen, dass die Konfrontation des Täters mit dem Leid des Opfers diesen zum Nachdenken und Umsteuern bringen kann. Beispielhaft sind Männer, die von eigener häuslicher Gewalt mit ihrer Partnerin berichten, und dass sie nach der Geburt ihres Kindes ihren eigenen Gewaltimpuls – manche abrupt, andere sukzessive – weglenkten, diesen zu kontrollieren, unterdrücken, kompensieren suchten (durch Sport, Spazierengehen), damit ihr Kind diese Gewalt nicht sieht. Ihr auslösender Gedanke, der ihre eigene Gewalt für sie in ein anderes Licht setzte, war, dass solche Gewalt zu sehen ihrem Kind nicht guttut, wie sich die Eltern anschreien, schlagen, verletzen, wie sie leiden. Ihr Kind soll nicht seinen Vater als Gewalttäter gegen seine Mutter sehen. Diese Männer hatten durch den biografischen Übergang in die Vaterschaft gelernt, sich in die Situation und Befindlichkeit ihres Kindes hineinzuversetzen: emotional und kognitiv. Es ist diese Fähigkeit zur Selbstreflexion und zur Empathie: sich in die Rolle des Schwachen hineinversetzen, um simulativ vor-, mit- oder nachzuerleben, wie sich das Opfer wohl durch die Tat fühlen wird, wie es sich während der Tat fühlt, wie es dem Opfer nach der Tat geht, wie sich eine schwächere Person allein schon durch die Androhung von Gewalt fühlen wird. Das verlangt, auf Distanz zu gehen zur eigenen Befindlichkeit, das Vorrecht der eigenen Gefühlslage und Motive zu relativieren, und die Perspektive des anderen einzunehmen. Was bei diesen Männern erst durch ihr eigenes Kind ausgelöst wurde, wäre auszuweiten. Eine Präventionsstrategie – etwa durch die Profession der Sozialen Arbeit – müsste sich darum bemühen, dass Personen, die banale oder rohe Aggressionen im Alltag praktizieren oder damit drohen, diese als barbarische Taten sehen und Täter konfrontiert werden mit dem Grauen, das sie kognitiv und emotional bei Betroffenen (und Umstehenden) auslösen.

Das Konfrontieren eines Täter oder einer Täterin mit den seelischen und körperlichen Verletzungen des Opfers hat eine weitere, soziale Seite: die Komplizenschaft der Wissenden. Wer als Passant oder Wissender eine Gewalttat nicht sehen will oder eine konkrete Tat wissend ignoriert; wer die Beschädigung des Opfers von Gewalt nicht ansehen, anerkennen, reklamieren will mit der

Begründung, dass man solches nicht erträgt, weil die Gewalttat so sinnlos war oder so rüde, dass man dem Anblick aus Schutz vor der eigenen inneren Reinheit aus dem Wege geht, wird selbst zum Täter am Opfer. Es gibt die Mittäterschaft des Wegsehens.

Es gibt bei einigen Beobachtenden einer Gewalttat die Tendenz, den Kopf abzuwenden und anderswo hinzusehen, um dem Blick des Täters auszuweichen, weil allein das Zusehen den Täter provozieren könnte, weil dieser durch den Blick als Täter identifiziert ist und daher den Beobachtenden angreifen könnte. Es ist verständlich, je nach Situation auch klug und dient dem Selbstschutz, wenn jemand bei einer beobachteten Gewalttat an öffentlichen Orten sich nicht traut, einzugreifen und das Opfer zu schützen, denn man könnte selbst vom Täter attackiert werden. Das entbindet nicht von der Menschenpflicht, hinzusehen *und* Hilfe zu besorgen.

Wer eine Gewalttat *durch ursächliche Erklärungen relativiert*, auf einen übergroßen Frust des Täters verweist oder auf schlimme biografische Erlebnisse (in der Kindheit selbst Opfer von Gewalt gewesen); wer eine Tat eines vermeintlich höheren Gutes wegen *verschleiert oder ignoriert* (sich nicht einmischen in die Hoheit fremder Haushalte, die eigene Ehe nicht gefährden, die Kirche oder den Orden schützen), schützt den Täter und akzeptiert die Tat. Eine Erklärung der Gewalttat durch biografische oder soziale Faktoren, durch den Zeitgeist, Werteverfall, wachsenden Egoismus, verwahrloste oder antiautoritäre Erziehung, ist in der Gefahr, nicht den Täter verantwortlich für seine Taten zu machen und anstelle dessen eine anonyme abstrakte Ursächlichkeit zu setzen, die nicht Rede und Antwort stehen kann.

Ein wirksames Präventionsprogramm zielt auf die Veränderung aktueller oder potenzieller Täter, auf Veränderung ihres Machtanspruchs, ihrer Erlebnisorientierung, ihres Umgangs mit Emotionen (Frust, Spaß, Hass, Gier) bzw. auf Kanalisierung und Umlenkung (Sublimierung) dieser Affekte und Triebe. Das Unrecht, das Opfern angetan wurde, wird oder werden könnte, muss beim Namen genannt werden. Jede Bagatellisierung würde Betroffenen den Stellenwert als Opfers aberkennen, ihre Würde ein weiteres Mal demütigen (vgl. Hirt 2003: 11). Der Verweis auf ein höheres Gut (Fortdauer der Ehe, Heiligkeit der Kirche, Amtsautorität), für das die Tat nicht als Gewalttat benannt, der Täter bzw. die Täterin nicht belangt werden sollte, akzeptiert die Tat für jenes höhere Gut. Mehr noch: vom Opfer einer Gewalttat wird verlangt, dieses erneute Opfer zu bringen, um das höhere Gut zu schützen. Die Unversehrtheit des Kollektivs oder einer Idee ist wichtiger als die Unversehrtheit des Individuums.

Die Kompetenzen des Hinsehens und Benennens für Beobachtende von Gewalt sowie die Kompetenzen zur Empathie bei potenziellen Tätern sind durch Anleitung und Übung zu entwickeln. Diese Kompetenzen sind abhängig von der spezifischen (typologischen) Situation und dem Habitus der Lebenswelt des Täters/der Täterin (ebenso der Beobachtenden und Wissenden) mit wohl deutlichen Unterschieden von Milieu zu Milieu. Daher helfen standardisierte Rezepte und Werkzeugkästen nur begrenzt. Vielmehr müssen jene Kompetenzen milieusensibel entwickelt, verstanden und vermittelt werden. So scheinen zwei Ansätze ratsam:

1. *Erziehung – Pädagogik – Soziale Arbeit*: Diese Professionen sind prädestiniert für das Empowerment zum reflexiven Selbst, der empathischen Einfühlung und Reflexion, was Gewalt für die Opfer als Person bedeutet. Es genügt nicht die Konfrontation mit der Gewalt in Form des bloßen Betrachtens. Denn solche Anschauung von Gewalt kann Konsum werden, das Bedürfnis nach Mehr erzeugt und steigert; oder der Katharsis (Reinigung) von Stress dienen (z. B. Actionfilme oder Online-Games haben für manche diese Funktion). Reale, rituelle und mediale Gewaltszenerien sind nicht nur zu betrachten; entscheidend ist die Reziprozität der Perspektive. Dazu sind professionelle Hinführung und Begleitung, auch Supervision nützlich. Berufene Professionen sind zuvorderst Erziehung, Pädagogik und Soziale Arbeit. Die dazu notwendigen Kompetenzen verlangen nicht nur Handlungstechniken und Praxis, sondern zuvorderst Theorie.

Die Wahrnehmungsfilter, Deutungen und Bewertungen von Gewalt, die vermuteten Ursachen und Motive von Täterschaft oder Vorschläge zur Prävention zeigen in der Tiefe zwischen den Milieus eine sehr unterschiedliche, in weiten Teilen gegensätzliche und inkommensurable Haltung. Das können Erziehung, Pädagogik und Sozialarbeit nicht ignorieren. Denn die Menschen, die bisherigen, aktuellen und potenziellen Gewalttäter kommen aus allen Milieus (ebenso die Opfer), haben eine milieuspezifisch je eigene Lebensauffassung und Lebensweise, ebenso unterscheiden sich die Kommunikationsstile und Bedeutungshorizonte voneinander. Insofern ist es für Erzieherinnen und Erzieher in Kitas und Schulen, für Pädagogik der Kindheit, Jugend und Erwachsenenarbeit, für die Sozialarbeit in den verschiedenen Feldern unbedingt notwendig, die Sprache und Codes der Menschen aus den verschiedenen Milieus überhaupt zu verstehen und hier kommunikative Kompetenz zu entwickeln. Wer die Menschen zur Entwicklung von Empathie und reflektierter Autonomie erreichen will, mit ihnen dialogisch arbeiten will und sie als Expertinnen und Experten ihrer eigenen Lebenswelt ernst nimmt (und eben nicht nur als unmündige „Patienten"), muss deren Logik verstehen und Einblicke gewinnen, welche subkutanen Gewaltformen in den Milieus bestehen, etwa in Form von Regeln und Ritualen. Dazu gehören Zwänge ebenso wie Attraktoren sowie Techniken der Zugehörigkeit und Anerkennung; aber auch, welche Formen und welche Räume zur Rollendistanz und Autonomie es in den Milieus jeweils gibt und wie diese funktionieren, welche Schutzfaktoren vor Heteronomie sich als praktisch erwiesen haben (Fluchten, Territorien des autonomen Selbst). Das verlangt von den Fachkräften dieser

Professionen, sich der eigenen (privaten) Milieuprägung bewusst zu sein, sich von ihr – kognitiv – zu distanzieren und die eigenen Reflexe der Bewertung und Maßnahmen zu kontrollieren, und sich selbst als Lernende zu verhalten (vgl. Thiersch 2006: 15–60; Thiersch 1992; Grundwald/Thiersch 2004; Steingen 2020).

2. Das *Schaffen eines geistig-gesellschaftlichen Klimas*, das ermutigt, Gewalt zu identifizieren und zu benennen, die Verletzung des Opfers zu skandalisieren, die Tat als individuelles und kulturelles Sakrileg zu stigmatisieren (ohne dass dies zur Routine wird, die ermüdet und betäubt). Mit der Begrifflichkeit der Theorie autopoietischer sozialer Systeme lässt sich sagen: Was nicht kommuniziert wird, hat keine soziale Existenz (vgl. Luhmann 1984). Hinsehen, Benennung und Skandalisierung müssen auch scheinbar banalen und flüchtigen Aggressionen des Alltags gelten. Diese dürfen nicht bagatellisiert werden durch einen Vergleich mit offensichtlich noch grausameren Taten, oder normalisiert werden als Element einer Wettbewerbsgesellschaft. Es geht um die Fähigkeit, Gewalt in seinen verschiedenen Formen und Graden sehen zu lernen: Schliff und Schärfung einer multifokalen Linse.

Nicht vertieft, aber hingewiesen werden soll an dieser Stelle, dass das Benennen von Gewalttaten selbst Kommunikation ist von Akteurinnen und Akteuren mit unterschiedlichen Interessen und auch unterschiedlichen sozialen und sprachlichen Ressourcen zur Durchsetzung dieser Interessen. Der Kampf um die Deutungshoheit von Ereignissen sowie die präjudizierende Besetzung signifikanter Begriffe (Schlagworte, Parolen) eröffnet immer wieder einen Wettbewerb, welche Taten unter die Kategorie Gewalt fallen. Aufmerksamkeit bedarf der Punkt, dass die Bestimmung einer Tat als gewalttätig (und ihre Kategorisierung bzgl. Grad und Typus) nicht automatisch in herrschaftsfreien Diskursen geführt wird, sondern dem Risiko und der Verlockung unterliegen, mit Gewalt die eigene Bestimmung durchzusetzen, etwa durch Techniken der Dramaturgie, oder durch Techniken der Ausgrenzung oder Diffamierung konkurrierender Diskurse und ihrer Vertreter/innen.

Dabei hat eine politisch und sozialkaritativ motivierte Prävention nicht nur auf individuelle Gewalttäter zu blicken, sondern in gleichem Maße – und für ein vertieftes Verstehen vordringlich – auf Gewaltrituale in den Alltagskulturen der verschiedenen Milieus. Diese sind im Binnenraum eines Milieus akzeptierte Codes und Symbole der Verständigung und der Zugehörigkeit, setzen jedoch eine spezifische Robustheit voraus und fordern diese ein. Doch wer als Angehöriger des Milieus oder als Adressat außerhalb des Milieus diese Robustheit nicht mitbringt, leidet oft erbarmungslos. Zu denken ist etwa an Machtdemonstrationen und Kraftspiele zwischen Führungskräften (insbesondere gegenüber aufstrebenden Frauen, auch in Form diskriminierender Fürsorge). Zu denken ist an Gewalt mancher

Führungskräfte, die sich selbstverständlich das Recht nehmen, in die psychischen, emotionalen oder sozialen Territorien von Untergebenen einzudringen, ihre persönlichen Grenzen und Leistungsgrenzen nicht anerkennen, sondern sie durch nicht bewältigbaren Leistungs- oder Zeitdruck aus der Balance bringen (mit dem Argument, dass der Einzelne oder das Unternehmen nur durch diesen Gewaltschub einen Quantensprung in der Entwicklung hat machen können). Zu denken ist in den Milieus der „Traditionellen" und „Benachteiligten" an die untereinander oft spöttelnde Sprache und an spaßhafte Provokationen, was als kumpelhafte Frotzelei abgetan wird, aber manchen verletzt und Erniedrigung bedeutet.

Der springende Punkt ist, dass – abgesehen von extrem brutaler Gewalt – die verschiedenen Formen und Situationen, Facetten und Nuancen körperlicher, verbaler, psychischer, sexistischer Alltagsgewalt nicht von allen Betroffenen (und Beobachtenden) gleich wahrgenommen, gedeutet und bewertet werden. Neben individuell-biografischen Sensoren für Gewalt sind die Wahrnehmung, Deutung und Wertung einer Gewalttat abhängig von der jeweiligen Milieukultur. Das zeigt sich exemplarisch und symptomatisch beim Sexismus, zu dem „Postmaterielle" und „Etablierte" – also zwei Milieus mit hoher Bildung und gehobenen Einkommen im oberen Bereich der gesellschaftlichen Hierarchie – völlig andere, zum Teil gegensätzliche Auffassungen haben. Und es liegen Welten zwischen den Erfahrungen von Frauen der „Bürgerlichen Mitte" und „Hedonisten" (vgl. Wippermann 2019: 59–95).

Beispiel: Einstellungen zu Sexismus in vier Milieus

Im gehobenen Leitmilieu **Etablierte** demonstrieren Frauen, dass sie selbst keinen Sexismus erfahren oder nie wehrloses Opfer von Alltagssexismus sind. Vulgäre Abweichler von guten Sitten seien Ausnahmen, denen durch klare Ansagen dezidiert Grenzen gezogen werden könnten. Wichtig sei Frauen und Männern in diesem Milieu, in solchen Situationen nicht übertrieben zu reagieren sowie in der Debatte nicht zu übertreiben – wie #MeToo durch seine Diffamierungskultur, sodass heute Männer die eigentlichen Opfer von Sexismus seien. Absolute Gleichstellung werde es nach Auffassung von „Etablierten" niemals geben, denn schon von Natur aus seien Männer und Frauen unterschiedlich. Daraus ergebe sich im Alltag in der Partnerschaft und Familie die Tendenz zu einer Rollenteilung, die sich bewährt habe, ebenso in Bezug auf Berufswahlen und Funktionen im Unternehmen. Primat bleibe die freie Wahl des Einzelnen nach Talent und Leistung. Nur in wenigen Bereichen sähen sie eine Ungleichstellung von Frauen, etwa beim Anteil von Frauen in Führungspositionen, zum Teil auch beim Entgelt. Sexismus im normalen Umfang sei nicht schlimm; Sexismus per se sei nicht negativ – so die Überzeugung. Andere in ihrer Sexualität zu sehen und zu behandeln, sei Teil der Geschlechtsidentität. Sexistische Gewalt sei schlimm und zu ahnden; aber man dürfe Sexismus nicht auf Tabuübertretungen und Verletzungen von Menschen verkürzen, bei denen ihnen die Würde genommen werde. Vielmehr müsse man den Blick weiten für die vielen Arten von positivem Sexismus. Denn Sexismus sei für sie die natürliche und notwendige Basis einer aufgeklärten, modernen, freien Gesellschaft.

Hingegen betonen Frauen und Männer im Leitmilieu der „**Postmateriellen**", dass Sexismus nicht auf persönliche Übergriffe im Alltag reduziert werden dürfe, sondern Ursachen in der strukturellen Ungleichstellung von Frauen und Männern habe: Ungleichstellung befördere Alltagssexismus. Alltagssexismus sei nicht nur individuelle Triebenthemmung und Machtmissbrauch, sondern auch ein Instrument zur Restituierung traditionell-hierarchischer Geschlechterverhältnisse. Hier gebe es nicht nur den gesellschaftlich etablierten „normalisierten" Sexismus von Männern gegenüber Frauen und gegen (homosexuelle) Männer. Es gebe auch umgekehrt, quasi als Gegenreaktion, Alltagssexismus von Frauen gegen Männer als Objekte für Sex, für eigene Machtdemonstrationen sowie für die Durchsetzung eigener Interessen (indem sich Frauen zum Beispiel selbst zum Sexobjekt machten) sowie Alltagssexismus gegen andere Frauen, die dem eigenen Normbild von Frausein nicht entsprächen. Das sei ebenso abscheulich und auszumerzen. Sie kritisieren den disruptiven Charakter aus dem Lager des Antifeminismus und des Maskulismus, den wechselseitig diffamierenden Ton und das Vokabular, sehen Nähen zum Rassismus und zur identitären Weltanschauung. Gleichwohl halten sie für den Zusammenhalt einer demokratisch verfassten offenen Gesellschaft einen gesellschaftlichen Dialog darüber für wichtig, inwieweit es heute im alltäglichen Zusammenleben und in Institutionen Sexismus gibt. Gleichwohl dürften in diesem Dialog und Streit die Fundamente nicht zur Disposition gestellt werden: der Verfassungsgrundsatz „Die Würde des Menschen ist unantastbar." sowie die Menschenrechtscharta der Vereinten Nationen. Ziele seien Emanzipation und das Arbeiten an einer Utopie von einer guten und gerechten Gesellschaft.

Im Milieu „**Bürgerliche Mitte**" ist nur in Spuren die Einstellung vorhanden, dass Sexismus mit der Ungleichstellung von Frauen und Männern eng verwoben ist. Während Frauen in diesem Milieu als die zwei wichtigsten Hebel gegen Sexismus die Gleichstellung von Frauen und Männern sowie das Bemühen der Frauen, sich durch Outfit und Verhalten nicht zum Objekt sexueller Triebe von Männern zu machen, sehen, sehen Männer primär die Frauen gefordert, mit erotischen Reizen nicht zu provozieren, weniger aber strukturelle Aspekte der Gleichstellung. Eine von Sexismus befreite Gesellschaft erscheint diesen Männern – trotz ihrer anfänglich demonstrierten Antisexismus-Einstellung – wenig attraktiv, sondern ohne Schönheit, uniform, reizlos, fade.

Im Milieu „**Hedonisten**" verbinden Frauen mit Sexismus vor allem Frauenfeindlichkeit, die bewusste Ungleichbehandlung oder Ausschließung aufgrund des Geschlechts. Von Sexismus Betroffene seien nach ihrer Erfahrung hauptsächlich Frauen – und sie selbst. In keinem anderen Milieu ist die Bereitschaft, sich selbst als Opfer von sexistischen Übergriffen zu outen, so groß wie hier. Sie empfinden zudem großes Unbehagen und Missfallen über mediale Darstellungen von Frauen: Zum einen würden Frauen inszeniert als erotische Objekte der Begierde zum Zweck der Verkaufsförderung – und dabei werde ein Leitbild von Frausein geliefert, an dem eigentlich jede normale Frau nur scheitern könne. Zum anderen würden Frauen in Filmen und in der Werbung in einer traditionellen Rolle dargestellt, in der die Frau für ihr Lebensglück einen Mann brauche, und ohne diesen unzufrieden und unvollständig sei. Frauen dieses Milieus sehen sich in einem Dilemma: Kleideten sie sich betont weiblich, gingen sie das Risiko ein, Lustobjekt von Fremden zu werden. Wenn sie sich hingegen nicht schminkten oder unweiblich kleideten, würden sie nicht als interessante Frau und als unattraktiv gelten. Einige haben den Eindruck, sich nicht sexy verkleiden zu müssen, „um nur nicht dumm angemacht" zu werden. Egal, wie sie sich kleiden und ausrüsten, sie rechnen mit sexistischen Reaktionen.

Präventive Sozialarbeit mit Täterarbeit tut gut daran, sich mit der soziokulturellen und sozialräumlichen Lebenswelt von Person und Personengruppen zu befassen: Sie zu verstehen als Gewächs und Ensemble ihrer Milieuprägung ist der notwendig erste Schritt, um gewalttätig gewordene Menschen pädagogisch bzw. in psychosozialer Begleitung zu erreichen.

Anerkennung des Anderen

Gewaltprävention hat auszugehen von der nicht zu begründenden Forderung, jeden Menschen als Person anzuerkennen, ohne Abstriche aufgrund individueller Merkmale oder einer Gruppenzugehörigkeit. Diese unbedingte Anerkennung des Anderen verlangt, immer wieder reflexiv auf Abstand zu gehen zur sprachlich durchformten Sozialorientierung, eine Person durch Kollektivbegriffe (Nomen, Attribute) zu kategorisieren und damit sie nach Qualitäten zu sortieren und zu bewerten, von denen diese Person oder Gruppe viel oder wenig hat. Das ist eine nicht abschließbare Anstrengung, die durch die begriffliche Aneignung und Ordnung der sozialen Welt permanent und unausweichlich konterkariert wird. Gegen jede das *Wesen* einer Person oder Personengruppe *festschreibende* Kategorisierung, Identifikation und Bewertung gilt es anzuarbeiten.

Die normative Sozialphilosophie der Anerkennung wurde in den 1990er Jahren formuliert, vor allem geprägt durch Axel Honneth und Charles Taylor, und hat bis heute konstruktive Theoriediskurse angestoßen.[83] Sehr bald schon wurden Kernmotive dieser Theorie von verschiedenen Professionen für ihre konzeptionelle Arbeit aufgenommen, insbesondere in den Praxisfeldern Erziehung, Erwachsenenbildung, Migration, Inklusion, Pädagogik.[84] Eine aus den empirischen Befunden nicht zwingend und einzige, aber plausibel ableitbare Leitidee zur Gewaltprävention ist das pädagogisch-politische *Ziel*, bzw. noch grundlegender, die *Forderung* der Anerkennung des Anderen. Diese lässt sich in zwei Aspekte differenzieren:

1. Die Anerkennung des Anderen als *Angehörige(r) eines Kollektivs,* zum Beispiel aufgrund von Geschlecht, Ethnie, Generation, Religionszugehörigkeit, Parteisympathie, Berufsstand, sexueller Orientierung, Berufsgruppe, Statusgruppe etc. (→ kollektive Identität).
2. Die Anerkennung des Anderen *als einzigartiges Individuum,* unabhängig und jenseits kollektiver Zugehörigkeiten, Zuschreibungen, Positionen (→ Ich-Identität).[85]

Was bedeutet Anerkennung? Nach Axel Honneth bedeutet Anerkennung, an einem anderen Menschen „eine Werteigenschaft wahrzunehmen, die uns intrinsisch dazu motiviert, uns nicht länger egozentrisch, sondern gemäß den Absichten, Wünschen und Bedürfnissen jenes anderen zu verhalten" (2010: 118 f.). Ohne die Anerkennungstheorie inklusive ihrer Identifizierungs- und Anerkennungsparadoxien[86] zu vertiefen, sollen Hinweise zum Verhältnis der beiden

---

83 Vgl. Honneth 1992, 2010, 2011, 2015; Fraser/Honneth 2003; Taylor 1993; Habermas 1996; Margalit 1997; Benhabib 1999; Benjamin 1993; Mecheril 2003; Borst 2003; Ricoeur 2006; Deines 2007; Bedorf 2010; Ikäheimo 2014; Butler 2015; Todorov 2015.
84 Vgl. Mecheril 2005; Stojanov 2006; Nothdurft 2007; Hafeneger/Henkenborg/Scherr 2007; Schäfftler 2009; Prengel 2013; Morgan 2016; Stöhr/Lohwasser/Noack Napoles et al. 2020.
85 Axel Honneth unterscheidet drei Formen der Anerkennung: *Liebe* (bedingungsloses Selbstsein in einem Anderen; im Modus affektiv; erzeugt und reproduziert Selbstvertrauen), *Recht* (moralischer Respekt; im Modus kognitiv, erzeugt und reproduziert Selbstachtung) und *Solidarität* (soziale Wertschätzung; im Modus rational gewordener Affekt, erzeugt und reproduziert Selbstwertgefühl). Ein Bewusstsein über versagte oder geraubte Lebenschancen entstehe erst aus Erfahrungen der Missachtung. Formen der Missachtung von Liebe seien Gewalttaten wie Vergewaltigung oder Folter; für die Missachtung von Recht die Entrechtung; für die Missachtung der Solidarität die Beleidigung und Entwürdigung.
86 Siehe dazu etwa Fraser 2003; Mecheril 2005; Stojanov 2006; Deines 2007; Todorov 2015; Butler 2015. Mecheril betont, dass Anerkennungsansätze die faktischen Bedingungen vernachlässigen, an denen die Handlungsfähigkeit eines Subjekts in einer Dominanzgesellschaft bzw. in hegemonialen Machtstrukturen geknüpft ist und dass solche Anerkennungen die dominanten Unterscheidungen und hegemonialen Gefälle bestätigen. Sprachliche Bezeichnungspraxen erzeugen die „Anderen", indem sie diese quasi definitorisch auf

Aspekte mit Blick auf Gewaltprävention und den beschriebenen empirischen Befunden gegeben werden:

Die Anerkennung anderer, die im Rahmen der Verfassung sind und diese anerkennen, erfordert zivilgesellschaftliches Engagement von Individuen und Organisationen. Die kulturelle und pädagogische Arbeit an der Anerkennung stigmatisierter und benachteiligter Gruppen und der ihnen zugehörigen Personen erhöht die Chance zur Anerkennung jener Personen *als Gruppenangehörige*, ist aber zugleich ein Gewaltakt am Individuum, wenn dieses über seine Zugehörigkeit definiert und darauf reduziert wird. Es wird zum Repräsentanten eines Kollektivs (gemacht), damit seine Anerkennung als individuelles Subjekt unterminiert.[87]

Ein anderes Problem liegt darin, dass Gewalt nicht nur gegen Personen ausgeübt wird, wenn diese als Angehörige eines fremden oder feindlichen Kollektivs identifiziert werden, sondern häufig gegen *irgendeine* Person ausgeübt wird, sofern diese einem gewaltbereiten Täter(kreis) in der Situation als schwächer erscheint, gemessen an den Gewalttechniken und dem Überraschungseffekt: Die relative Schwäche des Anderen ist für Täter oft das entscheidende Auswahlkriterium für ein potenzielles Opfer. Insofern greift eine Strategie der Anerkennung anderer Kollektive allein zu kurz. Daher kann Prävention nicht bei der Anerkennung anderer Kollektive stehenbleiben, auch wenn sie einen erheblichen Teil der Gewalt wohl zu verhindern vermag. Die Anerkennung *anderer Kollektive* mag funktional für die Gewaltprävention sein, aber sie ist lediglich eine – durchaus ambivalente – Brücke zur Anerkennung des Anderen *als Individuum*.

---

bestimmte Hinsichten festlegen. Im Falle der Anerkennung tritt diese Festlegung mit einem Anspruch wohlwollenden Verstehens auf, ebenso Anleitungen zum Umgang mit der Funktion, dass die eigenen Interpretationen und Umgehensweisen legitimiert werden. „Mit dieser einschreibenden Konstruktion des und der Anderen werden jene Differenzen, die das ‚Wir' vom ‚Sie' unterscheiden, festgeschrieben und bestätigen das eigene Wissen über den oder die Andere(n)" (2015: 315). Bei Deines (2007) und Todorov (2015) findet sich der Gedanke, dass es manchen Menschen in prekären Lebenslagen wichtiger ist, einen prekären Status anerkannt zu bekommen, als gar nicht anerkannt zu werden. Doch Butler (2015) weist darauf hin, dass eine solche Praxis der Adressierung ihrerseits als negative Form der Anerkennung aufgefasst werden kann, mit der Folge, dass die Entwertung, Marginalisierung, Stigmatisierung oder Missachtung bestimmter Individuen oder Gruppen durch Anerkennung zementiert wird.

87 So kann die Zielgruppenarbeit an der Anerkennung von lesbischen, homosexuellen, bisexuellen, transidenten, intersexuellen Menschen dazu beitragen, dass Angehörige dieser Gruppen weniger (idealerweise gar nicht mehr) stigmatisiert, benachteiligt oder misshandelt werden. Gleichzeitig aber wird ein Individuum primär über dieses Merkmal definiert und identifiziert, sodass andere Sphären dessen, was es darüber hinaus und vielleicht eigentlich ist (und was es von anderen, die unter das Label LGBTI fallen, unterscheidet), verdeckt und ungesehen wird. Dasselbe lässt sich für andere Kollektivzuschreibungen sagen, wie etwa Flüchtlinge, Hartz IV-Empfänger, Feminist/innen etc.

Anerkennung umfasst immer zwei Momente: jemanden erkennen (*Identifizierung*) und respektieren (*Achtung*). (1) *Identifizierung* meint, jemanden sehen wollen und können. Zum einen verlangt dies Motivation und Kompetenzen. Zum anderen verweist dies auf die begrifflichen Schablonen, Kategorien und Sprachmittel, mit denen ein Individuum bestimmt und zugeordnet wird, damit auch abgrenzt (different) von anderen Kategorien bzw. Gruppen. Insofern wäre ein Baustein der frühkindlichen Erziehung, der Jugend- und Schulsozialarbeit sowie grundsätzlich der Gewaltprävention das Arbeiten an der Reflexion, mit der „Andere" kategorisiert und sprachlich beschrieben werden. (2) Das Moment der *Achtung* gliedert sich in Selbstanerkennung und Fremdanerkennung. Dabei ist die Anerkennung durch andere der Selbstanerkennung vorgelagert.[88] Missachtungsformen wie Tritte, Schläge, Vergewaltigung, verbale Misshandlung als Gegenteil emotionaler Zuwendung; Mobbing und Ausschließung als Gegenteil kognitiver Achtung sowie Entwürdigung und Beleidigung als Gegenteil sozialer Wertschätzung mindern die Ausbildung respektvoller Selbstbeziehung.

Anerkennung des Anderen ist nicht bloß gefühlte Empathie, sondern zielt auf die Anerkennung des *Subjekts in seiner Handlungsfähigkeit*, sei es als Angehörige oder Angehöriger eines Kollektivs (Anerkennung von Frauen, Schwarzen, Juden, Roma, Sinti, Moslems, Palästinensern, Flüchtlingen, Rettungssanitätern, Polizisten, Drogenabhängigen, Obdachlosen, Managern, Fahrradfahrern, Transidenten, Homosexuellen, LGBTIQ etc.) oder einer einzigartigen Person jenseits kollektiver Zugehörigkeit. Diese Anerkennungen des Individuums als *soziales Subjekt* und als *personales Subjekt* verlangen die garantierte psychische und physische Unversehrtheit. Es geht um das Selbstbestimmungsrecht über den eigenen Körper und die eigene Psyche (Bewusstsein, Geist): Insofern sind Rassismus und Sexismus Formen des Angriffs gegen „die anderen Körper" *und* „die anderen Psychen".

Der hier behauptete Ansatz ist, dass Gewalt in mangelnder oder verweigerter Anerkennung des Anderen als Subjekt bzw. der Nicht-Anerkennung anderer Gruppen und damit ihrer Angehörigen wurzelt. Die Frage nach Anerkennung hat unter den Bedingungen der Moderne an Bedeutung gewonnen, da Anerkennung nachweislich misslingt und Gewalt gegen andere Personen die offensichtlichste Äußerung ist. Dazu Charles Taylor: „Neu ist daher nicht das Bedürfnis nach Anerkennung, neu ist vielmehr, dass wir in Verhältnissen leben, in denen das Streben nach Anerkennung scheitern kann" (1993: 24). Dabei wird deutlich, dass Anerkennung keine Meinung und kein Standpunkt ist, sondern ein *Prozess*. Taylor (1993: 27 ff.) beschreibt zwei gegenläufige Strategien, wie mit

---

88 Das verweist auf die Alltagserklärung, die von Fachkräften bestätigt wird, dass Täter von Gewalt in früheren Phasen ihrer Kindheit, Jugend oder auch im Erwachsenenleben oft selbst zuerst Opfer waren, somit von bestimmten Anderen nicht als Subjekt mit unantastbarer Würde anerkannt wurden.

gesellschaftlicher Ungleichheit umgegangen werden könne, mit einer *Politik des Universalismus* oder mit einer *Politik der Differenz*:

- In der *Politik des Universalismus* steht die Menschenwürde im Mittelpunkt. Das Prinzip des Universalismus geht davon aus, dass allen Bürgerinnen und Bürgern die gleiche Würde anhaftet und daher alle gleich behandelt werden sollten. Es zielt auf die Angleichung der Rechte und Freiheiten der Individuen, um zu vermeiden, dass es Bürgerinnen und Bürger erster und zweiter Klasse gibt. Diese universelle Menschenwürde konstituiert sich durch die Vernunft, die allen Menschen als Potenzial in gleicher Weise gegeben ist. Der Kampf dieser Politik ist gegen systematische Ungleichbehandlung von Menschen gerichtet, vor allem gegen die Ungleichbehandlung von Menschen unterschiedlicher Klassen, Lebenslagen und Lebensstile.
- In der *Politik der Differenz* dagegen steht die individuelle Identität des Einzelnen und besonderer sozialer Gruppen im Mittelpunkt des politischen Handelns. Diese Identität speist sich aus dem kulturellen Kontext, aus dem heraus sich jeder Mensch definiert. Der Kampf dieser Politik ist gegen jegliche Form der Assimilation gerichtet. Politisches Ziel ist die Bewahrung und Förderung von Authentizität und Individualität. Die Politik der Differenz zielt somit ebenfalls auf gleiche Anerkennung aller Bürger. Während die Politik des Universalismus verlangt, allen dieselben Freiheiten und Rechte zu garantieren, zielt die Politik der Differenz darauf, die Besonderheiten und unverwechselbare Identität von Individuen oder Gruppen anzuerkennen, zu befördern und zu schützen.

Beide anerkennungspolitischen Strategien zielen auf unterschiedliche Dimensionen sozialer Werte und sind letztlich unvereinbar. Eine Strategie zur Gewaltprävention muss sich nicht zwischen beiden definitiv entscheiden. Sie sollte sich aber bewusst machen, im vorbereitenden Diskurs klären und erst daraufhin ein Handlungskonzept entwickeln, ob sie zur Politik des Universalismus oder zur Politik der Differenz neigt. Eine Lösung dieser Divergenz bedarf einer Meta-Ebene reflexiver Aushandlungsprozesse, in denen beide Dimensionen kontrastiv aufeinander beziehbar werden. Darüber hinaus gilt es, nicht nur auf der Ebene individueller Akteurinnen und Akteure zu bleiben, sondern auch korporative in den Blick zu nehmen als Akteure der Missachtung und Gewalt an Personen; somit strukturelle Formen der Missachtung, die für zwischenmenschliche Aushandlungsprozesse nur unzureichend verfügbar sind.

Folgt man Axel Honneth (1992, 2010), so wird Widerstand gegen soziale Ungleichheit weniger an allgemeinen Forderungen nach Gleichbehandlung oder nach Respektierung unverwechselbarer Unterschiedlichkeit praktisch ansetzen, sondern seine Dynamik aus existenziellen Erfahrungen von Missachtung und sozialer Diskriminierung beziehen. Dazu bieten die in den Milieubeschreibungen dokumentierten Wahrnehmungen und Deutungen von Gewalt eine empirische Referenz. In diesem Verständnis eines Lernanlasses sensibilisiert Avishai Margalit (1997: 144 f.) für drei Formen einer *institutionellen Demütigung*:

- *Beraubung von Selbstkontrolle durch institutionelle Übergriffigkeit*: Demütigende Gesten legen es fast immer darauf an, dem Opfer zu zeigen, dass es sein Schicksal nicht mehr in der Hand hat und der Gunst bzw. der Brutalität seiner Peiniger wehrlos ausgeliefert ist.
- *Behandlung als „Nicht-Mensch"*: Wie zum Beispiel als Tier, Mensch zweiter Klasse, Untermensch, Nummer, Kind, Unmündige, Untersuchungsgegenstand, Element einer Klassifizierung von Krankheit, Ethnie, Klientel, Bedarfslage, Zielgruppe, Figur etc.
- *Zurückweisung der identitätsrelevanten Gruppe*: Da die Selbstachtung eines Menschen von der Zugehörigkeit zu einer für ihn relevanten Gruppe abhängen kann, ist die Nicht-Beachtung oder Stigmatisierung der Gruppe auch für das zugehörige Individuum eine Demütigung.

Positiv gewendet äußert sich institutionelle Sensibilität für die Unterschiedlichkeit der anderen Person in Formen des Respekts und des Takts gegenüber den Selbstinterpretationsleistungen des Anderen in seiner Subjektivität. Auf einer strukturellen Ebene sollte das zu einer anerkennungstheoretisch reflektierten Gestaltung öffentlicher Institutionen führen.

In allen Milieus gibt es in der Alltagstheorie zur ursächlichen Erklärung der Gewalt die Betonung des Wertewandels, der sich in immer mehr und rücksichtsloserem Egoismus zeigt. Dieser Wertewandel hat in konservativen und traditionellen Milieus (Achsenabschnitt A der Grundorientierung) das Vorzeichen eines *Werteverfalls*; in Milieus der Benachteiligten, Bürgerlichen Mitte, Etablierten (Achsenabschnitt B) das Vorzeichen eines *Generationenwandels* in Richtung einer zunehmend haltlosen, medial verführten und in ungute Nischen geführten Jugend. In den Milieus der Postmateriellen, Performer, Expeditiven und Hedonisten (Achsenabschnitte B/C) hingegen gilt Egoismus als eine negative *Nebenerscheinung der Emanzipation*, die insgesamt positiv ist, nur werde Emanzipation von einigen als grenzenlose Freiheit missverstanden. Egoismus sei das Produkt eines sich zunehmend entfaltenden Kapitalismus, der diesen Egoismus aus seiner internen Logik des Wettbewerbs fordere und befördere. Was als Egoismus erscheint, gründet in ungleich verteilten Verwirklichungschancen und sozialer Ungerechtigkeit. Hier gibt es Widerspruch zur These von Konservativen und Traditionellen, die Jugend kenne keinen Respekt und Anstand mehr. Gerade die von den jungen Generationen getragenen Bewegungen (Fridays for Future, #MeToo, Antifa oder die Anti-Rassismus-Bewegung) sprechen dafür, dass diese Jugendlichen und jungen Erwachsenen den verloren gegangenen Respekt vor der Natur (Tierwohl, Artenvielfalt), die Gleichheit *aller* Menschen und die Chancen künftiger Generationen reklamieren. Egoismus identifizieren sie hingegen in der Pegida-Bewegung, im neu entfachten völkischen Nationalismus und Rassismus, im Antifeminismus und Maskulismus, bei Anhängerinnen und Anhängern von Verschwörungstheorien und Anti-Corona-Demonstrationen sowie vor allem in der Wirtschaft, die für kurzfristige Gewinne Menschen ausnutzt und depriviert, Tiere misshandelt und als Dinge behandelt, Natur ausbeutet und an den Rand der Existenz bringt. Hier wird deutlich, dass die Diagnose „Egoismus" als Wurzel der Gewalt auf sehr unterschiedlichen Deutungen beruht. Gleichwohl gibt es ein verbindendes Moment: All diese Verweise auf den gewachsenen (individuellen wie strukturellen) Egoismus stellen fest, dass die Fähigkeit nur noch rudimentär ausgeprägt ist, andere Kollektive und das fremde Individuum als Subjekt anzuerkennen und sich in die Perspektive des Anderen hineinzuversetzen. Diese *Anderen* sind nicht Gleichgesinnte im Freundes- und Bekanntenkreis im gleichen Milieu, sondern im Gegenteil Frauen, Männer und Diverse in anderen Milieus, Menschen mit anderen Lebensauffassungen und Lebensstilen, Menschen mit anderen Herkünften und kulturellen Traditionen, von denen man sich keinen Nutzen verspricht, kurzum: *Fremde*. Die instrumentelle Vernunft gerichtet auf Personen, Tiere und Natur ist das, was im Alltag als Egoismus erscheint. Insofern ist der beklagte Egoismus kein Komplize der Autonomie des Individuums unter Maßgabe der Anerkennung des Anderen, sondern der Antipode.

Anerkennung des Fremden

Es gibt einen Unterschied zwischen der Anerkennung von Personen oder Personengruppen, die man durch eigene Kontakte kennt, und der Anerkennung von Fremden. Die Sozialfigur des Fremden ist dem Risiko der Gewalt besonders ausgesetzt. Der Fremde ist weder Freund noch Feind, hat einen geringeren Status als ein Feind, Gegner, Konkurrent. Einen solchen kann man wertschätzen, es gelten die Regeln der Fairness und des Respekts. Ein Fremder dagegen gilt als Vagabund, ohne Rechte und Ansprüche, dem man Gastfreundschaft gewähren kann, aber nicht muss. Wer als fremd gilt, bekommt nicht die Höflichkeit, den Respekt, die Fürsorge wie Zugehörige oder Gäste; hier gelten andere Regeln des Umgangs und das subjektive Recht zur Missachtung. Der polnisch-britische Soziologe und Philosoph Zygmunt Bauman (2004, 2016) spricht kulturkritisch von *Abfall (waste)*, als den jene in modernen Nationalstaaten gesehen werden, die den Anforderungen der flüchtigen Moderne nicht genügen. Im deutschsprachigen Kontext wird häufig von *Überflüssigen* oder *Ausgeschlossenen* gesprochen, wenn Exklusionsprozesse diagnostiziert werden (vgl. Schroer 2001: 33–48; Imbusch 2001: 49–62; Bude/Willisch 2006; Bude 2008). Eine ständig sich beschleunigende Konsumgesellschaft produziert, so Bauman, beständig mehr Abfall. Dieser bestehe nicht nur aus Gütern, aus Verpackungen, aus Müll, sondern sei häufig auch menschlicher Abfall: Menschen, die man nicht (mehr) brauche, die keinen Nutzen und Wert hätten. In den Einstellungen mancher seien diese Menschen freigegeben für willkürliche Übergriffe. Wer zu den Überflüssigen, Nutzlosen, Entbehrlichen, Fremden gehöre, sei nicht administrativ festgelegt. Das Problem sei, dass nicht etwas oder jemand per se Abfall sei, sondern zum Abfall gemacht werde. Abfall unterliegt einem Definitionsprozess. Erst wenn wir etwas als Abfall bezeichnen oder behandeln, wird es zum Abfall.

Der Fremde ist eine soziale Zuschreibung. Als *fremd* gilt nicht nur der Neuankömmling, sondern ist ein Prozess der Betrachtung und Behandlung jener, die anders sind oder weniger vertraut, selbst wenn man ihnen jahrelang begegnet. Solche Fremdheiten werden milieuspezifisch *und* sozialraumbezogen definiert. Sie bestehen nicht nur gegenüber „Gruppen" wie Ausländer, Homosexuelle, LGBTI, Flüchtlinge, Neonazis, Juden, Muslime, Sinti, Roma, Evangelikale. Einander fremd sind auch Menschen verschiedener Milieus aufgrund ihrer anderen Lebenslogik und Lebensweise. Der Fremde ist immer der Fremde *meiner* Lebenswelt.

Ein Fremder ist weitgehend unbestimmt aus der Sicht von Beobachtenden. Die *Unterbestimmtheit der Fremden* erzeugt Unsicherheit auf eigenem Terrain. Auf der Suche nach Sicherheit und in Sehnsucht nach Souveränität werden die empirischen Wissenslücken über den oder die Fremden gefüllt mit spontanen, traditionellen und ritualisierten Zuschreibungen, die eher Auskunft geben über die beschreibende Person und ihre Lebenswelt als über die beschriebene fremde Person und ihre Lebenswelt. Diese Zuschreibungen von Fremden sind meistens negativer Art, Ausdruck einer Verteidigungshaltung und Selbstvergewisserung; nur in Ausnahmen positiv hinsichtlich der Nützlichkeit und außerordentlichen Leistung des Fremden, stets gemessen an eigenen Maßstäben (und nicht denen des Fremden). Eine größere Aufgeschlossenheit gegenüber dem Neuen, Unbekannten, Fremden gibt es in den Milieus der „Expeditiven" und „Postmateriellen". Cineastisches Beispiel der Sozialfigur des Fremden ist der auf einer Farm auftauchende Namenlose, dessen Herkunft und Motiv der Wanderung unklar ist, der eine düstere Vergangenheit hat und eine persönliche Mission, nicht lange bleiben will, sich aber nützlich macht und daher geschätzt wird – und am Ende wieder geht (und gehen soll, damit die frühere Ordnung wieder hergestellt ist).

Wer fremd ist, gehört nicht dazu; auch wenn er bzw. sie geduldet wird und Fürsorge erfährt. Verteidiger des Eigenen – was immer als das eigene Terrain gilt – beanspruchen zu bestimmen, wer als Fremde bzw. Fremder gilt, wann und aufgrund welcher Merkmale diese Fremdheit übergeht in graduelle Zugehörigkeit. So kann gewalttätiges Handeln als Kampf an den Grenzen der Zugehörigkeit begriffen werden. Fremde können mit Gewalt in die Territorien anderer eindringen; Fremde können durch Gewalt prophylaktisch abgeschreckt und vertrieben werden. Die bzw. der Fremde ist ausgesetzt, ohne den Schutz einer solidarischen und machtvollen Gemeinschaft. Dabei wird deutlich, dass Fremdheit eine relationale Bestimmung der sozialen Wirklichkeit ist, abhängig vom geographischen, sozialräumlichen und kulturellen Terrain, auf dem man sich gerade befindet.

Es ist nicht unerheblich, ob Fremdheit negativ oder positiv konnotiert ist. Bei einer voreingestellt negativen Bewertung von Fremdheit und Fremden (also von Neuem) wird das Eigene absolut gesetzt als heilige Substanz, woraus die Legitimation bis hin zur Verpflichtung abgeleitet wird, dieses Fremde abzuwehren und zu vertreiben, oder es zu domestizieren und bis zur früheren Unkenntlichkeit zu assimilieren, obwohl man es noch gar nicht kennengelernt und von innen heraus gesehen hat. Die Methoden und Mittel der Abwehr legitimieren sich in ihrer Härte aus der Inszenierung der Heiligkeit des Eigenen und dem Bedrohungsgrad des Fremden. Was wäre, wenn das Fremde voreingestellt positiv betrachtet würde – obwohl man es noch gar nicht kennt? Der Blick wäre ein anderer. In einer Fassung meint das die Suche nach nützlichen Elementen und Effekten für das Eigene. In einer anderen Fassung verlangt es die Relativierung der Heiligkeit des Eigenen, das nicht mehr absolut gilt. Daraus leitet sich die grundsätzliche Anerkennung des Fremden *für es selbst* ab – unabhängig von der Nützlichkeit für das Eigene. Das verlangt in der Konsequenz die Relativierung des eigenen territorialen und kulturellen Hegemonialanspruchs.

Ungleichheitsstudien seit Beginn des 21. Jahrhunderts sowie die Milieustudien seit 2007[89] belegen einen Verlust an gesellschaftlicher Kohäsion, das Auseinanderdriften gesellschaftlicher Gruppen, die eine zunehmende Exklusion von Individuen und Personengruppen aus der Anerkennungsordnung nach sich gezogen haben. Nach Honneth (1992) ist das politische Gemeinwesen derzeit kaum mehr in der Lage, die Anerkennung breiter Teile der Bevölkerung zu gewährleisten. Er verweist auf Langzeitarbeitslose, Unterbeschäftigte, Geringqualifizierte oder Ausländerinnen und Ausländer ohne legalen Status, die keinen oder einen nur eingeschränkten Zugang zum Rechts- und Wirtschaftssystem haben. Im Weiteren ist zu denken an exponierte Gruppen wie LGBTI, Flüchtlinge, Asiaten, People of Color, Neonazis, Sinti, Roma, Juden, Muslime, Spätaussiedler, Osteuropäer etc., weil sie Exklusionserfahrungen aufgrund eines signifikanten Merkmals machen und daraus erst diese Gruppenidentität finden als Teilgesellschaft, die exkludiert wird. Diese zahlreichen, sich durchaus kreuzenden Partitionierungen verdecken eine noch grundlegendere zentrifugale Bewegung: das Auseinanderdriften sozialer Milieus. Fremdheit zwischen Angehörigen verschiedener Milieus ist schwieriger zu fassen, weil die Zugehörigkeit nicht über ein administrativ dokumentierbares Merkmal bestimmt werden kann: Lebensauffassung und Lebensweise sind mehrdimensional und unscharf.

---

89 Siehe Verzeichnis eigener Publikationen unter www.delta-sozialforschung.de/publikationen (Abruf am 23.09.2021).

Milieufremdheiten basieren auf je anderen Lebenslogiken der Milieus, sind nicht einfach benennbar und schwerer skandalisierbar. So sind Motive und Ursachen der Gewalt von Angehörigen verschiedener Milieus oft unklar, werden durch vordergründige Erklärungen verschleiert.

Anerkennung der Territorien des und der Anderen: Felder der Präventionsübung

Für ein Präventionskonzept bietet die Analyse Erving Goffmans (1971: 54–96) zu *Territorien des Selbst* instruktiv Ansätze. Seine Analyse ist hilfreich, weil sich an die Frage der Anerkennung des Anderen anknüpfen lässt (vgl. Miebach 2010: 118 ff.). Menschen beanspruchen Territorien und schützen sie vor Verletzungen durch andere. Der entscheidende Unterschied zur Tierwelt besteht darin, dass es neben räumlichen und körperlichen auch symbolische Territorien gibt, dass die Benutzungsordnung der Territorien *moralisch* festgelegt ist und die sozialen Regeln situations- und personenspezifisch *variieren*. Wer Territorien beansprucht, kann selektiv Einlass gewähren. Wer diese Ansprüche einer Person ignoriert und unbefugt in ihre Grenzzonen eindringt, tut dieser Person Gewalt an.

Die Anerkennung des Anderen erfordert Respekt vor den Grenzen anderer. Dazu gehört das Gespür für Verletzbarkeiten des Anderen und den Willen, sich in die objektive Lage und subjektive Befindlichkeit des Anderen hineinzuversetzen, die Welt mit dessen Augen zu sehen. Das ist Kern dessen, was *soziale Kompetenz* ausmacht. Tragendes Element einer nachhaltigen Gewaltprävention wären in der frühkindlichen Erziehung, Jugendbildung und Erwachsenenbildung die Aufmerksamkeit für die individuellen Grenzen anderer. Diese Territorien bestehen in verschiedenen Räumen und Formen, vom *persönlichen Raum* bis zum *Informationsreservat*. An diesen lässt sich die Alltagsgewalt gegen Menschen konkretisieren, sie bieten Anknüpfungen für Präventionskonzepte:

- Der *persönliche Raum* ist das Territorium, das den Körper eines Individuums umgibt und in das andere Personen nur in bestimmten Situationen eindringen dürfen. So halten Gesprächspartnerinnen bzw. Gesprächspartner in der Regel den Abstand etwa einer Armlänge voneinander und empfinden es als unangenehm, wenn jemand die Abstandsregel verletzt, indem er oder sie mit dem Gesicht oder den Händen sich dem Körper der oder des anderen bis auf wenige Zentimeter nähert. Von dieser Regel werden bestimmte Personen ausgenommen, etwa Lebenspartner, Eltern, Geschwister, engste Freunde. Der persönliche Raum variiert in unterschiedlichen Situationen und nach Raumgröße, indem er zum Beispiel in überfüllten Fahrstühlen oder Verkehrsmitteln enger gefasst wird und außer Kraft gesetzt ist, sodass Unbekannte einem nahe kommen. Typisch sind *crowded situations* wie das Gedränge in einer Warteschlange, einem Konzert oder einem Sportevent. In einem vollen Fahrstuhl oder einer U-Bahn führen sowohl das Ankommen neuer Personen als auch der Weggang zu einer Neuverteilung im Raum und lösen in den Personen gleichzeitig zwei einander widersprechende Neigungen aus: (1) die maximale Entfernung zu anderen einzuhalten; (2) sich nicht wie jemand zu verhalten, der andere meidet. Wenn eine der Maximen verletzt wird, etwa wenn eine Person trotz sich leerender U-Bahn im Körperkontakt bleibt und bei einem Zurückweichen der Person dieser wieder körperlich nahekommt, ist das ein Akt der Gewalt als eine Verletzung des persönlichen Raums. Ähnliches gilt am Arbeitsplatz zwischen Kolleginnen und Kollegen, wenn jemand ohne äußere Not zu nahe kommt, oder es bei Abhängigkeitsverhältnissen (gegenüber Vorgesetzten) die Unsicherheit gibt, wie eine Verletzung des persönlichen Raums zurückgewiesen werden soll. Der persönliche Raum ist kein permanentes, sondern ein temporäres, situationelles Reservat. Dieser persönliche Raum ist nicht amtlich festgelegt, sondern kulturell erwachsen und damit variabel. Und er ist nicht präzise festgelegt auf ein festes objektives Maß, sondern ein unscharfes Abstandsintervall. Jedes Individuum prägt seine eigenen individuellen Abstandsregeln aus. Doch es gibt typische Muster und diese sind nicht nur orientiert am Grad der persönlichen Beziehung zu einer Person, sondern von Relationen hinsichtlich Alter und Geschlecht: Der Abstandsraum zwischen Männern und zwischen Frauen ist meistens enger als jener, den eine Frau zu einem Mann zieht (vice versa). Es gibt Grund zu der Annahme, dass es zwischen sozialen Milieus signifikante Unterschiede gibt in der Wahrnehmung und Verteidigung des persönlichen Raums. Ein Mann aus dem Milieu der Etablierten hat in der Regel einen etwas anderen persönlichen Raum als ein Mann aus dem Milieu der Benachteiligten (was sich daran zeigt, dass Etablierte dicht gedrängte Situationen im Fahrstuhl, S-/U-Bahnen oder Bussen meiden; auch beim Einsteigen in Flugzeuge darauf achten, körperlich nicht berührt zu werden). Ebenso unterschiedlich sind die kulturell vorgeprägten Befindlichkeiten und Reaktionen, wenn jemand unerwünscht den persönlichen Raum eindringt. Solche Verletzungen der territorialen Hoheit sind Gewalttaten. Doch was für eine Person aus einem Milieu als Spaß, akzeptabel oder belanglos gilt, kann von einer anderen Person als gewalthafte und verletzende Grenzüberschreitung aufgefasst werden. Je mehr ein Täter in diesen persönlichen Raum eindringt, je größer die Nicht-Akzeptanz und der Widerstand, je hartnäckiger dennoch das Verharren des Täters in der verbotenen Zone, umso stärker und mutwilliger ist die Gewalttat.

- Die *Box* besteht unabhängig vom Körper als ein Territorium, auf das ein Individuum den Anspruch erhebt, sich darin allein aufhalten zu dürfen. Die Box ist zum Beispiel ein Hotelzimmer, ein reservierter Tisch, ein Liegeplatz im Schwimmbad oder am Strand, ein Kinositzplatz, ein leerer Sitzplatz in einem öffentlichen Verkehrsmittel, auf das der Fahrgast so lange Anspruch

erhebt, wie ausreichend freie Bänke für die anderen Fahrgäste vorhanden sind (solche Boxen werden häufig durch Taschen, Jacken, Handtücher oder andere Gegenstände markiert). Es wird als Verletzung begriffen, wenn jemand diese Zeichen ignoriert, die Markierungsobjekte entfernt und sich diesen Platz aneignet. Eine Box ist auch eine Parkbank, auf der man sitzt und es wird als übergriffig erlebt, wenn sich ein Fremder ungefragt daneben setzt. Eine Box ist das eigene Büro und es ist eine unerlaubte Verletzung, wenn jemand ungefragt in dieses eintritt, länger als erwünscht bleibt (damit den Raum okkupiert), oder bei Abwesenheit des Büroinhabers sich darin aufhält oder gar Veränderungen vornimmt. Noch „heiliger" als der Büroraum ist der eigene Schreibtisch.
- Die *Hülle* ist die engste Umgebung des Körpers, die nicht wie der persönliche Raum variiert. Allerdings gibt es kulturelle Unterschiede, welche Körperteile vor Berührung besonders geschützt sind, und sie sind je nach Personenkreis, Situation, Ort, Geschlecht und Alter codiert. Es ist zwischen Familienangehörigen meistens normal, den anderen zu berühren an Händen, Armen, Schulter oder mit Umarmungen; und es ist nicht nur erlaubt, sondern auch ein normatives Symbol der Verbundenheit. In Liebesbeziehungen ist das exklusive Eindringen in die Hülle auch in intime Zonen des anderen ebenso nicht nur erlaubt, sondern Wunsch und Erwartung, aber auch diese Zugangsberechtigung kann jederzeit einseitig verweigert werden für den Moment. Diese Regel des Zugangs wird vollständig aufgehoben, wenn die Beziehung beendet ist, und es ist eine Verletzung, wenn der Expartner bzw. die Expartnerin erneut nach alten Regeln die Hülle berührt. In manchen Kreisen ist das Begrüßungsritual der angedeutete Wangenkuss, bei Geschäftspartnern und -partnerinnen das Schütteln der Hände, bei lang bekannten auch weitergehende, aber streng codierte Berührungen an Arm und Schulter. Hier gibt es signifikante Unterschiede zwischen Ländern (der Wangenkuss als Alltagsritual); aber auch innerhalb eines Landes zwischen sozialen Milieus. So ist im Milieu der Hedonisten der häufige und wiederholte Körperkontakt innerhalb der Gruppe ein normales und erwartetes Alltagsritual zum Zeichen der Verbundenheit. Dagegen ist Körperkontakt im Milieu der Expeditiven meist auf Begrüßungs- und Verabschiedungsrituale reduziert. Es ist Alltagsritual, auch zu Freunden meistens körperlichen Abstand zu halten und nur äußerst engen Bezugspersonen den Kontakt mit der eigenen Haut zu gestatten. Ebenso ist im Milieu der Konservativen der Handschlag das unter Befreundeten voreingestellte Begrüßungsritual; gegenüber den eigenen Eltern und Kindern mittlerweile auch die Umarmung, ansonsten gegenüber Vertrauten und Freunden mit einem Arm die Berührung des Schulterblatts bei ansonsten körperlichem Abstand. Im Milieu der Postmateriellen dagegen gilt häufig die Umarmung mit beiden Armen als normales Begrüßungsritual zwischen engen Freunden. Neben den Körperstellen, an denen Berührungen gestattet sind, ist in allen Milieus auch die Dauer der Berührung sozial normiert und

variiert. Es ist mit diesen empirischen Beobachtungen einsichtig, dass es im Alltag bei Begegnungen zwischen Menschen verschiedener Milieus bisweilen Unsicherheiten gibt und Verletzungen, wenn der oder die andere die milieueigenen Rituale auf andere anwendet, dies dann als übergriffig empfunden wird – zumal, wenn zwischen den Personen eine soziale Hierarchie bzw. ein Machtgefälle besteht. Das im vorderen Teil zitierte Beispiel eines Etablierten zeigt aber auch, dass es innerhalb eines Milieus zu Grenzverletzungen kommt, wenn etwa ein Etablierter die Umarmung im Lions Club durch einen anderen Mann als gewalthafte Übergriffigkeit erlebte. Neben offensichtlichen Schlägen und Tritten auf die Hülle der oder des anderen mit der Folge organischer Verletzungen, gehört zur Verletzung der Hülle auch, wenn jemand gezielt berührt wird an körperlich sensiblen oder intimen Stellen.

- *Besitzterritorien* sind Gegenstände der (dauerhaften) persönlichen Habe wie Kleidung, Taschen, Rucksäcke, die den Körper umgeben; die Haarbürste oder Zahnbürste, die kaum jemand zu teilen bereit ist; oder die gekaufte Zeitung, Handy, Kopfhörer. Wer einer Person diese Habe wegnimmt, begeht allein strafrechtlich Diebstahl. Doch viele Bereiche der Besitzterritorien sind strafrechtlich geringfügig oder irrelevant, stellen aber dennoch bei Verletzung eine Gewalttat für die Betroffenen dar. Beispiel etwa bei häuslicher Gewalt ist die Kontrolle des Handys und PCs durch den Partner/die Partnerin; oder das Verbot, durchgesetzt mit körperlicher, psychischer, verbaler Gewalt, über die eigenen Besitzterritorien frei und unkontrolliert zu verfügen.
- *Gesprächsreservate* sind Rechte eines Individuums, selbst zu entscheiden, wer es wann zu einem Gespräch auffordern darf. Solche Gesprächsreservate sind sehr unterschiedlich verteilt. Je höher der gesellschaftliche und familiäre Rang bzw. in Organisationen die hierarchische Position einer Person, umso mehr beansprucht diese, sich den Gesprächsansprüchen anderer zu entziehen und in die Gesprächsreservate anderer einzudringen. Das hartnäckige und aufdringliche Bestehen auf ein Gespräch zu einem bestimmten Zeitpunkt an einem bestimmten Ort gegen den Willen der anderen Person stellt einen Gewaltakt dar. Diffiziler ist die Frage, ob die andauernde Verweigerung eines Gesprächs ebenfalls ein (passiver) Gewaltakt ist, oder ob es in der Autonomie des Einzelnen liegt, einer Aufforderung zu folgen oder nicht. Solche Weigerung kann als Gewalttat begriffen werden, wenn die auffordernde Person in materieller oder psychischer Not ist, etwa wenn sich Eltern dem Gesprächswunsch ihres Kindes entziehen, ein Chef kategorisch dazu keine Zeit hat, sich eine Fachkraft einem Gespräch mit einem bestimmten Klienten verweigert.
- *Informationsreservate* sind Fakten eines Individuums, deren Zugang durch andere es zu kontrollieren beansprucht. Hier gibt es eine Reihe von Aspekten, von denen zwei erwähnt werden sollen: (1) Die Inhalte dessen, was eine Person aktuell will, denkt, fühlt, sowie biografische Tatsachen. Drängende

Fragen danach können als unangenehm und aufdringlich empfunden werden. Wenn diese Aufforderungen von einer Person kommen, zu der eine private oder berufliche Abhängigkeit besteht; wenn Druck zur Preisgabe dieser Information ausgeübt wird, ist das ein Eindringen in dieses Informationsreservat. (2) Ebenso sind Inhalte von Taschen, Geldbörsen, Briefe, Mails, Smartphones, Social Media-Accounts etc. Teil des Informationsreservats. Wer ohne ausdrückliche Erlaubnis in die Tasche des anderen hineinschaut oder sie gar durchsucht, Briefe oder Mails liest, den Terminkalender ohne Zugriffsrecht anschaut, das Smartphone durchforstet oder – beispielhaft im Zug – auf den Bildschirm eines oder einer Mitfahrenden schaut, dringt damit in das Informationsreservat ein.

Zur Gewaltprävention gehört somit, Sensoren und Sinn für die verschiedenartigen Territorien der Anderen zu bekommen und zu lernen, dass die Grenzen dieser Reservate individuell, geschlechts- und milieuspezifisch variieren.

Narrative öffnen: Frauen als Täterinnen und Männer als Opfer weiblicher Gewalt

Die Untersuchung zeigt, dass in unserer modernen Gesellschaft traditionelle Geschlechterstereotype tief verwurzelt sind. Diese werden vom Anti-Feminismus und Maskulismus, aber auch von Teilen des Feminismus reproduziert. Kraftvoll wirkt die asymmetrische Vorstellung der beinahe exklusiven Verknüpfungen *Täter sind Männer* und *Opfer sind Frauen*. Sie verstellen den Blick auf die Alltagswirklichkeit, in der mehrheitlich Männer die Opfer von Gewalt durch Männer sind, und Männer Gewalt auch von Frauen erfahren und deren Opfer sind. Es ist in den Blick zu rücken, dass unter den Frauen Täterinnen sind, die Gewalttaten verüben an Frauen, an Männern, an Personen ganz anderen Geschlechts, an Kindern, an Älteren. Durch die Tabuisierung oder Nivellierung der Täterschaft von Frauen werden Teile der häuslichen Gewalt und Gewalt am Arbeitsplatz bzw. der sexistischen, psychischen und körperlichen Gewalt nicht Teil der Wahrnehmung, gehen nicht in die soziale und politische Kommunikation ein, haben insofern keine soziale Existenz (obwohl es diese Realität gibt).

Zur Gewaltprävention wären somit Frauen als Täterinnen ins Blickfeld zu rücken. Die Täterschaft von Frauen dürfte dabei nicht als individuelles und höchst persönliches Problem thematisch entsorgt werden; auch nicht als bloße Reaktion auf männliche Zuerst-Täterschaft begriffen werden. Frauen wären nicht indirekt freizusprechen, dass sie letztlich nur Täterinnen werden, weil sie zuvor Opfer männlicher (persönlicher, struktureller, kultureller, rechtlicher) Gewalt gewesen seien. Vielmehr wäre die Täterschaft von Frauen als strukturelles und kulturelles Problem zu untersuchen und dass auch Frauen zur Gewalttäterin gesellschaftlich gemacht werden. Ursachen und Rahmenbedingungen, die hinsichtlich der Täterschaft von Männern ausgemacht werden, können nicht eins zu eins auf Frauen übertragen werden, weil die sozialisatorischen Prägungen und milieuspezifischen Lebenslogiken je andere sind: Insofern ist vor einer Pauschalisierung „der Frauen" als Täterinnen zu warnen. Eine Täterin im Milieu der Etablierten hat andere Rahmungen und Felder als eine Täterin im Milieu der Benachteiligten, eine Täterin im Milieu der Traditionellen ist eine andere als im Milieu der Expeditiven.

Eine geschlechtersensible Präventionsarbeit darf nicht die Konfrontation mit eindimensionalen Perspektiven (1) traditionalistisch-hierarchischer Geschlechterzuordnungen und (2) eines binär-asymmetrischen Feminismus scheuen, die ihre Haltungen als einzig richtige Ordnung oder Perspektive verteidigen. Vielmehr wären öffentliche und fachöffentliche *Dialogforen* einzurichten und zu verstetigen, in denen die *Auch-Täterschaft von Frauen* zur Sprache kommt, ein ergänzendes Narrativ zum *Täter sind mehrheitlich Männer*-Narrativ. Solche Präventionsarbeit wäre gleichzeitig wachsam, nicht von einer der beiden Seiten instrumentalisiert zu werden.

Diskurse mit hegemonialem Anspruch: Maskulismus versus binär-asymmetrischer Feminismus

Die Untersuchung zur *Wahrnehmung* von Gewalt seitens der Bevölkerung zeigt, dass zur Beschreibung der Opfer und Täter das *Geschlecht* eine zentrale Kategorie ist (ähnlich diskriminierend wie die fremde Ethnie und nicht-christliche Religionszugehörigkeit). Wie erwähnt, sind Männer mehrheitlich Opfer von Gewalt, Frauen auch Täterinnen. Während dies durch Einsatzkräfte, Kriminalstatistik und Erfahrungen professioneller Hilfeeinrichtungen belegt ist, besteht in der Bevölkerung noch immer eine Asymmetrie, die sich im dominanten Narrativ niederschlägt, das Frauen maßgeblich als Opfer männlicher Gewalt beschreibt, Gewalt von Männern an Männern bagatellisiert, nivelliert, stereotypisiert oder als seltene Sonderfälle begreift. Das provoziert Reaktionen, die in Haltungen der Misogynie oder Misandrie gründen oder in solche führen. Thema dieses Abschnitts ist die Gewalt durch gegeneinander stehende, unversöhnliche Diskurse um Vorherrschaft in der Frage nach Geschlechtergerechtigkeit.

Es sei betont, dass Misogynie oder Misandrie nicht gleichzusetzen sind, nicht dasselbe Phänomen der abwertenden Feindschaft gegenüber dem je anderen Geschlecht beschreiben, sondern asymmetrisch zueinander stehen. Misandrie beinhaltet nicht die geschichtslange und systematische, in Alltagskultur, Institutionen, Organisationen und Gesetzen verankerte Herabstufung von Frauen, ihre Nicht-Anerkennung als zur Autonomie fähige und zur gleichen Partizipation berechtigten Subjekte, was der Oberbegriff Misogynie ausdrückt.

In einer jahrhundertelang bis heute männerdominierten Welt blendet der Begriff Misandrie diese Benachteiligungsdimensionen, die Frauen erfahren haben und erfahren, aus. Es gibt (sexistische) Denunziationen und Stigmatisierungen von Männern im Alltag und in der Unterhaltungsindustrie. Das ist eine soziale Tatsache, aber kein Massenphänomen, hat keine systemische Verankerung und nicht jene Tiefe, in der Frauen sexistisch objektiviert wurden und werden; ebenso lässt sich aus der satirischen Abwertung von Männlichkeit keine strukturelle und etablierte Misandrie ableiten. Im Gegenteil wird der Begriff Misandrie instrumentalisiert seitens des Maskulismus, der damit die bestehende patriarchale Fokussierung auf Männer zu verstärken sucht und den Begriff Misandrie als Propagandawerkzeug gegen Feminismus verwendet. Es besteht nicht nur die Gefahr, sondern tatsächlich bestehen und wachsen reaktionäre Ressentiments, in denen unter dem Vorwurf der Misandrie oder Genderideologie die Maßnahmen der Gleichstellungspolitik und Prävention männlicher Gewalt gegen Frauen als Diskriminierung von Männern etikettiert werden. So wird seitens des Maskulismus dem radikalen Feminismus (der Begriff „radikal" hat bei Maskulisten eine diskreditierende, extremistische Konnotation) ein systematischer und irrationaler Männerhass unterstellt. Gleichzeitig gibt es antimännlichen Sexismus bzw. Männerhass, auch wenn dieser nicht jene Macht und Gewalt hat wie antiweiblicher Sexismus bzw. Frauenhass. Einen tieferen Blick in das Geschehen vermitteln intersektionale Analysen. In den USA bezeichnet *black misandry* die Diskriminierung, die Schwarze Männer und Jungen erfahren durch kulturelle, institutionelle und individuelle Anschauungen und Praktiken. Sie rechtfertigt Unterdrückung und Gewalt gegen Schwarze Männer und Jungen (etwa durch Polizeigewalt) und äußert sich unter anderem durch deren Benachteiligung im Bildungssystem und Arbeitsmarkt. Ähnliches gilt für Latinos und seit einigen Jahren auch für Männer mit asiatischem Aussehen. Solche Misandrie gegenüber Männern aus bestimmten, prästigmatisierten nicht-westlichen Ländern und Kulturen, oder mit anderer, nicht-christlicher Religion gibt es auch in Deutschland, was die milieuspezifischen Wahrnehmungen zum Racial Profiling zeigen und als *ethnische Misandrie* bezeichnet werden kann. Sie zeigt Komplizenschaft mit Rassismen verschiedener Zielrichtung, etwa Antisemitismus, Antiislamismus oder Antiziganismus.

Misogynie, oft übersetzt als „Frauenhass", beschreibt ein Einstellungsmuster, das Frauen aufgrund ihres biologischen Geschlechts pauschal eine geringere Relevanz und Wertigkeit zuschreibt, hingegen Männern eine höhere Relevanz und Wertigkeit. Das Ringen der Frauenbewegung seit dem 18. Jahrhundert, von der Frühaufklärung, über die Französische Revolution (Olympe de Gouges) bis zur Frauenbewegung des Vormärz[90] und der Frauenbewegungen im Kaiserreich,

---

90 Beispielhaft stehen dafür Louise Dittmar, Louise Aston, Louise Otto-Peters.

insbesondere von 1864 bis 1914,[91] war der Kampf gegen die in der Bevölkerung und in den gesellschaftlichen Apparaten Politik, Kirche, Recht, Bildung, Wissenschaft institutionalisierte Auffassung, Frauen hätten keinen Subjektstatus, seien qua Natur keine mündigen, autonomen Menschen, könnten nicht rational denken und Verantwortung tragen, sondern benötigten eine Geschlechtsvormundschaft, ausgeübt durch den Vater, den Bruder oder den Ehemann. Aufgrund ihrer natürlichen Geschlechtseigenschaften wie Tugend, Sittsamkeit und Fleiß war die ihnen zugedachte Rolle die der Ehefrau und Mutter. Das sorgte für eine Trennung der gesellschaftlichen Räume: Der Ort von Frauen war das Haus, der Ort von Männern die Öffentlichkeit, Erwerbstätigkeit, Politik, Wissenschaft. Misogynie in der fortgeschrittenen Moderne heute kann begriffen werden als Reaktion auf die rechtliche Gleichberechtigung von Frauen als Subjekte, ihre wachsende Partizipation und Sichtbarkeit in der Öffentlichkeit. Seit es Feminismus gibt, gibt es Antifeminismus, der als eine Strömung der Gegenmoderne begriffen werden kann. Bis in die 1970er Jahre bedeutete das: Der Mann ist der Frau körperlich und psychisch überlegen. Diese Weltanschauung wird heute als *Maskulinismus* bezeichnet. Der ähnliche Begriff *Maskulismus*, der vor allem seit der Jahrtausendwende benutzt wird, beschreibt eine Wendung im Geschlechterverhältnis aus Männerperspektive: Maskulisten beschreiben sich als Männer, die sich Frauen nicht überlegen fühlen, sondern als Opfer der Machtergreifung von Frauen. Aus ihrer Sicht mag der Feminismus früher berechtigte Anliegen gehabt haben (wie Frauenwahlrecht, Zugang zu Ausbildung und Universitäten, Berufstätigkeit), aber der Feminismus habe nach Erreichen dieser Ziele übertrieben und sei weit über das Ziel hinausgeschossen. Heute seien nicht mehr Frauen die Opfer männlicher und struktureller Gewalt, sondern Männer die Opfer eines aggressiven Feminismus, der sich selbst in das Gewand systematisch benachteiligter und ungleichgestellter Frauen kleide, um gesellschaftliche Strukturen und Rechtslagen zum Nachteil von Männern zu verändern. Insofern sei die im vorletzten Jahrhundert bestehende Asymmetrie zwischen den Geschlechtern gekippt und gewendet in eine Asymmetrie zulasten der Männer.[92] Alltags- und Mediendiskurse

---

91 Beispielhaft stehen dafür Louise Otto-Peters, Auguste Schmidt, Helene Lange, Hedwig Dohm, Mathilde Franziska Anneke, Anita Augspurg, Lida Gustava Heymann, Clara Josephine Zetkin, Marie Stritt, Gertrud Bäumer.
92 Nicht alle, die diese Haltung haben, bezeichnen sich als Maskulisten, sondern distanzieren sich von diesem Etikett, weil es eine stigmatisierende Wirkung hat. Es ist aber auffällig und scheint typisch für die Milieus der Konservativen und Traditionellen (jeweils vorwiegend von Männern) zu sein, dass sie die früheren Anliegen der Frauenbewegung zur Gleichberechtigung für berechtigt und notwendig erachten, dass aber Frauen heute nicht mehr benachteiligt seien, etwa in der Politik oder in Bezug auf Führungspositionen, Entgeltgleichheit, Erwerbsbeteiligung etc. Es ist eine seit den 1970er Jahren festzustellende Haltung vor allem im gesellschaftlichen Leitmilieu der „Konservativen", dass stets die *früheren und erreichten* Ziele der Frauenbewegung anerkannt werden, dass aber ihre *aktuellen und weiteren* Ziele abgewehrt werden.

über körperliche, psychische und sexuelle Gewalt an Frauen seien von der Macht eines omnipräsenten Feminismus bestimmt, der nicht die Wirklichkeit abbilde, sondern eine bewusst verzerrte Propaganda für die egoistischen Interessen der Frauen gegen die Männerwelt sei.[93] Was dagegen aufbegehrende Männer bewege, sei nicht Frauenhass, sondern auf die Benachteiligung von Männern aufmerksam zu machen. So werfen einige Maskulisten „dem Feminismus" unter seiner freundlichen Oberfläche und seinem irreführenden Mantra der Geschlechtergerechtigkeit einen substanziellen Männerhass vor: *Misandrie*. Es scheint paradox: Im Wettstreit um die Anerkennung als Opfer der Unterdrückung durch das je andere Geschlecht streben Maskulismus und Teile des binär-asymmetrischen Feminismus[94] nach Dominanz ihres Narrativs, ohne dass die Gewalttätigkeit ihres eigenen Narrativs selbstkritisch reflektiert wird.

Kultur- und geschlechtersoziologisch instruktiv sind Zuschreibungen in Form von *Allaussagen*. Zweifellos gibt es Frauenhass bei einigen Männern (und auch Frauen in deren Komplizenschaft) – dies belegen Befunde zu Cyber Harassment sowie Erfahrungen von Frauen, die öffentlich herausgehoben sind, etwa in Führungsposition, als Künstlerin, als Journalistin oder als medial Prominente. Ebenso gibt es Strömungen innerhalb der Frauenbewegung mit pauschaler Stigmatisierung von Männern als aktuelle oder potenzielle Gewalttäter. Das Nicht-Anerkennen, dass auch Männer sowie Personen nicht-weiblichen Geschlechts von struktureller, alltäglicher und sexistischer Gewalt betroffen sind und dass solche Gewalt, auch wenn sie von geringerer Zahl ist, ein ernst zu nehmendes Delikt und kulturelles Sakrileg der Verdinglichung des Individuums ist, ist selbst eine sexistische Haltung.

Spezifisch ist eine bestimmte Frauen- und Geschlechterforschung, die definiert (und die eigene Definition zum „Standard der Genderforschung" erklärt), was Sexismus ist, ohne verstehen zu suchen, was die Menschen selbst als Sexismus begreifen und erleben. Dazu kommt die Attitüde von einigen Akteurinnen, als Frau zu dem Thema ein besseres Erkenntnisvermögen und Vorrecht gegenüber Männern zu diesem Thema haben, weil sie dasselbe Geschlecht haben wie das strukturell und kulturell benachteiligte Geschlecht, zu dem und in dessen Interesse sie forschen. So werden *Sexismus von Frauen* und *Sexismus an*

---

93 Siehe dazu die kritischen Analysen von Kemper 2012; Rosenbrock 2012; Claus 2014; Lang/ Peters 2018.
94 Der hier eingeführte Begriff *binär-asymmetrischer Feminismus* bezeichnet die Vorstellung von zwei hauptsächlichen Geschlechtern (Mann, Frau) mit der Diagnose, dass Frauen systematisch, ökonomisch und kulturell benachteiligt werden sowie das Eintreten für mehr Schutz, Partizipation, Chancen, Existenzsicherung, sodass für Frauen die bestehenden Nachteile aktuell und im Lebensverlauf beseitigt werden; gleichzeitig – und das ist entscheidend – die Weigerung, eine strukturelle oder kulturelle Benachteiligung von Männern oder Personen anderen Geschlechts überhaupt ernsthaft in den Blick zu nehmen oder anzuerkennen.

Männern (insbesondere *Sexismus von Frauen an Männern*) einfach wegdefiniert und der Fokus allein auf Sexismus durch Männer an Frauen gerichtet. Sexismus, der von Frauen ausgeht und sich auf andere Frauen, auf Männer allgemein oder auf Männer bestimmten Typs, oder auf Angehörige anderer Geschlechtsidentität richtet, wird ausgeblendet oder in der politischen Relevanz für Gleichstellung und Gewaltprävention minimalisiert, gilt als seltene Ausnahme und höchst individuelles Krankheitssyndrom – damit explizit als etwas, was nichts mit dem weiblichen Geschlecht zu tun hat. Das Ziel ist zu messen, was vorher bestimmt wurde. Gleichzeitig beanspruchen jene, für den aktuellen Feminismus selbst zu stehen, zu forschen, zu streiten und diesen zu repräsentieren. Es geht um die Vorherrschaft über den Geschlechterdiskurs. Das Narrativ thematisiert das Ziel Geschlechtergerechtigkeit, doch ist Emanzipation exklusiv auf Frauen fokussiert – damit eine nicht ganzheitliche Emanzipation, sondern „halbierte" (oder „gedrittelte") Klientelemanzipation, was nachvollziehbar ist, sind doch Frauen in vielerlei Bereichen über Jahrhunderte bis heute strukturell benachteiligt und die Widerstände gegen eine tatsächliche Gleichstellung erheblich. Zu diesem Herrschaftsnarrativ von Teilströmungen innerhalb des binär orientierten Feminismus (und es gibt innerhalb des Feminismus zahlreiche Strömungen, die jener Auffassung diametral entgegenstehen) gehört ein Ausblenden von Erkenntnissen der Geschlechterforschung, insbesondere aus den 1980er/90er Jahren, etwa von Christina Thürmer-Rohr, Gudrun-Axeli Knapp, Angelika Wetterer, Carol Hagemann-White, Regine Gildemeister oder Judith Butler sowie den Erkenntnissen der Sprechakttheorie (Austin, Searle) und poststrukturalistischen Diskurstheorie (Derrida, Foucault). Insbesondere hält ein Teil im wissenschaftlichen Geschlechterdiskurs an der Vorstellung der Zweigeschlechtlichkeit fest (Mannsein und Frau-sein als binäre Kategorien, als natürliches, eindeutiges und irreversibles Merkmal), neuerlich ergänzt um das „dritte Geschlecht" *Divers*, das allein im Begriff ein Stigma ist, denn keine Person hat ein diverses Geschlecht, sondern ein konkretes Geschlecht. So ist *Divers* ein Sammelbegriff für eine Vielzahl von Ausprägungen *zwischen* den binären Polen, bleibt damit unbestimmt und nachgeordnet. Die etwa von Judith Butler in den Geschlechterdiskurs gebrachte alte sprachphilosophische, diskurstheoretische und hermeneutische Erkenntnis, dass Sprache nicht nur der unhintergehbare Zugang zur Wirklichkeit ist und diese abbildet, sondern Wirklichkeit überhaupt *erzeugt*, wird von Teilen im Feminismus (den es im Singular, als kohärente soziale oder wissenschaftliche Position gar nicht gibt) ignoriert. Für diese Strömung des binär-geschlechterasymmetrisch orientierten Feminismus, der auf Beseitigung der Benachteiligung von Frauen fokussiert ist, ist eine Relativierung und Differenzierung der Kategorien Frau und Mann ein Risiko und Sakrileg, weil es die eigene Position schwächt im Kampf um die tatsächliche Durchsetzung der Gleichberechtigung von Frauen mit dem Ziel gleicher Chancen und Risiken im Lebensverlauf wie Männer. Zwar geht dieser Strom des binär-geschlechterasymmetrischen Feminismus nicht von einer biologischen Zweigeschlechtlichkeit aus, sondern von der Erkenntnis, dass Geschlechterrollen und die bestehende Geschlechterasymmetrie gesellschaftlich gemacht und reproduziert wurden und werden, damit kontingent sind und veränderbar. Gleichwohl ist – paradox dazu – die Rede von Frauen und Männern, als seien diese natürliche Substrate, eine Zweigeschlechtlichkeit, mittlerweile politisch korrekt ergänzt mit der Anmerkung, dass es rechtlich und empirisch ein drittes Geschlecht (bzw. eine Vielzahl von Ausformungen des dritten Geschlechts) gibt, das aber so selten ist, dass selbst in Repräsentativbefragungen mit größeren Stichproben nur Einzelfälle erfasst werden, die aufgrund geringer Fallzahl vernachlässigt werden und daher in den statistischen Analysen stets weiter nur von Frauen und Männern die Rede ist.

Dabei gibt es eine stärker werdende Strömung in der Gleichstellungspolitik und Genderforschung, die hier differenziert. Nur anschluss- und mehrheitsfähig an die Kategorien und Rituale der Bevölkerung sowie an die Logik und Narrative der Apparate und sozialen Systeme von Politik, Recht und Administration sind deren Erkenntnisse noch nicht. Das gründet darin, dass die formalkorrekte und gesprochene Sprache die Geschlechtervielfalt noch nicht auszudrücken vermag. Wie spricht man eine intersexuelle Person förmlich an? Etabliert sind *Frau L.* und *Herr P.* – doch für Intersexuelle gibt es kein solches Präfix. Auch die Personalpronomen kennen im Nominativ nur *er – sie – es* oder im Akkusativ *ihn – sie – es:* aber ist ein nicht-männliches oder nicht-weibliches Geschlecht neutral? „Die Grenzen der Sprache bedeuten die Grenzen meiner Welt" (Wittgenstein 1918/1984: 67). Es geht um die Anerkennung in alltäglichen Institutionen wie die Anrede in Briefen, Reden, Stellenanzeigen, Formularen, Personendatenbanken, Mailings etc. Einige Personen erfinden selbst oder nutzen künstliche Sprechelemente, um von nicht binären Personen zu sprechen, etwa „*sier*" (ausgesprochen „si-er") – doch auch diese pragmatische Lösung bleibt im Horizont der Binarität.

Verstörend und erhellend zugleich ist, dass mehr als siebzig Jahre nach dem Jahrhundertwerk von Simone de Beauvoir (1949) „Le Deuxième Sexe" heute Intersexualität als das *dritte Geschlecht* bezeichnet wird. In ihrem Werk beschrieb de Beauvoir, dass Frauen von Männern zum „anderen" Geschlecht (so die deutsche Übersetzung) gemacht werden, genauer: dass sie zum zweiten und damit nachgeordneten Geschlecht gemacht werden. Beauvoir machte in existentialistischer Terminologie die Bestandsaufnahme, dass sich der Mann als das Absolute, das Essenzielle, das Subjekt setzt, während der Frau die Rolle des Nachgeordneten, des Anderen, des Objekts zugewiesen wird. Der Mann ist das erste und eigentliche Geschlecht; die Frau wird immer in Abhängigkeit vom Mann definiert. Deshalb hat sie mit stärkeren Konflikten zu kämpfen als der Mann. Wenn sie ihrer Weiblichkeit gerecht werden will, muss sie sich mit einer passiven Rolle begnügen; dies steht aber ihrem Wunsch entgegen, sich als freies Subjekt durch Aktivität selbst zu entwerfen. Beauvoirs umfassende kulturgeschichtliche und soziologische

Abhandlung der Lage der Frauen in einer von Männern dominierten Welt gilt als einer der tiefsten und visionärsten Beiträge zur Emanzipation der Frauen im 20. Jahrhundert. „Le Deuxième Sexe" ist eine dialektisch-materialistische Studie des Daseins der Frau. Es erklärt die Frau nicht als ein geheimnisvolles Wesen, sondern unter dem Gesichtspunkt ihrer gesellschaftlichen und wirtschaftlichen Situation. Die Versklavung der Frau und ihre Befreiung sind die Folgen ihrer wirtschaftlichen Abhängigkeit und wirtschaftlichen Emanzipation. Vor dieser Hintergrundfolie können die aktuellen politischen und kulturellen Debatten um Intersexualität und Queer analog begriffen werden als Herabwürdigungen zweiten Grades.[95] Die Zweigeschlechtlichkeit gilt als der eigentliche normative Rahmen, aus dem „Andere" herausfallen und nur im Horizont dieser Zweigeschlechtlichkeit verortet werden.

Es ist davon auszugehen, dass der binär-geschlechterasymmetrische Feminismus, der maßgeblich Frauen als Opfer von Männern und männlich geprägten Institutionen sieht, heute noch immer der Hauptstrom in Wissenschaft, Politik und Praxisberatung ist. Dieser Strom ist vielschichtig, kraftvoll, machtvoll und vernetzt. Das ist funktional und zu begrüßen im Interesse der Gleichstellung von Frauen und zeitigt wichtige Erfolge bei Themen wie Frauen in Führungspositionen, Entgeltgleichheit, Erwerbsbeteiligung, beruflicher Wiedereinstieg, Minijobs, Ehegüterrecht etc. Aber er ist – in dialektischer Bewegung – für die Emanzipation aller Geschlechter und individuelle Selbstbestimmung zugleich fatal. Er übt eine hegemoniale Diskursgewalt aus. Sein Narrativ muss sich derzeit wachsenden, immer besinnungsloseren antifeministischen Haltungen und Attacken des offenen und aggressiven, in der Bevölkerung latent noch viel weiter verbreiteten Maskulinismus und Maskulismus erwehren und gewinnt wohl auch daher seine zusammengeballte Frontstellung.

Maskulinismus und Maskulismus sind offensichtlich frauenfeindlich, von Verlustängsten bewegt, in ihrem autoritären Gehabe und ihrer wehleidigen Opfermentalität Ausdruck substanzieller Ich-Schwäche, die sich in verbaler Aggressivität und Übergriffigkeit zeigt, auch in körperlicher, psychischer und sexistischer Gewalt gegen Frauen. Vielschichtiger ist die Rhetorik jener einseitigen Strömung im Feminismus und in der Frauenforschung, die Frauen als Täterinnen und Männer als Opfer männlicher oder weiblicher Gewalt nur als Ausnahme sehen mit dem Diktum, die Benachteiligung von und Gewalttätigkeit an Frauen sei weitaus umfangreicher und tiefer als die Gewalt an Männern. Das trifft zu, legitimiert aber nicht eine politische, kulturelle und zivilgesellschaftliche Bagatellisierung oder gar Tabuisierung der Gewalt von Frauen an Männern,

---

95 Die herabwürdigende Stigmatisierung zeigt sich bereits bei den medizinischen Bezeichnungen für Intersexuelle: Menschen mit Variationen der Geschlechtsmerkmale, Varianten der Geschlechtsentwicklung, Zwitter, Hermaphroditen, Disorders of Sex Development (DSD), Androgen Insensitivity Syndrom (AIS), Swyer-Syndrom, Klinefelter-Syndrom, die diese Geschlechtstatsache als Krankheitsbefund beschreiben.

Non-Binären und anderen Frauen. Das mag bewegt sein von der Sorge und dem Kalkül vor einer imperialen Dominanz des Geschlechterthemas durch Antifeminismus und Maskulismus, oder der diffusen LGBTIQ-Bewegung, durch die Aufmerksamkeit, Akzeptanz, politische Durchsetzung der eigenen Interessen und auch Budgets gefährdet werden könnten.

Es zeigt sich eine Stellvertreterhaltung des binär-asymmetrischen Feminismus, ähnlich der Stellvertreterpolitik, gegen die die Frauenbewegung der 1960/1970er Jahre aufbegehrte mit der Politik der Ersten Person, die einen Paternalismus strikt abgelehnte. Der binär-asymmetrische Feminismus in Organisationen und Wissenschaft beansprucht, für die Belange von allen Frauen einzutreten, ungefragt und weitgehend unreflektiert, ob tatsächlich alle Frauen mit ihren unterschiedlichen Lebenslagen, Interessen und Zielen im Blick sind. Intersektionalität, so elementar sie ist, ist im Horizont des binären Feminismus oft eine Funktion zum Zweck der Flankendeckung. LGBTIQ bzw. non-binäre Geschlechtsorientierungen werden in der Regel nur verbal integriert, spielen aber in Argumenten und Konzepten keine oder allenfalls nebensächliche Rolle als außerordentliches Randphänomen. LGBTIQ gelten als Störquelle, um für die berechtigten und notwendigen Belange von Frauengleichstellung politische Durchsetzungskraft zu behaupten. Nicht nur Interessenverbände und Agenturen bündeln hier ihre Lobbyarbeit, auch Teile der Gender-Wissenschaft folgen diesem Topos mit Bezug auf die wissenschaftliche Provenienz, mit dem performativ ein methodisch gesicherter Wahrheits- und Geltungsanspruch erhoben wird. Das ist ein normativer Herrschaftsdiskurs im vermeintlichen Namen und Interesse aller Frauen, unabhängig von deren tatsächlicher Identität und Bedürfnissen – und wenn diese widersprechen, wird dies zurückgeführt auf ein entfremdetes unfreies Bewusstsein, das durch diesen Feminismus befreit gehört.

Einigkeit unter feministischen Akteurinnen und Akteuren besteht oft nur vordergründig und taktisch. Konflikte zu Themen, Schwerpunkten und Maßnahmen im antisexistischen Engagement werden vielfach nicht benannt und diskursiv ausgetragen, um sich durch interne Streitigkeiten nicht zu schwächen, nach außen keine Angriffsfläche zu bieten, kein negatives Image zu provozieren, denn Binnenkämpfe könnten in der Öffentlichkeit Zweifel nähren und in die Marginalität führen. Es besteht ein Burgfrieden und formieren sich Teilallianzen, sodass im Kampf gegen den Sexismus an Frauen gleichstellungspolitische Ziele dem ganzheitlichen Betroffenenspektrum vorgeordnet werden. Deutlich tritt dies etwa in der Frage der Prostitution zutage. Im Namen der Sexismus-Bekämpfung gibt es jene, die die Freiheit zur sexuellen Selbstbestimmung betonen und dafür die Befreiung von Zuhälterstrukturen, Menschenhandel, Illegalisierung fordern.[96] Für

---

96 Von Männern als Prostituierte wird aufgrund geringer Zahlen wenig gesprochen, meist abwertend als Stricher oder im höheren Preissegment als Callboy. Einerseits erlebt ein Teil dieser Männer Gewalt, andererseits ist diese Prostitution längst nicht so systematisch

andere ist Prostitution grundsätzlich inakzeptabel, weil sie eine Verdinglichung von Frauen ist, sei es als Fremdausbeutung oder Selbstausbeutung. Sie fordern ein kategorisches Verbot der Prostitution mit rechtlichen Sanktionen für Männer, die solche Angebote in Anspruch nehmen. Von *Zwangsprostitution* (mit Menschenhandel, Entrechtlichung, praktischer Entmündigung, psychischer und physischer Demütigung, Selbstaufgabe, Verlust von Lebenschancen und Leben) ließe sich *selbstbestimmte Prostitution* unterscheiden. Aber diese Differenzierung greift zu kurz. Zum einen sind freiwillige und unfreiwillige Prostitution nicht dichotome Phänomene, sondern geprägt durch graduelle Abstufungen und Unschärfen, die sich mit zunehmender Dauer verschieben in Richtung Abhängigkeit. Zum anderen sind die meisten dieser Frauen in der Situation der *Armutsprostitution*: Sie sind nicht immer in die Situation durch Menschenhändler und Zuhälter gekommen, aber doch in großen Abhängigkeitsverhältnissen und in einer Ohnmachtssituation. Vor allem kommt die große Mehrheit der Frauen aus anderen, meist osteuropäischen oder asiatischen Ländern; die Frauen sprechen kaum oder gar nicht Deutsch, sind ausgeliefert und kaum wehrhaft. Wenn die Frauen nach einigen Jahren körperlich und psychisch ausgelaugt sind (fertig mit der Welt, halten es nicht mehr aus, verlieren ihr Selbstwertgefühl und ihre Selbstwirksamkeit), können sie nicht auf das Gesundheitssystem oder das Sozialsystem zugreifen, werden abgeschoben und durch andere ersetzt. Das brutale System behandelt diese Frauen als Ware, mit der einige Menschen viel Geld verdienen – aber nicht diese Frauen, mit denen manche Freier für 20 oder 40 Euro alles machen können. Die Schärfe und Brutalität der Armutsprostitution zeigt sich vor allem mit Blick auf die Lebensperspektive dieser Frauen, deren Chancen innerhalb von wenigen Jahren drastisch reduziert oder vernichtet werden. Insofern stellen sich elementare Fragen: Darf man nachweislich freiwillige Prostitution als Minderheitsphänomen verbieten, um die mehrheitliche Verdinglichung von Frauen in der Zwangsprostitution und Armutsprostitution auszumerzen? Müssen Männer, die solche Dienste in Anspruch nehmen, nicht als Täter begriffen werden, die durch ihr Handeln nicht nur das Schicksal der konkreten Frau zementieren, sondern das System? Ist sogenannte „freiwillige Prostitution" tatsächlich freiwillig, oder führen ökonomische Rahmenbedingungen, soziale Umstände, psychische Faktoren und äußere Einwirkungen in eine solche? Darf die sexuelle Selbstbestimmung der einen eingeschränkt werden zur Prävention von Armuts- und Zwangsprostitution? Darf eine Person ihre sexuelle Selbstbestimmung aufgeben – kann sie das autonom tun oder ist dieser Akt bereits Beleg ihrer bereits verlorenen Autonomie? Sind solche Personen Opfer eines tief

---

organisiert und ein Massenmarkt wie Prostitution von Frauen. Allerdings stellt sich die Frage, ob ein Ausblenden oder Vernachlässigen dieser Gewaltopfer selbst ein Akt systemischer Gewalt ist.

verwurzelten persönlichen, institutionellen, medialen, wirtschaftlich motivierten und organisierten Sexismus, selbst entfremdet und selbst verdinglicht, bedürfen der Aufklärung und Befreiung durch andere (etwa des Feminismus)? Oder droht im Kampf gegen sexuelle Verdinglichung von Frauen eine Fremdbestimmung mit dem Ziel der Emanzipation.

Was zu tun wäre: Es ist offensichtlich, dass die füreinander tauben Gegnerschaften auf der Nicht-Anerkennung der je anderen basieren. *Frauen* und *Männer* sind als soziale Konstruktionen zugleich soziale Tatsachen. Geschlecht braucht Sprache, um zu benennen und anzurufen, Personen zum Subjekt werden zu lassen, auch wenn das identifizierende Benennen nicht nur Orientierung und Halt bietet, sondern durch Kategorisierung die Identität verzerrt, verkürzt, beschädigt, partiell zerstört. Eine Lösung ermöglicht dialektisches Denken, eine Denkbewegung des Verstehens anderer Perspektiven sowie des produktiven Erkennens der Begrenztheit und Widersprüchlichkeit der eigenen Perspektive und der Kategorisierung durch Sprache (Begriffe). Ohne die bestehenden Kategorien vollends aufzugeben, gilt es, diese immer wieder zu relativieren und zu negieren, um über sie hinauszugehen. Das aber scheint in sozialen Systemen wie Politik und Recht kaum praktizierbar, weil ihre Werkzeuge Gesetzestexte und Programme, Konzepte und Maßnahmen für Zielgruppen sind. Eine Politik, die darauf verzichtet oder ihre eigenen Programme dialektisch negiert, provoziert Akzeptanz- und Legitimitätsverlust. Insofern bleiben der Gleichstellungspolitik und Präventionsarbeit gegen geschlechterinduzierte Gewalt nur die Lösung durch Parallelität von mehreren Programmen mit unterschiedlichen Geschlechterauffassungen, die gleichzeitig ihre eigene Begrenztheit und Insuffizienz reflektieren. Genau an der Stelle wäre es für eine offene Geschlechter- und Präventionspolitik ratsam, die hegemoniale Vorherrschaft eines singulären Diskurses zu verhindern und einen demokratischen, offenen Diskurs zu befördern, bei gleichzeitiger Abgrenzung von Programmen von Misogynie, Maskulismus und Misandrie. Präventionspolitik hätte damit die Aufgabe der Ermöglichung sich wechselseitig anerkennender Diskurse sowie der Verhinderung von Diskursen, die totalitär direkt oder indirekt auf die Nicht-Anerkennung von Anderen zielen.[97] Die Selbstreferenzialität ist offensichtlich:

---

[97] Maskulismus (auch mit der Selbstbezeichnung *Männerrechtsbewegung*) lässt sich abgrenzen von Organisationen, die sich auf Männerberatung und -hilfe fokussiert haben: Männer als Opfer und Täter von Gewalt. Solche Organisationen grenzen sich von Maskulisten ab, betonen aber, dass einzelne Themen des Maskulismus nicht völlig abwegig seien (z. B. Sorgerecht). Der entscheidende Unterschied liegt darin, dass Organisationen der Männerarbeit (etwa das *Bundesforum Männer*) sich für mehr Gleichberechtigung von Frauen aussprechen und – fast im Einklang mit Frauenorganisationen wie dem *Deutschen Frauenrat* (DF) oder dem *Deutschen Juristinnenbund* (djb) – feststellen, dass Frauen heute noch nicht die gleichen Rechte und Chancen haben wie Männer, und Frauen häufiger Opfer von

Geschlechter- und Präventionspolitik ist nicht nur neutraler Initiator solcher Diskurse, sondern aktiver Akteur in dieser Diskurslandschaft, mit Hebeln der Macht ausgestattet, Diskurse und ihre Narrative unterschiedlich zu gewichten. Darin aber liegt eine Chance.

Fremdheit zeigt sich zwischen den jüngeren Feminismus-Generationen. An dieser Stelle notwendig grob und verkürzt, mag es als propädeutische Unterscheidung dienen: *Einerseits* Feministinnen, die, von der Emanzipationsbewegung der 1960/1970er geprägt, die Konstruktion und damit Kontingenz von Geschlecht betonen und die jahrhundertelang bestehenden politischen, kulturellen und strukturellen Benachteiligung von Frauen beseitigen wollen für gleiche Chancen und Risiken für Frauen und Männern im Lebensverlauf. Die rechtlich anerkannte Geschlechterkategorie „Divers" wird als Minderheitsphänomen wahrgenommen, auch thematisiert, aber ohne Abstriche zu machen am Hauptfokus und den beiden Hauptkategorien mit dem Primat „Frauen". Das Thema „Männer" als Betroffene von Gewalt durch Männer (was von ihnen zugestanden die häufigste Gewalt ist) und Gewalt von Frauen wird gesehen, anerkannt und durch Schaffung von ergänzenden Fachstellen bedient, damit zugleich ausgelagert mit dem Effekt der weiterhin hauptsächlichen Konzentration auf den Schutz von Frauen und gleiche Rechte für Frauen. Angesichts der tiefen und vielfachen Verankerung der Benachteiligung von Frauen gilt es für diese Generation des Feminismus, die ohnehin zahlreichen Themenfelder und die Komplexität nicht noch weiter zu steigern und angesichts der realen mentalen und institutionalisierten Widerstände alle Kraft zu bündeln und sich nicht mit durchaus relevanten Seitenthemen zu schwächen. *Andererseits* die jüngeren Feministinnen, die auf Abstand gehen zum Paradigma der Zweigeschlechtlichkeit und auf eindeutige Geschlechterkategorien am liebsten ganz verzichten, weil solche Kategorisierung einem Individuum in seiner geschlechtlichen Vielfalt und Individualität nicht gerecht wird. Zwischen beiden paradigmatischen Positionen ist ein Dialog selten, aber notwendig. Daher können Geschlechterkategorien (Frau, Mann, Divers) nur Hilfskonstruktionen sein, deren Kontingenz, Unzulänglichkeit und Gewalt zu reflektieren wäre; ebenso wie in dekonstruktivistischer Perspektive zu reflektieren wäre, dass ein Verzicht auf Kategorien und Sprache sich selbst der Werkzeuge und Podien berauben würde für das Streben nach Geschlechtergerechtigkeit sowie das Erkennen von struktureller Benachteiligung. Gäbe es keine Geschlechterbegriffe mehr, wäre man blind für Diskriminierungen eines Geschlechts oder von Geschlechtsidentitäten. Produktiv wäre somit ein Dialog, im besten Falle in dialektischer Bewegung, zwischen einem Feminismus mit Geschlechterkategorien *und* einem dekonstruktiven Feminismus *und* einem intersektionalen Feminismus.

---

männlicher Gewalt sind; während Maskulisten dies bestreiten, Gleichberechtigung und Feminismus als ihre hauptsächlichen Gegner betrachten.

Dieses sehr fruchtbare Paradigma *Intersektionaler Feminismus*[98], der die konkreten gesellschaftlichen Lebensrealitäten von Frauen differenziert aufgreift, kann hier nicht annähernd adäquat dargestellt werden. Daher nur einige Anmerkungen und ein Ausblick: Intersektionaler Feminismus war entstanden als Kritik am dominanten *Weißen Feminismus*, der zu wenig offen für die Perspektiven von Schwarzen Frauen bzw. Women of Color sei, deren Lebenswirklichkeiten nicht einbeziehe und nur die Problemlagen einer kleinen, schon relativ privilegierten Frauengruppe thematisiere. Dadurch würden systematisch Diskriminierungserfahrungen ausgeklammert, die durch die Verschränkung von Sexismus und Rassismus zustande kommen. Beispiele dafür sind etwa die Exotisierung, Sexualisierung und unzulängliche medizinische Versorgung Schwarzer Frauen sowie deren deutlich schlechtere Bezahlung auf dem Arbeitsmarkt, ebenso schlechtere Aufstiegs- und Karrierechancen. Das verweist auf Sojourner Truth, die 1851 in ihrer Rede auf der Women's Rights Convention in Akron, Ohio, nicht nur die Gleichberechtigung von Frauen, sondern auch von Sklavinnen forderte (sowie das Ende der Sklaverei) – und damit eine Verbindung herstellte zwischen Frauen- und Sklavenrechten:

> „That man over there says that women need to be helped into carriages, and lifted over ditches, and to have the best place everywhere. Nobody ever helps me into carriages, or over mud-puddles, or gives me any best place! And ain't I a woman? Look at me! Look at my arm! I have ploughed and planted, and gathered into barns, and no man could head me! And ain't I a woman? I could work as much and eat as much as a man – when I could get it – and bear the lash as well! And ain't I a woman? I have borne five children, and seen most all sold off to slavery, and when I cried out with my mother's grief, none but Jesus heard me! And ain't I a woman?" (Brah/Phoenix 2004)

Als eine Namensgeberin des intersektionalen Feminismus gilt Kimberlé Crenshaw, die diesen mit prägte. Sie beschreibt Intersektionalität in einem Interview mit dem Time Magazine wie folgt:

> „It's basically a lens, a prism, for seeing the way in which various forms of inequality often operate together and exacerbate each other. We tend to talk about race inequality as separate from inequality based on gender, class, sexuality or immigrant status. What's often missing is how some people are subject to all of these, and the experience is not just the sum of its parts." (Crenshaw/Steinmetz 2020).

---

98 Zur neueren Debatte des intersektionalen Feminismus vgl. Brah/Phoenix 2004; Knapp 2012: 403–482; Collins/Bilge 2016; Crenshaw 2022, 2019; Chamorro 2019; Davis 2019; Hark 2019; Kelly 2019; Sweetapple et al. 2020.

In der aktuellen Debatte zum intersektionalen Feminismus steht die Trias *race – class – gender* im Zentrum. Erweitert der Feminismus seinen Fokus um gesellschaftliche Merkmale der Differenz, etwa Klasse und Ethnie (um den Begriff Rasse zu meiden, über dessen Abschaffung im Grundgesetz und im Antidiskriminierungsgesetz derzeit diskutiert wird), geht der Blick über die Geschlechtlichkeit hinaus, wird komplexer, werden Abgrenzungen unschärfer und Zielgruppen kleinteiliger. Was Kern des intersektionalen Feminismus ist, wird von Teilen des eindimensionalen Feminismus als Bedrohung des Verlusts oder der Relativierung der Kernkategorie „Geschlecht" empfunden, zum Teil ignoriert oder aus rationalen Erwägungen zurückgewiesen. Noch unübersichtlicher wird es, wenn man über die Trias Geschlecht – Klasse – Ethnie hinausgehend weitere Kategorien berücksichtigt wie Alter, Behinderung, Körperlichkeit, Erwerbsarbeit, Gesundheit, ästhetische Attraktivität, Religion, geographische Lage, perforierte Lebensläufe etc. Letztlich können die Kategorisierungen eines Subjektes nie vollständig sein und führten in radikal-konsequenter Intersektionalität zum Verschwinden der Kategorien. Das kann aber zu einem Macht- und Verdrängungswettbewerb um die relevanteste Teilgruppe einer Benachteiligung führen oder zur Sprachlosigkeit. Die Sorge des eindimensionalen Feminismus ist das Verschwinden ihrer Kernkategorie Geschlecht. Damit aber akzeptiert der eindimensionale Feminismus eine abstrakte Beziehung zu seinem Gegenstandsbereich, für den er eine Stellvertreterhaltung reklamiert. Was aber wäre, wenn der *intersektionale Feminismus* durch Forschung, Theoriebildung und Praxistransfer weiterentwickelt würde zur *intersektionalen Geschlechtergerechtigkeit*? Dann rückten nicht nur endlich geflüchtete islamische Frauen mit akademischem Abschluss, seit Jahren in Deutschland lebende Nigerianerinnen mit deutscher Staatsangehörigkeit, Sinti-Frauen mit Behinderung, transidente Frauen der Oberklasse, jüdische Frauen in bi-religiöser Partnerschaft in den Blick, sondern *alle Geschlechter* differenziert nach Lebenslagen *und* Ethnie. Das würde verlangen, die soziale Lage nicht mehr nur über drei hierarchische Klassen zu beschreiben, sondern über *soziale Milieus*, die nach Bourdieu eine mehrdimensionale Klassengesellschaft darstellen. Aber auch die Grenzen des intersektionalen Feminismus werden sichtbar – gerade aus der Perspektive des dekonstruktivistischen Feminismus. Denn der intersektionale Feminismus arbeitet mit trennscharfen Kategorien, die ihrerseits gesellschaftlich hergestellt und kontingent sind. Die Landschaft wird unübersichtlich vielfältig. Und wie fragt man in standardisierten Befragungen nach dem Geschlecht, wenn man eine dekonstruktive Perspektive hat?

Es ginge darum, keinen Wettbewerb zwischen den drei Paradigmen zu entfachen, sondern das Erkenntnis- und Praxispotenzial jeder dieser Ansätze zu heben und die drei Narrative in einen Dialog miteinander zu bringen. Das setzt die Anerkennung der je anderen Perspektive voraus, sofern ihr Ziel Geschlechtergerechtigkeit ist und sie diese nicht hegemonial definiert. Solche Dialoge zu befördern und vor ideologischen Vereinseitigungen zu schützen, wäre eine Aufgabe politischer Prävention von Sexismus und struktureller Gewalt.

Täter waren vorher oft Opfer: Schutzfaktoren vor dem Kreislauf identifizieren

In der Befragung von Fachkräften in Sozialdiensten, der Gewaltberatung und Männerarbeit zeigt sich deutlich, dass ein Teil partnerschaftlicher Gewalt von Frauen an ihrem Lebenspartner ausgeübt wird, der ihr gegenüber nicht gewalttätig wird. Auffallend oft, sodass es den Stellenwert des Typischen erreicht, ist in solchen Fällen die Frau beruflich in einer höheren Position, hat ein (deutlich) höheres Einkommen und mehr Vermögen als der Mann. Sind Kinder im Haus, übernimmt in solchen Fällen der Mann überwiegend deren Versorgung und Betreuung: die Umkehrung der traditionellen Rollenteilung. Häusliche Gewalt in diesem Rollengefüge kommt in allen sozialen Segmenten vor, insbesondere in den oberen Milieus der Gesellschaft (Wohlstands- und Reichtumsklasse). Häufig haben die Frauen einen akademischen Abschluss (Medizin, Jura, Betriebswirtschaft etc.), hohes berufliches Prestige und sind finanziell unabhängig, während ihr Partner von ihr relativ abhängig ist. Ein materielles und soziales Machtgefälle verführt in einigen Partnerschaften zur Gewalt des finanzkräftig dominanten Parts gegenüber dem anderen. Es scheint nicht nur das Geschlecht maßgeblich zu sein für Gewalt in Partnerschaften und Familien. Möglicherweise spielt das Geschlecht nicht die dominante Rolle, die ihm aufgrund der Dominanz von Männern gegenüber ihrer Ehefrau jahrhundertelang praktisch, rechtlich, ökonomisch und in kulturellen Geschlechterbildern zugeschrieben wurde. Es ist eine empirisch gestützte These, dass primär ein starkes binnenpartnerschaftliches Gefälle von Berufsprestige und Finanzkraft der entscheidende Faktor für partnerschaftliche Gewalt ist. Bestehen solch einseitige Abhängigkeiten, neigen manche dazu, ihre eigene Überlegenheit und die Ohnmacht des anderen zu nutzen für bewusste und sadistische Gewalt, oder sie haben eine mangelnde Affektkontrolle, deren spontane Gewalt von ihnen selbst akzeptiert wird, weil sie in der unabhängigen Position sind.

Erziehung und Jugendarbeit mit dem Ziel der Gewaltprävention muss nicht nur Männer und Frauen, sondern Personen aller Geschlechtsidentitäten, die Opfer von Gewalt waren oder sind, auch als potenzielle Täter begreifen. Nicht jedes Gewaltopfer wird zum Täter; aber viele Täter waren vormals selbst Opfer von Gewalt. Wenn es einen individualbiografischen Opfersein-Täterwerden-Zusammenhang gibt, stellt sich die Frage, wie sinnvoll eine pauschale Trennung von Opferhilfe und Täterprävention ist.[99] Durch sprachliche Etikettierung wird

---

99 Um Missverständnissen vorzubeugen: Damit ist keine konfrontative Pädagogik zwischen einem Täter mit dem Opfer gemeint (auch wenn diese in bestimmten Fällen durchaus sinnvoll sein mag). Verletzte einer Gewalttat sind unbedingt zu schützen vor dem konkreten Aggressor und dessen Unterstützern. Täterprävention meint hier, dass ein Opfer eines gewalttätigen Übergriffs im Zuge des Leidens keine Disposition zur eigenen Gewalttätigkeit gegen bestimmte Personen, Gruppen oder verallgemeinerte Andere entwickelt. Das geschieht beispielhaft in manchen Frauenhäusern, in denen man mit Frauen (und ihren

die Vorstellung erzeugt von zwei disjunkten Gruppen, hier die Täter, dort die Opfer. Wenn Praxisexperten der Gewaltarbeit feststellen, dass die meisten Täter in Kindheit und Jugend selbst Gewalt erlitten haben (meistens im häuslichen Kontext und in der Schule), muss Prävention frühe Opfer von Gewalt in den Blick nehmen. Opferschutz und Täterwerden-Prävention wären dann nicht mehr sektoral getrennt und deliktorientiert angelegt, sondern haben die Person ganzheitlich im Blick. Insbesondere im Übergang von der Kindheit zur Jugend verändern sich gesellschaftliche Zuschreibungen: Aus den bemitleideten Kindern als Opfer häuslicher Gewalt, Gewalt in der Schule oder auf der Straße werden mit dem Übergang zur Jugendzeit „Täter", in denen nicht mehr ihr vormaliges und aktuelles Opfersein gesehen und anerkannt wird. Das hat Konsequenzen für den Umgang mit ihnen durch die Gesellschaft und zuständigen Instanzen.

Wenn die Mehrheit alltäglicher Gewalt von Männern ausgeübt wird und diese mehrheitlich in früheren Phasen ihres Lebens, insbesondere in Kindheit und Jugend, selbst Opfer von Gewalt waren, dann sind für ein Durchbrechen der Opfer-Täter-Transformation vor allem Jungen und männliche Jugendliche in das Zentrum der Gewaltprävention zu stellen. Sie benötigen Aufmerksamkeit durch institutionalisierte professionelle Sensoren und Hilfen. Das verlangt, den Umgang innerhalb männlicher Peer Groups und Cliquen sowie der Umgang mit Jungen in Familien, Schulen und Ausbildungsbetrieben zur Disposition zu stellen und eine normalisierte Gewalttätigkeit zu identifizieren, die als solche bisher nicht gesehen wurde, weil sie aus Gewohnheit selbstverständlich war.

Erhellend wären dazu Erkenntnisse, warum ein Teil jener, die Opfer von Gewalt geworden sind, selbst nicht zum Täter oder zur Täterin wurden. Was schützte sie vor eigener Gewalttätigkeit? Dabei wäre zu unterscheiden zwischen der inneren Disposition, der Verfügung über praktische Gewaltmittel und äußeren sozioökonomischen Umständen – alle drei Dimensionen wären eigens in den Blick pädagogischen und politischen Handelns zu nehmen und aufeinander zu beziehen. Wie kann pädagogisches und staatliches Handeln darauf hinwirken, Schutzfaktoren nachhaltig zu entwickeln und zu stärken? Es gibt gute Gründe anzunehmen, dass diese Schutzfaktoren geschlechts- und milieuspezifisch sind. Anzuknüpfen wäre an die kulturellen, sozialen und materiellen Ressourcen sowie die Lebenslogik, in denen Schutzfaktoren gründen und mit denen sie verankert sein müssen, um nachhaltig wirkmächtig zu sein.

Täterprävention muss in der Kindheit und frühen Jugend ansetzen, weil die meisten jugendlichen und erwachsenen Täter vorher selbst körperliche, sexuelle, psychische Gewalt ertragen mussten. So wäre zur Prävention die

---

Kindern) arbeitet am gewaltfreien Umgang mit Ängsten und erneuten Bedrohungen durch ihren gewalttätigen Partner oder dessen Verbündete; oder durch destruktive Gefühle wie Wut oder Hass, die sich nach außen gezielt oder diffus entladen könnten.

Aufmerksamkeit zu richten auf häusliche Gewalt an Kindern und Gewalt in Schule und Ausbildungsstätten. Hier sind Erzieherinnen und Erzieher in Kitas, Lehrerinnen und Lehrer an Grund- und weiterführenden Schulen, Ausbildungsleiterinnen und -leiter sowie Sozialarbeiterinnen und Sozialarbeiter in Jugendzentren und der offenen Jugendarbeit sowie (Kinder-)Ärztinnen und Ärzte wichtige Instanzen zur Identifikation von auch schwachen Signalen erlittener Gewalt. Hier wären die Hilfesysteme zu stärken, miteinander noch mehr zu vernetzen und diese Vernetzung zu institutionalisieren mit kurzen Wegen. Über unmittelbare Gewalt an einer Person hinaus sollten jene Gewaltformen verstärkt in den Fokus gerückt werden, die als Rahmen- und Lebensbedingungen bei Kindern und Jugendlichen Stress erzeugen, mit dem sie nicht konstruktiv umgehen können, sondern der für sie destruktiv ist durch das Empfinden von Überforderung, Ausweglosigkeit, Ohnmacht, Wertlosigkeit. Das können zu hoch gesetzte Forderungen und Leistungserwartungen an das Kind sein, aber auch räumliche Enge, kaum Rückzugsorte, keine Anerkennung und kaum Erfahrung der Selbstwirksamkeit.

Strukturelle Gewalt und Gewalt durch korporative Akteure

Der Blick auf Menschen als Täter von Gewalt darf nicht den Blick auf strukturelle Gewalt verstellen. Bei dieser ist zu unterscheiden zwischen institutionalisierter Gewalt innerhalb eines Milieus, Gewalt zwischen Milieus, Gewalt durch Organisationen, bei der deren Angehörige meistens als Agentinnen und Agenten dieser Organisationen auftreten und der eigentliche Akteur das korporative soziale System ist; oder die Organisationsangehörigen nutzen die Macht ihrer Organisation aus gegenüber Schwächeren für ihre eigenen Interessen und Affekte.

Ebenso sind zur Gewaltprävention gerade jene nicht auszunehmen oder nachzuordnen, die in privatwirtschaftlichen oder staatlichen Organisationen in ihren Positionen mit Macht ausgestattet sind und diese ausüben sollen. Führung mit Macht bedeutet nach Max Weber (1985: 28) „jede Chance, innerhalb einer sozialen Beziehung den eigenen Willen auch gegen Widerstreben durchzusetzen". Würde jede Willensdurchsetzung von Vorgesetzten gegen das Widerstreben von Untergebenen als gewaltsame Verletzung einer Person begriffen und skandalisiert, würden Organisationen nicht funktionieren und wären per se Würdeverletzung. Gleichwohl ist in den Alltagserfahrungen der Menschen der Machtmissbrauch ein sich durchziehendes Moment in und durch Organisationen. Für welches Ziel darf und muss der Wille und Widerstand der Mitarbeitenden übergangen bzw. durchbrochen werden? Für welchen Zweck darf einer Person Gewalt angetan werden und wie muss diese Gewalt dosiert werden? Eine unangemessene Gewalt vorbeugende Führungskompetenz ist es, sich in die Perspektive der Mitarbeitenden hineinzuversetzen und abzuwägen, wo dessen Grenzen und Vulnerabilitäten liegen.

Strukturelle Gewalt von Betrieben und Non-Government-Organisationen: Es sind vor allem Frauen und Männer im Milieu der „Benachteiligten", die in privaten und öffentlichen Unternehmen in unteren Positionen der Hierarchie stehen. Sie erleben typischerweise den Führungsstil und die Arbeitsorganisation ihres Arbeitsgebers und konkreter Vorgesetzter als Gewalt. Viele von ihnen haben prekäre Beschäftigungsverhältnisse mit betrieblicher Arbeitsorganisation, die an den Taylorismus erinnert: Frauen und Männer berichten, dass sie sich einen rüden Anweisungston oder Arbeitszeiten ohnmächtig gefallen lassen müssen, kaum Widerspruchsmöglichkeiten hätten, um ihren Arbeitsplatz nicht zu gefährden (das gilt nach Auskunft der Befragten auch in Betrieben mit Betriebsrat und gewerkschaftlicher Vertretung). Viele erleben ihre Unternehmensleitung als autoritäre Regierung, die nach innen – unter äußerlicher Wahrung geltender Gesetze, die allerdings nur einen äußersten Rahmen abstecken – den Mitarbeiterinnen und Mitarbeitern Gewalt antun, etwa durch Leistungs- und Zeitdruck, durch Vorenthaltung arbeitsrechtlicher Ansprüche oder geringem Gesundheitsschutz (vgl. Anderson 2019). Das gilt typischerweise für Frauen in Minijobs und hat für Soloselbstständige eine noch andere Qualität. Die Diagnose wäre aber zu eng, würde man den Blick auf den Niedriglohnsektor fokussieren oder auf Sektoren wie die Baubranche, Metallindustrie oder Gebäudereinigung. Formen betriebsinterner Herrschaft mit nicht körperlichen Gewaltinstrumenten erleben auch Frauen und Männer gehobener Milieus mit akademischer Berufsqualifikation. Allerdings sind die Ausdrucksmittel der Gewalt meistens sprachlich und stilistisch elaboriert. Auch hier greifen die Mechanismen, diejenigen als Opfer auszusuchen, von denen man weiß, dass sie schwach sind, ohne kraftvolle Lobby sind und mit höherer Wahrscheinlichkeit nicht zu rechtlichen Mitteln des Widerstands greifen. Gleichwohl ist an dieser Stelle auf ein sozialhierarchisches Gefälle hinzuweisen: Je höher die Berufsqualifikation und betriebliche Position einer Person, umso größer sind die Möglichkeiten zum betriebsinternen Widerspruch wie zur Exit-Entscheidung (Kündigung, Arbeitgeberwechsel). Je geringer die Qualifikation und Position, umso geringer sind das Wissen über eigene Rechte, die praktische und nachhaltige Solidarität der Kolleginnen und Kollegen im Fall solcher Gewaltformen, die Chancen, in solchen Fällen Gehör zu finden bei Vorgesetzten, die Chancen auf eine risikofreie Kündigung, denn die privaten finanziellen Rücklagen sind oft zu eng, um eine Überbrückung bis zum nächsten Job zu überstehen. Vor allem Frauen aus Milieus der unteren Klassen erfahren diese Ohnmachtssituation. Sie bezeichnen dies als Ungerechtigkeit, die für sie ebenso skandalös wie normal sei.

Sozialräumliche Separation versus Überwindung unsichtbarer Ghettos

Zum Schutz vor Gewalt fordern Frauen und Männer den Schutz ihrer Wohnquartiere durch mehr Polizeipräsenz. In manchen urbanen Stadtteilen wird dies durch Eingangsbarrieren bereits praktiziert. In den Visionen einiger aus den gehobenen Milieus der Konservativen, Etablierten und Performer sollten private Securities und Bürgerwehren dafür Sorge tragen, dass keine Gewalttäter von außen in ihr Quartier eindringen. Sie präferieren eine sozialräumliche Separation mit Sicherheitszonen von Wohnquartieren bis hin zu Freizeitquartieren, die durch exklusiven Zugang definiert sind. Die in diesen Milieus aufgrund ihres umfangreichen materiellen, kulturellen und sozialen Kapitals praktizierte Distinktion würde damit konsequent ausgeweitet.

Das Ziel von mehr Sicherheit, Ordnung und Übersicht wäre für die Bewohnerinnen und Bewohner dieser zu schützenden Quartiere wohl erreichbar. Aber diese Maßnahmen wären eine Legitimation einer sozialräumlichen Hierarchie. Denn wer würde die Bewohnerinnen und Bewohner prekärer Stadtteile vor einem Betreten oder Durchfahren durch Angehörige oberer Klassen und Milieus schützen durch Security und Abriegelung? Vor allem würde durch solche Denkmuster und Maßnahmen die Fremdheit befördert mit jenen Konsequenzen, die im Abschnitt *Anerkennung des Fremden* beschrieben sind.

Im Gegensatz dazu sehen vor allem Postmaterielle in der in einigen Städten und Stadtteilen vorhandenen Segregation eine Ghettoisierung und lebensweltliche Entfremdung, die die vorhandene Gewalt erzeuge und befördere. Darüber hinaus verringere dies die inter-lebensweltliche Verständigung, damit Empathie für Menschen aus anderen sozialen Milieus sowie den sozialen Zusammenhalt. Ihre Lösung liege in der Überwindung der Ghettoisierung, im Einreißen der unsichtbaren Grenzzäune zwischen Quartieren, in einer Beförderung der lebensweltlichen Durchmischung von Wohnvierteln. Gleichwohl sehen sie, dass Projekte der Vergangenheit bei der Errichtung neuer Wohnviertel und Wohnungen mit einem bestimmten Anteil von Sozialwohnungen (exemplarisch die Verwendung der Areale von Bundesgartenschauen) anfangs mit dieser Leitidee gestartet seien, dass aber nach einigen Jahren durch Wohnpreisentwicklung oder Wegzug diese Wohnquartiere wieder milieuhomogener geworden seien. Dazu ist zu sagen, dass diese Mobilitätsdynamik in Richtung Milieu- oder Klassenhomogenität kaum zu bremsen oder gar zu stoppen ist. Allenfalls können immer neue Projekte initiiert werden, um sich an der Utopie einer Gesellschaft der Vielfalt auch bei lokaler Stadtplanung zu orientieren.

Die von Etablierten, Performern und (jüngeren) Konservativen erhobene Forderung nach klassenhomogenen Quartieren zum Schutz vor Gewalt von außen durch Täter aus unteren Schichten oder Ausländer(-Banden) darf den

Blick nicht verstellen auf Gewalt innerhalb dieser Milieus. Häusliche Gewalt in gehobenen Milieus bleibt häufig unbemerkt und wird tabuisiert. Dies wird durch große Grundstücke und Villen mit weitem Abstand zu Nachbarn begünstigt. Doch auch in Mehrparteienhäusern bewirken Exklusivität und soziale Etikette, dass ein Nachbar oder eine Nachbarin in hoher sozialer und beruflicher Position nicht angezeigt wird. Wer diese Solidarität durch eine Anzeige durchbricht, dem droht selbst Stigmatisierung. Vor allem Frauen, die nicht berufstätig sind, sind in diesen Haushalten mitunter isoliert und damit kontaktarmes und hilfloses Opfer von Gewalt – zumal eine nachbarschaftliche Anamnese potenzieller Gewalttat oft nicht stattfindet. Diese Wahrnehmung und Solidarität sind in den gehobenen Milieus nicht ausgebildet. Der voreingestellte Modus ist: selbstverständliche Gewaltlosigkeit, hochkulturelle Zivilisiertheit in allen Bereichen – bis das Gegenteil bewiesen ist; signifikante (polizeilich registrierte) Vorkommnisse gelten robust als Einzelfall.

Sprache – Körperlichkeit – Sport

Die Alltagstheorien von Gewalt zeigen, dass Gewalt oft auf übergroße Frustration zurückgeführt wird, die in blindwütigen Attacken entladen wird gegenüber irgendjemanden, schon beim kleinsten Anlass, der gesucht oder willkürlich konstruiert wird. In Städten wie in ländlichen Orten beobachten viele bei jenen, die Gewalttätigkeit ausstrahlen, ein Dominanzgebaren, das sich in drohender Sprache ausdrückt, sowie in machtdemonstrierender Körperlichkeit.[100] Das geschieht, wenn jemand in die Territorien des anderen eindringt, etwa durch Verletzung von Abstandsregeln oder unerwünschte Körperberührung. Hier ist wieder auf Adorno (1971: 94f.) hinzuweisen:

„Dabei möchte ich an das verquere und pathogene Verhältnis zum Körper erinnern, das Horkheimer und ich in der >Dialektik der Aufklärung< dargestellt haben. Überall dort, wo Bewusstsein verstümmelt ist, wird es in unfreier, zur Gewalttat neigender Gestalt auf den Körper und die Sphäre des Körperlichen zurückgeworfen. Man muss nur bei einem bestimmten Typus von Ungebildeten einmal darauf achten, wie bereits ihre Sprache – vor allem, wenn irgendetwas ausgesetzt oder beanstandet wird – ins Drohende übergeht, als wären die Sprachgesten solche von kaum kontrollierter körperlicher Gewalt."

---

100 Das wird spontan sehr viel häufiger bei Männern als bei Frauen beobachtet. Erst bei längerem Nachsinnen im Interview beschreiben Befragte, dass sie eine ruppig-aggressive Sprache und drohende Körperlichkeit auch schon bei Frauen gesehen haben. Die Ausdrucksformen solcher Machtgebärden scheinen bei Frauen und Männern etwas andere zu sein, ebenso scheinen die Sensoren in der Beobachtung eher auf Dominanzgebaren von Männern ausgerichtet zu sein und noch wenig sensibel für jene von Frauen.

In unserer Befragung schlugen viele Jugendtreffs vor, um ziellos umherstreifenden Jugendlichen einen Ort zu geben, an dem sie sein können. Dort sollte es Ansprechpersonen der Sozialarbeit geben sowie Betätigungsmöglichkeiten für das Selbstwertgefühl und zum Abbau von Frust, etwa durch Sport wie Fußball, Boxen, Skaten, Basketball. Dazu ist zu sagen, dass schon Adorno auf die Doppeldeutigkeit des Sports hingewiesen hat (ebd.): Sport kann dem Stressabbau dienen, antibarbarisch und antisadistisch wirken durch Fairplay und Rücksicht auf den Schwächeren – insofern hat Sport eine erzieherische Wirkung auf das Bewusstsein und die Beziehung zu anderen. Sport kann aber auch in bestimmten Sportarten sowie bei manchen Zuschauenden eine barbarische und sadistische Haltung befördern. Da gibt es Zusammenhänge mit der von fast allen Milieus beobachteten Lust von Tätern und Täterinnen an der Demütigung ihres Opfers, dem Voyeurismus der Mittäter/innen in solcher Szenerie, Unbeteiligten und Teilnahmslosen solcher Gewalttat sowie den Gaffenden bei schlimmen Verkehrsunfällen, wenn sie Sanitäterinnen und Sanitäter, Feuerwehr oder sonstige Rettungskräfte behindern oder angreifen, nur um freien Blick für ein Foto zu haben, oder unbedingt ungehindert ihre Wege fortsetzen wollen, auch dies die Rettung behindert. Genauer in den Blick zu nehmen sind einzelne Sportarten. Hier ist zum einen die *Struktur* der Sportart zu analysieren, zum anderen der *körperliche Habitus* sowie die *Geisteshaltung* der Ausübenden wie der Zuschauenden.

Es gibt Sportarten mit Wettbewerb und Leistungsvergleich zur Ermittlung eines Siegers/einer Siegerin nach einem äußerlichen Kriterium: erzielte Tore, benötige Zeit, Reihenfolge bei Zielankunft, größte Weite oder Höhe, erzielte Punkte etc. Es gibt aber einzelne Sportarten, bei denen Leistungsindikatoren verwendet werden, die messen, wie oft und wie schwer der Gegner bzw. die Gegnerin getroffen und verletzt wurde. Die Struktur der Sportarten wie Boxen, Wrestling, Catchen etc. ist es, den Körper des Gegners oder der Gegnerin zu beeinträchtigen und zu verletzen (was etwa beim Fechten gerade nicht der Fall ist). Der Sieg in jenen Sportarten führt darüber, dem Gegner bzw. der Gegnerin Schmerzen zuzufügen bis hin zur Wehrlosigkeit und im „optimalen" Fall zum Knockout. Das Kriterium der Fairness ist hier eng definiert, keine „unerlaubten" Schläge und Tritte vorzunehmen; das Kriterium der Rücksicht auf den Schwächeren oder die Schwächere ist völlig ausgesetzt. Solche Sportarten haben durch ihre auf körperliche Verletzung zielende Struktur eine erzieherische Wirkung – allerdings nicht im Sinne der Empathie, sondern der Härte: sich nichts aus dem Schmerz machen, a) taub werden gegenüber eigenen Schmerzen, b) schonungslos gegenüber dem/der anderen und c) taub für die Schmerzen des/der anderen sein. Umso grundlegender trifft Adornos (ebd.: 96) Analyse zu:

> „Dies Erziehungsbild der Härte, an das viele glauben mögen, ohne darüber nachzudenken, ist durch und durch verkehrt. Die Vorstellung, Männlichkeit bestehe in einem Höchstmaß an Ertragenkönnen, wurde längst zum Deckbild eines Masochismus,

der – wie die Psychologie dartat – mit dem Sadismus nur allzu leicht sich zusammenfindet. Das gepriesene Hart-Sein, zu dem da erzogen werden soll, bedeutet Gleichgültigkeit gegen den Schmerz schlechthin. Dabei wird zwischen dem eigenen und dem anderer gar nicht einmal so sehr fest unterschieden. Wer hart ist gegen sich, der erkauft sich das Recht, hart auch gegen andere zu sein, und rächt sich für den Schmerz, dessen Regungen er nicht zeigen durfte, die er verdrängen musste."

Insofern wäre bei der Konzipierung und Evaluierung jener Jugendtreffs durch Fachkräfte, vornehmlich der Psychologie, Sozialarbeit und Pädagogik zu analysieren,

- welche innere Struktur die Betätigungsangebote in den Jugendtreffs haben, insbesondere jene des Sports. Es wären jene Sportarten auszuschließen, deren Erfolg die körperliche Verletzung anderer verlangt; und es wären jene zu fördern und pädagogisch zu begleiten, die auf Wettbewerb, Spaß an Bewegung und Spiel, Kennenlernen eigener Leistungsgrenzen und Leistungssteigerung sowie auf Miteinander aufsetzen.
- welche Einstellungen und Haltungen durch die Betätigungen in den Jugendtreffs befördert werden. Dabei sollte man sich von rein subjektiven kurzfristigen Effekten (etwa: „Ich fühle mich durch diesen Sport entspannt, weniger genervt, spüre keinen Frust mehr.") nicht in die Irre führen oder beruhigen lassen. Was der eigenen Katharsis zweckdienlich ist, kann Gewalt am anderen sein. Gemeinsam in den Jugendtreffs sind neben den *eigenen* Befindlichkeiten auch jene der *anderen* zu reflektieren (Reziprozität der Perspektive); ebenfalls verbale Äußerungen und körperliche Gesten hinsichtlich der Frage, welche Geisteshaltung diesen zugrunde liegen.

Abschluss

Abschließend sollen drei Aspekte hervorgehoben werden:

1. *Opferschutz/Selbstschutz*: Selbstverständlich bedarf es schützender Maßnahmen vor realistisch erwartbarer Gewalt. Hier sind staatliche Sicherheitskräfte erforderlich und es ist eine zivilgesellschaftliche Aufgabe, dieses Gewaltmonopol der Polizei zu verteidigen. Gleichwohl stellt sich die Frage „Who guards the guardian?" Die im Frühjahr und Sommer 2020 medial und politisch geführte Diskussion zu überharter oder rassistischer Polizeigewalt sowie die Befunde aus den sozialwissenschaftlichen Interviews zwingen dazu, staatliche Sicherheitsorgane sowohl *als Organisation* (und damit als eigenlogisch operierendes selbstreferenzielles System) als auch die dort tätigen *Personen im Amt* hinsichtlich ihrer Motive, ihrer individuellen und kollektiven Dienstkultur, ihrer Haltung zu den verordneten Machtmitteln

differenziert zu betrachten. So ist es auch Opferschutz, dass verbaler, körperlicher oder administrativer Rassismus, ein demütigendes Verhalten gegenüber Minderheiten und ihnen persönlich „Fremden" (in Herkunft, Wertorientierung und Lebensweise) nicht nur von außen, sondern vor allem polizeiintern benannt werden, solches Verhalten einzelner Kolleginnen und Kollegen nicht kameradschaftlich toleriert oder bagatellisiert werden. Solches konsequent zu skandalisieren, muss gefordert und ausgezeichnet werden – und ist eine Führungsaufgabe.

Es gibt in einigen urbanen Quartieren mit sehr hohem Wohlstand die Tendenz, die soziokulturelle Abschottung und finanzielle Distinktion durch private Sicherheitskräfte zu verstärken. Das unterspült den Zusammenhalt der Gesellschaft, trägt zur (aktiven und passiven) Ghettoisierung bei, die ihrerseits Quelle für Entfremdung, Neid und Aggression sein können. Solche Ghettoisierung ist keineswegs ein Phänomen oberster und unterster Klassen, sondern in Städten bereits Realität auch in der Mitte der Gesellschaft. Es gibt Menschen, die noch nie in „anderen" Stadtvierteln waren, die das Image als *Problemviertel* oder *Reichenviertel* haben.

Sehr viele machen die Beobachtung oder haben die Vermutung, dass Täter sich Schwächere als Opfer suchten. Vor allem in den Milieus der Bürgerlichen Mitte, Performer, Hedonisten, Expeditiven hat sich daraus die Einstellung entwickelt, dass die beste Prävention ein selbstbewusstes wehrhaftes Auftreten sei. Das mag nicht verkehrt sein, subjektiv rational und wirksam, aber als Strategie ist dies grotesk. Denn es verlagert die Schuld einer Gewalthandlung auf das Opfer; zwar nicht vollständig, aber doch in der Weise, dass das Gewaltopfer mitschuldig gemacht wird, weil es sich nicht selbstbewusst genug präsentierte, vorher nicht genug die eigene Haltung und Verteidigungstechniken trainierte, nicht genug an der eigenen inneren Einstellung gearbeitet hat, auch durch äußere Kleidung ein bestimmtes aggressives Verhalten oder sexuelle Übergriffe provoziert hat (etwa Frauen durch ihr Outfit). Mit jener Argumentation werden Opfer zu Mittäterinnen und Mittätern gemacht, was einen Täter oder eine Täterin partiell entlastet. Doch so stark man auch ist und selbstbewusst sich zeigt: Es gibt immer jemanden, der stärker und rücksichtsloser ist. Die *Individualisierung der Gewaltprävention* kann als Reaktion auf ein subjektiv gestiegenes Unsicherheitsgefühl begriffen werden. Ein pragmatischer Fokus auf mehr Eigenverantwortung sowie breit angelegte Schulungen zur Selbstverteidigung bieten aber keine Lösung, sondern verstetigen das Gewaltrisiko.

2. *Täterarbeit*: Es würde zur präventiven Abwehr von Gewalt wenig helfen, an grundlegende *Werte und Tugenden* zu appellieren, die hehren Ideale etwa einer demokratischen offenen rechtsstaatlichen Gesellschaft im Sinne eines friedlichen Miteinanders und gegenseitigen Respekts zu betonen, sie gar durch mediale Kampagnen und Propaganda mit Werbedruck auf verschiedenen

analogen und digitalen Kanälen zu verbreiten. Wohl gut gemeint dient solches primär dem Eigenlob und ist eine Imagekampagne, die keinen Effekt bei potenziellen Gewalttätern haben dürfte.[101] Ebenso wenig helfen emphatische Wertbekundungen von *Vielfalt*, seien sie nun moralisch-kulturell begründet oder nach ihrer Nützlichkeit. Propagierte Vielfalt operiert mit Kategorien ethnischer, nationaler, religiöser, weltanschaulicher, politischer, soziodemografischer Provenienz. Vielfalt aber ist ein relationaler Begriff mit graduellen mehrdimensionalen Ausprägungen. Es gibt keinen Nullpunkt fehlender und keinen Endpunkt vollständiger Vielfalt. Daher ist die Frage irreführend und sogar gefährlich, welche qualitative Vielfalt und welches Maß an Vielfalt notwendig, hinreichend, ausreichend oder suffizient wäre – ganz abgesehen vom Problem der Messung von Vielfalt und dass Vielfalt ein Phänomen realer Unschärfe ist. Solch ein Kategoriensystem der Vielfalt wäre selbst eine Form von Gewalt, ein autoritärer Akt sozialer Ingenieurstechnokratie – und schließlich Gewalt am konkreten Individuum und sozialer Kollektive in dieser Gesellschaft.

Unweigerlich führt dies auf das Problem der Sprache – und das stellt politische Präventionsprogramme und die Kommunikation dieser vor kaum lösbare Aufgaben (wenn es um Erreichbarkeit der Massen geht). Wenn immer Menschen begrifflich identifiziert werden, Kategorien zugeteilt werden mit dem Anspruch der Eindeutigkeit, ist das ein Akt der Gewalt am Individuum. Das gilt für Attribute, Nomen, Typologien, Kategoriensysteme: Ein Individuum ist mehr als das, wodurch es sprachlich erfasst und zugeschnitten wird. Das wird gesteigert in der Verwendung von Begriffen, die ein Stigma signalisieren, eine Person oder Personengruppe diskreditieren. Dieses Identitätsproblem, das den Einzelnen reduziert auf einen Aspekt oder eine Kombination von Aspekten – und selbst die Begriffe *Opfer* und *Täter* gehören dazu, ebenso die Geschlechterkategorien *Frau, Mann, Divers* – schneiden das Individuum von dem ab, was es noch ist und ihm eigentümlich. Es ist diese in der Struktur unserer Sprache eingelassene, unhintergehbare und nicht aufhebbare Gewalt, die diese zur Normalität in Gemeinschaften macht.[102] Zu arbeiten – und unbedingt *gegenzuarbeiten* – wäre im Rahmen von Präventionsmaßnahmen daran, inwieweit sprachliche Identifizierungen und Sortierungen reale Ambivalenzen und Ambiguitäten, Mehrdeutigkeiten und Mehrwertigkeiten ignorieren, diskreditieren oder vernichten. Diese Reflexion über die eigene sprachliche Gewalttätigkeit ist für das Ziel der Anerkennung des

---

101 Ein Beispiel solcher Aktivitäten ist etwa die 2010 eröffnete FIFA-Kampagne „Fairness und Respekt"; sie setzt die 1997 initiierten *FIFA-Fairplay-Tage* fort.
102 Die Forschung dazu ist umfangreich. Hingewiesen sei hier nur exemplarisch auf: Foucault (1974): Von der Subversion des Wissens; Butler (1991): Das Unbehagen der Geschlechter sowie dies. (1995): Körper von Gewicht. Die diskursiven Grenzen des Geschlechts.

Anderen eine notwendige Übung – nicht nur in Phasen der theoretischen und konzeptionellen Entwicklung von Präventionsmaßnahmen, sondern bei ihrer praktischen Implementierung und Durchführung. Das Ziel der Übung kann nicht Sprachlosigkeit sein, sondern die Eröffnung eines mitlaufenden Denkens und Redens darüber, dass der bzw. die andere noch mehr und auch noch jenseits dessen ist, was die aktuelle Beschreibung zu dieser Person sagt. Täterinnen- und Täterarbeit, die in der Kindheit und Jugend bereits präventiv ansetzt, sollte zum Ziel die Haltung der Anerkennung von Anderen in dessen Zugehörigkeiten *und* Individualität haben. Das verlangt die Fähigkeit zur kritischen Selbstreflexion sowie zur Bewusstmachung, was durch Gewalt am Leben anderer angerichtet wird.

3. „Es gibt kein richtiges Leben im Falschen" (Adorno 2014: 42). Dieser Satz beschreibt das Grunddilemma politischer Präventionsvorhaben. Präzise und düster wie kaum ein anderer hat Theodor W. Adorno (1903–1969) damit die Widersprüchlichkeit und Lebensfeindlichkeit der modernen Wirtschafts-, Konsum- und Medienindustrie auf den Begriff gebracht. Hingegen eine positive Bestimmung vom guten, richtigen, gelungenen Leben vermied er explizit – das schien ihm grundsätzlich nicht möglich in einer sozialen Welt, in der das Individuum zunehmend verwaltet und de-emanzipiert wird. Wenn man seine Arbeiten liest, findet man nahezu alle Topoi der Medien-, Kultur- und Gesellschaftskritik, die Hannah Arendt (1906–1975) oder Zygmunt Bauman (1925–2017) teilten und die sich, das zeigen die Interviews dieser Studie milieuübergreifend, im Bewusstsein der Bevölkerung einen Niederschlag gefunden haben; nicht in jenen abstrakten philosophischen Diagnosen, aber als Firnis jener Oberflächenerscheinungen, die beunruhigt wahrgenommen werden und zur Erklärung der Omnipräsenz von Gewalt dienen: Eine scheinbar nicht enden wollende Klage über Kommerz und Konsum, Manipulation und Überwachung, Entwürdigung und Entmündigung. Adorno ging es darum, befreiende Energien innerhalb der verwalteten Welt auszumachen, ohne ihr von außen ein abstraktes Ideal oder utopisches Gegenbild entgegenzuhalten. Man muss zwischen Adornos meist finsteren Diagnosen und ihrem normativen Impuls unterscheiden. Denn er rechnet trotz allem mit der Widerstandsfähigkeit und damit dem Eigensinn von Subjekten, die sich gegen ihre vollständige Vereinnahmung in eine funktionalisierte Gesellschaft sträuben (vgl. Seel 2004). Auch dieser Optimismus wird gestützt in den Interviews dieser Untersuchung, in denen die Bürgerinnen und Bürger Vorschläge für Auswege aus der Alltäglichkeit von Gewalt machen – und in denen die Sehnsucht nach einer Gesellschaft und einer eigenen Lebenswelt ohne Gewalt aufscheint.

Wenn Adorno am Ende des Aphorismus 18 der „Minima Moralia" sagt, es gebe „kein richtiges Leben im falschen", setzt dies die Möglichkeit eines guten Lebens voraus – wir können konkretisieren: die Möglichkeit eines gewaltfreien Lebens.

Andernfalls nämlich könnte niemand von der Falschheit des falschen Lebens wissen bzw. von der Falschheit alltäglicher Gewalt. In der ursprünglichen ersten Textfassung hieß es: „Es lässt sich privat nicht mehr richtig leben." Dies räumt auf mit der Illusion, man könne als Individuum ein wahres Leben führen umfangen von falschen Strukturen.[103] Gemeint sind die Gewalt hervorbringenden und reproduzierenden Orte und Strukturen im Mikrokosmos (etwa: private Haushalte, Ehen, Vereine, Kneipen, Clubs, Volksfeste, Parks, Bahnstationen etc.) bis hin zum Makrokosmos gesellschaftlicher Systeme. Solange die Gesellschaft Individuen ihre Einzigartigkeit nimmt oder nicht anerkennt, sie einer total verwalteten Welt einverleibt, kann das Individuum nicht sein eigentliches Leben führen und ist Gewalt – sei es durch institutionelle Strukturen, sei es durch Eruption durch individuellem Frust und Stressabbau oder durch Erlebniskicks – die systemisch ermöglichte und produzierte Alltagswirklichkeit. Wie sehr die Kritische Theorie im Kapitalismus die Quelle der verwalteten Welt gesehen hat, und wie intensiv aktuelle Philosophen Möglichkeiten des Wandels diskutieren, zeigen bspw. die amerikanische Philosophin Nancy Fraser und die deutsche Philosophin Rahel Jaeggi in ihrem 2020 herausgegebenen Dialogwerk (Fraser/Jaeggi/Milstein 2020).

Nun kann ein Gewaltpräventionskonzept nicht auf einen Wandel der Gesellschaftsform und seines Wirtschaftssystems warten, zumal keineswegs ausgemacht ist, dass ein tiefgreifender Wandel aktuell gewollt ist. Man kann auch für einen grundlegenden Strukturwandel keine „Menschenopfer" billigend für einen besseren Zukunftszweck so lange in Kauf nehmen, bis die Rahmenbedingungen gerecht gestaltet sind – solches Vorhaben wäre selbst ein inakzeptabler Gewaltakt. Es muss alles getan werden, damit eine jede Person nicht zum Opfer von Gewalt wird und eine Person nicht zum Gewalttäter wird. Doch muss ein Präventionskonzept, das nicht auch auf Veränderungen gesellschaftlicher Strukturen zielt, sich kritisch mit der Frage auseinandersetzen, ob es wertvolle Risikovorsorge-, Notdienst- und Oberflächenarbeit leistet und damit im Effekt die strukturellen Ursachen verstetigt. Diese Ambivalenz muss ambitionierte

---

103 Adorno ging in dem Aphorismus von der Suche nach Asyl für den Obdachlosen aus. Nach dem Gehen ins Exil gebe es so etwas wie ein Zuhause nirgendwo. Adorno rät dazu, sich selbst herauszuwerfen, sobald die Gefahr bestehe, sich häuslich niederzulassen. Komfort und Bequemlichkeit seien abträglich fürs Denken. Das gelte nicht nur für das konkrete Wohnen und Schlafen, sondern auch für weltanschauliche Gewissheiten. Sich selbst gegenüber unbequem zu sein, verlange sehr viel, unter anderem, sich nicht mit den bisherigen, erstbesten oder abschließenden Erklärungen zufriedenzugeben. Adorno besteht aber darauf, dass selbst noch im Falschen das richtige Leben ahnbar ist (wenn auch nicht definierbar und ausbuchstabierbar). Was jeweils richtig sei und ob es das Richtige – sei es in der individuellen Lebensführung, sei es in der gesellschaftlichen Organisation – überhaupt gebe, das stehe für eine wache politische Praxis immer wieder infrage. Nur was keiner endgültigen Bestimmung unterliege, könne hier eine freisetzende Bestimmung finden. Mit Adornos Worten: „Erfüllte Leben geradewegs seine Bestimmung, so würde es sie verfehlen" (Adorno 2014 [1969]: 101).

politische Gewaltprävention nicht nur aushalten und ertragen, sondern aktiv angehen.

Das Präventionsziel der Anerkennung des und der Anderen darf nicht auf bestimmte Klassen, Schichten oder Milieus begrenzt sein (was Subjekt und Objekt der Anerkennung betrifft), sondern muss für alle gelten. Warum dann aber die in dieser Untersuchung vorgenommene milieudifferenzierte Diagnose über Erfahrungen und Einstellungen zu Gewalt? Eben deshalb, weil die Zugänge der Präventionsmaßnahmen nicht universell milieuübergreifend funktionieren. Jedes Milieu hat eine eigene Logik der Wahrnehmung, Deutung und Handlungsorientierung, ebenso eine je andere Semantik und Stilistik. Die Zugänglichkeit ist in jedem Milieu eine signifikant andere, weil in jedem Milieu je andere soziale Regeln gelten und Ressourcen vorhanden sind. Insofern bedarf es für jedes Milieu spezifischer Kommunikationsformen und Teilziele, je eigene argumentative, rhetorische und ästhetische Impulse. Ziele wären die milieuspezifische Anerkennung des Fremden ohne Angst sowie die Befähigung zur Angstlosigkeit trotz der Andersartigkeit und Verschiedenartigkeit der anderen.[104] Wollte man dies auf eine Maxime bringen, so könnte diese unter Einbezug von allem Leben und allen Lebewesen lauten: *Die Anerkennung von anderen Leben und dem Leben der Anderen.*

---

104 „[...] den besseren Zustand aber denken als den, in dem man ohne Angst verschieden sein kann" (Adorno 2014: 131).

Literatur

Adorno, Theodor W. (1971): Erziehung nach Auschwitz. In: Gerd Kadelbach (Hrsg.), Erziehung zur Mündigkeit. Vorträge und Gespräche mit Hellmut Becker 1959 bis 1969. Frankfurt am Main: Suhrkamp, S. 88–104.
Adorno, Theodor W. (2014 [1969]): Minima Moralia. Reflexionen aus dem beschädigten Leben, Frankfurt am Main: Suhrkamp.
Adorno, Theodor W. (2018 [1973]): Studien zum autoritären Charakter. Frankfurt am Main: Suhrkamp.
Adorno, Theodor W./Frenkel-Brunswik, Else/Levinson, Daniel J./Sanford, Nevitt (1950): The Authoritarian Personality. New York: Harper & Brothers.
Altemeyer, Bob (1981): Right-Wing Authoritarianism. Canada: The University of Manitoba Press.
Altemeyer, Bob (1988): Enemies of freedom: Understanding right-wing authoritarianism. San Francisco, CA: Jossey-Bass.
Altemeyer, Bob (1996): The Authoritarian Specter. Cambridge, MA: Harvard University Press.
Altemeyer, Bob (1998): The other „Authoritarian Personality". In: Mark P. Zanna (Hrsg.), Advances in Experimental Social Psychology. Bd. 30. San Diego, CA: Academic Press, S. 47–92.
Anderson, Elizabeth S. (2019): Private Regierung. Wie Arbeitgeber über unser Leben herrschen (und warum wir nicht darüber reden). Berlin: Suhrkamp. [Original: Private Government: How Employers Rule Our Lives (and Why We Don't Talk about It)].
Arendt, Hannah (1970/2019): Macht und Gewalt. 27. Auflage. München: Piper. [Original 1969: On Violence].
Arendt, Hannah (2007/2019): Über das Böse. Eine Vorlesung zu Fragen der Ethik. 13. Auflage. München: Piper. [Original 2003: Some Questions of Moral Philosophy].
Bauman, Zygmunt (1991): Modernity and Ambivalence. Cambridge: Polity Press. [Deutsche Ausgabe 1992: Moderne und Ambivalenz. Das Ende der Eindeutigkeit. Hamburg: Hamburger Edition].
Bauman, Zygmunt (2004): Wasted Lives. Modernity and its Outcasts. Cambridge: Polity Press. [Deutsche Ausgabe 2005: Verworfenes Leben. Die Ausgegrenzten der Moderne. Hamburg: Hamburger Edition].
Bauman, Zygmunt (2016): Strangers at Our Door. Cambridge: Polity Press. [Deutsche Ausgabe 2016: Die Angst vor den anderen. Ein Essay über Migration und Panikmache. Berlin: Suhrkamp].
Beauvoir, Simone de (1949): Le Deuxième Sexe. Paris: Librairie Gallimard.
Bedorf, Thomas (2010): Verkennende Anerkennung – Über Identität und Politik. Frankfurt am Main: Suhrkamp.
Beierlein, Constanze/Asbrock, Frank/Kauff, Mathias/Schmidt, Peter (2014): Die Kurzskala Autoritarismus (KSA-3). Ein ökonomisches Messinstrument zur Erfassung dreier Subdimensionen autoritärer Einstellungen. Leibniz-Institut für Sozialwissenschaften, GESIS-Working Papers 2014/35. Mannheim.
Benhabib, Seyla (1999): Kulturelle Vielfalt und demokratische Gleichheit. Politische Partizipation im Zeitalter der Globalisierung. Horkheimer Vorlesungen. Frankfurt am Main: S. Fischer.
Benjamin, Jessica (1993): Ein Entwurf zur Intersubjektivität, Anerkennung und Zerstörung. In: Benjamin, Jessica (Hrsg.), Phantasie und Geschlecht. Psychoanalytische Studien über Idealisierung, Anerkennung und Differenz. Frankfurt am Main: Stroemfeld.
Borst, Eva (2003): Anerkennung des Anderen und das Problem des Unterschieds. Perspektiven einer kritischen Theorie der Bildung. Baltmannsweiler: Schneider Verlag Hohengehren.
Bourdieu, Pierre (1979): La distinction. Critique sociale du jugement. Paris [Deutsche Ausgabe 1982: Die feinen Unterschiede. Kritik der gesellschaftlichen Urteilskraft. Frankfurt am Main: Suhrkamp].
Brah, Avtar/Phoenix, Ann (2004): Ain't I A Woman? Revisiting Intersectionality. In: Journal of International Women's Studies 5 (3), S. 75–86.

Bremer, Helmut/Lange-Vester, Andrea (Hrsg.) (2006): Soziale Milieus und Wandel der Sozialstruktur. Die gesellschaftlichen Herausforderungen und die Strategien der sozialen Gruppen. Wiesbaden: Springer.
Bude, Heinz (2008): Die Ausgeschlossenen. Das Ende vom Traum einer gerechten Gesellschaft. München: Carl Hanser.
Bude, Heinz/Willisch, Andreas (Hrsg.) (2006): Das Problem der Exklusion. Ausgegrenzte, Entbehrliche, Überflüssige. Hamburg: Hamburger Edition.
Butler, Judith (1991): Das Unbehagen der Geschlechter. Frankfurt am Main: Suhrkamp.
Butler, Judith (1995): Körper von Gewicht. Die diskursiven Grenzen des Geschlechts. Berlin: Berlin.
Butler, Judith (2015): Den Blick des Anderen einnehmen: Ambivalente Implikationen. In: Axel Honneth (Hrsg.), Verdinglichung. Eine anerkennungstheoretische Studie. Berlin: Suhrkamp, S. 107–135.
Butler, Judith (2020): Die Macht der Gewaltlosigkeit. Über das Ethische im Politischen. Berlin: Suhrkamp.
Christie, Richard/Cook, Peggy (1958): A guide to published literature to „The authoritarian personality" through 1956. In: The Journal of Psychology 45, S. 171–199.
Claus, Robert (2014): Maskulismus: Antifeminismus zwischen vermeintlicher Salonfähigkeit und unverhohlenem Frauenhass. Berlin: Friedrich-Ebert-Stiftung.
Collins, Patricia Hill/Bilge, Sirma (2016): Intersectionality. Medford: Polity Press.
Crenshaw, Kimberlé (2019): Seeing Race Again. Countering Colorblindness Across the Disciplines. Oakland: University of California Press.
Crenshaw, Kimberlé (2022): On Intersectionality: Essential Writing. New York: The New Press.
Crenshaw, Kimberlé/Steinmetz, Kathy (2020): Interview von Kathy Steinmetz mit Kimberlé Crenshaw für Time, February 20.
Davis, Angela Y. (2019): Women, Race & Class. London: Penguin Modern Classics.
Deines, Stefan (2007): Verletzende Anerkennung. Über das Verhältnis von Anerkennung, Subjektkonstitution und „sozialer Gewalt". In: Steffen Kitty Herrmann/Sybille Krämer/Hannes Kuch (Hrsg.), Verletzende Worte. Die Grammatik sozialer Missachtung. Bielefeld: Transcript, S. 275–294.
Dresing, Thorsten/Pehl, Thorsten (2010): Transkription. In: Günter Mey/Katja Mruck (Hrsg.), Handbuch Qualitative Forschung in der Psychologie. Wiesbaden: VS Verlag für Sozialwissenschaften, S. 723–733.
Duckitt, John (1982): The sozial psychology of prejudice. New York: Praeger Publisher.
Duckitt, John/Bizumic, Boris (2013): Multidimensionality of Right-Wing Authoritarian Attitudes: Authoritarianism-Conservatism-Traditionalism. In: Political Psychology 34, S. 841–862. www.doi.org/10.1111/pops. 12022.
Duckitt, John/Sibley, Chris G. (2007): Right wing authoritarianism, social dominance orientation and the dimensions of generalized prejudice. In: European Journal of Personality 21, S. 113–130.
Duckitt, John/Sibley, Chris G. (2010): Right-Wing Authoritarianism and Social Dominance Orientation differentially moderate intergroup effects on prejudice. In: European Journal of Personality 24, S. 583–610. www.doi.org/10.1002/per.772.
Eisenberg, Götz (2000): Amok – Kinder der Kälte. Über die Wurzeln von Wut und Hass. Reinbek bei Hamburg: Rowohlt.
Fahrenberg, Jochen/Steiner, John M. (2004): Adorno und die autoritäre Persönlichkeit. In: Kölner Zeitschrift für Soziologie und Sozialpsychologie 56, S. 127–152.
Foucault, Michel (1971): Die Ordnung der Dinge: Eine Archäologie der Humanwissenschaften. Frankfurt am Main: Suhrkamp. [Original 1966: Les mots et les choses: Une archéologie des sciences humaines].
Foucault, Michel (1974): Von der Subversion des Wissens. München: Carl Hanser.
Foucault, Michel (1976): Mikrophysik der Macht. Über Strafjustiz, Psychiatrie und Medizin. Berlin: Merve.
Foucault, Michel (1976): Überwachen und Strafen. Die Geburt des Gefängnisses. Frankfurt am Main: Suhrkamp. [Original 1975: Surveiller et ponir, naissance de la prison].
Foucault, Michel (1976/2012): Die Mittel der guten Abrichtung. In: Ullrich Bauer/Ullrich Bittlingmayer/Albert Scherr (Hrsg.), Handbuch Bildungs- und Erziehungssoziologie. Wiesbaden: Springer VS, S. 199–212.

Fraser, Nancy/Honneth, Axel (2003): Umverteilung oder Anerkennung? Eine politisch-philosophische Kontroverse. Frankfurt am Main: Suhrkamp.
Fraser, Nancy/Jaeggi, Rahel/Milstein, Brian (Hrsg.) (2020): Kapitalismus. Ein Gespräch über kritische Theorie. Berlin: Suhrkamp.
Fromm, Erich (1936): Sozialpsychologischer Teil. In: Erich Fromm/Max Horkheimer/Hans Mayer/ Herbert Marcuse (Hrsg.), Studien über Autorität und Familie, Paris: Junius-Drucke, S. 77–135.
Galtung, Johan (1969): Violence, Peace, and Peace Research. In: Journal of Peace Research 6 (3), S. 167–191.
Galtung, Johan (1975): Strukturelle Gewalt. Beiträge zur Friedens- und Konfliktforschung. Reinbek bei Hamburg: Rowohlt.
Galtung, Johan (2007): Frieden mit friedlichen Mitteln: Friede und Konflikt, Entwicklung und Kultur. Münster: Springer VS.
Gess, Heinz (2008): Lichtung: Ticketmentalität. Reflexionen über Kommentare aus dem deutschen Mainstream zur Kritik am Berliner Gebetsraumurteil (Teil 2). In: Kritiknetz – Internet-Zeitschrift für Kritische Theorie der Gesellschaft. www.kritiknetz.de/images/stories/texte/lichtung_teil_2.pdf (Abruf am 23.09.2021).
Gildemeister, Regine (2001): Soziale Konstruktion von Geschlecht: Fallen, Missverständnisse und Erträge einer Debatte. In: Claudia Rademacher/Peter Wiechens (Hrsg.), Geschlecht – Ethnizität – Klasse. Zur sozialen Konstruktion von Hierarchie und Differenz. Opladen: Leske + Budrich, S. 65–87.
Gildemeister, Regine/Wetterer, Angelika (1992): Wie Geschlechter gemacht werden. Die soziale Konstruktion der Zweigeschlechtlichkeit und ihre Reifizierung in der Frauenforschung. In: Gudrun-Axeli Knapp/Angelika Wetterer (Hrsg.), Traditionen Brüche. Entwicklungen feministischer Theorie. Freiburg im Breisgau: Kore. S. 201–254.
Glaser, Barney/Strauss, Anselm (2008): Grounded Theory. Strategien qualitativer Forschung. Mannheim: Huber.
Goffman, Erving (1961): Asylums: Essays on the Condition of the Social Situation of Mental Patients and Other Inmates. New York: Anchor Books.
Goffman, Erving (1963): Stigma. Notes on the Management of Spoiled Identity. Eaglewood Cliffs, NJ: Prentice-Hall.
Goffman, Erving (1971): Relations in Public: Microstudies of the Public Order. New York: Basic Books.
Goffman, Erving (1974): Rollenkonzepte und Rollendistanz. In: Claus Mühlfeld/Michael Schmid (Hrsg.), Soziologische Theorie. Hamburg: Hoffmann und Campe, S. 265–281.
Grunwald, Klaus/Thiersch, Hans (Hrsg.) (2004): Praxis Lebensweltorientierter Sozialer Arbeit. Handlungszugänge und Methoden in unterschiedlichen Arbeitsfeldern. Weinheim, München: Juventa.
Habermas, Jürgen (1981): Theorie des kommunikativen Handelns, 2 Bände. Frankfurt am Main: Suhrkamp.
Habermas, Jürgen (1996): Die Einbeziehung des Anderen. Studien zur politischen Theorie. Frankfurt am Main: Suhrkamp.
Hafeneger, Benno/Henkenborg, Peter/Scherr, Albert (Hrsg.) (2007): Pädagogik der Anerkennung. Grundlagen, Konzepte, Praxisfelder. Schwalbach am Taunus: Wochenschau.
Hagemann-White, Carol (1984): Sozialisation: Weiblich – männlich? Opladen: Leske + Budrich.
Hagemann-White, Carol (1988): Wir werden nicht zweigeschlechtlich geboren … In: Carol Hagemann-White/Maria S. Rerrich (Hrsg.), FrauenMännerBilder. Männer und Männlichkeit in der feministischen Diskussion. Bielefeld: AJZ, S. 224–235.
Hank, Sabine (2019): Intersektionalität – ein Konzept von Gewicht und mit Geschichte. In: Gunda-Werner-Institut in der Heinrich-Böll-Stiftung, Center for Intersectional Justice (Hrsg.), „Reach Everyone on the Planet …" – Kimberlé Crenshaw und die Intersektionalität. Berlin, S. 31–36.
Hirt, Rainer (2003): Theodor W. Adornos „Erziehung nach Auschwitz" heute: Kritik der Sozialen Arbeit mit rechtsextremen Jugendlichen. Jena, Manuskript.
Hitzler, Ronald/Niederbacher, Arne (2010): Leben in Szenen. Formen juveniler Vergemeinschaftung heute. Wiesbaden: VS Verlag für Sozialwissenschaften.
Honneth, Axel (1992): Kampf um Anerkennung: Zur moralischen Grammatik sozialer Konflikte. Frankfurt am Main: Suhrkamp.

Honneth, Axel (2010): Das Ich im Wir. Studien zur Anerkennungstheorie. Frankfurt am Main: Suhrkamp.
Honneth, Axel (2011): Verwilderungen. Kampf um Anerkennung im frühen 21. Jahrhundert. In: Aus Politik und Zeitgeschichte 1-2, S. 37-45.
Honneth, Axel (2015): Verdinglichung. Eine anerkennungstheoretische Studie. Berlin: Suhrkamp.
Hradil, Stefan (1987): Sozialstrukturanalyse in einer fortgeschrittenen Gesellschaft. Von Klassen und Schichten zu Lagen und Milieus. Opladen: Leske + Budrich.
Hyman, Herbert/Sheatley, Paul B. (1954): „The authoritarian personality" – A methodological critique. In: Richard Christie/Marie Jahoda (Hrsg.), Studies in the scope and method of the „authoritarian personality". New York: Free Press, S. 50-122.
Ikäheimo, Heikki (2014): Anerkennung. Berlin, Boston: Walter de Gruyter.
Imbusch, Peter (2001): „Überflüssige". Historische Deutungsmuster und potentielle Universalität eines Begriffs. In: Mittelweg 36 (10), S. 49-62.
Junge, Matthias (2006): Zygmunt Bauman: Soziologie zwischen Moderne und Flüchtiger Moderne. Eine Einführung. Wiesbaden: VS Verlag für Sozialwissenschaften.
Kelly, Natasha A. (2019) (Hrsg.), Schwarzer Feminismus: Grundlagentexte. Münster: Unrast.
Kemper, Andreas (Hrsg.) (2012): Die Maskulisten. Organisierter Antifeminismus im deutschsprachigen Raum. Münster: Unrast.
Kerlinger, Fred N./Rokeach, Milton (1966): The factorial nature of the F and D Scales. In: Journal of Personality and Social Psychology 4 (4), S. 391-399.
Kirscht, John P./Dillehay, Ronald C. (1967): Dimensions of Authoritarianism: A Review of Research and Theory. Politics and Social Change. Lexington: University Press of Kentucky.
Knapp, Gudrun-Axeli (2012): Im Widerstreit: Feministische Theorie in Bewegung. Wiesbaden: Springer VS.
Krafeld, Franz Josef (1998): Lebensweltorientierte Jugendarbeit und Akzeptanz. Grundzüge und Methoden des Konzeptes der „Akzeptierenden Jugendarbeit". In: Doron Kiesel/Albert Scherr/Werner Thole (Hrsg.), Standortbestimmung Jugendarbeit. Theoretische Orientierung und empirische Befunde. Schwalbach am Taunus: Wochenschau, S. 65-78.
Lang, Juliane/Peters, Ulrich (Hrsg.) (2018): Antifeminismus in Bewegung: Aktuelle Debatten um Geschlecht und sexuelle Vielfalt. Hamburg: Marta Press.
Luhmann, Niklas (1984): Soziale Systeme. Grundriß einer allgemeinen Theorie. Frankfurt am Main: Suhrkamp.
Marcuse, Herbert (1967): Der eindimensionale Mensch: Studien zur Ideologie in der fortgeschrittenen Industriegesellschaft. Darmstadt, Neuwied: Luchterhand. [Original 1964: One-Dimensional Man: Studies in the Ideology of Advanced Industrial Society].
Margalit, Avishai (1997): Politik der Würde. Über Achtung und Verachtung. Berlin: Suhrkamp.
Mecheril, Paul (2003): Prekäre Verhältnisse. Über natio-ethno-kulturelle (Mehrfach-)Zugehörigkeit. Münster: Waxmann.
Mecheril, Paul (2005): Pädagogik der Anerkennung. Eine programmatische Kritik. In: Franz Hamburger/Tarek Badawia/Merle Hummrich (Hrsg.), Migration und Bildung. Über das Verhältnis von Anerkennung und Zumutung in der Einwanderungsgesellschaft. Wiesbaden: Springer, S. 311-328.
Miebach, Bernhard (2010): Soziologische Handlungstheorie. 3. aktualisierte Auflage. Wiesbaden: VS Verlag für Sozialwissenschaften.
Morgan, Miriam (2016): Erziehungspartnerschaft und Erziehungsdivergenzen. Die Bedeutung divergierender Konzepte von Erzieherinnen und Migranteneltern. Wiesbaden: Springer.
Nothdurft, Werner (2007): Anerkennung. In: Jürgen Straub/Arne Weidemann/Doris Weidemann (Hrsg.), Handbuch interkulturelle Kommunikation und Kompetenz. Grundbegriffe – Theorien – Anwendungsfelder. Stuttgart, Weimar: J. B. Metzler, S. 10-122.
Polizeipräsidium München (2020): Sicherheitsreport 2019. München.
Prengel, Annedore (2013): Pädagogische Beziehungen zwischen Anerkennung, Verletzung und Ambivalenz. Opladen: Budrich.
Rauschenbach, Thomas/Ortmann, Friedrich/Karsten, Maria-Eleonora (Hrsg.) (1993): Der sozialpädagogische Blick. Lebensweltorientierte Methoden in der Sozialen Arbeit. Weinheim, München: Juventa.

Regine Gildemeister (2010): Doing Gender. Soziale Praktiken der Geschlechterunterscheidung. In: Ruth Becker/Beate Kortendiek (Hrsg.), Handbuch Frauen- und Geschlechterforschung. Theorie, Methoden, Empirie. Wiesbaden: VS Verlag für Sozialwissenschaften, S. 137-145.

Reich, Wilhelm (1933): Die Massenpsychologie des Faschismus. Kopenhagen: Verlag für Sexualpolitik.

Ricoeur, Paul (2006): Wege der Anerkennung. Frankfurt am Main: Suhrkamp.

Roghmann, Klaus J. (1966): Dogmatismus und Autoritarismus: Kritik der theoretischen Ansätze und Ergebnisse dreier westdeutscher Untersuchungen. Meisenheim am Glan: Anton Hain.

Rosenbrock, Hinrich (2012): Die antifeministische Männerrechtsbewegung. Denkweisen, Netzwerke und Online-Mobilisierung. Band 8 der Schriften des Gunda-Werner-Instituts. Berlin: Heinrich-Böll-Stiftung.

Schäffler, Ortfried (2009): Die Theorie der Anerkennung – ihre Bedeutung für pädagogische Professionalität. In: Annette Mörchen/Markus Tolksdorf (Hrsg.), Lernort Gemeinde. Ein neues Format der Erwachsenenbildung. Bielefeld: W. Bertelsmann, S. 171-182.

Scherr, Albert (2016): Macht, Herrschaft und Gewalt. In: Albert Scherr (Hrsg.), Soziologische Basics. Eine Einführung in pädagogische und soziale Berufe. Wiesbaden: Springer VS, S. 191-197.

Schroer, Markus (2001): Die im Dunkeln sieht man doch. Inklusion, Exklusion und die Entdeckung der Überflüssigen. In: Mittelweg 36 (10), S. 33-48.

Schulze, Gerhard (1992): Die Erlebnisgesellschaft, Kultursoziologie der Gegenwart. Frankfurt am Main, New York: Campus.

Schütz, Alfred (1932): Der sinnhafte Aufbau der sozialen Welt. Eine Einleitung in die verstehende Soziologie. Frankfurt am Main: Springer.

Schütz, Alfred (1957): Das Problem der transzendentalen Intersubjektivität bei Husserl. In: Philosophische Rundschau 5 (2), S. 81-107.

Schütz, Alfred/Luckmann, Thomas (1975): Strukturen der Lebenswelt. Bd. I. Neuwied: Luchterhand.

Schwandt, Michael (2010): Kritische Theorie. Eine Einführung. Stuttgart: Schmetterling.

Seel, Martin (2004): Adornos Philosophie der Kontemplation. Frankfurt am Main: Suhrkamp.

Steingen, Anja (Hrsg.) (2020): Häusliche Gewalt. Handbuch der Täterarbeit. Göttingen: Vandenhoeck & Ruprecht.

Stellmacher, Jost (2004): Autoritarismus als Gruppenphänomen. Zur situationsabhängigen Aktivierung autoritärer Prädispositionen. Marburg: Tectum.

Stöhr, Robert/Lohwasser, Diana/Noack Napoles, Juliane/Burghardt, Daniel/Dederich, Markus/Dziabel, Nadine/Krebs, Moritz/Zirfas, Jörg (2020): Schlüsselwerke der Vulnerabilitätsforschung. Wiesbaden: Springer.

Stojanov, Krassimir (2006): Bildung und Anerkennung. Soziale Voraussetzungen von Selbst-Entwicklung und Welt-Erschließung. Wiesbaden: Springer.

Sweetapple, Christopher/Voß, Heinz-Jürgen/Salih, Alexander Wolter (2020): Intersektionalität: Von der Antidiskriminierung zur befreiten Gesellschaft? Stuttgart: Schmetterling.

Taylor, Charles (1993): Multikulturalismus und die Politik der Anerkennung. Frankfurt am Main: S. Fischer.

Thiersch, Hans (1978): Alltagshandeln und Sozialpädagogik. In: Neue Praxis 25 (3), S. 215-234.

Thiersch, Hans (1986): Die Erfahrung der Wirklichkeit. Perspektiven einer alltagsorientierten Sozialpädagogik. Weinheim, München: Juventa.

Thiersch, Hans (1992): Lebensweltorientierte Soziale Arbeit: Aufgaben der Praxis im sozialen Wandel. Weinheim, München: Juventa.

Thiersch, Hans (2006): Die Vieldeutigkeit des Redens vom Alltag. In: Hans Thiersch (Hrsg.), Die Erfahrung der Wirklichkeit. Perspektiven einer alltagsorientierten Sozialarbeit. Weinheim, München: Juventa.

Thiersch, Hans (2019): Lebensweltorientierung und die Herausforderungen der zweiten Moderne. In: Marion von zur Gathen/Thomas Meysen/Josef Koch (Hrsg.), Vorwärts, aber nicht vergessen! Entwicklungslinien und Perspektiven der Kinder- und Jugendhilfe. Weinheim, Basel: Beltz Juventa, S. 31-42.

Thiersch, Hans/Grunwald, Klaus (2002): Lebenswelt und Dienstleistung. In: Hans Thiersch (Hrsg.), Positionsbestimmungen der Sozialen Arbeit. Gesellschaftspolitik, Theorie und Ausbildung. Weinheim, München: Juventa, S. 127-153.

Thiersch, Hans/Böhnisch, Lothar (2014): Spiegelungen. Lebensweltorientierung und Lebensbewältigung. Gespräche zur Sozialpädagogik. Weinheim, Basel: Beltz Juventa.
Thürmer-Rohr, Christina (1983): Aus der Täuschung in die EntTäuschung. Zur Mittäterschaft von Frauen. In: Beiträge zur feministischen Theorie und Praxis 8, S. 11–25.
Thürmer-Rohr, Christina (1989): Mittäterschaft der Frau – Analyse zwischen Mitgefühl und Kälte. In: Studienschwerpunkt „Frauenforschung" am Institut für Sozialpädagogik der TU Berlin (Hrsg.), Mittäterschaft und Entdeckungslust. Berlin: Orlanda-Frauenverlag, S. 87–103.
Titus, H. Edwin/Hollander, Edwin P. (1957): The California F scale in psychological research: 1950–1955. In: Psychological Bulletin 54 (1), S. 47–64.
Todorov, Tzvetan (2015): Abenteuer des Zusammenlebens. Versuch einer allgemeinen Anthropologie. Gießen: Psychosozial.
Ueltzhöffer, Jörg/Flaig, Berthold B./Meyer, Thomas (1993): Alltagsästhetik und politische Kultur. Bonn: Dietz.
Von Freyhold, Michaela (1971): Autoritarismus und politische Apathie. Analyse einer Skala zur Ermittlung autoritätsgebundener Verhaltensweisen. In: Frankfurter Beiträge zur Soziologie. Bd. 22. Frankfurt am Main: Europäische Verlagsanstalt.
Von Trotha, Trutz (1997): Zur Soziologie der Gewalt. In: KZfSS Sonderheft 37, S. 9–55.
Weber, Max (1905/1988): Gesammelte Aufsätze zur Religionssoziologie. Hrsg. von Johannes Winkelmann. 7. Auflage. Tübingen: Mohr Siebeck, S. 17–206.
Weber, Max (1922/1985): Wirtschaft und Gesellschaft. Grundriss der verstehenden Soziologie. Hrsg. von Johannes Winkelmann. 5. Auflage. Tübingen: Mohr Siebeck.
Wippermann, Carsten (2011): Milieus in Bewegung. Werte, Sinn, Religion und Ästhetik in Deutschland. Würzburg: Echter.
Wippermann, Carsten (2018): Kitas im Aufbruch – Männer in Kitas. Die Rolle von Kitas aus Sicht von Eltern und pädagogischen Fachkräften. Sozialwissenschaftliche Untersuchung im Auftrag der Koordinationsstelle „Chance Quereinstieg/Männer in Kitas" sowie des Bundesministeriums für Familie, Senioren, Frauen und Jugend. Penzberg, Berlin.
Wippermann, Carsten (2019): Sexismus im Alltag. Wahrnehmungen und Haltungen der deutschen Bevölkerung. Sozialwissenschaftliche bevölkerungsrepräsentative Untersuchung im Auftrag des Bundesministeriums für Familie, Senioren, Frauen und Jugend. Penzberg, Berlin.
Wippermann, Carsten/Wippermann, Katja/Kirchner, Andreas (2013): Eltern – Lehrer – Schulerfolg. Wahrnehmung und Erfahrungen im Schulalltag von Eltern und Lehrern. Stuttgart: Lucius & Lucius.
Wittgenstein, Ludwig (1918, 1984): Tractatus logico-philosophicus. In: Ludwig Wittgenstein (Hrsg.), Werkausgabe in 8 Bänden. Bd. 1. Frankfurt am Main: Suhrkamp, S. 7–85.
Zick, Andreas (1997): Vorurteile und Rassismus. Eine sozialpsychologische Analyse. Münster: Waxmann.
Zick, Andreas/Küpper, Beate/Hövermann, Andreas (2011): Die Abwertung der Anderen. Eine europäische Zustandsbeschreibung zu Intoleranz, Vorurteilen und Diskriminierung. Hrsg. von Nora Langenbacher und der Friedrich-Ebert-Stiftung. Berlin: Forum Berlin.

Anhang

Methoden der Untersuchungen

Die Untersuchung ist ein Forschungsprogramm, das sich in drei Module gliedert:

- Modul 1: Qualitative Untersuchung in den verschiedenen sozialen Milieus zur Wahrnehmung, Deutung und Haltung zu Alltagsgewalt in Bayern, in Form von narrativen Einzelinterviews
- Modul 2: Quantitative Repräsentativbefragung
- Modul 3: Qualitative Interviews mit Expertinnen und Experten aus Wissenschaft und Praxis zur Erklärung von Gewalt in Form von narrativen Interviews

Modul 1: Qualitative Untersuchung in den verschiedenen sozialen Milieus

Grundgesamtheit der sozialwissenschaftlichen Untersuchung sind deutschsprachige Frauen und Männer mit Wohnsitz in Bayern im Alter ab 18 Jahren. Im ersten Schritt wurden im Rahmen der qualitativen Untersuchung in Form von narrativen Einzelinterviews mit der deutschsprachigen Wohnbevölkerung in Bayern aus allen sozialen Milieus das Spektrum an Ursachen, Motiven, Einstellungen und Erfahrungen exploriert. Alle Interviews wurden digital aufgezeichnet, anschließend nach Pehl und Dresing (2010) transkribiert und nach Verfahren der Grounded Theory (Glaser/Strauss 2008) codiert in den drei klassischen Schritten (offenes, axiales, selektives Codieren) und hermeneutisch analysiert. In diesem Zuge wurden auch die Stichprobenziehung befund- bzw. theorieorientiert angelegt, sodass Stichprobenerhebung und Datenanalyse keine strikt getrennten Phasen sind, sondern einander rekursiv überlappen (d. h., aufgrund von Befunden wurde in den folgenden Interviews besonderes Augenmerk auf Aspekte und Fragen gelenkt, die sich in den Befunden vorheriger Interviews zeigten).

- Erhebungszeitraum: Dezember 2019 bis Mai 2021
- Stichprobenumfang: 218 Interviews
- Erhebungsform: Narrative Interviews (persönlich)

Modul 2: Quantitative Repräsentativbefragung in den verschiedenen sozialen Milieus

Auf Grundlage der qualitativ-empirischen Befunde aus Modul 1 wurde für eine repräsentative Befragung der Grundgesamtheit (Bevölkerung Bayerns im Alter ab 18 Jahren) ein standardisierter Fragebogen entwickelt. Die Ziehung der Stichprobe erfolgte nach dem Verfahren der Zufallsstichprobe. Teil des Fragebogens war die Skala des Milieuindikators zur Ermittlung der Milieuzugehörigkeit. Diese Skala besteht aus 40 Items, die auf einer vierstufigen Skala (Zustimmung) abgefragt wurden. Die Berechnung der Milieuzugehörigkeit für jeden Fall erfolgte gleichgewichtig über die 40 Items und soziodemografische Merkmale.

- Stichprobe: 3.598 Fälle
- Stichprobenziehung: Repräsentative geschichtete Zufallsauswahl
  - zunächst zufällige Auswahl von Haushalten
  - dann im Haushalt zufällige Auswahl der Befragungspersonen, die zur Grundgesamtheit gehören
- Erhebungszeitraum: November 2020 bis Februar 2021

Modul 3: Experteninterviews

Gewalt an und zwischen Menschen findet in vielen gesellschaftlichen Sektoren statt: in privaten Lebenswelten, an öffentlichen Orten und in Organisationen. Mit ausgewiesenen Expertinnen und Experten für bestimmte Sektoren und Branchen wurden Interviews geführt, um herauszufinden, wie nach ihrer professionellen Erkenntnis bzw. Praxiserfahrungen sich Gewalt in einem bestimmten Bereich zeigt, wie sie diese ursächlich erklären, welche strukturellen Rahmenbedingungen Gewaltbereitschaft befördern oder mindern und welche Konzepte es zur Gewaltprävention gibt, wie diese funktionieren und welche nach ihrer Expertise sinnvoll sind. Die befragten Expertinnen und Experten sind tätig in Einrichtungen der Kinder- und Jugendhilfe, Streetworker der offenen Jugendarbeit, Fachdiensten gegen häusliche und sexualisierte Gewalt, Frauenhäuser, Organisationen der Jungen- und Männerarbeit, Beratungsstellen für Männer als Opfer oder Täter von Gewalt, Jugendämter, Asylsozialberatung, Gewaltschutzkoordinatoren von Ankerzentren und Flüchtlingsunterkünften.

- Stichprobe: 30
- Erhebungsform: Narrative Interviews (persönlich oder via Zoom)

Kurzcharakterisierung der Delta-Milieus® in Bayern

Klassische gehobene Leitmilieus

Konservative 7%: Das klassische deutsche Bildungsbürgertum: konservative Kulturkritik, humanistisch geprägte Pflichtauffassung und Verantwortungsethik; gepflegte Umgangsformen; klare Vorstellung vom richtigen Leben und Auftreten sowie von einer guten und richtigen Gesellschaft.

Etablierte 8%: Das selbstbewusste Establishment: Erfolgs-Ethik, Machbarkeitsdenken, Exklusivitätsansprüche und ausgeprägte Clanning- und Distinktionskultur; stolz darauf, dank eigener Leistung an der Spitze zu stehen und zur Führungselite des Landes zu gehören; eingebunden in vielfältige Aufgaben mit großer Verantwortung für andere; Normalität des Drucks, die richtige Entscheidung für Gegenwart und Zukunft zu treffen; kosmopolitischer Habitus des Entrepreneurs und Topmanagers für das Unternehmen, für Deutschland, für Europa.

Postmaterielle 11%: Aufgeklärte Nach-68er: konstruktiv-kritisch gegenüber Neoliberalismus und Globalisierung; postmaterielle Werte und anspruchsvoller (bewusster) Lebensstil; die Welt ist nicht in Ordnung, daher „Change the world!": Verhältnisse in der Welt, wie sie derzeit sind, nicht akzeptieren, sondern visionär und ursächlich verändern; für mehr Gerechtigkeit, Frieden, Individualität, Selbstverwirklichung, Subsidiarität, Nachhaltigkeit und eine gerechte Zukunft müssen gesellschaftliche Strukturen *und* die Lebensstile der Einzelnen geändert werden; Entschleunigung: Widerstand gegen modernistische Alltagsideologien.

Soziokulturell junge gehobene Milieus (neue Leitmilieus)

Performer 12%: Die multioptionale, effizienzorientierte, optimistisch-pragmatische neue Leistungselite mit global-ökonomischem Denken und stilistischem Avantgarde-Anspruch: hohe IT- und Multimedia-Kompetenz; mental, geografisch und kulturell flexibel, Geschwindigkeit und Know-how als Wettbewerbsvorteile; Freude am hohen Lebensstandard, mit Lust am Besonderen positiv auffallen; klare Positionen beziehen, aber sich nichts – aus Prinzip – verbieten oder verbauen.

Expeditive 9%: Die unkonventionelle kreative Avantgarde: programmatisch individualistisch, mental und geografisch mobil; stets auf der Suche nach neuen Grenzen und ihrer Überwindung; hohe Investitionsbereitschaft und Kompromisslosigkeit für eigene (temporäre) Projekte und Passionen; in anderen Bereichen hohe Anpassungsfähigkeit und Frustrationstoleranz.

Milieus im konventionellen Mainstream

Traditionelle 14 %: Die Sicherheit und Ordnung liebende Nachkriegs- und Wiederaufbaugeneration: beheimatet in der traditionellen kleinbürgerlichen Arbeiterkultur sowie in der traditionell-bürgerlichen Welt: sich einfügen und anpassen; Versuch der jüngeren Generationen zu mehr Mobilität und Flexibilität in Bezug auf Einstellungen, Lebensstil, Reisen, Arbeit.
Bürgerliche Mitte 16 %: Der leistungs- und anpassungsbereite bürgerliche Mainstream: Streben nach beruflicher und sozialer Etablierung, nach gesicherten und harmonischen Verhältnissen; Erhalt des Status Quo; Wunsch, beruflich und sozial „anzukommen", um beruhigt und aufgehoben ein modernes Leben führen zu können; die zunehmend verlangte Flexibilität und Mobilität im Beruf sowie biografische Brüche (perforierte Lebensläufe) werden jedoch als existenzielle Bedrohung erfahren.

Milieus der modernen Unterschicht

Benachteiligte 11 %: Die um Orientierung und Teilhabe bemühte Unterschicht; starke Zukunftsängste und Ressentiments: Anschluss halten an die Ausstattungsstandards der breiten Mitte als Kompensationsversuch sozialer Benachteiligungen; geringe Aufstiegsperspektiven; teils frustrierte und resignative, teils offensiv delegative Grundhaltung, Rückzug ins eigene soziale Umfeld.
Hedonisten 12 %: Die spaß- und erlebnisorientierte moderne Unterschicht/ untere Mittelschicht: Leben im Hier und Jetzt, Verweigerung von Konventionen und Verhaltenserwartungen der Leistungsgesellschaft einerseits; Genuss der Angebote der Medien- und Eventgesellschaft andererseits.

Tabellen und Grafiken

Skala Gruppenbezogene Menschenfeindlichkeit: Item-Skala-Statistiken

Tabelle 50

Anzahl der Items	Mittelwert	Varianz	Standardabweichung	Cronbachs Alpha
32	88,8351	373,371	19,32282	0,948

Tabelle 51

Disposition und Items	Skalenmittelwert ohne dieses Item	Skalenvarianz ohne dieses Item	Korrigierte Item-Skala-Korrelation	Cronbachs Alpha ohne dieses Item
Fremdenfeindlichkeit				
1. Es gibt zu viele Zuwanderer in Deutschland	86,6302	342,450	,768	,944
2. Durch die vielen Zuwanderer hier fühle ich mich manchmal wie ein Fremder im eigenen Land	86,4160	341,359	,752	,944
3. Wenn Arbeitsplätze knapp sind, sollten Deutsche mehr Recht auf eine Arbeit haben als Zuwanderer	86,3253	343,673	,715	,944
4. Ablehnung: Zuwanderer bereichern unsere Kultur	86,1255	349,093	,667	,945
5. Ablehnung: Zuwanderer sind wertvoll, weil sie zur Vielfalt unserer Gesellschaft beitragen	86,1488	348,257	,691	,945
6. Ablehnung: Wir brauchen Zuwanderer, um die Wirtschaft am Laufen zu halten	86,1702	351,369	,598	,945
Rassismus				
7. Es gibt eine natürliche Hierarchie zwischen schwarzen und weißen Völkern.	85,6379	354,871	,507	,946
8. Schwarze und Weiße sollten besser nicht heiraten	85,3642	354,129	,568	,946
9. Manche Kulturen sind anderen klar überlegen	85,8782	350,983	,565	,946
10. Wir müssen unsere eigene Kultur vor dem Einfluss anderer Kulturen schützen	86,1435	342,317	,757	,944
11. Manche Völker sind begabter als andere	86,0117	351,063	,555	,946
Islamfeindlichkeit				
12. Ablehnung: Die muslimische Kultur passt gut nach Deutschland	86,7919	354,685	,519	,946
13. Es gibt zu viele Muslime in Deutschland	86,4408	344,157	,724	,944
14. Muslime in Deutschland stellen zu viele Forderungen	86,5888	345,880	,690	,945
15. Der Islam ist eine Religion der Intoleranz	86,4836	350,009	,583	,946
16. Viele Muslime betrachten islamistische Terroristen als Helden	86,5917	348,813	,612	,945
Antisemitismus				
17. Juden haben in Deutschland zu viel Einfluss	85,7828	350,159	,626	,945
18. Juden im Allgemeinen kümmern sich um nichts und niemanden außer um ihre eigene Gruppe	85,8517	349,390	,641	,945

Disposition und Items	Skalenmittelwert ohne dieses Item	Skalenvarianz ohne dieses Item	Korrigierte Item-Skala-Korrelation	Cronbachs Alpha ohne dieses Item
19. Ablehnung: Juden bereichern unsere Kultur	86,0988	354,678	,538	,946
20. Juden versuchen heute Vorteile daraus zu ziehen, dass sie während der Nazi-Zeit die Opfer gewesen sind	86,2556	349,392	,601	,945
21. Bei der Politik, die Israel macht, kann ich gut verstehen, dass man Juden nicht mag	86,0772	355,539	,469	,947
Homophobie				
22. Ablehnung: Es gibt nichts Unmoralisches an Homosexualität	86,1306	364,195	,164	,950
23. Ablehnung: Es ist eine gute Sache, Ehen zwischen zwei Frauen bzw. zwei Männern zu erlauben	85,7746	352,993	,493	,946
24. Lesbisch, Schwul, Bisexuell, Transsexuell/ Transgender und Intersexuell (LGBTI) das ist nicht normal und sollte ausgemerzt werden	85,3615	356,888	,489	,946
Sexismus				
25. Frauen sollten ihre Rolle als Ehefrau und Mutter ernster nehmen	86,0138	353,991	,510	,946
26. Wenn Arbeitsplätze knapp sind, sollten Männer mehr Recht auf eine Arbeit haben als Frauen	85,3694	358,157	,479	,946
27. Ablehnung: Ich bin für die Gleichberechtigung Intersexueller und Transsexueller in unserer Gesellschaft	85,7854	353,266	,511	,946
Soziale Dominanzorientierung				
28. Untergeordnete Gruppen sollten an ihrem Platz bleiben	85,4926	355,309	,569	,946
29. Es ist eine gute Sache, wenn einige Gruppen in der Gesellschaft an der Spitze, andere weiter unten stehen	85,5627	357,436	,490	,946
Anti-Diversität				
30. Ablehnung: Es ist besser für ein Land, wenn es eine Vielfalt unterschiedlicher Religionen gibt	86,1784	349,265	,635	,945
31. Es ist besser für ein Land, wenn fast alle dieselben Sitten und Gebräuche haben	86,2389	351,192	,596	,945
32. Ablehnung: Deutschland ohne Ausländer wäre ein langweiliges Land	86,1651	346,946	,652	,945

Modifizierte F-Skala: Subskalen und Items

Im Folgenden sind die Subskalen mit den jeweilen Items dargestellt. Insgesamt wurden 29 Items zur Messung verwendet, die als „modifizierte F-Skala" bezeichnet werden. Die Item-Nummern sind identisch mit jenen der ursprünglichen von Adorno u.a. verwendeten F-Skala Form 45 und 40 (Adorno 2018: 81 ff.). Ziel war, die Skalen und Items möglichst unverändert zu belassen und nur absolut notwendige Modifikationen vorzunehmen. Das erschien unumgänglich bei den Items 22 und 25, die behutsam reformuliert wurden. Im Items 22 war die Vokabel *Vorkriegsautoritäten* 75 Jahre nach Ende des Zweiten Weltkriegs nicht mehr angemessen; in Item 25 wurde der Begriff *Notzucht* ersetzt durch *Züchtigung* sowie die Formulierung „solche Verbrecher sollten öffentlich ausgepeitscht werden" ersatzlos gestrichen, weil dies heute wohl zu erheblichen Irritationen führt, Effekte sozial erwünschten Antwortens provoziert und nicht mehr Teil des Sprachgebrauchs ist. Die Subskalen wurden gebildet über Mittelwerte und derselben Item-Zuordnung wie in der Adorno-Studie (ebd.).

Tabelle 52

Konventionalismus	
1)	Gehorsam und Respekt gegenüber der Autorität sind die wichtigsten Tugenden, die Kinder lernen sollten.
12)	Wer schlechte Manieren und Angewohnheiten und eine schlechte Erziehung hat, kann kaum erwarten, mit anständigen Leuten zurechtzukommen.
37)	Wenn die Menschen weniger reden und mehr arbeiten würden, könnte es uns allen besser gehen.
41)	Der Geschäftsmann und der Fabrikant sind viel wichtiger für die Gesellschaft als der Künstler und der Professor.
Autoritäre Unterwürfigkeit	
1)	Gehorsam und Respekt gegenüber der Autorität sind die wichtigsten Tugenden, die Kinder lernen sollten.
4)	Die Wissenschaften haben ihre Berechtigung, aber es gibt viele bedeutsame Dinge, die der menschliche Geist wahrscheinlich niemals verstehen kann.
8)	Jeder Mensch sollte einen festen Glauben an eine übernatürliche Macht haben, deren Entscheidungen er nicht infrage stellt.
21)	Junge Menschen haben manchmal rebellische Ideen, wenn sie aber erwachsener werden, sollten sie das überwinden und sich zufriedengeben.
23)	Was dieses Land vor allem braucht, mehr als Gesetze und politische Programme, sind ein paar mutige, unermüdliche, selbstlose Führer, denen das Volk vertrauen kann.
42)	Kein gesunder, normaler, anständiger Mensch könnte jemals daran denken, einen guten Freund oder Verwandten zu kränken.
44)	Wichtige Lehren muss man stets mit Leiden bezahlen.

Autoritäre Aggression

12) Wer schlechte Manieren und Angewohnheiten und eine schlechte Erziehung hat, kann kaum erwarten, mit anständigen Leuten zurechtzukommen.

13) Was die Jugend am meisten braucht, ist strikte Disziplin, harte Entschlossenheit und den Willen, für Familie und Vaterland zu arbeiten und zu kämpfen.

19) Wer unsere Ehre beleidigt, muss auf jeden Fall bestraft werden.

25) [original F-Skala: Sittlichkeitsverbrechen, wie Vergewaltigung und Notzucht an Kindern, verdienen mehr als bloße Gefängnisstrafe; solche Verbrecher sollten öffentlich ausgepeitscht oder noch härter bestraft werden]

Sittlichkeitsverbrechen, wie Vergewaltigung und Züchtigung von Kindern, verdienen mehr als bloße Gefängnisstrafe; solche Verbrecher sollten noch härter bestraft werden.

27) Es gibt kaum etwas Gemeineres als einen Menschen, der nicht große Liebe, Dankbarkeit und Achtung für seine Eltern empfindet.

34) Die meisten unserer gesellschaftlichen Probleme wären gelöst, wenn man die Asozialen, Gauner und Schwachsinnigen loswerden könnte.

37) Wenn die Menschen weniger reden und mehr arbeiten würden, könnte es uns allen besser gehen.

39) Homosexuelle sind auch nicht besser als andere Verbrecher und sollten streng bestraft werden.

Anti-Intrazeption

9) Wenn jemand Probleme oder Sorgen hat, sollte er am besten nicht darüber nachdenken, sondern sich mit erfreulicheren Dingen beschäftigen.

31) Heute mischen sich immer mehr Menschen in persönliche Angelegenheiten anderer ein, die Privatsache bleiben sollten.

37) Wenn die Menschen weniger reden und mehr arbeiten würden, könnte es uns allen besser gehen.

41) Der Geschäftsmann und der Fabrikant sind viel wichtiger für die Gesellschaft als der Künstler und der Professor.

Aberglaube und Stereotype

4) Die Wissenschaften haben ihre Berechtigung, aber es gibt viele bedeutsame Dinge, die der menschliche Geist wahrscheinlich niemals verstehen kann.

8) Jeder Mensch sollte einen festen Glauben an eine übernatürliche Macht haben, deren Entscheidungen er nicht infrage stellt.

16) Manche Menschen haben den angeborenen Drang, sich in die Tiefe zu stürzen.

26) Die Menschen kann man in zwei Klassen einteilen: die Schwachen und die Starken.

29) Eines Tages wird sich wahrscheinlich zeigen, dass die Astrologie vieles zu erklären vermag.

33) Kriege und soziale Unruhen werden wahrscheinlich eines Tages durch ein Erdbeben oder eine Flutkatastrophe beendet werden, welche die Welt vernichtet.

Macht und „Robustheit"

2) Weder Schwäche noch Schwierigkeiten können uns zurückhalten, wenn wir genug Willenskraft haben.

13) Was die Jugend am meisten braucht, ist strikte Disziplin, harte Entschlossenheit und den Willen, für Familie und Vaterland zu arbeiten und zu kämpfen.

19) Wer unsere Ehre beleidigt, muss auf jeden Fall bestraft werden.

22) [original F-Skala: Es wäre am besten, man setzte in Deutschland einige Vorkriegsautoritäten wieder ein, um Ordnung zu halten und ein Chaos zu verhindern]

Es wäre am besten, man setzte in Deutschland einige konservativ-nationalistische Autoritäten wieder ein, um Ordnung zu halten und ein Chaos zu verhindern.

23) Was dieses Land vor allem braucht, mehr als Gesetze und politische Programme, sind ein paar mutige, unermüdliche, selbstlose Führer, denen das Volk vertrauen kann.

26) Die Menschen kann man in zwei Klassen einteilen: die Schwachen und die Starken.

38) Die meisten Menschen erkennen nicht, in welchem Ausmaß unser Leben durch Verschwörungen bestimmt wird, die im Geheimen ausgeheckt werden.

Destruktivität und Zynismus

6) Es wird immer Kriege und Konflikte geben, die Menschen sind nun einmal so.

43) Vertraulichkeit erzeugt Geringschätzung.

Projektivität

18) Heutzutage, wo viele verschiedene Menschen ständig unterwegs sind und jeder mit jedem zusammenkommt, muss man sich besonders sorgfältig gegen Infektionen und Krankheiten schützen.

31) Heute mischen sich immer mehr Menschen in persönliche Angelegenheiten anderer ein, die Privatsache bleiben sollten.

33) Kriege und soziale Unruhen werden wahrscheinlich eines Tages durch ein Erdbeben oder eine Flutkatastrophe beendet werden, welche die Welt vernichtet.

35) Die sexuellen Ausschweifungen der alten Griechen und Römer waren ein Kinderspiel im Vergleich zu gewissen Vorgängen bei uns, sogar in Kreisen, von denen man es am wenigsten erwarten würde.

38) Die meisten Menschen erkennen nicht, in welchem Ausmaß unser Leben durch Verschwörungen bestimmt wird, die im Geheimen ausgeheckt werden.

Sexualität

25) [original F-Skala: Sittlichkeitsverbrechen, wie Vergewaltigung und Notzucht an Kindern, verdienen mehr als bloße Gefängnisstrafe; solche Verbrecher sollten öffentlich ausgepeitscht oder noch härter bestraft werden]

Sittlichkeitsverbrechen, wie Vergewaltigung und Züchtigung von Kindern, verdienen mehr als bloße Gefängnisstrafe; solche Verbrecher sollten noch härter bestraft werden.

35) Die sexuellen Ausschweifungen der alten Griechen und Römer waren ein Kinderspiel im Vergleich zu gewissen Vorgängen bei uns, sogar in Kreisen, von denen man es am wenigsten erwarten würde.

39) Homosexuelle sind auch nicht besser als andere Verbrecher und sollten streng bestraft werden.

Modifizierte F-Skala: Item-Skala-Statistiken

Tabelle 53

Anzahl der Items	Mittelwert	Varianz	Standardabweichung	Cronbachs Alpha
29	114,78	615,838	24,816	0,895

Tabelle 54

29 Items der modifizierten F-Skala	Skalenmittelwert ohne dieses Item	Skalenvarianz ohne dieses Item	Korrigierte Item-Skala-Korrelation	Cronbachs Alpha ohne dieses Item
Gehorsam und Respekt gegenüber der Autorität sind die wichtigsten Tugenden, die Kinder lernen sollten	109,91	576,41	,475	,891
Weder Schwäche noch Schwierigkeiten können uns zurückhalten, wenn wir genug Willenskraft haben	109,50	598,13	,251	,895
Die Wissenschaften haben ihre Berechtigung, aber es gibt viele bedeutsame Dinge, die der menschliche Geist wahrscheinlich niemals verstehen kann	109,93	590,27	,309	,895
Es wird immer Kriege und Konflikte geben, die Menschen sind nun einmal so	109,82	591,16	,278	,895
Jeder Mensch sollte einen festen Glauben an eine übernatürliche Macht haben, deren Entscheidungen er nicht infrage stellt	111,44	576,04	,412	,893
Wenn jemand Probleme oder Sorgen hat, sollte er am besten nicht darüber nachdenken, sondern sich mit erfreulicheren Dingen beschäftigen	111,13	578,67	,446	,892
Wer schlechte Manieren und Angewohnheiten und eine schlechte Erziehung hat, kann kaum erwarten, mit anständigen Leuten zurechtzukommen	109,86	584,07	,380	,893
Was die Jugend am meisten braucht, ist strikte Disziplin, harte Entschlossenheit und den Willen, für Familie und Vaterland zu arbeiten und zu kämpfen	110,92	555,29	,677	,887
Manche Menschen haben den angeborenen Drang, sich in die Tiefe zu stürzen	110,88	588,89	,323	,894
Heutzutage, wo viele verschiedene Menschen ständig unterwegs sind und jeder mit jedem zusammenkommt, muss man sich besonders sorgfältig gegen Infektionen und Krankheiten schützen	109,74	596,58	,223	,896
Wer unsere Ehre beleidigt, muss auf jeden Fall bestraft werden	111,27	556,45	,631	,888
Junge Menschen haben manchmal rebellische Ideen, wenn sie aber erwachsener werden, sollten sie das überwinden und sich zufriedengeben	110,33	578,19	,505	,891
Es wäre am besten, man setzte in Deutschland einige konservativ-nationalistische Autoritäten wieder ein, um Ordnung zu halten und ein Chaos zu verhindern	111,92	559,35	,594	,889

29 Items der modifizierten F-Skala	Skalenmittelwert ohne dieses Item	Skalenvarianz ohne dieses Item	Korrigierte Item-Skala-Korrelation	Cronbachs Alpha ohne dieses Item
Was dieses Land vor allem braucht, mehr als Gesetze und politische Programme, sind ein paar mutige, unermüdliche, selbstlose Führer, denen das Volk vertrauen kann	111,46	560,79	,540	,890
Sittlichkeitsverbrechen, wie Vergewaltigung und Missbrauch an Kindern, verdienen mehr als bloße Gefängnisstrafe; solche Verbrecher sollten noch härter bestraft werden	109,02	582,46	,374	,893
Die Menschen kann man in zwei Klassen einteilen die Schwachen und die Starken	111,31	568,41	,511	,891
Es gibt kaum etwas Gemeineres als einen Menschen, der nicht große Liebe, Dankbarkeit und Achtung für seine Eltern empfindet	110,35	570,85	,523	,891
Eines Tages wird sich wahrscheinlich zeigen, dass die Astrologie vieles zu erklären vermag	111,83	582,31	,365	,894
Heute mischen sich immer mehr Menschen in persönliche Angelegenheiten anderer ein, die Privatsache bleiben sollten	109,82	589,81	,339	,894
Kriege und soziale Unruhen werden wahrscheinlich eines Tages durch ein Erdbeben oder eine Flutkatastrophe beendet werden, welche die Welt vernichtet	111,25	575,77	,407	,893
Die meisten unserer gesellschaftlichen Probleme wären gelöst, wenn man die Asozialen, Gauner und Schwachsinnigen loswerten könnte	111,44	557,13	,612	,888
Die sexuellen Ausschweifungen der alten Griechen und Römer waren ein Kinderspiel im Vergleich zu gewissen Vorgängen bei uns, sogar in Kreisen, von denen man es am wenigsten erwarten würde	110,59	572,37	,493	,891
Wenn die Menschen weniger reden und mehr arbeiten würden, könnte es uns allen besser gehen	110,67	570,61	,528	,890
Die meisten Menschen erkennen nicht, in welchem Ausmaß unser Leben durch Verschwörungen bestimmt wird, die im Geheimen ausgeheckt werden	111,40	564,27	,529	,890
Homosexuelle sind auch nicht besser als andere Verbrecher und sollten streng bestraft werden	112,61	579,22	,401	,893
Der Geschäftsmann und der Fabrikant sind viel wichtiger für die Gesellschaft als der Künstler und der Professor	111,90	573,59	,474	,891

29 Items der modifizierten F-Skala	Skalenmittelwert ohne dieses Item	Skalenvarianz ohne dieses Item	Korrigierte Item-Skala-Korrelation	Cronbachs Alpha ohne dieses Item
Kein gesunder, normaler, anständiger Mensch könnte jemals daran denken, einen guten Freund oder Verwandten zu kränken	110,26	578,39	,449	,892
Vertraulichkeit erzeugt Geringschätzung	111,79	580,90	,441	,892
Wichtige Lehren muss man stets mit Leiden bezahlen	111,45	574,72	,485	,891

Mittelwertvergleiche sozialer Gruppen auf den Subskalen (der modifizierten F-Skala)

Tabelle 55

Alter	Konventionalismus	Autoritäre Unterwürfigkeit	Autoritäre Aggression	Anti-Intrazeption	Aberglaube und Stereotypie	Macht und Robustheit	Destruktivität und Zynismus	Projektivität	Sexualität
18–29	-,1103	-,1573	-,3966	-,2996	-,4041	-,7138	-,0725	,0140	-,2979
30–39	,1401	-,0180	-,0762	-,1366	-,3673	-,4209	,0628	,1344	-,0983
40–49	,2279	,0767	-,0068	-,0535	-,3788	-,2973	-,0429	,1547	,0114
50–59	,2161	,0949	,1042	-,1031	-,3248	-,2640	-,0349	,2902	,1635
60–69	,2829	,2391	,1941	-,0570	-,2437	-,1785	-,0668	,3194	,2320
70+	,5609	,5144	,4223	,1414	-,1959	,0246	,0285	,4892	,3288
Insgesamt	,1940	,0953	,0123	-,1020	-,3290	-,3330	-,0253	,2167	,0384

Arithmetisches Mittel auf der siebenstufigen Skala -3 (völlige Ablehnung) bis +3 (völlige Zustimmung).